Handbook of Coaching Psychology　A Guide for Practitioners

コーチング心理学
ハンドブック

スティーブン・パーマー,アリソン・ワイブラウ●編著
堀　正●監修・監訳
自己心理学研究会●訳

金子書房

Handbook of Coaching Psychology
A Guide for Practitioners
Edited by
Stephen Palmer and Alison Whybrow

©2008 Selection and editorial matter, Stephen Palmer and
Alison Whybrow; individual chapters, the contributors
All Rights Reserved.
Authorised translation from the English language edition published by
Psychology Press, a member of the Taylor & Francis Group.

日本語版に寄せることば

　コーチング心理学という研究領域は，心理学のなかでまさに発展しつつある一部門で，世界各国の心理学会の多くに，コーチング心理学利益団体が作られています。オーストラリアと英国では大学にコーチング心理学の研究拠点が置かれて，大学院教育プログラムが運営されており，博士課程の大学院生がコーチングとコーチング心理学を研究しています。彼らの研究のおかげで，パーソナルコーチング，ビジネスコーチング，ヘルスコーチングそしてエグゼクティブコーチングの効果について，ますます必要とされる成果が生まれているのです。そうした研究成果は『国際コーチング心理学レビュー』『コーチングサイコロジスト』という2冊の査読つき研究誌に多く掲載されるようになっています。今では国内でも国際的にもコーチング心理学の大会や会議が心理学会の後援を受けて開催され，心理学とコーチング心理学の領域を結びつけています。

　このたび，群馬大学社会情報学部の堀正教授が中心となり，自己心理学研究会のメンバーとともに"Handbook of Coaching Psychology"の日本語版『コーチング心理学ハンドブック』を翻訳し，出版してくださったことを，この上なくうれしく思っております。『コーチング心理学ハンドブック』が，コーチング心理学という発展途上の研究領域を日本に紹介し，変化の起爆剤となってコーチング関連の研究が日本で盛んになることを願っています。堀正教授と研究会の方たちが"Handbook of Coaching Psychology"の日本語訳という胸躍る企画に力を注いでくださったことに対して，そして，その企画を支えてくださった金子書房の皆さんに対して，心より感謝のことばを贈ります。

　　　2010年8月27日

　　　　　　　　　シティ大学ロンドン・コーチング心理学研究科長

　　　　　　　　　　　　　　　スティーブン・パーマー（PhD）

編集者と寄稿者について

　スティーブン・パーマー（Stephen Palmer, PhD）は，英国ロンドンのコーチングセンターならびにストレス管理センターの創設者であり所長である。シティ大学ロンドンの心理学名誉教授で，コーチング心理学研究科長であるとともに，ミドルセックス大学の National Centre for Work Based Learning Partnerships 内の Work Based Learning and Stress Management における英国人初の客員教授である。彼は公認心理学者であり，APECS（Association for Professional Executive Coaching and Supervision）の認定エグゼクティブコーチ兼エグゼクティブコーチスーパーバイザーである。コーチング学会会長・会員，健康推進教育研究所の副所長・名誉会員である。英国国際ストレスマネジメント学会名誉副会長・名誉会員である。コーチング心理学フォーラムの前議長であり，2004 年には英国心理学会コーチング心理学特別団体の初代会長となった。

　彼は *International Coaching Psychology Review*（『国際コーチング心理学レビュー』）の英国共同編集者，*Coaching: An International Journal of Theory, Research and Practice*（『コーチング：国際理論研究実践ジャーナル』）の編集主幹，*International Journal of Health Promotion and Education*（『健康の促進と教育に関する国際ジャーナル』）の編集者，*Rational Emotive Behavior Therapist*（『理性感情行動療法家』）の共同編集者，*The Coaching Psychologist*（『コーチングサイコロジスト』），*Counselling Psychology Review*（『カウンセリング心理学レビュー』），*Stress News*（『ストレスニュース』）の顧問編集者である。*Achieving Excellence in your Coaching Practice: How to run a highly successful coaching business*（McMahon and Wilding との共著，2005）をはじめとして，100 以上の論文，35 冊の著書，編著を執筆している。彼は，*Essential Coaching Skills and Knowledge Series*（Routledge），*Stress Counselling*（Sage），*Brief Therapies*（Sage）などのシリーズ本を数多く編集している。

　彼は，「英国における 2000 年度カウンセリング心理学への顕著な専門的・科学的な貢献」によってカウンセリング心理学年間賞を授与された。2004 年に

は，理性感情行動療法学会から功労賞を授与された。彼は，ジャズ，天文学，散歩，執筆活動そして芸術に関心がある。電子メールアドレスは，dr.palmer@btinternet.com である。

アリソン・ワイブロウ（Alison Whybrow）は，コンサルタント，コーチとして大いに経験を積んだ公認職業心理学者である。リバプール大学で心理学の博士号を取得するとともに，ロンドンのリージェンツ・カレッジ心理療法カウンセリング学部でカウンセリング心理学の基礎コースを修得した。

アリソンは民間部門や公共部門の組織の第一線から役員会にいたるまで，さまざまな部署で働いてきた。コーチならびにまとめ役として，アリソンは現象的な枠組を認知行動コーチングの専門知識と結びつけている。彼女はスティーブン・パーマーとともに英国心理学会内にコーチング心理学特別団体を設置するときに共同提案者として，コーチング心理学という専門職の発展に大いにかかわってきた。また，コーチング，チームワーキング，変化に関する論文を著し，多くの雑誌や出版社向けに論文，著書を執筆している。

アリソンは『国際コーチング心理学レビュー』の共同編集者，『コーチングサイコロジスト』の顧問編集者をしており，*British Journal of Guidance and Counselling*（『英国ガイダンス・カウンセリングジャーナル』），『コーチング：国際理論研究実践ジャーナル』の編集委員でもある。仕事以外ではほとんどの時間を子どもたちと過ごしている。

ジュリー・アラン（Julie Allan；理学修士，公認心理学者）は，個人や組織の目的，能力を開発することに情熱を注いでいる。彼女のおもな活動領域は，営利企業，政府組織そして慈善団体での組織変化管理，リーダーシップ／トップチーム開発である。*The Power of the Tale:Using Narratives for organisational stress*（Fairtlough and Heinzen との共著，2002）の共著者である。

ハンナ・アジゾラー（Hannah Azizollah）は，公認職業心理学者であり，アセスメント，育成，組織の開発や変化の分野で長年働いている。現在では仕事のほとんどを，広範囲な変化や移行をとおして個人やチームをコーチングすることにさいている。

タチアナ・バヒローワ（Tatiana Bachkirova, PhD）は，オクスフォード・ブ

ルックス大学の講師として，コーチングならびにコーチングスーパービジョンの実践家として働いている。コーチングならびにメンタリングのスーパービジョンでの研究科長であり，『コーチング：国際理論研究実践ジャーナル』の共同編集主幹である。

　ヘレン・バロン（Helen Baron）は，公認心理学者であり，機会均等政策の策定と人事考課の公正さを推進するさいに組織に対して実施する訓練と相談を20年以上にわたって行ってきた経験をもつ。さらに，評価ツールも考案・開発している。

　アラン・ボーン（Alan Bourne）は，公認職業心理学者であり，9年間にわたってクライエントのための付加価値つき解決法を開発・実施してきた経験をもち，アセスメント，開発，変化マネジメントに精通している。以前，エス・エイチ・エル（SHL：Saville & Holdsworth Ltd）やキャピタル・コンサルティング（Capital Consulting）で外部コンサルタントとして，ロイヤル・メール（Royal Mail Group）で内部コンサルタントとして，そして，さまざまなクライエントや組織で独立コンサルタントとして働いていた。彼は，Talent Q UK Ltd の社長である。

　ハリーナ・ブラニング（Halina Brunning）は，公認臨床心理学者，組織コンサルタントであり，エグゼクティブコーチである。彼女は英国とポーランドの国営医療サービスで働いており，臨床や組織の問題に関して広く執筆活動を行っている。カーナック（2006）が出版した *Executive Coaching: Systems-psychodynamic perspective* の共同編集者である。

　リチャード・ブライアント－ジェフリーズ（Richard Bryant-Jefferies）は，アルコール依存症一次医療カウンセラーとして働いた経験があり，薬物乱用回復施設を運営していた。現在は国営医療サービスのメンタルヘルストラストの機会均等，多様性部門のマネジャーである。彼はカウンセリングに関して21冊もの著書を執筆している。*Binge!*（2007）は彼の初の小説である。ウェブサイトは www.bryant-jefferies.freeserve.co.uk である。

　マイケル・キャロル（Michael Carroll, PhD）は，公認カウンセリング心理

学者，認定エグゼクティブコーチである。ブリストル大学民間客員教授であり，職業心理学への顕著な貢献によって 2001 年度英国心理学会賞を授与された。

エレーヌ・コックス（Elaine Cox, PhD）は，オクスフォード大学ブルックス校大学院コーチング・メンタリング研究科博士課程の研究科長である。*International Journal of Evidence Based Coaching and Mentoring*（『実証的結果に基づくコーチング，メンタリングの国際ジャーナル』）の編集主幹である。

キーラン・ドゥイグナン（Kieran Duignan）は，コーチのリーダー，マネジャーそしてスタッフであり，彼ら自身のあるいは従業員の知識を体系的に集めて整理し，評価し，共有し，応用することで，彼らの最も重要なビジネス目標を達成するための最良の方法を考え出す。彼は，自身が開発した対人関係再構築コーチングモデルにパーソナルコンストラクト心理学を適用している。

アネット・フィラリー－トラビス（Annette Fillery-Travis）は，専門能力開発財団で，修士・博士レベルのエグゼクティブ教育，専門能力開発における専門の研究者でありコーチである。彼女は，自己指向的な学習者が自分の能力に気づけるよう手助けすることに情熱を傾けている。

アンソニー・グラント（Anthony M. Grant, PhD）（オーストラリア心理学会員）は，コーチング心理学者であり，世界初のコーチング心理学研究科であるシドニー大学心理学部コーチング心理学研究科の創設者であり研究科長である。今日のコーチング心理学における中心人物として広く知られている。電子メールアドレスは，anthony@psych.usyd.edu.au である。

ブルース・グリムリー（Bruce Grimley）は，公認職業心理学者であり，Achieving Lives Ltd と Inner Game Associates を運営している。ストレスマネジメントやコーチングを専門としており，A水準の心理測定訓練公開講座を担当している。彼は NLP（神経言語プログラミング）が，多くの点で心理学とはやや違うが，そのほかの点では驚くほど似ていると考えているので，Achieving Lives とは独立に Inner Game を運営している。彼はいずれの立場にも足を突っ込むことで得られる相乗効果と専門的な成長を楽しんでいる。ウェブサイトは www.achieving-lives.co.uk，www.innergame.co.uk である。

スーザン・ハリントン（Susan Harrington）は，大企業でマネジャーとして働いたのち，いじめやハラスメントでのコンサルタント業に携わってから，レスター大学の職業心理学研究科で教鞭をとっている。彼女の学位論文は，人材問題での意思決定，なかでも，いじめ問題に焦点をあて，ポジティブ心理学が組織内での倫理的意思決定をどのように説明するかに焦点をあてている。

　ビック・ヘンダーソン（Vic Henderson）は，外部コンサルタントや内部コンサルタントの経験があり，コーチング，学習そして成長を扱うことに情熱を注いでいる公認職業心理学者である。彼女は，成長に向けた新たな取り組みは個人的目標だけでなく広く商業的目標とも結びついていることを保証するスキルに長けている。

　キャロライン・ホーナー（Caroline Horner, PhD）はコーチング心理学の学位をもち，i-coach academy Ltd を運営しており，組織がコーチングから最大の利益を得られるように支援することを専門としている。彼女は最高幹部をコーチングしており，コーチ兼スーパーバイザーとしてコーチが自身の専門的実践を高められるよう指導している。彼女のアプローチは実存主義的な考えを高く評価し，学習への熱意をもち，コンサルタントやマーケティング部長としての国際的経験の広さに基づいている。電子メールアドレスは，Caroline@i-coachacademy.com である。

　スティーブン・ジョセフ（Stephen Joseph, PhD）は，公認健康心理学者であり，ノッチンガム大学の社会学・社会政策学部の健康管理・社会医療研究科の心理学教授を務めている。彼は英国心理学会の心理療法専門心理学者の登録メンバーであり，ノッチンガムシャー健康管理国営医療サービストラストの名誉コンサルタント心理学者（心理療法）でもある。

　デイビッド・レイン（David Lane, PhD）は，公認心理学者，英国心理学会員，公認人事開発研究所特別研究員であり，国際コーチング研究センター研究部長，ミドルセックス大学教授，英国心理学会（そして欧州心理学者協会連合）登録の心理療法専門心理学者団体の会長である。彼はコーチとして，欧州メンタリング・コーチング協議会，世界ビジネスコーチ協会そしてコーチング心理学特別団体のために評価基準を作る仕事で世界的に活躍している。電子メ

ールアドレスは，David.Lane@pdf.net である。

　ホー・ラウ（Ho Law, PhD）は，英国心理学会準会員，公認マネジメント協会準会員，公認職業心理学者，公認科学者，Empsy Ltd の最高経営責任者，Morph Group Ltd の研究技術部長，心理学，コーチング，メンタリング，心理療法，多様性・異文化コーチングの専門家である。電子メールアドレスは，ho.law@empsy.com，ホームページは www.empsy.com，www.morphgroup.net である。

　アレックス・リンリー（P. Alex Linley, PhD）は，英国コベントリーにある応用ポジティブ心理学センターの所長である。ここで彼は，応用ポジティブ心理学の成果を，職場，教育そして健康の分野に応用すべく日々努力している。彼は，心理的な強さを特定し，測定し，応用する研究や実践にかかわっている。

　アランナ・オブロイン（Alanna O'Broin）は，コーチング心理学者，公認カウンセリング心理学者，英国心理学会コーチング心理学特別団体の名誉会計係である。彼女はコーチングと心理療法の実践を行っており，クライエントとコーチがコーチング関係やコーチング効果にどのような影響力をもっているかに研究の関心がある。

　ビル・オコーネル（Bill O'Connell）は，現在，バーミンガムに拠点をおく訓練機関である Focus on Solutions Ltd の訓練部長である。彼は英国コーチング心理学会員，公認カウンセラーであり，解決焦点化コーチングに関する多くの本を執筆，共同編集している。電子メールアドレスは，focusonsolutions@btconnect.com である。

　ジョナサン・パスモア（Jonathan Passmore）は，公認職業心理学者であり，最高責任者，会長として，取締役会で働いた経験をもつ。ごく最近では，Pricewaterhouse Coopers Consulting，IBM，OPM でコンサルタントとして働き，イーストロンドン大学で教鞭をとっている。彼は *Appreciative Inquiry for Organisational Change*（2008, Kogan Page），コーチング協会ガイドブックシリーズに収められている *Excellence in Coaching*（2006, Kogan Page），*Psychometrics in Coaching*（2008, Kogan Page）の著者である。電子メールアドレス

は，jonathancpassmore@yahoo.co.uk である。

ベガ・ザギア・ロバーツ（Vega Zagier Roberts）は，精神科医，心理療法家として教育を受けてから，1985 年以降，組織のコンサルタント，コーチとして働いている。グラブ研究所の上級組織アナリストとして彼女は，リーダーシップ開発に関心をもち，英国内，欧州において多くのマネジャーや指導者と一緒に働いている。*The Unconscious at Work: Individual and organisational stress in the human services*（1994, Routledge）の共同編集者である。電子メールアドレスは，v.roberts@grubb.org.uk である。

アーネスト・スピネッリ（Ernesto Spinelli）は，心理療法・カウンセリング心理学の教授であり，英国心理学会員，同学会公認カウンセリング心理学者である。心理療法家，エグゼクティブコーチ，スーパーバイザーとして個人的な実践を行っているほか，ロンドンのリージェンツ・カレッジ心理療法カウンセリング学部の上級研究員である。電子メールアドレスは，ESA@plexworld.com である。

カーシャ・シマンスカ（Kasia Szymanska）は，英国心理学会の公認心理学者，公認認知行動療法家，準会員である。彼女は『コーチングサイコロジスト』の編集者，*The AC Bulletin*（『コーチング協会紀要』）の書評編集者，ロンドンにあるコーチングセンターの遠隔教育プログラム制作責任者，コーチング心理学スーパーバイザーである。指導者としても働いており，ロンドンでコーチ，心理療法家として実践している。

（堀　　正訳）

注　「公認」という用語は，英国王室の勅許による「公認」を意味する。

まえがき

　コーチングは実に長い伝統がある。それは何十年どころではなく何百年，おそらく何千年も過去にさかのぼるだろう。学問的経験をとおして学究を導き，勇気づける力と同時に分析し深く考える力をあわせもった賢い教師のイメージが伝説の基礎を作った。それは無知から知識へ，疑いから信頼へ，未熟から達成への旅である。

　個人や組織の潜在的な力を最大限に活用しようと多くの貯えを用意している時代に，一つの繁栄する産業が賢い教師の現代版を提供するために出現したことを知っても驚くにあたらない。エイブラハム・マズロー（Abraham Maslow）ならばこれを「自己実現」への動因とみなしただろう。商業やスポーツの場であれ，個人的満足の領域であれ，それはあなたがなれる最善の者になろうと強く求める力である。

　しかし，すべての教師が同じわけではない。いずれ「学究」となる人は，多くの道のなかからどのようにして一本の道を選んで進んでいくのだろうか？

　コーチング心理学の出現は，こうしたジレンマに何らかの答えを与えてくれる。心理学的な理論や実践を試みて検証したのち，そのしっかりした基礎のうえに，まさに絶好の機会が作られる。心理科学を使えばわれわれは，批判的な分析や評価のなかを生き残り，その有効性に実証的な結果という強力な基礎を与えたアプローチや技法に信頼をおくことができる。

　応用心理学の多くの分野がコーチング心理学という学問領域に貢献してきた。そして，英国心理学会におけるコーチング心理学の強みは，それが専門的な実践の範囲を越えていると認識してきたことである。この方法は，臨床場面，教育現場そして職場など，さまざまな領域にふさわしいものであり，しかもそうした領域で使われている。

　それでは，コーチング心理学はどのようにしてさらに重要な貢献を成し遂げたのだろうか？　ポジティブ心理学の活動を主導したマーティン・セリグマン（Martin Seligman）は，伝統的な応用心理学が人間の欠陥，弱さを特定したり，精神病理を扱ったりするという基礎から出発していることを批判した。応用心

理学者の多くは，治療的介入の主要部分は，人の強さを知り，強さの上に築かれていると信じて，セリグマンの見方に反対している。しかし，機能不全という言外の意味がそこにつきまとう健康管理あるいはカウンセリングなどの経路をとおして，多くの人がこうしたサービスを利用しているという意見には何らかの真実がある。

　コーチング心理学の出発点はそれと違う。機能不全というよりむしろ，それは言外に，成長し，発達し，よりよくなろうという欲求や，新しいスキルを身につけ，それまでのスキルに磨きをかけようという欲求を前提としている。個人のなかに眠っている資質を最大限に活用しようと願う人びとや組織に心理学の恩恵を与えることを目指して，その射程は新たな顧客にまで及ぶのである。

　英国心理学会は「心理学を社会へ」という旗じるしをよく掲げている。コーチング心理学はその目標を達成しつつある。このハンドブックの読者は自らの力でそれを判定する機会をもつだろう。コーチング心理学の豊かな理論的基盤をはっきり説明し，実践と導入について明確に指導することに裏打ちされて，コーチング心理学の起源が徹底的に分析される。新しい機会をさがして利用しようとしている人びと，実践に基づく実証的な結果と，実証的な結果に基づく最善の実践を一つにしようとする人びとにとって，本書は時機を得たものである。洞察力ある学究と経験豊富な実践家はさらに勇気を与えてくれる力と分析し深く考える力を求めており，彼らにとって本書は賢い教師となる。

　　　　　　　　　　　　　　　　　　　　　　　英国心理学会副会長
　　　　　　　　　　　　　　　　　　　　　　　　レイ・ミラー

　　　　　　　　　　　　　　　　　　　　　　　　　（堀　　正訳）

序　文

　なぜ『コーチング心理学ハンドブック』を出版するのか？　コーチング心理学の時代が到来したとアンソニー・グラント博士が宣言した西暦 2000 年以来，コーチング心理学の活動はオーストラリア心理学会コーチング心理学利益団体（APS IGCP: Australian Psychological Society Interest Group in Coaching Psychology）と英国心理学会コーチング心理学特別団体（BPS SGCP: British Psychological Society Special Group in Coaching Psychology）がともにかかわってはじまった。前者は 740 人を超える会員を擁し，後者は 2000 人を超える会員を擁しているので，いずれも心理学の集まりのなかできわめて重要な団体である。事実，オーストラリア心理学会コーチング心理学利益団体は英国心理学会コーチング心理学特別団体の設立に力を貸した。さらに，両団体は協働して査読つきの国際学会誌『国際コーチング心理学レビュー』（*International Coaching Psychology Review*）を編集・刊行している。英国心理学会コーチング心理学特別団体も『コーチングサイコロジスト』（*Coaching Psychologist*）を刊行している。これらの学会誌はコーチング心理学者をはじめとする多くの研究者や実践家にコーチング心理学の研究，理論そして実践に焦点をあてた論文を発表する場を提供している。

　コーチング心理学団体の発展とともに，国規模でコーチング心理学の会議やシンポジウムも開催されるようになった。オーストラリアではヘルスコーチングのシンポジウムもこれに合流した。2006 年 12 月に第 1 回国際コーチング心理学会議が英国のシティ大学ロンドンで開催されたが，これは英国心理学会コーチング心理学特別団体が主催したものである。この他にも専門的なコーチング心理学団体がスイスやデンマークで設立されたので，今後数年のあいだに，これらの専門的心理学団体がもっと協働して活動を行うだろうと予想している（アペンディクス 1 を参照）。確かに国レベル，ヨーロッパレベルそして国際レベルでコーチング団体どうしの協働が進んでいる。

　2000 年以降，オーストラリアのシドニー大学コーチング心理学研究科，英国シティ大学ロンドンのコーチング心理学研究科，もっと最近では米国のハー

バード医科大学コーチング心理学研究所を含めて，大学に拠点をおく研究機関が発展している。大学が認定するコーチング心理学の大学院教育プログラムが多くの大学や外部の教育センターでも実践されている。

　この『ハンドブック』は，まさに胸躍る時期にコーチングおよびコーチング心理学の領域で出版された。2つの領域がつながることで，実証的な結果に基づいたコーチングがさらに発展するだろう。この『ハンドブック』が，研修生そして経験豊富な実践家にコーチング心理学の理論や実践への洞察を与えてくれるものと期待している。

　最後になるが，オーストラリア心理学会コーチング心理学利益団体ならびに英国心理学会コーチング心理学特別団体が，その歴史，守備範囲そして定義条項をさまざまな原資料から載録する許可を与えてくれたことに謝意を表する。両団体からの支援はコーチング心理学の発展に大きな力となった。

2007年11月

スティーブン・パーマー
アリソン・ワイブラウ

参考文献

Grant, A. M. (2000) Coaching psychology comes of age. *PsychNews* 4(4): 12–14.

（堀　　正訳）

目　次

日本語版に寄せることば　i
編集者と寄稿者について　ii
まえがき　ix
序　文　xi

第1章　コーチング心理学とは何か
　　　　　　　　スティーブン・パーマー，アリソン・ワイブラウ　　1

第Ⅰ部　コーチング心理学の射程と研究

第2章　過去，現在そして未来
　　　──プロフェッショナルコーチングとコーチング心理学の発展
　　　　　　　　　　　　　　アンソニー・M. グラント　　26

第3章　ポジティブ心理学とコーチング心理学の統合
　　　──前提と熱望を共有しているか？
　　　　　　　　P. アレックス・リンリー，スーザン・ハリントン　　46

第4章　研究──コーチングは有効か？
　　　　　　　アネット・フィラリー-トラビス，デイビッド・レイン　　67

第Ⅱ部　コーチング心理学：さまざまなアプローチ

第5章　行動コーチング
　　　　　　　　　　　　　　　　ジョナサン・パスモア　　86

第6章　認知行動コーチング──統合的アプローチ
　　　　　　　　スティーブン・パーマー，カーシャ・シマンスカ　　100

第7章　コーチング心理学への実存主義的アプローチ
　　　　　　　アーネスト・スピネッリ，キャロライン・ホーナー　　139

第8章　ゲシュタルトコーチング
　　　　　　　　　　　　ジュリー・アラン，アリソン・ワイブラウ　　157

第9章　動機づけ面接法——コーチング心理学者のためのアプローチ
　　　　　　　　　　　　ジョナサン・パスモア，アリソン・ワイブラウ　　190

第10章　ナラティブコーチングと学習心理学：多文化的視点
　　　　　　　　　　　　　　　　　　　　　　　ホー・ラウ　　207

第11章　神経言語プログラミング（NLP）コーチング
　　　　　　　　　　　　　　　　　　　ブルース・グリムリー　　228

第12章　人間中心的コーチング心理学
　　　　　スティーブン・ジョセフ，リチャード・ブライアント－ジェフェリーズ　　250

第13章　会話的学習——コーチングにおけるパーソナルコンストラクト心理学の適用
　　　　　　　　　　　　　　　　　　キーラン・ドゥイグナン　　271

第14章　精神力動・システム−精神力動コーチング
　　　　　　　　　　ベガ・ザギア・ロバーツ，ハリーナ・ブラニング　　298

第15章　解決焦点化コーチング
　　　　　　　　　　　ビル・オコーネル，スティーブン・パーマー　　326

第Ⅲ部　コーチングとコーチング心理学において，関係，多様性そして発展を理解する

第16章　コーチ−クライエント関係の再検討
　　　　——コーチングにおける目立ちにくい変化主体
　　　　　　　　　　　アランナ・オブロイン，スティーブン・パーマー　　346

第17章　コーチ育成のための認知発達的アプローチ
　　　　　　　　　　タチアナ・バヒローワ，エレーヌ・コックス　　382

第18章　カウンセリングとコーチングの境界を明確化するさいの
　　　　コーチング心理学の役割
　　　　　　　　　　　　　　　　　　　　タチアナ・バヒローワ　　412

第 19 章　コーチングと多様性
　　　　　　　　　ヘレン・バロン，ハンナ・アジゾラー　431
第 20 章　コーチングにおける心理測定法の利用
　　　　　　　　　　　　　　　　　アラン・ボーン　454

第Ⅳ部　持続する実践

第 21 章　組織内にコーチングの取り組みを組み込んで維持していくための概念
　　　　　　　　　アリソン・ワイブラウ，ビック・ヘンダーソン　478
第 22 章　コーチング心理学にスーパービジョンは必要か?
　　　　　　　　　　　　　　　マイケル・キャロル　507

おわりに　531
アペンディクス 1　コーチングとコーチング心理学の専門団体　532
アペンディクス 2　コーチングとコーチング心理学の関連雑誌　533
アペンディクス 3　大学にあるコーチング心理学センターなど　535

監修・監訳者あとがき　537
人名索引　541
事項索引　545

第1章

コーチング心理学とは何か

スティーブン・パーマー，アリソン・ワイブラウ
(Stephen Palmer and Alison Whybrow)

　この『ハンドブック』を執筆する構想は，個人の成長や組織の発展を後押しする活動としてのコーチングが一般的にようやく受け入れられるようになった時期に生まれた。このとき，コーチング産業のなかで発展しつつある専門組織は揺籃期にあり，コーチングは一般にまだ十分理解されていなかった（Grant, 2001 を参照）。しかし，本書が出版されようとしていたとき，事態は大きく変わった。『国際コーチング心理学レビュー』（*International Coaching Psychology Review*）の第1巻第2号においてカバナーとパーマー（Cavanagh and Palmer, 2006: 5）が指摘しているように，「急速に拡大しているコーチング心理学という分野において6か月は本当に長い」のである。そして，本書の出版時点でも，コーチング心理学という分野は発展をつづけているようにみえる。
　このように絶えず変化する状況のなかで本書は，コーチングという専門的職業とコーチング心理学の発展を支えることをおもに目指している。本書がはじめて，この分野において，方法の射程のみならず幅広い実践的な考察の射程も統合して，心理学者，心理学以外の分野の人びと，コーチングを必要としている人びと，人材管理の専門家に，コーチング心理学への直截的な洞察を与えている。まずはじめに，よく知られたコーチであるジョン・ホイットモア卿は次のような状況にはっきりと注目している。こうした状況にコーチング実践家が取り組めるよう，本書が彼らの成長を支えてくれるものと期待している。

　　ほとんどの場合，彼ら［コーチ］は，コーチングが拠って立つ活動能力にかかわる心理学的原則を十分には理解していない。これを理解しなくても，コーチはコーチングという活動を行い，たとえば質問と呼ばれる，コ

ーチングと結びついた行動をとるかもしれない。しかし，期待した結果は
得られないだろう。　　　　　　　　　　　　　　　　(Whitmore,1992: 2)

　はじめに本章において，コーチングあるいはコーチング心理学とは何か，コ
ーチング心理学あるいはコーチングの心理学という特定の研究がどのように始
まったか，コーチング心理学を心理学の応用分野にしようとする動きにともな
ってコーチング心理学がどのように専門領域となっていったかについて検討し
ていく。そのあとで本書の第Ⅰ部から第Ⅳ部について紹介する。

コーチングあるいはコーチング心理学とは何か，両者のあいだに違いはあるのか？

　一般に受け入れられているコーチングの定義あるいは記述をみると，コーチ
ングとコーチング心理学のあいだに違いがあることがわかる。三人の著名な研
究者や実践家はコーチングを次のように説明している。

- コーチングは個人の潜在能力を解き放って，彼ら自身が最大限に力を発揮できるようにするものである。それは，教えるというより自らが学ぶことを助けるもの——促進的アプローチ——である（Whitmore, 1992，名テニスプレーヤのティム・ギャルウェイによる）。
- コーチングとは，相手の能力，学習そして成長を促進させる技法——促進的アプローチ——である（Downey, 1999）。
- コーチングとは，教え指示すること——指導的アプローチ——で個人の活動能力をすみやかに伸ばして技能を高める仕事に直接かかわっている（Parsloe, 1995）。

しかし，今世紀初頭から発展が始まったコーチング心理学の定義と記述には，
心理学的な理論や実践への配慮がみられる。

- コーチング心理学は，すでに確立されている治療的アプローチに基づくコーチングモデルの支援を受けて，臨床的な問題をもたない（non-clinical）人びとが職場や個人の生活領域で活動能力を高められるようにするものである（Grant and Palmer, 2002）。

　この定義は，アンソニー・グラントとスティーブン・パーマーが論文を共同
執筆していたときに考えついたものであり，2002年の英国心理学会（BPS：
British Psychological Society）カウンセリング心理学部門の年次総会でパーマ

ーが主催したコーチング心理学ワークショップにおいて使われた。その後，この定義は，BPS 内にコーチング心理学特別団体（SGCP：Special Group in Coaching Psychology）を設置するという初提案がなされたときにも使われた。この提案が BPS の委員会内で承認されたことから，先に述べたコーチング心理学の実践的定義が広く受け入れられるようになった。BPS 内にある職業心理学，教育心理学，健康心理学，臨床心理学，カウンセリング心理学などの下位部門の心理学者たちが SGCP に参加するようになると，この定義をもっと包括的なものにしようという提案がなされた。さらに，専門的実践について議論された BPS 実務委員会の後に，「臨床的な問題をもたない」という用語が削除された。SGCP の実践的定義は最終的に次のようになった。

> コーチング心理学は，大人の学習について確立された心理学研究法に基礎をおくコーチングモデルの支援を受けて，個人生活の幸福や職場での活動能力を高めるものである。　　　（Grant and Palmer, 2002 から引用）

オーストラリア心理学会コーチング心理学利益団体（IGCP：Interest Group in Coaching Psychology）は，コーチング心理学を次のように説明している。

> 〔コーチング心理学は〕ポジティブ心理学の応用分野であり，確立された心理学研究法に基づき，それを発展させたものである。コーチング心理学は行動科学を体系的に応用することで，臨床的に重大な心的健康の問題をもたず，特別な苦悩の水準にない個人の生活経験，集団，組織の活動能力を高め，よい状態に保つことに資するものである。
> 　　　　　　　　　　　　　　　（Australian Psychological Society, 2007）

　定義の上でコーチングとコーチング心理学を分ける重要な概念は，コーチング心理学が心理学理論の応用を含むということである。SGCP と IGCP の定義は似ているが，IGCP の定義では，コーチング心理学が「ポジティブ心理学の応用分野」であると明確に述べている。SGCP はさまざまな分野の参加者で構成されているため，こうした明確な定義は行っていないが，コーチング心理学とポジティブ心理学は親密な関係にある。誰も未来は予測できないが，心理学の分野が停滞しつづけない限り，定義は変わっていくだろう。
　SGCP 会員，なかでも子どもや若者をコーチする教育心理学者からの知見も加えると，最新の定義は次のようになる。

コーチング心理学は，大人および子どもの学習について確立された心理学研究法に基礎をおくコーチングモデルの支援を受けて，個人生活での安心や満足，仕事の場での活動能力を高めることを目指す。

このほかにも確かにさまざまな定義が可能だが，どの国の心理学専門組織も，自国での実践にふさわしい作業的な定義を引き続き提供していく必要があるだろう。

コーチング心理学：時代の到来

2000年にアンソニー・グラントはコーチング心理学の時代が来たと宣言した。その数年後にカバナーとパーマー（2006：5）は「コーチング心理学の理論，実践，研究の基盤は急速に発展している」と述べた。確かにコーチング心理学は，研究と実践のいずれの領域においても，応用心理学のなかで急速に拡大しつつある一分野となっているようである（Grant, 2005, 2006; Cavanagh and Palmer, 2006）。

コーチング心理学はどこからどのように発展してきたのだろうか？　この問いに対してはさまざまな見解がある（第2章参照）。現代のコーチング心理学が1960年代の人間学的運動を基礎として発展してきたことにはほぼ異論がない。カウンセリングへの人間学的アプローチは情動，個人間の関係，自己を現象的にとらえることにとりわけ焦点をあてた（Dryden and Palmer, 1997）。ライフコーチング，パーソナルコーチングあるいは仕事の場でのコーチングにおいてコーチはクライエント中心の目標指向的な過程を促進させるが，このような人間学的アプローチはまだまだ重要な要素であるとみることができるだろう。しかし，1960年代には，認知・行動・心像に重点をおく認知行動療法も発展しており，情動は認知過程のたんなる産物と位置づけられるようになった（Dryden and Palmer, 1977を参照）。

活発なビジネスの世界に目を向けると，認知行動的アプローチ，もっと明確にいえば理性感情行動療法が心理学者によって広く仕事の場に応用されていた（Ellis and Blum 1967; Ellis, 1972; DiMattia with Mennen, 1990; Palmer and Burton, 1996）。北米と英国における認知行動訓練センターでは訓練生が精神保健専門家の資格を取るように求められたが，人間学的アプローチでは，クライエント中心あるいは個人中心のカウンセリング，さらにはこのほかの人間学

的療法を誰が施すかということに何も制約を設けなかった。これに対して，英国の認知行動療法の専門家団体では，会員の大部分が精神医学，看護あるいは心理学の分野で核となる健康関連の専門的資格をもっていた。このことが，オーストラリアや米国のコーチング心理学者（あるいはコーチとしての心理学者）そしてコーチが行う方法を，英国のコーチング心理学者やコーチが行う方法から明確に分けている。コーチング心理学者はコーチングの舞台で使われてきた広範囲な治療上のアプローチを使っていると報告しているが，心理学者以外は GROW（Goal(s), Reality, Options, Way forward）モデルを使う傾向があり，訓練プログラムを受けるさいに基礎的な心理学理論を教わっていない（13－14 ページを参照 ; Whybrow and Palmer, 2006a, 2006b）。クライエントが自身のコーチング目標を達成していないのに，彼らを理解する助けとなる心理学的モデルを使って実践家が自分の実践を補強しなければならないとき，GROW モデル，もっと正確にいうと，傾聴やコミュニケーションといった基本的なコーチング技法も加えて対話を維持する枠組はあまり効果があるようにみえない。GROW はとても強力な長所を多くもっているが，ほとんどの場合，心理学的知識がないままに教えられている。米国では，このことに関して誰が心理学的方法を実施できるかという法的問題が生じる。米国に拠点をおく国際コーチ連盟は国際的潮流のなかにあることを認識しながらも，米国の法律にしたがって活動している。英国では，コーチング提供者は外部の大学で資格を得て，専門機関から認められるので，十分に経歴を積んでいて，幅広い理論を身につけている。

コーチングの心理学

現代のコーチングそしてコーチング心理学は 1960 年代に発展の基礎をもつが，1920 年代にはすでにコーチングの心理学が正式に体系だてて研究されはじめた。コーチングの心理学の研究はコーチング心理学という専門領域の発展とは別の道を進んだとみるべきだろう。これについては後ほど述べる。

早くも 1918 年にグリフィスはフットボールやバスケットボールについて心理学的な観察を行っていた。彼はイリノイ大学で学び，1920 年に博士号を取得した。論文のテーマは前庭システムであった（Green, 2003）。学位取得後，ほどなく彼はイリノイ大学の助教授となり，運動選手向けに心理学に基礎をおく科目を作った（Griffith, 1930）。1925 年に，イリノイ大学人間身体健康学科

のハフ学科長の求めに応じて，彼は運動研究実験室を設置した。この種の研究施設としては米国初であった。グリーン（2003）は，最初の科学的運動研究専門の実験室はベルリンに作られたと述べている。グリフィス（1926：vii）は，これが「さまざまな運動競技を行っているときの人間行動について実験的・心理学的研究を行うための特別な施設」であったと記している。グリフィスは所長として招かれ，次の3領域について研究を行った（Griffith, 1926：vii）。

- 純粋に心理学的な事実や理論を発見すること。
- 人間行動のなかで運動技能や運動の熱心さに関係する事実を発見すること。
- コーチング方法をいっそう効果あるものにすること。

グリフィスは，コーチは「単なるインストラクターではなく，そのことばの本来の意味で教師であり，人の個性を作り上げる者，人のパーソナリティを形作る者である」（Griffith, 1926：2）と確信していた。さらに彼は，コーチは運動選手であり，生理学者であり，心理学者であるべきだと考えていた。『コーチングの心理学』（Griffith, 1926）においてグリフィスは，サッカーの観客，花形スポーツ選手，ツキのない選手など，コーチングの多様な側面，あるいは，コーチングが行き過ぎたチームに起こる問題を扱い，学習の法則や原理までも論じていた。彼は「練習にまさるものなし」という常識的な考えにも疑問を投げかけた。

グリフィスは学問的にも多産であり，1919年から1931年までに40を超える論文を発表し，そのうちの少なくとも半分はスポーツの心理学に関する研究であったといわれている（Gould and Pick, 1995；Green, 2003）。このおかげで，この時代にコーチングの心理学が確立されたのである。1932年に実験室は閉鎖されたが，グリーン（2003）によると，グリフィスはその後もスポーツの研究に積極的に携わり，次のような困難な事態に遭遇した。

> 1938年に，シカゴカブスのオーナーだったリグリーはチームの成績を上げるためにグリフィスを雇った。グリフィスは助手とともに選手のプレーを記録し，腕前を評価して，チームのために「科学的」練習プログラムを作ろうとした。グリフィスの研究対象となった選手たち，なかでも監督は口を挟まれること（彼らの目にはそう映った）に反対し，彼の仕事を葬り去ろうとした。1938年から1940年までにグリフィスはカブスについて600ページを超える報告書をまとめた。　　　　　（Green, 2003：267）

監督がグリフィスの提案を受け入れようとしなかったために，シカゴカブス

で働いているあいだ，グリフィスは多くの問題に直面した。1940年にグリフィスがカブスを辞めると，コーチング研究も終わりを告げた。博士課程の弟子たちがグリフィスの研究を引き継いだかは定かでない。こうして，スポーツ分野におけるコーチングの心理学の研究はその黄金時代の幕を閉じ，その後，数十年にわたって隆盛は戻ってこなかった。しかし，1960年代に，米国において心理学の一分野としてスポーツ心理学を確立しようとしていたスポーツ心理学団体が，この分野でのグリフィスの著作や研究を折よく見つけ出した。論文が発見されたことで，彼が何を探求していたかが裏づけられたのである。

おそらくグリフィスは大リーグの球団所有者に長いあいだ雇われたはじめての本格的な心理学者であっただろう（Green, 2003）。今では彼は米国のスポーツ心理学の分野で「父」とみなされている（Kroll and Lewis, 1978）。往々にして認められずにきたが，彼はコーチングにおける心理学の重要性を強調するというすばらしい貢献をした。

その後，コーチングの心理学について書きはじめる研究者が出てきたが，ローザー（Lawther, 1951）の『コーチングの心理学』にあるようなスポーツ分野にたえず焦点があてられてきた。コーチング心理学と銘打った最初の本はカーチス・ゲイロードの『現代コーチング心理学』（Gaylord, 1967）であろう。この本もスポーツに関連していたが，コーチは健全な教育者であるべきだと提案しており，コーチとクライエントのための評価質問紙も収録されていた。その後の著書としては，『運動コーチングの心理学』（Moore, 1970），『コーチングの心理学』（Tutko and Richards, 1971），『動機づけとコーチング心理学』（Wilt and Bosen, 1971）がある。

『コーチングの心理学：理論と応用』（Llewellyn and Blucker, 1982）のなかでレウェリンとブラッカーは，スポーツ心理学の実践を支えるために心理学から直接に選んださまざまなテーマを論じている。それらはどれも今日のコーチングやコーチング心理学にとって重要なものである（Singer, 1976: 25）。

- **発達的**：最適な学習・実行期間，遺伝と経験，成熟過程，児童期，青年期，成熟，老化，障害。
- **パーソナリティ**：適応問題，自己概念，動機づけ，固執，方向づけ，努力，心理的帰属やストレス。
- **社会的**：グループや組織のダイナミクス，競争と協力，リーダーシップとマネジメント，傍観者効果，仲間や文化の影響，コミュニケーション，社会的次元。

- **学習と訓練**：学習過程と変数，技能習得に影響する要因，訓練の実施，活動能力変数，エルゴノミクス，教授法，システムモデル，メディア利用，個人に特化した学習アプローチ。
- **心理測定法**：測定，個人差，集団差，能力，素質，技能，個人的選択，成功予測。

　企業や団体のクライエントは卓越した能力を備えた人に一体感を抱き，かかわりをもちたいと願っている（O'Broin and Palmer, 2006）。今日，彼らにとってビジネスとスポーツの関連は魅力的であり，セミナーに参加して，一流スポーツ選手からコーチングを受けることがポジティブな経験である。彼らはスポーツと活動能力とのあいだの関連を直感的に理解している。スポーツ心理学に関するロバート・シンガーの概説（Singer, 1976）は，心理学的な理論や技法をもった実践家の助けを借りて従業員がコーチングに入ろうとするとき，心理学は何を提供しなければならないかを鮮やかに描いている。ペルティアは「カウンセリングが弱さや不十分さを連想させるのに対して，コーチングは成功したスポーツ人や勝利したチームを連想させる」（Peltier, 2001：170）と述べている。実際，ある研究によると，従業員はカウンセリングを受けることを恥ずかしいと考えるので，カウンセラーよりむしろコーチに診てもらいたいと望んでいるという（Gyllensten et al., 2005）。

　しかし，初期には，スポーツ領域でのコーチングの心理学は，並行するがしばしば別の経路をたどって発展したとみることができる。この発展経路のなかで，現代のエグゼクティブコーチングあるいはライフコーチングはスポーツ心理学からの発見を必ずしも使ったり組み入れたりしてこなかった。けれども，ペルティア（2001：170）が述べているように，エグゼクティブコーチングは運動や活動能力のコーチングにそのルーツがある。これは，コーチング心理学者が治療的方法をコーチング分野に応用してきた方法とは際立った対比を示している。

　オブロインとパーマー（O' Broin and Palmer, 2006）は今後の研究に言及して次のように結論づけている。

　　〔今後の研究では〕スポーツ心理学とコーチング心理学の統合，パフォーマンス心理学とポジティブ心理学の統合，そしてコーチ－運動選手とコーチ－クライエントの関係の統合という3つの領域について議論が行われ，関心をもつ解説者や研究者がさらに研究を進めていく機会を与えられるだ

ろう。　　　　　　　　　　　　　　　　（O'Broin and Palmer, 2006: 21）

　グラント（2005, 2006）は行動科学や商用の研究データベースから得られた文献を精査して，コーチング研究の発展について検討した。グラント（2005）はエグゼクティブコーチング，職場コーチングそしてライフコーチングに関する文献に注目し，最初期に出版された学術論文の一つとしてゴービー（Gorby, 1937）の論文を発見した。そこには，新人従業員は古参従業員からコーチングを受けることで無駄を減らし，利益を増やすことで，利益分配計画によるボーナスを最大化できることが記されている。この文献は従業員が職場コーチングで求める重要な関心事の一つ，つまり利益の最大化を見事に具体的に示している。そして，これは商業的意義ももち合わせ，従業員にも利益をもたらしてくれる。

　グラント（2005）は，数は限られているが，エグゼクティブコーチング，職場コーチングそしてライフコーチングに関する行動科学の文献（PsychInfo and Dissertation Abstracts International (DAI)）のなかでどれだけ査読つき論文があるかをまとめた結果，次のように述べている。

　　査読つき論文は1995年から急増している。コーチングに関する査読つき論文は1937年にはじめて出版された。1937年から2005年3月までに全部で175編の論文が公刊された。1937年から1994年までに，50編の論文あるいは博士論文がPsychInfoやDAIのデータベースに引用されていた。1995年から1999年までに29編の論文あるいは博士論文が書かれた。2000年から2005年3月までに96編が書かれた。1935年から2005年3月までに44編もの博士論文が書かれた。175編のうち97編はコーチング，コーチング理論あるいは技法の応用について論じており，78編は実証的研究であった。ここからは，職場コーチング，エグゼクティブコーチングそしてライフコーチングに関する知識が増大していることがわかる。2000年以降，博士論文そして査読つき論文がかなりふえている。しかし，実証的研究の大部分は統制群を使わない事例研究なので，統制群を使って，もっと統計的な処理を施す研究が行われるべきである。コーチング関連の研究はまだはじまったばかりであるが，職場コーチングやライフコーチングの有効性を支持する実証的な研究が登場してきている。　　　（Grant, 2005）

　2005年12月にグラント（2006）は商用研究データベースの文献検索を行っ

て，組織あるいは職場で管理部門の発展を促したり業績を高めたりするためにどのようなコーチングが使われているかを調べた。関連文献がはじめて出版されたのは 1955 年で，1955 年から 2005 年 12 月までに 393 編の論文が公刊された。このうち 314 編はコーチング，技法の応用そしてコーチング文献に関する見解を扱っていた。残りの 79 編は実証的研究で，さらにそのうちの 67 編は 2001 年以降に公刊されていた。グラントは次のように結論づけている。

  さらに多くの実証的研究が行われなければならないのは明らかである。そうした研究は，コーチングが個人や組織のレベルでどれほど影響があるかに焦点をあてるだけでなく，実証的な結果に基づく有効なコーチング方法論の確立にも焦点をあてるべきである。 （Grant, 2006: 369）

 現在，ライフコーチングの有効性を立証する論文数がまだ少ないので，もっと経験的な研究が行われなければならないと結論づけるのは簡単である。コーチングを扱った出版物，コーチング訓練の教則本あるいは訓練センターのウェブサイトが主張し，誇大に表現していることは，出版されているコーチング研究とは必ずしも一致しない（Grant and O'Hara, 2006）。自身の専売であるトレードマークのコーチングブランド，突き詰めていえば，ほとんど公にされず，その有効性が立証できない研究を使った枠組やモデルを教えるコーチは多い。一方で，認知行動的そして／あるいは解決指向的な方法論を教えるコーチは少ない。最近の研究が示しているように，こうした方法論は目標希求，幸福，希望そして目標達成を高め，不安やストレスを軽減してくれる（たとえば，Grant, 2003; Green et al., 2006）。しかし，実際のところ，実証的方法は依然として限られている。

 もっと大きく全体像をみると，ようやく 1990 年代半ばから，はっきりと心理学理論に基づいたエグゼクティブコーチングやパーソナルコーチングの教科書が出版されるようになった。あるテーマについて読者の関心を刺激し呼び起こすような良書（たとえば，Peltier, 2001; Neenan and Dryden, 2002; Skiffington and Zeus, 2003; Cavanagh et al., 2005; Stober and Grant, 2006）もみうけられるが，市場に流通している大部分のコーチング関連書籍には学術的文献すらおさめられていない。

 英国では，心理療法の専門家たちが，誰に，どんな障害に，どんな方法が有効かを明確にしようとする問題にも遭遇した。英国保健臨床先端研究所（National Institute for Health and Clinical Excellence）（NICE, 2005）の心理学

的処置ガイドラインでは，不安，抑うつ，心的外傷後ストレス障害などの広範囲な障害に認知行動療法を使うことが推奨されている。残念ながら，こうした動きに対して，特に法定の健康専門職協議会登録証（Health Professions Council Registration）を求める心理療法家のあいだで多くの不満が沸き起こった。このハンドブックには広範囲の治療的方法が収録されていて，どの治療方法がどのようにコーチングに適しているかをよく理解できるようになっている。

コーチング心理学者はどのようなコーチング方法を使うか？

英国で2003年から2006年7月までに毎年，SGCP会員のコーチング心理学者にその見解と経験を尋ねる調査が行われた（Whybrow and Palmer, 2006a, 2006b 参照）。コーチング心理学の実践に関してパーマーとワイブラウが行った最新の調査（2006年7月）によると，コーチング心理学者は自分の方法を指導的（instructional）（17.4％）であるよりむしろ促進的（facilitational）（67.9％）ととらえているようであった。多くの実践家はこれを「二者択一」の方法というよりも自分たちの立場であるとみている。たとえば，主に促進的な方法を採用しているからといって，そのコーチが自分のコーチング枠組のなかで必要な情報を適切に提供することをやめさせることにはならない。

2006年7月の調査では，コーチング心理学者が28以上の異なった心理学的モデルやアプローチを使っていることが示された。図1.1 そして図1.2 に示されるように，そのうち23の研究方法いずれもが少なくとも10％以上の調査回答者によって使われている。そのなかでも，解決焦点化アプローチ（67.9％）と認知行動的アプローチ（60.6％）が最もよく使われている。これ以外には，目標焦点化アプローチ（45.9％），行動的アプローチ（45.9％），認知的アプローチ（42.2％）そして人間中心的アプローチ（39.4％）が続いている。

2003年の調査開始以来，解決焦点化アプローチ，目標焦点化アプローチ，認知的アプローチそして行動的アプローチがつねに上位にあげられている（注：認知行動的アプローチは最新の調査で選択肢に加えられた）。人気のあるアプローチがより効果的かどうかは明らかでない。確かに，目標焦点化アプローチと認知行動的アプローチは効果的であるとみなされやすい（たとえば，Grant, 2003; Green et al., 2006）。

回答者数が10％未満のものは，ナラティブ，トランスパーソナル，アクション，心理統合的そして精神分析的なアプローチであった。コーチが採用する

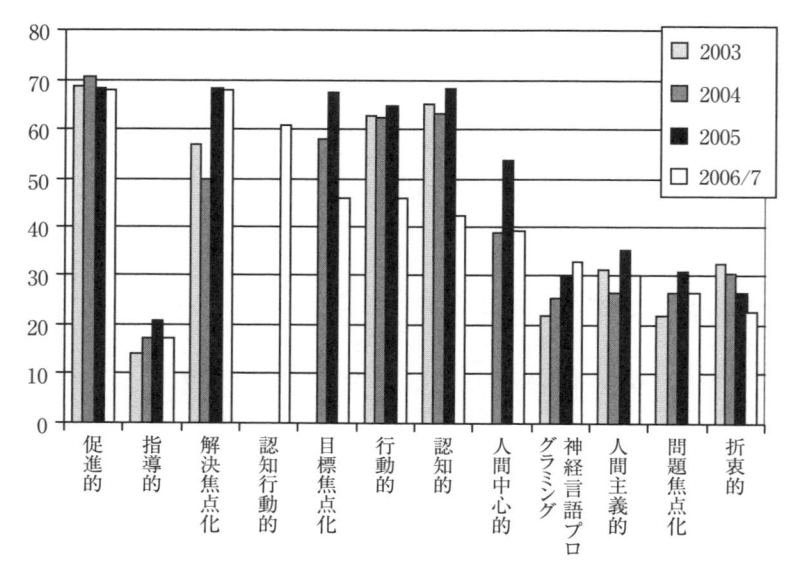

図 1.1　コーチング心理学者が用いるアプローチ

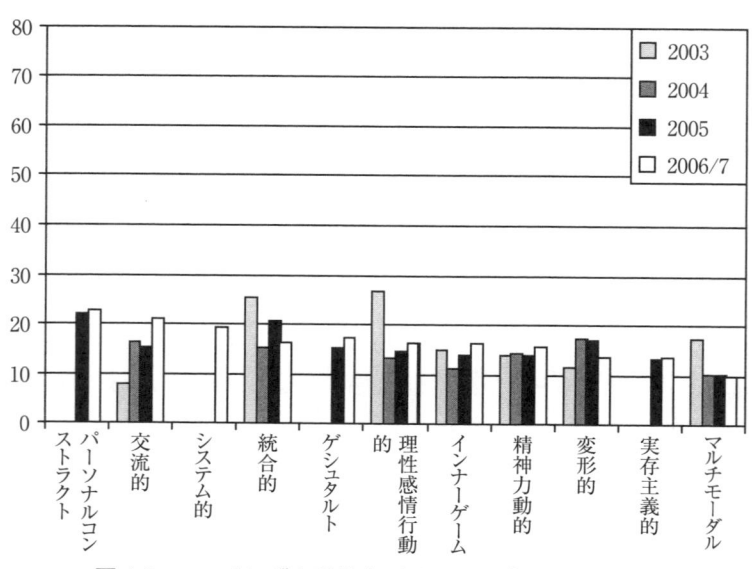

図 1.2　コーチング心理学者が用いるアプローチ（続き）

心理学的モデルによってクライエントの経験が異なるかがわかれば興味深い。

このハンドブックでは，上記の調査で対象となった28の心理学的研究法のうち，動機づけ面接法を加えた11の方法について詳しく説明していく。これらの治療方法の多くがどのように利用され，コーチングやコーチング心理学の領域に応用されているかを論じた研究書はこれまでほとんど出版されていないので，このハンドブックはこれらの方法を一つにまとめた出版物として第一歩を記したといえよう。

コーチング心理学の発展

心理学という確立された専門領域において，コーチング心理学はオーストラリアと英国で相次いで発展をはじめた。これからその詳細について論じる。

オーストラリア心理学会コーチング心理学利益団体[1]

2002年8月の年次総会で，オーストラリア心理学会はコーチング心理学利益団体（IGCP）を立ち上げた。第一回総会は2003年1月に行われ，それ以降，メルボルン，シドニー，ブリスベーン，アデレードそしてパースにおいて，州主催のフォーラム，パネルディスカッションそしてIGCPの立ち上げを後援してきた。会員数は600を超え，ビクトリア，ニューサウスウェールズ，南オーストラリア，クイーンズランド，西オーストラリアそしてオーストラリア首都特別地域に州あるいは地域の団体がある。

IGCPは，心理学の理論的・応用的な下位部門として新たに出現してきたコーチング心理学の発展を理論的・応用的・専門的な側面から支援している。ポジティブ心理学の応用領域としてコーチング心理学は，確立した心理学方法論に基礎をおいてそれを発展させており，生活経験，活動能力の向上そして，臨床的に重大な精神的問題をもたず，特別な苦悩の水準にない個人，集団あるいは組織の幸福度を高めるために行動科学を体系的に応用する領域であるととらえられるだろう。

基準となる専門家フォーラムとしてIGCPは，理論的にはすべてを包括し，商業的な時流に流されずに，しっかりと批判的に考え，コーチング技能を応用面で発展させ，オーストラリア心理学会の倫理ガイドライン綱領に示されている最高度の専門的な統合性と実践を強く支持する。

1　本節の出典：APSのIGCPウェブサイト。2007年4月9日に検索。

参考となる協約
1 オーストラリア心理学会のなかでコーチング心理学の専門的主体性を高め，オーストラリア全土で研究者および実践家の連携体制を作り上げて維持していくこと。
2 利益団体ならびにそのほかのオーストラリア心理学会員との議論，学会員相互の交流そして情報共有を行うためのフォーラムを開催すること。
3 コーチング心理学の定義や本質について盛んに議論すること。
4 コーチング心理学の実践のために適切な倫理規準やガイドラインを設けること。
5 コーチング心理学向けに出版や研究を助成すること。
6 オーストラリア心理学会員に対して継続的な教育を計画し推進すること。
7 心理学という専門領域において，コーチング心理学のために最良の実践的かつ専門的な発展を推進すること。
8 コーチング心理学の本質や実践にかかわる問題について，オーストラリア心理学会に専門的助言を行うこと。

英国心理学会コーチング心理学特別団体

英国心理学会コーチング心理学特別団体は2004年12月に設立され，短期間のうちに2000人を超える会員を擁する英国心理学会で第三の団体となった。会員の半数は公認心理学者である。特別団体は特定の分野で活動する英国心理学会員を代表している。

英国心理学会コーチング心理学特別団体の目的は次のとおりである（BPS, 2007）。

2.1 コーチング心理学の発展を推進すること。
2.2 個人的，組織的な場面そして訓練場面においてコーチング心理学の研究を促進すること。
2.3 コーチング心理学の実践のために適切な倫理規準やガイドラインの適用を進めること。
2.4 ワークショップ，シンポジウム，会議の開催そして出版を促進して，コーチング心理学を発展させること。
2.5 コーチング心理学の本質，目的そして実践的応用について一般に周知すること。
2.6 こうした目的を達成するために英国心理学会の各々の部門，部署そし

て特別団体と密接に連携し，外部の機関や組織と適切に協力すること。
2.7　特別団体会員がコーチング心理学の活動にいっそう関心をもつようにさせること。
2.8　上記の目的を達成するためにあらゆる活動を行うこと。

　コーチング心理学における特別団体設置の計画は，2002年に開催された英国心理学会カウンセリング心理学部門の年次総会にまでさかのぼる。このときスティーブン・パーマーは一般会議でカウンセリング心理学部門のなかにコーチング心理学特別団体を設置するよう提案を行い，総会でコーチング心理学ワークショップを開催する許可を得た。このワークショップで，参加者がインターネットでのフォーラムを立ち上げ，関心をもつ会員たちが定期的に接触できるようにすることが取り決められた。インターネット上のグループはコーチング心理学フォーラムと呼ばれた（Palmer and Whybrow, 2006）。しかし，残念ながら，カウンセリング心理学部門の規程で特別利益団体は設置できないことがわかった。

　コーチング心理学フォーラムの会員は増加していき，本来のカウンセリング心理学者に加えて職業心理学および臨床心理学の会員も参加するようになった。2003年2月21日にロンドンのIBMで開催されたコーチング心理学フォーラムの会合で，コーチング心理学特別団体の設置を英国心理学会に提案することが決まった。この提案は困難に会いながらも，2004年8月31日までに1200人以上の英国心理学会員から支持を得た。その後，英国心理学会の全会員による投票が行われ，2004年9月16日に提案は可決された。2004年12月15日，英国のシティ大学ロンドンで臨時の会議と総会が開かれた。この総会には，現代コーチング心理学の父とみなされているシドニー大学コーチング心理学研究科のアンソニー・グラント博士が招かれ，基調講演を行った。

このほかの心理学団体

　コーチング心理学が発展するとともに，われわれはコーチング心理学に関連する団体がもっと多く設立されることを期待するようになってきた。現在，スイスにコーチング心理学会があり，デンマーク心理学会の一部門として2007年に実証的コーチング学会が立ち上げられた（アペンディクス1参照）。このように，各国の心理学団体の一部として専門的なコーチング心理学団体が設立されたということは，コーチング心理学者である会員に実践的規約や倫理的ガイドラインが適用されることを意味する。したがって，コーチング心理学者は

倫理的枠組のなかで活動できるようになる。

　第1回国際コーチング心理学会議は2006年12月18日にシティ大学ロンドンで開催された。世界各国から心理学者が集まり，国際コーチング心理学フォーラム（IFCP）の設置が承認された。そこでは，次のような目的が提案された（IFCP, 2007）。

- 地域や文化を超えてコーチング心理学者のネットワークを構築すること。
- コーチング心理学者に資格を与えること。
- 各国の関連組織と連携すること。
- 通文化的な研究を行うこと。
- 文化的違いを認識し，そのあいだの橋渡しをすること。
- 何が有効であるかを認識すること。

　この研究領域の外にいる人びとには，コーチング心理学がどこからきたかを理解できないかもしれない。しかし，何十年にもわたるさまざまな影響のもとにコーチング心理学は発展してきたのであり，その発展はまさに今も続いているということは理解してもらえたものと思う。

『コーチング心理学ハンドブック』の紹介

　このハンドブックでは，これまでに発展を遂げ，コーチングの実践に応用されてきた枠組や心理学理論を概観する。さらに，こうした枠組や理論を論じることでコーチング関係を実証し，その真相に迫る（Cavanagh, 2006）。

第Ⅰ部

　ここではまずアンソニー・グラントが，彼個人の視点からコーチング心理学の過去，現在そして未来を概観している。続いてアレックス・リンリーとスーザン・ハリントンが，ポジティブ心理学とコーチング心理学がいかに無理なくかかわるようになったかを検討する。彼らは，この2つの活動がともにどれほど強い願いをもって人びとの幸福や活動能力を高めようとしてきたかを探っている。アネット・フィラリー–トラビスとデイビッド・レインは個人や組織にとってコーチングがどれほどの真価をもっているかを示す研究を検証している。コーチングの実践という広い定義，方法の及ぶ範囲，測定の一貫性への説明要求を考えると，この真価を明らかにすることは特にやりがいがある。しかし，「コーチングは有効か」という質問について深く考え，とらえ直すことで，こ

の章では，コーチングの介入を評価するための有効な枠組を提供している。こうした背景や状況は，コーチング心理学の知識と実践の大部分にかかわる心理学的な理論とモデルを探求するための有効な出発点を提供してくれる。

第Ⅱ部

ここでは，コーチング心理学者や，心理学的技法を使ってコーチングを実践しているコーチが利用している心理学的な理論や枠組について紹介する。ここに集められた方法がすべてではないが，認知行動コーチング，行動コーチングそして解決焦点化コーチングのようなもっと一般的な方法が述べられている (Palmer and Whybrow, 2006)。さらにここには，たとえばナラティブコーチング，実存主義的コーチングそしてゲシュタルトコーチングといった，あまり実践されていない方法も含まれている (Palmer and Whybrow, 2006)。11 の心理学的なモデルや枠組についてアルファベット順に第 5 章から第 15 章までにまとめられている。

ジョナサン・パスモアは組織という実践場面にきわめて適した方法である行動コーチングを紹介している。この方法はパブロフ，スキナーそしてバンデューラといった著名な心理学者の研究からはじまっているが，第 5 章で強調しているのは，この方法によって，最終的にはクライエントが自分を動機づける自己報酬的な行動システムを作り出すということである。スティーブン・パーマーとカーシャ・シマンスカは統合的方法としての認知行動コーチングを紹介している。ここでは，クライエントへの適切な応用のためのきわめて実践的な方法とともに，この方法を支えるさまざまな枠組や概念について論じている。アーネスト・スピネッリとキャロライン・ホーナーは実存主義的コーチングを紹介している。その基礎となる哲学的仮説をはっきり認めて利用した方法として，実存主義はほかの方法と一線を画している。いつものように二人の著者は，実践へアプローチする潜在的に複雑で哲学的な方法をわかりやすく実践的に紹介している。第 8 章では，ジュリー・アランとアリソン・ワイブラウがコーチング実践の第二の実存主義的領域であるゲシュタルトコーチングについて紹介し，フリッツ・パールズのゲシュタルト療法の哲学について概観している。パールズはこの領域ではよく知られた人物の一人で，この哲学をコーチングの実践に応用するという洞察を与えた。

ジョナサン・パスモアとアリソン・ワイブラウは動機づけ面接法について論じている。これはクライエントとの特別なコミュニケーション方法で，個人的

変化という目標に向かおうとするクライエントの内発的動機づけを高めることを目指している。コミュニケーションの様式と内容を変化のサイクルに布置させることで，クライエント自らがコーチング過程とクライエントの目標に最大限に関与するためにはどのようなコミュニケーションの様式と内容が適切であるかについて論じている。ナラティブコーチングについてはホー・ラウが紹介している。これは，多文化的状況のなかで特にふさわしいとみられ，物語の語り（storytelling）に基づいて，個人や共同体が積極的傾聴の過程を通じて獲得する力，知識，技能に十二分に気づけるようにする方法である。

　神経言語プログラミング（NLP）の枠組からのコーチングはブルース・グリムリーが紹介している。第11章は，読みやすく単刀直入に，NLPが実存主義哲学やゲシュタルト心理学に深いルーツがあることを描いている。スティーブン・ジョセフとリチャード・ブライアン-ジェフリーズは，純粋に促進的な方向づけをもつ人間中心的コーチングについて論じている。人は誰でも自分自身がいちばん自分について知っているという主張は，コーチングの実践家には何も驚くにあたらないことである。しかし，この主張のもつ哲学的・理論的な深さは，このレトリックをコーチング領域の一部として何の疑問もなく受け入れてきた人には驚きであろう。パーソナルコンストラクト心理学（PCP）についてはキーラン・ドゥイグナンが説明している。これは構成主義心理学，人間性心理学そして文脈主義心理学の主題と心理測定法，柔らかいシステム方法論そして行動主義的強化の技法を織り交ぜたものである。この体系的なコーチング方法はきわめて実践的な視点から論じられている。ベガ・ザギア・ロバーツとハリーナ・ブラニングは精神力動コーチングそしてシステム-精神力動コーチングについて鋭い洞察を与えている。一見するととても個別的で療法に基礎をおく枠組が，精神力動的概念とシステムアプローチとの組み合わせで生き生きと描かれている。この統合によって，これはきわめて実践的で有効なコーチング方法となっており，より深い洞察がクライエントに与えられる。これに対して第15章では，ビル・オコーネルとスティーブン・パーマーが解決焦点化コーチングについて説明している。この方法は見た目にも結果指向的で能力に基づいている。この方法はポジティブ心理学において現在広く行き渡っているパラダイムのなかにうまくおさまるので，クライエントのもつ既存の技能，強さ，知識そして経験が主役の地位を得ている。

　第Ⅱ部で執筆している研究者たちが専門的知識を有していることは言を俟たない。なぜなら，読者はその概念的・理論的な背景を知る手立てをもっていて，

第1章　コーチング心理学とは何か　　19

各章で提示されている事例研究の材料のなかで各方法の中心的概念が生き生きと描かれていることを容易に理解できるからである。これらの章はいずれも，その方法が個々の実践と合致するかどうかを読者が知るための贈り物である。その方法がはっきりと強調されていればいるほど，コーチング心理学の実践家の関心をそそり，追究するにふさわしい方法はどれかを知るためのとても重要な洞察を読者に与えてくれる。

第Ⅲ部

　第Ⅲ部に収められた論文では，コーチングやコーチング心理学においてさまざまな理論がどのように関係し，発展してきたかを理解することが論じられている。一対一，いやそれだけでなく一対多の発展的作業というコーチとクライエントの重要な関係について，アランナ・オブロインとスティーブン・パーマーが注意深く検討している。コーチング関係について具体的な研究はきわめて少ないので，彼らは関連領域における既存の事実，概念そして発展を援用している。そして，成功したコーチング関係のもつ重要な特徴について，十分な根拠のある提案を行っている。第17章でタチアナ・バヒローワとエレーヌ・コックスはコーチ養成のための認知発達的方法について論じ，大人の発達，認知－内省的な発達そして自我発達について概観している。こうした理論はコーチ，コーチング心理学者そしてメンターの養成に注意深く応用されており，学習場面におけるコーチの要請にも応えるモデルとなっている。

　第18章では，バヒローワが第二の論文として，コーチングとカウンセリングの境界について検証している。バヒローワが指摘するように，「コーチング，カウンセリングそしてコーチング心理学の領域の新人だけでなく，クライエント，スポンサーになる見込みのある人びと，あるいはコーチやカウンセラーの資格をもつ経験者にとってもこうした区別は特に重要になる」（413ページ）。ヘレン・バロンとハンナ・アジゾラーは，コーチングにはその考えや概念を支える多様性が必要であると論じている。第Ⅱ部の研究方法を読むと，よいコーチになるには，たとえそのようにラベルづけされていなくても，さまざまな視点から活動する必要があることは言うまでもなく明らかである。第19章でヘレン・バロンとハンナ・アジゾラーは，機会均等や多様性について論じており，多くのエピソードを使って，われわれの価値や基準がコーチとして働くことにどのような影響を及ぼすかについて深く考え検証している。第Ⅲ部の最後の論文でアラン・ボーンは，さまざまな心理測定法の背後にある理論を含めて，コ

ーチング過程で心理測定の基準が果たす役割について検討し，言うまでもなく重要なこととして，適切な測定基準をどのように選んでフィードバックするかについても論じている。第Ⅲ部で扱われた論文の内容をまとめると，寄稿者たちは，実践家が広く深く考えて，自分自身の成長とコーチングあるいはコーチング心理学の実践を発展させるように求めていると理解できるだろう。

第Ⅳ部

第Ⅳ部では，実践を持続させることに焦点をあてて，2つの章のみを設けている。まずアリソン・ワイブラウとビック・ヘンダーソンが，組織のなかにコーチングを組み入れて維持していく過程について考察している。ここでは，変化を管理する枠組に基づいて，コーチングを支援するためにそうした枠組がどのように使われるかについて検討し，なぜ変化の過程を容易に起こさせる実践とそうでない実践があるのかを指摘している心理学的な基礎研究に光をあてている。第22章でマイケル・キャロルはコーチング心理学のスーパービジョンについて論じており，スーパービジョンがコーチング心理学に与える付加価値を検討している。ここで使われているのはスーパービジョンモデルであり，コーチング実践家の取り組み方がスーパーバイジーとスーパーバイザーのあいだの話し合いの焦点となる。

これまでに述べた内容を概観してはじめて，このハンドブックの扱う範囲の広さと深さが評価できる。寄稿者一人ひとりの努力が一体となってこのハンドブックに結実しているのであり，読者にとってはきわめて実践的で洞察に富み，考えさせられることの多い読みものとなっている。

本章を締めくくるにあたって，レウェリンとブラッカーのことばを記しておく（Llewllyn and Blucker, 1982: 2）。

> コーチング心理学のさまざまな側面に精通することは一筋縄ではいかない。

引用文献

Australian Psychological Society (2007) Definition of coaching psychology. www.groups.psychology.org.au/igcp/ (10 April 2007)

British Psychological Society (BPS) (2007) The aims of the Special Group in Coaching Psychology. www.sgcp.org.uk/coachingpsy/rules.cfm (9 April 2007)

Cavanagh, M. (2006) Coaching from a systemic perspective: a complex adaptive conversation. In D. R. Stober and A. M. Grant (eds) *Evidence Based Coaching Handbook: Putting best practices to work for your clients.* Hoboken, NJ: Wiley.

Cavanagh, M. and Palmer, S. (2006) Editorial: the theory, practice and research base of coaching psychology is developing at a fast pace. *International Coaching Psychology Review* 1 (2): 5–7.

Cavanagh, M., Grant, A. M. and Kemp, T. (eds) (2005) *Evidence Based Coaching.* Volume 1, *Theory, Research and Practice from the Behavioural Sciences.* Bowen Hills, Qld: Australian Academic Press.

DiMattia, D. J. with Mennen, S. (1990) *Rational Effectiveness Training: Increasing productivity at work.* New York: Institute for Rational-Emotive Therapy.

Downey, M. (1999) *Effective Coaching.* London: Orion.

Dryden, W. and Palmer, S. (1997) Individual counselling. In S. Palmer and M. McMahon (eds) *Handbook of Counselling,* 2nd edition. London: Routledge.

Ellis, A. (1972) *Executive Leadership: A rational approach.* New York: Institute for Rational-Emotive Therapy.

Ellis, A. and Blum, M. L. (1967) Rational Training: a new method of facilitating management labor relations. *Psychological Reports* 20: 1267–1284.

Gaylord, E. C. (1967) *Modern Coaching Psychology.* Dubuque, IA: W. C. Brown.

Gorby, C. B. (1937) Everyone gets a share of the profits. *Factory Management and Maintenance* 95: 82–83.

Gould, D. and Pick, S. (1995) Sport psychology: the Griffith era, 1920-1940. *The Sport Psychologist* 9: 391–405.

Grant, A. M. (2000) Coaching psychology comes of age. *PsychNews* 4(4): 12–14.

Grant, A. M. (2001) *Towards a Psychology of Coaching.* Sydney: Coaching Psychology Unit, University of Sydney.

Grant, A. M. (2003) The impact of life coaching on goal attainment, metacognition and mental health. *Social Behavior and Personality* 31 (3): 253–264.

Grant, A. M. (2005) Workplace, executive and life coaching: an annotated bibliography from the behavioural science literature (March 2005). Unpublished paper, Coaching Psychology Unit, University of Sydney, Australia.

Grant, A. M. (2006) Workplace and executive coaching: a bibliography from the scholarly business literature. In D. R. Stober and A. M. Grant (eds) *Evidence Based Coaching Handbook: Putting best practices to work for your clients.* Hoboken, NJ: Wiley

Grant, A. M. and O'Hara, B. (2006) The self-presentation and self-promotion of Australian life coaching schools: cause for concern? Unpublished paper. Coaching Psychology Unit, University of Sydney.

Grant, A. M. and Palmer, S. (2002) Coaching psychology workshop. Annual Conference of the Division of Counselling Psychology, British Psychological Society, Torquay, UK, 18th May.

Green, C. D. (2003) Psychology strikes out: Coleman R. Griffith and the Chicago Cubs. *History of Psychology* 6(3): 267–283.

Green, L. S., Oades, L. G. and Grant, A. M. (2006) Cognitive-behavioral, solution-focused life coaching: enhancing goal striving, well-being and hope. *Journal of Positive Psychology* 1(3): 142–149.

Griffith, C. R. (1926) *Psychology of Coaching: A study of coaching methods from the point of view of psychology.* New York: Charles Scribner's Sons.

Griffith, C. R. (1930) A laboratory for research in athletics. *Research Quarterly* 1:34–40.

Gyllensten, K., Palmer, S. and Farrants, J. (2005) Perception of stress and stress interventions in finance organizations: overcoming resistance towards counselling. *Counselling Psychology Quarterly* 18(1): 19–25.

International Forum for Coaching Psychology (IFCP) (2007) International perspectives: taking coaching psychology forward. www.freewebs.com/ifcp/inauguralmeeting2006.htm (9 April 2007)

Kroll, W. and Lewis, G. (1978) America's first sport psychologist. In W. F. Straub (ed.) *Sport Psychology: An analysis of athlete behavior* (pp. 16–19). Ithaca, NY: Mouvement.

Lawther, J. D. (1951) *Psychology of Coaching.* Englewood Cliffs, NJ: Prentice Hall.

Llewellyn, J. H. and Blucker, J. A. (1982) *Psychology of Coaching: Theory and application.* Minneapolis, MN: Burgess.

Moore, J. W. (1970) *The Psychology of Athletic Coaching.* Minneapolis, MN: Burgess.

Neenan, M. and Dryden, W. (2002) *Life Coaching: A cognitive-behavioural approach.* Hove: Brunner-Routledge.

NICE (2005) *Clinical Guidelines for Treating Mental Health Problems.* London: National Institute for Health and Clinical Excellence.

O'Broin, A. and Palmer, S. (2006) Win-win situation? Learning from parallels and differences between coaching psychology and sport psychology. *The Coaching Psychologist* 2(3): 17–23.

Palmer, S. and Burton, T. (1996) *People Problems at Work.* London: McGraw-Hill.

Palmer, S. and Whybrow, A. (2006) The coaching psychology movement and its development within the British Psychological Society. *International Coaching Psychology Review* 1(1): 5–11.

Parsloe, E. (1995) *Coaching, Mentoring, and Assessing: A practical guide to developing competence.* New York: Kogan Page.

Peltier, B. (2001) *The Psychology of Executive Coaching: Theory and application.* New York: Brunner-Routledge.

Singer, R. (1976) Overview of sports psychology. *Journal of Physical Education and Recreation* September; 25.

Skiffington, S. and Zeus, P. (2003) *Behavioural Coaching: How to build sustainable personal and organizational strength.* North Ryde, NSW: McGraw-Hill.

Stober, D. R. and Grant, A. M. (eds) (2006) *Evidence Based Coaching Handbook: Putting best practices to work for your clients.* Hoboken, NJ: Wiley.

Tutko, T. A. and Richards, J. W. (1971) *Psychology of Coaching.* Boston, MA: Allyn and Bacon.

Whitmore, J. (1992) *Coaching for Performance.* London: Nicholas Brealey.

Whybrow, A. and Palmer, S. (2006a) Taking stock: a survey of Coaching Psychologists' practices and perspectives. *International Coaching Psychology Review* 1(1): 56–70.

Whybrow, A. and Palmer, S. (2006b) Shifting perspectives: one year into the development of the British Psychological Society Special Group in Coaching Society in the UK. *International Coaching Psychology Review* 1(2): 85.

Wilt, F. and Bosen, K-. (1971) *Motivation and Coaching Psychology.* Los Altos, CA: Tafnews Press.

議論のポイント

- コーチングとコーチング心理学のあいだには本当に違いがあるのか？
- コーチング心理学は一時の流行にすぎないのか，それとも国際的に普及しているのか？
- コーチング心理学は一つのルーツからはじまったのか？
- コーチング心理学の発展はコーチングの領域に影響を与えるか？　もしそうならば，どのように影響を与えるか？

推薦図書

Cavanagh, M., Grant, A. M. and Kemp, T. (eds) (2005) *Evidence Based Coaching.* Volume 1, *Theory, Research and Practice from the Behavioural Sciences.* Bowen Hills, Qld: Australian Academic Press.

Grant, A. M. (2001) *Towards a Psychology of Coaching.* Sydney: Coaching Psychology Unit, University of Sydney.

Passmore, J. (2006) *Excellence in Coaching: The industry guide.* London: K-ogan Page.

Peltier, B. (2001) *The Psychology of Executive Coaching: Theory and application.* New York: Brunner-Routledge.

Stober, D. R. and Grant, A. M. (eds) (2006) *Evidence Based Coaching Handbook: Putting best practices to work for your clients.* Hoboken, NJ: Wiley.

スポーツ心理学に関する図書

Cockerill, I. (2002) *Solutions in Sport Psychology.* London: Thomson.

Green, C. D. (2003) Psychology strikes out: Coleman R. Griffith and the Chicago Cubs. *History of Psychology* 6(3): 267–283.

Llewellyn, J. H. and Blucker, J. A. (1982) *Psychology of Coaching: Theory and application.*

Minneapolis, MN: Burgess.

　コーチングに心理学を導入した先駆者の一人であるコールマン・R. グリフィスに本章を捧げる。

（堀　　正訳）

第Ⅰ部

コーチング心理学の射程と研究

第2章

過去，現在そして未来
―― プロフェッショナルコーチングと
　　コーチング心理学の発展

アンソニー・M. グラント
（Anthony M. Grant）

はじめに

　コーチング心理学は，行動科学を体系的に応用して，生活経験，職場での活動能力の向上そして，臨床的に重大な心的健康の問題をもたず，特別な苦悩の水準にない個人，集団あるいは組織の幸福度を高める領域であると理解してよいだろう。

　広義には，コーチング心理学はスポーツ心理学，カウンセリング心理学，臨床心理学，組織心理学そして健康心理学が交わるところにある。臨床心理学者とカウンセリング心理学者は，苦しんでおり，そして／あるいは機能不全に陥っているクライエントに働きかける。それに対してコーチング心理学者は，うまく生活しているクライエントが個人生活や職場生活で目標を達成できるよう助けるために，理論的に基礎づけられ科学的に妥当な技法を使って，そうしたクライエントに働きかける。コーチングは強力で魅力的な介入であり，結果を追い求め，明確な付加価値を与えるものである。概して短期的あるいは断続的なかかわりであり，高い基準や目標の達成を可能にする。

　こうしてコーチング心理学者は，われわれの教育や訓練のなかに，クライエントの成長を促進するための経験的に妥当な方法を探し求める。われわれは，クライエントが個人生活や職場生活で目標を達成できるようにするための効果的な手段を求め，実生活に介入して，人間の変化や発達の心理学的メカニズムを理解できるように計画し，それを実行に移せるようにする方法を求めている。

　心理学者になる指導を受けていたとき，われわれの多くは，そうした問題は

心理学の本流ですでに扱われてきているので，学部や大学院の段階に含まれていると想定していた。ところが，残念ながら失望させられた。精神病理学や神経心理学のような領域が強調されるのに比べて，うまく生活しているふつうの大人についてはいうまでもなく，それ以上に，理論を実践に応用する方法については教えられていないことに苛立たしさを覚えた。こうした不満がきっかけとなってコーチング心理学が現れたのである。本章では，コーチング心理学の過去，現在そして起こりうる未来について，筆者の個人的見解をざっと述べることにする。

　現代のコーチング心理学は，学問的な心理学の下位領域として，2000年にシドニー大学にコーチング心理学研究科が設立され，コーチング心理学で世界初の学位が授与されるとともに出現したと考えられる。2005年にシティ大学ロンドンにコーチング心理学研究科が設立されたことが，コーチング心理学への学問的支援がさらに進むもう一つの重要なステップとなったので，近い将来，世界中の多くの大学がコーチング心理学で学位を授与するようになるだろうと期待される。

過去が現代のコーチング実践に与えている影響

　心理学者が何年にもわたってコーチングにかかわってきていることはいうまでもない（たとえば，Filippi, 1968）。コーチング心理学のルーツは人間主義心理学の伝統（たとえば，Maslow, 1968）にまでさかのぼり，ポジティブ心理学の運動（たとえば，Seligman and Csikszentmihalyi, 2000; Snyder and McCullough, 2000）が出現する土台となった要因や，1960年代の人間性回復運動（Human Potential Movement）を支える力と関連をもっている。

　スペンス（Spence, 2006）が簡潔に述べたように，人間性回復運動は1960年代から1970年代に姿を現し，さまざまな新興の人間主義的－実存主義的心理学の出現を強く後押しした。1960年代と1970年代は，社会的，政治的そして哲学的に激変の時期であった。エンカウンターグループ，個人発達研修会そして共同生活実験（コミューン）のように，個人が自分の自己感覚や社会的現実の理解を体系的に探求し解体する方法も含めて，自己発達的な方法論や形式が広い範囲で現れた。さまざまな意味で人間性回復運動は，独自の道徳観，指導者，預言者そして仲間をもった多面的で反体制的な熱い宗教のようなものであった。

人間性回復運動は「何でもあり」の折衷主義に基づいており，そこでは，幅広い視野からの方法論，技法そして哲学が絡み合っていた。その結果はしばしば，難解な立場，方法論そしてイデオロギーがないまぜになった概念的に矛盾するごった煮状態であった。ポストモダンな方法の本質部分であるそうした折衷主義は，多くの人びとを強くひきつけ，今日にいたっている。

　折衷的でプラグマティックな実用主義，つまり，「うまくいくものは何でも使い，うまくいけば，さらにそれを使う」という哲学が，現代の商業的なコーチング産業が初期に発展を遂げる大きな力となった。折衷主義に内在する多様性は重要な力となるが，不幸にも無批判な反主知主義に向かったことで，人間性回復運動は科学的で客観的な研究に背を向けてしまった。この反主知主義の結果として，人間性回復運動の支持者は，その多くが自分たちの概念的基礎づけの首尾一貫性についてまじめに厳格に議論したり，自分たちが採用した方法論の結果を科学的に検証したりする態勢を整えるにいたらず，それができないこととなった。残念ながら，この反主知主義と，そこから生じた科学的議論や厳密な検証に対する猜疑心が，初期に商業的に運営された多くのライフコーチング学校の顕著な特徴であり，こうした方法は科学者－実践家の立場からの心理学モデルと明らかに違っていた。

　初期のプロフェッショナルコーチングでは，こうした拠って立つ哲学の違いが，心理学者であるコーチとそれ以外のコーチとのあいだの緊張状態を知る目安として大いに役立った。心理学に拠らないコーチが超心理学的な仕事をして自分たちの縄張りを荒らしているととらえる心理学者がいた。一方，プロフェッショナルコーチからみれば，心理学者は新しく確立されたビジネス領域を乗っ取る者と映った。私としては，こうした緊張状態はなくなってほしいものであり，より広い意味での一体化した専門職業意識がコーチング産業のなかで育っていくとともに，確固とした理論的基礎づけがもっと重視されるようになり，コーチングへの包括的な実証主義的アプローチが前面に出てくるものと信じている。心理学を学んでいようといまいとコーチは，活気にあふれたさまざまなプロフェッショナルコーチング産業を確立するのに重要な役割を演じているのは明らかである。

現代のプロフェッショナルコーチングの特徴

　コーチングを一義的に定義することはかなり大変（Palmer and Whybrow,

2005）なため，多くの議論の対象となってきた（たとえば，Mace, 1950; Kilburg, 1996; D'Abate et al., 2003）。ほぼいちばんに重要な定義は，心的健康に重大な問題がないという仮定である（Bluckert, 2005）。つまり，クライエントは機知に富み（Berg and Szabo, 2005），解決を見つけることに進んでかかわるのであり（Hudson, 1999），コーチングは結果に焦点をあてて，協力的な目標設定やブレーンストーミング，活動計画を通して自己指向的な学習を育てることを目指す活動である（Greene and Grant, 2003）という考え方である。このように，コーチはクライエントが個人生活と職場生活の両面で自分を高めていくことを後押しする。つまり，コーチングは協力的で，人ごとにあつらえられており，解決に焦点をあて，結果指向で，体系立てられ，広がっていくものである。それは自己指向的学習を育て，実証的で，倫理的・専門的な実践を組み込むべきである。

現代のプロフェッショナルコーチングは学際的方法論をとり，個人や組織の変化，つまり個人的「ライフ」コーチングと職員，マネジャーそして管理職への職場コーチングを進めるために使われる。プロフェッショナルコーチングが学際的側面をもつということはとても重要である。その一側面は，ある特定の産業や専門団体がコーチングを「占有しない」ということである。確かに，2529名のプロフェッショナルコーチを対象に行った調査で，グラントとザッコン（Grant and Zackon, 2004）は，さまざまな職業的背景をもったコーチがコーチングに入ってきており，（割合の高い順に）コンサルタント（40.8％），マネジャー（30.8％），管理職（30.2％），教員（15.7％），セールスマン（13.8％）となっていることを見出した。興味深いことに，このサンプルのなかで職業的背景として心理学を学んできたものは回答者のわずか4.8％であった（この割合は累計ではない）。

こうした多様性は強みであると同時に弱点でもある。職業的背景が多様であるということは，コーチング産業がコーチングへのアプローチ方法として広範囲の方法論を使っており，きわめて多様な教育的分野がコーチングの実践に入り込んでいることを意味している。その一方で，コーチングサービス提供者の職業的経歴は多様であるのに人数が少ないために，プロフェッショナルコーチングが実際のところどのような状態にあり，有能で信頼できるコーチになるにはどうすればよいかが曖昧になっている（Sherman and Freas, 2004）。

この多様性はまた，どうすれば最良の倫理的・専門的実践が作り上げられるか，コーチングの本来の中心は何かについて，きわめて多様な見方があること

を意味する。ほとんどのコーチは心理学や行動科学の素養をもたず，商業的コーチ養成プログラムは，理論的基盤をほとんどあるいはまったくもたない個人的なコーチングモデルに基づいて短期間で行われ，ある種のコーチング「証明書」を発行して終わる。

　しかるべき訓練を受けていないコーチが理論的基盤もなしに何にでもあてはまる介入を行い（Kauffman and Scoular, 2004），とりわけ心的健康問題を見つけ出せなかったクライエントに障害を引き起こしている状況（Berglas, 2002; Naughton, 2002; Cavanagh, 2005）に対して懸念が表明されていることは驚くにあたらない。コーチングは臨床的な問題をもたない人びとに対して行われるが，社会的にもっと受け入れやすい治療の一形態としてコーチングを求める人もいることを考慮する必要があるだろう。事実，最近の研究によると，ライフコーチングを受けに来る人の25％から50％は臨床的な心的健康水準にあることが知られている（Green et al., 2005; Spence and Grant, 2005）。

　これは心理学者や心的健康の専門家にはかなり気がかりな問題である。しかし，治療やカウンセリングの失敗がどのような影響を与えているかについて，ときどき発表される新聞記事（たとえば，Pyror, 2005），自助的文化あるいはコーチング文化の高まりを声高に叫ぶ社会的な論評（たとえば，Furedi, 2005）以外から実態を把握することは難しい。

　そうした不平不満が出てこない理由の一つは，現在のところ，心理学者でないコーチの登録あるいは資格について何も必要条件がないことである。そのため，コーチングに不満をもつ人たちが不満の矛先を向ける場所がないのである。そうした被害が実際にあれば，いずれは表面化するだろうと考えられる。もちろん，クライエントの立ち直りがとても早く，心理学者でないコーチによる被害がほとんどないのかもしれない。興味深いのは，十分な訓練を受けていないビジネスコーチについての新聞記事あるいは，コーチビジネスを「ライフスタイル」あるいは「一攫千金のビジネスチャンス」程度にしか考えない，社会のいびつな受け入れ方やコーチ「認定」プログラムの推進のほうが，はるかに一般的なことである（Walker, 2004）。そして，こうした問題はプロフェッショナルコーチングやコーチング心理学が長期的に発展していくにあたってますます脅威となるにちがいない。

コーチの専門的信頼性の現状

　一つ気がかりなのは，コーチング産業のいくつかの部門が信頼性や資格の付与を行うよう強く望まれていることである。これは重要な問題である。一般の人びとは，コーチングでの資格はいうまでもなく，さまざまな心理学領域での資格や認定の価値について十分な情報をもっていない（Lancaster and Smith, 2002）ので，コーチを選ぶにあたって，参考となる聞こえのよい印象的な見出しに頼ってしまうのかもしれない。コーチングはビジネスであり，専門的職業ではないので，そこへの参入に障壁はなく，コーチになるために規制もなく，政府認可の資格付与手続きもなく，はっきりした権限をもつ機関もない。誰でも「マスターコーチ」と呼べるのである。世界には，「コーチ認定」プログラムを提供している紛れもない産業がある。

　こうした商業的コーチ養成組織には，コーチ「資格工場」にすぎないものが少なからずあり，数日の訓練を受けて，しかるべき料金を払えば，「認定マスターコーチ」になれる。残念なことに，あたかも「猫も杓子も」コーチ認定プログラムを求めているようであり，そうした資格の価値ははなはだ疑わしい。実のところ，コーチング産業での資金の大部分は，コーチング実践家による実際のコーチングからではなく，商業的コーチ養成組織によって生み出されているともいえよう。

　もちろん，コーチング協会（AC: Association for Coaching），欧州メンタリング・コーチング協議会（EMCC: European Mentoring and Coaching Council）そして国際コーチ連盟（ICF: International Coach Federation）は，資格付与手続きを確立しようとかなり努力しており，コーチング能力を明確に定めるにあたって重要な仕事を行ってきた。オーストラリア心理学会コーチング心理学利益団体と英国心理学会コーチング心理学特別団体の設立は，コーチング心理学のみならずプロフェッショナルコーチングの発展にとってきわめて重要な動きとして非常に歓迎された。

　しかし，コーチングの信頼性は依然として低く，専門職業意識は希薄である。無資格のライフコーチは見た目にもきわめて信頼性が低いので，その信頼性に疑問を投げかける報道がメディア関係者のあいだでふえている（たとえば，Salerno, 2005）。これに対して，コーチである心理学者ははるかに信頼できるとみられており，発達的エグゼクティブコーチングでは特にそうである

(Seligman, 2005)。

将来の展望：コーチ養成の水準を高める

　コーチング市場が成熟するにつれて，コーチングの主たる利用者である企業は，彼らが雇用するコーチにいっそう高い資格水準を求めるようになっており，大学院レベルの行動科学の資格がエグゼクティブコーチングの重要な選抜基準である（Corporate Leadership Council, 2003）。心理学者が今まで以上に，そしてもっと広くコーチング産業にかかわるようになってきている。私は，厳格な教育プログラムや専門家としての気概・資格をさらなる武器として，心理学がコーチングの領域に参入することは，コーチング産業全般の水準を明らかに引き上げると信じている。

　1990年代末にコーチング市場を支配していた商業的養成プログラムはしだいに論理的でなくなり，ランドマーク・フォーラムでのセミナーのような人間性回復運動の概念や方法論にいっそう近づいていった。これに対して，今ではコーチングのプログラムを提供している大学が多くある。

　しかし，あるコーチ養成プログラムが大学と結びついているからといって，その専門的な妥当性や実証性を十分に保証していることにはならない。なぜかというと，多くのコーチ養成プログラムが大学やビジネススクールの単位にならない生涯学習プログラムとして提供されており，実のところ，こうしたプログラムもまた従来の非論理的で個人経営的なコーチングシステムに大学のブランドを付与しただけのものだからである。

　2006年に米国で，大学と商業的コーチ養成学校とのこうした取り決めが不幸な結末を迎えた事例が少なくとも2つあった。それは，営利目的のコーチ養成学校が，ある大学との関係に勝手にてこ入れして，商売用の製品や自社の販売促進を大学が認可した研究・会議の展示として宣伝したというものである。これは明らかに望ましくない出来事で，信頼されはじめたコーチングの学問的基盤を掘り崩してしまう可能性があり，真剣にコーチングに取り組もうとしている大学をいっそう疑心暗鬼にさせてしまいかねない。

　こうした問題はあるが，コーチングやコーチング心理学において，実証的な結果に基づき，理論的にしっかりした学位を取得できる大学が世界中でますますふえているのは，喜ぶべきことである。オーストラリアでは（2007年7月時点で）3つの大学が，いずれも心理学科であるが，学位授与プログラムの一

部としてコーチに特化した教育を提供している。英国では少なくとも7大学でコーチングの学位授与プログラムが提供されている。心理学科に所属するのはそのうちの一つだけであり，ほとんどがビジネス学科か教育学部で提供されている。米国でも少なくとも7大学でコーチの学位授与プログラムが提供されており，カナダでは2つの大学院にコーチング課程がある。北米のプログラムは大部分が心理学科ではなくビジネス学科で提供されている。こうした発展は望ましい変化であり，大学や大学院が参加することで，コーチング産業全般の質が向上するだろう。

信頼性探求の裏側

　しかし，市場のなかで需要がますます高まり，また，信頼性の要求や，そうすることが商業的にも有利であるという状況のなかで，要求水準が高まっていくとともに，市場では大変革が起こっている。コーチングあるいは心理学のしかるべき訓練を受けていないコーチは，もっと学問的・専門的な立場から自分を売り込まなければならないという圧力を感じはじめている。
　こうした人びとを誘惑するのは，コーチングの実践とはごく弱い関係しかもたない提携そして／あるいは資格を使って不当に影響力を行使することである。解剖学の学位をもった人がコーチング関連の学位をもっているとアピールした例がある。また，無資格の非常勤講師が大学の生涯教育プログラムで自分は「助教授」であると紹介した例がある。
　ここで問題になるのは，印象深い響きをもった資格や所属で紹介されると一般の人びとは簡単に信頼してしまうのだが，その保証はないということである。コーチングのような応用的実践の領域では，これが大きな問題を引き起こす。倫理にもとる実践に不満を抱くクライエントがその不満をぶつけられる中心的な管理団体がないとなると，このことは特に懸念材料となる。
　商業的なコーチ養成において学問的信頼性を求める傾向が現れてきていることが，ある研究（Grant and O'Hara, 2006）で裏づけられた。ここでは，オーストラリアのライフコーチング養成産業のほとんどを構成している14の営利学校が授与している資格や証明書の自主的提示を求め，その正当性を検討した。その結果，5つのライフコーチング学校が，政府認可のオーストラリア資格機構の証明書Ⅳと学位取得の水準にある正式の訓練証明書を発行していることがわかった。

もっと信頼のおける基礎のもとにコーチ養成を行おうという運動は，とても歓迎されている。しかし，グラントとオハラ（2006）はまた，ごく少数ではあるが，こうしたコーチ養成学校が気がかりな宣伝文句を掲げて売り込んでいることを見出している。たとえば，ある学校では，「あなたには学位は必要ありません。ライフコーチになるために特別な教育的資格はいりません。決心して，集中し，進んで学ぼうとするだけでよいのです」という謳い文句で，ライフコーチ養成課程を勧めていた。「コーチングという職業は物理学者，弁護士，心理学者の実践と似ています」と売り込む学校もあった。また別の学校では，名の通った米国の大学が認可した（確認できない）「資格」を与えると宣伝していた。

コーチング心理学の将来の居場所はどこか？

心理学者は，自らのコーチングへの適格性とプロフェッショナルコーチとしての信頼性をともに高めるいくつかの重要な要素をもっている。心理学者は，人間変化の心理学をしっかりと理解し，実証的な過程と技法を使って，事例を理論的な基礎の上に概念化することでコーチングの介入を発展させる能力をコーチングにもち込む。さらに心理学は，確立した学問的資格，厳密な訓練，強制力のある倫理規程そして参入への障壁を備えた公認の専門的職業であり，その職業を監視する立場にある公認の組織をもっている。

残念ながら，過去に心理学者は，メディアにおいて並ぶもののない有能なコーチング実践家として描かれてこなかった（Garman et al., 2000）。しかし，心理学はまさに重要な貢献をプロフェッショナルコーチングに対して行ってきた。心理学は既存の治療モデルを一般の人びとに適用して検証したり，消費者を保護して彼らが積極的に選択できるようにさせるために，商用化されたアプローチ方法が個人の発達に適用できるかを評価したりする（Starker, 1990; Grant, 2001）。コーチング心理学に下位領域が現れると，心理学は一般大衆にもっと近づきやすく魅力的になれるだろうと私は信じている。

心理学は明確に描かれた下位領域を必要とせず，心理学者はすでにコーチングの仕事を行っていると主張するかもしれない。確かに実証的な結果からは，確立した個々の心理学の下位領域において訓練と実践とはかなり重複していることがわかる。たとえばコッブら（Cobb et al., 2004）は，臨床心理学，カウンセリング心理学そして学校心理学の3領域の訓練プログラムは類似点のほう

が多いことを見出した。さらに，多くの応用心理学者，臨床心理学者そしてカウンセリング心理学者はすでに，自分たちがコーチとして活動しており，はじめて自分たちの治療対象に出会ってからずっと，問題をもったクライエントとかかわってきていると考えている。なぜなら，クライエントはそうした活動能力を高めるために続いている関係がとても役に立つと考えているからである。

　逆説的であるが，そうした観察が行われることは，とりもなおさずコーチング心理学の正式な確立を支持するものである。治療目標が折り合えば，コーチングのやり方にすでに移っている心理学者が少なからずいるという事実は，心理学者によるコーチングを求め，治療的であるよりも目標達成や幸福に焦点をあてて，心理学者とコーチング関係を築くことを重視するクライエントがいるということを示している。さらに，カウフマンとスカウラー（Kauffman and Scoular, 2004）が述べているように，エグゼクティブコーチングに参加するクライエントの大部分は治療を求めるのではなく，自分が伸びて向上していくための支援を求めている。こうしたことから，臨床的・医学的なモデルに基づく介入や援助関係はきわめて不適切に思われる。

　残念なことに一般の人びとの気持ちのなかでは，心理学者はしばしば精神科医と混同され，治療や臨床的な仕事に目が向いていると長いあいだみられてきた（Webb and Speer, 1986）。一般の人たちは自分にとって近づきやすく魅力的な方法で心理学者がそのスキルを示してくれることをはっきり求めている（Coleman, 2003）。さらに，多くの心理学者は，コーチングが治療的実践に代わる魅力的で直接に価値のある領域と認めている（Naughton, 2002）。

　このように，心理学者はコーチとして**活動する**よりむしろ，実際にコーチに**なって**，既存の臨床的あるいはカウンセリングの枠組や応用範囲を超えたコーチング技法や心理学的枠組を発展させるほうがはるかに理にかなっている。

　新たなコーチング心理学の下位領域が目指す将来の努力目標は，既存の理論や技法を使ったコーチングの介入を発展させることだろう。しかしそれは，臨床的問題をもたない人びとにかかわる魅力的な方法で行われることになるだろう。この目標に到達できれば，コーチング心理学は，個人，組織，企業そして，もっと広い社会全体の幸福，生産性そして活動能力を高める大きな力となる計り知れない可能性をもつことは間違いない。さらに，コーチング心理学が実生活の実験的基盤として活動することで，臨床的問題をもたないふつうの人びとに起こる意味ある変化に含まれる心理的過程についてのわれわれの知識をさらに広げてくれれば，コーチング心理学は，すでに確立しているか，これから現

れてくる心理学的方法の発展を速めることができる。

コーチング心理学とポジティブ心理学

（システム的，認知的，精神力動的の）どの理論的方向を取るかは別として，援助的な応用領域としての心理学は伝統的に，苦しみを軽減し，うまく機能しているふつうの大人の幸福や目標達成を高めるよりむしろ，その機能不全を治療することに焦点をあててきた。

こうした状況において，一般の人びとが日常生活のなかで心理学をポジティブに利用できるように，心理学がその社会との関係を広げていってほしいという要求が長きにわたって出されてきた（Miller, 1969）。確かに，一般の人たちやビジネス組織は生活での経験や活動能力を高める技法を渇望していた。個人の成長を助ける商品の世界市場は1950年代から非常に拡大しており（Fried, 1994），今も拡大を続けている，個人の成長や自助に関する本の市場は米国だけで年6億ドルを超える（Wyld, 2001）。しかし，研究領域であり応用的専門職である伝統的心理学は，利用者であるふつうの大人たちのニーズを満たすという努力目標を達成しようとしてこなかった（Fox, 1996; Laungani, 1999）。

2000年以降，人間のもつ力や能力を解発することに焦点をあてたポジティブ心理学への関心がかなり高まってきた（Seligman and Csikszentmihalyi, 2000; Snyder and McCullough, 2000）。ポジティブ心理学の出現は拍手をもって歓迎されることとなり，応用心理学の研究の焦点が精神病理学から移ったことをはっきりと印象づけた。ポジティブ心理学は「幸福，達成そして繁栄を導く人間の条件の諸側面に焦点をあてて最適の機能について科学的に研究する領域」（Linley and Harrington, 2005: 13）と理解できるだろう。

人間の強さについて理解するための理論的枠組を作り上げるにあたって，ポジティブ心理学はかなり前進を遂げた（Snyder and Lopez, 2002）。しかし，これまでポジティブ心理学の舞台で行われた研究のほとんどは，さまざまな構成体のあいだの相関関係を調べること，たとえば自己調和，幸福，目標達成そして目標満足のあいだの関係を調べること（Sheldon and Elliot, 1999），幸福という構成体を測定すること（Ryff and Keyes, 1996），あるいは，DSM診断マニュアル（American Psychiatric Association, 2000）に代わるものとしての人間の強さの分類法（Peterson and Seligman, 2004）を作ることであった。

ポジティブ心理学の応用についていくつかの著作（たとえば，Linley and

Joseph, 2004）が出版されているが，今のところポジティブ心理学のなかで，その構成体をとてもうまく操作した研究はほとんどない。さらに，ポジティブ心理学に過度に熱狂するあまりイデオロギーの網に捕らえられてしまったり，「ポジティブなもの」と「ネガティブなもの」というように二分法で単純化しすぎて考えることは有益でもなく正確でもないという懸念が示されている（Lazarus, 2003）。われわれはポジティブ心理学への期待を達成しなければならない（Ryff, 2003 を参照）。ポジティブ心理学の領域をさらに広げていく一つの方法は，コーチングを実験的枠組として使った介入を計画することで，過去の横断的あるいは相関的な研究を拡張していくことであり，今後，これがコーチング心理学者の重要な役割となろう。

未来：理論面で包括的で技術的に洗練されたコーチング

ポジティブ心理学とコーチング心理学との結びつきは明らかであるが，ポジティブ心理学の枠組とは違って，コーチング心理学者はその研究において広範囲な理論的視点をとっている。それらは，精神力動的そしてシステム的（Kilburg, 2000），発達的（Laske, 1999），認知行動的（Ducharme, 2004），解決焦点化（Greene and Grant, 2003）そして行動的（Skiffington and Zeus, 2003）な視点である。また，ペルティア（Peltier, 2001）がエグゼクティブコーチングへの理論的アプローチの範囲について概観しているものは役に立つ。

さまざまな理論的アプローチのいずれがどれほどの価値をもち有効であるかについては，臨床的文献において長いあいだ熱心に議論されてきた。一般的に受け入れられているのは，治療の成果において重要な要因は作業同盟の質（Horvath and Symonds, 1991）であり，この同盟はそこで使われている特定の理論的枠組と同じくらい重要だということである（Howgego et al., 2003）。どの理論的枠組も，いまある問題をさまざまに理解し定式化することを強調しており，異なった介入を勧めている。

医学モデルでの臨床的研究にしばしばみられるように，特定の理論的方法をクライエントに適用しようとするよりも，コーチングは協力的でクライエント中心であるべきである。深層の原因を探し求めている発達的コーチングのクライエントにとって，これは精神力動的モデルに基づくコーチングを意味するだろう。心理機械論的方法を求めているクライエントにとっては，認知行動的に計画を立てて介入するほうがもっと適切だろう。同じように，防衛的で悲観的

なパーソナリティスタイルをもった人にとっては，ポジティブ心理学の側面を強調しすぎる方法は役に立たないかもしれない（Norem and Hang, 2002）。

コーチング心理学は理論面で包括的になる必要があり，コーチング心理学の専門家は，クライエントが自分のコーチング目標に到達できるようにするために，理論的に基礎づけられ，クライエントに合った技法を使って，理論的枠組の範囲に注意を向けられるようになるべきであると私は信じている。こうしたクライエント中心の理論的柔軟性には，コーチの訓練や個人的・専門的な発達について重大な努力目標がともなう。

第一に，特定の理論的モダリティを使うことに熟達するために，実践家は心理学的枠組の鍵となる主義を自分自身の世界観に統合しようとする。ある意味で彼らは，自分が優先する理論的方法の核心的な面を自身の生きた経験のなかに組み入れるのである（Binder, 2004）。確かに，自身の自己感覚を理論的方法と統合することは，真に有能な心理療法家になるために不可欠なものである（Norcross and Halgin, 2005）。したがって，たとえば，認知行動的方法で訓練を受けた心理学者は個人的にも専門的にも認知行動的視点から世界を理解する傾向があるだろう。コーチングを受ける一人ひとりのクライエントに最善を尽くそうとして，さまざまな理論的視点と柔軟にかかわるために，コーチは広い理論的視点から現在の問題をみる必要がある。これは，私にはとても魅力的に感じられる。

第二に，コーチは心的健康問題を扱うことに大いに熟達しなければならない。私の経験では，ときどきコーチング心理学は，それが「真の」臨床心理学のやわらかい見解であるかのように，臨床家からいくぶん軽蔑的にみられることがある。実際はその反対であると私は主張したい。臨床的なクライエントはしばしば，特別の症状や治療への期待をもって治療を受けに来る。一方，コーチング心理学者のクライエントは，（本当に心的健康問題をもっていたとしても）自分がそうした問題をもっていることを知らないかもしれず，（治療の必要があるとしても）進んで治療関係に入ろうとはまず考えないだろう。こうしてコーチは，おそらく臨床家よりもずっと，みごとに適合した診断的技法を必要とし，コーチングを特徴づける目標指向的で活気ある関係をもちながら，精神病理学的な問題を考えられなければならない。

第三に，コーチング関係の精神力学は，コンサルティング，臨床あるいはカウンセリングの仕事と結びついた，往々にして明確な階層的関係とは異なっている。応用心理学者や心理療法心理学者は専門家としての立場から仕事をする

傾向がある。そうした専門家は，特別に許された知識の立場に近づくことができ，そこから問題を診断し，介入あるいは処置を指示するのである（Carlson and Erickson, 2001）。明らかに心理学者は，熟練した専門技術をもち，コーチングの心理学について，自分たちのクライエントにはない専門知識をもっている。そうでなければ，クライエントが彼らを雇う理由はほとんどないだろう。また，コーチングの心理学に関してコーチがもっている専門知識に加えて，コーチはクライエントの抱える問題や状況を的確に理解していることが重要である。

コーチングにおける専門知識の役割

ここでの問題は，コーチングにおける専門知識の役割と，コーチング関係においてどうすれば専門知識をこの上なく活用できるかということである。コーチングにおける専門知識とは，クライエントがコーチほど専門的でなく，しかも，そうした知識がクライエントの目標に関係している領域において，コーチがもつ高度に専門化された技術的知識であると理解できるだろう。「専門的な助言提供者としてのコーチ」という見解は，いくらか議論の余地があり，コーチングにおける専門知識のしかるべき役割に関してはやや意見の相違がある。たとえばジョン・ホイットモア（John Whitmore, 1992）の研究は非指示的な「尋ねるが語らない」方法を強調しており，厳しいフィードバックや助言を与えること強調するマーシャル・ゴールドスミス（Marshal Goldsmith, 2000）のもっと指示的な方法とは好対照である。

ここで問題なのは，こうした方法のどれが正しく，どれが間違っているかということではない。むしろ，どれがいちばんよくクライエントの目標達成を助けられるか，あるコーチング会話のなかで，どれがいちばんその核心を突いているかである。最も重要なのは，この問題は，過程を促進することと内容あるいは情報の提供とをちょうどよい均衡状態に保つことについてであり，この均衡は，一般的なコーチングの，また個々のコーチングセッションのさまざまな時点で変化するのである。経験を積んだ熟練コーチは，いつ質疑応答次元に移るかを心得ており，いつ自己発見を促進し，専門的で権威のある，あるいは特化した情報を提供するかを心得ている。

多くの応用心理学者に求められるのは，コーチングを受けるクライエントとのかかわりのなかでそうした柔軟性を習得することである。コーチングはひと

まとまりの洗練された技能を必要とし，専門知識に近づける能力を必要とする。同時にコーチングは，この企ての核心にある自己指向的学習を促進するのである。

コーチング心理学の進む方向

コーチング心理学の未来はどうであろうか？　カウンセリング，臨床そしてそのほかの応用心理学の実践とコーチング心理学を区別するきめ細かい能力をもって実践を行うことは役に立つ。しかし，これは一筋縄ではいかない。既存の下位領域のあいだの境界や，それらを規定するものは曖昧なままである（Cobb et al., 2004）。能力や実践は，下位領域の中心となる機能を規定するために有用な発見的方法であるが，それらは，さまざまな下位領域での実践が重複していることをほとんど語ってくれない。臨床的問題をもたない人びとに効果があって魅力的な心理学に基づくコーチング方法論を開発して，その妥当性を立証し，コーチング心理学の実践に特化した領域が出現することが，将来の研究実施計画としておそらくもっと重要だろう。

エグゼクティブコーチング，職場コーチングそしてライフコーチングは今までのところ各種メディアで最もよくとりあげられているが，コーチング心理学者が気づいている重要な新しい潮流は健康関連のコーチングである。学問的文献を調べてみると，コーチングのなかでは健康コーチングが急速に発展している領域となっており，医学雑誌（たとえば，*Medline*）に掲載されるコーチングの研究成果は，心理学雑誌（たとえば，*PsycINFO*）あるいはビジネス関連雑誌（たとえば，*Business Source Premier*）に掲載される研究成果よりも質が高いようである。健康関連のコーチングは，その多くが心理学者よりむしろ栄養士，看護師そのほかの健康関連の専門家によって行われている。しかし，健康科学の経歴をもつコーチング心理学者は明確な役割を担っている。多くのコーチング心理学者にとってポジティブ心理学は重要な理論的基礎であることが立証されるだろう。そして，身体的健康と心理的健康の両面に焦点があてられる健康コーチングには，このことが特にあてはまるかもしれない。もちろん，英国心理学会，オーストラリア心理学会そして米国心理学会が認可した大学院教育課程の発展は，コーチとして働くことを願っている実践心理学者のための認可された転向コースも含めて重要なものであり，そうした動きはコーチング心理学者の専門性，信頼性そして評判を高めるだろう。

第2章　過去，現在そして未来　　　　　　　　　　　　　　　41

　最後に，興味深い重要なことは，コーチング心理学者が大学人の立場から，心理学者でないコーチとどのように互いにかかわりをもつかという問題だろう。幸運なことに心理学者は，自身の専門性を見失うことなく，たとえば医学，組織変化そして教育の分野など，心理学以外の広範囲な学問領域と効果的にかかわっていくという確かな伝統をもっている。われわれはコーチング心理学者として，コーチングの研究，理論そして実践で卓越することで，プロフェッショナルコーチングという「広教会」を作り上げるために，理論的枠組や応用的訓練を使いながら，心理学者以外の人びとと確実に協働していかなければならない。

結　論

　コーチング心理学は個人，組織そして社会全体の幸福や活動能力を向上させるための大きな力になる可能性を秘めている。コーチング心理学の下位領域の出現によって，心理学は一般の人びとが近づきやすく受け入れやすいものとなった。さらに，訓練や専門意識によって，心理学者は，コーチングや新たな専門職業に大学人の立場で貢献するだけでなく，申し分なくコーチングサービスも提供する立場におかれている。さらにコーチング心理学は，方法論を提供することで，確立された，あるいは新たな心理学的方法の発展に寄与できる。この方法論を使えば，臨床的問題をもたない一般の人びとに意味ある変化を起こさせる心理学的過程について，われわれがもつ知識をもっと伸ばしていける。しかし，コーチング心理学の発展において最も重要な要因はおそらく，クライエントとともに素晴らしい研究を行うことだろう。結局のところそれが，専門家としてわれわれが最も努力を傾けるべきことである。

謝辞

　本章は 2004 年 12 月にロンドンで開催された英国心理学会コーチング心理学特別団体の第 1 回年次総会でグラントが行った基調演説に基づくとともに，英国心理学会が発行している *International Coaching Psychology Review* 1(1): 12–22 に収められているグラント（2006）の論文 "A personal perspective on professional coaching and the development of coaching psychology" を使って執筆された。

引用文献

American Psychiatric Association (APA) (2000) *Diagnostic and Statistical Manual of Mental Disorders: DSM-IV-TR*, 4th edition. Washington, DC: APA.

Berg, I. K. and Szabo, P. (2005) *Brief Coaching for Lasting Solutions*. New York: W. W. Norton.

Berglas, S. (2002) The very real dangers of executive coaching. *Harvard Business Review* June: 87–92.

Binder, J. L. (2004) *Key Competencies in Brief Dynamic Psychotherapy: Clinical practice beyond the manual*. New York: Guilford Press.

Bluckert, P. (2005) The similarities and differences between coaching and therapy. *Industrial and Commercial Training* 37(2): 91–96.

Carlson, T. D. and Erickson, M. J. (2001) Honoring the privileging personal experience and knowledge: ideas for a narrative therapy approach to the training and supervision of new therapists. *Contemporary Family Therapy: An International Journal* 23(2): 199–220.

Cavanagh, M. (2005) Mental-health issues and challenging clients in executive coaching. In M. Cavanagh, A. M. Grant and T. Kemp (eds) *Evidence Based Coaching*. Volume 1, *Theory, Research and Practice from the Behavioural Sciences* (pp. 21–36). Bowen Hills, Qld: Australian Academic Press.

Cobb, H. C., Reeve, R. E., Shealy, C. N, Norcross, J. C., Schare, M. L., Rodolfa, E. R., et al. (2004) Overlap among clinical, counseling, and school psychology: implications for the profession and combined-integrated training. *Journal of Clinical Psychology* 60(9): 939–955.

Coleman, S. K. (2003) Furthering professional development: an assessment of psychologists' awareness of how they are understood by the public. Unpublished doctoral dissertation. University of Hartford, CT.

Corporate Leadership Council (2003) *Maximising Returns on Professional Executive Coaching*. Washington, DC: Corporate Leadership Council.

D'Abate, C. P., Eddy, E. R. and Tannenbaum, S. I. (2003) What's in a name? A literature-based approach to understanding mentoring, coaching, and other constructs that describe developmental interactions. *Human Resource Development Review* 2(4): 360–384.

Ducharme, M. J. (2004) The cognitive-behavioral approach to executive coaching. *Consulting Psychology Journal: Practice and Research* 56(4): 214–224.

Filippi, R. (1968) Coaching: a therapy for people who do not seek help. *Zeitschrift Fuer Psychotherapie und Medizinische Psychologie* 18(6): 225–229.

Fox, R. E. (1996) Charlatanism, scientism, and psychology's social contract - 103rd Annual Convention of the American Psychological Association: Presidential address (1995, New York). *American Psychologist* 51(8): 777–784.

Fried, S. (1994) *American Popular Psychology: An interdisciplinary research guide*. New York: Garland.

Furedi, F. (2005) The age of unreason. *The Spectator* 19 November: 2–3.

Garman, A. N, Whiston, D. L. and Zlatoper, K. W. (2000) Media perceptions of executive coaching and the formal preparation of coaches. *Consulting Psychology Journal: Practice and Research* 52: 203–205.

Goldsmith, M. (2000) Coaching change. *Executive Excellence* 17(6): 4.

Grant, A. M. (2001) Grounded in science or based on hype? An analysis of neuro-associative conditioning. *Australian Psychologist* 36(3): 232–238.

Grant, A. M. and O'Hara, B. (2006) The self-presentation and self-promotion of Australian life coaching schools: cause for concern? Unpublished paper. Coaching Psychology Unit, University of Sydney.

Grant, A. M. and Zackon, R. (2004) Executive, workplace and life coaching: findings from a large-scale survey of International Coach Federation members. *International Journal of Evidence Based Coaching and Mentoring* 2(2): 1–15.

Green, S., Oades, L. G. and Grant, A. M. (2005) An evaluation of a life-coaching group program: initial findings from a waitlisted control study. In M. Cavanagh, A. M. Grant and T. Kemp (eds) *Evidence Based Coaching*. Volume 1, *Theory, Research and Practice from the Behavioural Sciences* (pp. 127–142). Bowen Hills, Qld: Australian Academic Press.

Greene, J. and Grant, A. M. (2003) *Solution-focused Coaching: Managing people in a complex world*. London: Momentum Press.

Horvath, A. O. and Symonds, B. (1991) Relation between working alliance and outcome in psychotherapy: a meta-analysis. *Journal of Counselling Psychology* 38(2): 139–149.

Howgego, I. M., Yellowlees, P., Owen, C., Meldrum, L. and Dark, F. (2003) The therapeutic alliance: the key to effective patient outcome? A descriptive review of the evidence in community mental health case management. *Australian and New Zealand Journal of Psychiatry* 37(2): 169–183.

Hudson, F. M. (1999) *The Handbook of Coaching*. San Francisco, CA: Jossey-Bass.

Kauffman, C. and Scoular, A. (2004) Towards a positive psychology of executive coaching. In P. A. Linley and S. Joseph (eds) *Positive Psychology in Practice* (pp. 287-302). Hoboken, NJ: Wiley

Kilburg, R. R. (1996) Toward a conceptual understanding and definition of executive coaching. *Consulting Psychology Journal: Practice and Research* 48(2): 134–144.

Kilburg, R. R. (2000) *Executive Coaching: Developing managerial wisdom in a world of chaos*. Washington, DC: American Psychological Association.

Lancaster, S. and Smith, D. I. (2002) What's in a name? The identity of clinical psychology as a specialty. *Australian Psychologist* 37(1): 48–51.

Laske, 0. E. (1999) An integrated model of developmental coaching. *Consulting Psychology Journal: Practice and Research* 51(3): 139–159.

Laungani, P. (1999) Danger! Psychotherapists at work. *Counselling Psychology Quarterly* 12(2): 117–131.

Lazarus, R. S. (2003) Does the Positive Psychology movement have legs? *Psychological Inquiry* 14(2): 93–109.

Linley, P. A. and Harrington, S. (2005) Positive psychology and coaching psychology: perspectives on integration. *The Coaching Psychologist* 1(July): 13–14.

Linley, P. A. and Joseph, S. (eds) (2004) *Positive Psychology in Practice*. Hoboken, NJ: Wiley.

Mace, M. L. (1950) *The Growth and Development of Executives*. Boston, MA: Harvard Business School, Division of Research.

Maslow, A. H. (1968) *Towards a Psychology of Being*. New York: Wiley.

Miller, G. (1969) Psychology as a means of promoting human welfare. *American Psychologist* 24: 1063–1075.

Naughton, J. (2002) The coaching boom: is it the long-awaited alternative to the medical model? *Psychotherapy Networker* July/August(42): 1–10.

Norcross, J. C. and Halgin, R. P. (2005) Training in psychotherapy integration. In J. C. Norcross and M. R. Goldfried (eds) *Handbook of Psychotherapy Integration*, 2nd edition (pp. 439–458). New York, NY: Oxford University Press.

Norem, J. K. and Hang, E. C. (2002) The positive psychology of negative thinking. *Journal of Clinical Psychology* 58: 993–1001.

Palmer, S. and Whybrow, A. (2005) The proposal to establish a Special Group in Coaching Psychology. *The Coaching Psychologist* 1(July): 5–11.

Peltier, B. (2001) *The Psychology of Executive Coaching: Theory and application*. New York: Brunner-Routledge.

Peterson, C. and Seligman, M. E. P. (2004) *Character Strengths and Virtues: A handbook and classification*. Washington, DC: American Psychological Association.

Pyror, L. (2005) Call to end free rein for therapists. *Sydney Morning Herald* 19 September: 22.

Ryff, C. D. (2003) Comers of myopia in the positive psychology parade. *Psychological Inquiry* 14(2): 153–159.

Ryff, C. D. and Keyes, C. L. M. (1996) The structure of psychological well-being revisited. *Journal of Personality and Social Psychology* 96(4): 719–727.

Salerno, S. (2005) Qualifications needed to be a life coach: er...none [electronic version]. *Time On Line*. www.timesonline.co.uk/article/0,,7-1726677,00.html (19 December 2005)

Seligman, M. (2005) The corporate chill pill. *New Zealand Management* 52(6): 64–66.

Seligman, M. E. and Csikszentmihalyi, M. (2000) Positive psychology: an introduction. *American Psychologist* 55(1): 5–14.

Sheldon, K. M. and Elliot, A. J. (1999) Goal striving, need satisfaction, and longitudinal well-being: the self-concordance model. *Journal of Personality and Social Psychology* 76(3): 482–497.

Sherman, S. and Freas, A. (2004) The Wild West of executive coaching. *Harvard Business Review* 82(11): 82–90.

第2章　過去，現在そして未来　　　　　　　　　　　　　　　　　　　　　45

Skiffington, S. and Zeus, P. (2003) *Behavioral Coaching*. Sydney: McGraw-Hill.
Snyder, C. R. and Lopez, S. J. (eds) (2002) *Handbook of Positive Psychology*. London: Oxford University Press.
Snyder, C. R. and McCullough, M. E. (2000) A positive psychology field of dreams: 'If you build it, they will come...'...*Journal of Social and Clinical Psychology* 19(1): 151–160.
Spence, G. B. (2006) On the professionalisation of the coaching industry and evidence-based coaching practice. Unpublished paper, Coaching Psychology Unit, University of Sydney.
Spence, G. B. and Grant, A. M. (2005) Individual and group life-coaching: initial findings from a randomised, controlled trial. In M. Cavanagh, A. M. Grant and T. Kemp (eds) *Evidence Based Coaching*. Volume 1, *Theory, Research and Practice from the Behavioural Sciences* (pp. 143–158). Bowen Hills, Qld: Australian Academic Press.
Starker, S. (1990) Self-help books: ubiquitous agents of health care. *Medical Psychotherapy: An International Journal* 3: 187–194.
Walker, J. (2004) Business-class coaches. *Business Review Weekly* 1st July: 15–18.
Webb, A. R. and Speer, J. R. (1986) Prototype of a profession: psychology's public image. *Professional Psychology: Research and Practice* 17(1): 5–9.
Whitmore, J. (1992) *Coaching for Performance*. London: Nicholas Brealey.
Wyld, B. (2001) Expert push. *Sydney Morning Herald* 15 August: 4.

議論のポイント
- あなた自身はコーチング心理学をどのように定義し，どのように理解しているか？
- コーチングで専門知識の果たす役割は何か？
- コーチング心理学者が心理学者でないコーチと一緒に仕事をする仕方に影響を与える問題は何か？
- コーチングは規制されるべきか？　もしそうならば，それはなぜか？　規制がもつ潜在的な落とし穴は何か？

推薦図書
Fitzgerald, C. and Berger, J. G. (2002) *Executive Coaching: Practices and perspectives*. New York: Davies-Black.
Linley, P. A. and Joseph, S. (eds) (2004) *Positive Psychology in Practice*. Hoboken, NJ: Wiley.
Newton, I, Long, S. and Sievers, B. (2006) *Coaching in Depth: The organizational role analysis approach*. London: Karnac.
Stober, D. R. and Grant, A. M. (eds) (2006) *Evidence Based Coaching Handbook: Putting best practices to work for your clients*. Hoboken, NJ: Wiley.

（堀　　正訳）

第3章

ポジティブ心理学とコーチング心理学の統合
——前提と熱望を共有しているか？

P．アレックス・リンリー，スーザン・ハリントン
(P. Alex Linley and Susan Harrington)

はじめに

　二十世紀末は，西欧社会とそこで優先されてきた物事について矛盾が現れた時期とみられた。何十年にもわたって，経済発展は人間の進歩に匹敵するとみなすことができ，産業生産量が伸びれば必然的にますます豊かになり，豊かになればそれだけ幸せになると誰もが思い込んできた。しかし，事実はこの予測を何ら立証しなかった。富は増えたが，以前にまして幸せになることはなかった（Myers, 2000）。そして，抑うつがさらに蔓延した（Lane, 2000）。突然に，人間性回復の解決策として「強いドル」に焦点があてられたが，少なくともある程度は，むなしい約束のようにみえた。人びとは注意をほかに向けはじめた。巨視的にみると，政治は幸福に関心をもちはじめ（Donovan and Halpern, 2001），心理学者（Diener and Seligman, 2004），経済学者（Kahneman et al., 2004）そして政策シンクタンク（Shah and Marks, 2004）は，もしお金よりも幸福が望ましい成果物であるなら，それを政治のなかでどのように優先するかという問題を提起しはじめた。これと並んで微視的なレベルでは，心理科学において，心理学者は自身の研究や実践に関して何をすべきかということにいっそう注意を向けるようになった。ここでは，一つの学問領域として，われわれは精神的病気を扱うことでは大きな進歩を遂げたが，人間の健康という話題をしばしば無視することになったのではないかという認識が絶えず大きくなりつづけた。こうした潮流のなかで，今日知られているように，ポジティブ心理学とコーチング心理学は生まれた。

第3章　ポジティブ心理学とコーチング心理学の統合

　コーチング心理学はコーチングの領域から，もっと一般的には，とりわけエグゼクティブコーチングから起こってきたといえよう。一流スポーツ人が自分たちの才能はビジネスの世界にも活かすことができて素晴らしい成果をもたらすと気づいたときに，コーチングはスポーツコーチングの分野からさらに羽ばたいた。英国で知られているコーチングを基礎づけた創始者はみな，もとをたどるとスポーツ人でありスポーツコーチであった（Downey, 1999; Gallwey, 2002; Whitmore, 2002）。彼らのコーチング方法はたいてい素晴らしい心理学原理に基づいていたが，この心理学原理を自分たちの仕事や訓練のなかに明確には位置づけなかった。コーチング心理学は，コーチングが心理学的に基礎づけられていることを受け入れて褒めたたえ，素晴らしい心理学原理にしっかり基礎づけられたコーチングの科学を作り上げる手段として出現した。ポジティブ心理学と同じくコーチング心理学は，臨床，認知，カウンセリング，教育，職業，社会そしてスポーツの心理学を含んで，学問的にも応用的にも，広範囲の心理学分野から成り立っている。英国におけるコーチング心理学の発展からは，まさに次のような定義づけが導かれた。

> 　コーチング心理学は，大人の学習について確立された心理学研究法に基礎をおくコーチングモデルの支援を受けて，個人生活の幸福や職場での活動能力を高めるものである。
>
> （Palmer and Whybrow, 2005: 7; Grant and Palmer, 2002 から引用）

　この定義には，特に検討に値する2つの要素が含まれていると確信する。この2つの要素があるからこそ，われわれはコーチング心理学とポジティブ心理学の関係について次のように考えられるのである。第一に，コーチング心理学は「幸福や活動能力を高める」ためにある。これ以上考えずに先に進むことは簡単だが，このわずかなことばには，これまで心理学者が行ってきた研究の多くをはっきりと際立たせる強力な目標が含まれている。おそらくこれまでの心理学では，多くが誤りや問題に焦点をあてながら，心理的な苦痛を軽減したり，心の病を和らげたりすることを目指していた。この「否定的なものに偏ること」には，きわめてもっともな理由がある。否定的な出来事は伝染しやすく，すぐに増殖してしまうので，排除することがいっそう難しくなるからである（Rozin and Royzman, 2001）。さらに，多くの場合，「悪いことのほうが良いことより強力である」と何の異論もなく示してくれるからである（悪い感情，悪い両親そして悪いフィードバックは良いものより強い影響力をもち，悪い情報

は良い情報よりも徹底して処理される。また，悪い印象やステレオタイプはより形成されやすく，その誤りを正しにくい。これについては，Baumeister et al., 2001 を参照）。われわれはこの否定的なものへ向かいやすい傾向を疑いはしないが，肯定的な感情が否定的な感情の影響を無効にできることを実証する結果があるという事実にも注意しておこう（Fredrickson and Levenson, 1998; Fredrickson et al., 2000）。われわれは否定的なものを心理学者の唯一の守備範囲とすべきであるとの主張に異を唱える。したがって，コーチング心理学が「幸福や活動能力を高めること」にはっきり焦点をあてるのは，「ゼロ点を超えて」その先へ行こうという強い意志の表れである（Peterson, 2000）。われわれの仕事はただ苦痛を軽減すること（すなわち，－10 から＋10 までの比喩的な尺度上で人びとをゼロ点に戻すこと）ではなく，（その尺度がどのようなものであれ）尺度上のプラスの端に向かって人びとが上っていくのを支援することにもかかわっている。こうすることで心理学者の守備範囲が倍化する——あるいはそれ以上に大きくなる——ことは間違いない。そしてこのようにとらえることで，症状の影響を受けていないときの人びとについて研究を行おうと考えるよりもむしろ，スポーツコーチが運動選手やスポーツ人の育成を役割とするように，われわれは人びとのもっと最適な健康，幸福そして活動能力を促進させる役割を担っていると考えるほうがよいということを確実なものにしてくれる。

　この定義のなかでわれわれが注目する第二の要素は，「大人の学習について確立された心理学研究法」のなかにコーチング心理学を基礎づけるという点である。明らかにこれは，コーチング心理学者の守備範囲をどこまでとするかを示しており，ここでは「トリック箱」ではなく，心理学そして心理学の原理に基礎づけられている。さらにこのことばが強調しているのは，これまでコーチングやコーチング心理学においてそうした研究があまり行われてこなかったことにしばしば失望するので，その必要性を強く求めている点である（Grant, 2001; Kauffman and Scoular, 2004）。この点で，ポジティブ心理学は多くを提供してくれる。人間の最適な機能の科学としてポジティブ心理学は次の２つを提供する。一つは，コーチング心理学者が行っていることの多くを支持し，それが正しいかどうかを確認する手助けとなりうる研究基盤であり，もう一つは，コーチング心理学とポジティブ心理学がもっと密接に協力することで統合されるようにとの願いを示す概念である。

　したがって，ポジティブ心理学とコーチング心理学はごく普通の相棒であり，

第3章　ポジティブ心理学とコーチング心理学の統合　　49

幸福や活動能力を高めようという強い意志を共有しているとわれわれは考えている。コーチング心理学はポジティブ心理学を応用するための重要な表現手段を提供してくれるとさえ主張できるかもしれない。いずれの「心理学」もほぼ同時期に，したがって，同じような社会‐歴史‐文化的な状況のなかで現れてきたという事実は，その「時代精神」（Zeitgeist）が両心理学にとってふさわしいものであることを示している。そこで本章では，ポジティブ心理学について，その守備範囲，歴史的発展そして今後取りうるだろう方向性を概観しながら，もっとしっかりと説明していこう。まずは，ポジティブ心理学を特徴づけると考えられる基本的な前提を検討し，それらとコーチング心理学の関係を精査したあとで，コーチング心理学とポジティブ心理学のなかに研究をどのように基礎づけて実践し，これからどのように進めていくかの検討に移る。このように考えると，われわれは現代心理学のなかで一般的に採用されてきたよりももっと全体論的な人間性についての見解を受け入れる方向に向かうが，これは，カレン・ホーナイ（Karen Horney）やカール・ロジャーズ（Carl Rogers）の研究にまでさかのぼれるだろう。本章の最後では，この見解がコーチング心理学の研究や実践計画にどのような意味をもつかを検討し，これがポジティブ心理学とコーチング心理学が共有する前提と意志のもう一つの例であることを実証しよう。まずはポジティブ心理学について紹介する。

ポジティブ心理学の簡単な紹介

　ポジティブ心理学は，幸福，知恵，創造性そして人間の強さなどをその重要な研究テーマとして，人を幸福，自己実現そして繁栄へと導くさまざまな条件に注目しながら，最適な機能を科学的に研究しようと努めている。
　「ポジティブ心理学」の出現は，マーティン・セリグマン（Martin E. P. Seligman）が1998年の米国心理学会で行った会長基調講演にまでさかのぼる（Seligman, 1999）。娘のニッキと庭造りをしたさいに，にわかに悟りを得て（Seligman and Csikszentmihalyi, 2000），セリグマンは，第二次世界大戦前に心理学が掲げた3つの使命（精神的病気の治療，すべての人がもっと生産的で自己実現できる生活を送れるように手助けすること，そして，個人のより良い才能を見つけ出し，それを伸ばすこと）のうち後者の2つを心理学がほとんど見過ごしてきたことに気づいた。1946年の退役軍人管理局の創設と1947年の国立精神衛生研究所の創設によって心理学は，ほとんど疾病モデルや疾病イデオ

ロギーに基づく治療学問へと変容していた（Maddux, 2002; Maddux et al., 2004 を参照）。こうした認識を得たことでセリグマンは，米国心理学会の会長職権を使って，心理学の焦点をもっとポジティブな心理学へ移そうと決意した（Seligman, 1999）。

会長としての主導権を発揮して，セリグマンはポジティブ心理学運営委員会を立ち上げ，ポジティブ心理学を発展させ，広く人びとに知らせた。続いて第1回のポジティブ心理学首脳会議がワシントンDCで開催され，ポジティブ心理学を特集した『アメリカンサイコロジスト』特別号が刊行されて新世紀を祝い，ポジティブ心理学の地域ネットワークがいくつか作られた。多くの書籍や研究論文が出版され，ポジティブ心理学を特集した研究雑誌特集号が数多く出版された。ごく最近には『ジャーナルオブポジティブサイコロジー』が創刊された（歴史や文献についてもっと詳細に知りたい場合は，Linley et al., 2006 を参照）。英国では，『サイコロジスト』特別号（Linley et al., 2003）がこの話題を扱っており，2002年6月に第1回の欧州ポジティブ心理学会議が英国のウィンチェスターで開催された。

しかし，ポジティブ心理学はたんに1997年，1998年，1999年あるいは2000年に「始まった」のではないと肝に銘じるべきである（McCullough and Snyder, 2000）。ポジティブ心理学の話題についてはすでに何十年にもわたって研究が行われてきており，たとえばウィリアム・ジェームズ（William James）の「健全な心（healthy mindedness）」（James, 1902）についての著作にあるように，心理学の始まりそのものにまでさかのぼれるかもしれない。広義には，ポジティブ心理学は人間性心理学の一部と関心を共有しており，十分に機能している人間（Rogers, 1961），自己実現そして健康な人間の研究（Maslow, 1968）に力点をおいている。1950年代半ばにマズローが，心理学が異常や機能不全の研究に没頭している状況を嘆いていたことに注目したい。

> 心理学という科学はこれまで人間のポジティブな側面よりもネガティブな側面の研究において，はるかに成功を収めてきた。人間の欠点，病気について多くのことがわかってきたが，人間の潜在能力，美徳，何かを成し遂げようとする熱意についてはほとんど明らかにされてこなかった。それはあたかも，正当な支配権の半分，はっきり言うと，より暗い劣った半面にしかあえて目を向けてこなかったかのようである。（Maslow, 1954: 354）

ポジティブ心理学が今日，人びとをその完全性のなかで研究することを再び

求めているように，コーチング心理学もそのように求めていると確信している。これはあとでもっと深く掘り下げて考えていくテーマであり，まずは読者の心のなかで最も重要と考えられる疑問──「ポジティブ心理学とは何か？」──に答えよう。

ポジティブ心理学とは何か？

　のちの答えから明らかになるように，ポジティブ心理学は実践的に，つまり「ポジティブ心理学者による研究テーマ」として，そして，メタ理論のレベルで，つまり「その目標と理想像」として理解し解釈できる。ポジティブ心理学をどのレベルで理解しようと，これから明らかにしていくように，われわれはコーチング心理学との統合にかかわりあうと考えている。次のようなポジティブ心理学の定義はいずれも信頼できるポジティブ心理学の原典から引用されたもので，ポジティブ心理学の特色をきわめて適切に表現している。

　　ポジティブ心理学の分野は主観的レベルでは貴重な個人的経験のようなものである。つまり，（過去における）幸福，心の安らぎ，そして満足，（未来に対する）希望と楽観主義であり，（現在における）流れと幸福である。個人レベルでは，個人のポジティブな特性である。つまり，愛や職業に対する能力，勇気，対人スキル，美的感受性，忍耐力，寛容さ，創造性，未来志向性，精神性，高い才能そして知恵である。集団レベルでは，市民にふさわしい美徳であり，個人を市民としてよりよい行動に向かわせる組織である。つまり，責任，心豊かな配慮，利他主義，礼儀正しさ，中庸，忍耐そして職業倫理である。　　（Seligman and Csikszentmihalyi, 2000: 5）

　　ポジティブ心理学とは何か。それはふつうの人間の強さや美徳についての科学的研究以外の何物でもない。ポジティブ心理学は，何がうまく行っているか，何が正しいか，何が良くなってきているかを見出すことに関心をもって，「平均的な人間」について考え直すことであり，……ポジティブ心理学はまさに心理学そのものである。　（Sheldon and King, 2001: 216）

　　ポジティブ心理学は，人びと，集団そして組織が繁栄し，最適に機能できるようにするにはどのような条件や過程が必要かについて研究する領域である。　　　　　　　　　　　　　　　（Gable and Haidt, 2005: 104）

しかし，ポジティブ心理学は2つの重要な方法で定義づけられると確信する。第一は，ポジティブ心理学がメタ理論のレベルで理解できるということである。「メタ理論のレベル」とは，ポジティブ心理学の**目標**を理解するレベルを意味している。これは「包括的なビジョン」を提供する方法である。ポジティブ心理学の**目標**はメタ理論的な視点から理解できる。

> ポジティブ心理学の目標は，それが触媒となって，生活における最悪のものの修復だけに没頭することからポジティブな特性**をも**作り上げることへと心理学の焦点を移すことである。
> （Seligman and Csikszentmihalyi, 2000: 5，太字は引用者による追加）

第二は実践的なレベルで，つまり，ポジティブ心理学者が関心をもつ話題に触れながら理解することである（Linley et al., 2006 を参照）。したがってポジティブ心理学は，喪失，苦痛，病気，悲嘆から，絆，達成，健康そして幸福にいたるまで人間が幅広く経験することに科学的研究や実践的応用の焦点をあてるべきだという展望をもっている。コーチング心理学に応用されると，人間機能の連続体の上でクライエントはどこに位置づけられるかという疑問が生じる。われわれは対象とするクライエントを，50％以上に機能している者，つまり，かなり良いと考えられる者にしぼり，さらにその割合を「プラス2」から「プラス6」に引き上げようとするのか？　あるいは，われわれのモデルや前提はあらゆる場合に等しく応用可能で，弱さを改善して強さを作り上げ，幸福を促進させると同時に不幸を取り除けるので，この連続体上のどこにあろうとすべての人びとにかかわることに関心をもつのか？　これはきわめて重要な検討事項である。なぜなら，これは不幸や幸福をどのように理解するかにかかわり，広くみれば，誰をクライエントに選ぶかということも決定するからである。単純化すると，生物医学的モデルがそうしがちであるように，不幸と幸福を「異常」と「正常」というカテゴリーに二分できる（Maddux et al., 2004 を参照）。あるいは，もっと全体論的で統合的な見方をすれば，「正常性」をカテゴリーの違いではなく，ある連続体（つまり，生物学，心理学，社会そして文化の影響を受けて個人がさまざまに変化する連続体）の上のまさに一点に位置づけることもできる（Joseph and Linley, 2004; Maddux et al., 2004; Joseph and Worsley, 2005 を参照）。

コーチング心理学はその哲学的基礎の少なくともいくつかが人間性心理学にあるとほぼ間違いなく考えられているが，この伝統は，心理現象を医学的見地

から処理しすぎることに毅然とした態度をとってきた。こうした理論家には，不幸と幸福をどのように理解するかに対して択一的な概念化を行ってきたカール・ロジャーズがいる。この見方は，ポジティブ心理学者によって新たな命を吹き込まれ，コーチング心理学の理論的基礎に必ずやなくてはならない哲学的基盤を提供する（Joseph and Linley, 2004; Maddux et al., 2004; Joseph and Worsley, 2005 を参照）。

このように，ポジティブ心理学の第一の定義はメタ理論に価値をおく立場である。つまり，健康，達成そして幸福の研究は病気，機能不全そして苦痛の研究に劣らず価値あるものであり，人間の強さや美徳が心理学の研究から「はじかれる」ものではなく，人間の条件にかかわる心理学の中心におかれるべき話題だという立場である。この議論はオールポート（Allport, 1937）がパーソナリティの心理学的研究を作り上げるのは何かという基本的定義のなかで行っているものと同じである（Cawley et al., 2000 を参照）。

このメタ理論的見方の第二の側面は，ポジティブ心理学が異なったレンズを提供していることにある。このレンズを通して人間の経験が理解され，おそらくもっと重要なこととして，ポジティブな状態，特性そして結果を互いの関係のなかに位置づけることばや理解を共有できるようになる。ポジティブ心理学は一つの枠組を提供しはじめた。そのなかで研究者や実践家たちは，広範囲な心理学的そして社会科学的な分野を超えて，異なる関心や実施計画をもちながら，互いによりよくコミュニケーションを行い，自分たちの発見をより広い分類の文脈のなかに位置づけられるのである。

実践的なレベルでは，ポジティブ心理学者の目標が何かということよりも，その研究や実践において彼らが何をするかを考えることができる。これについては，ポジティブ心理学の4つの分析レベルを以前に分類した（Linley et al., 2006）。

ポジティブ心理学への関心の**源泉**は，**過程**やメカニズムに先行するもの，それを促進するものと定義できるだろう。ここに含まれるのは，幸福の発生的基礎，強さや美徳の発達を可能にする環境からの初期経験などである。ポジティブ心理学に関心をもつまでの**過程**は，良い生活を導く，あるいはそれを妨げる心理学的な要素（たとえば，強さや美徳）として定義できるだろう。ポジティブ心理学に関心をもつようになる**メカニズム**は，良い生活の追求を促進する（あるいは妨げる）心理学的な要因以外のものと定義できるだろう。たとえば，こうしたメカニズムは個人的関係や社会的の関係であり，職場環境であり，組織

や制度であり，共同体であり，われわれの生活が複雑に埋め込まれているさらに広い社会的，文化的，政治的そして経済的なシステムである。ポジティブ心理学への関心から得られる**成果**は，良い生活を特徴づける主観的，社会的そして文化的な状態と定義できよう。ここで考えられるのは，（主観的レベルでの）幸福，達成そして健康，良い生活を助ける（対人レベルでの）ポジティブな共同体や習慣そして多様性を含み，調和，市民性，持続性を促進する（社会的レベルでの）政治的，経済的，環境的な政策である。

こうした考えに基づいて，リンリーら（Linley et al., 2006）はポジティブ心理学を次のように定義している。

> ポジティブ心理学は人間の最適機能の科学的研究である。メタ心理学のレベルでは，人間の機能や経験のポジティブな側面に注意を向け，それを人間の機能や経験のネガティブな側面の理解と統合することで，心理学の研究や実践にある不均衡を是正するという目的をもつ。実践的レベルでは，望ましい**成果**をもたらすための**源泉**，**過程**そして**メカニズム**を理解することである。
> （Linley et al., 2006: 8, 太字は原文）

ポジティブ心理学とコーチング心理学の統合

ポジティブ心理学についてしっかりと導入を行ったので，次にポジティブ心理学とコーチング心理学をどのようにしたら統合できるかについて検討しよう。これらの学問分野のごく初期の発展段階についてはすでに述べたので，アプローチ方法あるいは目標となる母集団ごとに特別な統合（これは両分野が発展するとともに行われる）を行うことはせず，重要と考えるメタレベルでの問題，つまり，われわれの基本的前提の特質，研究努力の基礎づけ，実践そして今後に求められる方向に限って検討する。

基本的な前提

手短に述べたように（Linley and Harrington, 2005a），ポジティブ心理学は，人間の特徴についてわれわれがもっている基本的な前提を検討するように求めてきた（Joseph and Linley, 2004, 2006; Linley and Joseph, 2004 も参照）。簡潔に述べると，われわれは3つの前提を設定できる。人間は生来破壊的なので，コントロールする必要があると考えるかもしれない。あるいは，人間は善悪い

ずれにも向かう傾向があるので，悪を抑えて善を勧める必要があると考えるかもしれない。さらには，人間は社会的に方向づけられた建設的な力によって動機づけられているので，そうした力が強くなるようにしかるべき環境条件を整える必要があると考えるかもしれない。

こうした前提は，カレン・ホーナイ（1951）が**発達の道徳性**に関する彼女の見解のなかで十分に展開している。そこでホーナイは，中核となる人間性について理解しようとするさいに検討しうる3つの立場を詳細に述べている。第一の立場は，人間は生来罪深く，原始的本能によって衝き動かされているというものである。この見方は，現代心理学に広く浸透していると多くの人が考える「芯まで腐った」見解と一致する。この見解はジグムント・フロイト（Sigmund Freud）の「機械のなかの幽霊」として記述されており，心理学的考え方（Hubble and Miller, 2004）へのフロイトの潜在的影響は次のように描かれている。

> 〔それは〕ポジティブな特性や状態の科学そして実践に対する大きな障害となった。美徳や幸福は本物ではなく，随伴現象であり，ネガティブな特性や状態に寄生し，それに還元できるとする考えである。この「芯まで腐った」見解は西欧思想に深く浸透しており，ポジティブ心理学が打ち壊そうとしている原則があるとすれば，それはこの見解である。
> （Seligman, 2003: 126）

第二の立場は，人間性には本質的に「善」であるものと，本質的に罪深く破壊的な「悪」であるものが共存していると主張する。この立場からとらえると社会は，人間性の「善」の側面が「悪」の側面に勝利することを保証する方向を目指す。

第三の立場は，人間に内在するのは発達的な前向きの力であり，これが人びとを潜在能力の実現へ導くと考える。ホーナイは，この立場は（善や悪を作り上げているものについての知識を前提とするので）人間が本来的に良いということを示すものではないと注意深く述べている。むしろ人びとの価値は，潜在能力に向かおうとする努力から生まれるもので，本来的に前向きで向社会的である（したがって「善」と考えられるだろう）。この立場からみると，社会の目標は，社会環境のなかで人びとの自己実現を導くような促進条件を整えることである。自己実現に向かおうとする人びとの傾向という表現が許されるとき，ホーナイは次のように論じている。

われわれは自由に成長でき，自由に愛したり，ほかの人びとを心配したりできる。若い人びとには自由に成長できる機会を与えようとし，発達を阻害されている人びとには，どのような方法であれ彼らが自己を見出して自己実現することを助けようとする。いずれにしても，自分のためであれ，ほかの人のためであれ，理想は，自己実現を導く力を解放して養うことである。
　　　　　　　　　　　　　　　　　　　　　　　（Horney, 1951: 15-16）

　この見解を共有する心理学者のなかでおそらくもっとも影響力があるのはカール・ロジャーズだろう（彼の伝記については Thorne, 1992 を参照）。彼は，人間は自らの十分な潜在能力を発展させる方向に全体論的に動機づけられているという見解を述べている。

　　人間は基本的に不合理な存在であり，正しくコントロールしないと，その衝動は他者や自己を破壊に導くという一般的な考え方に私はほとんど与しない。人間の行動はこの上なく合理的であり，名状しがたいほど秩序だって複雑に，自らが成し遂げようとしている目標に向かっていくのである。
　　　　　　　　　　　　　　　　　　　　　　　　　　（Rogers, 1969: 29）

　ロジャーズは述べている。人間はその奥深くで自分がなれる精一杯のものになろうと努力しているのだと。ロジャーズはこの方向づけられた力を実現傾向と呼ぶ。

　　これは生物に内在する傾向であり，生物は自らを維持し高めていく方向に能力を解発しようとする。ここに含まれるのは，空気，食物，水などに対する「欠乏欲求」とマズローが名づけたものを満たすための傾向だけでなく，もっと一般化された活動である。組織や機能の分化へ向かう発達，成長という拡張，道具の使用による有効性の拡張，再生による拡張や向上も含まれる。それは自律へと向かい，他律から，あるいは外的な力によるコントロールから遠ざかろうとする発達である。　　（Rogers, 1959: 196）

　ロジャーズは実現傾向のもつ基本的方向性を，自律的決定，拡張や有効性そして前向きな社会行動の発達へ向かうものという概念でまとめていた。ロジャーズが述べているように，実現傾向は人間がもつ自然な動機づけの力であり，つねに発展的な成長へと向かう。

第3章 ポジティブ心理学とコーチング心理学の統合

それはあらゆる組織や人間の生活に明らかに見られる——広がり伸びようとし，自律的になろうとし，発達し，成熟しようとする——強い衝動であり，生物のあらゆる能力を拡張し活性化しようとする傾向である。そうした活性化はできるだけ組織あるいは自己を高めるように働く。

(Rogers, 1961: 35)

ポジティブ心理学が人間性についての第三の基本的前提を暗黙のうちに受け入れたことについては，ほかの著書で論じている（Linley and Joseph, 2004; Joseph and Linley, 2006）。ここでは次のように主張しよう。コーチング心理学が同様の疑問を提起し，人間の性質に関する自らの基本的前提を考慮し，人間であるとはどういう意味かについて検討することで，コーチング心理学者は，こうした前提が自分たちの実践にどのような影響を与えるかについてより深い洞察を得られる。

実　践

コーチング心理学のいかなる実践も，人間の性質に関する基本的前提に基づいている。これらの前提は深く根を下ろしているが，われわれが使うことばの選び方，われわれがコーチング心理学の実践やクライエントに対して採用する実施計画，われわれの仕事に対する取り組み方に，容易にみてとれる。コーチング心理学者としてわれわれがもっている前提は，自身のパーソナリティや嗜好を反映しており，自身の生活経験や訓練を通して作り出されるようにみえる。これらの前提は単刀直入な経験的質問にはなっていないが，価値や道徳性——つまり個人の倫理や嗜好——についての疑問と考えられるだろう。さらに，われわれの前提が概して外からみえにくく，意識的に関心を喚起しにくいので，われわれが特定のモデルや作業方法で訓練を受け，特定のやり方で物事を行うことに慣れてしまっている場合，それを無批判に受け入れてしまうことになる。今ある立場を想定すると，われわれの基本的前提が往々にして当然のものと考えられ，問題にされないのは，まさにこの理由からである。

このように考えるので，われわれは，ポジティブ心理学とコーチング心理学を統合するための重要な要素は，人間性についての根本的な前提をよく考えるようにポジティブ心理学から誘われていることであると提言する。われわれが「幸福と活動能力を高める」という問題を扱っているとき，これについて考えることは重要である。なぜなら，伝統的モデル（広く取れば基本的前提）では

この問題を十分に扱えず，このモデルが人間の病気や不幸の**ない**ことを説明できるほどには，人間の健康や幸福が**ある**ことをよく説明できないからである (Keyes, 2005 を参照)。

すでに述べた推論を拡張すると，伝統的モデルはどうしたらわれわれをゼロの状態に戻せるかをうまく説明できるが，さらにプラス 8 までもち上げるにはどうするかは説明できないかもしれない。しかし，自己実現へ向かおうとする傾向あるいは実現傾向という前提は，不幸と幸福についての統合された全体論的なモデルを導く。このモデルでは，人間が経験することの全体をもっと徹底的に説明する。ごく最近に進歩した実験的・統計的な手法 (Sheldon and Kasser, 2001) を使って，もっと以前の人間論的心理学者の主張を立証するなかで，この方向づけをもった前向きな傾向を証明する重要な実証的結果が姿を現しはじめていることに注目すべきである (Joseph and Linley, 2004 を参照；概論については Joseph and Linley, 2006 を参照；実験的説明については Sheldon et al., 2003 を参照)。

全体としてわれわれは，人間性のなかに方向づけをもった発展的な傾向があるという基本的前提を支持する説得力ある実証的な結果を見出していると主張する。そしてコーチング心理学者が，いつまでも続く個人的・専門的な成長の一部としてこれらの問題をつねに考えるのはもっともだろう。しかしわれわれは，意見の多様性と，心理学的努力を明確化する方法の不偏性を考慮し，こうした前提の主観的・個人的な特徴を認めるので，ほかの研究者などに対してこの見解を押しつけるつもりがないことをはっきりさせておく。それでもなお，研究が進むにつれて，こうした「長期的展望」の問いは——もし刺激的表現を使うなら——活発な議論を呼ぶ話題になると考える。そして，とりわけ方法論がその研究の疑問に十分に答えられないとき，実証的な結果がないからといって仮説が誤っていると決めつけて解釈することにはならないと心にとどめておくのはもっともだろう。

研　究

コーチングとコーチング心理学を支持する研究がもっと行われるようにとの要請は以前からあった (Grant, 2001; Kauffman and Scoular, 2004)。こうした状況に注意が払われるようになってきた兆候はいっそう目につきはじめ，英国心理学会コーチング心理学特別団体とオーストラリア心理学会が共同で『国際コーチング心理学レビュー』を創刊したことで，この傾向はさらに推し進められ

た。しかし，コーチング心理学はすでに確立している心理学的方法に基づくと定義して，コーチング心理学の特徴を広くとらえ，特にポジティブ心理学とコーチング心理学の統合を考慮すると，コーチング心理学が築かれはじめる研究基盤はすでにあったと容易に確かめられる。これはすでに示したので，ここでは，こうした基礎づけを妨げる要因について考えるつもりはなく，われわれがなぜ，どのように，どこでコーチング心理学の研究を行うべきかというメタレベルの考察にとどめる。

　しかし，こうした考察を進める前に，きわめて広い——研究と応用の両面の——基礎づけに触れておく価値はあるだろう。その基礎の上にコーチング心理学は出現し，実証的・理論的な基礎が導き出されると期待される。コーチング心理学は臨床，カウンセリング，教育，職業そしてスポーツの心理学のいずれかにルーツをもち（Palmer and Whybrow, 2005），そうしたものとして比較的最近に登場した領域だと指摘されることがあるが，それよりもはるかに長い伝統をもっている。ポジティブ心理学はこの伝統とつながりをもっているが，その基礎ははるかに広い。なぜなら，ポジティブ心理学も「新しい学問分野」というよりは，すでに述べたように，確立した学問分野を新しい視点からみる見方であり，視点を変えることだからである（Linley et al., 2006 も参照）。

　さて，コーチング心理学者は**なぜ**研究を行うのか？　研究がより良い実践につながるのは自明のことである。なぜなら，これはわれわれのほとんどが同意する「実証的な結果に基づく実践」というモデルを支持する中心的信条だからである。しかしわれわれは，コーチング心理学が「実践に基づく実証的な結果」に，つまり，実験室での実験計画とか匿名の心理学部学生を対象に行われた調査結果にではなく，実世界の状況に生に応用することで得られる研究結果に，もっと貢献しなければならないと主張する。簡単にいうと，研究を行うことで，何がうまくいくか，どのようにうまくいくか，なぜうまくいくかについてもっと理解できるようになる。その結果，われわれは，いつならうまくいくか，誰とならうまくいくかという，もっとはっきりした問いを発せられるようになる。学問的な賞賛と応用分野での価値を付加された賞賛のいずれでも，コーチング心理学者としての実践の有効性が，最終的にわれわれが成功する鍵を握っているだろう。そして，研究にこの判定の全権が委ねられているのである。

　コーチング心理学の研究はどのように行われるべきか？　『コーチングサイコロジスト』の読者は，この話題についてわれわれがジョン・ローワン（John Rowan）と交わしたやりとりをよく知っているだろう（Linley and Harrington,

2005b)。本質的には，コーチング心理学の研究には量的方法と質的方法のい**ずれもが**――重要な――居場所を占めていると主張したい。われわれは，量的方法と質的方法が認識論的および存在論的に別々の前提をもっていることを知っているが，この2つの方法論的アプローチが互いに排他的であると仮定するのは誤解を招きやすいものであり，むしろコーチング心理学者がさまざまな研究論点のなかで各アプローチの価値を認識できるように支援することを提案したい。これは特に重要である。なぜなら，「研究の全体的目的に応じてデータの収集，分析そして解釈の方法を補い合い，適切に組み合わせることで，生産的で**実践面**に応用できる研究が増えていく」(Linley and Harrington, 2005b: 19, 太字は原文) からである。

　こうした問題が生じるのは，心理学的科学者（たとえば学問的研究者）のニーズと心理学的実践家（たとえばコーチング心理学者）のニーズとが重なり合わないからだろう。心理学的科学者（すなわち研究者）は学問的圧力に直面して，著名な研究雑誌に論文を掲載してもらおうと努力する。そこでは，編集者や査読者が例によって大きな母集団 N と実験的・統計的に厳密な方法を求める。こうした努力の結果は，すべての人びとに一般化されるが，実践家がしばしば価値をおく微妙な個性記述的差異を失った法則定立的な研究となる。これに対して実践家は，多くの場合，自分たちの現場ですぐ適切に応用できる発見に関心をもつ。こうした必要条件が，学問的研究者の実施計画とは相入れない個性記述的方法をとらせる。この方法は特定の個人がもつ深みとか豊かさを提供してくれるが，もっと広く一般化することはおそらくできないだろう（したがって，権威のある研究雑誌にはあまり魅力がないだろう）。

　ここに記した2つの実施計画は異なるので，研究者と実践家を残念にも引き裂く一つの原因かもしれない。なぜなら，研究者はもっと細部にこだわり，実世界のニーズとはかけ離れた（すなわち，Anderson et al., 2001 によると**衒学的な**）研究を行う一方で，実践家は，必要な学問的厳密さに耐えず，その供給源もない（すなわち，Anderson et al., 2001 によると**大衆的な**）一般的な市場価値をもった研究に向かうからである。どのように研究を行うかについて考えるとわれわれは，コーチング心理学者が自分たちの研究において，影響力の強い現実的な観点と学問的厳密さという2つのニーズを兼ね備えようと努力するのはもっともなことだと主張できる。こうしてコーチング心理学者は，自分たちの知識の集合体に実施計画を加え，それを進めながら，研究者や実践家のニーズを心から満たそうとするもっと**実践的**な科学への要求に応えるのである

（Anderson et al., 2001）。

ポジティブなコーチング心理学に向かうのか？

ここでまず重要な問題は，「誰のための実施計画か？」という問いにどう答えるかである（Linley, 2006 を参照）。「誰のための実施計画か？」というこの問いは，われわれが心理学者として，はっきりいえば人間として行うすべてのことの基礎にあるものである。しかし，決してそれほどうまくは答えられない問いである。簡単にいうと，われわれがしたがう実施計画は実践活動を決定するのであり，そうであるからそれは，われわれの誰もがもっと心にとどめるよう努めるべき問題なのである。これはわれわれの研究を通じて何度となく現れるテーマであり，これから議論を進めるにつれて，コーチング心理学とポジティブ心理学の統合にとって重要な意味をもつようになるテーマである。

実施計画というとき，本当に取り組むべきは力とコントロールの問題である。力とコントロールを行使する者は，手本となる実施計画を定める者である。そういうものとして，われわれは自身の実施計画をつねに心にとどめ，それがほかの人たちの実施計画とどのように合うか，あるいは合わないかについても注意を払うべきである。ほかで述べたように，ポジティブ心理学での実施計画の問題は重要なものであり，ポジティブ心理学が将来どのように進展していくかを十分に具体化するものである（Linley, 2006; Linley et al., 2006 を参照）。本質においてわれわれは，ポジティブ心理学が心理学の各領域や研究方法をもっと広範囲に知らしめ，あるいはそれによってよく認知され，それと統合するように努めるべきであると考える。こうして，われわれは「ポジティブ心理学のためのカウンセリング心理学実践計画」を描いているのであり，その逆を行うのではない。ポジティブな臨床心理学（Maddux et al., 2004），ポジティブな職業心理学や組織心理学の一部門としてのポジティブな組織研究の推進（Cameron et al., 2003a）でも，同様の主導権が取られている。

ここでよく考えておかなければならないことは，さまざまな心理実践家が領有しているだろう「領域」をわれわれがどのように理解するかということである。概してポジティブ心理学は，人間が経験することに関して，苦痛や障害といったネガティブな側面と同じくらい人間機能のプラスの側面を説明する全体論的な見方をするようわれわれに強く求める。ポジティブな臨床心理学の文脈のなかでマダックスら（Maddux et al., 2004）は，われわれは少なからず誰もが「良い」と同時に「良くない」のだということを認識して，人びとを「良

い」と「良くない」の誤った二分法で考えないような人間機能の連続体モデルを提案している。ポジティブな組織研究では，職業心理学者や組織心理学者は，組織におけるネガティブな逸脱に焦点をあてると同時に，ポジティブな逸脱にも焦点をあてるべきであると主張している（Cameron et al., 2003b）。

　コーチング心理学は「幸福や活動能力」（Palmer and Whybrow, 2005）を高めることがその守備範囲であるとはっきりと表明する一方で，コーチング心理学者の守備範囲は人間機能をもっとポジティブにとらえることであると，ひそかに主張している。しかし，こうした見方を全体として統合する中心的なテーマが，明確なポジティブ心理学的アプローチによってよく認知されているかどうかによらず，人間が経験することをポジティブとネガティブ，良いと悪い，健康と病気，強さと弱さにきれいに二分して理解するやり方からわれわれは離れるべきだということである。これらは誤った二分法であり，人間性心理学の先駆者たちがすでに退けたものである。彼らは，人間であるということが何を意味するかを理解するためにもっと全体論的な方法論を提案していた（Joseph and Worsley, 2005）。すでに述べた統合的テーマのもとにこうした見方をまとめることは，現代心理学において見方が転換をはじめている時期にわれわれが遭遇していることの証左となる。いずれポジティブ心理学もコーチング心理学も，人間の条件をもっと完全に理解する方向に導く大きな力とみられるようになるだろう。

引用文献

Allport, G. W. (1937) *Personality: A psychological interpretation*. New York: Holt.

Anderson, N., Herriot, P. and Hodgkinson, G. P. (2001) The practitioner-researcher divide in industrial, work and organizational (IWO) psychology: where are we now, and where do we go from here? *Journal of Occupational and Organizational Psychology* 74:391–411.

Baumeister, R. R, Bratslavsky, E., Finkenauer, C. and Vohs, K. D. (2001) Bad is stronger than good. *Review of General Psychology* 5: 323–370.

Cameron, K. S., Dutton, J. E. and Quinn, R. E. (eds) (2003a) *Positive Organizational Scholarship: Foundations of a new discipline*. San Francisco, CA: Berrett-Koehler.

Cameron, K. S., Button, J. E. and Quinn, R. E. (2003b) Foundations of positive organizational scholarship. In K. S. Cameron, J. E. Dutton and R. E. Quinn (eds), *Positive Organizational Scholarship: Foundations of a new discipline* (pp. 3–13). San Francisco, CA: Berrett-Koehler.

Cawley, M. J., Martin, J. E. and Johnson, J. A. (2000) A virtues approach to personality. *Personality and Individual Differences* 28: 997–1013.

Diener, E. and Seligman, M. E. P. (2004) Beyond money: toward an economy of well-being.

Psychological Science in the Public Interest 5: 1–31.

Donovan, N. and Halpern, D. (2001) *Life Satisfaction: The state of knowledge and implications for government*. London: Downing Street Strategy Unit. www.strategy.gov.uk/2001/futures/attachments/ls/paper.pdf

Downey, M. (1999) *Effective Coaching*. London: Orion.

Fredrickson, B. L. and Levenson, R. W. (1998) Positive emotions speed recovery from the cardiovascular effects of negative emotions. *Cognition and Emotion* 12: 191–220.

Fredrickson, B. L., Mancuso, R. A., Branigan, C. and Tugade, M. M. (2000) The undoing effect of positive emotions. *Motivation and Emotion* 24: 237–258.

Gable, S. L. and Haidt, J. (2005) What (and why) is positive psychology? *Review of General Psychology* 9: 103–110.

Gallwey, T. (2002) *The Inner Game of Work: Overcoming mental obstacles for maximum performance*. New York: Texere.

Grant, A. M. (2001) *Towards a Psychology of Coaching*. Sydney: Coaching Psychology Unit, University of Sydney.

Grant, A. M. and Palmer, S. (2002) Coaching psychology workshop. Annual Conference of the Division of Counselling Psychology, British Psychological Society, Torquay, UK, 18 May.

Horney, K. (1951) *Neurosis and Human Growth: The struggle toward self-realization*. London: Routledge and Kegan Paul.

Hubble, M. A. and Miller, S. D. (2004) The client: psychotherapy's missing link for promoting a positive psychology. In P. A. Linley and S. Joseph (eds) *Positive Psychology in Practice* (pp. 335–353). Hoboken, NJ: Wiley.

James, W. (1902) *The Varieties of Religious Experience: A study in human nature*. New York: Longman, Green.

Joseph, S. and Linley, P. A. (2004) Positive therapy: a positive psychological theory of therapeutic practice. In P. A. Linley and S. Joseph (eds) *Positive Psychology in Practice* (pp. 354–368). Hoboken, NJ: Wiley.

Joseph, S. and Linley, P. A. (2006) *Positive Therapy: A meta-theory for positive psychological practice*. London: Routledge.

Joseph, S. and Worsley, R. (2005) A positive psychology of mental health: the person-centred perspective. In S. Joseph and R. Worsley (eds) *Person-centred Psychopathology: A positive psychology of mental health* (pp. 348–357). Ross-on-Wye, UK: PCCS Books.

Kahneman, D., Krueger, A. B., Schkade, D. A., Schwarz, N. and Stone, A. A. (2004) Toward national well-being accounts. *American Economic Review* 94: 429–434.

Kauffman, C. and Scoular, A. (2004) Toward a positive psychology of executive coaching. In P. A. Linley and S. Joseph (eds) *Positive Psychology in Practice* (pp. 287–302). Hoboken, NJ: Wiley.

Keyes, C. L. M. (2005) Mental illness and/or mental health? Investigating axioms of the complete state model of mental health. *Journal of Consulting and Clinical Psychology* 73: 539–548.

Lane, R. (2000) *The Loss of Happiness in Market Democracies*. New Haven, CT: Yale University Press.

Linley, P. A. (2006) Counseling psychology's positive psychological agenda: a model for integration and inspiration. *The Counseling Psychologist* 34: 313–322.

Linley, P. A. and Harrington, S. (2005a) Positive psychology and coaching psychology: perspectives on integration. *The Coaching Psychologist* 1(1): 13–14.

Linley, P. A. and Harrington, S. (2005b) Coaching psychology and positive psychology: a reply to John Rowan. *The Coaching Psychologist* 1(2): 18–20.

Linley, P. A. and Joseph, S. (2004) Toward a theoretical foundation for positive psychology in practice. In P. A. Linley and S. Joseph (eds) *Positive Psychology in Practice* (pp. 713–731). Hoboken, NJ: Wiley.

Linley, P. A., Joseph, S. and Boniwell, I. (eds). (2003) In a positive light (special issue on positive psychology). *The Psychologist* 16(3).

Linley, P. A., Joseph, S., Harrington, S. and Wood, A. M. (2006) Positive psychology: past, present, and (possible) future. *Journal of Positive Psychology* 1: 3–16.

Maddux, J. E. (2002) Stopping the madness: positive psychology and the deconstruction of the illness ideology and the DSM. In C. R. Snyder and S. J. Lopez (eds) *Handbook of Positive Psychology* (pp. 13–25). New York: Oxford University Press.

Maddux, J. E., Snyder, C. R. and Lopez, S. J. (2004) Toward a positive clinical psychology: deconstructing the illness ideology and constructing an ideology of human strengths and potential. In P. A. Linley and S. Joseph (eds) *Positive Psychology in Practice* (pp. 320–334). Hoboken, NJ: Wiley.

Maslow, A. H. (1954) *Motivation and Personality*. New York: Harper.

Maslow, A. H. (1968) *Toward a Psychology of Being*. New York: Van Nostrand.

McCullough, M. E. and Snyder, C. R. (2000) Classical sources of human strength: revisiting an old home and building a new one. *Journal of Social and Clinical Psychology* 19: 1–10.

Myers, D. G. (2000) The funds, friends, and faith of happy people. *American Psychologist* 55:56-67.

Palmer, S. and Whybrow, A. (2005) The proposal to establish a Special Group in Coaching Psychology. *The Coaching Psychologist* 1: 5–12.

Peterson, C. (2000) The future of optimism. *American Psychologist* 55: 44–55.

Rogers, C. R. (1959) A theory of therapy, personality and interpersonal relationships, as developed in the client-centered framework. In S. Koch (ed.) *Psychology: A study of a science*. Volume 3, *Formulations of the Person and the Social Context* (pp. 184–256). New York: McGraw-Hill.

Rogers, C. R. (1961) *On Becoming a Person*. Boston, MA: Houghton Mifflin.

Rogers, C. R. (1969) *Freedom to Learn*. Columbus, OH: Merrill.

Rozin, P. and Royzman, E. B. (2001) Negativity bias, negativity dominance, and contagion. *Personality and Social Psychology Review* 5: 296–320.

Seligman, M. E. P. (1999) The president's address. *American Psychologist* 54: 559–562.

Seligman, M. E. P. (2003) Positive psychology: fundamental assumptions. *The Psychologist* 16: 126–127.

Seligman, M. E. P. and Csikszentmihalyi, M. (2000) Positive psychology: an introduction. *American Psychologist* 55: 5–14.

Shah, H. and Marks, N. (2004) *A Well-being Manifesto for a Flourishing Society*. London: New Economics Foundation. www.neweconomics.org/gen/uploads/21xv5yytotlxxu322pmyada205102004103948.pdf

Sheldon, K. M. and Kasser, T. (2001) Goals, congruence, and positive well-being: newempirical support for humanistic theories. *Journal of Humanistic Psychology* 41:30–50.

Sheldon, K. M. and King, L. (2001) Why positive psychology is necessary. *American Psychologist* 56: 216–217.

Sheldon, K. M., Arndt, J. and Houser-Marko, L. (2003) In search of the organismic valuing process: the human tendency to move towards beneficial goal choices. *Journal of Personality* 71: 835–886.

Thorne, B. (1992) *Carl Rogers*. London: Sage.

Whitmore, Sir J. (2002) *Coaching for Performance*, 3rd edition. London: Nicholas Brealey.

議論のポイント

- コーチング心理学とポジティブ心理学は人間性について同じ基本的な前提を共有しているか？ 人間性について異なった前提をもっている学問領域のなかで仕事をすることは可能か？
- コーチング心理学の関係のなかで，どうすればポジティブ心理学のアプローチはとてもうまく展開していけるか？
- ポジティブ心理学とコーチング心理学が互いから学んだ最大のものは何か？
- 自己実現のためにポジティブ心理学とコーチング心理学がなしえた最大の貢献は何か？ そして，それにどのように取り組むか？

推薦図書

Joseph, S. and Linley, P. A. (2006) *Positive Therapy: A meta-theory for positive psychological practice*. London: Routledge.

Kauffman, C. (2006) Positive psychology: the science at the heart of coaching. In D. R. Stober and A. M. Grant (eds) *Evidence Based Coaching Handbook: Putting best practices to work for your clients*. Hoboken, NJ: Wiley.

Linley, P. A. and Kauffman, C. (eds) (2007) Editorial - Positive coaching psychology: integrating the science of positive psychology with the practice of coaching psychology. *International Coaching Psychology Review* (special issue on positive psychology) 2(1): 5–8.

Linley, P. A., Joseph, S., Harrington, S. and Wood, A. M. (2006) Positive psychology: past, present, and (possible) future. *Journal of Positive Psychology* 1: 3–16.

(堀　正訳)

第4章

研　究——コーチングは有効か？

アネット・フィラリー-トラビス，デイビッド・レイン
（Annette Fillery-Travis and David Lane）

はじめに

　総額で年間2億ドルを超える資金（Sanghera, 2004）が使われているコーチング市場は，もはや，すき間産業どころではなく，管理職育成のポートフォリオに貢献していると認められている。したがって，個人であれ組織であれ，コーチングを求める人びとは，コーチングを採用することで何が得られるか，自分たちにはどのような方法あるいはモデルがふさわしいか，コーチングとどのようにかかわれば最高の成果が得られるかを問いはじめている。コーチング市場はまさに成熟している。
　しかし，関連文献を手短に調べてみると，「コーチング」という用語は，ひととおりの訓練を受けたコーチがさまざまな目的を達成するために行う多くの介入を意味している。クライエントの活動能力を高めるために，コーチは職場において自らエグゼクティブコーチと称して，クライエントの役割や行動に全力を注ぐかもしれない。もう一つはライフコーチとして，もちろんクライエントの仕事に影響力を及ぼそうと考えるが，もっと一人ひとりのクライエントに特化した生活目標に影響を与えようと考えるかもしれない。市場の疑問に答えるためには，クライエントや組織のニーズに基づいた実践の枠組のなかでコーチングを考える必要があることがすぐ明らかになる。
　この枠組には，コーチングに存在する管理関係だけでなく，その方法や役割も含めるべきである。しかし，この枠組の中心にはコーチングの目的がおかれるべきである。コーチングの効果に関する研究文献を概観して，われわれ

(Fillery-Travis and Lane, 2006) は，コーチングの目的——すなわちコーチングの実施計画——をはっきり理解していないと，コーチングの効果を測定する適切な基準を確定できないことを突きとめた。

　本章では，そうした枠組の構築に関する研究を要約し，個々のコーチング方法がどれだけ有効かを示す研究を簡単に紹介しよう。われわれはこの領域の研究を網羅した完全なリストを提供しようとはしなかった。コーチング過程に関して公にされている多くの文献をあえて含めなかったのは確かである。われわれはコーチングがその目標に向かって機能しているかを調べることに焦点をあてた。文献を精査してみると，どのような要因によってコーチングが目に見えて成功を収めたかについて実証的な結果が現れはじめたことが明らかになった。ここではこれらの要因をもっと細かく検討して，コーチとしての実践ならびに組織内でのコーチングの応用方法についてこうした要因がどれほどよく教えてくれるかを考察する。

組織内でコーチングはどのように利用されているか？

　2001年以降，組織内でコーチングがどのように利用されているかを検討した研究が巷にあふれた（Carter, 2001; Kubicek, 2002; CIPD, 2006）。現在使われているコーチング方法は次のように分類できる。外部あるいはエグゼクティブコーチングと内部あるいはマネジャーコーチングである。本章の範囲外であるが，チームコーチングに関する初期の文献があるので，関心ある読者にディードリッチ（Diedrich, 2001）の論評を紹介しておこう。これらの方法は混同される恐れがあるため，両者の違いについて少し論じておく。

　この雑誌文献では，外部コーチは次の2つの仕事のうち一つを行うために組織が雇用すると述べられている。
- 自身の実施計画にそった上級管理職コーチング——これは新たな役割における導入過程の一部である場合もあれば，昇任が認められてから，その新たな役割を引き受ける前に成長が必要な個人に対して行われる特別支援の場合もある。あるいは，個人が自身の成長プランとして，個人的にコーチを任命するかもしれない。いずれの場合でも，その実施計画は概して広範囲にわたり，どれを選ぶかの決定はまさにクライアントが行うだろう。それは組織的問題を含むが，大人の成長における基本的問題，たとえばアイデンティティや成熟にともなう展望，動機づけの変化を扱うだろう。

第4章 研 究

- 組織の実施計画にそって確実に知識を習得して行動変化を促進する訓練を受けたあとのマネジャーへのコーチング。この場合のコーチング実施計画はしっかり立てられており，あらかじめ決められた組織の目標に限定されている。

このように外部コーチはさまざまな関与レベルで活動できる。こうしたレベルのカテゴリー化はしばらく文献（Peterson, 1996; Witherspoon and White, 1996; Grant and Cavanagh, 2004）で扱われていた。ここで扱われる範囲は——特定の行動を変えさせる——スキルコーチングから，コーチが親密で専門的で個人的な問題を扱う発達コーチング——「治療を必要としない人たちのための治療」——にまで及ぶ。

コーチングはその実践を支える心理学的視点に本質的に依拠していることは明らかである。しかし，これらの視点は多くのモデルで必ずしも明確になっていない。カバナーとグラント（Cavanagh and Grant, 2006）が主張するように，コーチは心理学的研究（あるいは，大人の学習についての研究）によっては伝えられない多くの基礎に基づいて実践しており，妥当性の疑わしい独自の枠組を使っているかもしれない。したがってコーチは，使われている心理学の背景を理解しないまま心理学的企てに従事していることがよくある。これは開放的な実施計画にしたがうコーチングにとって特に面倒である。なぜなら，このコーチングでは要求はとても個人的で細かく，クライエントの基本的な信念体系に関連しているからである。

このように，この領域で働くコーチには高度な能力が求められるので，さまざまな専門団体が，この専門的な能力水準にもっていくにはどうするかを，時間をかけて明らかにしようとしている。欧州コーチング・メンタリング協議会，国際コーチング連盟，世界ビジネスコーチ協会のウェブサイトをみると，この活動についてもっとよく理解できるだろう。

内部コーチングとマネジャーコーチングは，一般的に個人が組織のなかで使っている。フリッシュ（Frisch, 2001）によると内部コーチングは次のように定義される。

> 〔内部コーチングは〕組織によって支援された一対一の発達的介入であり，コーチングの訓練を受け，個人の専門的成長をもたらすプログラムを作って実行することを安心して任せられる人が提供するものである。
> 　　　　　　　　　　　　　　　　　　　　　　　　（Frisch, 2001: 242）

内部コーチはコーチングを自分たちの職務説明の一部ととらえているが，一般的には担当するクライエントの手順管理の外に位置づけられるだろう。議論の対象となっている行動あるいは変化を支援する側面について検討されることはあるかもしれないが，コーチング実施計画は組織の目標にそって運用され，外部コーチングにみられるほど「自由」でなく，開かれてはいない。

内部コーチは外部コーチほど幅広い技能を必要としないだろう。そして，最良の実践を行うときには，外部コーチあるいは上級コーチに指導を仰ぐように求められるだろう。われわれの研究（Jarvis et al., 2006）では，内部コーチのほとんどは上級人材専門家であった。上級人材専門家はつねに内部コーチの役割を担っており，多くが自分の専門的職業のうちでこの部分を明確にすることを歓迎している。確かに，内部コーチが手を拡げている仕事として，外部コーチ，とりわけマネジャーコーチの育成において「訓練支援」の役割を引き継ぐという仕事があった。この領域で仕事を行うさいに，人材専門家は大人の学習から導かれた経験や理論的枠組をよりどころにできる。

マネジャーコーチに関しては，ほとんどの組織は自分たちのマネジャーがコーチングを行っており，マネジャーは組織を支援する役割を果たしているというだろう（Kubicek, 2002）。マネジャーコーチの実施計画は最も限定されており，ふつうは組織の要求にのみ応えていればよい。その実施計画は営業上の目標を達成することに集中する傾向があり，技能コーチングに集約されるだろう。ほかの方法と対照的に，この種のコーチングはコーチにもクライエントにも直

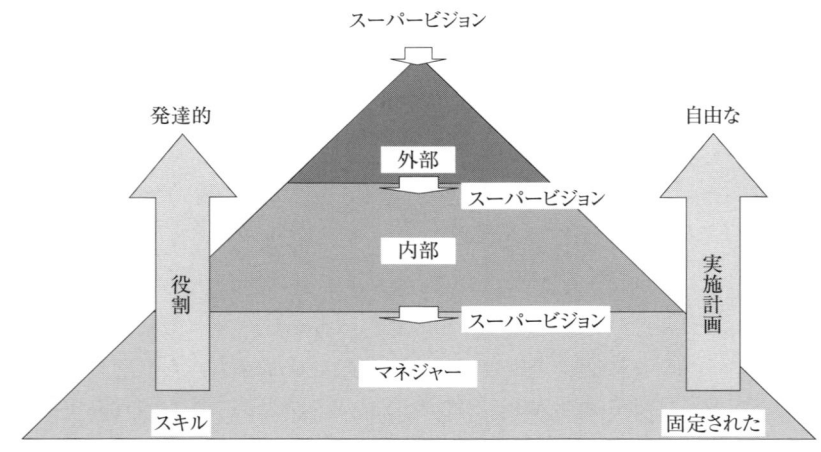

図4.1　実践の枠組

接的な利益をもたらす。従業員は取り決めた成果をあげられ，マネジャーは適正に自信をもって職務をゆだねられる。こうした限定的な実施計画があるので，このコーチに求められる能力は限られているのである。一般に，彼らの養成期間は短く，その方法は一つの実践モデルに集中する。しかし，コーチング技能はそうした訓練のなかでこそ学ばれるという実証的な結果がある（Graham et al., 1993）。スーパービジョンは通例どおりこのコーチング方法を職業上の倫理にそって応用するために重要である。そして，この仕事はますます内部コーチによって行われるようになっている。

　まとめると，実践の枠組は図4.1のように図式化される。コーチの役割と実施計画は，この三角形の頂点に向かうほど各々のクライエントによって決定される傾向が強くなる。それと同時に，目標や目的はいっそう個人に特化したものとなり，操作的な成果とはますます直接的にかかわらなくなる。このことは，これらのレベルをとおしてコーチングの成功をいかに判定するかに重大な影響を及ぼす。まず目を向けたいのはこの問題についてである。

コーチングは有効か？

　内部コーチングであれ外部コーチングであれ，それは個人や組織に対する大きな投資である。したがって，商業界で投資額に対してどれだけの利益が得られるかを成功の指標として求める傾向が強くなっているのは驚くにあたらない。これまでの研究では，こうした指標を求めることにほとんど成功していない。

　図4.1に示した枠組をみると，コーチング様式が違うと成功の基準も違うことは明らかである。エグゼクティブコーチングのレベルでは，コーチング実施計画は問題を実証することに焦点をあてる可能性があり，管理職自身は十分に年長者なので，自分たちの影響は操作的ではなく戦略的なレベルにとどまるだろう。それに対して，底辺でのコーチングの影響は間接的で，市場の変化といった要因が寄与しており，通常は研究調査よりも長期にわたって続く傾向があるだろう。したがって，投資利益率（ROI：return on investment）を与える指標をどのようにデザインするかは難しい仕事であり，投資利益率を引き合いに出している研究が2つしかないのは驚くにあたらない（McGovern et al., 2001; Philips, 2004）。その研究での投資利益率はそれぞれ5.7と2.2である。これらの数字は，この分野の研究を進めるにあたって使える出発点となった。しかし，マクガバンらの研究はクライエント自身による投資利益率の推定に基づいてお

り，この研究のなかで一貫した基準が設定されていない。また，フィリップスの研究はこれから査読を受けることになっている。

このレベルのコーチングは，自己効力感や個人間スキルといった管理職の包括的なスキルを扱っていると主張されるかもしれないので，こうしたスキルが改善されたかどうかを直接に調べたり，それによって底辺部分に影響が出たかどうかを検討するような研究が行われるべきである。一般的にいうと，これは大部分の研究者が採用している戦略となっている。たとえば，いくつかの研究では，多様な情報源をもつフィードバックにコーチングが及ぼす影響に注目している (Thach, 2002; Luthans and Peterson, 2003; Smither et al., 2003)。そこでは，目標設定，活動能力を改善するためのフィードバックを求めること，個人間スキル，リーダーシップの実効性などの項目で，コーチングを受けたマネジャーの活動能力の評定が一貫して改善していることが見出された。

他方で，クライエント自身がコーチングの価値をどのように認識しているかを調べている研究もある (Harder and Company Community Research, 2003; Dawdy, 2004; Dingman, 2004)。それぞれの研究は，たとえばコミュニケーションスタイル，個人間サポート，自己効力感といった異なる行動に着目しているので，結果の直接比較はできないが，どのクライエントもコーチングが自身の活動能力に好ましい影響を与えたことには異論を唱えていない。

投資利益率の数字をもっと直接的に活用できるのは，コーチング実施計画が操作的な活動能力に直接影響を及ぼす行動に焦点をあてている場合である。これは，コーチング実施計画のなかで組織目標が明確になっている内部コーチやマネジャーコーチのレベルで生じる。残念ながらコーチングの内部モードに関する研究はまだほとんどない。内部コーチについて一つの研究 (Olivero et al., 1997) が公的機関で行われた。この研究では，コーチングの実施後にクライエントの生産性が向上したかどうかを測定しようとした。オリベロらが選んだ測定項目はマネジャーの役割にふさわしいもので，定量化でき，組織にとっても使えるものであった。マネジャーは訓練プログラムを受講し，標本集団もコーチングを受けた。コーチングを受けなかった人の生産性向上が22％であったのに対して，コーチングを受けた人の生産性向上は88％と良かった。この結果は明快にみえるが，オリベロらは，この研究デザインでは十分に扱われなかった要因が数多くあるので，関心をもたれる読者は自分たちの研究を参照してほしいと指摘している。

鍵となるビジネス指標にマネジャーコーチングが及ぼす影響を検討している

研究はなかなか見つけられない。企業が実際に行っているアプローチの段階でまさにこうした研究はもたついている。われわれ（Jarvis et al., 2006）は、コーチング提供業務にかかわる人材管理者あるいは人材スカウト担当者30人以上について研究を行い、組織がコーチングを行う戦略と、その効果を彼らがどう認識しているかについて調べた。その結果、内部モニタリングは厳密にはほとんど行われていないことがわかった。なぜモニタリングを実施していないのかと問われて回答者は、マネジャーやスタッフに明らかに改善がみられるので、自分たちが直接にモニタリングを測定する手間を惜しんでしまっているという事実によって正当化していた。

コーチング学校が行った研究（Kubicek, 2002）によると、対象会社の29％しかコーチングスキルの主導権を握ることを正しく評価していないことがわかった。評価を実施していた会社で使われていた測定方法はさまざまであり、全方位フィードバック（52％）が最も選ばれていた。特定の目標に対する業務達成は44％が使っており、世論調査が32％、直接の報告書による評価が28％であった。

この研究はそこから導き出される結論を狭めてしまうが、専門雑誌では、個々の事例研究は数多く報告されている。たとえば、命令や統制による社風から、人に敬意を払い自信をもたせる社風へと移行するための一端を担うものとしてコーチングをとらえると、「ボーダフォン」ではコーチングがとても効果的であったとみている（Eaton and Brown, 2002）。「ボーダフォン」が「BRセルネット」や「オレンジ」の後を追っていた状態から市場でトップの地位を奪還するのに、命令や統制によるトップダウンの社風から、コーチングに基づく社風への移行が大いに力となったとみることができる。

最もふさわしいレベルでのコーチング、つまり内部コーチやマネジャーコーチに対して投資利益率に関する経験的データを提供できるだけの情報をわれわれがもっていないことは見てのとおりである。しかし、これまでに行われた研究は、目に見えるコーチングの成功にどのような要因が影響を及ぼしているかに洞察を与えている。次にこうした要因について考えていく。

コーチングの有効性に影響を与える要因

図4.2に示すように、われわれの概観から導かれた一般的要因を4つの見出しで分類した。これらの要因はある程度重複していて相互に関連しているが、

見出しをつけると議論しやすくなる。

これから要因を一つずつとりあげながら，それらの影響を立証する実証的な結果や，それらをコーチングプログラムのなかで検討する方法がないかをみていく。

コーチの属性

コーチが備えるべき重要な属性については幅広い議論が行われてきた（Kilburg, 1996）。すでに確認したように，コーチに求められる能力を特定するために多くの研究が今まさに進められている。それらを詳細に検討する余地はないので，関心のある読者は欧州メンタリング・コーチング協議会，世界ビジネスコーチ協会，国際コーチング連盟などのウェブサイトで，この領域での研究に関して行われている詳細な議論をみていただきたい。本章では，研究のなかで特定された属性を概観する。ディングマン（Dingman, 2004）はこれらの属性を3つの見出しで分類している。

- 個人間スキル：共感，勇気づけ，誠実さ，確実性，接近可能性，思いやり，知性。
- コミュニケーションスキル：機転，傾聴／沈黙，質問，陽気なやりとり。
- 道具的サポート：創造性，矛盾することの扱い方，自己知識，肯定的な心遣い，介入に対する耐性，自らを鼓舞して新しい思いつきや行動について

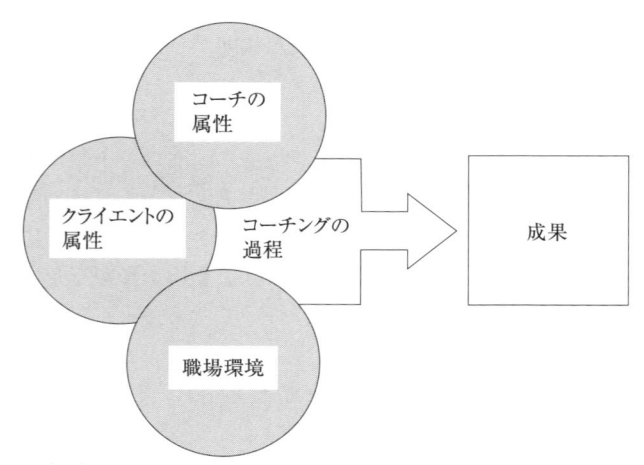

図4.2　コーチング相互作用のなかで認識された成果に影響を与える一般的要因

考え，感じ，探求すること，変化に逆らわないよう働きかけること。

実践家の出版物で通用している一つの要因は，コーチ自身の実施計画の問題と，それが当該のコーチングをどれほど妨げているかという問題である。特に触れておきたいのは，コーチの実践モデルが組織の風土あるいは展開されている実施計画に適していないとわかっているのに，その有用性を「証明すること」に躍起になっているコーチについてである。これについては，実践家の文献のなかでサポリト（Saporito, 1996）が自身の実践モデルを展開しながら扱っている。

クライエントの属性

コーチングの実践家が公にしている研究の大部分で，相互作用の成功を左右する主な要因として，クライエントが積極的に変わろうとすることがあげられている。興味深いことに，クライエントをもっと均質な集合体とみている経験的研究では，これをそれほど十分には扱っていない。つまり，クライエントが変化に対して準備できているか，研究の開始に先立って，あるいはその終わりにも活動能力の問題があるかどうかを特定した研究はこれまでないのである。

この側面についてはキルバーグ（Kilburg, 1997）がさらに展開している。彼は，コーチングの介入にネガティブな結果をもたらすように働く要因について検討している。そして，心理療法からの結果にネガティブな影響を与えるとモーア（Mohr, 1995）が特定した要因を使って，キルバーグは，動機づけの欠如，非現実的な期待，もっとはっきりした精神病理学的な非現実的期待が原因で何かを成し遂げられないこと，そして重大な人間関係の問題を特定している。こうした問題の特定や，クライエントに治療的介入を照会することをめぐる問題については，グラント（Grant, 2001）がさらに詳しく展開している。

もっと広く網をかけて，特定の母集団がコーチングから直接に利益を得ると提唱している研究者もいる。米国の博士論文（Dawdy, 2004）では，パーソナリティのタイプが介入の成功を左右する要因ではないかと考えていた。ある大きなエンジニアリング会社で，62人のマネジャーがコーチング会社から少なくとも6か月にわたってコーチングを受けた。そのうちの90％がコーチングを役に立ったとみなしたが，結果を測定するさまざまな項目で，パーソナリティタイプが変わってもなんら差異は見出されなかった。ここで調べられた母集団は限定されていて，マネジャーのパーソナリティタイプの分布について情報がないので，こうした結果がどれほど一般化できるかは明らかでない。

別の研究では，社会的に優位な男性は「究極的な強さをもつために，きわめて挑戦的になり，一緒に働くことにしばしばいらだたしさを感じる」ので，潜在的にコーチングから利益を得ると考えた（Ludeman and Erlandson, 2004）。性差に関して，伝統的なリーダーシップ開発方法が男性のニーズや学習の必要条件に明らかに向いているという認識がある。ベレンキーら（Belenky et al., 1986）による経歴モデルの検討では，男性の経歴が直線的に伸びているのに対して女性の経歴は不連続である（すなわち段階をなしている）という。こうした違いは，学習を支援したり，その機会を提供する仕方が多様であることから生まれてくると論じられている（Vinnicombe and Singh, 2003）。コーチングとメンタリングはいずれもこうしたポートフォリオ手法に貢献するとみなされている。

コーチングの継続期間についても，それを扱っている多くの研究に論評が加えられている。継続期間は4か月から6か月が適切とされ，すでに確認したように，1年を超えるとその効果が落ちてしまうと考えられている（Harder and Company Community Research, 2003）。いくつかの研究では，全方位フィードバックによる成果を扱う単発のコーチングセッションを行っていて，良好な結果を出している（Luthans and Peterson, 2003）。

職場環境

われわれの調査（Jarvis et al., 2006）の回答者は，上級マネジャーに引き受けてもらうことがコーチングプログラムを最も効果的に支えていく方法であると，異口同音に答えている。学ぼうとする雰囲気を作り，コーチングプログラムの成功を大きく左右する潜在的な力をもっているのは組織の風土なのである。職場での人びとの行動に組織の風土がどのように影響するかについては，とても多くの研究がなされてきた。よく知られているのは，組織での学びについてのアージリスの著書（Argyris, 1994）である。このなかで彼は，ある組織における規則，しきたり，前提がその風土を決め，そこで働く人びとがどのように行動するか，どのような行動が期待されているか，どのように行動すると報酬が与えられ認められるかを決定づけると述べている。

専門文献でもこの見解が支持されている。キルバーグ（Kilburg, 2001）は，クライエントが属する職場環境からのバックアップがないと，コーチングという活動はほとんど実を結ばないと主張している。それでは，コーチング風土とはどのようなものだろうか。さまざまな定義があることは驚くにあたらない。

次のような例があげられる。
- 会議，再検討，あらゆる種類の一対一の議論といった日常の場面で，人びとがいつでも互いにコーチングを行う風土（Hardingham et al., 2004: 184）。
- コーチングは，一緒に働き，何かを成し遂げる優れた方法であり，自分の属する組織の成長に専念することが，その組織のなかの人びとの成長に専念することと同じ重要性をもって組み込まれている場（Clutterbuck and Megginson, 2005a: 45）。

組織がコーチングの風土をどれほど適切に位置づけているかによって，その組織のなかでコーチングが成功するかどうかが決まるといってもよい。風土について新しいモデルが作られた（Clutterbuck and Megginson, 2005b）。そこでは，コーチング風土の6つの特徴を分類している。
- コーチングはビジネスを動かす推進力と結びついている。
- クライエントであることが奨励され，支持される。
- コーチングの訓練が提供される。
- コーチングに報酬が与えられ，認められる。
- 計画的な見方を受け入れる。
- コーチングへの動きがうまく段取りされる。

ある組織の風土がこうした特徴をどれだけ備えているかが，コーチング活動がどれほど支持されるかを決定するだろう。同じように，これが，コーチングが組織や，そこで働く人びとにどのような結果をもたらすかに影響を与える。

学びと成長についてCIPDが行った調査（2006）では，コーチングを採用している回答者の70％が，自分たちの組織ではコーチング風土を育てようと強く望んでいると述べており，75％がこの目標を達成するために時間をさき，資源を投入し，努力を傾けていると報告していることが見出された。

組織が（一致した目的を含めて）コーチングのための枠組をはっきりと規定できているとき，組織のアプローチ方法が十分に考え抜かれ，検証されていればいるほど，その組織ではコーチングを引き受けてもらいやすく，また，コーチングをいっそう支援しやすくなる。

コーチングの過程

これまで公にされた実践的モデルを分類し，それらの一般的な要素を特定しようとした研究者が何人かいる。その試みは驚くほどうまくいき，コーチは一人ひとりの個人的ニーズに合ったさまざまなやり方でコーチングを行っている

が，多くのコーチングを関係づけてみると，比較的に単純な構造におさまることが明らかになった。ディングマン（Dingman, 2004）は異なるコーチングの過程を比較して，コーチングには一般的に6つの段階があることを確認した。

1　形式的な契約
2　関係の構築
3　アセスメント
4　フィードバックを行い，よく考えること
5　目標設定
6　実施と評価

この文献で紹介されているどのコーチングモデルも，この過程の初期段階——特に契約と関係の構築——を重要視していることが明らかになる。この理由はすぐに見つけられる。コーチング実践の成否を分けるとされる要因で，どのモデルでもあげられるのは，コーチとクライエントとの「相性」である。これは，多くの治療的実践からの発見——クライエントと実践家の関係は治療の成功を左右する主要因である——で実証されている。

治療的文献からの発見がコーチング研究にどれほど反映しているかによって，われわれは治療的実践におけると同様のジレンマを考えておくべきなのかという問いが発せられる。レインとコリー（Lane and Corrie, 2006）はこの議論に関して次の領域に注意を向けている。

- （標準化された〔治療的〕介入に基づく有効性についての保険数理的証拠にのみ頼ったり，専門家として用心深く考えるならば）実証的な結果に基づく実践についての議論は今のところコーチングにほとんど影響を与えていない。
- コーチングによって（また，心理療法や訓練によって，あるいはまったく手をかけられずに）何の問題が扱われるべきか（あるいは扱われるべきでないか）をいかにして決定するか？
- 異なる利害関係者の視点からの成果を研究すべきか（したがって，どれが批判的証拠として重要であるかを誰が決定するか）？
- コーチング過程について検討すること——何が起こるか（たとえそうなったとしたら，変化がどのように起こるか，何がそうした関係にまで至るのか，ほかの要因とどのようなかかわりがあるか）——にも同じように関心を払うべきか？

クライエント-コーチの関係がコーチングにどのような影響を及ぼすかは，

実践家の出版物のなかで確認されているだけでなく，研究論文でも明確に検証されている。そこで，これからいくつかのデータを示すが，治療心理学やカウンセリング心理学の文献の特徴であるもっと広い問題についてはあまり扱っていない（おそらくこれは，互いに結びついている問題を明確にするために，コーチング心理学が一般のコーチング文献に資するところが多い点であろう）。

この関係に含まれる要素を理解しようとする試みの例として，ワシリーシン（Wasylyshyn, 2003）とディングマン（2004）の研究をあげよう。コーチングのクライエントに関する調査（Wasylyshyn, 2003）で，有能なコーチの個人的特徴のなかで最も高く評価されたのは，クライエントと強い結びつきを作れる能力であった。全方位フィードバックに関連して，リーダーシップの育成にコーチングが与える影響を検討した研究では，参加者はコーチとクライエントの「相性がぴたりと合うこと」が必要条件であると確認した。

もう一つの研究（Dingman, 2004）では，さらに進んで，この関係の質が，自己効力感や仕事の満足度，組織へのかかわり方，仕事と生活のバランスといった仕事に関係する態度のレベルにどれほど影響するかを調べようとした。関係の質が仕事の満足度に影響するという仮説は立証された。すべてを考慮すると，コーチングの質とコーチングを受ける過程のいずれもが自己効力感に影響し，ひいては仕事にかかわる成果をもたらすということが見出された。

結　論

これまで概観しながらわれわれが目指したのは，コーチングは有効かという問いに答えるために研究者や実践家がどのような研究を行ってきたかについて検討することであった。この問いに答えるには，コーチングが本来目指していたもの，そこで使われるコーチング方法をわれわれがよく理解していなければならないことは明らかである。この2つの要因のいずれもが，成功するための基準が何であり，その基準をどのように研究すべきかに影響を及ぼすだろう。クライエントが楽しみながらコーチングを受け，それが彼らの職場での生活をよくするとクライエントが信じることが明らかなコンセンサスである。そして，この信念は組織と共有される。

誰のために，何を，どのようにという，コーチングの実践を展開していく問いについて調べることが今求められている。こうした問いをどのように系統立てて明らかにしていくか，研究あるいはコーチングを心理学的に理解すること

でそれらがどの程度解明され，治療的研究の批判に迫れるかは，まだわからないままである。治療研究はあまり役に立たない隘路をたどったが，コーチングの研究（特にコーチング心理学）がそこにはまってしまうならば不幸なことだろう。すでにみたように，研究は影響要因を特定しつつあり，これらの要因は各々のコーチの実践のみならず，組織がコーチングをどのように使おうとしているかについてもわれわれに教えてくれる。

コーチングの市場そして，一部の人たちが言うようにコーチングという専門的職業は成熟しつつある。それでも今のところ研究文献は実践とうまく歩調を合わせているわけではない。しかしここでは，ほとんどの専門的職業人を悩ませる学問と実践の分離に苦しまないようにし，研究者と実践家が学び続け，協働しながらそれぞれの仕事を最良に実践できるような機会を提供しつつ，コーチングという領域全体について示した。

引用文献

Argyris, C. (1994) *On Organisational Learning*. Oxford: Blackwell.
Belenky, M., Clinchy, B., Goldberger, N. and Tarule, J. (1986) *Women's Ways of Knowing*. New York: Basic Books.
Carter, A. (2001) *Executive Coaching: Inspiring performance at work*, Volume Report 379. Falmer, UK: Institute for Employment Studies, University of Sussex.
Cavanagh, M. J. and Grant, A. M. (2006) Coaching psychology and the scientist-practitioner model. In D. A. Lane and S. Corrie (eds) *The Modern Scientist-Practitioner: A guide to practice in psychology*. London: Routledge.
CIPD (2006) *Learning and Development 2006*. London: CIPD.
Clutterbuck, D. and Megginson, D. (2005a) How to create a coaching culture. *People Management* 11(8): 44–45.
Clutterbuck, D. and Megginson, D. (2005b) *Making Coaching Work: Creating a coaching culture*. London: CIPD.
Dawdy, G. N. (2004) Executive coaching: a comparative design exploring the perceived effectiveness of coaching and methods. Unpublished doctorate. School of Education, Capella University.
Diedrich, R. C. (2001) Lessons learned in — and guidelines for — coaching executive teams. *Consulting Psychology Journal: Practice and Research* 53: 238–239.
Dingman, M. E. (2004) The effects of executive coaching on job-related attitudes. School of Leadership Development, Regent University.
Eaton, J. and Brown, D. (2002) Coaching for a change with Vodafone. *Career Development International* 7: 284–287.

Fillery-Travis, A. and Lane, D. (2006) Does coaching work or are we asking the wrong question? *International Coaching Psychology Review* 1: 23–36.

Frisch, M. H. (2001) The emerging role of the internal coach. *Consulting Psychology Journal: Practice and Research* 53: 240-250.

Graham, S., Wedman, J. F. and Kester, B. G. (1993) Manager coaching skills: development and application. *Performance Improvement Quarterly* 6: 2–13.

Grant, A. M. (2001) Towards a psychology of coaching. Paper presented at the Fourth Annual Oxford School Coaching and Mentoring Conference, Heythrope Park, Oxford.

Grant, A. M. and Cavanagh, M. J. (2004) Toward a profession of coaching: sixty-five years of progress and challenges for the future. *International Journal of Evidence Based Coaching and Mentoring* 2: 7–21.

Harder and Company Community Research (2003) *Executive Coaching Project: Evaluation of findings*. Harder and Company Community Research.

Hardingham, A., Brearley, M., Moorhouse, A. and Venter, B. (2004) *The Coach's Coach: Personal development for personal developers*. London: CIPD.

Jarvis, J., Lane, D. and Fillery-Travis, A. (2006) *Does Coaching Work?* London: CIPD.

Kilburg, R. R. (1996) Toward a conceptual understanding and definition of executive coaching. *Consulting Psychology Journal: Practice and Research* 48: 134–144.

Kilburg, R. R. (1997) Coaching and executive character: core problems and basic approaches. *Consulting Psychology Journal: Practice and Research* 49: 281–299.

Kilburg, R. R. (2001) Facilitating intervention adherence in executive coaching: a model and methods. *Consulting Psychology Journal: Practice and Research* 53: 251–267.

Kubicek, M. (2002) Is coaching being abused? *Training Magazine* May: 12–14.

Lane, D. A. and Corrie, S. (2006) *The Modem Scientist-Practitioner: A guide to practice in psychology*. London: Routledge.

Ludeman, K. and Erlandson, E. (2004) Coaching the alpha male. *Harvard Business Review* 82: 58.

Luthans, F. and Peterson, S. J. (2003) 360-degree feedback with systematic coaching: empirical analysis suggests a winning combination. *Human Resource Management* 42:243–256.

McGovern, J., Lindemann, M., Vergara, M., Murphy, S., Barker, L. and Warrenfeltz, R. (2001) Maximizing the impact of executive coaching. *Manchester Review* 6: 1–9.

Mohr, D. C. (1995) Negative outcomes in psychotherapy: a critical review. *Clinical Psychology: Science and Practice* 2: 1–27.

Olivero, G., Bane, K. and Kopelman, R. E. (1997) Executive coaching as a transfer of training tool: effects on productivity in a public agency. *Public Personnel Management* 26: 461–469.

Peterson, D. B. (1996) Executive coaching at work: the art of one-on-one change. *Consulting Psychology Journal: Practice and Research* 48: 78–86.

Philips, J. (2004) Measuring ROI in business coaching. www.roiinstitute.net/websites/

ROIInstitute/ROIInstitute/

Sanghera, S. (2004) I went in for coaching, but couldn't stay the course. *Financial Times* (London) 5 July: 8.

Saporito, T. J. (1996) Business-linked executive development: coaching senior executives. *Consulting Psychology Journal: Practice and Research* 48: 96–103.

Smither, J. W., London, M., Flautt, R., Vargas, Y. and Kucine, I. (2003) Can working with an executive coach improve multisource feedback ratings over time? A quasi-experimental field study. *Personnel Psychology* 56(1): 23–44.

Thach, E. C. (2002) The impact of executive coaching and 360 feedback on leadership effectiveness. *Leadership and Organization Development Journal* 23: 205–214.

Vinnicombe, S. and Singh, V. (2003) Women-only management training: an essential part of women's leadership development. *Journal of Change Management* 3: 294–306.

Wasylyshyn, K. M. (2003) Executive coaching: an outcome study. *Consulting Psychology Journal: Practice and Research* 55: 94–106.

Witherspoon, R. and White, R. P. (1996) Executive coaching: a continuum of roles. *Consulting Psychology Journal: Practice and Research* 48: 124–133.

議論のポイント

- 個人コーチとしての実践にとって意味のある評価はどのようなものか？　また，これはわれわれの実践の目的や仕方としっかり結びついているか？
- さまざまな利害関係者の視点からわれわれは成果や影響を考えているべきか？
- コーチングという取り組みのなかで，われわれは有効性という要因の知識をどのように活用できるか？
- ここで示された実践の枠組のなかで，実践モード——マネジャー，内部そして外部——のあいだの関係は描かれているが，各モードでのコーチング実施計画の実体はあまり明確でない。これはコーチの訓練や成長にどのような影響を与えるか？

推薦図書

Grant, A. M. and Cavanagh, M. J. (2004) Toward a profession of coaching: sixty-five years of progress and challenges for the future. *International Journal of Evidence Based Coaching and Mentoring* 2: 7–21.

Jarvis, J., Lane, D. and Fillery-Travis, A. (2006) *The Case for Coaching*. London: CIPD.

Lane, D. A. and Corrie, S. (2006) *The Modern Scientist-Practitioner: A guide to practice in psychology*. London: Routledge.

Smither, J. W., London, M., Flautt, R., Vargas, Y. and Kucine, I. (2003) Can working with an executive coach improve multisource feedback ratings over time? A quasi-experimental field study. *Personnel Psychology* 56(1): 23–44.

(堀　　正訳)

第Ⅱ部

コーチング心理学：
さまざまなアプローチ

第5章

行動コーチング

ジョナサン・パスモア
(Jonathan Passmore)

はじめに

　行動コーチングは，コーチとクライエント，またはコーチとグループのあいだの関係を明らかにする構造化された過程指向のアプローチである。それには，アセスメント，価値や動機づけの評価，測定可能な目標の設定，焦点づけされた行動計画の決定，そして，実証ずみの道具や技法を使ってクライエントの能力を高め，障壁を取り除き，彼らの職場生活や個人生活に価値ある持続的な変化をもたらすことが含まれる(Skiffington and Zeus, 2003: 6)。

　行動主義に基礎をおくコーチングは，ことによると，GROW モデルという形で英国のコーチが使っている最も有名なコーチングモデルである(Whitmore, 2002)。GROW モデルとそれに関連するモデル (Caplan, 2003; Macintosh, 2003; Hardingham et al., 2004) の潮流が有力なモデルとなっているが，このモデルのルーツが行動主義にあり，自分たちの実践にとってこれが何を意味するかをよく考えたことのあるコーチはわずかである。

　本章では，行動コーチングモデルの理解に役立つ基礎を説明し，心理学者とコーチング実践家を含む実務家が，これらの基礎を実践にどのように活用するかを議論する。

行動コーチングの発展

　行動コーチングの発展は，パブロフ，ワトソン，スキナー，バンデューラの

業績にさかのぼる。残念ながら，これらを包括するルーツは，現在「心理学的ではない」と考えられているコーチングモデルから失われている。行動主義に基礎をおくこれらのモデルは，報酬と罰に基づいており，ビジネスでの実践の中核をなしている。コーチングが組織内で発展してきたように，行動コーチングも，主としてこの行動主義に基礎をおくアプローチに続いて出現した。

　最も有名な行動コーチングモデルはGROWモデルである。GROWは1980年代にグレアム・アレクサンダー（Graham Alexander）が開発した4段階のコーチングモデルである。コーチは4つの段階を経ながら活動する。つまり，**目標**（Goal）を定義し，**現実**（Reality）を検証し，**選択肢**（Options）を生成し，**前進**（Way forward）に同意するという4段階である。このアプローチは多くの類似モデルを生んだが，その核心は，新たな学びや個人行動の調節をとおして，活動能力の漸進的な改善に焦点をあてることである。

　さらに，これらの単純モデルと並んで，もっと洗練された行動コーチングの枠組（Skiffington and Zeus, 2003）がある。それはGROW概念の多くを取り入れ，行動主義の伝統にしたがって，人間の学習と行動に関する実証的な結果に基づいた研究とGROWモデルの概念とを統合している。

理論と基本概念

　行動主義の流行は1920年代のパブロフの業績（Pavlov, 1927）までさかのぼる。パブロフは条件反射の概念を発見した。条件反射は状況への反応であり，環境条件への適応である。パブロフの古典的な実験では，犬の唾液分泌は，食物ではなくベルの音によって引き起こされた。犬が食物を摂取すると唾液を分泌すること（これを無条件反射という）がはじめに観察されてから，次に中性刺激（この場合，ベルの音）が食物と関連づけられる。最初，ベルの音は犬に何の効果も与えない。食物が現れるたびにベルの音を鳴らすという手続きを行うと，犬は食物とベルのあいだの関連を学習していく。食物とベルの結びつきが強くなると，食物を提示しなくても，ベルの音だけで犬は唾液を分泌する。行動と報酬あるいは罰のあいだに同様の結びつきを作れば，犬でも人間でも条件反射は形成されるとパブロフは結論づけた。

　この見方は，適切な刺激があれば行動変化が起こるという信念とともに，これに続く戦前戦後期のマネジメント関連書籍の多くに浸透した。これらの著書の多くは，この見方が行動主義に基礎をおいていることを認識していなかった。

行動主義は，1960年代から1970年代にかけて心理学において優位を保ちながら，スキナーの研究（Skinner, 1974）へと発展していった。スキナーは2種類の行動を区別した。第一は，レスポンデント行動である。これはパブロフの古典的条件づけモデルにしたがい，すでにある刺激（ベルの音）と新しい反応（唾液分泌など）を関連づけることを犬や人間が学ぶものである。第二は，スキナーがオペラント行動と呼ぶものである。この学習では，個人は試行錯誤を通して新しい行動を試し，成功した結果によって行動が強化される。

　このことからスキナーは，強化（報酬）も罰も学習の促進に使えると主張した。行動に対する報酬のような強化は行動の反復を促す。罰もまた，望ましい行動を作り出すために使われる。行動の直後に制裁を与えるのは罰の一種である。期末手当てのボーナス支給を差し控えるといった，正の強化を取り除くのも罰の一種である。スキナーの考えは，組織の発展においても有益である。

　今日のマネジメントにおいて，報酬や評価と結びついた活動能力の向上は，個人の行動は，経済的なものであれ，賞賛という心理的な報酬であれ，賞罰によって修正できるという信念と直接に結びついている。加えて，活動能力の管理，目標設定，能力枠組の使用はすべて行動主義の考え方につながっている。

　バンデューラの研究（Bandura, 1969）は，行動主義の考えに社会的学習を加えることで，行動主義の考えを新たな活動領域へ導いた。彼は，パブロフやスキナーの観察した行動主義は進化の下位の種に適しており，抽象的思考力をもつ人間は直接的強化がなくても学習できると論じた。パブロフやスキナーの研究では，個体は刺激，反応を経験しなければならなかった。個体は報酬や罰を受けることで，それと行動との明らかな関係を理解しなければならない。

　バンデューラは他者の成功や失敗を観察することからも学習が生じると主張した。この学習は2つの方法で起こる。第一は，行動を観察して模倣することで学習が生じる。たとえば，ほかの従業員が顧客に笑顔で対応した結果，売り上げが伸びたとき，その行動をまねるような場合である。第二は，行動表出に報酬が結びついているときのみ学習されるというものである。たとえば，笑顔が売り上げを伸ばすとわかっていても，ボーナスと結びつかなければ笑顔にならないような場合である。さらにバンデューラは，他者の失敗からも学べることを論じた。たとえば，上司に異論を唱えた同僚が，仕事で個人的にネガティブな結果をこうむったという行動などから学べる。

　バンデューラが提唱した最も興味深い概念はおそらく自己効力感である。自己効力感とは，自分の能力に対する信念である。その概念は自己認識に根ざし

ており，いかに課題をうまく行えるかについての認識に基づいている。バンデューラは，高い自己効力感をもっている個人は，ストレスが大きくなっても長いあいだ耐えられ，高い活動能力を発揮すると述べている。その後の研究（Locke and Latham, 1990; Gist and Mitchell, 1992）によれば，高い自己効力感と仕事での高い活動能力のあいだに強い関連がみられた。

　上記の行動主義的概念は，マネジメントでの考え方や実践，人間の学習，もっと最近ではコーチングにかなり貢献している。ほとんどの場合，われわれの考え方の基礎に行動主義があることは疑いがなくなり，いずれ文化的アプローチと統合される。

実　践

　コーチングモデルは行動主義的概念からどのように影響を受けてきたのだろうか？　学習と成長について考えている現在のマネジメントの多くが行動主義にルーツをもつことは，「あめとむち」を使うマネジメント技術へと導いた。第一に，われわれは行動の観察に焦点をあて，もっと最近ではコンピテンシー（能力）によってそれを測定する。第二に，活動能力は金銭や承認という枠組で報酬（または罰）を受ける。第三に，学習は，メンタリングや役割モデリングを通して促進される。

　行動主義に基礎をおくコーチングモデルに助けられてクライエントは，学びや成長をもたらすためにはどのように行動するかを描き出す。クライエントは自分の活動能力の評価システムを設計し，自分の行動が目標達成にどのような影響を及ぼすかを測定するよう励まされる。多くの人びとを満足させる達成，コントロールそして成長といった側面は行動主義に基礎をおくコーチングモデルのなかに組み込まれている。こうして最後には，クライエントは自らを動機づける自己報酬的な行動システムを作り出す。

GROW モデル

　GROW モデルは，おそらく最もよく知られたコーチングモデルである。従来から，GROW の 4 段階モデルは心理学的ではないとみられ，心理学的訓練を受けていないコーチに適していた。このアプローチを使うにあたって，コーチはソクラテスの対話式学習法を採用する。さまざまな自由回答式の質問を受けながらクライエントは 4 段階（表 5.1 参照）を進んでいく。この 4 段階は，ク

表 5.1　GROW モデルを促進するための自由回答式質問

段　階	想定される質問
目標設定	● あなたは何を成し遂げたいですか？ ● あなたはこのミーティングで何を得たいですか？ ● あなたは……について何を知りたいですか？
現　実	● 何が起こっているのですか？ ● なぜそれが問題なのですか？ ● それはどういう意味ですか？　例をあげてもらえますか？ ● 何を試しましたか？　どのような結果になりましたか？ ● それについてどのように感じましたか？
選択肢	● どんな選択肢があると思いますか？ ● あなたは何を試しましたか？ ● この良い点と悪い点は何ですか？ ● あなたが他にできたことはありますか？
前　進	● いつまでに何をするかを要約してもらえますか？ ● どんな障害や反発を予想していますか？ ● どのように克服するつもりですか？ ● 誰があなたを支えてくれそうですか？ ● どんな手助け（リソース）が必要ですか？ ● いつ進歩を見直すべきですか？

ライエントが活動能力を改善し，定められた目標を達成できるようにデザインされている。

目標を見定める

　GROW の最初の段階は，目標を見定めることである。コーチング関係の目標が，個人を向上させ，彼らが仕事の活動能力を高められるよう支援することであるとすると，これらの目的実現にはどのようなタイプの目標が最も効果的だろうか？　広範囲の職場研究から明確な助言が得られている。

　第一に，目標は，現実性を残しながら，できる限り挑戦的であるべきである（Locke and Latham, 1990）。実践的な言い方をするなら，目標は，クライエントが心血を注いで達成しようとし，そうする能力がある限りきわめて挑戦的でありつづけるように設定するとよい。

　第二に，目標はきわめて具体的に設定すべきである（Locke and Latham, 1990）。目標を正確に設定すればするほど，クライエントはそれだけ効果的に目標達成の能力を査定でき，いつ達成できるかがわかる。特定することに関していえば，締切日までに特定の仕事の活動能力を定量的に測ることが役に立つ。

さらに，明確にすればするほど，コーチとクライエントのあいだの関係はいっそうよく理解できるようになる。

　第三に，クライエントは，目標に全精力を傾けなければならない。目標はクライエントにとって意味があり，彼らを動機づけるものでなければならない。目標へのかかわり具合が明確でないときコーチは，クライエントがその目標から得られそうな利益を引き出せるように働きかけるとよい。このコーチングセッションにおける議論の過程は，もっと集中した真剣な認知処理へと進み，その結果，目標達成の見込みがいっそう高まる（Gollwitzer et al., 1990）。

　第四に，クライエントは，設定した目標を達成できる能力が自分にあると信じなければならない。この信念は，クライエントの過去の活動能力をどれだけ理解しているか，自分の能力を十分に心得ているか，課題を成功裡に成し遂げるためにどのようなスキルが必要か，それを新たに磨くのにどれほど時間が必要かを理解しているかといったことに基づいていて，現実的なものでなければならない。より広いビジネス環境や個人環境の動きを理解していることも重要である。

　第五に，短期と長期の達成がコーチング目標に組み入れられていなければならない。長期にわたる目標は，長い時間をかけてどれだけ心血を注ぎつづけられるかどうかを左右する（Lerner and Locke, 1995）。目標を設定し，ほどよい間隔に道しるべをおくことで，前進の跡をたどれ，自分を動機づけて自分に報酬を与えるシステムを維持できる。長期的な見通しを立てるには，短期目標と中期目標がともに組み合わされる必要がある。

現実を洗いなおす

　この過程の次の段階は，クライエントがおかれている現実を見定め，彼らの目標がこの現実に合うかを調べることである。現在の活動能力，クライエントの能力，現在の状況に影響を及ぼす個人と仕事のダイナミクスを利用することで，状況の現実性が査定される。この過程では，クライエントから自身の活動能力の量的データを集め，全方位能力質問紙や（心理テストのような）ほかの査定を受けてもらって，彼らに内省を求めるかもしれない。こうした活動から得られた結果は，ある目標を達成するための現実の状況について議論するときの有効な枠組として働く。この結果のおかげで，現状とは違う行動について，また，定められた目標を達成するためにこうした異なる行動がどれほど力になるかについて，内省できるようになる。

　現在の活動能力について，また，これを行動からどのように知るかについて

明確な見通しが立てられると，望ましい活動能力と現在の活動能力とのずれがみえてくる。この情報を用いて，コーチもクライエントも，目標が本当に現実的なものなのか，理想と現実の活動能力でいっそう重大なずれはどこにあるのかを調べられる。その結果，目標を達成するために時間枠を調整することになり，さらには，目標の更新や，最終目標の達成に向けて一連の下位目標を設定することになるかもしれない。

選択肢を作る

定められた目標や下位目標を達成するためにどのような行動がとれるかを探ることは，GROW過程の一部である。コーチは問題解決のスキルを利用して，また創造的な技法を使って，目標を達成するための選択肢や考えがたくさん生まれるように促す。したがって，批判的に評価することで，いっそう現実的な選択肢が選ばれる。コーチはクライエントが，異なった選択肢を批判的に評価するための明確な基準を作れるよう勧めるかもしれない。選択肢には行動主義的適応が含まれるだろう。これは，組織や文化が求める行動あるいは個人の価値観との調和を図るような道を選ぶことである。注意深く質問しながら，コーチはクライエントと協力して，選択肢を等しく評価し，この行動を行うとどのような結果がもたらされるかを十分に調べられるようにする。

前進に同意する

最後の要素は，前に進む道を決めることである。これは，行動の唯一の道筋かもしれないが，クライエントが調べて見直す多くの要素となる可能性がいっそうある。何がうまくいくかを試行錯誤しながら調べることはスキナーの研究の名残りだが，われわれの職場や個人の生活に複雑に組み込まれており，そこには，行動主義的適応がうまく働く場面もあれば，そうでない場面もある。

コーチよりもむしろクライエントが，将来の行動プランを要約し，進歩を見直せる時間をコーチと相談して決める。続くコーチングのセッションで，進歩が見直される。うまくいったのはなぜか？　うまくいかなかったのはなぜか？　クライエントは，さらに検討すべき行動が何かを確認して，目標達成に良い影響を与えるような行動を続けられるようになる。

このようにGROWモデルは，目標へ向かってクライエントを前に推し進める。このモデルでは何がうまくいくかをみるために試行錯誤しながら行動を検証する。クライエントは，これまでの個人的経験，他者の観察，単純なあれこれのテストから自分が学ぶことを引き出す。コンピテンシーの枠組またはほかの行動主義的枠組が望ましい行動を特定するために使えるかもしれない。

GROWの要素は連続的に描かれているが，実際には，コーチとクライエントは，セッションの焦点が何を求めているかに応じて，GROWの要素のあいだを行きつ戻りつする。GROWの中核には，クライエントが正しい行動を進めることで目標を達成できるという信念がある。

行動主義的な4段階コーチングモデル

GROWの過程によって，独自の行動コーチングモデルを発展させている行

表5.2 4段階モデル

段階	ステップ	想定される質問
1 内省	(a) 教育	・あなたが使っている変化のモデルについて話してください。 ・あなたはコーチングの過程，限界，利点について認識していますか? ・あなたの組織の目的，または，あなたの個人的な目標は何ですか? ・目標達成を支援する，あるいはそれを邪魔するのはどんな力ですか? ・コーチングの介入が終わったとき，成功はどのように見えますか?
2 準備	(b) 情報収集	・重要な利害関係者からどんな情報を得ましたか? ・どんな能力が目標達成に役立ちますか? ・仕事での活動能力（行動）に関して，他者からどのようなフィードバックを受けていますか?
	(c) 計画	・目標達成のために最も役立つ行動は何ですか? ・ほかに目標達成に役立つかもしれない行動はありませんか? ・どんな出来事がその行動のきっかけになりますか? ・その行動の結果はどうなりますか? ・目標を達成している（そのように行動している）とあなたが考える人物は誰ですか? ・どのように進捗状況をモニターしますか?
3 行動	(d) 行動変化 (e) 測定 (f) 評価	・新しい行動のスキルをどのように習得しますか? ・新しい行動の影響を測定するためにどのような実証的結果を集めていますか? ・新しい行動は，最初に立てた目標にどのような影響を与えますか?
4 維持	(g) 維持	・どのようにして，あなたはこの新しいスキルを毎日の行動の一部としますか? ・これらのスキルを磨きつづけるためにどのような行動をしますか? ・もし，この行動によって，引きつづき目標を達成することができなかったとき，どのような行動をとりますか?

出典：Skiffington, S. and Zeus, P. (2003) *Behavioural Coaching: How to build sustainable personal and organisational strength*. North Ryde, NSW: McGraw-Hill Australia, 表1.1.4を，許諾を得て改変。

動主義の研究者がいる。行動主義的な4段階モデルはその良い例である（Skiffington and Zeus, 2003）。

スキフィントンとゼウスは4つの段階と7つのステップを使っている（表5.2）。内省，準備，行動の段階は，GROWに倣っている。コーチング関係を結ぶ要素，コーチングの割当てをまず見通すことを含む準備のステップが加えられている。さらに，形式的な維持段階も含まれているが，GROWには欠けていた重要な要素である。この4段階モデルには目標設定，現状把握，選択肢生成そして行動が含まれ，あまり経験のないクライエントでもごく簡単に利用できる行動主義的な段階的コーチング過程となっている。

スキフィントンとゼウス（Skiffington and Zeus, 2003）のモデルには，多くの伝統的な行動主義者ならば認知的とみなす要素が含まれている。このモデルは，クライエントが行動について内省するだけでなく，信念や感情の「ブラックボックス」に入るように求めている。

実際のところコーチングの実践では，異なるモデルや過程が統合されていると主張できる。このように行動主義者のコーチは，人間主義的要素を使ってクライエントとラポールを作り上げ，クライエントに共感し，判断をせずにクライエントに向かうのである。また，彼らは認知的コーチングの要素を使い，クライエントが自分の活動能力を高めたり抑制したりする信念について内省できるよう促すことがある。また，コーチはクライエントの動機づけを刺激し，過去の経験について内省するよう勧め，無意識から生じる問題を意識的に気づかせることがある。

どのようなクライエントにいちばん有効か？

行動主義に根ざしたコーチングは，ポジティブで，表面上は簡単な枠組を提供している。それは，職場のマネジャーや，日常生活でほとんどの人に支持されている西欧的な発達の考え方に直観的に合致する。マネジャーは実際的で過程に根ざした疑似科学的な枠組に反応する。特に魅力的な要素には次のようなものがある。

- 高い活動能力をもたらす目標を設定すること。
- 行動主義的な枠組を使って現在と過去の活動能力を見直し，改善に向けてどのようなずれがあるかを特定すること。
- 考えをブレーンストーミングして，自分の経験だけでなく他者の経験の成

功や失敗を利用すること。
- 基準に合わない選択肢を評価し，実験的な行動計画を立て，それがうまくいったかどうかを見直すこと。

クライエントからみて，行動主義に基づくコーチングのアプローチは，西欧の行動主義の伝統に合致している。行動主義に基づくコーチングの目標設定要素は，活動能力の目標を設定し，それを達成し，引きつづき向上しようという動因を認めている。これらのテーマは，マネジメントで現在実践されていることの日常的な側面である。ほとんどすべてのマネジャーは，より広いビジネスや組織の目標や方略に統合されている個人的な目標をもっている。活動能力をポジティブに改善させることに腐心しているマネジャーにとって，行動コーチングは既製の枠組を提供してくれる。

行動モデルは，強力で明確な学習の要素をもっている。この焦点は，学習組織（Senge, 1994）を作ることについて続いている学習論争によって支持されている。このモデルは，他者を観察することで内省し学習する機会をマネジャーに提供する。

要約すると，行動主義に基づくコーチングモデルは，西欧の支配的な組織文化のなかで働く人びとが好ましいと感じるだけでなく，マネジャーが日々やっていることの多くをまねているのである。

行動コーチングのアプローチだけでは，信念体系が行動に影響を与えていたり，マネジャーが変化への動機づけを欠いている場合のように，いっそう複雑な問題にマネジャーとともに取り組むには不向きかもしれない。マネジャーが問題に気づいていて，その問題が自分たちの活動能力を妨害するものと認識している，あるいは，それについて何かをしようという動機づけがマネジャーにあると，いつも想定できるわけではない。こうした場合，個人の行動を衝き動かしている基礎的な信念や価値の追求を可能にするコーチング心理学のアプローチを使えば，もっと効果的なコーチングの介入ができるだろう。

事 例 研 究

クリスティーンは地方自治体で能力の高い教育担当者を務めている。われわれの初会合で，彼女はその新任職員だった。この組織が新しい上級マネジャーの任命を支援するという公約の一端としてクリスティーンが指名されたあと，私は彼女をコーチするために招かれた。この人事部では，現在の地位でクリス

ティーンを6か月支援するために，4週間から6週間の間隔をおいて，2時間のセッションを6回契約していた。人事部の担当者は，コーチング関係のなかで議論された内容の秘密を守るため，守秘義務の条項を承認した。

現職に任命される前，クリスティーンは近隣の評議会で副議長を務めていた。そして，6年以上かけて教育サービスを立て直したことで高い評価を得た。新しい任務に就いたとき，教育サービスは後退しつつあり，評議会は監察官から厳しく批判されてきていた。クリスティーンの任命は，この問題を是正するためのステップとみられていた。

第一セッションの課題は事実調査と関係構築であった。私はクライエントと信頼できる作業関係を構築できたか？　クライエントは喜んで情報を開示してくれたか？　クライエントの視点から重要な事柄は何であったか？　コーチとしてどのような援助を提供できたか？　クライエントによる状況評価と一致したもの，一致しなかったものは何であったか？　クライエントの見方を確認する，または疑う何らかの裏づけ証拠があったか？

クリスティーンとの初会合では，お互いの関係構築に焦点をあてた。私はクリスティーンに，成功したことや最悪の時期，指名過程や職に就いてからの最初の40日間など，今までの経歴について語るように促した。そこから伝わってくることは一貫してポジティブなものだった。教育現場から始まって，教育政策に進み，上級管理職に就くまで，経歴は成功の連続だった。クリスティーンは前職の評議会で副議長を6年務めていたが，異動のきっかけは，ヘッドハンターから彼女を求人対象とする旨の電話がかかってきたことである。クリスティーンは，気難しい政治家やマネジャーとともに手腕を問われる時期を過ごしたが，目的を遂行し仕事に焦点を合わせつづけることで，苦しい経験を乗り切ってきた。

クリスティーンはこの地位で周囲に影響を与えることを強く望んでおり，51歳の今，7年から10年は現職に就いていたいと望みながらも，この仕事を最後と考えていた。上級職は無防備で，どれほど個人が有能だろうと，ときには，政策の変更や最高責任者の交代で最上位のチームが変わってしまうことを，彼女は理解していた。

クリスティーンの主な関心は，チームスタッフの配置問題を解決することであり，自分の時間をもっと効率的に管理することであった。クリスティーンは朝7時に職場に着いて夜8時まで働き，帰宅するという毎日で，週に75時間働いていると報告した。彼女は午後11時頃に終わる遅い会議にも定期的に

出席していた。8時までに帰宅した夜は，夕食を食べてからも，就寝前に会議の資料を読むなどの仕事をする。週末も4時間から5時間働いている。子どもをもつ女性として，これほどきつい毎日は夫にも家庭にも影響を与える。

　選択過程の一部として，彼女はパーソナリティのプロフィールを記入した。私はこれを最初の議論の一端として見直し，彼女の鍵となる利害関係者やチームとの関係を探った。

　この最初の議論は50分かかった。これによって良い背景データが得られ，続くセッションのあいだ参考にできる共通の話題となった。

　私はクリスティーンのあげた論点を整理し，3項目──人材配置，時間管理，公私のバランス──に焦点をあてて最初の議論の検討課題を提案した。審査面談を翌週に控えていたので，人材の問題は急を要した。時間管理と公私のバランスは関連しているので，言うまでもなく6回のセッションをとおしてずっと議論される課題であった。私は，行動コーチングの枠組を使ってどのように問題を検討したかの一例として，時間管理の問題を次に示す。

　私はクリスティーンを呼び，彼女がこの問題をどのように認識しているかを話してくれるよう頼んだ。彼女は仕事からのプレッシャーでいかに長時間働いているかを説明した。彼女は自分の部署で毎週行われる管理チームの会議を短くするなど，仕事の仕方を変えはじめたが，その効果は限定的であった。私はクリスティーンに何を達成したいのかと尋ねた。どうすれば彼女は時間管理が改善されたと知るだろうか？　成功とはどのような状態だろうか？

　クリスティーンはこの状態を，時間を無駄にしていないように感じることだと定義した。私の仕事は公私のバランスに関する話題に移った。これらが成功したら今とは違ってみえるか？　クリスティーンは仕事を週平均で60時間にすべきだと感じていた。もう一度，この根拠は何かと尋ねると，クリスティーンは前職で働いていた時間がそうだったからと答えた。私は，これが家庭生活にどのような影響を与えるか，それは長時間続けられるものかと尋ねた。クリスティーンはできると感じていた。最後に私はクリスティーンにこの時間目標の証拠を集めるように背中を押した。夫はどう思っているだろうか？　子どもたちはどう感じているだろうか？

　われわれは，彼女のこれまでの行動について，また，それがいかにうまくいっていたかをよく考えることに進んだ。これらの行動の意味についてよく考えるよう勇気づけた。彼女が会議に追われていたとき，職場の人たちは彼女をどうみていたのだろうか？　私はクリスティーンに，1日のなかでもっと時間を

作るための選択肢はないか，その役割で適切な時間投資はどのようなものか，家族と過ごすのにふさわしい時間はどのくらいかを考えるように促した。

　最初の議論とパーソナリティプロフィールの検討から出た問題点は，自分の行動にも，また他者の行動に対しても深慮に欠けるということであった。彼女は仕事に強く焦点づけられており，他者の行動をめったに顧みなかった。私は彼女の行動が他者からどうみえるかを考えるように促した。どのようなメッセージを彼女のスタッフに送っているか？　どのようなメッセージを彼女の家族に送っているか？　今の業務時間についてどのような議論を互いに行っているか？　そして，これから数か月でどのように変わっているか？

　クリスティーンは試してみるために新たな行動を選び出してみた。いくつかの分野ではもっと仕事を人に任せて，もっと品質管理の任務を引き受けることにした。彼女が役に立てそうな会議に出席し，毎日の活動に優先順位をつけ，優先的に支援すべき長期計画を立てるために時間を割いた。彼女は，仕事を断ること，あまり重要ではない仕事は引き受けないことの重要性を知った。これにより，クリスティーンはアクションプランを作成した。

　このセッションを通じて，私の目的は，第一に関係を作ること，第二に人として管理者としてのクリスティーンの姿を理解することであった。こうした構成要素が整ってようやく，私はクリスティーンの理解どおりに優先順位を決めることに取り組みはじめた。特に活動に対してクリスティーン自身が行動面でもっている先入見を考えると，私はじっくり考えるための時間を作り，そこから成果を見直す時間を作りたかった。

　セッションの終わりで，私はクリスティーンが作ったアクションプランを要約するように求めた。次の会合で見直しの土台となるように，アクションプランにいくつかのメモを残した。最後のステップは，クリスティーンにこのセッションの評価を求めることだった。

引用文献

Bandura, A. (1969) *Principles of Behavior Modification*. New York: Holt, Rinehart and Winston.
Caplan, J. (2003) *Coaching for the Future*. London: CIPD.
Gist, M. and Mitchell, T. (1992) Self efficacy: a theoretical analysis of its determinism and malleability. *Academy of Mnagement Review* 17(2): 183–211.
Gollwitzer, P., Heckhausen, H.and Ratajczak, K. (1990) From weighing to willing: approaching a change decision through pre or post decisional mentation. *Organisational Behaviour and Human Decision Processes* 45(1): 41–65.

Hardingham, A., Brearley, M., Moorhouse, A. and Venter, B. (2004) *The Coach's Coach: Personal development for personal developers*. London: CIPD

Lerner, B. and Locke, E. (1995) The effects of goal setting, self efficacy, competition and personal traits on the performance of an endurance task. *Journal of Sports and Exercise Psychology* 17(2): 138–152.

Locke, E. and Latham, G. (1990) *A Theory of Goal Setting and Task Performance*. Englewood Cliffs, NJ: Prentice Hall.

Macintosh, A. (2003) *Growing on Grow: A coaching model for sales*. Available www.pmcscotland.com.

Pavlov, I. P. (1927) *Conditioned Reflexes*. Oxford: Oxford University Press.

Senge, P. (1994) The leader's new world: building learning organisations. In C. Mabey and P. Iles (eds) *Managing Learning*. London: Pitman.

Skiffington, S. and Zeus, P. (2003) *Behavioural Coaching: How to build sustainable personal and organisational strength*. North Ryde, NSW: McGraw-Hill.

Skinner, B. F. (1974) *About Behaviourism*. London: Jonathan Cape.

Whitmore, J. (2002) *Coaching for Performance: Growing people, performance and purpose*. London: Nicholas Brealey.

議論のポイント

- 行動コーチングは実用的なアプローチなので，商業的な場面にはうってつけである。これについて議論してみよう。
- GROWモデルは洗練されているか？
- 行動コーチングは，明確な目標を設定できないクライエントには向いていない。これについて議論してみよう。
- GROWモデルは本当にコーチングについてクライエントと語るための枠組であるか？

推薦図書

Peltier, B. (2001) *The Psychology of Coaching: Theory and application*, Chapter 4. London: Routledge.

Skiffington, S. and Zeus, P. (2003) *Behavioural Coaching: How to build sustainable personal and organisational strength*. North Ryde, NSW: McGraw-Hill.

Starr, J. (2002) *The Coaching Mannual: The definitive guide to the process and skills of personal coaching*. New York: Prentice Hall.

Whitmore, J. (2002) *Coaching for Performance: Growing people, performance and purpose*. London: Nicholas Brealey.

(亀田　研訳)

第6章

認知行動コーチング
―― 統合的アプローチ

スティーブン・パーマー，カーシャ・シマンスカ
（Stephen Palmer and Kasia Szymanska）

はじめに

　認知行動コーチングは，認知行動的枠組のなかで認知的アプローチ，行動的アプローチ，イメージ技法，問題解決の技法や戦略を組み合わせて，クライエントが目の前の目標を達成できるようにする統合的アプローチである。認知行動コーチングは，クライエントが活動能力を高めて精神的な回復力を増大させ，幸福感を強めてストレスを未然に防ぎ，障害を克服して変われるようにする。
　認知行動コーチングは，問題解決的，解決指向的そして認知行動的な方法論を使って，クライエントが実際の問題を克服し，活動能力や目標達成を妨げている情緒的，心理的，行動的な障害に取り組むことを助けるので，二重構造的アプローチである。認知行動コーチングの重要な点は，コスト節約の原理である。言い換えれば，最小限の努力で最大限のメリットを獲得することにある（これは，オッカムの剃刀の原理として知られている）。

認知行動コーチングの発展

　認知行動コーチングの発展はもともと，米国，英国における認知行動療法，問題解決療法の発展と結びついている。両国は別々の道を進んだが，これについてはこれから各節で明らかにしていく。
　歴史的には，認知療法と認知コーチングの概念は，紀元1世紀から2世紀の哲学者エピクテトス（55-138）までさかのぼれる。彼は，人は「出来事によ

って不安になるのではなく，その出来事をどうとらえるかによって不安になるのだ」と述べた。時代が下って，20世紀初めに，ベルン大学教授であったポール・デュボア（Paul Dubois）博士が論理療法（Rational Therapy）を創設した。著書である『精神の身体への影響』（*The Influence of the Mind on the Body*, 1906）のなかで，彼は次のように述べている。

> たいていは数日で，ほとんどが数週間で，彼ら［病を持つ人びと］は見方を変え，違った角度から物事を見直せるようになる。健康な内省の力によって彼らが心の平安を取り戻すにつれて，機能的な問題はおさまり，眠りが戻り，食欲も増し，身体はいっそう丈夫になる。そして，こうした心的治療の成功は，身体に対する精神の優位性を示している。
>
> （Dubois, 1906: 58）

行動主義心理学者ワトソン（Watson and Rayner, 1920を参照）は行動的アプローチの「父」として知られている。しかし，その後，何年ものあいだに数多くの研究者，実践家たちが登場した。たとえば，ジョセフ・ウォルピ（Joseph Wolpe），ハンス・アイゼンク（Hans Eysenck），アーノルド・ラザラス（Arnold Lazarus），ジャック・ラックマン（Jack Rachman），ジョン・ティーズデイル（John Teasdale）そしてアイザック・マークス（Isaac Marks）があげられる。彼らは行動理論を臨床の文脈で利用し，その役割を果たした（Wolpe and Lazarus, 1966; Marks, 1969; Rachman and Teasdale, 1969; Lazarus 1971, 1981を参照）。

精神科医アドラーは，彼の著書『人生の意味の心理学』（*What Life Should Mean to You*, 1931, 1958）のなかで次のように語っている。「意味は状況によって決まるのではない。われわれが状況をどのように解釈して意味づけたかによって自らが決めるのである」（Adler, 1958: 14）。1950年代に，心理学者であり精神分析学者であったアルバート・エリス（Albert Ellis, 1962）は理性感情療法を創設し，その後，理性感情行動療法と名称を改めた。彼は感情障害についての有名な「ABCモデル」の発展に力を注いだ。これと並行して認知療法は，1960年代，アーロン・ベック（Aaron Beck, 1967, 1976）によって発展をとげ，他方で，ドナルド・マイケンバウム（Donald Meichenbaum, 1977, 1985）は，認知行動療法あるいはストレス免疫訓練と呼んでいる手法のなかでセルフトークの妥当性を強調した。

英国では，1980年代から1990年代にかけて，認知療法と行動療法がしだい

に融合し，認知行動療法へと発展した（Curwen et al., 2000 を参照）。しかし，理性感情行動療法は，組織的論理トレーニングまたはストレスマネジメントプログラムなど，臨床的問題をもたないクライエントにも利用された（Ellis and Blum, 1967; Ellis, 1972; DiMattia with Mennen, 1990; Palmer, 1992; Kirby, 1993; Lange and Grieger, 1993; Richman, 1993; Palmer, 1995; Palmer and Ellis, 1995; Ellis et al., 1998）。また，個人的な訓練場面で仕事を行い，組織でのコンサルタント業，訓練の任務を引き受けている実践家は，クライエントのニーズに応じて認知行動療法，理性感情行動療法，問題解決療法，マルチモード療法を，臨床的問題をもたないクライエントに適用しはじめた。

1990年代初頭から発展した認知行動コーチングは，認知行動アプローチ，理性感情行動アプローチ，問題焦点化アプローチそして解決焦点化アプローチ，目標設定理論，社会的認知理論で利用されている理論的な概念や戦略を統合している（以下の文献を参照。Falloon et al., 1984; Wasik,1984; Bandura, 1986; D'Zurilla, 1986; Hawton and Kirk, 1989; Zimmerman,1989; Locke and Latham, 1990; Dryden and Gordon, 1993; Palmer and Burton, 1996; Palmer, 1997a, 1997b, 2002, 2007a, 2007b; Milner and Palmer,1998; O'Hanlon, 1998; Palmer and Neenan, 2000; Szymanska and Palmer, 2000; Neenan and Palmer, 200la, 2001b; Anderson, 2002; Kodish, 2002; Neenan and Dryden, 2002; Smith and Kjeldsen, 2004; Edgerton and Palmer, 2005; Auerbach, 2006; Neenan, 2006; Palmer and Gyllensten, 2008）。

英国と米国における認知行動コーチングの発展を比較すると，重要な違いは，英国での実践が，パーソナルコーチング，ビジネスコーチング，エグゼクティブコーチング，ストレスマネジメントコーチングそしてヘルスコーチングの領域に焦点をあてているのに対して，米国では，1985年にコスタとガームストン（Costa and Garmston, 2002）によって創設された認知コーチング[SM]が，指導場面での優秀性の追求を支援することに焦点を合わせた（Sawyer, 2003）。そのおもな前提は，より高水準の思考ができる教師は，いっそう問題解決能力があって高い成果をあげられ，より協調性がある学生を育成するというものである。これは，教師の認知過程に焦点をあて，それを高めるスーパーバイザー的モデルまたはピアコーチングモデルである。

これまで認知コーチング[SM]について多くの研究が行われている（Edwards, 2004 を参照）。研究者たちは，認知コーチング[SM]が教師の効率性を高め（たとえば，Dutton, 1990），教育という職業への満足感を増加させ（Edwards et al., 1998），協力関係を改善し（Alseike, 1997），教師の内省を高める（Smith, 1997）ことを明らかにしている。認知コーチング^{SM}は主に教育分野で利用されているが，このほかのクライエントや場面にも利用できるだろう。

認知行動コーチングは，認知コーチング^{SM}より広い範囲で多様なクライエントに適用されており，ここからは，この認知行動アプローチに焦点をあてていく。

理論と基本概念

認知行動コーチングに関しては2つの基本的な前提がある。一つは，人が問題解決スキルを十分に習得していないか，あるいは，十分なスキルを習得していても，プレッシャーやストレスのもとでは，うまく活用できないかもしれないという前提である。もう一つは，人がどう感じるか，どう行動するかは，その人がもっている信念によって，また，その人が特定の状況や問題をどう評価するかによって，ほぼ決定されるという前提である。さらに，そこから生まれる不安などのネガティブ感情は，コーチングの効果を弱めてしまうことになる。認知行動アプローチの目的は，個人が問題解決スキルを改善して，自分の思考に気づけるようになり，個人の活動能力を妨げてストレスを生み出し，目標達成を妨げている信念を取り除けるように支援することにある。認知行動コーチングは，クライエントが自分自身に対してコーチとなり，未来の目標に向けて行動計画を作れるよう支援することにある。これらの計画には解決指向的な戦略が含まれるだろう。職場という環境において，認知行動アプローチは，プレッシャーがあるなかで活動能力を高めたり最大にすることに焦点を合わせる。

5つのインタラクティブ・モダリティ：SPACE

（PACEとして知られる）4つのモダリティ，つまり身体（**Physiology**），行動（**Action**），認知（**Cognitions**），感情（**Emotions**）と，外部環境つまり社会的状況（**Social context**）とのあいだには相互関係がある。認知行動コーチングは，クライエントが目標を達成できるように支援していくときに，上記の5領域の変革を目標としている。そこで，エドガートンは，それらの頭文字を組み合わせ，SPACEモデルを考案している（Edgerton and Palmer, 2005を参照）。

- 社会的状況（**Social context**）
- 身体（**Physiology**）

- 行動（**A**ction）
- 認知（**C**ognitions）
- 感情（**E**motions）

　SPACE というモデルあるいは枠組は，アセスメントを目的としたモダリティとコーチングプログラムの発展を結びつけることを強調した教育的ツールとして利用できよう。たとえば，就職の面接（社会的状況）を受ける個人が，その場が耐えがたくなっていると認知する（認知／評価）。このネガティブな評価が不安状態（感情）をもたらし，不安に対する身体的反応として発汗や体の緊張を増加させる（身体的）。その結果，待合室で行ったり来たりする行動に出る。これは，SPACE 法を利用して，紙面やホワイトボードに，ダイアグラムの形で描き出すことができる。

アセスメント

　認知行動コーチングの鍵となる特徴は，初回のコーチングセッションで行われるアセスメントと事例の概念化であり，必要があれば，コーチング過程を通して修正される。基本的に，コーチングを受ける理由やその目標の情報とともに，生育歴などのデータが収集され，認知的枠組のなかで概念化され，クライエントと共有される。短期的なコーチングでは，SPACE，ABCDEF の枠組そして／あるいは 7 段階 PRACTICE 解決指向の枠組が，単純な事例の概念化によく利用される（Palmer, 2002, 2007a）。認知行動的な事例の概念化は，理論と実践を結びつけるのに役立ち，体系的に適用された手法や戦略を適切に利用するための指針あるいはひな型を提供する。コーチングにおいて，解決困難な特別の問題がなければ，詳細なアセスメントと事例の概念化は必要とされない。通常，概念化は協働を助け，認知行動的な枠組から問題を理解し，最終的には，自分自身がコーチになる機会をクライエントに与えるように，概念化が進められ，クライエントと共有される（Wills and Sanders, 1997 も参照）。

問題解決的・解決指向的な枠組：PRACTICE

　問題指向的で目標・解決に焦点づけられた認知行動コーチングによると，コーチとクライエントが必要ないと考えるならば，詳細なアセスメントや介入に時間をかけることはない。これは二重構造的アプローチを反映しており，クライエントが目標を達成できるよう試みるときにそれに含まれる心理的問題と実際的問題のいずれか，あるいは両方に焦点をあてている。したがって，

PRACTICE のような実用的な解決指向的枠組（Palmer, 2007a）は，コーチングにおけるいずれかの段階で代わりに利用できるかもしれない。このステップは次のとおりである。

ステップ	質問／行動
1　問題の明確化 　（Problem identification）	問題や課題は何か？ どのように変わりたいか？ 問題はないとして，どのような例外があるか？ 認知のゆがみや問題，課題を別の視点からみられるか？
2　現実的で適切な目標設定 　（Realistic, relevant goals developed） （例：SMART による目標）	あなたは何を達成したいか？
3　代替解決策の提案 　（Alternative solutions generated）	どのような選択肢があるか？
4　結果の検討 　（Consideration of consequences）	どのような結果になったか？ 可能な解決策はどれほど役に立ったか？ 評価スケール：1〜10 点
5　最も実現可能な解決策に目標を定める 　（Target most feasible solutions）	最も解決可能なものは何か？
6　選択した解決策の実行 　（Implementation of Chosen solutions）	（扱いやすいステップを利用して）実行する

7　評価	どれほどうまくいったか？
（Evaluation）	評価尺度：1～10点
	何を習得できたか？
	今，コーチングを終了できるか？

　提案された問題が解決されたならば，さらに攻略しようとする別の問題を選択し，再び6段階のステップをたどることになる。一度にいくつかの問題に取り組むよりも，秩序だてて一つの大きな問題に取り組むほうが重要である。しかし，たとえば，クライエントが同意した戦略を実行することにとても不安を覚え，感情的または心理的な障壁のために，その枠組における特定のステップから抜け出せなくなったならば，コーチはABCDEFモデルを使うことで，変えるべき障壁を評価でき，それを扱えるようになるだろう。

　ニーナンとパーマー（Neenan and Palmer, 2001a, 2001b）は，クライエントが7段階モデルを使いこなせるようになれば，問題解決の過程を速められる短期間モデルを利用しようとするだろうと述べている。それは次のようなものである。

- **STIR**：問題の選択（Select problem），解決目標の設定（Target a solution），解決策の実行（Implement a solution），成果の評価（Review outcome）
- **PIE**：問題の明確化（Problem definition），解決策の実行（Implement a solution），成果の評価（Evaluate outcome）

　PRACTICEより短期間で行われる問題解決モデルは，危機的状況を扱ったり素早い決定を下すなど，問題を迅速に処理するためによく利用される。これらの短期間モデルでは，じっくりと考えるよりも素早い対応が求められるので，人によってはあまり満足いく成果を体験できないかもしれない。

PRACTICEの事例研究

　ニーナンとパーマー（2001a）は，認知的枠組をただちに使うのではなく，7段階の枠組を利用してコーチングを行った事例研究を紹介している。

ステップ1：問題の明確化

　ブライアン（仮名）は，2～3週間後に，ある会議で重要な発表を行うことになっていて，それに不安を感じていた。その問題をはっきりさせるために，「それ」が何かを調べなくてはならなかった。

　コーチ：「それ」はいったい何ですか。発表のことですか，それとは別のこ

とですか？
ブライアン：それは震えです。会議のメンバーは，私の手が震えているのを見て，神経過敏でピリピリした人間だと思うでしょう。けれども私は，その震えをコントロールできないのです。
コーチ：あなたは，まるで震えがどうにもできない問題であるかのように語っていますが，どうすれば震えをコントロールできるようになるかという視点から，言い直せますか？
ブライアン：今，会議のメンバーの前で話すときに，私は震えをコントロールすることが難しいと感じています。

ステップ2：現実的で適切な目標設定
コーチ：その震えに対して何ができればよいと考えていますか？
ブライアン：震えをコントロールし，その症状が改善されるか，まったくなくなればと思います。
コーチ：それでは，その目標がどちらも会議までに達成できなければどうしますか？
ブライアン：震えを受け入れて，心配しすぎないようにすることです。

ステップ3：代替解決策の提案
ブライアンは，はじめは滑稽でばかげていると感じられても，できるだけ多くの問題に対して解決策を考え出すことを勧められた。つまり，「ブレーンストーミング」である。クライエントが解決策を考え出すのが難しいようであれば，コーチが何らかの解決策を提案してもよい。ブライアンが考え出した問題解決策は次のとおりであった。

(a) できるだけずっと手をポケットに入れておく。
(b) 発表せずに，仮病にしてしまう。
(c) 発表の直前に，自分は神経質であると会議のメンバーに言ってしまって，手の震えを正当化する。それでかたづけてしまう。
(d) 精神安定剤を服用する。
(e) そんなことは何でもないと，自分の手の震えについて開きなおる。
(f) 手が震えるたびに冗談にしてしまう。
(g) それで会議がうまくいかなくなると思わず考えてしまうよりも，発表して結果を待つ。

ステップ4：結果の検討
このステップでは，ブライアンが，ブレーンストーミングのセッションで

考え出したさまざまな問題解決策のメリットとデメリットを考えることになる。彼は，それぞれの解決策がどれほど実行可能かを，0〜10段階で評価した（0＝最も当てはまらない〜10＝最も当てはまる）。

(a) 手をポケットに入れておくことは，かなり不自然で，ぎこちなく見えます。また，発表中は手を使わなければなりません。（2点）
(b) 仮病で休むことは，最初は良い考えのように感じました。しかし，それは逃げるようなもので，後日，会議のメンバーの前に出ると，いっそう問題をこじらせることになります。まさに，成功の見込みのない人そのものです。（0点）
(c) 神経質であると会議のメンバーに言ってしまうことは，多少とも緊張を和らげてくれるかもしれません。しかし，そうすると，私がまわりから同情を買おうとしているように見られます。まさに両刃の剣です。（3点）
(d) 精神安定剤に頼ろうとは思いません。そうすると私は愚か者であるという印象を受けるかもしれません。（4点）
(e) 開きなおるということばの響きはとてもいいもので，得るものが多いと思います。（9点）
(f) 手が震えるたびに冗談にしてしまうと，かえってそれを意識してしまうかもしれません。（3点）
(g) 発表して結果を待つことは会議に臨む賢明な方法です。（7点）

ステップ5：最も実現可能な解決策に目標を定める

ブライアンはステップ(e)と(g)を選択し，うまくいかなかったら，ステップ(b)を伝家の宝刀（最後の手段）として選択するかもしれないと述べた。「震えを抑えよう」と努めると，かえって手が震えてしまう，という事実（思考に干渉する行動，PIT）を受けとめられるようになるにはどうすればよいかと彼は尋ねてきた。

コーチ：あなた自身に問いかけたとき，どんなことが思い浮かびますか？

ブライアン：手の震えをコントロールできないことを絶えず意識してしまいます。心配するとかえって手が震えてしまいます。

コーチ：それでは，手の震えをコントロールできるようになるために，あなたは何をやめなければなりませんか？

ブライアン：あえて手が震えないようにはしないことですね。手の震えが起きても不安に思わないようにすることです。

コーチ：そのとおりですね。あなたが手の震えを隠そうとすると何が起こる

と思いますか？

ブライアン：私は不器用で自己意識が強いと感じているので，まわりの人とはふつうに接するよう努めています。手の震えは私自身の一部ですから，そのように振る舞っています。けれども，ほかの人が私を見てニヤニヤ笑ったり神経質そのものだと思ったら，どうなるでしょうか？　どのようにコントロールしたらよいでしょうか？

コーチ：そうですね。あなたがコントロールできているものと，できていないものをあげてください。

ブライアン：まわりの人がニヤニヤ笑ったり，私をどう思うかはコントロールできませんが，私自身がどう反応し，どう思うかはコントロールできますし，そのどれを選ぶかも私が決定できます。

コーチ：ごく簡単にいえば，そんなところですね。

ブライアン：そろそろ，退出する時間となりました。

ステップ6：選択した解決策の実行

ここ数週間でブライアンは，もはや手が震えることを隠したり，無理にコントロールしようとせず，多人数でも少人数でも，会議のメンバーの前では神経質になることを説明し，「第一歩は，その問題を受けとめ，それをそうとして受け入れることです」と述べて，実際の会議に先立ってリハーサルしたいと語った。コーチはブライアンの同僚と調整して，発表の練習ができるようにした。そこでは，あまり強く講演台をつかまないとか，声がうわずらないように水を多めに飲むなど，とるべき行動を彼にフィードバックした。またブライアンは，リハーサルをビデオ録画して，自分の強みと弱みを把握した結果，全体的な行動をもっと正確に再確認できた。彼の結論は，「思っていたほど悪くありません。実際に話をしていて，会議のメンバーに神経質な人間という印象を与えていると思っているときに，客観的な立場をとることは難しいですね」ということであった。

ステップ7：評価

ブライアンは，「手の震えをコントロールしようとすることはあきらめ，自己をあるがままに受容する」という戦略がうまくいったと語った（彼はあくまでも精神安定剤に頼ろうとはしなかった）。ブライアンはずっと神経質で，手もときどき震えていたが，自分自身の苦痛よりむしろ発表することにもっぱら注意を向けた。「たとえ手が震えても，それがどうした」と，壇上で彼は新しい展望をメッセージに込めた。

ABCDEF コーチングモデル

アルバート・エリス（1962）は感情の ABC モデルを提唱した。"A" は現実に起こっている出来事や逆境を，"B" は出来事についての信念を表した。そして "C" は，感情的，生理的そして行動的な結果を表すとされた。エリスは，信念を作り出すときの大きな障害は，物事にこだわって柔軟性がなく，経験に基づかない，非合理的で機能的でないことにあると主張している。エリスはこれを「不合理な信念」と呼び，人が状況について行う推論とは区別している（エリスの意見では，推論はあまり重要ではない）。たとえば，ABC の用語を用いて就職面接の場面を説明すると次のようになる。

- **A** 現実に起こっている出来事　・就職面接
  （**A**ctivating event）
- **B** Aに対する信念
  （**B**eliefs about A）
  - この就職面接は難しくて，おそらく，ひどいものになるだろう。
  - 私は，就職面接で上手に振る舞わなければならない。
  - 私は，面接に失敗したら立ち直ることができないかもしれない。
- **C** 結果
  （**C**onsequences）
  - 強い不安（感情）。
  - 部屋を行ったりきたりする。面接（行動）での活動能力低下。
  - 発汗，動悸，背中や肩の緊張（生理的反応）。

実際，このセッションでコーチはクライエントと協力して，クライエントが抱える問題の認知行動的評価をホワイトボードあるいはメモ帳に書き出し，クライエントがこの認知モデルを概念的に理解できるようにする。しばしばコーチングの開始段階でクライエントを知的に深く理解してみると，クライエントの感情的苦痛や活動能力の減退に大きく影響を与えているのは，コーチング状況そのものではなく，彼らの思考であることがわかる。しかし，感情的な，あるいは「やる気」の洞察力を高めるにはもっと時間がかかる。なぜなら，クライエントは，ストレスを改善して活動能力を高めるのに役立てるべく新たに作られた考えや信念を実践する必要があり，それによって，どれほど彼らの苦痛レベルが下がり，活動能力レベルが上がったかを確認する必要があるからである。「不合理な信念」という用語は，クライエントが「不合理な」ということ

ばをときに軽蔑的で侮辱的だととらえてしまうので，コーチングの状況では利用されていない。思考の誤りや実際の行動を妨害する考えのほうが好まれている。

　エリスによると，障害のABCモデルには，さらに2つの段階がある。"D"は，有効でない信念について議論（disputation）し，それを修正することを示し，"E"は，起こっている出来事に対処する効果的（effective）な新しいアプローチを表している。パーマー（Palmer, 2002）はコーチング領域のために"F"という段階をさらに追加した。これは，個人的な目標あるいは仕事での目標に焦点をあてたり，将来的な活動能力を高め，将来のストレスから身を守るといった，ABCDE過程から学習したことを表している。こうして知的洞察から感情的洞察へとしだいに段階が移っていく。それでは，質問と回答の実例を次に示そう。

D　討論 　　（**D**isputation）	・就職面接は本当に不安ですか？　実際に面接は難しいかもしれませんが，不安というほどではありません。 ・なぜ上手に振る舞わなければならないのですか？　上手に振る舞えるのはとても望ましいことですが，そうしなければならないわけではありません。 ・あなたは課題に失敗することに耐えられませんか？　私が見本になるわけではありませんが，これまで私は人生の荒波を切り抜けてきた生きた証拠です。
E　新しい効果的アプローチ 　　（**E**ffective new approach）	・面接に焦点をあてた目標指向的信念。不安を感じるのではなく，気遣いをする。ペーシングの余地をなくす。生理的反応を減らす。つまり，あまり緊張しないようにする。
F　未来への焦点化 　　（**F**uture focus）	・仕事の目標を達成することにずっと焦点をあてる。あまり不安を覚えずに面接に臨むことを習得する。かたくなに完全主義者になろうとせず，「上手に振る舞おう」と求めたりしないようになる。

このモデルの完全版は，具体的な目標（Goals）を最初に設定するので，G–ABCDEF となる。コーチングにおいて G–ABCDEF モデルは，ストレス，活動能力，回復そして幸福のモデルと呼ばれることがよくある（Palmer, 2007b）。こうすることで元のモデルは，まさに臨床的状況を扱うものから，活動能力の向上といったポジティブな側面に焦点を合わせるものへと変わり，職場環境にも利用範囲が広がっていく。

上述したエリスの感情的障害の ABCDE モデルとは違って，ベックの研究に基礎をおいた認知的アプローチでは，認知に3つのレベルを設定し，次のような取り組みが必要であるとしている（Curwen et al., 2000）。

  自動思考 ・「自然に浮かぶ」考えやイメージ：私は失敗するかもしれない。
  媒介信念 ・態度：失敗したままではいられない。
       ・ルール：失敗してはならない。
       ・想定：私が失敗すれば，私は愚か者であると証明されてしまう。
  中核信念 ・一般に幼児期・思春期に形成され，固定化されたもの：私は愚か者だ。

したがって，実際にコーチが利用する認知行動アプローチは，コーチングの評価や実践に影響を与える。認知行動コーチングの主要文献には，エリスの理論主導的な演繹的アプローチとベックの帰納的アプローチが併記されているが，実際に訓練を受けていない読者には理解しづらいかもしれない（Neenan and Dryden, 2002）。このほかに認知行動アプローチのなかできわ立っている方法としては，たとえば，マルチモードのセルフコーチングについて述べているパーマーら（Palmer et al., 2003）のアプローチがある。

認知行動コーチングは歴史に関心を示さず，もっぱら現在や未来に焦点をあてているが，関連があるときには，発達過程で経験したことの影響も考慮に入れている点は特筆すべきである。これらはしばしば中核的な信念として重要だろう。なぜなら，この信念は幼児期あるいは思春期の経験，生活上の重要な出来事の結果として通常は形成される深く根ざした信念であり，ある状況下では，個人の意識的な信念体系や行動に影響を与えるからである。たとえば，多国籍企業の最高経営責任者（CEO）は，子ども時代に親から受けた批判や大きな期待の結果として，完全主義的な媒介信念や，失敗と関連づけられた中核信念を形成したかもしれず，こうした信念は，ポジティブな方向で彼らの出世にさ

まざまに影響を及ぼすため，彼らは「やる気満々」で「野心がある」と表現されるのである。しかし，高い水準を維持するために，CEO は週に 80 時間も働くので，仕事と生活のバランスを崩している可能性もある。CEO は批評をとても気にするため，業績不振が彼らの媒介信念の一つ，この場合は，「もし仕事を完璧にできなければ，私は失格である」という基本的な仮説を引き出し，それによって「私は失格である」という中核信念を活性化させてしまう。当然のことながら，これによって CEO は臨床的にうつ状態にあると感じ，さらなる活動能力の低下を招く恐れがある。

認知行動コーチングの効果

　認知行動療法の有効性は，抑うつと不安のような臨床的障害の領域において実証されている (Dobson, 1989; Gloaguen et al., 1998; National Institute for Health and Clinical Excellence (NICE), 2005)。コーチング領域での認知的そして行動的な戦略の利用は比較的新しいことから，解決指向の認知行動コーチングはごく最近になって増加しはじめたのであり，その効果については，実証的な結果に基づくものとは対照的である。グラント (Grant, 2001) の研究によると，認知的な基礎をもつコーチングを使うと，メンタルヘルス，自己調整，自己概念において改善が認められ，一方，行動コーチングは，学業成績での活動能力を改善させることが見出されている。認知コーチングと行動コーチングを組み合わせると，長期にわたって活動能力を高く維持し続けられ，幸福感が高められる。グラントはまた，認知的介入をしただけで教育的な成果が増大するわけではないことをはっきりと述べている。簡潔にいえば，スキルの訓練や実践があってこそ，認知的な洞察が行動面での望ましい結果につながるのである。そのほかの研究では，生活の質の向上，目標達成での向上が見出され (Grant, 2003)，目標への努力，幸福感，希望の増大が認められ (Green et al., 2005, 2006)，管理職に向けた認知行動セルフコーチングのアプローチに基づくセルフヘルプ（自助）マニュアルを使うことによってストレス軽減が認められただけでなく，有意にストレスが軽減された (Grbcic and Palmer, 2006a, 2006b, 2007)。また，財務担当の男性管理職の販売成績，中核的な自己評価，活動能力の全体的な自己評価が高められた (Libri and Kemp, 2006)。

実　践

認知行動コーチングの目標
認知行動コーチングの一般的な目標は次のとおりである。
- クライエントが現実の目標を達成できるように支援する。
- 困難を克服し，問題を改善して解決する。
- クライエントが新しいスキルや前向きな対処戦略を習得できるように支援する。
- クライエントが，思考における誤り，ストレス誘発思考（SIT：stress inducing thinking），活動能力妨害思考（PITs：performance interfering thoughts），ネガティブな自動思考（NATs：negative automatic thoughts），そして必要ならば，媒介信念，中核信念を修正できるように支援を行う。
- クライエントが，思考のスキル，ストレス軽減思考（SAT：stress alleviating thinking），活動能力向上思考（PETs：performance enhancing thoughts），そして必要に応じて，現実的で役に立つ媒介信念や中核信念を向上させられるように支援する。
- クライエント自身が「セルフコーチ」になれるように支援する。

コーチングセッションの進め方と中間セッションの任務
　構造化アプローチは，認知行動療法で利用されるセッション形式に類似している。それを使うとクライエントは時間を最大限に使えるように当該セッションの作業計画をコーチと取り決められるので，このアプローチは有用であろう（Curwen et al., 2000）。クライエントもコーチも，現在のセッションと全体的なコーチングプログラムに関連する問題をとりあげることができる（Palmer and Dryden, 1995）。それはまた，認知行動コーチングの解決指向的な特徴を反映している。このアプローチの進め方は次のとおりである。
1　簡潔にクライエントの現状をチェックする。例：「最近はどのような具合ですか？」
2　セッションの計画を取り決める。例：「今回のセッションではどのような課題に取り組みたいですか？」
3　中間セッションの取り決めについて再検討する。例：「先週，どのように仕事に取り組みましたか？」

4 論点や問題に取り組む。例：「さあ，今日の計画に取り組みましょう。」
5 中間セッションの任務を取り決める。
6 セッションの評価を行う。例：「今日のセッションで，どのような評価を得ましたか？」

「宿題」ということばは多くのクライエントにネガティブな記憶となるので，コーチングセッションでは一般に避けられており，「任務」とか「中間セッションの任務」という用語が好まれる。前回のセッションで取り決めた中間セッションの任務を再確認することが，コーチングの重要な一側面である。これを見落としてしまってもクライエントは，任務を行うことは重要でないので，あまりそれに煩わされないようにしなさいというメッセージが重要なものだと学習しておくとよい。認知行動コーチは，コーチング以外の場で，活動を計画し，手法や戦略を考えるために費やされる167時間が，クライエントにとってどれほど重要かに気づかせるようにするのがよい。重要な情報は，どのように任務が実行されたかに注目すると明らかにされることがよくある。どのような問題に遭遇したか，どの任務が実行できなかったかは，すべて「糧」となり，コーチングにおいて学ぶところの多いものである。

問題点の収集と維持管理

認知行動理論は，問題の発生には多くの要因がかかわっているととらえており，その要因として次のものをあげている。たとえば，結婚問題，解雇，死別，病気などの生活上の出来事，たとえば，孤独，粗末な住居，ワークバランスの偏りなどの社会的要因，たとえば，飲酒量の増加，攻撃行動，認知面や行動面での回避などの不適切で無意味な対処方法，そして，仕事にまつわるストレス，仕事をこなすために増える労働時間，作業能率の低下などの職場問題，さらには，騒がしい職場環境などの環境的ストレスである。また，スキル不足，遺伝因子，幼児期の経験などは，いずれも問題の原因になったり，それを悪化させたりする可能性がある。個人のレベルにおいて，これらの問題のいくつかはコーチングで扱えるかもしれないが，上記のいずれかによって引き起こされる苦痛のレベルによっては，専門的なカウンセリングで介入するほうがもっと適切かもしれない。

当該の問題を避けて通ろうとすると，問題が長引くことになる。たとえば，スキル不足，ストレスを引き起こしたり活動能力を妨げる考え，思考の誤り，目の前にある目標の達成を妨げる媒介信念や中核信念などである。これらは認

知行動コーチングの焦点になりうるかもしれないが，臨床的な障害を抱えたクライエントには，治療を勧めるほうがよいだろう。

認知行動コーチングにおける典型的なコース構成

パーマー（2007a を改変）は，コーチングプログラムとして典型的な構成を次のように提案している。

セッション：

1–2　単純二重構造システムによる事例の取り扱い（例：SPACE，ABCDEF，PRACTICE），目標設定や介入。また，SMART の目標を達成することにできるだけ焦点をあてる（Locke and Latham, 1990; Locke, 1996）。（セッションは 60 〜 120 分間ほどである）

2–4　必要があればアセスメントを継続する。そうでなければ，コーチングでは目標達成に取り組むことに焦点をあてる。

2–6　心理的な問題によって目標や課題の遂行が妨げられるならば，その問題に焦点をあてる。特定の問題に合った十分なアセスメントを求める。

1–8　ほとんどのクライエントから効果があったと報告があれば，コーチングは終了する（Gyllensten and Palmer, 2005）。

セッションの長さは，仕事にかかわる問題がどれほど緊急に扱われる必要があるかによって 30 〜 120 分と幅がある。ところが，ライフコーチングやパーソナルコーチングは 60 分程度がふつうである。コーチング全体はほんの数セッションからなる。従業員が自分の活動能力を高めるために実際に必要とするセッション数は事例ごとに変わるので，具体的なセッション数を示して柔軟性のないコーチングプログラムを売り込むことはあまり勧めない。

認知的な手法と方略

認知的な手法と戦略は広範囲にわたるので，ここではおもなものについて取り扱う。

思考の誤りを認識する

思考の誤りは，もとをたどると認知療法において「認知のゆがみ」（Curwen et al., 2000）と呼ばれており，認知行動コーチングや訓練場面における思考の誤りとして一般には知られている（Palmer et al., 2003）。これらは，不十分な，

あるいは不適切なデータに個人が認知的に焦点をあて，非論理的な結論を導き，不正確な推論を行い，経験的な証拠にほとんど，あるいはまったく基づかないで結果を予測するという処理から生じる誤りである。印刷物あるいは，認知行動セルフコーチングの書籍（Palmer et al., 2003; Palmer and Cooper, 2007を参照）はたやすくクライエントの手に入り，彼らが当然のように使っているさまざまな思考の誤りを理解したり認識したりするのを助けてくれる。

思考の誤りには次のようなものがある。

- 読心術／早とちり：関連情報を確認しないまま，これまでの結論に飛躍する。例：「もし残業をしなければ，首になってしまう。」
- 二分割的思考：「良い」「悪い」といった極端な基準で経験を評価する。例：「彼女はいつも遅刻をする。」
- 他者非難：問題の責任をとらなかったり，ほかの人やほかのことを非難する。例：「すべて彼女の落ち度です。ひとこと言ってくれれば忘れずに手紙を投函したのに。」
- 個人化：出来事をすべて自分に帰属させる。例：「われわれのチームのプレゼンテーションが採用されなければ，自分の落ち度だ。」
- 運命の先読み：どんなときでも，未来に何が起こるかを把握できると思い込む。例：「私は来週，解雇されるだろう。」
- 感情的判断：事実について，誤って感じる。例：「私は神経質なので，動揺するなどの合併症状があります。」
- ラベリング：自分自身やほかの人に対して，ラベルを貼ったり，全体的な評価を行う。例：「私はまったくの愚か者である。」「試験を落第したので，これは私が完全な失敗者であるという証明になる。」
- 「べき」思考：「すべきである」「しなければならない」といった，柔軟性のない頑固な考え方で話を言いふらす。例：「彼は，そのプロジェクトの仕事をよりよいものにすべきである。」
- 大げさなあるいは悲観的なとらえ方：バランスを欠いた出来事と決めつける。例：「会議はこれまでで最悪でした。ひどいものでした。」
- 過小評価：状況のなかで自分の役割を過小評価する。例：「良い点数をとったのだから，やさしい試験だったに違いありません。」
- フラストレーション耐性の不足，忍耐の欠如：欲求不満やストレス状態に対する耐性を下げる。例：「私は，それに我慢できない。」
- 決めつけ：自分に影響力があるほかの人から偽善者とか詐欺師と見られて

しまうと考える。例：「うまくできないと，みんなはそれが本当の自分——まったくの詐欺師——とみるだろう。」

思考のスキル

クライエントが思考の誤りに立ち向かうためにコーチが支援できる思考のスキルにはさまざまある。パーマーとストリックランド（Palmer and Strickland, 1996 を改変）は次のようにまとめている。

思考の誤りを記述する

あなたが業績不振に陥り，判断に迷い，ストレスを感じるとき，どんな思考の誤りがあるかを自分に問いかけ，それらを記述してみよう。そうすれば，よりよい状態でそうした誤りを回避できるだろう。

自分を大切にする

友人または同僚が自分と同じような誤りをしたら，あなたは批判を加えたり，厳しくしたりするだろうか？　あなたの内なる批判の声を変えて，前向きな気持ちを大切にするとよい。

関連づけの思考

たとえば「素晴らしい」と「ひどい」というような絶対的な見方で状況や成果をみているなら，やや中間をみるようにしよう。こうすると客観的に自分を眺められるようになる。一般に状況や人間は，そうした極端なことばで表現できるほど単純ではない。

証拠を探す

状況のアセスメントはいつも完全なわけではない。活動能力が低下したと思ったら，不正確な推論をするよりも，ほかの人に評価を求めるのが望ましい。その状況が耐えがたいと思うのであれば，試してみて，しばらく様子をみよう。

ラベルを貼らない

自分自身やほかの人を全体的に評価しない。「まったくの愚か者」とか「完全な失敗者」と評価できるほどわれわれは単純ではない。特定の行動によってほかの人や自分自身にラベルを貼りそうになったら，そのラベルの妥当性について質問しよう。たとえば，期限に間に合わなかったからといって自分自身または同僚を「まったくの馬鹿者」と呼ぶならば，この失敗ひとつをもってこうしたラベルづけを正しいとするのだろうか？　あなたは，良くなりたいと強く望みながら，自己受容を学び，欠点も含めて文字どおり自分自身を受け入れられるようになりたいと願うかもしれないが，そこまでする必要はない。

もっと冷静に考える

「しなければならない」「すべきである」「はずである」「するほかない」「それはひどい」「耐えられない」といった感情的なことばは、ストレスの段階を高めたり、活動能力を妨げる傾向がある。「それは好ましい」「それはとても望ましい」など、感情を抑えた表現は、感情を冷静に保つことにつながる。思考のスキルは、大きな問題が生じたときにではなく、日常的に実践される必要がある。この思考のスキルはつねに実践しているとよいが、そのときに自分自身の感情を抑えないように注意してほしい。

視点を広げる

ある状況や問題がすべて自分に責任があると感じるとき、関係するそのほかの人や視点をすべて書き出して、本当に100％の責任が自分にあるかどうかを明確にする。円グラフにすると、それぞれの人や視点にどれだけ責任があるかを描き分けられるだろう。

ほかの人に全責任を負わせるなら、あなたはこの過程を繰り返せるし、このほかに関連するすべての要因を含められる。ほかの人に全責任を負わせるということはまずない。

思考を分析して活動能力妨害思考（PITs）を疑うための誘導による発見とソクラテス的質問

誘導による発見は、コーチとクライアントが一緒になって、世界や特定の問題をさまざまな視点からみる過程である。誘導による発見は、紀元前5～4世紀の哲学者ソクラテスが考案した体系的質問と帰納的推論に基づく質問を使い、活動能力妨害思考を特定して修正できるようにする。活動能力妨害思考の妥当性を検証するためにコーチがふつうに利用するソクラテス的質問は次のとおりである（Palmer and Dryden, 1995; Leahy and Holland, 2000; Palmer et al., 2003を改変）。

- あなたの信念を支持する証拠はどこにありますか？
- この考え方は、あなたにどんな影響を及ぼしていますか？
- あなたは結論を急いでいますか？
- あなたの信念に対して、反証できる証拠がありますか？
- あなたは自分の弱みばかり気にして、強みを見過ごしていませんか？
- このように考えることの良い点と悪い点は何ですか？
- あなたは物事をあまりに個人的に考えていませんか？

- あなたは物事を極端に考えていませんか？
- あなたは2つの基準を使っていませんか？
- 悪いことが起こる可能性を過大評価していませんか？
- 物事を検証もせずに，結果を予測していませんか？
- あなたは思い込みをしていませんか？
- あなたはまったく完全であろうとしていませんか？
- あなたは自分の思考の不正確さを確かめるために，どのような実践的戦略を導入しますか？

ベックは，試験への不安から二分割思考やラベリングを使っている学生とのやりとりを記述し，誘導による発見を助けるためのソクラテス的対話の利用を立証している（Beck, 1993: 363）。

クライエント：今日はつらい気分です。
セラピスト：なぜですか？
クライエント：失敗したような気がします。ほんとうに試験はダメだったのです。
セラピスト：何点取ったと思いますか？
クライエント：本当に悪い点数です。
セラピスト：50点，60点，それとも70点ですか？
クライエント：80点です。
セラピスト：その点数で失敗したのですか？
クライエント：ええ，私が望んでいた点数ではありませんでした。
セラピスト：何点ほしかったのですか？
クライエント：せめて90点くらいは。
セラピスト：90％未満では失敗ですか？
クライエント：ばかげていると思われるでしょうが，そのとおりなのです。確かに試験はダメではなかったですね。けれど，もっと良い点数を取りたかったのです。

この過程によってクライエントは，冷静に自分の信念と知覚したことを確かめ，世界を別の視点からみられるようになる。

調査法

憶測や思考察知を避けるために，クライエントは，自分の考えについて確証を得たり反論する目的で，同僚または友人といったほかの人の意見を探るよう

記入用紙の利用

　活動能力妨害思考（PITs）に焦点をあてて評価し，活動能力向上思考（PETs）をそれと置き換えるために，記入用紙を活用できる。認知行動コーチングで利用される PIT/PET の形式は，コーチングセンターのニーナンとパーマーによって開発された。記入欄が2つのものと5つのものがある（事例研究を参照）。これらの記入用紙は，コーチングで，クライエントが具体的な状況についてストレスを感じるときなどに採用されているので，利用できる。ここでは，ストレス誘発思考（SIT）からストレス軽減思考（SAT）へ修正することに焦点があてられる。

下向き矢印法

　基礎にある前提または中核信念を明らかにする過程は「下向き矢印法」として知られている。それはバーンズ（Burns, 1990）によって提唱され，クライエントのもつネガティブな自動思考（NATs）や暗示を明確にすることを含んでいる。これによって真実や探求する意義がしだいに確かなものになっていく。

　クライエント：私は，この昇進試験の面接に失敗するだろうと思います。
　コーチ：そうなると，あなたはどうしますか？
　クライエント：この仕事のなかで身動きがとれなくなってしまいます。
　コーチ：もしそうなった場合，それは，あなたにとって何を意味しますか？
　クライエント：まったく納得できません。昇進もできなくなってしまいます。

　この例において，中核信念は「納得できません」であり，中核信念が引き出せたので，（次に示すように）コーチはクライエントとともにその修正を始められる。

推論の連鎖

　すでに述べた ABCDEF のアセスメントや介入を行うとき，コーチは推論の連鎖として知られる手法を使って，問題あるいは起こっている出来事のどの側面をクライエントが実際に心配しているのか，つまり，重大な"A"はどれかを発見できる。注意すべき最初の問題は，内在するほんとうの不安ではない。推論の連鎖において，クライエントの不安は実際に起こるのではなく，起こるだろうと一時的に推測されるのである。コーチはBとCの思考（すなわち，信

念と感情的な結果との結びつき）を強化して，AとCの言語（すなわち，起こっている出来事と感情的な結果との結びつき）を避ける．具体例は事例研究でとりあげる．

　この手法は下向き矢印法に類似しているが，重大な"A"や，起こっている出来事の重大な側面を引き出すことに焦点をあてている点が異なる．つまり，下向き矢印法は内在する前提や中核信念を探し求めているのに対して，この手法はクライエントにいっそうの関心があり，関連する信念を引き出すのである．

中核信念の損益分析

　デイビッド・バーンズ（1990）は，スキーマの修正をはじめる前に，中核信念の損益分析に頼ることのメリットとデメリットを明確にしながらその分析を行うことは有効なツールであると提案している．さらに，グリーンバージャーとパデスキー（Greenberger and Padesky, 1995 を改変）は3段階で簡単にスキーマを変えられる方法を説明している．

1　中核信念が100％真実なわけではないことを示す経験を列挙する．
2　修正された信念を書き出し，その下に，修正された信念を裏づける経験を列挙する．
3　最後に，修正された信念がどれほど確かであるかを定期的に評価する．

読書療法と読書トレーニング

　読書療法は，コーチの指示で，関連する自己啓発の小冊子，書籍，DVD，録音教材やWEBサイトをクライエントが利用して，自分が抱えている特定の問題を理解できるようにするものである．しかし，この用語には「治療」という意味もあるので，コーチングや訓練場面では，実践家は「読書訓練」あるいは「読書コーチング」ということばを使う（Palmer and Burton, 1996）．

イメージ法

　認知行動コーチングが利用する重要なイメージ法には，動機づけイメージ，対処イメージ，時間投影的イメージ，イメージエクスポージャー，ポジティブイメージ，熟達イメージ，罪悪感軽減イメージ，怒り軽減イメージ，そして論理感情的イメージがある（Lazarus, 1984; Palmer and Dryden, 1995; Ellis et al., 1998; Palmer et al., 2003; Palmer and Puri, 2006 を参照）．

動機づけイメージ

動機づけイメージは2つに分類される（Palmer and Neenan, 1998）。はじめにクライエントは，特定の問題に取り組むのではなく，望ましい目標を達成するように，残りの人生をイメージすることを勧められる（未行動のイメージ）。それからクライエントは，その問題を扱うよう努力したあとで（行動のイメージ），それがなかったら自分の未来はどのように展開するかをイメージする。この手法は，自分の人生における問題に取り組むのをためらったり，その決断に迷ったりしているクライエントを動機づけるのに利用できる。

コーピングイメージ

クライエントは，ストレスを感じていて気がかりな問題や状況に自分がうまく対処している姿をイメージするよう勧められる。それには，たとえば重要な会議に遅れてしまうといった予想される事態で，起こるのではないかとクライエントが不安を抱いている問題にどう対処するかをイメージする活動が含まれる。また，コーピングイメージは，人が何でも完璧に行おうとすることを思い描く支配的イメージと混同すべきではない。

行 動 戦 略

認知行動コーチは，クライエントが心理的な問題を解決しようとする活動を支援したり，活動能力向上思考や中核信念を検証したりするために行動戦略を利用する。もっと一般的な戦略の例をこの節でいくつかあげておく。

時間管理戦略

時間管理スキルの不足は，認知行動コーチングで出会う共通の問題である。行動を妨げるような（たとえば，「とても大変なので後でやろう」といった）先延ばしと結びついた考えに取り組むとともに，クライエントは，優先順位をつけてリストを作成したりして，効果的な時間管理戦略をとるように教育される。

アサーション（主張）訓練とコミュニケーションスキル

アサーションは，クライエントの心のなかでは攻撃性と誤って扱われるが，いじめなどの場合に，とても重要な役割を演じる。また，認知行動コーチング

では，アサーションと攻撃性との違いについてクライエントに教育を行い，活動能力妨害思考を引き出して評価したり，あるいはアサーションを阻止し，新しい行動を強化するために役割演技そして／または実験を行う。

リラクセーション

リラクセーション法は身体的な興奮を抑えるために利用される。リラクセーション用の原稿をセッションのなかで読んだり，筋肉の緊張を徐々にほぐす過程を簡潔にまとめたリラクセーション用のテープやCDを購入するようクライエントに勧める。

行動実験

行動実験は認知行動コーチングの重要な構成要素である。行動実験は，コーチングのセッションにおいて，あるいは外部で，友人とともに，また，クライエントの中間セッションでの課題や任務の一部として，職場において利用できる。行動実験は協力して行うようにデザインされており，記録や再検討が行われる。たとえば，プレゼンテーションを行う（予定も含む）場面で話せなくなると思い込んでいるクライエントに，職場の同僚の前で模擬プレゼンテーションを行わせるといった実験計画を立て，その結果を記録する。

変化の過程

変化の過程はクライエントのためのいくつものステップからなる。
1 実践的で感情に焦点をあてた問題解決スキルと解決に焦点をあてたスキルを習得して磨きをかける。
2 活動能力を妨げてストレスを引き起こす柔軟性に欠ける思考，態度そして信念を特定し，それを批判的にとらえて変える。
3 活動能力を高めてストレスを軽減させる思考，態度そして信念をもつように柔軟な思考方法を推し進める。
4 フラストレーション耐性をより高め，いっそう自己受容できるようにし，生理的な回復力を増進させる。

どのようなクライエントにいちばん有効か？

　認知行動的で実践的な問題解決・解決指向的方法論に基づいた認知行動コーチングは，職場での活動能力や学業成績，演説，幸福，時間管理，意思決定，問題解決，感情や怒りをよりよく管理して改善しようと望んでいるクライエントに役立ってきた。認知行動コーチングは，優柔不断や自己主張の欠如を克服し，転職の迷いを払拭し，プレゼンテーション不安などのストレスや心配を振り払うことに力を貸してくれる。この認知行動アプローチはあらゆる年齢層の人に適用でき，個人，グループ，学校，医療環境そして労働環境にも適用できる（Palmer, 2007c）。

　認知行動コーチングでの失敗は，次のようなクライエントで起こるといえよう（Neenan and Palmer, 2000: 217 を改変）。

- **感情的な責任**を受け入れないクライエント——問題が起きたことの原因として，ほかの要因（たとえば，職場の上司や仕事，同僚）をあげて非難し，何もしないうちからそれらを変えるべきであると求める。そして／あるいは
- **コーチングの責任**を受け入れないクライエント——クライエントが抱えている実際の，そして／あるいは感情的な問題または変化を妨げる障壁に立ち向かうという困難な仕事を避けたり，それに抵抗したりする。そして／あるいは
- **臨床的な障害**をもったクライエント——抑うつなどの臨床的障害は，やる気をかなり減退させ，目標に向かう行動をかなり起きにくくさせる。

事 例 研 究

　マークは大きな石油会社に勤務する35歳のコンサルタントで，二人の子どもがいる。昇進の提案を受けたばかりで，そのポストにぜひとも就きたかった。しかしマークは，仕事に関して取り組まなければならない課題を抱えていた。それは，月ごとに本社でトップチームを前に必ずプレゼンテーションを行うことであった。マークは，あまり面倒なことにあわずにプレゼンテーションをこなしているが，この課題については不安になっている。

コーチング契約

マークはその仕事を引き受けたいと考え，プレゼンテーションの不安に対処するために，コーチングを受ける決心をした。そこで，初回の接触は人事を通して電子メールで行われた。コーチング心理学者はマークの現在の職場で面会した。以前，マークはカウンセリングを受けたが，特に役に立っていないと指摘した。職場でのプレゼンテーションに対する不安についてコーチングで取り扱うことは可能であると判断した。

コーチング心理学者とマークは2時間のコーチングセッションを3回行ってから，その進捗状況について検討することに同意した。必要ならばさらにセッションを行うことにした。

プレゼンテーションに対する不安

マークが問題について話していることを傾聴していると，最初の10分間で，彼はプレゼンテーションがかなりうまく，ストレスのレベルは，彼がプレゼンテーションする能力やスキルによって変わるのではなく，プレゼンテーションをどのように考えているかによって変わるらしいことが明らかになった。倹約の原則を適用するにあたって，コーチング心理学者は，この段階で

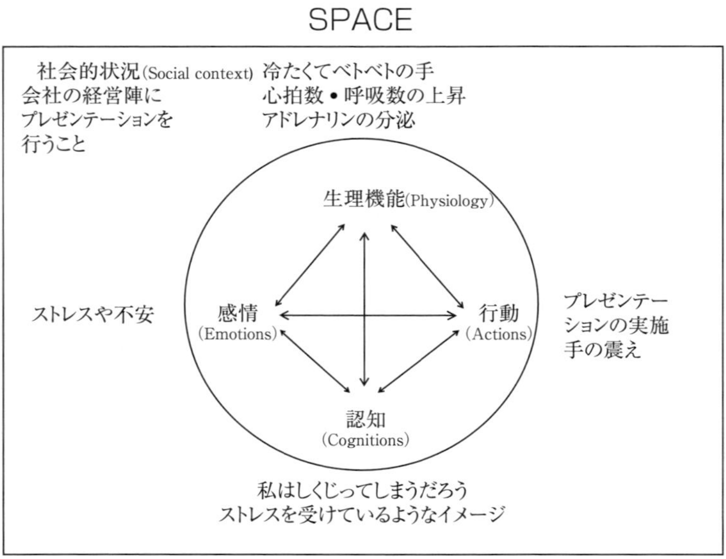

SPACE

社会的状況(Social context)　冷たくてベトベトの手
会社の経営陣に　　　　　　心拍数・呼吸数の上昇
プレゼンテーションを　　　アドレナリンの分泌
行うこと

生理機能(Physiology)

感情(Emotions) ― 行動(Actions)

ストレスや不安　　　　　　　　　　　　　プレゼンテーションの実施
　　　　　　　　　　　　　　　　　　　　手の震え

認知(Cognitions)

私はしくじってしまうだろう
ストレスを受けているようなイメージ

図6.1　SPACEモデル

PRACTICE モデルを使う必要はないと判断した。

　コーチング心理学者は，関連する様相を表現するために，マークと協同で，SPACE 図式（図 6.1 参照）を完成させた。

　そこでマークは，4 つの様相と社会的状況との関係について理解できた。しかし自分の信念に近づくことは容易ではなかった。いちばん関連の深い問題や認識にコーチング心理学者とマークが焦点をあてることを保証するためのアセスメントの一部として，二人は次々に推論を続けることにした。

コーチ：あなたがプレゼンテーションについてストレスを感じているとき，おそらく関連する考えがさらにあなたの心に浮かんだのではないかと思います。そこで，私と一緒に，それが何かを見つけ出し，的外れの問題に焦点をあてていないかどうかを理解するのはとても役に立つと思います。そのため，さらにいくつか質問して，この情報を引き出せるかどうかを検討してみてもいいですか？

マーク：けっこうです

コーチ：新しい仕事に就くと，経営陣にプレゼンテーションを行うことになるわけですが，それはどのような気持ちですか？（感情の明確化）

マーク：かなり心配です。

コーチ：あなたが経営陣にプレゼンテーションを始めるとすると，何が心配ですか？（変化に的を絞った関連する感情に焦点をあてつづける）

マーク：しくじってしまうことです。

コーチ：とりあえず，プレゼンテーションで失敗すると想定しましょう。眼を閉じると，もっと想定しやすくなるかもしれません。実際にしくじっている状況を想像してみてください。どんなことが起きているかわかりますか？（話題になっている状況でクライエントが自分の思考にアクセスできるよう支援する）

マーク：はい。

コーチ：現在，いちばん心配なことは何ですか？

マーク：経営陣から役に立たないと思われることです。

コーチ：本当にそう思われたら，どうしますか？

マーク：新しい仕事を台なしにしてしまうのではないかと思います。

コーチ：とりあえず，新しい仕事を台なしにしてしまったとしましょう。どのようなことが心配ですか？

マーク：とことん担保で首が回らなくなり，経済的にひどい影響が出て，何

もかも失ってしまいます。
コーチ：ほかに何か関連するものはありますか？
マーク：いいえ。
コーチ：あなたの重要な推測を要約させてください（コーチはホワイトボードに書きはじめる）。あなたが心配している理由は，
1 「しくじってしまう。」
2 経営陣から役に立たないと思われる。
3 仕事を台なしにしてしまう。
4 経済的にひどい影響が出る。
5 何もかも失ってしまう。
　あなたが経営陣にプレゼンテーションを行うとき，1～5のうちでどれが最も心配ですか？
マーク：率直に言うと，何もかも失うことは実際にはないと思います。これまでもつらい経験をしてきましたが，友だちもいますし，すべてを失ってはいません。実際，私はこの仕事に携わりたいですし，その仕事を得られるならば，続けていきたいと考えています。しばらくの間，それに目をつけていました。私の仕事を台なしにしてしまうことをしはしないかと考えてストレスを感じるのだと思います。
コーチ：さて，重要な「A」または，あなたがいちばん不安を感じているプレゼンテーション実施に関連する側面が見つかったので，それについてどのような信念をもっているかを探してみましょう。あなたがプレゼンテーションをしくじって，仕事を台なしにしてしまうと想像してみましょう（「新しい」認知を導き出すイメージを使う）。
マーク：わかりました。
コーチ：仕事を台なしにしていると想像すると，あなたの心には何が浮かんできますか？
マーク：この新しい仕事を失ってはならないことです。
コーチ：もし，それが起こったらどうですか？
マーク：ぞっとします。経営陣は私をダメなやつとみているのでしょう。
コーチ：実際に経営陣はあなたをどうみていると思いますか？
マーク：まったく役に立たないと思っているのではないでしょうか？
コーチ：彼らと同意見ですか？
マーク：もちろんです。

コーチ：「私はまったく役に立たない」という考えは，あなたのプレゼンテーションスキルの不足によるものですか，それとも，新しい役割でのあなたと関連しますか？（質問の明確化）

マーク：両方です。しかし，重要なのは，新しい仕事で経営陣が私をどのようにみてくれるかです。

コーチ：了解しました。それでは，ストレスを引き出す重要な信念は次のようなものですね。（ホワイトボードに書き出す）

　　　　B：信念
　　　　1　私はこの新しい仕事を失ってはならない。
　　　　2　ぞっとする。
　　　　3　まったく役に立たない。
　　　　　もしこうした信念をもちつづけると，ストレス状態のままですか，それともリラックスできるようになりますか？（クライエントの考えと彼がどう感じるかとの結びつきを強調する）

マーク：ストレスを感じたままでしょう。

コーチ：それはプレゼンテーションを妨げますか，それとも助けますか？（仕事を失うことに対する不安とプレゼンテーションでどのように行動するかとの結びつきを強調する質問）

マーク：さらに悪くなります。

コーチ：それほどストレスを感じている状況に対して何かできることはありますか？（解決志向の質問）

マーク：新しい仕事を引き受けないで，できそうもないプレゼンテーションを避けようと決断するか，または，自分の考えを変えることはできると思います。

コーチ：この仕事を続けたいのであれば，どうしますか？

マーク：自分の考え方を変えます。

このセッションでは十分な時間が残っていたので，コーチは活動能力を高めるためのPETsと呼ばれる記入用紙を紹介した。

コーチ：活動能力を向上させる新しい思考をクライエントが理解し，利用できるようにするために，どうしたら活動能力を高められるかを評定する用紙に記入してくださるようお願いしています。やっていただけますか？

マーク：ええ。

マークはコーチとともに，以前のセッションから導き出された情報について，活動能力を高めるため，はじめに，3コラムからなる用紙に記入をすませた。それから，プレゼンテーションに直接的に関連するPITsを加えた。さらに，活動能力を妨げる思考への対策として，活動能力向上思考について，2つのコラムと4つのコラムで記述した。マークは，セッションを受けた後，4コラム記入用紙のなかに，コーチから尋ねられた質問のうち，今後，活用できるものがあることがわかった。すべてのコラムに記入し終わった（表6.1参照）。

中間セッションの課題

最初のセッションの終わり頃，マークは今のセッションから次のセッションまでに，プレゼンテーションに対して自分がさらに感じるPITsまたはPETsを書きとめ，できれば，何が自分の仕事を危険にさらすかを書きとめることに同意した。彼には，認知行動の立場から書かれたセルフヘルプに関する本が手渡され，そのなかの第2章「ストレスを克服するための思考の変革」を集中して読むように求められた。この章には，思考の誤りに気づき，思考スキルやイメージスキルを向上させる方法が記されていた（Cooper and Palmer, 2000を参照）。コーチングセッションは録音され，あとでマークが聴けるようにした。

第2回のコーチングセッションで，マークがふだん意識して使っている「思考の誤り」に対してフィードバックが行われた。まず，「SPACE図式」に戻って，プレゼンテーションの前や，そのあいだで，リラックスできるように，「ベンソンのリラックス技法」の活用を検討した。この技法はセルフヘルプの書籍に記載されている。ベンソンのリラックス技法は「習慣」になるまで毎日練習する必要がある。対処イメージは活動能力を高めるための記入用紙に事前に書きとめられていたが，深く議論する時間がなかった。しかし，このコーチングセッションで対処イメージについてとりあげると，コーチは最初の難しい事態に直面した。

　　コーチ：最後のセッションで，対処イメージ技法の利用について検討しました。あなたはこの本のなかで読みましたか？
　　マーク：はい。けれどもイメージ法は，実際に職場で利用できるとは思いませんでした。
　　　　　（その間，コーチは，最後のセッションであることを考慮して，数秒の沈黙があった）

第6章　認知行動コーチング

表6.1　活動能力を向上させるための記入用紙

目標となる問題 （A）	活動能力妨害思考（PITs） （B）	感情的，行動的な反応 （C）
経営陣に十分なプレゼンテーションができないと，仕事が台なしになってしまう。 目標 ふさわしいプレゼンテーションを行う。 経営陣がプレゼンテーションや自分についてどう思っているかにではなく，プレゼンテーションそのものに集中する。	1　私はこの新しい仕事を失ってはならない。 2　ぞっとする。 3　まったく使いものにならない。 4　私はうまく行動して，完璧なプレゼンテーションを行わなければならない。	不安 とても不安 抑うつ 不安

活動能力向上思考（PETs） （D）	問題に対する新しい効果的アプローチ （E）
実際に，運悪く，この一回のプレゼンテーションで失敗するようであれば，この仕事を失ってしまう可能性がある。 そうしたら不安になるだろうか？ この仕事を失うことは，酷なことであるが，世界の終わりであるとは思わない。 どうしたら，まったく役に立たないといえるだろうか？　つじつまが合わないからといって，すべてに対して私は役立たずだということになるのだろうか？ なぜうまく行動しなければならないか？ 実際には，私はしない。 この考えにしがみついていると，どうなってしまうか？ そのことは，さらにストレスを与え，活動能力を高めそうにない。 「完璧なプレゼンテーション」のようなものはあるだろうか？　私の理想は高すぎないだろうか？ 完璧ではなくても，十分に良いプレゼンテーションを行うことに集中しよう。	私は新しい仕事を引き受けたい。 私はプレゼンテーションの準備を十分に行い，スピーチを練習し，確かなものにする。 私は，プレゼンテーションを行うとき，まわりの人の気持ちを読み取らない。 私は，紹介された書籍の48ページにあるイメージ対処法を読む。

© Centre for Coaching, 2001

　　コーチ：あなたはゴルフをなさるんですよね？
　　マーク：はい，そうです。
　　コーチ：ゴルフコースまで自動車で行くとき，ラジオを聞くか，音楽を聴くか，それとも，次のゴルフの試合をするイメージを思い浮かべますか？

マーク：唐突なご質問ですが，私の気持ちのなかで難しい穴がふさがった感じがします。
コーチ：私は，多くのクライエントが，ゴルフなどのスポーツを行うさいに，イメージ技法を使うことに気づきました。どのように視覚化すると役に立ちそうですか？
マーク：私は自分が難しいショットを打っているところをイメージします。そして，どのようにしたらうまくなるかと考えます。
コーチ：実際，あなたはゴルフがうまくなるためにイメージを使いますか？
マーク：ええ。
コーチ：対処イメージは，対応ができているときは，さほど難しいことではなく，プレゼンテーションに対処するイメージ作りを行うことで，職場においても活用が可能です。
マーク：今，わかりました。
コーチ：次のプレゼンテーションを行うとき，あなたの活動能力を高めるために使ってみようと思われますか？
マーク：はい。

　そこでコーチは，プレゼンテーションに取り組むために対処イメージを使うことをもっと詳しく話し合った。これは，マークが話しているときや，難しい問題を扱っているときに，手を振ったり，ひざの上に浮かせたりする代わりに，自分が表情たっぷりに手を使っていることを見ることも含む。クライエントはイメージできないとよく言うが，実際，スポーツ活動のなかでは，イメージを活用できていることに注目する価値はある。
　セッションのあいだでの連絡には電子メールが使われたが，第３セッションと最終セッションは電話で行われた。プレゼンテーションは成功し，彼の仕事がダメになることはなかった。

考　察

　コーチもクライエントも，イメージを使うメリットをよくわかっていないことがしばしばある。しかし，これはアセスメントやスキルの練習には強力な方法であり，自信を強めるにはすぐ役に立つ。
　本章の執筆者の一人であるスティーブン・パーマーの経験では，訓練を受けた認知療法家はその後コーチになっているのだが，ときに倹約の原則を無視す

ることがある。取り扱われる問題が綿密なアセスメントを受けられないということになると，コーチは，臨床的問題をもたないコーチング対象者の事例を，時間をかけて徹底して認知的に概念化する。綿密なアセスメントはほとんどの臨床的な障害に適用できるので，もしコーチングが効果的でないと判明したら，そうしたアセスメントが必要になるかもしれない。

引用文献

Adler, A. (1958) *What Life should Mean to You* (ed. A. Porter). New York: Capricorn（初版は1931年に出版）.

Alseike, B. U. (1997) Cognitive Coaching^{SM}: its influences on teachers. Doctoral dissertation, University of Denver, 1997. *Dissertation Abstracts International* 9804083.

Anderson, J. P. (2002) Executive coaching and REBT: some comments from the field. *Journal of Rational-Emotive and Cognitive-Behavior Therapy* 20(3/4): 223–233.

Auerbach, J. E. (2006) Cognitive coaching. In D. R. Stober and A. M. Grant (eds) *Evidence Based Coaching Handbook: Putting best practices to work for your clients*. Hoboken, NJ: Wiley.

Bandura, A. (1986) *Social Foundations of Thought and Action: A social cognitive theory*. Englewood Cliffs, NJ: Prentice Hall.

Beck, A. T. (1967) *Depression: Clinical, experimental, and theoretical aspects*. Philadelphia, PA: University of Pennsylvania Press.

Beck, A. T. (1976) *Cognitive Therapy and the Emotional Disorders*. New York: International Universities Press.

Beck, A. T. (1993) Cognitive approaches to stress. In P. M. Lehrer and R. L. Woolfolk (eds) *Principles and Practice of Stress Management*, 2nd edition. New York: Guilford Press.

Burns, D. (1990) *The Feeling Good Handbook*. New York: Plume.

Centre for Coaching (2001) *Completed ABCDE Form*. London: Centre for Coaching.

Cooper, C. and Palmer, S. (2000) *Conquer your Stress*. London: Chartered Institute of Personnel and Development.

Costa, A. L. and Garmston, R. J. (2002) *Cognitive Coaching: A foundation for Renaissance schools*. Norwood, MA: Christopher-Gordon.

Curwen, B., Palmer, S. and Ruddell, P. (2000) *Brief Cognitive Behaviour Therapy*. London: Sage.

DiMattia, D. J. with Mennen, S. (1990) *Rational Effectiveness Training: Increasing productivity at work*. New York: Institute for Rational-Emotive Therapy.

Dobson, K. (1989) A meta analysis of the efficacy of cognitive therapy for depression. *Journal of Consulting and Clinical Psychology* 57(3): 414–419.

Dryden, W. and Gordon, J. (1993) *Peak Performance: Become more effective at work*. Didcot, UK: Mercury Business Books.

Dubois, P. (1906) *The Influence of the Mind on the Body* (L. B. Gallatinによる翻訳). New York:

Funk and Wagnalls.

Dutton, M. M. (1990) Learning and teacher job satisfaction (staff development). Doctoral dissertation, Portland State University, 1990. *Dissertation Abstracts International* 51/05-A, AAD90-26940.

D'Zurilla, T. J. (1986) *Problem-solving Therapy: A social competence approach to clinical intervention*. New York: Springer.

Edgerton, N. and Palmer, S. (2005) SPACE: a psychological model for use within cognitive behavioural coaching, therapy and stress management. *The Coaching Psychologist* 2(2): 25–31.

Edwards, J. (2004) Cognitive coaching: research on outcomes and recommendations for implementation. In I. F. Stein and L. A. Belsten (eds) *Proceedings of the 1st ICF Coaching Research Symposium* (pp. 20–32). Mooresville, NC: Paw Print Press.

Edwards, J. L., Green, K., Lyons, C. A., Rogers, M. S. and Swords, M. (1998) The effects of Cognitive Coaching[SM] and nonverbal classroom management on teacher efficacy and perceptions of school culture. Paper presented at the Annual Meeting of the American Educational Research Association, San Diego, CA.

Ellis, A. (1962) *Reason and Emotion in Psychotherapy*. New York: Lyle Stuart.

Ellis, A. (1972) *Executive Leadership: A rational approach*. New York: Institute for Rational-Emotive Therapy.

Ellis, A. and Blum, M. L. (1967) Rational training: a new method of facilitating management labor relations. *Psychological Reports* 20: 1267–1284.

Ellis, A., Gordon, J., Neenan, N. and Palmer, S. (1998) *Stress Counselling: A rational emotive behaviour approach*. New York: Springer.

Falloon, I. R. H., Boyd, J. L. and McGill, C. (1984) Problem-solving training. In *Family Care of Schizophrenia*. New York: Guilford Press.

Gloaguen, V., Cottraux, J., Cucherat, M. and Blackburn, I. (1998) A meta-analysis of the effects of cognitive therapy in depressed patients. *Journal of Affective Disorders* 49: 59–72.

Grant, A. M. (2001) Coaching for enhanced performance: comparing cognitive and behavioural approaches to coaching. Paper presented at the Third International Spearman Seminar, Extending Intelligence: Enhancement and New Constructs, Sydney.

Grant, A. M. (2003) The impact of life coaching on goal attainment, metacognition and mental health. *Social Behavior and Personality* 31(3): 253–264.

Grbcic, S. and Palmer, S. (2006a) A cognitive-behavioural self-help approach to stress management and prevention at work: a randomized controlled trial. Paper presented at the National Conference of the Association for Rational Emotive Behaviour Therapy in Association with the Association for Multimodal Therapy, London, 24 November.

Grbcic, S. and Palmer, S. (2006b) A cognitive-behavioural manualised self-coaching approach to stress management and prevention at work: a randomised controlled trial. Paper presented at the First International Coaching Psychology Conference, City University, London, 18 December.

Grbcic, S. and Palmer, S. (2007) A cognitive-behavioural self-help approach to stress management and prevention at work: a randomised controlled trial. *Rational Emotive Behaviour Therapist* 12(1): 21–43.

Green, L. S., Oades, L. G. and Grant, A. M. (2005) An evaluation of a life-coaching group programme: initial findings from a waitlist control study. In M. Cavanagh, A. M. Grant and T. Kemp (eds) *Evidence Based Coaching.* Volume 1, *Theory, Research and Practice from the Behavioural Sciences.* Bowen Hills, Qld: Australian Academic Press.

Green, L. S., Oades, L. G. and Grant, A. M. (2006) Cognitive-behavioral, solution-focused life coaching: enhancing goal striving, well-being and hope. *Journal of Positive Psychology* 1(3): 142–149.

Greenberger, D. and Padesky, C. (1995) *Mind over Mood: A cognitive therapy treatment manual for clients.* New York: Guilford Press.

Gyllensten, K. and Palmer, S. (2005) The relationship between coaching and work-place stress: a correlational study. *International Journal of Health Promotion and Education* 43(3): 97–103.

Hawton, K. and Kirk, J. (1989) Problem-solving. In K. Hawton, P. Salkovskis, J. Kirk and D. Clarke (eds) *Cognitive Behaviour Therapy for Psychiatric Problems: A practical guide.* Oxford: Oxford University Press.

Kirby, P. (1993) RET counselling: application in management and executive development. *Journal for Rational-Emotive and Cognitive-Behavior Therapy* 11(1): 51–57.

Kodish, S. P. (2002) Rational emotive behaviour coaching. *Journal of Rational-Emotive and Cognitive-Behavior Therapy* 20: 235–246.

Lange, A. and Grieger, R. (1993) Integrating RET into management consulting and training. *Journal for Rational-Emotive and Cognitive-Behavior Therapy* 11(1): 19–32.

Lazarus, A. A. (1971) *Behavior Therapy and Beyond.* New York: McGraw-Hill.

Lazarus, A. A. (1981) *The Practice of Multimodal Therapy.* New York: McGraw-Hill.

Lazarus, A. A. (1984) *In the Mind's Eye.* New York: Guilford Press.

Leahy, R. and Holland, S. (2000) *Treatment Plans and Interventions for Depression and Anxiety Disorders.* New York: Guilford Press.

Libri, V. and Kemp, T. (2006) Assessing the efficacy of a cognitive behavioural executive coaching programme. *International Coaching Psychology Review* 1(2): 9–20.

Locke, E. A. (1996) Motivation through conscious goal setting. *Applied and Preventative Psychology* 5: 117–124.

Locke, E. A. and Latham, G. P. (1990) *A Theory of Goal Setting and Task Performance.* Englewood Cliffs, NJ: Prentice Hall.

Marks, I. M. (1969) *Fears and Phobias.* London; William Heinemann.

Meichenbaum, D. (1977) *Cognitive-behavior Modification: An integrative approach*. New York: Plenum Press.

Meichenbaum, D. (1985) *Stress Inoculation Training*. New York: Pergamon.

Milner, P. and Palmer, S. (1998) *Integrative Stress Counselling: A humanistic problem-focused approach*. London: Cassell.

Neenan, M. (2006) Cognitive behavioural coaching. In J. Passmore (ed.) *Excellence in Coaching: The industry guide*. London: Kogan Page.

Neenan, S. and Dryden, W. (2002) *Life Coaching: A cognitive-behavioural approach*. Hove: Brunner-Routledge.

Neenan, M. and Palmer, S. (2000) Problem focused counselling and psychotherapy. In S. Palmer (ed.) *Introduction to Counselling and Psychotherapy: The essential guide*. London: Sage.

Neenan, M. and Palmer, S. (2001a) Cognitive behavioural coaching. *Stress News* 13(3): 15–18.

Neenan, M. and Palmer, S. (2001b) Rational emotive behaviour coaching. *Rational Emotive Behaviour Therapist* 9(1): 34–41.

NICE (2005) *Clinical Guidelines for Treating Mental Health Problems*. London: National Institute for Health and Clinical Excellence.

O'Hanlon, W. (1998) Possibility therapy: an inclusive, collaborative, solution-based model of psychotherapy. In M. F. Hoyt (ed.) *The Handbook of Constructive Therapies: Innovative approaches from leading practitioners*. San Francisco, CA: Jossey-Bass.

Palmer, S. (1992) Stress management interventions. *Counselling News* 7: 12–15.

Palmer, S. (1995) A comprehensive approach to industrial rational emotive behavior stress management workshops. *Rational Emotive Behaviour Therapist* 1: 45–55.

Palmer, S. (1997a) Problem focused stress counselling and stress management training: an intrinsically brief integrative approach. Part 1. *Stress News* 9(2): 7–12.

Palmer, S. (1997b) Problem focused stress counselling and stress management training: an intrinsically brief integrative approach. Part 1. *Stress News* 9(3): 6–10.

Palmer, S. (2002) Cognitive and organisational models of stress that are suitable for use within workplace stress management/prevention coaching, training and counselling settings. *Rational Emotive Behaviour Therapist* 10(1): 15–21.

Palmer, S. (2007a) Cognitive coaching in the business world. Inaugural lecture given at the Swedish Centre for Work Based Learning, Goteburg, Sweden, 8 February.

Palmer, S. (2007b) Stress, performance, resilience and well-being: the 'fit' vs 'unfit' manager. Paper given at the Institution of Safety and Health National Conference, Telford, UK, 27 April.

Palmer, S. (2007c) PRACTICE: A model suitable for coaching, counselling, psychotherapy and stress management. *The Coaching Psychologist* 3(2): 71–77.

Palmer, S. and Burton, T. (1996) *People Problems at Work*. London: McGraw-Hill.

Palmer, S. and Cooper, C. (2007) *How to Deal with Stress*. London: Kogan Page.

Palmer, S. and Dryden, W. (1995) *Counselling for Stress Problems*. London: Sage.

Palmer, S. and Ellis, A. (1995) Stress counselling and management: Stephen Palmer interviews Albert Ellis. *Rational Emotive Behaviour Therapist* 3(2): 82–86.

Palmer, S. and Gyllensten, K. (in press) Can cognitive behavioural coaching prevent mental health problems? *Journal of Rational Emotive and Cognitive Behavioural Therapy*.

Palmer, S. and Neenan, M. (1998) Double imagery procedure. *Rational Emotive Behaviour Therapist* 6(2): 89–92.

Palmer, S. and Neenan, M. (2000) Problem-focused counselling and psychotherapy In S. Palmer and R. Woolfe (eds) *Integrative and Eclectic Counselling and Psychotherapy*. London: Sage.

Palmer, S. and Puri, A. (2006) *Coping with Stress at University: A survival guide*. London:Sage.

Palmer, S. and Strickland, L. (1996) *Stress Management: A quick guide*, 2nd edition. Dunstable, UK: Folens.

Palmer, S., Cooper, C. and Thomas, K. (2003) *Creating a Balance: Managing pressure*. London: British Library.

Rachman, S. and Teasdale, J. (1969) *Aversion Therapy and Behaviour Disorders: An analysis*. London: Routledge and Kegan Paul.

Richman, D. R. (1993) Cognitive career counselling: a rational-emotive approach to career development. *Journal for Rational-Emotive and Cognitive-Behavior Therapy* 11(2): 91–108.

Sawyer, L. (2003) Integrating cognitive coaching[SM] with a framework for teaching. In J. Ellison and C. Hayes (eds) *Cognitive Coaching: Weaving threads of learning and change into the culture of an organisation* (pp.151–156). Norwood, MA: Christopher-Gordon.

Smith, K. A. and Kjeldsen, R. (2004) Kognitive Coaching. *Erhvervspsykologi* 2(4): 38–49.

Smith, M. C. (1997) Self-reflection as a means of increasing teacher efficacy through Cognitive Coaching[SM]. Master's thesis, California State University at Fullerton, 1997. *Masters Abstracts International* 1384304.

Szymanska, K. and Palmer, S. (2000) Cognitive counselling and psychotherapy. In S. Palmer (ed.) *Introduction to Counselling and Psychotherapy: The essential guide*. London:Sage.

Wasik, B. (1984) Teaching parents effective problem-solving: a handbook for professionals. Unpublished manuscript. University of North Carolina, Chapel Hill, NC.

Watson, J. B. and Rayner, R. (1920) Conditioned emotional reactions. *Journal of Experimental Psychology* 3: 1–4.

Wills, F. and Sanders, D. (1997) *Cognitive Therapy: Transforming the image*. London: Sage.

Wolpe, J. and Lazarus, A. A. (1966) *Behavior Therapy Techniques*. New York: Pergamon.

Zimmerman, B. J. (1989) Models of self-regulated learning. In B. J. Zimmerman and D. H. Sehunk (eds) *Self-regulated Learning and Academic Achievement*. New York: Springer-Verlag.

議論のポイント
- コーチングにおいて，なぜ倹約の原則は重要なのだろうか？ ここでの事例研究は，この原則を反映していただろうか？
- 認知行動コーチングは表面的である。これについて議論しよう。
- コーチングにおいて，認知行動的な事例を徹底的に概念化しないことは怠慢であり，おそらく倫理に反するだろう。これについて議論しよう。
- セルフヘルプに関する書籍などを読むようクライエントに勧めることは，恩着せがましく，役に立たない。これについて議論しよう。

推薦図書
Costa, A. L. and Garmston, R. J. (2002) *Cognitive Coaching: A foundation for Renaissance schools*. Norwood, MA: Christopher-Gordon.

Milner, P. and Palmer, S. (1998) *Integrative Stress Counselling: A humanistic problem-focused approach*. London: Cassell.

Neenan, S. and Dryden, W. (2002) *Life Coaching: A cognitive-behavioural approach*. Hove: Brunner-Routledge.

Palmer, S. and Burton, T. (1996) *People Problems at Work*. London: McGraw-Hill.

（徳吉陽河訳）

第7章

コーチング心理学への実存主義的アプローチ

アーネスト・スピネッリ，キャロライン・ホーナー
（Ernesto Spinelli and Caroline Horner）

はじめに

　実存主義的コーチング心理学は，クライエントが生成する意味と，この世界において彼らが選ぶ関係性の両方を通じて表現されるクライエントの存在様式を構造化して探求することを目指している。実存主義的アプローチはこうした哲学的基礎から直接に生まれたものであり，人間の経験は不確実であることを避けられず，したがって，予測できない新しい可能性につねに開かれていると主張する。

　コーチングの実践家にとってさまざまな哲学的基礎や前提がたとえ表からは見えずに隠されている場合が多くても，コーチングのすべてのアプローチはそうした基礎や前提に基づいている。しかし，コーチング心理学への実存主義的アプローチがまさにほかのアプローチから際立っているのは，その基礎となる哲学的前提をはっきりと認識し，隠しだてせずに活用している点である。

　それと同時に，実存主義的アプローチは哲学的に基礎づけられているというよりも，**それが信奉しているひとまとまりの哲学的前提**を指しており，その点で，現在ある他のさまざまな競合モデルとは一線を画している。この点で，実存主義的アプローチは，現在のコーチング心理学の理論と実践からもたらされた多くの基礎的な仮定に対する根本的な挑戦である。

理論と基本概念

多くの著者が述べているように,実存主義的アプローチには一人の創始者や権威筋はいない。むしろそれは,共有された関心——人間存在（Cooper, 2003）——に焦点をあてた横断的実践の「色鮮やかな織物」である。コーチングへの実存主義的アプローチを扱った文献は,多くが心理学や心理療法の分野における応用から生み出されている（Peltier, 2001; Sieler, 2003）。

一般には実存主義的な思想や実践に,とりわけ実存主義的コーチングにとって最も重要な基礎は,次のような主要なアイディアのなかにある。

相互関係的基礎

簡潔に述べると,実存主義的な思想が提示する主要なアイディアでは,存在について内省したあらゆる経験にとってのベースラインあるいは根本的な条件は**相互関係**であると論じている。メルロ－ポンティが述べたように,「世界と私は互いの内にある」（Merleau-Ponty, 1962: 123）。

哲学,心理学そして心理療法の有力な見方では,主体と客体（あるいは「自己」と「他者」）の分離や区別が強調されるが,実存主義的アプローチはこの区別を否定し,われわれが気づいているもの,あるいは気づきうるものは,すべて相互関係的に生成されているという見方を提案する。

意 味

実存主義理論では,人間は「意味を作り出す」存在であると主張する。人間が自身の経験に作用する「もの」と自身が関係する「もの」の意味を構成する過程を通じて,われわれは世界を**解釈する**のである。われわれは意味の欠如や喪失によって混乱し,自らの意味を脅かすそのような状況や経験を回避したり拒否したりするために多くの時間を費やすこともある。

何人かの名だたる実存主義理論家が強調しているように,意味解釈の行為はどれもわれわれの関心の対象を構成あるいは再構成する**だけ**ではない。それと同じく重要なのは,作られつつある存在（すなわち,焦点化しつつある「主体」,もっと広義には「自己」）の相互関係的な立場と意味もまた,行為のなかで,あるいは行為を通じて構成あるいは再構成されるということである（Merleau-Ponty, 1962; Ihde, 1977; Spinelli, 2005, 2007）。世界を意味づけようと

第7章　コーチング心理学への実存主義的アプローチ　　　　　　　141

するわれわれの試みは,「主体」と「客体」もしくは「自己」と「他者」の双方が,相互的かつ同時的に意味あるものとされるような,相互依存的,共同構成的な基盤を明らかにする（Heidegger, 1962）。このように,個人が存在をどのように経験し,存在にどのような意味を与えるかは,もはや個別にとらえられるものではなく,不可避的な相互関係的文脈に位置づけられなければならない。

　この結論の一つとして,人間の経験は,生成される意味がどのようなものであろうと,もはやそれはつねに固定的でも確実でもないような,不確実で相対的な存在領域におかれることとなる。そこでは,意味は固定的で十分に定義可能なものとしてではなく,絶えまない流動性にさらされるものとして立ち現れる。

　意味もまた存在と同じく不確実で流動的なので,独自であり,そのすべてを共有することは決してできないとみることができる。なぜなら,一人ひとりの人間がこの世界について経験したことを形作っている移ろいやすいものは,どれほど完全な,あるいは最終的な手段によっても,ほかの人間には接近できないからである。

不　安

　意味は相互関係のなかでとらえられるにもかかわらず,われわれはあからさまにそれを「確定」し,あるいは「捕まえ」ようと絶えず求める存在である。そのような存在として,自らが生成する意味のなかで不確実であることを避けられない独自なものであると経験することは,心配で不安な気持ちを生み出す。これはしばしば**実存的不安**と呼ばれる。

　不安を回避したり減らそうと試みるとき,われわれは不変の真実,事実そして言説を探し求めたり主張したりし,経験のなかで確実性や不変の意味を主張することに疑いや異議をさしはさむような事実を拒絶するか,それとかかわりをもたないようにする。この拒絶は,**非本来性**（Heidegger, 1962）,**自己欺瞞**（Sartre, 1956）と呼ばれるもので,それが頻繁に生じ,求められるのは,まさにそれが世界内存在の不安や不確実性を和らげる働きをするからである（Yalom, 1980; Cohn, 1997; Spinelli, 2005, 2007）。

　これと関連するが,**死の不安**という実存主義的な考えは,しばしば「死の恐怖」の意味に誤解されている。すべての人間は,自らが束の間の存在であると知り,不可避的な「死へ向かう動き」を自覚するようになる。同時に,死が訪

れる状況(いつ,どのようにそれが起きるか,何で死ぬかなど)は不確実で予測できないままである。人はそれぞれのやり方で,死ぬことの確実性と死にまつわるもろもろの不確実性に応答する。実存主義的な理論では,死の不安が自己,他者,一般には世界との関係すべてに浸透していると論じる。そのように考えると,死の不安は,不確実で有限の文脈における存在に対する人間の絶えまない応答全般をいっそう示しているのである。

　われわれの葛藤やジレンマは,不安の経験や不安との関係に根ざしているが,実存主義的な観点では,一般的な不安,とりわけ死の不安は,必ずしも低減させたり取り除いたりすべき,**ただの「悪い」**もしくは解決の難しい存在ではなく,**もっと言えば必ずしも**そういう存在ではない。不安の感覚は刺激的なものであり,生きているという感覚にわれわれを結びつけ,あらゆる創造的で独自な洞察や意思決定の源泉となる。不安のない人生には意味や情熱,好奇心,そして進歩そのものへの衝動もないだろう。

　したがって,この問題に対してとりうる解決法は不安の根絶ではなく,不安と「共に生きる」よりよい道を探すことである。

選　択

　選択を実存主義的にとらえると,われわれは「どう／いかにあるべきか」「何を／いかにすべきか」を無制限に選択できる自由をもっている,としばしば誤解されるが,この見方は正しくない。われわれが自由に選択できるのは,選択の自由を**位置づける**相互関係的な文脈のなかにおいてである。したいことをしたいときに選ぶ自由があるというよりも,われわれがおかれている文脈の状況に対する反応を選択する自由があるということである。この意味で,サルトルが論じたように,われわれは選択を**運命づけられている**と述べたほうがより正確かもしれない(Sartre, 1956)。

　人の行う選択は解釈的になされるのであり,出来事や刺激のレベルでなされるのではない。そして,そのときでさえ,われわれが作り出せる解釈の幅は,相互関係的で一時的な文脈に依存している——すなわち,いつ,どこで,いかにわれわれが「ある」のかは,時代,文化そして生物学などの文脈的要因のなかにおいてである。

　ここからわかるように,クライエントがコーチングにもち込む問題の多くは,入手できないものが選択肢にあると主張することよりも,入手できる選択肢を選びたがらないことに由来するのである。「私のためにそこにあるものを選ぶ

こと」と，考えられる選択肢はどれでも選択できると誤解することとの違いは，あらゆる経験のレベルにおいて重要で根深いものである（Spinelli, 1997, 2005, 2007）。ごく簡単にいうならば，われわれとは，われわれが選択したものである。

葛藤と変化

　実存主義的な観点からは，葛藤は人間存在に不可避の条件であるとされる。葛藤は，われわれが受け入れると信じるもの，そして／あるいはそう主張するものと，現実の立場もしくは受け入れるあり方とのあいだの間隙や不協和の存在を示しうる。あるいは，葛藤は，人が信じて受け入れる相互関係的な立場の直接の結果であり表現でありうる。

　第一のタイプの葛藤は，分離された，あるいは不協和を生じた立場の再構成——それは，自己そして／あるいは他者もしくは世界一般との関係の「変化」として示されるかもしれない——によってのみ解決しうる。第二のタイプの葛藤は，分離されていない一貫した立場の結果の現れである。われわれが選択するゆえに生じるのはこの葛藤である。このタイプの葛藤の解決策となりうるものは，顕在的な変化の問題とあまり関係しない。それはむしろ，望ましくそして／あるいは必要と考える結果も，不安で望ましくない結果も，ともに容認するというように，現在の相互関係的な立場をもっと完全に容認し受容することにいっそう焦点をあてることにある。

　この違いはコーチングに焦点化した目標と方略にとって重要な意味をもつが，それについてはクライエントとともに取り決める必要がある。同時に，どちらの場合においても，**独りの力**で葛藤の出現や低減を完全にコントロールすることはできない。なぜなら，世界の役割と，それが人あるいは問題そのものに対してとる立場が，個人の力の限界を超えていることがつねにありうるからである。

　実存主義の理論で最も重要なことなのだが，そこに現れるあらゆる葛藤は，耐えうるか望ましい程度に不安と「共に生き」ようとする試みととらえられるかもしれない。クライエントが呈示している問題がこうした姿勢とどのような関係にあるかを十分に理解しないままこの問題を取り除こうとすると，その問題はクライエントに重大な影響を及ぼす。しかし，そうすることで，さらに重大な影響を及ぼす解決方法をも取り除いていることになるかもしれない。

　コーチにとっては残念なことであるが，今のところ，葛藤解決への指示的な

試みがどれほどの影響を及ぼすかは，完全には予測できない。したがって，提案している変化の解決法が，クライエントが呈示している問題が生み出した苦痛や不安よりもはるかに大きな苦痛や不安を生活のなかで作り出してしまう可能性があることを，コーチはつねに心にとどめておくことが賢明である。

さらに，実存主義理論では，人の行動や活動能力において，一つの側面あるいは表現に変化が起こると，その人の世界観**全体**が変化すると論じている。方向性をもった変化が及ぼす影響を今われわれが理解している限りでは，この変化が特定のクライエントにとってどれほどとらえがたかったり，極端であるかは明らかになっていない。

このようにみると，コーチングにおいて葛藤解決に焦点づけられた実存主義的アプローチは，行動の変化のみに優先的にかかわるものではない。それどころか，クライエントの行動を形成し特徴づけている世界観にコーチが焦点をあて，もっと正確に理解しようとすると，その世界観の著しい転換を引き起こす可能性があることを示唆している。こうした転換によって行動の変化が起きたり，あるいは，すでにある行動とのあいだに新たな関係が見出されたりするだろう。

実　践

ほかのアプローチが各クライエントにとって概してポジティブで自己実現的な特質や可能性に焦点をあてるのに対して，実存主義的アプローチでは，各クライエントがもつ競合する価値や信念として存在するような，まちまちな立場，目的そして強い望みを認めて，等しく重視する。このアプローチは，クライエントの個人的・職業的な生活を形作っているさまざまな相互関係に与えられた意味や価値，彼らが選択する関係的な立場が，ほかの人の生活と同じく，いかに彼らの生活の質や楽しみに影響を与えているかということを，クライエントが明らかにし，再考することを促す。

それゆえ，コーチングへの実存主義的アプローチは，クライエントが相互関係的に調和した気づきや理解に基づいて個人として決断し，生活を変化させることを支援するという責任を表明する。

このアプローチでは，原則として変化に焦点をあてた「する」介入とは対照的に，**世界内での存在のあり方**を重視する。それは独自のツールや技法に頼らない。実存主義的アプローチにかかわる「スキル」にはさまざまなものがある

が，その価値は，そこから現れたものがどれだけ「存在することに焦点化した」立脚点をもつかに左右される。コーチングへの実存主義的アプローチは，コーチとクライエントが互いに関係しているという経験，そして，その経験が主要な「道具」や「スキル」として，クライエントの世界観全体をいかに照らし出すか，ということにかかっている。

コーチング関係の重要性

コーチングへの実存主義的アプローチは，有益な介入にとって重要な要因であるクライエントの世界観を具体的に記述して検討することを提唱する。これにより，コーチングでは，クライエントが今生きている具体化され経験された世界のなかへ入り込もうと注意を向け，クライエントが呈示している問題や葛藤を他人事で無関係なこととせずに，世界観の特徴とその表現を理解するよう的確に探求できるようにする。

このような探求が成功するかどうかは，信頼できるコーチング関係が築かれているかどうかにかかっている。この見方は，ほかのコーチング手法でもしだいに認知されるようになってきており，心理療法の研究によって見出された関係性が重要であるとする結論と軌を一にする（Cooper, 2003; Spinelli, 2005, 2007）。

目標を設定し，変化の方略を計画することが，効果的なコーチングの中核として重視されるが，実存主義的アプローチでは，これらをクライエントの世界観に特有の構造やクライエントの世界観に含まれる意味との関係のなかでみようとする。実存主義的にいえば，世界観を具体的に記述し開示するとき，それがクライエントのより広い相互関係やコーチとの具体的な相互関係のなかで自ずと現れるように，コーチがクライエントを積極的に支援することは，コーチングの仕事にとってきわめて重要である。

実存主義に通じたコーチは，関係それ自体を通して，クライエントの世界観のなかに埋め込まれて大部分が隠された相互関係的な緊張を開示し，明らかにしようとする。次に，クライエントの世界観の探求にかかわる2つの主要な「スキル」について，簡単にまとめる。

現象学的方法

クライエントの目下の生きられた世界観にコーチが同調しつづけられるようにするには，現象学的な探求法として知られる強力な方法を適用することであ

る。この過程には3つの記述的な「ステップ」がある (Ihde, 1977; Spinelli, 2005, 2007)。

ステップ1：エポケーの原理

ステップ1では，コーチが最初のバイアスや偏見を脇におき，予想や前提を停止させること——手短かにいえば，クライエントに関するすべての前提をできる限り括弧に入れること——を求める。エポケーの原理では，クライエントの目下の生きられた世界観がもっと的確に開示され，それが次々に再構成されて意味や価値へと適合していけるようにするために，それが現れたままのものに焦点を合わせることがコーチに求められる。

ステップ2：記述の原理

ステップ2の要点は「記述せよ，説明するな」である。記述の原理では，コーチが好む理論や仮説に基づいてクライエントの関心をすぐに分析して変化させようとするのではなく，クライエントの世界観を具体的なものに基づいて記述的に探求することからもたらされる情報に，はじめはじっと焦点をあてていることがコーチに求められる。この原理は，「なぜ」ではなく「何を，いかに」クライエントが経験するかにいっそう焦点をあてている。

ステップ3：水平配列の原理

現象学的方法のステップ3は，水平配列の原理として知られている。この原理では，記述項目を重要度にしたがって序列づけせず，どれも同じ価値をもったものとして扱うことがコーチに求められる。

序列をつけずに記述する試みのなかでは，コーチは偏見を最小限に抑え，序列に基づいて間違って即断してクライエントの世界観の特徴を読み違えることがないように最大限の注意を払いつつ，クライエントの世界観へ近づくことが望ましい。

現象学者自身が指摘しているように，現象学的方法におけるこれらの三ステップは，最終的なもの，完全なものとして忠実に守り，実行することは不可能であり，そのようにしたといういかなる主張も信じるべきでない (Merleau-Ponty, 1962)。とはいえ括弧に入れ，純粋に記述し，完全に水平配列することをコーチが十分に成し遂げられないままでも，コーチは確かにそれらを**試みる**ことはできるのであり，そうすることで，探求の各ステップにおいてバイアスにもっと気づくようになる。さらに，探求のいちばんはじめのステップでコーチがもちやすい即断的な偏見を，あまりに一心かつ無批判に支持することに強い注意を喚起することによって，バイアスを認識する行為自体がバイアスの影

響を抑えやすくすると主張できるかもしれない。
　現象学的方法におけるそれぞれの「ステップ」は，より正確には，それぞれがほかの2つとは完全に区別できるような独立した活動ではなく，一つの焦点であるということをもっと明確にしておかなければならない。

言説の相互関係的領域

　クライエントの世界観を明らかにしうる第二の方法は，言説についての4つの相互関係的領域もしくは中心点を探ることに重点がおかれる（Spinelli, 2005, 2007）。

私への焦点化

　私に焦点化されたエンカウンター領域は，「与えられた関係のなかで『私自身』であることの私の経験」を記述し，明らかにしようとする。それは，実際には「このエンカウンターにおいて私であることの現在の経験に関して私は何を語るか？」を問う。私への焦点化を利用することで，クライエントは，**自己と関連する自己**について経験されつつあることを，クライエント自身とコーチの双方に対して表現できる。

あなたへの焦点化

　あなたに焦点化されたエンカウンター領域においては，「私とかかわる『他者』についての私の経験」を記述し，明らかにしようとする。これは「あるエンカウンターにおいて，他者が私とともにあるという経験に関して私は何を語るか？」という問いに焦点をあてる。あなたへの焦点化を利用することで，クライエントは，コーチである特定の他者を通して，他者との関連における自己について経験されつつあることを，クライエント自身とコーチの双方に対して表現できる。

私たちへの焦点化

　私たちに焦点化されたエンカウンター領域においては，それぞれの参加者が互いの関連のなかで「私たち」の経験を記述し，明らかにしようとする。それは「私は，このエンカウンターにおいて即時的に**私たち**であることの経験に関して何を語るか？」を問う。

　ここまで述べてきた3つの領域はすべて，コーチがクライエントの現在の生きられた経験に接近し，明らかにするために役立つものであるが，私たちに焦点化されたエンカウンター領域は，実存主義的アプローチがその直接性によって特徴づけられるという理由で，特に重視される。それは，個人対個人の立脚

点から他者に関与している「ときに」経験されつつあるものにかかわり，それを表現する。そこで，私たちに焦点化されたエンカウンター領域は，私への焦点化とあなたへの焦点化の記述にある（もっと暗黙のうちに表現されている）相互関係的な基礎をはっきりと表現している。

彼らへの焦点化

彼らに焦点化されたエンカウンター領域は，（コーチである他者よりも広範囲の）「他者」とかかわる私のもっと広い世界を作り上げている人たちが，コーチングの結果として私にとって可能なものとして現れはじめた新たな存在様式と，私の現在の存在様式に対して，彼らの相互関係的領域をいかに経験しているかについて，私の経験を記述し，明らかにしようとする（Spinelli, 2005, 2007）。

この第四の関係領域の探求は，クライエントが，新たに見出した「あり方」のどれを選ぶかについて検討し，それを選択する地点に達したときに特に重要となるだろう。

それは「自分にとって重要であるとして選び出した他者と私の関係に対して，私の新たな立場がもちつつある，あるいは，もつであろう意味や影響に関して私は何を語るか？」を問う。さらに，彼らへの焦点化は「そうした他者どうしの関係に対して，私の決断がもちつつある，あるいは，もつであろう意味や影響に関して私は何を語るか？」をも問う。

彼らに焦点化された探求に隠された意図は，クライエントの決断を変えることでも妨げることでもなく，また，クライエントの見方に対してコーチかクライエントの一方の道徳的な立場を押しつけることでもなく，クライエントの世界で実際に「他者」がどうみえているかを明らかにすることでもない。その考え方が目指すのは，「世界から抜け出す」可能性を認めるのではなく，むしろ，世界と，その内にある他者についての彼らの生きられた経験を含むようなやり方で，クライエントが新たに選んだ存在様式にかかわらせることである。

2つのスキルは以上のように要約されるが，その核心は，はっきりと述べられているものの水準と，同じく重要なこととして，そのスキルがクライエントから明確な発言を引き出して伝えるという潜在的・暗黙的で隠された価値，信念そして前提を明らかにする水準の両方で，正確に「聞いてもらった」とクライエントが経験できるようにしようとする試みにある。

コーチがこのように行うことで，クライエントがコーチとの相互関係を通じて，正確に，身構えずに「自らの声を聞く」ことができるような状況が作り出

される。

　この意味において，焦点となるのは，クライエントがもつ価値や信念が相対的にどれほど合理的であるかということではない。むしろ，この企てでは，クライエントの世界観の一貫性や矛盾の範囲を明らかにし，その結果として生じる混乱，不安そして葛藤を重要視する。

　そうすることで，クライエントが呈示している問題や葛藤，その可能な解決に向けて，クライエントの世界観という文脈から取り組むことができる。クライエントが呈示している問題は，クライエントの世界観のなかにある，あるいはそこから生じる相互関係的な苦境の直接的な表現であると考えれば，クライエントの世界観全体から切り離したり，個別に扱ったりはできない。それはむしろ，コーチングへの実存主義的アプローチがもつ卓越した重大な特徴である相互関係的な基礎から再考されるものである。

どのようなクライエントにいちばん有効か？

　われわれの見方では，実存主義的アプローチは，どのコーチング形式にも沿うものである。そのなかでも，移行——特に，働く意味を取り戻したり，将来性が失われたり，遺産を相続することについてジレンマがしばしばみられる中年期や退職，仕事上の前進や進歩といったライフステージの移行——の途上にある人たちを扱うときにとりわけ有効である。内向的，探索的で，深く取り組みがいのあるアプローチを受け入れやすいクライエントは，このシステムに共感するだろう。確信できるものを探し，一定の成果へと邁進するためにコーチングを利用したいと思う人は，このアプローチのもつ曖昧さにつまずくかもしれない。

　われわれの見方では，このアプローチは，能力があって成功している人や，複雑で逆説的な問題に果敢に取り組もうとしている人に最適である。このアプローチが目指すのは，特定の行動をすぐに変えたり，またたくまに活動能力を向上させることではない。むしろそれは，一人ひとりのクライエントが自分の生活に対する姿勢をもっとよく理解し，誰もがもっと使いやすく誠実なアセスメントによって，選択された関係的な立場を評価し，そうすることで，彼らの行動に与える影響，言い換えれば，生活の質や楽しみに与える影響を評価してスキルを磨くことを目指している。

　このアプローチの成果には，個人が自らの生活経験といっそう調和し，自分

が誰であるかをもっとよく知るということが含まれる。すなわち，複雑さ，曖昧さ，不安をうまく扱うスキルを手に入れることと，相互関係的な状況における自己責任と選択権の態度を強めることである。

　なかには，実存主義的アプローチは，無分別で方向性のない，ある種の個人主義へと導くものではないか，と主張する研究者がいる。言い換えれば，個人へのシステムの影響を等しく釣り合わせることから焦点が外れてしまうために，実生活もしくは組織のなかであまりうまく機能しないような個人主義を導くのではないか，との懸念である（Peltier, 2001）。われわれは，このような見方が実存主義の最も基本的な前提である存在の相互関係性を歪曲していることを示そうとしてきた。実存主義的アプローチは，他者から自己を分離したり，あるいは生活や仕事という場面からクライエントを分離したりするような個人主義的な見方を助長するわけではなく，むしろ，相互関係的な状況を知り，そこに自分を位置づけることの必要性を主張するようなアプローチをとることを第一にしている。実践面では，クライエントの世界観の探求は，「自分がコントロールできない」環境へと所有権を外在化するのとは逆に，システムへの個人の反応に責任をもつ立場を取ることを促す。

　このアプローチがもちうるおもな限界としては，システムや組織のなかで直にデータを調べて，他者がどのように経験するかをあまり実証したがらない傾向があげられる。そうする理由は，しばしば行動主義に由来するアセスメントツールや技法は，クライエントとコーチの直接の出会いを強調する相互関係的な姿勢と相入れないとみられるので，その使用や価値に懐疑的な立場をとるからであり，実存主義的に行うコーチングの有効性に関しては限られた実験的なデータしかないと考えているからである。

　このアプローチにおいて，「すること」に関するコーチのスキルやレパートリーが開発されて拡大し，精緻化されるのに反して，「存在することの質」と意味の探求を強調する立場は，コーチング全体のなかで主流となっている現在の前提や重点とは相入れない。この相違が実存主義的アプローチの最大の強みであるか，それとも弱点であるかはまだ明らかではない。

事例研究

　マリアンは，英国で定評ある安定した市場調査機関で4年以上にわたって上級職に就いている。彼女は強い存在感をもち，ことあるごとに優れた手腕を

発揮してきたが，就職当初から，チームや直属の上司とはあまりかかわってこなかった。その結果として彼女は，定期的に実施されるさまざまな評価においては，会社が長期的な方略を立てるためにふさわしいとみているスキルや能力をもっているとみなされたにもかかわらず，二度の昇進の機会を逃していた。そこで，マリアンを留任させ，昇進の機会を作る試みとして，会社は，彼女の対人スキルを伸ばそうとコーチングを受けさせることを提案した。マリアンは本章の著者の一人であるスピネッリを選ぶ前に数人のコーチを候補として検討していたが，予備セッションで関係性が確立されたことを，スピネッリを選んだ理由として強調した。2週ごとに90分の対面セッションが8回用意され，多数の利害関係者がからむために守秘義務の問題が具体的に扱われるので，その回数，期間そして料金が明記された契約書がとりかわされた。

　マリアンは，最初の本セッションの冒頭でコーチに対して，自分は組織のなかで最も能力があり，メンバーに尊敬されているということを証明したくてコーチングを受けにきたのであり，そのために昇進するか，あるいはやむをえず退職することを決めたとしても会社にその損失の重大さを思い知らせたい，と述べた。そして，コーチが成果に焦点づけた目標を定め，彼女がそれを実行するための方法を示してほしい，と告げた。

　コーチは，セッションのはじめに特定の目標を定めるつもりはないと答え，その根拠として，マリアンが述べた成果が，彼女の全体的な世界観や，組織のなかでリーダーシップをとりたいという期待とどのようにかかわっているかを見極められないことをあげた。その代わりに，成果が二人にとって納得いくものかどうかを検討するために，その成果達成に一緒に取り組みはじめることはできる，と提案した。それに対してマリアンは即座に怒りという形で反応し，そうした検討をする価値を認めず，コーチの能力に疑問を抱き，その場で関係を断ち，もっと能力のある別人を探すという脅しで応じた。

　コーチは，マリアンと議論したり，その考えを変えさせたりする代わりに，状況説明を求めたコーチの「愚かな」提案に対する彼女の反応は，実はチームのほかのメンバーからの「愚かな」提案や要求に対する反応とどこか似ているのではないか，ということを考えてみるように促した。この一言にマリアンは驚き，いらだちはおさまった。そして，彼女はこの要求について真剣に考えはじめた。彼女がくだした結論は，その2つがとても似ているということだった。コーチは，コーチング関係において，まさに今ここで生じているものとしてその葛藤の問題に注目し，そこで見出したものが，マリアンのより広い相互

関係における葛藤にもあてはまるのではないかと考えてみることを提案した。

　この議論によって，マリアンの強い態度は，コーチが述べたことの要点や価値をすぐには理解しなかった彼女自身の愚かさについての評価から生じている，ということが明らかになった。彼女が感じた愚かさと力不足への反応は，コーチに向けても同じ批判をすることだった。

　コーチは続いて，マリアンの結論を次のように繰り返した。「私が愚かで力不足と感じるとき，私はほかの人も愚かで力不足であると非難している」と。この結論を聞くことによって，マリアンに何が起きただろうか？　マリアンはこのことを考えてみて──彼女自身とコーチの双方にとって驚きであったが──，ほかの人のコメントを価値があって適切なものと理解し，承認してしまうと，自分に対するその人の見解や要求がたとえ意味や価値をもっていたとしても，それらに敗北したと認めることになるために，どういうわけか「負け」になってしまうと考えていたと明らかにした。さらに厄介なことに，マリアンは，もしコーチが彼女の求めにしたがって目標を設定し，解決法を提示したならば，コーチにしたがうことが同じく「負け」になってしまうので，おそらく報われないだろうと考えたのである。なぜそうなるのだろうか？　それは，その場合，コーチが自分の考えをもたずに，彼女に単純にしたがう人であるから，コーチ自身が「敗者」であり，さらには，そのコーチを選ぶことによって，マリアンも同類になってしまうからなのである。

　要するにマリアンは，自分の言語的な批判や拒絶の姿勢が，相手がコーチであれ仕事仲間であれ，奇妙なことに，「負け」を回避する方法としての役割を果たしているのだとわかったのである。それでは，「勝ち」という感覚は得られただろうか？　興味深いことに，それは得られなかったのである。マリアンの世界観において「勝ち」は，ほかの人だけが手に入れられる結果だった。

　２回目のセッションのはじめに，マリアンは，勝ちと感じるはずのことが起きても，実際には何も感じておらず，「勝ちという結果」は，単なる偶然か，彼女には責任がなく，コントロールできないような外的要因による結果だといつも説明していた。対照的に「負け」は，いつもマリアンの行為から生じていた。

　さらに検討した結果，マリアンの世界観では，「勝ち」は「よいこと」と同一視され，自分とは分離された，非現実的で不定形なものと感じられるのに対して，「負け」は「悪いこと」を意味するとともに，自分と結びついており，現実的で本質的なものと感じられた。

この二分法を心にとどめて，マリアンは，仕事仲間，父親，昔の二人の恋人など，さまざまな他者との関係を検討しはじめた。どの場合でも，彼女は「負け」の感覚につながっていると感じていたが，同時に，この負けている感覚は，それに続く「悪い」という判断とともに，彼女に「現実である」という強い感覚をもたらすものであったことにも気づいた。関係が適切な方法で進んでいれば（すなわち，「勝ち」へと近づいていれば），マリアンは，理論上は「いい気分になる」はずであるが，実際には，自分から離脱した，空虚で解離した感じをますます抱くのだった。

この時点でマリアンは，当然のように，なぜこのようになってしまうのかという疑問を口にした。どうして彼女は，自分自身について，また他者への相互関係的な姿勢について固定的な見方をしてしまうのだろうか？ コーチは，彼女が発したこれらの問いを，その動機を明らかにするために，彼女の人生の早期における過去の出来事に焦点をあてるのではなく，彼女の体の状態，感情，それを判断する発言を通じて，知ることができない過去の原因の影響を受けている現在の生活に焦点をあてるように促した。こうしてマリアンは，彼女の身体感覚，感情そして行動と共鳴するような自己，他者そして自己と他者との相互関係に関して繰り返されてきた固定的な態度，信念，前提を明らかにしはじめた。マリアンは，こうした説明を，コーチとのセッションそして彼女自身のセッションの合間に行った。

マリアンは，彼女のリーダーシップ能力に最も直接的な影響を与えやすい領域は，他者を通じてもたらされるものであることを突き止めたので，彼女とコーチは，残りのセッションでは，彼女の仕事仲間との関係に焦点をあてることで一致した。

この探求は，他者が彼女をさまざまに理解していることを彼女がどう理解しているかについて，ことばで表現してみるようマリアンに促す練習から始まった。これに続いて，彼女が自分をどう理解しているかという立場から，こうした理解をことばで説明するように求めた。これによってマリアンは，あらゆる人が「悪者であり敗者」として登場しているために，いずれの場合においても彼女の見方が非常に批判的であることに気づいた。それは「本当」だったのか？ そう，マリアンが認めるように，少なくともそうした見方はすべて「本当」だった。

ここでコーチはもう一度，マリアンが現在のコーチング関係をどのように経験したかに焦点をあてるよう促した。彼女はそれを本当だととらえているだろ

うか？　そのとおり。悪いものととらえているだろうか？　そのようなことはない。それでは，彼女は「負けた」と感じているだろうか？　いや，まさに正反対であった。それならば，この関係では，いったい何が異なっていたので，自己，他者そして両者の相互関係に関する彼女の世界観の固定性が打ち砕かれたのだろうか？

　マリアンが示したさまざまな重要な変数の一つに，**コミュニケーションスタイル**があった。彼女は，他者そして自己とのより広い世界での相互関係において，怒りの声や緊張した身体，感情的な距離をとりたい欲求，何気ない批判的メッセージへの絶えまない警戒といった多くの要因を突き止められたとわかった。同じく彼女は，自分のコミュニケーションは，それが他者に対するものであれ自分に対するものであれ，事実上は概して電文体で，曖昧であり，混乱を招きやすいものであったと結論づけた。同時に，マリアンは，自分の発言に対する他者の反応を正しく聞く能力が，これらの突き止められた要因によって妨げられているとみなした。それに対してコーチングのセッションは，ずっと「やりやすく，連続していて，理解可能な」コミュニケーションをもたらした。

　彼女が突き止めたものは，容易に操作できる変数であることが明らかになったので，コーチとマリアンは互いに，電文体でなく，混乱を避ける発言をするような実践に焦点をあてた。この経験によってマリアンは，すぐに有意義だと気づくような反応をするようになった。つまり，彼女は何も包み隠さず心から笑うようになったのである。そして，その笑いとともに，彼女は「良好で，現実感があり，勝者」であると感じた。

　次のセッションのはじめにマリアンは，学んだことを仕事仲間で試してみたが，結果として，直属の上司を含めた仕事仲間からも，彼女は変わったといわれるくらいに彼らとのコミュニケーションが改善されはじめた，と報告した。彼女はこれらすべてをどのように経験したのだろうか？　それはよいものではなく，実際はほとんどひどいといえるものだった。

　正直に経過を開示したことでマリアンは，コーチとともに，彼女がコーチング関係で経験した違いを経験することへと立ち戻れた。この議論によってマリアンは，「良好で，現実感があり，勝者」であるとずっと感じていた――それはすべて彼女が大きな価値をおいているものだった――が，あまりに自分をさらけだして開放的で，ともすれば開放的すぎるとも感じていた。今一度，この経験と，彼女の仕事仲間との新しい相互関係を通じて生まれていた「ほとんどひどい」という感覚とのあいだに，はっきりした関係づけができた。「良好で，

現実感があり，勝者」であることには代償がともなったのである。その代償は，マリアンの悩みに見合うだけのものだっただろうか？

その問いは，残りのセッションで議論の的になった。その詳細は，この議論の枠をはるかに超えるものである。8回のセッションの終わりに，マリアンは自分の感情的な反応をいっそう深く理解し，仕事仲間との関係において自分の反応を選びとる力を与えられたと感じた。彼女はコーチングで学んだスキルを使いつづけて，それからわずか4か月で昇進を決めた。現在，マリアンはスピネッリと個人的に契約して，支援してもらい，さらに複雑なリーダーシップの役割を身につけて，影響力あるスキルのレパートリーをもっと幅広くものにしようとしている。

引用文献

Cohn, H. W. (1997) *Existential Thought and Therapeutic Practice*. London: Sage.

Cooper, M. (2003) *Existential Therapies*. London: Sage.

Heidegger, M. (1962) *Being and Time* (J. Macquarrie and E. Robinsonによる翻訳). New York: Harper and Row.

Ihde, D. (1977) *Experimental Phenomenology: An introduction*. Albany, NY: State University of New York (1986).

Merleau-Ponty, M. (1962) *The Phenomenology of Perception* (C. Smithによる翻訳). London: Routledge and Kegan Paul.

Peltier, B. (2001) *The Psychology of Executive Coaching: Theory and application*. New York: Brunner-Routledge.

Sartre, J. P. (1956) *Being and Nothingness: An essay on phenomenological ontology* (H. Bamesによる翻訳). London: Routledge (1991).

Sieler, A. (2003) *Coaching to the Human Soul: Ontological coaching and deep change*. Blackburn, Vic.: Newfield Australia.

Spinelli, E. (1997) *Tales of Un-knowing: Therapeutic encounters from an existential perspective*. London: Duckworth.

Spinelli, E. (2005) *The Interpreted World: An introduction to phenomenological psychology*, 2nd edition. London: Sage.

Spinelli, E. (2007) *Practising Existential Psychotherapy: The Relational World*. London:Sage.

Yalom, I. D. (1980) *Existential Psychotherapy*. New York: Basic Books.

議論のポイント
- コーチングの実存主義的アプローチはコーチング関係そのものを特に重要視し，

コーチとクライエントのあいだで経験されて,直接性を促進させようとする。この立場は,あなたが現在支持している立場とどのように比較対照されるだろうか？ この実存主義的な視点を適用するならば,あなたのコーチングへのアプローチはどのように変わるだろうか？

- 本章で述べられた現象学的方法を実践するための練習として,パートナーとともにやってみよう。あなたの生活で最近起こった具体的な出来事について,現象学的方法の3つの「ステップ」を通じて,その個人的意味を互いに開示してみよう。この練習が終わったあと,この質問方法からあなたが価値あるものを得たならば,それについて議論してみよう。
- 実存主義的な理論が示している葛藤の2つの形式という見解について考えてみよう。クライエントの立場からみて,彼らが示している焦点の領域にコーチングの仕事が与えた影響を理解すると,この見方はあなたにとってどんな価値をもっているだろうか？
- 本章で紹介されたマリアンの事例を考えてみて,コーチング心理学への実存主義的アプローチを表現しているキーポイントは何だろうか？ この事例研究で,あなたがコーチとして現在行っている仕事の仕方に見直しを迫るものとして,何がいちばん印象に残っているだろうか？

推薦図書

Cooper, M. (2003) *Existential Therapies*. London: Sage.
Sieler, A. (2003) *Coaching to the Human Soul: Ontological coaching and deep change*. Blackburn, Vic.: Newfield Australia.
Spinelli, E. (2005) *The Interpreted World: An introduction to phenomenological psychology*, 2nd edition. London: Sage.
Spinelli, E. (2007) *Practising Existential Psychotherapy: The Relational World*. London: Sage.
Yalom, I. D. (2001) *The Gift of Therapy*. London: Piatkus.

（浦田　悠訳）

第8章

ゲシュタルトコーチング

ジュリー・アラン，アリソン・ワイブラウ
(Julie Allan and Alison Whybrow)

はじめに

　ゲシュタルトコーチングは，〔人が〕十分に気づくようになって，その気づきを実行に移す過程にかかわる。ゲシュタルトコーチングの歴史はあまり長くないが，しだいに多くのコーチが何らかの形で，おそらくは，とりわけ管理業務や指導力を発揮する仕事において，また自分の創造的な能力を使うことに時間をかける人たちに対してこのアプローチを利用するようになっている。実践家は，ゲシュタルトコーチングという名前が現れる前からあったゲシュタルト心理学やゲシュタルト療法を自分たちが理解することから始める。

　ゲシュタルトコーチングについて述べるとき，奇妙な板ばさみ状態を経験するが，それはゲシュタルト療法との関係でレズニック（Resnick, 1984）が行う問題提起と一致する。

> ゲシュタルト療法家は誰もが，かつては使っていたゲシュタルト技法をやめて，そのままゲシュタルト療法に向かうことができる。もしそうできなければ，ゲシュタルト療法をそもそも使っていないだろう。ゲシュタルト療法家はあの手この手を使い，たくさんのからくりをあれこれといじりまわしていた。
> 　　　　　　　　　　　　　　　　　　　　　　（Resnick, 1984: 19）

　それでは，ゲシュタルトコーチは何をするのだろうか？　ゲシュタルトコーチングはどのように経験されるだろうか？　クライエントはなぜそれを選び，それから恩恵を受けるのだろうか？

まさにこの文章を書いているとき，筆者は一抹の不安，つまり，いかにも定義不足と受け取られるのではないかという懸念を抱き，説明をもう少し具体的なものにしたかった。そこで次のようなことばを選んだ。

　　ゲシュタルトコーチングは，〔人が〕十分に気づくようになって，その気づきを実行に移す過程にかかわる。コーチとクライエントは，ある焦点が解明され，次の焦点が現れてくるポジティブなサイクルが生まれるように，次々と現れる焦点に注意を払う。
　　ゲシュタルトコーチングのセッションのあいだ，コーチは自身の気づき（考え，感情，感覚）を大いに活用して，クライエントの意欲をかきたて，支援し，尋ねるために，これをコーチング過程にフィードバックするだろう。クライエントは自分の経験や潜在能力が何とか現れないようにして，完全な経験サイクルを進めないようにしているとコーチが信じれば，それがどこであろうとも，コーチは活動を推進するためにコーチングを行う。「そのときそこで何が起こったか」よりむしろ「今，何が起こっているか」にいっそう力点がおかれる。最適なたとえは呼吸運動である。呼吸しているから生命は維持されているのであり，いっぱいに息を吸い込み，いっぱいに吐くと，次にはとても楽に息を吸える。

このように書くと筆者は，もっともな説明がすでにされており，この説明を何らかの基本的な理論，とりわけ，運動しているゲシュタルトのもっと具体的な例と結びつけることがどれほど可能かということに自分が注意を向けていると感じた。ゲシュタルトの用語で表現すると，筆者は「地」から現れた「図」に関心を向けていたのであり，その次に注意を向けるよう求められているものをどのようにも扱いはじめることができた。

ゲシュタルトコーチングの発展

ゲシュタルト心理学はマックス・ウェルトハイマー（Max Wertheimer, 1880―1943），ヴォルフガング・ケーラー（Wolfgang Köhler, 1887―1967）そしてクルト・コフカ（Kurt Koffka, 1886―1941）によって始められた。ゲシュタルトとは統一性をもった，意味のある全体を指す。ときに異論が唱えられるが，フリッツ・パールズ（Fritz Perls, 1893―1970）はゲシュタルト療法の創始者であり，1920年代以降にその考えを発展させた。妻のローラも積極的に参加し，

二人はこのテーマについて執筆した。最近のゲシュタルト療法が確かにそうであるように，ゲシュタルトコーチングはパールズの実践とは異なっている。それは，セラピストがクライエントとの関係においていかに「まじめ」であるかにパールズがかたくなにこだわり，そしておそらく妥協を許さなかったという点においてである。しかし，クライエントのまさに「充実した」経験の意味，コーチそして，セッションの「今ここで」の二人のあいだの関係がゲシュタルトコーチングの枠組の一部である。

　個人の積極的な気づきに基づくこのアプローチは，一般的に，20世紀初頭に出現した2つの別の主要テーマとは異なっている。その一つは学習のメカニズム（第6章参照）に力を入れた行動主義的あるいは認知行動的なアプローチであり，もう一つは生物学的な衝動に力を入れた精神分析的（はじめはフロイト的）伝統である。

　パールズは，フロイト的アプローチは人間を基本的衝動に還元してしまうと考えて，これは人間発達の満足いく見方ではないことに気づいた。1930年代から1950年代にかけて，パールズと同僚たちは人間を全体として場のなかでとらえ，知覚，個人の理解そして分割／閉合についてのゲシュタルト運動的な理解を引きつづき組み込んだ。全体論という用語はもともとスマッツ（Smuts, 1936）が作ったものである。個人レベルの仕事は集団という環境に，1960年代以降は組織という環境に発展していった。そこで，もし個人レベルの仕事が以前にそのようになされていなかったら，ゲシュタルトは集団を扱う状況に入っただろう。

　近年，コーチング法としてのゲシュタルトの発展を含め，さまざまな実践家や実践へのアプローチからいろいろな主張がされている。発展はゲシュタルトの本質であり，ゲシュタルト的なやり方「そのもの」を使った説明は認めないが，ただ一般的なテーマの説明だけならば認めるようなやり方で，ゲシュタルトコーチングは発展を続ける。

理論と基本概念

　ゲシュタルト心理学とゲシュタルト療法に基づいてゲシュタルトコーチングは，気づきを高めて，まわりの世界をどのように秩序だてて知覚するかに注意を向ける。それは類縁関係にある療法のように，人間主義的，実存主義的そして現象論的とみなされるかもしれない。

ゲシュタルト心理学は，われわれが何をどのように見るかは客観的な現実ではなく，誰がそれを見ているかの結果であると考える。ある状況（地）のなかで意味をなす（図になる）ものは刻々と変わる。経験の複雑さを力動的にとらえようとするとき，われわれは現在の思考，これまでの経験や先入観にしたがって，意味をなすように外界のものを整理しなおす傾向がある。また，左右対称や均衡あるいは「閉合」を求める傾向がある。われわれの視覚過程に関する実験で，われわれは外界を自律的に知覚するということがわかっている。

顔とろうそく台の図では，それぞれが図になり地になりして，この知覚が交互に現れることを経験する。もう一つの図では，3本の独立した線分がつながって三角形に見える。つまり，われわれはその隙間を埋めて一つの全体を作り上げる（図8.1を参照）。

また，われわれは似ているものを好む傾向があり，パターンを見て，似ている部分をひとまとまりとし，それをほかとは別のものと見る。たとえば図8.1で，Oが斜めに並んで作られる線分は，Xが水平に並んだ線分からは際立って見える。

さらに，われわれは新しい経験に照らして世界を解釈しなおしながら，経験をとおして自分が何者であるかを絶えずさまざまに理解しようとする。ゲシュタルトコーチングの目的は，クライエントが選択の幅をいっそう広げ，自分の能力を最大限に活用できるようにこの主観的世界を調べることである。ロジャーズのことばで，これは自分の潜在的力を活性化することと同義である。

われわれが客観的現実を再構成するように世界を知覚しがちなことは明らかである。ここではさらに現象論を検討し，事例を紹介しながら，どうすればもっと十分に気づくようになるかを浮き彫りにする。経験のサイクルにおいて気づきを妨げる具体的な障害について論じ，明らかにしていく。

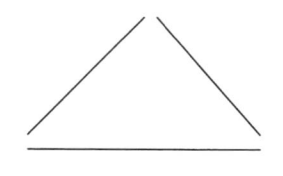

図8.1　知覚のパターン

第8章 ゲシュタルトコーチング

現象論と3つの特徴的な原則

　現象論は，現前する自明の現象との関連で状況を理解しようとする実践である。たとえば，オレンジを食べようとするとき，私は今ここでその経験に，つまりその香り，見え方，皮の肌触り，オレンジの味，そしてかんだときの音に十分に気づいてそうしている。過去や未来の出来事から気をそらさずに，すべての感覚を動員してオレンジに気づいている。私が何かほかのこと，ほかの物あるいは「図」に注意を向けながら食べたら，オレンジに十分には気づかないだろう。現象論的アプローチでは，過去や未来が存在し，それらが疑いなく探求されるとしても，活動に素早く気づけるようにさせ，最後にはその活動を決定できるようにする最も直接的で力のある情報にアクセスするためには，現在に十分な注意を払う必要がある。コーチング状況でクライエントは，セッションで実際に起こる感情，体の動き，姿勢などにコーチが十分に注意を払い，それについて調べ，振り返ってよく検討すると期待するかもしれない。ゲシュタルトコーチングは活発で，生き生きとしている。なぜなら，つねにコーチはこの部屋で，まさに今ここで何が変わったかを明らかにしようと努めており，その結果，これ以外の場所そしてほかのときにも変化が効果的に起こるからである。

　ヨンテフ（Yontef, 1980; Clarkson, 1999を参照）によると，現象論はゲシュタルト療法を特徴づける3つの原理の一つである。この原理によると，ゲシュタルトコーチングは気づきをその最適な目標，その方法論にしようとする。

　第二の原理は，ゲシュタルトがまったく対話的実存主義に基づいていると述べている。コーチング状況では，コーチとクライエントの「今ここ」での対話を指している。アイザックス（Isaacs, 1993）は，日々の経験を作り上げている過程，前提そして確実さを継続して一緒に調べることに注意を向ける。対話（ダイアローグ）はギリシア語の（流れるを意味する）*dia* と *logos* から派生しているが，問うという心や関係に注目することは，二人のいずれの心にもなかった新しいものが，対話が始まったときには現れる可能性があることを意味する。まさに創造的でありうるこの方法によってしか，現在の状況にきわめて合ったものは生み出されない。「今」への注目は，それを支える全体論――すなわち，クライエントは自分の行動パターンやセッション外の状況というパターンを示す――という前提があるから，ゲシュタルトの観点で意味をもつのである。それゆえ，そのときの対話がそのシステムに効果的な影響を及ぼす可能性がある。

第三の原理は，ゲシュタルトを概念的に基礎づけるものがゲシュタルトである，つまり全体論や場の理論に基づくというものである。われわれは状況あるいは「場」のなかに存在し，その場との関係で自分を知るので，場とのかかわりなしには理解されえない。この原理をコーチングに適用すると，コーチとクライエントとの関係の重要性が浮かび上がってくる。コーチが場のなかにいないことはありえない。コーチとクライエントはそれぞれの場あるいは状況の一部であり，コーチとクライエントとの関係に焦点があてられる。ヨンテフ（1980）は，これら3つの原理は互いに関連しており，十分に理解されれば，互いに含み合うものと考えた。

　こうした原理の「地」を背景としてゲシュタルトコーチングを行うことで，われわれは毎日の経験に十分にかかわることを妨げているものが何かに気づきやすくなる。伝統的なゲシュタルト療法では，われわれは個人として決心し活動すること，あるいは優柔不断で何もしないことに責任をもつ（実存主義）というようにみる。「気づきへの障害」を特定し，調べ，取り除くことが可能であれば，われわれはもっと効果的に，あるいは健全に，より広く行動や機能を選択できるようになる。

　自分は誰かということにもっと応える能力を個人がもち，環境的支援から脱却して，個人が十分に自分自身となり，完全に生活とかみ合う成熟した自己支援（孤立した自己陶酔と混同しないこと）にいたるような環境を自己認識は生み出すので，パールズ（Perls, 1969）は，人びとが健康になるために今ここでの自己認識が鍵となるとみていた。コーチングの観点から，気づきは，クライエントがもっと広範囲の可能な行動にアクセスでき，活動や関係においてもっと選択肢や可能性を与えてくれる条件を生み出す。ゲシュタルトコーチングの観点で，実験や練習の第一位におかれるのは，コーチング関係におけるコーチについてである。

　伝統的にゲシュタルトの見方は，人間としての人どうしの関係は発達的であり，いかなる有神論も共有する必要はないという（人間主義的な）立場をとる。そうはいうものの，自分自身をゲシュタルトの伝統と同一視する人のなかには，さまざまな精神的伝統をもつ人びと，あるいは精神的とか超個人的といわれるものの存在を認める人びとがいる。初期のゲシュタルトのなかで影響をもっていたのは禅である。

応用事例

　一人の上級管理職が取引相手とのつきあいをとおしてその会社と良い協力関係を築かなければならなかった。彼は電話で約束をして，この女性に会いに行くことになっていた。けれども，まったくくつろいだ気持ちになれず，なぜなれないかもわからなかったので，この女性と会う心づもりができるようになりたかった。

　コーチ：くつろいだ気持ちになれないということですが，それについてもっと話してください。

　管理職：そうですね，私は彼女が会いたくないのではないかと感じているのです。（体の前で手のひらを上にして重ね，手首部分をさげ，指を挙げていた。コーチはその管理職の姿勢をうまくまねて，その話によく耳を傾けているという態度を示すと，それに対して彼はうなずいた。）

　コーチ：くつろいだ気持ちになれないということですが，私の理解が正しければ，ほんの少し逃げ腰になっているように感じます。ですから……（コーチは彼の姿勢を再びまねて，見たとおりに自分の体を前後に動かした。）

　管理職：（足を組み，胃のあたりで腕を交差させ）そうそう，そのとおりです。少し心配なのです。

　コーチ：（尋ねるような表情で）心配なのですね。

　管理職：ええ。すぐにきちんと決着をつけなくてはならず，もし彼女が話したくないとなると，困ってしまいます。

　コーチ：（コーチはクライエントの体の姿勢，「すぐに」「決着をつける」「もし」に注意を向け）ほかにどのようなことを感じていますか？

　管理職：恐れですよ。失敗しないかという恐れです。

　コーチ：（「落ち着かない」から失敗の恐れを知ることへ注意を移し，クライエントのポジティブな能力に関心を向けるという選択をし，クライエントの手の動きをまねしながら）私は，あなたが失敗するのではないかと恐れ，胃をいくらか守っているように見え，せっぱ詰まっている感覚をもっていることに気づきました。

　管理職：ごく普通の不安ですよ。

　コーチ：あなたの不安は胃の部分にあるんですね。（尋ねるような表情をする。）

管理職：そうです。
コーチ：あなたは恐れを感じ，胃のあたりに不安をもっている。それについて納得するといいですよ。たとえあなたが胃のあたりに不安を抱えていても，どうすればこの人といい関係をもてるかについて考えてみましょう。
管理職：（笑みを浮かべ，姿勢を正し，手を動かす。）
コーチ：そう考えると，あなたは動けるようになりますよ。
管理職：できそうに思いました。これはすごくおかしいですね。
コーチ：おかしいですか？
管理職：彼女もとても不安なのだと思います。だから，二人とも不安なんですよ。（笑みを浮かべる。）
コーチ：二人とも不安というのはおかしいですね。（と，笑みを浮かべる。）今どのような気分ですか？
管理職：少し興奮しています。
コーチ：興奮している……どこがですか？
管理職：わからないんですよ。そうですね，なんというか，その状況に対していっそう親しみを感じるのです。
コーチ：その状況に対していっそう親しみを……その状況の名前は？（笑みを浮かべながら）
管理職：アンドレア（笑う）。

　このコーチングでは，クライエントが不都合と認める情動あるいは身体反応とどのように関連づけるかを含め，クライエントがどのようにして効果的な結びつきを作れるかを引きつづき扱う。
　ゲシュタルト的思考では，この事例研究には次のものが含まれる。
- 「今ここ」での対話。
- 現前する問題あるいは「図」。
- 現象論を使って本当の明瞭さあるいは，その図との「接触」，つまり，一方ではある程度の解像度で全体像が見えるようにし，他方では図が現れるような十分な接触が得られるようにする過程。

　このゲシュタルト的な経験のサイクルはセッションのなかで何度も起こる可能性があり，この全体の図のなかにはサイクルがあるだろう。人間主義や実存主義がどんな面で働いているかは，クライエントが自らを人間の条件つまり自

分の感情からなんとか離そうとして,もう一人の人と良い接触をもとうとする可能性から自分を遠ざけてしまっていた点にはっきりと示されている。

重要な概念

接触の境界という現象は,「自己」とは環境と関連づける——自己と自己でないものとを区別する——過程であるというゲシュタルト概念に基づいている。接触の境界は現実にある場所であり,そこで,自己が自己でないものから区別され（Perls, 1957）,自己をどう理解し,それに気づくかが変化するとともに刻々と変わる。この事例研究では,現象論に注意を払うことで,クライエントを人としての自分自身と結びつける過程,ほかの人と結びつくというクライエントの能力を支援した。こうすることでまた,クライエントは自分が抱いている不安と,もう一人が抱くかもしれない（あるいは抱かないかもしれない）不安を区別でき,よりよい出会いの場を得る見込みが出てくる。

逆説的な変化理論（Beisser, 1970）は,AからBに移るためには,まずAに十分にかかわる必要があると主張する。クラークソン（Clarkson, 1999）は,十分で完全といわれるものはすべて,それと対立するものも真でありはじめるというゲシュタルト主義者の見解を示した一人である。言い換えれば,「A」が何であるかに十分に気づいているとすれば,それと反対の状況,（B_1, B_2, ……B_x）までの選択肢のなかのいずれにも気づいているのである。ゲシュタルトコーチは,クライエントが今ある状態（この例では,これからの出会いに対する不安）に十分に気づき,その気づきを確かめられるよう手助けする。なぜなら,経験がはっきりしていて強烈であれば,クライエントが動けるようになる能力が生まれる。

われわれが自分の気づきに注意することは経験のサイクルによって特徴づけられ,それを特徴づけている。多くの研究者（Zinker, 1978; Clarkson, 1999）が7段階サイクルについて述べている。上記の例に適用すると,このサイクルは,クライエントが「まったくくつろいで」いないと感じること（感覚）から始まり,「本当に恐ろしく,失敗するかもしれない」と胃に不安を感じて（気づき）,自分が胃に不安を感じながらも,どうしたらその人と本当にうまくやれるかを理解し（移行）,「彼女もまたとても不安だろう」と気づき（行動）,その出会いが「わくわくし」（最終接触）,「その状況にいっそう親しみを覚え」（満足）,休息する（離脱）。そして,このサイクルが再び始まる。どこにおいても,気づきがもっと大きな気づきになるにつれて,サイクルはほかの多くの

サイクルへと流れ込む。

気づきを妨げるもの

われわれ自身と，自分がまさにいる環境に十分に気づくことを妨げる7つの障壁がゲシュタルト療法で述べられている。経験の7地点サイクルはいくらか還元主義的と考えられるが，表8.1にその障壁とサイクルの段階をまとめておく。

表8.1にざっとまとめられた境界かく乱あるいは防衛機制のうち，取り込みと振り返りは，自己批判的な思考パターンや終わっていない仕事を扱うことに関してコーチとかかわりが深い。育児休暇から戻った管理職を想像してみなさい。課長である彼女は，もう一人の課長とジョブシェアリングを検討している。

仕事に復帰してから彼女は，自分の実力を証明しなければならないと感じて，疲労，不安，はては空腹といった感情さえも脱感作するかもしれない。プロジェクトがとてもうまくいっているとき，彼女は（本当に以前そうしたように）成功を，自分がそこにいないというチーム構成あるいは，彼女のジョブシェアにあるとするだろう。このそらしによって彼女は，職場での効果的な行動を自分の手柄とし，その行動から役に立つことを学びとるのに一役買ってくれる認識や励ましがもたらす有益な効果から切り離されてしまう。

彼女には，非常勤職員に戻るときに自分の選択を方向づけている多くの取り込み，あるいはすべきことがあるかもしれない。たとえば，「私たちの家族では女性は家にいて，子どもの世話をします」「働こうと努力すべきでなく，母になりなさい」といったことばである。彼女がこうした取り込みに対応しないでいると，当分はとても緊張を強いられて業務実績の低下を免れない状態が続くことは目に見えている。振り返りも彼女の行動に与っている可能性がある。彼女は自分の母親が，できれば常勤ではなく非常勤で働いてほしいと思ったかもしれない。だからこそ，自分の子どものためにそうすることを選ぶ。彼女は現在の状況に対する自分自身の見方をまったく考えていなかった。

これまでに述べた哲学的，理論的そして概念的な考えによると，ゲシュタルトの視点からは，個人の世界観は刻々と変わることが容易に理解される。パールズ（1969）が簡潔に述べたように，私たちは二度と同じ川には入らない。

自己という現象は興味深いものである。場の理論のことばを使うと，自己は場を作りあげていると考えられる。はっきりとではないが，つねにわれわれは，特別な意味にしたがってこの場をまとめる（あるいは構成する）ことによって

表8.1 気づきを妨げるもの

気づきを妨げるものと，それが介入するサイクルの部分	クライエントにとっての意味
脱感作——感覚を妨害する	感覚あるいは感情が希薄化し，顧みられない，あるいは無視される。痛みあるいは不安が心に浮かばない（図にならない）ようにされる。低水準では，短期的な目標の達成に脱感作は役に立つが，長期にわたると役に立たず，維持できなくなる（たとえば，水分を十分に補給しなかったり，寝ないで仕事をしたり，感覚を感じないように鎮痛剤などを服用する）。
そらし——気づきを妨害する	ここでは，ほかの人あるいは状況と直接に接触しないようにする。会話の話題をさりげなく別のものに変える。たとえば，「あなたが達成したプロジェクトに対してそれほど賞賛を受けてどう感じましたか？」という質問に対して，「私は何もしていません。プロジェクトを成功に導いたのはチームですよ」と答えるようなものである。感情をありのままに直接ぶつけるのではなく，質問を水で薄めるような抽象的ことばが選ばれ，アイコンタクトは避けられる。習慣化したそらしは，人が自分自身，ほかの人あるいは環境からよいフィードバックを受けられないことを意味する。そらしは適切な選択であることもある。
取り込み——人が自分の要求を満たす適切な活動を行うことを妨げて，移動を妨害する	われわれが「取り入れる」こと。われわれは何についてじっくり考えて，理解する準備をするのか，あるいは，それが何かをほとんど気にせずに，丸ごと呑み込むのか？ 取り込みは，われわれを養ってくれているものが何かを見分けられなかった幼児期の遺産である。たとえば，「いつも一所懸命でなくてはならない」「心の内を見せてはならない」「おまえはばかだ」「わが家の女性はみな家庭にいて，しっかりと子どもを育てた」といった言い回しである。これは柔軟性がなく，全体主義的で，「あなたはいつも……べきである」という内在化された考え方である。取り込みは何らかのスキルを学習するのに役立つことがあるが，それがまだ当てはまるかをあとで再検討しなければならない。
投影——活動を妨害する	これは，あなたが知らないこと，あなた自身のなかにみないものをほかの人のパーソナリティや行動のなかにみることである。たとえば，ほかの人があなたに批判的だといった経験をするとき，実のところあなた自身（あるいはほかの人）に批判的なのは，あなたなのである。投影はクライエントが探し求め，取り組む領域を示している。それはまた，未来の状況を計画し予測すること，つまり創造的になることに力を貸してくれる。

振り返り——これは気づきサイクルの最後の接触段階を特に妨害する。	振り返りには2つのタイプがある。第一のタイプは，あなたがほかの誰かあるいは何かに対して，あるいはそれとのかかわりでしたいことをあなた自身に対してするときに起こる。たとえば，ほかの人にネガティブな感情，怒り，苦痛を表す代わりに，自分自身に攻撃の矛先を向けるものである。それは「私がいじめられているのはきっと，とても使いものにならないからだ」といった表現にみられる。あなたが苦痛とか怒りを表しているところを決して人にはみられないようにするのは，健康によくない。 　第二のタイプは，誰かがあなたにしてくれていたらいいのに，あるいはよかったのにということをあなた自身に対してするようなときである。これは自立の形を取ることもあれば，現状に合う本当の対人的ニーズを手に入れることを妨げることもある。たとえば「この会議で手にしたいものは何ですか？」という質問に対して，あなたが本当にしたいのは「自分が含まれていると感じたい」あるいは「その問題について私はいい考えをたくさんもっているので，あなたに聞いてもらいたい」という発言なのに，「参加できるだけで幸せです」と答えるようなものである。
うぬぼれ——満足を妨害する	人が少し自分の外に出て，自分自身や，自分と環境との関係を傍観者あるいは解説者の立場からみることで特徴づけられる。人は起こっていることを理解できるが，それにしたがって行動しないために，自分には思いやりが欠けていて，もっと実践的なかかわりで得られる満足から何も恩恵を受けないという結果になる。そこで上司は，ストレスを抱えた従業員に注意して，そのストレスを心にとどめてはおくが，注意するだけで十分であるかのように，その従業員に手を差し伸べることはしない。
一体化——引きこもりを妨害する	これは，人が自分の環境あるいはほかの人から分化していない——その境界が曖昧である——ときに起こる。「このことについて考えませんか？」という発言は，一つの関係に一体化することを示している。一体化は「集団思考」でも現れる。このとき，境界，葛藤あるいは相違といったことが，重要な関係，もっといえば「生き残り」に対する脅威と経験される。組織では，「波風を立てないことが重要だ」「思い切って主張する」など，さまざまな発言を耳にするだろう。境界に注意を向け，葛藤を認めることは，組織とその生き残りにとって脅威とみられる。一体化の助けを借りると，思いやりが高められ，生活がいっそう豊かになり，接触が順調になる。そこで，そうした瞬間は繰り返される可能性があるという確信をもちながらもそのままにしておく。もし「そのままにして」おかないと，発展は阻まれる。クライエントは自分の仕事と一体化してしまって，仕事の役割と自分を区別しない。

出典：Sage Publications の許諾を得て，Clarkson, 1999: 51–57 を改変。

その時々に現実をどのように構成するか,「生活空間」をどのように整えるか, 経験をどのようにまとめるかを理解しようとしている。これは, われわれが経験するすべてのなかで図になる部分と地になる部分とを分けて構成する個人的な過程である。この過程は, 働いている自己, あるいはラトナー (Latner, 1986) のことばでは「進行中の自己」と解釈できる。したがって (自己を扱うすべてのゲシュタルト理論におけるように), 自己は過程であり, 変化のない抽象的な心的存在ではない。自己は, 過程がどのように進行し, 発展し, 変容するかを描き出す。経験的な場を構成し, 現実を選びながら, われわれはその過程にかかわる (Parlett, 1991)。ヒューストン (Houston, 2003: 6) は「何一つとして, あるいは誰一人としてその状況から本当に離れることはできない」と指摘している。

これらの要素すべて――自己, 経験, 図となるもの, 地となるもの――は, 知覚過程, われわれの前提, ステレオタイプそして, それに続く世界についてわれわれが抱く期待によってゆがめられる。われわれが実際に経験するものはすべて「本当に」あるがままのものではなく, 個人的にとらえる「世界観」によって人生を経験する。われわれは**それをあるがままにみるのではない。われわれがそうあるようにみるのである**(Nin, 1973)。われわれは自分が期待するものをみるようにできている。

ゲシュタルトコーチングは, 何が起こっているかをもっとはっきりと了解して, 起こっていると思うものではなく, 実際に起こっているものに反応するために, 個人の経験を際立たせ, われわれの前提やステレオタイプに気づき, それらを疑おうとする過程である。

組織や個人が行う意味作りの様式にはとうに役立たなくなってしまったが, まだ調べられていなくて人目にも触れず, 吟味されていないものがある。クライエントはそれらを明るみに出したり発見したり (場合によっては, もとどおりにしたり) するように勧められる。したがって, 対話の過程をとおして, コーチ-クライエント関係のなかで新しい考えが生まれてこられるように気づきを引き起こすことが, ゲシュタルトコーチングの目標である。

この部分を終えるにあたってスミスのことばを引用するのは得るところが多いだろう。「実存主義哲学と禅, 全体論的なパーソナリティ理論と現象論的・経験的な作業スタイルが, ゲシュタルト的アプローチを定義する必要十分条件であると考える」(Smith, 1976: 74)。

実　践

　ゲシュタルトコーチングの目標は，役に立ち満足いくやり方でクライエントが行っていきたいことを生み出し，進展させられるように，彼が自分の（自身の，他者の，状況の）経験と十分にかかわれるようにすることである。気づきが鍵である。
　これはどのように達成されるのか？　スミス（1976）が指摘するように，ゲシュタルト的アプローチは技法によって特徴づけられるのではない。本章の冒頭でレズニックから引用した文章を思い起こすこともおそらく価値があるだろう。

　　　　ゲシュタルト療法家は誰もが，かつては使っていたゲシュタルト技法をやめて，そのままゲシュタルト療法に向かうことができる。もしそうできなければ，ゲシュタルト療法をそもそも使っていないだろう。ゲシュタルト療法家はあの手この手を使い，たくさんのからくりをあれこれといじくりまわしていた。
　　　　　　　　　　　　　　　　　　　　　　　　　　（Resnick, 1984: 19）

　これを心にとどめておくと，次の素材が提供するのは規定ではなく可能性である。見方が独特なものから同じ目標のものまで，少なくともコーチ－クライエント関係の数だけ多くの可能性がある。そのたびに基本的な原理から始まって，コーチが創造性と発生的潜在力にこうした注意を特に払うには，次のことを行っておかなくてはならない。コーチは，

- 理論的・実践的なゲシュタルト理論を十分に理解し，
- ほかの人のために責任をもって現象論を使えるようにし，
- 実践の適切な基準や倫理に同意する。

たくさんのしかけや策を弄しても，どうにもならない。
　ゲシュタルトコーチングの空間では，五感すべてを使ってクライエントは自分自身，自分の考えや状況，関係とかかわるように励まされる。体を動かしたり遊んだりすること（たとえば，モデリングや描画）もコーチングの一部となるかもしれない。経験をこのように表現するための余地がある心地よい空間は役に立つ。
　ゲシュタルトコーチはコーチング関係へと進む。コーチは存在感があり本物で，クライエントのおかれている状況の一部となっている。コーチング空間で

コーチが経験することはコーチング過程の一部である。コーチは，自分が見つけた重要な問題を絶妙のタイミングで，よく考えて提示する。重要な「ツール」はコーチング関係である。コーチとクライエントのあいだに信頼のおける関係があるので，信頼や自己認識の発展と，クライエントがより健全な世界観を作り上げられるようにする創造的な試みができるようになる。

対　話

　ゲシュタルトコーチを特徴づけるのに役立つ視点は，対話をとおして，みえなかったパターンが次々に生まれながらみえるようになり，新しい理解が得られるということである。介入を示す行動パターンあるいはことばの使い方に注意すると，クライエントはさらに注目したり，深く考えたりできるようになる。

　対話によってコーチは，クライエントが自分の力で前提やパターンを明らかにするよう背中を押す。クライエントはことばをどのように使うかに気づき，自分をコントロールすることについて深く考え，自分の考え，感情そして行動に対する自分の責任をはっきりさせることばを使うよう後押しされる。クライエントがいっそう気づくようになり，それまで読めていたと考えていたパターンを「呼び出す」ことができるように，コーチはクライエントを支援する。クライエントはコーチングセッション以外にも同じアプローチを使えるように支援を受ける。

　今起こっていることの十分な感覚的影響と向き合いながらクライエントは，自分自身そしてコーチングセッションで，また，それをとおして，実生活や仕事といったもっと広い場面において，刻々と変化する自分の経験にいっそう気づくことを学んでいく。コーチング関係のなかで実験をしてみると，クライエントはその関係から逸れることなくポジティブあるいはネガティブなフィードバックを受けつづけており，その関係にともなって起こる考え，感情そして身体感覚を十分に経験しているかもしれない。

実　験

　ゲシュタルト的アプローチにとって重要な実験法は，実際は経験のサイクル全体を支えているが，そのなかでも活動の段階と密接に関係している。コーチング関係に守られながらクライエントは，新しい考え，信念あるいは活動を試してみるように勧められる。

　いつ助言を行うかを見極め，クライエントが創造的実験を行えるように，コ

ーチには創造性やタイミングが求められる。実験には分極化が含まれるかもしれない。これは，（たとえば，価値，信念，クライエントの自己批判的な部分などの）立場の違いを引き出し，強調し，検証するものである。自らを制限するような考え，感情そして行動を振り払うためには，クライエントがもっている価値，前提そして信念に気づかせることが重要である。自身のなかの重大な部分と会話するとともに，目の前にいない他者とも会話しながら，こうした信念，前提そして価値を学んだり吸収したりするようクライエントに勧めて，気づきを促進することは，基礎にある知覚パターンを引き出す方法である。こうしたパターンにひとたび気づくとクライエントは，自分の考え，感情そして行動を導く道徳的規範を再検討し，どれをもちつづけ，どれを捨てるかを意識的に選択できる。こうしてクライエントは内在化された価値や偏見の「専制主義」から解放される（Clarkson, 1999）。ゲシュタルト的作業の要素の例としては，「二脚の椅子での作業」「メタミラー」あるいは「エンアクトメント」などの多くの技法がある。

　実験には視覚化も使われ，クライエントが特定の目標を達成しつつあった方法や，自分がなりたいと思っている人になるのはどういうことかと考えている方法とは別の何らかの方法で，クライエントが自分を視覚化するよう勧める。こうするとクライエントは，実験や検証の可能性を得られる。

　物語ることやメタファが実験方法として使えるだろう。クライエントは，自分自身の本当の，あるいは望んでいる個人的な物語について深く考えるために使える物語を作るように勧められる。困難な事態が実際に起こる前にあらかじめ練習しておくことは，さらなる実験となり，これによってコーチは，コーチングセッションのほかでも使える自分自身の個人的資源を作り上げる。コーチとクライエントが一緒に考案した実験は，コーチングセッションのなかで，または宿題として，あるいはどちらの場面でも行える。

コーチング関係

　コーチング関係はゲシュタルトコーチングを効果的なものとするために重要であり，コーチは実際にその場にいようといまいと，クライエントの場のなかにいる。二人が直接に会う方法やそのほかの方法を組み合わせることがゲシュタルトコーチングにはふさわしいと考えられる。電話を使ったコーチングセッションでは直接に会う方法に比べて五感すべてに注意を集中することが減るので，（抑揚や，具体的にどのようなことばが使われたかといった）別の要素に

注意する必要がある。テレビ会議などを利用すると，ゲシュタルト的アプローチを使った電話コーチングに向けられたさまざまな問題点が克服されるかもしれない。電子メールを使う場合にもコーチとクライエントとの接触が少なくなるので，ゲシュタルト的アプローチを使うときには，距離の離れたセッションで，限られた手段として使うとよいだろう。

応用と過程

ゲシュタルトコーチングは集団を扱うときに使える。ゲシュタルト的なアプローチ，哲学そして概念は，集団のなかで刻々と起こっていることにその集団が気づくよう支援するときにうまく使われる。彼らは何に焦点をあてているのか？ 何について話しているのか？ この集団でみられるパターンはもっと広い場でも再現されるのか？

ゲシュタルトコーチングのセッションの進め方には，すでに論じた実践の要素が含まれそうである。標準的な進め方がないと知っても驚かないだろう。むしろ，クライエントがコーチング関係に何をもち込むかで，セッションの進め方が決まる。そのアプローチはほぼ十分な存在感をもち，十分に関心を高めているので，あらゆる作業方法はどれか一つのセッションで網羅できる。

どのようなクライエントにいちばん有効か？

ゲシュタルトコーチングはおそらく，自分が全体として「仕事の道具」であるとみる傾向があり，自分の知識やスキルの基礎を応用することからいくらか距離をおいているとみるよりも，自分の存在を変化の触媒として使うことに関心がある人びとにいちばん適している。

（組織のどのような職階にあっても）上級管理職や指導的立場の人たちはこの集団に入る可能性が高い。なぜなら，概してこれは活動能力のギャップをかえって（必ず）埋めてくれる効果的な方法だからである。彼らはまたシステム的な見方に関心をもつ個人であることがしばしばである。これもゲシュタルトコーチングの特徴である。明確な将来の状況にきわめて強く活動を方向づけている人は，現在に注意を払うことをあまり魅力的と思わないかもしれない。これは，気づきを妨げるものに取り組むなかで現れる行動変化をもたらす大きな潜在力に焦点をあてることで，また，こうして，もはや適切でない習慣や信念を変えることで克服されるかもしれない。明らかに全体論的でシステム的なア

プローチよりむしろ，もっと厳密にはギャップ分析に基づくアプローチ，そして／あるいは認知行動的なアプローチを求める人びとにとっては，ゲシュタルト的アプローチは魅力的でないので，選ばれないかもしれない。

事 例 研 究

　ゲシュタルト的な事例研究は一つの難題をつきつけている。もし「生き生きした現在」という精神が（酢漬けされたピクルスあるいは砂糖漬けされたジャムのように，保存されるとはいわないまでも）称えられるならば，世界が違って見えるようになる瞬間を説明するのに何千ものことばが必要だろうし，それほど使ったとしても説明しきれないだろう。そして，いずれにしても，われわれは人について書いているのであって，事例について書いているのではない。これから先，どのように進んでいくのだろうか？　全体が部分の総和より大きいとしても，この事例を検討するさいにわれわれは，それを部分に分けて，それぞれを説明する魅力に抗しがたい。そして，再構成したものが現物に勝てるはずがないと確信する。……自分の力で価値を手に入れるために，読者が自分に必要な意味ある全体を作り出すのだと知るとわれわれは安心する。

　カリーナは大企業の上級管理職である。最近，企業合併に巻き込まれ，新しい組織形態を作っているさなかにいる。以前の上司とはあまり生産的な関係をもっていないが，まだ上司のままである。彼女は管理職グループの一員に選ばれ，合併前からコーチングの支援を受けていた。なぜなら，選抜グループは（2階級上の）管理職あるいは，少なくとも（1階級上の）課長にふさわしい力があるとみなされたからである。もっと下の職位の人たちは自分で仕事の申請をしなければならないばかりか，その仕事が自分の裁量で決められないこともあった。彼女のチームにも彼女自身にも士気の点で重大な問題があり，（上級チームが監督していた）職域でも業務実績に問題があったが，概してうまく機能していた。カリーナは全方位フィードバックを受け，上司と6か月にわたる評価会議をもった。構成員が変わったので，評価は（合併後の）新しい上司と一緒に行われたが，全方位フィードバックは合併前に行われた。第1回のコーチングの前に，彼女は2つの領域に対応する必要性を報告している。
- 彼女はもっと戦略的なリーダーシップをとるよう求められている。
- 個人の活動領域での混乱に彼女はうんざりしていた。その混乱によって彼

女は以前よりもっと細部にわたって管理するように求められており，それは必要なのだがあまり戦略的でないと考えていた。

最初のセッションでカリーナは第一の目標を何度も繰り返し，多くの時間をかけて，仕事上でのよくない経験を話し，いったい自分はこの会社にとどまりたいのかと考えた。

第一セッション
キーワード：事態がクライエントにふさわしいか検討する

セッションでカリーナは体を半ばドアのほうに，半ば部屋の隅の机のほうに向けて立ち，微笑みながら，両手を組んで握りしめ，ややぎこちなく見えた。彼女は受付のさいにコーチを待たせたこと，職場のなかでこの会議の場所をもらうのに少し苦労したこと，そのために殺風景な会議室になってしまったことを詫びた。そして，この会議に出るために今朝終わらせようとしていたことについて説明し，準備ができていなくて申しわけないと言った。彼女は早口に何度も繰り返し，背中を丸めた。

コーチはカリーナが顔を赤らめ，少し横を向いたことに気づいた。コーチは，さほど重要でない事実，つまり，営業会議よりも前に，朝のコーヒーを飲む時間に到着していたという考え，そして，出来事に枠をはめてしまうという逆行する懸念をなぜ彼女がそれほど気にするのかが不思議であった。

コーチの行動：気持ちよく挨拶して，カリーナの発言にしっかり耳を傾ける。温かいもてなしを受け，コーチングのための付託された一般的権限や，組織の視点からこのセッションの必要条件について契約し，彼女が理解できたかどうか確認する。それから，次の質問をする。

コ ー チ：今日，私たちが時間を割いているこのときに，あなたにとって何が重要ですか？

カリーナ：そうですね，戦略的なリーダーシップをもっとうまく発揮しなければならないといわれていて，私はきっとそうしますから，このことが重要ですね。

コ ー チ：ふーむ。戦略的とリーダーシップということばはとても多くの違った意味をもつかもしれませんし，何ももたないかもしれません。このことばはあなたにとって，あるいはあなたの仕事にとってどのような意味をもちますか，また，そのことについて何が重要ですか？　さあ，時間をさいて，今あなたにとって何が重要かを考

えましょう。
カリーナ：そう，そのとおりですね。それはいったい何を意味するのかしら。
コ ー チ：それが何を意味するか……書き出してみたら何か手がかりがあるのでは？
カリーナ：そんなことはないですよ。月並みなことしか書けません。
コ ー チ：「それ」は誰ですか？
カリーナ：（相変わらず早口で，椅子の上をあちこち動き，目を何度も天井にやりながら）そう，それは会社です。一日の終わりに，私が役員会からどうみられているかということ，……もっと戦略的になるよう求められているのです。
コ ー チ：（間をおいて）私はややせわしく感じ，このことすべてに戸惑いを覚えはじめています。あなたが役員会ということばを口にするときの声の調子，戦略的というときの興味深い表情に気づきました。
カリーナ：（うなずきながら）見抜かれてしまいましたね。そのとおりです。
コ ー チ：おそらく見抜かれたのでしょうが……見抜かれたとはどんな感じですか？
カリーナ：そうですね。本当のところ，求められていることをやりたいのかどうかわからないのです。私は彼らとは違うのです。おわかりでしょ？
コ ー チ：「彼ら」とは違う？　それでは，あなたはどうなのですか？（カリーナは斜めに座り，椅子を回しながら，片方の腕を背もたれにおいて頭を支え，目を下の一方にやりながら，聞こえるように咳ばらいをした。）
カリーナ：私がふさわしいのかどうかまったく確信がもてないのです。
コ ー チ：この「ふさわしい」ということばについて，何が重要なのですか？
カリーナ：うまくやっている人たちが時間を浪費して不当に昇進しているようにみえるのです。私はそうはしません。
コ ー チ：不当に昇進しないと？
カリーナ：（微笑みながら）ええ，そのとおりです。**不当に昇進しようなんて絶対に思いません。**あなたの言っていることがわかりました。それは私ではないのです。

コ ー チ：きちんと昇進したいと？
カリーナ：昇進すべきではないのです。よい仕事をしていればわかってもらえるのです。
コ ー チ：それで，あなたはよい仕事をしたのですね。
カリーナ：ええ。けれども，私だけがそう考えているのです。みんなに言いふらさないでくださいね。
コ ー チ：誰にですか？

注
　ここでコーチは「よい仕事をしていればわかってもらえるのです……私だけがそう考えているのです……〔言ったり〕しないでくださいね……」に着目した。「誰にですか？」はややふざけた質問で，起こりうる取り込みをチェックし検証する幕間のはじまりとして機能している。
　コーチは情報源として――クライエント自身やその身体状態に注意を払う――現象論を使い，クライエントにとって地に対して何が「図」となるように見えるかをつねに理解する。コーチはまたクライエントに対してどのようなことば遣いをするかを引きつづき振り返る。
　いずれの時点でも反応の選択肢は多いので，コーチは選ばれなかった選択肢が現在の手段を邪魔しないように，それをそっと脇においておく。なぜなら，ゲシュタルトコーチングでは，何か重要なものがあって解決されずにおかれると，それは再び図になるという予想があるからである。話をそらす傾向はコーチ‐クライエントのパターンに現れていて，それがクライエントの日常に関連して質問する道筋を教えてくれるかもしれないので，時間をかけて，それを入念にチェックすることはまさに得るところがある。
　いつもコーチはクライエントが接触サイクル（あるいは，いくつかのサイクル）のどこにいるかを考え，それについてよく調べ，次の図が現れるように十分な接触の機会を作っている。ここでおもな注目領域には，（付随する脱感作やそらしを伴う）感覚と気づき，加えて，クライエントの活動（移動）の選択肢を制限しているようにみえる取り込みに関する重要な情報があった。自分を目立つように（あるいは目立たないように）し，ほかの人びとが不当な自己宣伝を行ったとして非難し，彼らがそのように行動しなければ十分には評価されなかっただろうと，当然ながら怒りを感じているクライエントとの関係において「べき」という全体領域が検証されるとともに，そうした領域についての話し合いはクライエントに不快な情動を引き起こした。こうした意味理解のシス

テムが活動や接触を妨げてきた。このセッションでは，クライエントが逆行的に振り返らない（たとえば，自分が「悪い」とか「愚かだ」と考えない）ようにしながら，自己を制限する可能性のある側面と十分な接触を行った。クライエントは「自分がどのような人物か」に気づいた。

宿題
クライエントは問題に気づくことに同意しただけであり，それを変えようとすることには同意しなかった。この提案は，付随する妨害を避けながら，感じたり気づいたりする潜在力を高めようとするものであった。そしてこれは，ベイサーの逆説的な変化理論——人がいっそう完全に「A」になるほど「非A」が起こる可能性も高くなる——とも結びついている。ほかの人が「しかるべきときに自分自身をほめること」に対して，あるいは，自身を適切に評価していなかったとの確信に対して，さらには，カリーナが自分でそれを行わずに，求めたことを実行してくれるようチームに要求したことに対して，カリーナがどう反応したかに注目することに決めた。

第二セッション
キーワード：関係づけ，見直し

このセッションでカリーナは，チームに対する彼女の期待——自分の行動をよい方向に変えるためにチームは気づかせてくれるだけでよく，チームがそれに応えてくれたこと——がとてもうまく承認されたと報告した。カリーナはまた，ある男性と何度か話し合ったあと，家に帰り，今日はどうだったかと夫から尋ねられると泣き出してしまったことがあったと報告した。

コーチ：あなたは今，そのことを考えているのですから，どんな点で腹を立てたのか指摘してもらえますか？

カリーナ：ええ，彼が提案していることを受け入れる余地がないと私は四度目でようやく言ったことを考えると，本当はやや飽き飽きしていたのだと思いますが，うまく振る舞っていました。そのとき彼は「そのことをあなたは以前に言っています」と言いました。……そして私は「そう，三度も言っています。聞いてもらえないのはもうたくさんです。これから会議があるので，木曜日に報告してください」と答えました。

コーチ：（静かに座り，アイコンタクトしながら，悲しい気持ちと，誰が誰に耳を傾けているかについての投影の可能性に気づいている。）

カリーナ：私は十分に聞いてもらえたなどと言うべきでなかったかもしれません。
コーチ：聞いてもらえなかったと？
カリーナ：ええ。
コーチ：彼はいったい何を聞いていたのでしょうか？　あなたが何を聞いたと彼は思っているのでしょうか？
カリーナ：彼が最初に訪ねてきてから私は何も聞いていなかったのです。

注

このセッションでは明らかに何らかの葛藤が起こっていた。その経験はクライエントにとってきわめて目新しいものだった。カリーナは，自分の実験の手段と，その結果を聞くことができた第二セッションを中心として何が起こっていたかに明らかに気づいていた。適切な実験についてよく考えることはゲシュタルトコーチングの一部である。実存主義的立場は，気づきや責任を促進するように実験が行われることを求め，自分あるいはほかの人を判断するさいに起こる妨害をさらに固定化することにはいたらない。クライエントが自分自身に「すべきでない」ということばを使ったとき，現象学的情報によって，接触やさらなる発見の瞬間に助けとなる別の問いかけの手段が与えられたとしても，コーチはそれを取り込みの手がかりとみることができただろう。

最初に述べられた意図と一致して，このセッションには，クライエントにとって「戦略」と「リーダーシップ」がどのような意味をもつか，またそれが組織によって公式にどのように定義されるかを検証するための話し合いが含まれていた。不一致，合意そして好奇心の領域に注意が向けられた。コーチの見解は，この点でカリーナの理解や能力は問題となっていないが，組織体系についての彼女の知識や理解度から判断すると，彼女の役に立つ行動の範囲は予想したよりもずっと狭いというものであった。

宿題

どのようなコミュニケーションをしたときにカリーナは聞いてもらえた，あるいは聞いてもらえなかったと感じたか，見てもらえた，あるいは見てもらえなかったと感じたか，そして，どのようなコミュニケーションをしたときに彼女がもう一人の人に本当に耳を傾けていた，あるいは注意していたと感じるかに気づくことである。

第三セッション
キーワード：いっそうの結びつきの形成

コ ー チ：さて，あなたの実験とどのようにうまくやってきましたか？

カリーナ：とても興味深かったです。要するに，いつ，そしてなぜ私がみんなの話に耳を貸さなかったかですが……それについて私が大きな変更を加えていたとはいえませんが，彼らが話しつづけていても私は絶対にそれをはねつけないですし，……そうしていたなんて信じられません。もう一つは，私の嫌いな──私たちが「彼ら」と呼んでいる──人たちがそれをしていることに気づいていることです。

コ ー チ：それは大事ですね。ところで，あなたに知っておいてもらわなければならないことがあります。あなたはそれをご存じだと思いますが。

カリーナ：あなたがまだ話しているうちに私は話しはじめましたね。（二人ともに笑い，しばらく静かになった。）

カリーナ：さて，本当に夢中になっていると，私はときどき家族のことを話そうとしているのですが，そうでないときには，家族について話していないと，どういうわけか具合がいいと思うのです。

コ ー チ：おおらかでいたいのですね？

カリーナ：そのとおりです。しょせん人間ですから。ときどき彼らもそうだと思いだす必要がありますね。（間をおく。）

コ ー チ：コミュニケーションにかかわるあらゆることに注意を払ってきていますね。リーダーシップはどうですか？　前にもまして戦略的になりましたか？

カリーナ：そのことを話したかったのです。取締役も含めて，私が話をするときは，どれほど多くのことを言わずにすませているかに気づいたのです。今起こっていることは，私が十分に「素晴らしい」として受け入れられてはいないので，私のかかわり方が疑問に思われているということです。

コ ー チ：それが今起こっていることだと思うのですね。

カリーナ：かなりあたっています。実際，あなたがご存知のように私は人の言うことによく耳を傾けてきましたし，私がどのようにみられていて，担当責任者が何を人びとに求めているかについて私が聞い

第8章　ゲシュタルトコーチング

ていたのは，いろいろな断片の組み合わせだったのです。それは，私が戦略をめぐらしているとき人びとはそれに気づくべきで，私が詳しく説明するべきではないという考えと結びついています。けれども，どういうわけかとても混乱しているのです。

コ ー チ：あなたは動揺しているようですが。そのように感じますか？

カリーナ：そのとおりです。理解されていないようです。けれども，それについて何ができるかわからないのです。

コ ー チ：これまであなたは人の話に精力的に耳を傾けてきたのですから，いろいろと役立つ情報を手に入れているでしょう。ですから，見ることと見通しについてはうまくいっていると思います。あなたはずっと見られているような気がせず，そのとき，それについてすべきことを知らないのですね。

カリーナ：そのとおりです。

コ ー チ：これについて何が起こるかを知るために，少し違うことをしてみませんか？（クライエントは興味をもったようだが，夢中には見えなかった。）私が考えているのは，数分かけて概要を作ってみる――目に見えるようにできるものを確かめてみる――ことです。

カリーナ：最初にこのことに注意するようにおっしゃっているのですね。わかるのですが，私にはできないのです。

コ ー チ：少しも心配しないで大丈夫です（クレヨンとA4の色紙が渡された）。目に見えないもの，あるいは，よろしければ目に見えるものも――好きなように――描いてみてくれるだけでいいのです。

10分が経過して，クライエントが4枚の絵を描いたので，コーチはそれについて尋ねた。質問は「これについて少し話してください」「ここに登場する人物を知っていますか？」といったものであったり，「この部分の色は強すぎるようですが」「XとYのあいだの距離が遠すぎます」のような記述的なものであった。

カリーナ：これは私の家族で，私はここです。私はいつも5人の真ん中にいて，勝てないのです。

コ ー チ：勝てない？

カリーナ：私が何を言いたいとか，したいという問題ではないのです。年上のきょうだいについていき，年下のきょうだいからは目を離さないようにしなければなりません。そして，みんなが一緒になると

騒がしくて，誰も何も聞いていない状態になります。

コーチ：私だってそうですよ。けれども，それはそのときのあなたの状況と関係するように思われます。どう思われますか？

カリーナ：私は──直接の報告と理事会の──あいだにいるか，その委員会の会合にいるときでしょうか？

コーチ：はっきりとわかりません。どういう意味ですか？

カリーナ：降参したのです。そのことを私は言ったのです。私は勝てないのです。

コーチ：勝ちたいと思いませんか？

カリーナ：そうですね，私は誰も打ち負かしたくないのです。

コーチ：そうなると，誰もほかの人を犠牲にしないで，あなたは今の状況のなかでどうしたら勝てるのでしょうか？

カリーナ：何と言ったらよいかしら。私が嫌いなのは，自分のことを自画自賛するのに，実際には何もしない人たちです。私がよいことをすれば，それは私にとって，組織にとって，そしてほかの人にとってもよいのです。ですから，そうしたことについて語るのは何も問題ありません。私がよい考えをもっていたら，ほかの人に聞いてもらえるようにできます。

コーチ：あなたのすることや，あなたの考えに率直でありたいのですね？そして，役員会や上級マネジャー，ほかの人たちとも率直でありたいのですね？

カリーナ：そのとおりです。

コーチ：そうすれば勝利をおさめますか？

カリーナ：ええ。

コーチ：彼らにどのようなことをわからせたいですか？　何かすぐに思いつきますか？

カリーナ：とてもたくさんあります。

コーチ：戦略的なリーダーシップとして数えられるものはいくつくらいですか？

カリーナ：そのうちの半分以上，すごくたくさんです。それは私がどのようにやっているかについてですよね？　私は知っていましたし，「何を」ではなく「どのように」を強調しているのですが，私は納得していませんでした。今わかったのです。けれども，誰もコ

ミュニケーションの重要性を教えてくれませんでした。なぜですか？

コーチ：聞いたり見たりすることが問題だということについて話しはじめたとき，あなたが属しているもっと大きなシステムのなかに何か問題があるのだろうと考えるのはもっともな意見でした。けれども，私はその問題が何かを知ることができなかったので，私とあなたが知っていることについて話し合ってきたのです。

注

このセッションはコーチの見方とずいぶん違っているように感じられた。カリーナは多くの領域でさまざまな関係をもちながら明瞭さを高めていき，妨害とか境界での混乱はあまり示していない。カリーナはいくつかの混乱を報告し，それを「実存主義的」方法で解決している。コーチは彼女のボディランゲージから，そのことで自分もほかの人も責めておらず，それを検証することに関心をもっているという強いメッセージを受け取っている。コーチは「混乱している」という可能性について振り返り，考え方の話題に気づいている。カリーナはそのどちらも受け入れている。紙に描いたり配置するといった方法で，問題になっている事柄を視覚的にもっとはっきりさせる実験が行われた。こうすると，現実あるいは「可視性」のメタファについての会話が，調和のとれた「所産」のまわりで行えるようになった。通常はことばをうまく操れるのに，このときにはどういうわけかことばに詰まる――「混乱」ということばを登録できている――クライエントにとって，これは役に立つ。

セッションの終わりの頃に，カリーナを支援できるようにするという目的で，簡単で効果的な手段について議論が行われた。それは，彼女ならもっとうまく接触できそうなとき，その接触を邪魔するために振り返りが忍び込んでくることがある場合に，自発性を支援したり，上級マネジャーや役員会と一緒にうまく自画自賛したり明確にすることを支援するものであった。

自発性や何らかの陽気さをもちつづけることは，クライエントが自分たちの日々の残りの時間を，実際には「それとうまくやっていく」ことができないようなやり方で自分たちの行動を見て過ごすことのないようにするときに役に立つ。

カリーナはこれまでのセッションから糸をより合わせ，明らかになったコーチング問題と関連づけ，自分が「真ん中で行き詰まっている」経験を十分に評価できた。彼女はこのセッションをとても明快に終わらせ，自分の部下を支援

し，役員会に情報を与えて支援するのにふさわしいやり方でリーダーシップを発揮できた。

宿題
彼女自身の新しい個人的見通しをとらえて，彼女がどのようにみられているかについての信頼できる他者からのフィードバックを探してみよう。彼女がどれほどかかわっていると感じていて，それに気づいていたかに注意してみよう。

第四セッション
キーワード：計画，一つのサイクルを終わらせ，新たなサイクルを始める

このセッションにいたると，コーチはさまざまな環境の変化に注意を向ける。これは，調べてみると，すでにカリーナが関係構築とその見通しを維持しながらどうにかやっていくためにすでに行っていたことであった。良好な会話がすでにたくさん行われており，物理的空間は，カリーナのリーダーシップや戦略の目標との関係でずば抜けて生産的な心的空間を反映していた。カリーナは役員会から一目おかれるようになっていた。しかし，彼女の熱意は高いにもかかわらず，自分が活動のレベルを維持できるかどうかに確信がもてなかった。

コ ー チ：納得しているのはよいですね。ところで，どうすればあなたが引きつづきうまくやっていくかについてしばらく検討し，これからもずっと戦略的なリーダーシップを発揮して，高く評価されることは重要ですよね？

カリーナ：できるかどうかわかりません。

コ ー チ：それをすることができないのか，それを検討することができないのか，どちらですか？

ほかのクライエントと同じように，コーチは二種類の検討方法が役に立つと考えた。この事例では，どちらの方法も使えた。第一の方法はとても短い形式で，「二脚の椅子」による会話である。これを使うと，クライエントはその場にはいないが自分が知っている人と会話できる。心理療法では，この人はきょうだいや両親で，健在である場合もそうでない場合もある。ここでは，クライエントが会話をするときに「賛成」と「反対」の立場を割り当てるために使われる。これは「時系列」実験で感覚をよく使ったあとに行われる。この実験では，クライエントが今から一年といった時点を想像して，そこでうまくできたら，その成功に立ち入り，3か月ごとに現在へと戻っていく。これには生身の体と感覚が必要で，達成に必要な「計画」にしたがって行われる。

コ ー チ：それでは，あなたが名づけたように，「できる」あなたと（胃の
　　　　　くぼみにある不安をさし示した）「最低の」あなたとのあいだで
　　　　　会話を始めましょう。誰が最初に話しますか？
カリーナ：最低のやつ。
コ ー チ：よろしい。それでは「最低のやつ」の席に座ってください。それ
　　　　　から，できる席に移って，できるあなたが話すようにしましょう。
カリーナ（最低のやつ）：あなたが行っているこのよいことすべてが心配な
　　　　　のです。そうするにはとても努力しなければなりませんでしたし，
　　　　　ご存知のようにうまくいきません。
カリーナ（できるやつと席を替わって）：あなたが心配していて，とても努
　　　　　力していたとは知らずに申しわけありませんでした。けれども，
　　　　　そうする価値があったと思います。
カリーナ（最低のやつ）：それは価値があったのかもしれませんが，そのま
　　　　　ま続けられません。
カリーナ（できるやつ）：できますよ。
カリーナ（最低のやつ）：いや，無理です。
カリーナ（できるやつ）：（コーチに向かって）そうですね。ところで何か？
コ ー チ：私は一方の肩をもつことはしません。カリーナの席に戻ってくだ
　　　　　さい。気づいたのですが，あなたは最低のやつに第一声を言わせ
　　　　　ましたね。それは必ずしも最後のことばではないでしょうが，そ
　　　　　のように聞こえました。
カリーナ：不安を無視することはとても難しいですよね。
コ ー チ：私が気づく限り，できるやつは最低のやつを無視していなかった。
カリーナ：そのとおりです。さて，もう一方の（できるやつの）席に行きま
　　　　　す。
カリーナ（できるやつ）：私はあなたを無視していません。あなたが心配な
　　　　　ときでも，うまくやっていける方法を何とか考えださなければな
　　　　　りません。
カリーナ（最低のやつ）：心配するのが好きなのですよ。私の仕事です。
カリーナ（できるやつ）：心配するのが仕事なのですか？　なぜですか？
カリーナ（最低のやつ）：あなたはまずいことになっていません。
カリーナ（できるやつ）：あなたが心配することをやめると，私はまずいこ
　　　　　とになると思いませんか？

カリーナ（最低のやつ）：そう思います。

カリーナ（できるやつ）：そうでしょ？　あなたに少し心配してもらえれば，私はまずいことになりません。けれど，ほんの少しですよ。あなたがすごく心配したら，私はもっと一所懸命にならなくてはいけなくなります。実際，ものすごく一所懸命にです。

カリーナ（最低のやつ）：わかりました。私はほんの少し心配していましょう。あなたが私の話を少し聞いていてくれる限り，大声を出しません。（クライエントはカリーナの席に戻る。）

カリーナ：しだいにばかばかしくなってきました。

コ ー チ：ばかばかしい？

カリーナ：いい加減にやめましょう。私は自分自身に話をしていて，どれほど心配しなければならないかについて納得し，ほんの少しの心配なら，それに対してそれほど一所懸命にならなくていいと決めているのです。

コ ー チ：ということは，できるやつと最低のやつは同意したのですね？

カリーナ：そうです。次は私の手のひらの毛を探すことにしましょう。

　コーチは，カリーナが二脚の椅子の実験に満足していることを確認してから，合意を再びとりあげ，時系列を未来から戻っていくよう提案した。クライエントは3か月の時系列で特に焦点をあてることを選んだ。紙面の関係で，これについては述べないが，このアプローチは次のとおりである。

1　望ましい結果をはっきり述べる。
2　その時点での自己を想像し，その想像のなかで感覚を総動員してそこにあるものは何か——たとえば，そこであなたは何を見て，聞いて，身につけたか？——に十二分に気づく。
3　1か月戻る。この過程を繰り返し，そこから1か月戻ったときに成功する環境が整うように，その時点で何をしなければならないかを決定する。
4　決まった数の段階を繰り返す。この場合は1か月前からで，そこから現在に戻る。
5　これらの段階を検討し，記録に残す。

注

　このセッションの終わりまでにクライエントは，自分が努力すると実際には不安を増大させてしまって，成功の可能性を減らしているのはどうしてかを発見しており，いつもうまくいくとはどういうことかにしっかりと気づいていた。

第8章　ゲシュタルトコーチング

　カリーナは，「最悪」の仕事が気がかりになるかもしれないというのはとてもこっけいだと思い，内輪のジョークとして「彼」をブラッド・ピットと呼びはじめた。そうすることで彼女は，不安にその居場所を与え，ときにはそれと一緒に過ごすのもよいかもしれないと自分に言い聞かせた。
　不安は移動段階からくる可能性がある。クライエントの活動レベルが急に変わると，それは，カリーナの信念体系や行動と何らかの関係をもっていることを示してくれた周知のことば遣いとともに，手がかりになる。しかし，要は，このことをとにかく「ふさわしくない」ものとするのではなく，役に立つもの，変える必要があるものを探すことであった。不安はまさに推進力になったのであり，そこそこの不安と親しくなることでカリーナはブラッドの会社で仕事を続けていけた。これは，不安は避けたり無視すべき悪いものであると決めつけるよりも，はるかに現実的な結果であった。
　そこでカリーナは，指導者としての自分の成功を経験してみて具体化することをはじめようとかなりの力を注いだ。彼女は自分に有利に働く自己成就の予言を作り出した。
　彼女が自分の境界をどのように守るかについてはときに議論があったが，取締役であると同時に自分自身でいられる可能性がどれだけあるかを考えはじめた。（集団思考あるいは黙認はその組織的な側面である）一体化は，仕事が上首尾で満足を得た結果への妨害である。

まとめ

　この事例研究は，経験のサイクルを実践に応用することも含めて，ゲシュタルトコーチングの要素を説明するために選んで示したものである。複雑な状況は，一つの話題について一つのサイクルというような運動に還元されないので，ほかの違うサイクルをずっと続けていけるだろう。しかし，この原理はいくつもの入り口をもった何重ものサイクルにも適用される。すなわち，いつも忙しそうに次のプロジェクトにとりかかり，（とてもたくさんある）それまでのプロジェクトの完成に注意を向けていられないとても多忙な管理職をコーチングする場合にあてはめると，最初に図として現れる問題は満足かもしれないので，この作業がいつも感覚からはじまるとは限らない。

引用文献

Beisser, A. R. (1970) The paradoxical theory of change. In J. Fagan and I. L. Shepherd (eds) *Gestalt Therapy Now* (pp. 77–80). New York: Harper and Row.

Clarkson, P. (1999) *Gestalt Counselling in Action*, 2nd edition. London: Sage.

Houston, G. (2003) *Brief Gestalt Therapy*. London: Sage.

Isaacs, W. N. (1993) Taking flight: dialogue, collective thinking and organizational learning. *Organizational Dynamics* (special issue on the learning organisation) Autumn: 24–39.

Latner, J. (1986) *The Gestalt Therapy Book: A holistic guide to the theory, principles and techniques*. Gouldsboro, ME: Gestalt Journal Press.

Nin, A. (1973) *Seduction of the Minotaur*. Chicago, IL: Ohio University Press.

Parlett, M. (1991) Reflections on field theory. *British Gestalt Journal* 1: 68–91.

Perls, F. (1957) Finding self through Gestalt Therapy. *Gestalt Journal* 1(1).

Perls, F. (1969) *Gestalt Therapy Verbatim*. Moab, UT: Real People Press.

Resnick, R. W. (1984) Gestalt Therapy East and West: Bi-coastal dialogue, debate or debacle? *Gestalt Journal* 7(1): 13–32.

Smith, E. W. L. (1976) *Growing Edge of Gestalt Therapy*. Gouldsboro, ME: Gestalt Journal Press.

Smuts, J. C. (1936) *Holism and Evolution*. London: Macmillan.

Yontef, G. (1980) Gestalt therapy: a dialogic method. Unpublished manuscript.

Zinker, J. (1978) *Creative Process in Gestalt Therapy*. New York: Vintage.

議論のポイント

- 以下に示すレズニックからの引用をコーチング実践に当てはめると，あなた自身そしてほかの人のコーチング実践にとって，これはどのような意味をもつか？
  ゲシュタルト療法家は誰でも，かつては使っていたゲシュタルト技法をやめて，そのままゲシュタルト療法に向かうことができる。もしそうできなければ，ゲシュタルト療法をそもそも使っていないだろう。ゲシュタルト療法家はあの手この手を使って，たくさんのからくりをあれこれといじくりまわしていた。
  (Resnick, 1984: 19)
- あなたのコーチング過程とゲシュタルトアプローチについて考えてみたとき，あなたのコーチング対象であるクライエントを使って通常どのように試みを行うか，またあなたの現在のやり方はそれとどう違うだろうか？
- 接触の境界に焦点をあて，最近行った試みについてよく考えてみたとき，あなたのコーチング実践において十分な気づきを明らかに妨げているものは何か，あなたはそれをどのように処理するか？　実践家としてのあなたの自己と十分に接触するのをあなたはどのように妨げているか，また，クライエントと十分に接触するのをあなたはどのように妨げているか，あるいは，あなたのクライエントはこ

のサイクルのさまざまな段階で障害をどのように経験しているか？ 気づきへの障害を詳しく述べている表8.1は役に立つだろう。
- 本章で紹介しているカリーナの事例を考えたとき，コーチング心理学へのゲシュタルト的アプローチを的確に表現している重要な特徴は何か？ この事例研究において，コーチとして現在のあなたの働き方に刺激を与えるような目立った事柄があったか？

推薦図書
Clarkson, P. (2004) *Gestalt Counselling in Action*, 3rd edition. London: Sage.
Houston, G. (2003) *Brief Gestalt Therapy*. London: Sage.
Nevis, E. C. (1987) *Organizational Consulting: A Gestalt approach*. New York: Gestalt Institute of Cleveland Press and Gardner Press.
Perls, F. (1969) *Gestalt Therapy Verbatim*. Moab, UT: Real People Press.

（堀　　正訳）

第9章

動機づけ面接法
—— コーチング心理学者のためのアプローチ

ジョナサン・パスモア，アリソン・ワイブラウ
(Jonathan Passmore and Alison Whybrow)

はじめに

　動機づけ面接法（MI：Motivational Interviewing）は人間中心の非指示的コミュニケーション手法である。この手法でコーチは，クライエントと協働して，自身の直面する変化に対して抱いたであろう過去のアンビバレンスを解消することで，クライエントに行動変化をもたらす内発的動機づけを促進できるよう支援する（Miller and Rollnick, 2002; Resnicow et al., 2002）。動機づけ面接法はロジャーズの人間主義的なカウンセリングスタイルにその端を発する。

　行動論的なコーチングアプローチは，外的強化や，報酬・賞賛・地位といった外発的な動機づけ要因（第5章を参照）によって行動が起こるという考え方に基づいているが，それとは違って動機づけ面接法は，内発的動機づけの促進にはっきりと焦点をあてる。つまり，継続する有意義な変化は，個人が内発的に動機づけられるときに生じるという考え方が，動機づけ面接法の基礎にはある。動機づけ面接法を用いて，コーチはクライエントの価値観や目的を明らかにし，現在の行動と理想とする行動とのあいだの違いをクライエントに気づかせ，クライエント自身でその葛藤を解決できるようにする。それが目指すのは，なぜ変化に価値があるのかをクライエントがコーチにことばで表現しはじめるので，コーチは共感的に深く考える環境を提供して，クライエントが「チェンジトーク」に焦点をあてつづけられるよう支援することである（Miller and Rollnick, 2002）。

　その過程で中核となるのは，受容と支援という状況において人は健康的な方

向へと自然に成長していく能力を生まれつき備えているという信念である。そうした状況で人は，前向きで創造的なエネルギーを使い，洞察力を働かせて，自分にとって最適な解決策を見出す（Miller and Rollnick, 2002）。

動機づけ面接法の発展

　動機づけ面接法は，アメリカの心理学者ウィリアム・ミラー（William Miller）の「なぜ人は変わるのか？」という問いに対する回答を求めるなかで発展してきた。ミラーの研究はアルコール依存症患者の治療における観察経験に基づいている。そのなかで彼は，治療における変化の過程は，治療外で自然に起こる変化を反映していることを発見した。患者が変わったかどうかを予測する重要な要因は，治療のなかで変化について患者がどのように述べるかであった。変化への強い動機づけと意欲を表明する薬物乱用患者が，実際にいちばん変化を起こしやすい患者であると彼は主張した。さらに，治療において心理療法家は，患者が変化に対する意欲を高められるよう支援する役割を担っているとした（Miller and Rollnick, 2002）。ミラーが観察したのは，治療場面でどのような相互作用が行われたかということが，チェインジトークの頻度に影響を与えるということである。共感的な治療スタイルではチェインジトークが増えるのに対し，対立的手法では抵抗が生まれ，結果としてあまり活発な変化が起きない。

　動機づけ面接法を支持する根拠は臨床心理学の領域からきており，大部分が依存症研究のなかで動機づけ面接法に触れている。そして，アルコールや薬物への依存症患者のカウンセリングにうまく適用されたことを示す信頼できるデータがある（Miller and Moyers, 2002; Solomon and Fioritti, 2002; Burke et al., 2003）。動機づけ面接法は，慢性疾患の自己管理といった場面にも応用されている。たとえば，糖尿病患者が血糖値をうまくコントロールできるように支援するといった例である（Channon et al., 2003; Prochaska and Zinman, 2003）。また，若者が行動を変えられるよう支援したり，彼らに避妊具をもっと使うよう促す場面で，動機づけ面接法は効果があることも示されている（Cowley et al., 2002）。

　コーチング領域で動機づけ面接法が具体的に使用されている実証的データはほとんどないため，今のところ限られるように思われる。けれども，その手法は心臓病患者のコーチングにおいても使われており，健康の改善，患者の生活

の質(クオリティオブライフ)の向上,医療現場での効率改善がもたらされている(Kazel, 1998)。つまり,われわれの経験からいえるのは,仕事場面であれ生活場面であれ,コーチング心理学といういっそう広い状況のなかで動機づけ面接法を使う機会があるということである。

理論と基本概念

動機づけ面接法は,本節に織り込まれる数多くの概念を,心理学および変化の心理学というより広い文献のなかに結びつける。しかし,このアプローチには特に論じるべき3つの基礎的な信条がある。第一に,変化に対するクライエントの準備状態にコーチのスタイルを合わせなければならないということである。第二に,変化に対する動機づけの概念と,その概念がどのように展開していくかである。ここで,われわれは変化に対する動機づけを「準備ができている,やる気がある,できる」ことと考える。「準備ができている,やる気がある,できる」の3要素のなかで,変化への準備がどれほどよくできていても,見た目の無能力さをおおい隠すことはないだろう(Rollnick, 1998)。この事実は第三の概念である自己効力感へとつながる。コーチはこれら3要素を並行して発展させていくように,クライエントに働きかける必要がある。

そこで第一に,クライエントが目標とする行動に向けて変わる準備ができているかをコーチが絶えず査定する必要がある。(もともとはプロチャスカとディクレメンテ〔Prochaska and DiClemente, 1992〕によって展開された)変化の段階モデル(TTM:Transtheoretical Model)は,よく研究された有力モデ

表9.1 変化のサイクル

段 階	行 動
前熟考期	クライエントは変化の可能性をまだ考えていない。
熟考期	クライエントは変化がもたらすメリットとデメリットを考え,アンビバレントな状態に陥る。
準備期	クライエントは活動への準備を整える。
活動期	クライエントは変わろうと試みる。
維持期	行動で上首尾な変化が起こり,6か月のあいだ維持される。

出典:Prochaska, J.O., DiClemente, C.C. and Norcross, J.C., (1992) In search of how people change: applications to addictive behaviours. *American Psychologist* 47(9): 1102–1114. 米国心理学会から許可を得て改変。

ルであり，いかにして人は自分の行動を変えるための準備をするか，成功と呼べる変化はどれほど継続するか，について説明している。このモデルは，変化のサイクルの一部として，いくつかの段階を経て人は成長すると主張している（表 9.1 を参照）。

　前熟考段階から維持段階まで，各段階はいつも最短経路をたどるとは限らず，長期にわたって維持されるようになるまで，通常は，以前の段階に逆戻りしたり，らせん状に段階を通過することが起こる。変化の段階モデルでは，意識の高まりとともに，人はさまざまな変化の段階でさまざまな思考パターンを経験すると主張する。人は，熟考段階においては変化を起こすことを支援し，活動や維持の段階では，変化にしっかりと全力を注ぐような自己解放を支援する新しい事実やアイディアを学ぶ（Perz et al., 1996）。同様に，ある行動がいいか悪いかのバランスは，個々人の変化の段階によって変わる。たとえば，準備段階のクライエントは熟考段階のクライエントに比べ，現在の行動に対して否定的なとらえ方や感情を経験するよう勧められる（Prochaska and Zinman, 2003）。

　変化のサイクルをつうじて変化に対する人びとの動機づけは変わっていく。したがって，コーチはクライエントの変化の段階に合わせて，どのような介入を行うか，どのような支援スタイルをとるかを決めなければならない。動機づけ面接法は，変化に対するアンビバレンスに打ち勝つためには特に効果的と考えられる。アンビバレンスのために，人は現在とれる次善の行動に縛りつけられ，変化を望んでもそれが妨げられてしまう。動機づけ面接法の見解によれば，アンビバレンスは変化の過程を構成する当然の部分とみなされており，確かに，抵抗は変化の中核にあると説明されている。この障害を確認し探索することは，動機づけ面接法のコーチにとって重要な取り組みである。権威を使ったいっそう指示的な手法とは対照的に，協働や共感といった非対立的手法を用いることで，ようやく抵抗を探り出せるようになる（Miller and Rollnick, 2002）。

　アンビバレンスは，特に前熟考段階，熟考段階，ときには準備段階でも生じると考えられている。それはクライエントとの対話において確認でき，ふつうは「私はあまり働きたくないのだけれど，もし働かなければ私は……」といった発言を含むことが特徴である。このとき，コーチが指示的な返答（たとえば，アドバイスや行動の選択肢を与えるなど）をしてしまうと，クライエントからの抵抗が強まる恐れがある。抵抗は，口論，話のさえぎり，否定，無視，「いや，でも」といった返答などの行動に現れやすい（Miller and Rollnick, 2002）。抵抗行動は，ある程度，クライエントの変化の段階とコーチのアプローチ方法

の不一致から生じるとみられ，両者にフラストレーションをもたらすこととなる。

　一貫しているとみなされたい人間の願望（Hargie and Dickson, 2004）に一部起因するが，人が変化に抵抗すればそれだけ，その人に変化が起こる可能性は減る（Miller et al., 1993）ということがわかっている。

　要するに，人が変化に対してアンビバレントな状態にあるとき，ある行動のなかから抑制的に働くものを選んでネガティブな結果を増大させるような対立的技法を使うと，現状維持のほうが自分には都合がいいと考え，さらにそれを言語化することで，〔ネガティブな〕目標行動は抑えられるどころかむしろ確実なものになる傾向がある。穏やかな説得と感じられるものであっても，変化が切迫していて，利益をもたらしうることをコーチが強調すると，概して変化への抵抗が強まり，変化は起こりにくくなる（Miller and Rollnick, 1991）。

　コーチはクライエントのことばを心にとどめるだけでなく，変化に対する準備がどれほどできていると認識しているかを，0～10の尺度（0＝変化にまったく関心がない，10＝すでに変化を遂げている）で評定するようクライエントに簡単に尋ねることもできる。

　クライエントが変化にどれだけ動機づけされているかは，自らの価値と目的が現在の行動とどれほどずれていると認識しているかに左右されるとみられる。変化を成功へと導くために，人は目標行動が重要であると進んで信じる必要がある。すなわち，自分の価値観と一致しており，生活のなかで変化を優先する準備ができている必要がある。自分の生活にとって変化が最優先されるとクライエントが確信しない限り，動機づけ面接法は行動の変化を引き起こさない（Miller and Rollnick, 2002）。同様に，変化が自己認識と矛盾しないと感じない限り，クライエントに変化は起きない（たとえば，Hargie and Dickson, 2004）。

　人間学的な見解によれば，動機づけ面接法はクライエントの現実自己と理想自己をより明確にし，その動きは現実自己から理想自己へと進む可能性があるとされる。クライエントは，今の自分の行動はおそらく問題がありながらも短期的な欲求を満たしているが，自分がもっと深い部分にもっている価値を実現させたり，長期的な満足を得たりはできないことに気づきはじめる。自由回答式の質問や積極的傾聴といった一般的なコーチングスキルをコーチが用いることで，クライエントは現実の行動と理想とする行動のあいだにあると自ら判断した相違をコーチに説明するだろう。クライエントがもつ価値に焦点をあてることで，現在の行動が理想とする行動といかにかけ離れているかに気づけるだ

けでなく，変化がいかに重要かという感覚が強められる（Miller and Rollnick, 2002）。

　動機づけ面接法をコーチが用いるのであれば，動機づけ面接法のほかの原則を犠牲にしてまで相違を広げようとするべきではない。コーチはクライエントに共感しながら，ゆっくりと，クライエント自身が作り出した相違に注意を向けさせる。

　クライエントの理想に焦点をあてると，現在の消極的な行動から，肯定的なライフスタイルへ，さらにはもっと納得させてくれそうな活動能力の目標へと焦点を移すことで，防衛的姿勢が薄らぎ，変化への欲求が高まっていく（Miler and Rollnick, 2002）。

　上述した動機づけ面接法の第三の要素は，自己効力感，すなわち，人が課題を実行し，それに成功する能力を確信するという概念を含んでいる（Bandura, 1977）。望ましい変化を達成する能力が認識できなければ，変化は起きないだろう。

　これら動機づけ面接法に関する3つの概念は互いに関連している。たとえば，準備ができているかどうかは，変化を本質的に重要と考え，それを信頼するという認識に左右される。変化の重要性がわからないクライエントは，変化に対応できるはずがない。さらに，変わることなどできないと考えているクライエントは，自分が変化に対して準備万端だとは判断しないだろう。動機づけ面接法によってクライエントのアンビバレンスを詳細に調べると，これら3つの概念のうちどれがクライエントをアンビバレントな状態に陥れて動けなくしているかが明らかにされ，今度は，動機づけのどの側面がチェインジトークの焦点となる必要があるかをコーチが特定できるようになる。

　動機づけ面接法は，変化をもたらす「もっとも効果的な方法」ではないという点で，変化に関するほかの心理学的アプローチと何ら変わらない。そして，変化のための一つの計画がもしうまくいかない場合，ほかに試せる手法をクライエントがどれだけ考え出せるかによってのみ，その利用は左右される（Miller and Rollnick, 2002）。

実　践

　ここでは，コーチング心理学者がどのように動機づけ面接法を応用できるか検討していく。動機づけ面接法が効果的なアプローチであるためには，コーチ

ング関係が良好なラポールを保って，協力的でなければならない。こうした基礎に立つと，強制的または階層的な関係に基づく場合よりも，クライエントの信頼はいっそう高められるだろう（Miller and Rollnick, 2002）。このアプローチは，クライエントの努力を批判するというよりむしろ，それに共感し，それを支援することを推奨する。クライエントが自らの成長に対して責任をとるという点で，この関係はパートナーシップと比較される（Miller and Rollnick, 1991）。

変化の目標と方法がクライエントからもたらされれば，長期的な成功の可能性はきっと高まる。全体的にみると，コーチとクライエントは互いに「格闘する」のではなく「踊る」ようにかかわりあうべきである。クライエントがコーチからのフィードバックや提案について考える態勢が整っていて，アンビバレンスをすでに解消しており，行動を起こす準備ができてさえすれば，そうしたフィードバックや提案は有益であるとみなされる。

動機づけ面接法には異なる2つの段階が存在し，第一段階は「丘の上を目指して登っていくこと」にたとえられる。この段階では，アンビバレンスについて検討がなされ，変化に対する内発的動機づけと自己効力感が作られる。この検討段階で特に有益な技法は次のとおりである。
- 自由回答式の質問。
- 振り返りながら傾聴する発言。
- 自信度尺度を用いたチェインジ・アセスメントを信頼すること。
- 肯定的なことばをかけること。

自由回答式の質問はクライエントから多くの情報を引き出してコーチング過程を前進させる。たとえば，「あなたが物事をどうみているか，どうしてここに来たのかを理解したいのです」といった発言である。つまるところ，クライエントは積極的に傾聴するコーチともっぱら話すべきである。

コーチからの返答の大部分は**振り返りながら傾聴する発言**で占められるべきである。振り返りながら傾聴することの最重要点は，クライエントの発言の意図を推測するということではなく，確認するということである。たとえば，「もっと多くの時間をプロジェクトにかけられたらよかったのだが」とクライエントが発言したとする。この発言は次のような意図をもって行われた可能性がある。「プロジェクトについてもっと考え，議論し，計画する時間があったらよかったのだが。もしかしたら，私にとってこのプロジェクトはあまり優先順位が高くないのかもしれない」。振り返りながらの傾聴の例を次にあげる。

クライエント：上司に言われてコーチングに来ました。
コーチ：このセッションに参加するようマネジャーに言われたのですね。
クライエント：これは公平な判断だとは思えません。実際，彼の行動の大半は公平ではありません。
コーチ：あなたはこの判断が正しいと思わない。そしてマネジャーの行動にフラストレーションを感じているのですね。

ミラーとロルニック（2002）は，質問では語尾が上がるのに対し，振り返りながらの傾聴は語尾が下がるとして区別した。

振り返りながらの発言は，クライエントの発言を積極的に傾聴し，それに共感することをはっきりと示しており，より多くのチェインジトークをことばにするよう働きかける（Miller and Rollnick, 2002）。振り返りは決して受動的な過程ではないが，何についてよく考え，何を無視するかを決めるのはコーチである。クライエントの発言をただ繰り返すのではなく，検討の過程に弾みをつけることで，上手な振り返りは前進する。しかし，進みすぎると，抵抗を避けられなくなる恐れがある。

変化したいという気持ちは強い（変化が重要である）が，変化できる自信があまりないという場合に，クライエントからアンビバレンスが表明されることがある（Miller and Rollnick, 2002）。アンビバレンスという状況は，**自信度尺度**を用いて簡単に調べられる。クライエントは，必要な変化を成し遂げる自信がどの程度あるかを0〜10（0＝変化できる自信がない，10＝変化できる自信がとてもある）の尺度上で評定するよう求められる。何がクライエントの自信を支えているのか，何が自信を失わせているのかを理解するため，コーチは2つの質問を用いて，自信度尺度の上でクライエントの自己評価を調べる。

- あなたはXという点数をつけましたが，どうして0ではないのですか？
- Xよりもっと大きな数値をつけるには，どうしますか？

肯定的なことばをかけることも，動機づけ面接法において重要な役割を担っている。肯定的なことばをかけられると，受け入れられているという気持ちが高まり，変化への自信がクライエントのなかに湧いてきて，現状を打開できる信念が築かれる。

第一段階では，これまでに強調された各技法の助けを借りてアンビバレンスを探し出し，明らかにする。しかし，アンビバレンスのなかで動けなくなるという危険もはらんでいる。上記の技法を使うと，コーチは慎重に変化へと向かっていける。けれども，クライエントが動きを止めてしまったときには，勢い

を保ったり，もう一度勢いをつけるために，コーチはもっと指示的な技法を用いることでチェインジトークを引き出し，チェインジトークについて深く考えるよう力づける。

チェインジトークかどうかを判断する能力は，動機づけ面接法を扱うコーチのスキルとして重要な要素である。現状に焦点があたっている段階から，はっきりと変化を目指していると述べる段階へと移行するときに，これこそチェインジトークであるというものが見分けられる（Miller and Rollnick, 2002）。クライエントは現状の不都合な点を言い立てはじめるかもしれない。たとえば，「求められることが行えない」という発言である。変わることの利点をわかって，「以前のように楽しんで仕事ができるようになるだろう」という発言をするかもしれない。チェインジトークは，変わりたいという意向や楽観的な表現を含むことがある。たとえば，「日常業務をいくらか整理しなおせた」とか「いつまでもこんな状態ではいられない」という発言である。

チェインジトークはコーチの側に意識的に焦点をあてて発せられたり，引き出されたりすることがある。そのために前述の尺度が使える。たとえば，変化に取り組むことがどれほど重要だとクライエントが評価しているかを明らかにしてから，次のように尋ねるのはよいかもしれない。

- あなたはXという点数をつけましたが，どうして0ではないのですか？
- Xよりもっと大きな数値をつけるには，どうしますか？

クライエントが決断バランス表（表9.2を参照）に記入して，それまでに検討され議論されたアンビバレンスの解消法について深く考え，それを確実にすることは得るところが多いだろう。目標と比較して現状の長所と短所を単純にチェックする質問表も，動機づけ面接法のアプローチでは効果的な手法の一つである。

人がチェインジトークについて検討を続けるか，それからはずれていくかは，コーチの対応しだいである。しかし，抵抗を上手に取り扱えたからといって，必ずしもチェインジトークが増加するわけではなく，減少することもある。抵抗が発生するのは，コーチとクライエントのあいだに不一致があるからである。

表9.2 変化のためのコーチングのバランス表

活動から得られる利益	活動にかかるコスト	変化から得られる利益	変化にかかるコスト

したがってコーチは，抵抗を性格上の欠点というよりも，一つの好機とみなす。

さらに，相手の発言をただ繰り返すだけでなく，成果をことさらに強調したおおげさな反応をすると，それに力を得てクライエントはアンビバレンスとは反対の議論を始める。たとえば，

クライエント：私は研修講座を途中であきらめてしまったのですが，これを同僚が知ったらどう思うでしょうか？

コーチ：同僚の反応が予測できなかったのですか？

おおげさな表現をするときは，いらだちや皮肉をうかがわせないように，協力的で率直な口調で話し，抵抗を誘い出さないようにすることが重要である（Miller and Rollnick, 2002）。

最後に，リフレーミングという技法を使って，クライエントの主張の妥当性を認めたうえで，変化のためにいっそう有効と考えられる新たな観点によって振り返る方法もある。たとえば，

クライエント：私は何度も変わろうとしたのですが失敗しました。

コーチ：あなたは挑戦しなければいけない状況に直面して強く決心されているようですね。あなたにとって変わることはよほど重要なのですね。

個人に選択とコントロールの自由があることを強調して，抵抗から焦点をそらせると，コーチはクライエントが示した抵抗に柔軟に対応して，それに直面せずにすむ。

動機づけ面接法の第二段階は「丘の向こう側に滑り降りること」にたとえられる。それには，協力して変化を成し遂げる計画に対するクライエントの決意を強めることが含まれる。そこで，コーチはクライエントのなかに，変化のための選択肢について議論する準備ができているという兆候を探す必要がある。その兆候には次のようなものがある。

- 抵抗の減少。
- 変化に関する質問の増加。
- 問題に関するクライエントの視点からの議論の減少。

これらがあってはじめて，コーチは変化への決意を強める方向へと移っていける。動機づけを最大化するために，クライエントが強く追い求める目標を作ることも含まれる。もし目標が不適切であれば，クライエントはすぐそれに気づくだろう。コーチは自分の目標をクライエントに課してはいけない。また，その目標は現実的でなくてはならない。なぜなら，現状とかけ離れた大きすぎる目標は変化への自信を奪いかねないからである（Miller and Rollnick, 2002）。

目標の明確化の次には，目的達成の方法を検討する段階がくる。これを達成する一つの方法として，選択肢についてのブレーンストーミングが考えられる。そのあとでクライエントが望ましい選択肢を選びとる。この議論によって，変化のための計画を立てる方向へと進んでいく。そのなかには，なぜ変化が重要なのか，具体的な目標にどのように到達するか，それに立ちはだかる障害を予測し，どのように変化が測定されるかを評価することなど，さまざまな問題が含まれている。そして，変化のための計画が立てられたのであれば，コーチはクライエントがその計画実行にどれほど強く決意しているかを確かめなければならない。われわれの経験では，クライエントが計画を口にすればするほど，その決意は高まっているといえる。

動機づけ面接法は，指示的要素とクライエント中心的要素をバランスよく取り入れた対人的スタイルで，アンビバレンスの解消を目指す。もしこれが人を巧みに操る技法となるようなことがあれば，動機づけ面接法の精神は失われたといえよう（Miller, 1994）。

動機づけ面接法にとって重要な要素をここで要約する。
- 要約することによって，クライエントの見方に共感すること。
- クライエントが発言したチェインジトークについてよく考え，クライエントが「変化」に焦点を合わせつづけられるようにすること。
- 変化への準備ができているか継続的に観察すること。
- クライエントが提案した変化の方法を認めて受け入れ，強化すること。

どのようなクライエントにいちばん有効か？

動機づけ面接法は心理学的コーチングや一般的なコーチングの枠組の一部として用いられるが，その基礎となる概念は，コーチングにおけるすべての相互作用のダイナミクスを高め，コーチングの目標へと途切れることなく向かう運動を促進できることである。アプローチの手法として，動機づけ面接法はのちに概観しているさまざまなコーチングの職務にとっても価値あるツールとなる。

アンビバレンスに打ち勝つことに焦点をあてた動機づけ面接法は，自らクライエントとして来談したのではない状況にも適合する。この状況は組織という場のなかで，おもに2つのやり方で生まれてくる。第一は，より大きなプログラムの一部として，組織がマネジャー陣のためにコーチングを依頼するものである。そのグループの個人は，組織や自らの能力に対して大きな懸念を表明す

るが，その懸念を解決する能力をコーチングがもっているとはみなそうとしない。これが個人にとって意味することは，組織が能力査定や懲戒処分を通じて，短中期的に勤務態度や業務実績の問題に対処しようとしていることである。

われわれはこれによく似た状況にあるコーチにしばしば出会った。そして初期段階のセッションでは，より伝統的で行動に焦点をあてた認知的介入ではクライエントを前進させることはできなかった。こうした状況において，クライエントは変わることに強く抵抗しているようにみえたが，組織から出席を命じられていたため，コーチングに参加しつづけなければならなかった。このような状況は，組織が合併したり再編されたりするときによく起こり，そのようなときに，新たな役割が確認され，その変化を支援するために，発達プログラムあるいはコーチングプログラムが依頼される。

第二の状況は，能力査定や懲戒処分の実施前に，最終段階としてコーチングを紹介されるものである。この状況では，結果が脅威であることは明らかだが，われわれの経験では，クライエントが変わらなければならないとするマネジャーの見解をクライエントは拒絶するか，マネジャーが不公平であって，いずれは何らかの「神業」なるもので納得し，自分たちの真の価値に気づくだろうと信じている。このようにクライエントは，アンビバレンスのなかで明らかに「身動きがとれない」でいる。

こうした場合，組織によって送り出されたクライエントはしばしば明確な行動変化を求めている。しかし行動論に基づくコーチングをはじめる前に，コーチはクライエントが直面する状況あるいは脅威に対するアンビバレンスを探し出して取り除き（意志），そのなかで変化への内発的動機づけを高める（準備）必要がある。そして，成功に必要な新しいスキルや態度を身につけるために，行動コーチングは使えるのである。

事例研究

情報通信技術部門の責任者アンディは，小さな地方自治体の経営戦略担当者に対して報告をする。私がはじめて会ったとき彼は，より責任が重いライン部門管理の新しい役職に就任したところだった。

組織再編の一環として，各部門の責任者に任命された者に対して行われるもっと大きなコーチングプログラムの一部として，コーチはアンディをコーチングするために招かれた。6回のコーチングセッションでは，チームや個人に対

するあからさまな目標設定には同意しなかった。そのうえ，クライエントは守秘義務条項への同意があるので，折り返し報告するという考えはもっていなかった。しかしその暗黙の目的とは，チームが新しい役割に慣れて，効果的なチーム活動を展開していけるように支援するものであった。

ほかのチームメンバーと同様に，アンディはコーチングをはじめるよう「勧められ」ていた。しかし，初回のセッションでアンディは，全員が参加しているコーチングからは何も得るものがないだろう，という予想を明かした。アンディは10年以上にわたってその組織に在籍していたが，余剰人員に選ばれなかったことに失望した。組織内で余剰人員とされていた人たちは，かなりの退職手当てを受け取っていた。

第1回のセッションではコーチングの基本原則と本質について話し合い，アンディは自分の役割と，コーチングセッションをどのように利用していきたいかについてコーチに情報を伝えるよう勧められた。当初の狙いは行動論モデルを活用することであり，課題解決の技法によって，明確な目標を設定し，活動能力の問題を特定して解決できるようにアンディを支援していくことであった。

しかし，ラポールはすでに築かれていたのに，アンディが新しい環境に適応する必要があると理解できなかったことがすぐ明らかになった。この初回セッションのあいだずっと扱われたテーマは，アンディ自身の信念である。それは，自分が解雇されるべきだったこと，雇用しつづけるという決定が不当であること，退職することを望んでおり，変わろうとか適応しようとは望んでいなかったということであった。そして彼が強く望んだのは，50歳の誕生日から18か月以内に，金銭面で和解して職場を去ることだった。

初回セッションの終わりにコーチは，コーチングがアンディに役立ったか，セッションを続けたいかと尋ねた。それに対して彼は価値を見出したと述べ，次回も参加したいと答えたので，第2回のセッションが設定された。

第2回のセッションは初回セッションの6週間後にはじまった。全体としてよい関係をなぜ築けなかったかについて考えてから，コーチは，アンディがコーチングに取り組むのを精神的に妨げているものを探し出すことに焦点をあてた。仕事に対するアンディの価値や信念，彼がそこで果たす役割についても議論された。この方法によって，アンディが職場にとどまりたくはなく，仕事は余暇やほかの贅沢にあてる資金源にすぎなかったという事実がさらにわかった。このセッションでコーチは，実現しそうもない想定は問題とせず，仕事を

別の視点からとらえるよう試みてはどうかと勧めた。

　セッションの終わりに，アンディは自分の価値や信条についてもっと明確な見解を作り上げていた。しかしコーチは，このまま認知的アプローチを続けても，さらなる進歩は望めそうにないと感じた。アンディはこの地方自治体の委員会で発生している検討課題に対応していく必要性をはっきりと認識しておらず，今の役割が自分に合っていないので，50歳で解雇されたいということに固執したままであった。

　第3回のセッションでもまだ認知的アプローチは使われていたが，動機づけ面接法も使われるようになった。アンディは変化に対してどれほど準備できていると認識しているかを0～10の尺度上で評価するように求められた。アンディは「1」と低く評価し，その理由を繰り返し述べた。コーチはどうしたらアンディが10点をつけるか検討した。はじめこそこの質問に抵抗し，何度か失敗したものの，アンディは，自分の仕事が本当に好きなら，それは，やる気を起こさせるものになるだろうと主張するようになった。このセッションでは，動機づけ面接法を使ってこれらの考えを引きつづき調べていった。そして，セッションが終わりに近づくにつれてアンディは，自分が楽しんでいた仕事のこと，現在の役割になぜ熱心に取り組めないのか，もし自分が設計したらどのような理想的な世界ができるかについて，活発に話すようになっていった。

　第4回のセッションでは，変化に対するアンディの自信が再び検討された。変化の自信度尺度を用いてアンディは，自分の自信度を0～10の尺度上で評定した。アンディは前回よりも高い「4」という評価を下した。さらに議論を重ねたあとで，コーチは話を尺度へ戻し，なぜ4と評定したのか，どうして0でないのか，どうすればもっと高い得点をつけられるかを考えるようアンディに勧めた。

　そのセッションでは，「解雇を待つ」という方法の長所と短所を再検討するためにバランス表が用いられた。そして，現在の仕事に最善を尽くし，アンディのもつスキルと関心に合致した仕事に再構築し直す，という考えと比較していった。この課題では，アンディの業績が期待外れで，仕事に対する態度が芳しくないことを雇用主は知っているため，アンディにとって懲戒解雇は現実味を帯びてくるということが強調された。仕事に対する不満を家庭でも引きつづきぶつけられたらそれは家族にとって悩みの種であるように，チームのメンバーもアンディのやる気のなさに悩まされた。アンディは職場から余剰人員とされるかどうかわからず，実際，アンディが仕事を辞めるまでには5年や10

年はかかるかもしれない（これは彼の余生の20〜50%に相当する）。一方，プラスの側面としては，昔は仕事が楽しかったと認識していたこと，そして，組織構造を変えて，もう一度楽しくさせるという自信をもち，そうした力を垣間見せてくれたことだった。

第4回のセッションの終わりまでに，アンディの話はどんどん変わっていった。はじめの頃は，解雇されなかったことへのフラストレーションや，仕事は嫌なものだという信念，新しい環境で前進していきたいという欲求の欠如といった感覚について話していたが，しだいに，状況に対して積極的に働きかけようという内発的動機づけの高揚を感じながら，動機づけ面接法と認知的手法をつうじて得られた世界を新たな視点からみることについて語るようになった。

第5回と最後のセッションでは，動機づけ面接法と認知的アプローチの目的には引きつづき注目するものの，よりはっきりと行動的アプローチへと戻り，どのような行動をとれば成功できるか，そしてそのための重要な挑戦は何かを見定め，実行することに焦点があてられた。

引用文献

Bandura, A. (1977) Self-efficacy: towards a unifying theory of behaviour change. *Psychological Review* 84: 191–215.

Burke, B. L., Arkowitz, I. I. and Menchola, M. (2003) The efficacy of motivational interviewing: a meta analysis of controlled clinical trials. *Journal of Consulting Clinical Psychology* 71: 843–861.

Channon, S., Smith, V. J. and Gregory, J. W. (2003) A pilot study of motivational interviewing in adolescents with diabetes. *Archives of Disease in Childhood* 88(8): 680–683.

Cowley, C. B., Farley, T. and Beamis, K. (2002) 'Well, maybe I'll try the pill for just a few months'... Brief motivational and narrative-based interventions to encourage contraceptive use among adolescents at high risk for early childbearing. *Families, Systems and Health* 20: 183.

Hargie, O. and Dickson, D. (2004) *Skilled Interpersonal Communication: Research, theory and practice*, 4th edition. London: Routledge.

Kazel, R. (1998) Cardiac coaching produces better health savings. *Business Insurance* 19 October.

Miller, J. H. and Moyers, T. (2002) Motivational interviewing in substance abuse: applications for occupational medicine. *Occupational Medicine* 17(1): 51–65.

Miller, W. R. (1994) Motivational interviewing, III. On the ethics of motivational intervention. *Behavioural and Cognitive Psychotherapy* 22: 111–123.

Miller, W. R. and Rollnick, S. (1991) *Motivational Interviewing: Preparing people to change addictive behaviour*. New York: Guilford Press.

Miller, W. R. and Rollnick, S. (2002) *Motivational Interviewing: Preparing people for change*, 2nd edition. New York: Guilford Press.

Miller, W. R., Benefield, R. G. and Tonigan, J. S. (1993) Enhancing motivation for change in problem drinking: a controlled comparison of two therapist styles. *Journal of Consulting and Clinical Psychology* 61(3): 455–461.

Perz, C. A., DiClemente, C. C. and Carbonari, J. P. (1996) Doing the right thing at the right time? The interaction of stages and processes of change in successful smoking cessation. *Health Psychology* 15: 462–468.

Prochaska, J. O. and DiClemente, C. C. (1992) Stages of change in the modification of problem behaviours. In M. Hersen, R. Eisler and P. Miller (eds) *Progress in Behaviour Modification*. Sycamore, IL: Sycamore Press.

Prochaska, J. O. and Zinman, B. (2003) Changes in diabetes self care behaviours make a difference in glycemic control: the Diabetes Stages of Change (DISC) study. *Diabetes Care* 26: 732–737.

Prochaska, J. O., DiClemente, C. C. and Norcross, J. C. (1992) In search of how people change: applications to addictive behaviours. *American Psychologist* 47(9): 1102–1114.

Resnicow, K., DiIorio, C., Soet, J. E., Borrelli, B., Hecht, J. and Ernst, D. (2002) Motivational interviewing in health promotion: it sounds like something is changing. *Health Psychology* 21(5): 444–451.

Rollnick, S. (1998) Readiness and confidence: critical conditions of change in treatment. In W. R. Miller and N. Heather (eds) *Treating Addictive Behaviours*, 2nd edition. New York: Plenum.

Solomon, J. and Fioritti, A. (2002) Motivational intervention as applied to systems change: the case of dual diagnosis. *Substance Use and Misuse* 37(14): 1833–1851.

議論のポイント

- 本章で概略を述べた変化のサイクルを参考にしながら，あなたが個人的に変わるように求める具体的で興味がそそられる状況のうちで，最も最近の実例を振り返って考えてみよう。その状況と，あなたが成し遂げた変化を記述してみてほしい。どのような支援が特に評価できたか？ 特に役立たなかった介入は何だったか？ あなたの反応を振り返って，こうした役に立った，あるいは役に立たなかった介入が行われたとき，あなたはこの変化のサイクルのどこにいたか？
- あなたのコーチング実践について考えてみて，変化の前熟考段階でクライエントに対して行われた有効な介入の具体例をあげてほしい。クライエントはどのように反応したか？ あなたの介入が有効であるという証拠は得られたか？

- あなたはコーチングセッションそして，より広いコーチング関係をつうじて，クライエントのことをつねに心にかけられるように，コーチとしてどのような活動が行えるか？
- 動機づけ面接法は，どのようにほかのコーチングアプローチを補ったり，それと対照させるか？ 本章の結果から，あなたは何をどのように実践に統合するか？

推薦図書

DiClemente, C.C. and Prochaska, J.O. (1998) Toward a comprehensive, transtheoretical model of change: stages of change and addictive behaviours. In W.R. Miller and N. Heather (eds) *Treating Addictive Behaviours*, 2nd edition (pp. 3–24). New York: Plenum.

Miller, W. and Rollnick, S. (1998) *Motivational Interviewing: Professional Training DVD*.

Miller, W. and Rollnick, S. (2002) *Motivational Interviewing: Preparing people for change*, 2nd edition. New York: Guilford Press.

Passmore, J. (2006) Integrative coaching. In *Excellence in Coaching: The Industry guide*. London: Kogan Page.

（戸部真吾訳）

第10章

ナラティブコーチングと
学習心理学：多文化的視点

ホー・ラウ
(Ho Law)

はじめに

　ナラティブコーチングは，物語を語るという手法により，個人やグループが組織やコミュニティにおいて幸福になったり成果をあげたりできるように援助するものである。ナラティブコーチは，生活体験についての語りを積極的に傾聴し，そのなかに隠された意味や価値，スキル，強みを見つけ出し，行動の計画に向けての新たな筋書きを再構築することによって，クライエントがあこがれや希望，夢を達成できるようにする。

　ナラティブコーチングは，学習理論のような心理学の基本原理に加えて，文化人類学も基礎としている。本章では，コーチングを支えるナラティブアプローチは学習心理学に基づくべきであると主張したい。

　ナラティブアプローチの定義は，コーチング心理学特別団体 (SGCP) が採用して主流となっている定義 (Grant and Palmer, 2002 を改変した Palmer and Whybrow, 2006) によく似ているが，われわれは文化的次元をコーチングに組み入れることで，クライエントが意味ある目標を達成するための潜在能力をもっと解放するように手助けできるというフィリップ・ロジンスキー (Philippe Rosinski, 2003) の考え方にその定義をいっそう近づける。両者の重要な違いは，このアプローチが文化的側面に敏感なため，さまざまなコミュニティでとりわけ適用可能な点にある。

ナラティブコーチングの発展

ナラティブアプローチは，もともとは文化人類学に基づいている。たとえば「通過儀礼」とか，「境界の空間」を通過することを特徴づける儀式のようなメタファを用いる（Van Gennep, 1960; Turner, 1967; Turner and Brunner, 1986）。これらのメタファは，人びとの知覚，情動，認知そして幸福を変容させる強力な媒体と認められているために，心理療法にも応用されている。ナラティブ療法はそのうちの一つである。たとえば，物語を語るなかで重要な「役者」を再成員化し，「人生」は物語を定義する儀式（物語の語り直し）を「行うこと」であるとみなすときに，人生を物語や台本にたとえるメタファは，バーバラ・マイヤーホフ（Barbara Myerhoff, 1982, 1986）の研究から導き出されたものである。この話題に関する著作の多くは1980年代から1990年代に発表されており，コミュニティ，グループ，子ども，家族に対する心理療法に応用されている（Epston and White, 1992）。

ナラティブ療法は，オーストラリアのアデレードにあるダルウィッチ・センターのマイケル・ホワイト（Michael White）によって体系化された（White, 1995, 2006）。それをナラティブコーチング技法として翻案したものが，コミュニティコーチング・プログラムのなかで筆者によってイギリスに紹介された（Law, 2006; Law et al., 2006; CIPD, 2006: 10）。

ナラティブアプローチと学習心理学の結びつきについては，ヴィゴツキー（Vygotsky, 1926/1962）による発達の最近接領域という概念にまでさかのぼる（White, 2006）。筆者は，ナラティブコーチングの基礎を学習心理学におけるコルブ（Kolb, 1984）の学習サイクルに求め，包括的な統合枠組（Law et al., 2007）と呼ばれるメタモデルのなかに組み込むことで，その概念をさらに発展させた。

理論と基本概念

文化人類学も学習心理学も，異文化間問題に特に敏感で臨床的問題をもたない人びとを対象とするものである。したがって，多様性のコーチングという主要な領域にナラティブな方法を応用することは，きわめて妥当であろう。

主要な中心概念

　まず出発点としてはっきりさせておきたいのは，学習というのはクライエント／学習者とコーチが互いにかかわるとき（かかわりあいの接点）に具体的なコーチングの経験に基礎をおくものだということである。コーチングの過程は，とりもなおさず学習過程であり，学習の車輪（図 10.1）と呼ばれる。それは，コルブ（1984）の学習サイクルを修正したものである。

　学習の車輪は，次の4つの学習段階からなる。
1　具体的経験――クライエントが自分のおかれた状況をどのように経験すべきかを理解するための実例を提供する。
2　熟考――学んだ教訓についてよく考える。
3　抽象概念――経験したことを意味ある概念に翻訳する。
4　実行――以上の3段階の結果として決断する，あるいは実行する。

　コーチングという状況において「実行」という用語はきわめて広く定義づけられていることに留意してもらいたい。これは，行動に移す実験として学習サイクルの最終段階を狭く定義したコルブとは対照的である。たとえば，実行は決断を含んでもよいので，実行しないと決断することも一つの選択肢となりう

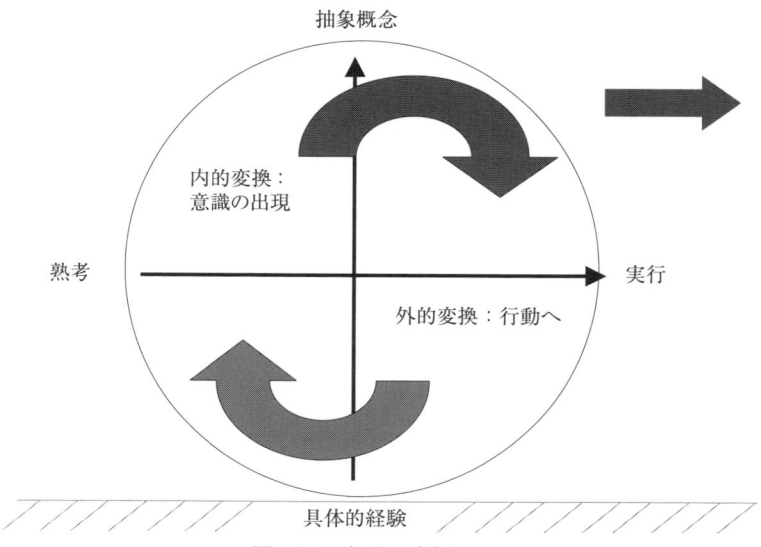

図10.1　学習の車輪
出典：Law et al., 2007（Kolb, 1984より引用）

る。
　この学習過程は，2種類の変換からなるコーチングの必要条件を前提としている。

- 内的な／垂直方向の変換——経験から気づきが現れる。
- 外的な／水平方向の変換——熟考を通して内省的な実践家としての実行へ。

　いずれの変換も自らが働きかけて起こる過程であり，自動的に進行するものではない。それぞれの学習段階のあいだに障壁や間隙があると，学習者は頻繁に「立ち往生」する。ヴィゴツキー（1926/1962）は，そのような学習の間隙を「発達の最近接領域」と呼んだ。学習における発達の最近接領域という概念はコーチングの実践に移しかえられる。職場で実績を高め，生活のなかで望みを強くもとうとするときにそれが妨げられると，人はコーチやメンターに助言を求める。このような状況においては，問題（あるいは行動）に対して，（過去の経験に基づいた）勝手知った解決策を再び使う傾向がある。距離をおいて足場を組むというヴィゴツキーの作業を導入すれば，よく知っていることがらと知りうることやできることとの間隙を埋められる。この方法は，次のような段階から構成されている。

1. **記述**：クライエントが住む世界の対象や出来事の特徴を具体的に記すように促す（取り組みの特徴づけ）。
2. **関係**：関係の開始——これらの対象や出来事を相互に関連づけること（分析，パターンの組み合わせ）によって，連想の輪をつくっていく。
3. **評価**：内省し，連想の輪をもとに具体的な現象についての気づきや学びを引き出す。
4. **妥当性の判断**：評価の妥当性を判断する——生活やアイデンティティについての概念を形成するときに，具体的な特定の状況のなかから理解や学びを引き出す。
5. **結論／提案**：実行のための計画や手引きを策定する——こうした概念展開をもとに具体的な活動の結果を予測する。

基本的な前提

　基本的な前提は2つある。第一は，コーチング心理学のためのメタモデルは次のような要素からなるだろうということである（Law et al., 2005）。

- スーパービジョンをともなう学習サイクル（たとえば，Kolb, 1984を参照）と専門家としての絶え間ない成長。

第10章　ナラティブコーチングと学習心理学：多文化的視点　　211

- 文化的環境の理解。
- コーチと学習者のあいだの流動性——学習者はスキルや知識をもち，コーチは学習者と同様に学習する。

　第二は，マイケル・ホワイトのナラティブな実践をわれわれのコーチング場面にあてはめ，人間の本性やコミュニティについて次のような前提をもつことである。

1　意味がわれわれの人生に形を与える（White, 2006を参照；詳細な理論的考察についてはLaw et al., 2007を参照）。
2　人生は，ただ一つの物語から成るのではなく，多くの物語から成り立っている。ただし，学習者の人生においては，いっそう目立つようになっている物語と，あまり顧みられない物語がある。しかし，こうした物語も彼らの発達にとって重要な意味をもつかもしれない。
3　主要な意味形成の枠組：物語の筋書き——ナラティブコーチングの実践家は，語り手の語る物語の筋書きを主要な意味形成の枠組とみなし，そこから意味を汲み取ることになる。そして，（前提1で記したように）今度はこれがわれわれの人生を形作る意味を与えることになる。
4　個人もコミュニティも，力や知識，スキルをもっているのに，われわれのもとにやってくるときにはそのことに気づいていない。コーチングを求めてやってくる人びとの多くは，まさにこのような状態（ジョハリの窓の盲点）にある。

自分の人生の目標や社会的目標，仕事上の目標，それらに続くコーチング目標の達成への道をどうして自ら閉ざすのか？

　前提4を補足すると，個人がもっているのに，忘れ去られ，あるいは隠された力は，彼らが語る物語のなかではわずかな痕跡をみせているにすぎない。したがって，コーチの役割は，こうした隠された力やスキル，知識を発展させることにある。それゆえ，コーチがすべき仕事は，クライエントの人生の旅の重要な局面を突き止め，クライエントが見落としがちだった生き生きした経験（わずかな痕跡）を評価できるようにすることである。ナラティブコーチングの視点からすれば，コーチと学習者は「意味生成者」とみなすことができる。

ナラティブアプローチに助けられて学習者はどのように目標を達成するか？

　コーチングにおけるナラティブアプローチでは，新たな状況に対処していく

知識やスキルを本人が自覚している以上にもっていることを，クライエント（とりわけ異文化圏からやってきた者）が気づけるように導く。コーチと学習者のやりとりを通して，学習者は自ら語った物語をもとに，自分の人生に価値を与えてくれるものについての説明を修正していく。この説明は，学習者自身の人生やアイデンティティ，希望や夢などについての概念を具体化する役目を果たす。ナラティブの実践を通して展開した新たな物語は，人びとが前進するための土台となる。コーチングの仕事は，発達の最近接領域のための足場づくりを助けることである。マイケル・ホワイト（2006）は，いわゆる「行動の風景」や「意識の風景」へと向かう遠大な課題をいくつかの段階に区切ることで，発達の最近接領域のための足場を作る体系的な方法を開発している。この足場を作るにあたって，「行動の風景」や（学習者が人生の物語や個人的アイデンティティの物語を展開するのを助けるための質問によって意識化される）「アイデンティティの風景」にしたがって，学習者はあちらこちらに概念の旅をすることになる。マイケル・ホワイト（2006）が言うように，「足場を作る質問をとおして，このような既存のものに代わる新たな心の風景が豊かに描写されるのである」。

行動の風景

行動の風景というのは，語り手が描く出来事で構成されている。これらの出来事は，時間の経過にしたがって年代順に並べられ関連づけられており，それによって語り手の人生の自伝的・歴史的な旅が用意されることになる。どんな物語もそうだが，学習者によって語られる一連の出来事は，その人物の対処の仕方や成功・失敗を反映したテーマと合わさって筋を生み出すものである。言い換えれば，行動の風景は，次のような要素から構成されている。

- 時間軸——つい最近のこと，少し前のこと，ずっと昔のことというような出来事の起こった時間。
- 出来事——個別の出来事の集まり。
- 状況——その出来事が起こった状況。
- 連鎖——個々の出来事は相互に関連しあってクラスターあるいは系列を成している。
- 筋あるいはテーマ——出来事は，たとえば戦略，成功，喪失，失敗などのような結果をもたらす。

ジョハリの窓（図10.2）のレンズを通して行動の風景を眺めると，コーチン

自己へのフィードバック

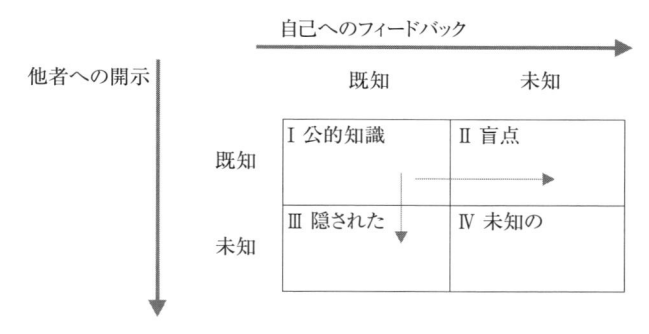

	既知	未知
既知	Ⅰ 公的知識	Ⅱ 盲点
未知	Ⅲ 隠された	Ⅳ 未知の

他者への開示 ↓

図10.2　フィードバックを与える：ジョハリの窓

グのセッションで学習者が語ろうと決めた物語は，学習者自身はよく知っているものだが，コーチの知らないテーマ（4象限のうちの領域ⅠとⅢ）も含まれているかもしれない。

意識の風景

意識の風景は，語り手自身のアイデンティティによって構成されており，自身のアイデンティティやその時代の文化によって形づくられる行為や出来事の結果を示している。意識の風景は，聞き手がその物語から得た理解をも表している。これらの理解は，意図についてであったり，内面についてであったりする。

- 意図についての理解——価値，目的，抱負。個人的動因。回復。
- 内面についての理解——認識（自覚）。学習。

ジョハリの窓でいえば，意識の風景は，語り手の盲点を明らかにすることがある。それは通常，物語の筋のなかにかすかな痕跡として姿を現す。コーチには，それを理解し，さらに明確にしていくことが求められる。

実　践

ナラティブアプローチには多くの技法がある。複合的なナラティブアプローチは，次のような技法や段階で構成されている。

- 内面を開く会話（1：1）
- 書き直し／再成員化（1：1）
- 第三者である立会人の語り直し（1：1：n）

- 定義づけの儀式（コミュニティ）——語り直しのさらなる語り直し

　ナラティブ技法は，どれも学習者が自身の内的経験を物語形式で語るというものであり，内面を開く会話の一形態であると思われるかもしれない。確かに，内面を開く会話は，どんなコーチにとっても，学習者の隠されたアイデンティティを知り，学習者にとって盲点となっている可能性のあるものを見極めるための出発点となる。物語を語ることは，会話のなかで個人の人生経験を外在化するための適切な方法である。ただし，物語が展開するとともに，会話がどのように進んでいくかについては微妙な違いがみられるようになる。どのテクニックを用いるべきかは，学習者がコーチングのセッションにもち込む物語の内容によって決まってくる。たとえば，曾祖母のようなずっと昔の最愛の人についての話であれば，コーチは再成員化のテクニックを用いてその物語をさらに発展させるように促すだろう。だが，失敗や自信の喪失，学習された無力感など，トラウマとなっている出来事についての物語もある。そのような場合には，物語の書き直しによって，再び希望や夢を生み出すような新たな物語を作り上げる可能性が与えられる。第三者である立会人と定義づけの儀式は，学習者の経験についての物語を共有し，舞台の真ん中にいる語り手のテーマに共鳴するためのグループ討議を促進する強力な道具となる。

　ナラティブアプローチの目標は，学習者の人生経験についての物語を書き直すことによって，学習者のスキルや知識をさらに伸ばすことである。

内面を開く会話

　ヴィゴツキーの最近接領域の発達を促進するという課題は，マイケル・ホワイトのナラティブ研究と組み合わせられて，われわれのコーチ－学習者間の内面を開く会話を構成している。このような対話は，足場づくりの次のようなステップに対応するものである。

- ステップ1　記述：学習者あるいは語り手は，自分の最近の経験を述べる。特にコーチは，学習者が自分の問題解決スキルから得られる独自の結果について語るように導き，学習者が学んだり目標を達成したりするために障害となっているものを見極めたいと思うかもしれない。
- ステップ2　関係のマッピング：コーチは，学習者のライフストーリーのなかで混乱が認められるさまざまな領域において確認された障害や問題がどのような影響をもつかをはっきりと描き出す。混乱が生じている領域は，家庭かもしれないし，学校，職場，仲間関係かもしれない。あるいは，友

情関係や自分自身との関係（自己アイデンティティ）といった親密な関係かもしれない。あるいは目的かもしれないし，将来の可能性や大きな望み，価値，希望，夢などの人生展望かもしれない。われわれはコーチに，学習者の人生のあらゆる領域にわたってこの問題の影響をはっきりと描くように求めてはいない。コーチは，学習者の目標や大きな望みにとって最も重要と思われる領域に焦点を絞ればよい。

- ステップ3　評価：会話の終わり頃に，コーチはその特定の領域の物語にみられるテーマや筋の影響を評価することになる。
- ステップ4　妥当性の判断：この評価の妥当性を判断する。
- ステップ5　結論あるいは提案：このステップはナラティブな計画には含まれないが，コーチングセッションをより完全なものにするために，あえてこのステップを加えた。コーチとしての実践において，われわれは学習者が厄介な障害を克服し，自身の目標を達成するために行動計画をはっきりと立ててくれるように求める。メタ方法論に関しては，熟練したコーチはそれを認知行動テクニックのようなほかのアプローチと関連づけることもある。

こうした5段階の探求によって特徴づけられるコーチの精査の結果として，学習者は自身の人生やアイデンティティについての価値ある結論に導かれ，それをことばで表現するようになる。それは，信念や価値，傾倒，欲望，優先的な目標，あこがれ，願望，公約，希望，夢などについての結論である。

書き直し

学習者がコーチに自分の物語を語っているとき，ナラティブコーチに求められるスキルには，共感的に傾聴することのほかに，時間とともに展開していく話の出来事をテーマや筋にそって並べていくことがある。物語の展開とともに，学習者は物語において重要な役割を演じる何人かの主要な人物について言及するようになり，それらの人物が何者であるかに関してコーチと同じ決定をくだすようになる。書き直しのための会話を行っていくなかで，コーチは学習者すなわち語り手が自分の人生において顧みなかった多くの出来事や珍しい結果あるいは例外を，別の筋立てのなかに見つけ出す手助けをする。このような珍しい結果あるいは例外は，会話を書き直す出発点となる。まさにここが学習者の人生の新たな筋立ての入り口となる。最初のうちは，これらの珍しい結果あるいは例外は，きわめてわずかしかその痕跡をのぞかせない。筋立てには欠落部

分があるのがふつうである。ナラティブコーチは，学習者がこうした欠落部分を埋められるような質問を行って，成長への足場を築いてあげる必要がある。マイケル・ホワイト（2006）がいうように，「これが，学習者が自分の経験したことを呼び戻す手助けをし，想像力や意味形成の力を伸ばしたり訓練したりし，学習者を惹きつけ好奇心を誘う足場構築である」。

コーチングを通してナラティブコーチは，学習者がこのような新たな筋立てを構築し，話の筋を明確にしていく手助けをする。コーチは，このような筋立てが実のところ学習者の経歴にいっそう深く根ざしていることを発見するだろう。

このように足場を築くさいに，コーチは一連のナラティブな質問をする。それは人生の旅のようなもので，（ジェローム・ブルーナ〔Gerome Bruner, 1964〕のメタファによれば）「心の風景」のなかをコーチと学習者が「語りながら歩き回る」のである。ナラティブの用語でいえば，「行動の風景」や「アイデンティティの風景」ということになる。コーチによる足場構築のための質問に支えられながら，こうした会話を通して，新たな心の風景が鮮やかに描き出されていく。

再成員化

再成員化の会話は，話のなかで思い出す人びとを何となく断片的に思い出すことではない。物語のなかで想起し直し，語り直すべき人物は，本人の経歴のなかで重要な意味をもつ人物であるか，あるいは本人が生きている今の人生のアイデンティティに関連する人物である。バーバラ・マイヤーホフ（1982）の著作におけるメタファとしての「再成員化」を用いつつ，マイケル・ホワイト（2006）は，再成員化のための会話とは次のようなものであると述べている。

- 「人生」を「会員制」クラブとして，「アイデンティティ」を人生の「組合」として想起する。
- アイデンティティを一つの考え方でとらえるのが現代の西洋文化ではやりの「カプセルに閉じこもった自己」の特徴であるが，再成員化のための会話はむしろアイデンティティを多様な考え方からとらえることに寄与する。
- 人生における会員資格を変更する可能性を認めている。すなわち，ある会員資格を格上げしてほかの会員資格を格下げするとか，ある会員資格を尊重してほかの会員資格を無効にするとか，個人的アイデンティティの問題に関してある考え方に権威を与えて，ほかの考え方の資格を剥奪するとい

った可能性を認めている。
- 人びとの人生における重要な会員資格のなかで共に生み出されてきた優先的なアイデンティティや人生に関する知識，生きるためのスキルについて豊かな説明を行う。

さまざまな会員資格を再検討するさいに，コーチは語り手自身のアイデンティティや知識，スキルについてさらに説明を探し求めることができる。豊かな描写をとおして，多くの重要な成果や決定，学びや問題解決の実践を発見するかもしれない。それらは，語り手のアイデンティティの感覚や知識，スキルに対して重要な貢献をしているだろう。こうした気づきが学習者個人の発達の基礎となる。その結果として，コーチと学習者は自分たちがどのように前進したらよいかについての明確な計画を立てられる。

第三者である立会人の語り直し

前項において述べられた内面を開く会話は，グループやチームにあてはめることもできる。そこでは，一人以上のグループメンバーが，物語の立会人として振る舞うように求められる。参加者には，聴衆を前にして自分の人生についての物語を語る権利が与えられる。選ばれた第三者としての立会人は，ナラティブコーチの補佐役として，伝統的な承認という役割を超えて学習者に対して支持的に振る舞う。物語を聴いたあとで，第三者としての立会人はコーチから，その物語を語り直すように求められる。特に彼らは，自分自身の経験から判断して物語のどのあたりに共鳴するかというコーチの質問に導かれる。第三者としての立会人による語り直しは，必ずしも元の物語の完全な説明になっているわけではない。むしろ彼らを特に魅了した部分に焦点づけたものとなっている。

第三者としての立会人は，聴いた話のうち特定の側面について語り直すという形で物語に応答する。第三者としての立会人による語り直しが行われる場の文化に依存しながら，こうした活動は承認の伝統によって形作られる。マイケル・ホワイト（1995, 1997, 2000, 2006）によれば，第三者としての立会人による思慮深い反応には4つのカテゴリーがある。ナラティブコーチングの実践家は，第三者としての立会人に次のように尋ねたり導いたりすることになる。
- 語り手の表現を確認する。
- その物語が喚起したイメージを述べる。
- 彼ら自身の人生経験のなかで対応する反応を具体的に見つける。
- その物語から彼ら自身の人生へと知識を「移す」ことを認める。

定義づけの儀式（コミュニティ）──語り直しのさらなる語り直し

ナラティブ実践の文脈（そして，ポスト構造主義というもっと広い文脈）においては，個人の自己アイデンティティは個人の私的達成に左右されるものではなく，次のような社会的，歴史的そして文化的な力によって決定される。
- 自分自身の経歴。
- ほんとうの自分自身という感覚。
- 公的，社会的に達成したこと。
- 自分のアイデンティティに関する本人の主張の承認。

こうした説明からわかるように，定義づけの儀式は，それまでは社会的な条件（特に異文化的な状況）によって近づけなかった語り手の自己アイデンティティに社会的承認を与える強力な方法といえる。ナラティブの用語で言い換えれば，定義づけの儀式は，物語の新しいテーマや別の筋に厚みをもたせ，これがなければ得られないだろう力を語り手に与える。

定義づけの儀式は重層的であり，次のような構造をもつ。
1　物語の語り──儀式の中心にいる語り手が行う。
2　語りの語り直し（最初の語り直し）──第三者としての立会人によるもの。
3　語り直しの語り直し（二度目の語り直し）──最初の語り手によるもの。
4　語り直しの語り直しの語り直し（三度目の語り直し）──先の第三者としての立会人によるもの，あるいは別の第三者としての立会人によるもの。

理論的にいえば，こうした語り直しの過程は，いつまでも続けられる。実際に物語の語り直しが何層になるかは物理的・時間的な制約によって変わる。

定義づけの儀式は，すべての参加者の「動き」であり，グループワークやコミュニティワークは会議やコミュニティ集会の形式で行うのが理想である。それは，これまでの自分でなく，なりたい自分になる絶好の機会を語り手に与える。比喩的にいえば，語り手は参加の直接的な結果として，（今ここの）人生において，ある場所から別の場所へと移動させられている。

このアプローチには，コーチと学習者とのあいだの会話以外の形もありうる。たとえば，筆記，電子メール，日記や手紙，また，会議の場で学習者の物語を称える証明書を発行することなどである。

第10章　ナラティブコーチングと学習心理学：多文化的視点　　219

どのようなクライエントにいちばん有効か？

　住むため，あるいは仕事のために別の国からやってきたクライエントにとって，このアプローチは特に有効であることがわかっている。場所つまり文化が変わったことに悩むクライエントに特有な問題は，自分の素晴らしい能力や価値，信念が当然のものであると考えることを含む。
　ナラティブコーチングの本質はクライエントが物語をいかに明確にできるかに強く依存するので，その適用は言語的なコミュニケーションに限定される。クライエントが言語面で問題を抱えていたり，言語的なコミュニケーションスキルが十分でなかったりする場合は，描画や演劇など，別のコミュニケーション方法が用いられることもある。
　このアプローチは子どもや若者にもたやすくあてはめられる。実際，この方法のもとになっているマイケル・ホワイトの実践は，ほとんどが子どもに対する家族療法に基礎をおいている（たとえば，White and Morgan, 2006 を参照）。これを行うさいには，コーチはもっと想像力を働かせて，子どもにもわかるような比喩を使えるようにする必要がある。たとえば，子どもが好きなおもちゃについて話したとしたら，コーチは「あなたの価値や信念について，その話は何を教えてくれるのかな？」のように尋ねるのではなく，「もしあなたがおもちゃだったとしたら，何を考えるか想像してみて」とか「もしおもちゃがあなたの声を聞くことができるとしたら，あなたはおもちゃに何て言うかな？」のように尋ねることになる。英国心理学会倫理実践規約の遵守に加えて，子どもや若者を相手にするコーチは，2004年児童法と情報共有に関するその手引きも参照すべきであろう。

事例研究

　定義づけ儀式のメタファの方法が，コミュニティコーチング・プログラムに適用された。それに先立ち，3日間のコーチング・プログラムが2006年2月から3月にかけてイギリスのピーターバラで行われた。それは，ホームオフィス（入国管理，旅券，反テロリズムを扱う主導的な英国政府機関）の資金提供を受けたポジティブイメージ・プロジェクトの一環として行われたものであった。そのプロジェクトは，ピーターバラ人種的平等協議会（PREC）の

指導のもとに，その会員によって運営された。エンプシー有限会社は，その会員の一つであり，本プロジェクトのコーチング部門を担当した。プロジェクトは，コーチングを通して持続的なコミュニティを生み出すことを目的としていた。筆者はその役割モデルの一人であった。ポジティブイメージ法は多様な活動や協力をともなう大がかりなプロジェクトであったため，この事例検討では，コミュニティコーチング・プログラムの部分のみを報告することにする。スノーウィ・アガ，ノー・フィアー有限会社と筆者は，そのプログラムを実行するために任命された。

クライエント

ピーターバラのさまざまなコミュニティから 40 人以上の人びとがコミュニティネットワーク会議に出席した。その会議は，ポジティブイメージ・プロジェクトを成功させた。プログラムには，さまざまな層のクライエントが参加した。

- 資金を援助するパートナー ── ピーターバラ人種的平等協議会，ポジティブイメージ・プロジェクトのマネジャー。
- ポジティブイメージ・プロジェクトの共同出資者や役割モデル（手本となる人物）。
- 学習者── 黒人，少数民族，女性団体，旅行者などを含む多様なコミュニティ，あらゆる年齢層の人びと。

抱える問題

コミュニティグループが定義づけの儀式にもち込む問題のほとんどは，言語や文化による障害，そして，主流となっている文化からどのようにして社会的支援や資金援助を獲得できるかというものであった。

コーチング

定義づけの儀式を促進するための導入として，オーストラリアのアデレードで開催された国際ナラティブ療法祝祭会議（Combrink et al., 2006）から手に入れた物語の語り直しを行った。

カロス・カンブロ〔南アフリカの NPO〕の活動で，キャンプファイアを囲んで劇，ダンス，物語，パントマイム，創作的作文，人生の物語の共有などが行われ，希望や夢が複雑に入り組んだパターンが織り上げられた。

第10章　ナラティブコーチングと学習心理学：多文化的視点

　　　　　　　キャンプファイアのまわりで，
　　　　　　　歌って踊り，
　　　　　　　あらゆるものから解放される。
　　　　　　　子どもたちは自由に語れるから
　　　　　　　楽しかった時について
　　　　　　　人生の良いことすべてについて
　　　　　　　子どもたちは知ることができる……

　中国では箸の代わりに矢を用いて何世紀にもわたって物語が語り継がれてきたように，この物語は語り手の心に特に響いた。聴衆すべてに箸が渡され，折るように言われる。初めの参加者は苦もなく箸を折る。次に，束ねた箸が示される。

　ここで重要な点は，

　　　　　　　一人では，われわれは弱い。
　　　　　　　一緒になると，われわれは強い。
　　　　　　　社会的な協力は，われわれの力である。

　主旨が伝えられた後，参加者は，話し合い用のテーブルの数にしたがって6つの小グループに分かれた。そのあと，ナラティブアプローチを用いて参加者のスキルや知識を立て直すためのワークショップが開かれた。それは，これまで述べてきたように，参加者の人生経験についての物語を書き直すという原則に基づいたものである。

　グループごとに少なくとも一人が自ら進んで語り手となり，もう一人が司会者を演じるように求めた。語り手には，最近身につけたスキルや知識を思い出して，司会者に話すように求めた。各グループのそのほかの参加者は，第三者としての立会人の役割を演じた。第三者立会人グループはそれぞれから少なくとも一人を昼食後の全員参加セッションで語り直しの役にあてるように求められた。

　この実習は，参加者が次のようなリストを作る成果をあげることをテーマとしたものであった。
- コミュニティネットワークに関連するスキルや知識のリスト
- 社会的な取り決めに関連した価値のリスト
- 次の段階に進むための行動のリスト
- コミュニティネットワークの後援者となって，こうした活動を進めていく契約を結ぶボランティア（と連絡窓口）のリスト

全員参加セッションの聴衆は，大勢の第三者立会人グループとなり，さまざまな物語の語り直しや語り直しの語り直しに立ち会い，それを支える役割を演じた。グループ討議の結果は啓発的でもあり，われわれを勇気づけるものでもあった。8歳の女の子が勇気を出して語り手となったときの光景は，とても感動的であった。彼女は，英会話の学習経験について語った。2年前に家族と一緒にはじめてイギリスに来たときには英語を一言も話せなかったという。その彼女が今，大勢の人を前に英語で語りかけているのを目の当たりにすることは，参加者に勇気を与えた。彼女が語りはじめると，興味深いことに彼女の弟も自分自身の経験について話しはじめた。彼が一緒に語ることで，話す勇気が周囲に伝わっていった。

　それぞれのグループは，多くの具体的行動を生み出した。

1　コミュニティネットワークに参加する。
2　コミュニティネットワークの一部になる。
3　ただ「おしゃべりする」だけでなく，「行動する」という形で参加する。
4　あらゆるレベルで経験を分かち合い，参加する。
5　ほかの人びと，特にさまざまな少数派を巻き込む機会を創り，育成する。
6　「キャンプファイア」や物語を語るといったアイディアについて組織（たとえば野生生物自然保護トラスト）のなかで議論し，実行に向けて進めていく。
7　詳細や関心が共有されるよう密に連絡をとる。
8　「われわれはその集会に何をもたらすことができるか」を問う。
9　あらゆるネットワーク作りの機会に参加する。
10　コミュニティネットワークが行っている恵まれない地域の再生を支援する。

　要約すれば，参加者自身の物語が語り直された話に耳を傾けていると，それに触発されて次のような感情や価値（意識の風景）そして行動（行動の風景）が生まれる。

意識の風景
- 誇りの感覚
- 尊重
- 安心
- 自己や新たなスキルの理解

- 自己達成の感覚
- 過去に犠牲にしてきたものへの気づき
- 自己への気づき
- 自己実現
- 倫理的な配慮
- 楽しい想い出
- 信頼感
- 責任感
- 勇気
- 動機づけ
- 深いかかわり

行動の風景
- 伝え合う
- 他者と深くかかわる
- 障壁を打ち砕く
- 決断する
- より強く打ち込む
- 敵意を克服する
- 偏見を克服する
- 理論を実行に移す
- 肯定的な行動をとる

　カロス・カンブロの活動で「キャンプファイア」のまわりで語るというアイディアがこのコミュニティの想像力をかきたてたが，それを目の当たりにできたのは，うれしい驚きであった。語りのセッションの参加者には，「ピーターバラではどこにキャンプファイアがあるんですか」と尋ねてくるものがいた。ほかの多くの参加者にも同様に，自分たちのコミュニティで自分たちのキャンプファイアを作ろうという感情が呼び覚まされた。そうした成果として新しいコミュニティネットワークが生まれた。キャンプファイアのメタファは，2006年10月に黒人月間式典の一部としてコミュニティネットワークによって実施された。これは，野生生物トラストによっても，自然保護のコミュニティイベントの一つとして実施され，（子どもから大人まで）200人以上の参加者を集めた。

見つかった問題点

- 物語を最初に語った人物の妥当性，信頼性，代表性の問題――多様なコミュニティのなかの個人やグループの物語を語り直したり，記録したり，広めたりする民俗誌学者の役割を演じるナラティブの実践家として，われわれは彼らに敬意を払うことを正当に評価したのかどうかについては，倫理的なジレンマを感じる。とても個人的な物語や政治的に微妙な物語もある。語り直された物語は語り手の意図を正しく表しているだろうか，語り直された物語は妥当なもので，はじめの物語が意味したことを確実に反映しているだろうかといった問題も提起される。
- 利害関係者への感謝の気持ち――秘密を守るため，語り手の名前や身分がわからないように匿名性が保持される。そうすると，物語の出所に敬意を表して語り手に感謝の気持ちを伝えることが難しくなる。
- そのような物語を広めるにあたり，コーチとして，コンサルタントとして，そして研究者としてわれわれがとる責任――一方では，アカデミックな研究者と同様に，専門家として，そうした物語を広め，得られたスキルや知識を仲間と分かち合う義務を負っていると感じていた。もう一方では，そうした物語を語り，知識を与えてくれた人に配慮し，敬意を払うこととのバランスをとらなければならなかった。
- 物語の所有権――とても風変わりで個人的な物語もあるが，それがひとたび集会で語られ，語り直され，公共の場で広められたとき，（そこから得られた）スキルや知識はコミュニティで共有された。そうした知識を伝える物語が広まることによってとても恩恵を受ける人がいる一方で，いっそう広い場で共有されるには物語があまりにも個人的すぎると感じる人もいる。ここで，これらの物語の所有権・著作権の問題がもちあがってくる。著作権は，その物語を原稿に起こして報告した書き手にあるのか，それとも，その物語の語り手にあるのか？　物語や知識を広めることに関する権限，責任，管理する権利は誰にあるのだろうか？　そして，物語や知識を広めることは，誰のためになるのだろうか？
- 規則や規制――組織の規則や規制によって，自然保護区で火をおこすことは厳に慎んでもらいたいと管理者は判断した。そこで，われわれは象徴的な代替物を使わざるをえなかった。すなわち，本物の火の代わりにろうそくに火をつけ，大きなテントを用意した。
- イギリスの気候――キャンプファイアを用意して野外で物語を語るという

のは，イギリスではとても難しいことがわかった。われわれは追加行事の日程を夏に組んだが，その年で最も暑い週であったにもかかわらず，その日は雷雨のために行事を開始直前に中止せざるをえなかった。

引用文献

Bruner, J. S. (1964) The course of cognitive growth. *American Psychologist* 19: 1–15.

CIPD (2006) News-Sort it with a story from down under. *Coaching at Work* 1(2): 10.

Combrink, A., Maree, J. and Mabolo, M. (2006) Breaking the silence: stories as tool for healing in marginalized communities. Presentation at International Narrative Therapy Festive Conference, Dulwich Centre, Adelaide, 1–3 March.

Epston, D. and White, M. (1992) *Experience, Contradiction, Narrative and Imagination: Selected papers of David Epston and Michael White*. Adelaide: Dulwich Centre.

Grant, A. M. and Palmer, S. (2002) Coaching psychology workshop. Annual Conference of the Division of Counselling Psychology, British Psychological Society, Torquay, UK, 18 May

Kolb, D. A. (1984) *Experiential Learning: Experience as the source of learning and development*. Englewood Cliffs, NJ: Prentice Hall.

Law, H. C. (2006) Can coaches be good in any context? *Coaching at Work* 1(2): 14.

Law, H. C., Ireland, S. and Hussain, Z. (2005) Evaluation of coaching competence self review on-line tool within an NHS leadership development programme. Special Group in Coaching Psychology Annual National Conference, City University, London, December. Published (2006) in *International Coaching Psychology Review* 1(2).

Law, H. C., Aga, S. and Hill, J. (2006) 'Creating a "camp fire" at home'. Narrative coaching-community coaching and mentoring network conference report and reflection. In H. C. Law (ed.) *The Cutting Edge*, Volume 7, No. 1. Peterborough, UK: Peterborough School of Arts Publication.

Law, H. C., Ireland, S. and Hussain, Z. (2007) *Psychology of Coaching, Mentoring and Learning*. Chichester: Wiley.

Myerhoff, B. (1982) Life history among the elderly: performance, visibility and re-membering. In J. Ruby (ed.) *A Crack in the Mirror: Reflexive perspectives in anthropology*. Philadelphia, PA: University of Pennsylvania Press.

Myerhoff, B. (1986) Life not death in Venice: its second life. In V. Turner and E. Brunner (eds) *The Anthology of Experience*. Chicago, IL: University of Illinois Press.

Palmer, S. and Whybrow, A. (2006) The coaching psychology movement and its development within the British Psychological Society. *International Coaching Psychology Review* 1(1): 5–11.

Rosinski, P. (2003) *Coaching across Cultures*. London: Nicholas Brealey.

Turner, V. (1967) *The Forest of Symbols: Aspects of Ndemby ritual*. Ithaca, NY: Cornel

Paperbacks.
Turner, V. and Brunner, E. (1986) *The Anthology of Experience*. Chicago, IL: University of Illinois Press.
Van Gennep, A. (1960) *The Rite of Passage*. Chicago, IL: University of Chicago Press.
Vygotsky, L. S. (1962) *Thought and Language*. Cambridge, MA: MIT Press. (Originally published 1926.)
White, M. (1995) *Re-Authoring Lives: Interviews and essays*. Adelaide: Dulwich Centre.
White, M. (1997) Definitional ceremony. In M. White, *Narratives of Therapists' lives*. Adelaide: Dulwich Centre.
White, M. (2000) Reflecting team-work as definitional ceremony revisited. In M. White, *Reflections on Narrative Practice*. Adelaide: Dulwich Centre.
White, M. (2006) Presentation in Narrative Therapy Intensive Workshop, Dulwich Centre, Adelaide, 20–24 February.
White, M. and Morgan, A. (2006) *Narrative Therapy with Children and their Families*. Adelaide: Dulwich Centre.

議論のポイント

- 本章では，異文化間の文脈においてナラティブコーチングを学習心理学に結びつけた。特に，ヴィゴツキーの発達の最近接領域とコルブの学習サイクルについて説明した。コーチングに応用できそうなほかの学習理論をあげられるだろうか？ あげられるなら，それらの学習理論は，本章の事例研究で議論したような文化的次元に敏感に対応できるだろうか？
- 書き直しのための会話の目標は，自分自身の人生経験についての物語を語り直す作業によって学習者のスキルや知識を立て直すことにある。書き直しの会話は，参加者が自分の人生において近い将来に向けて一歩を踏み出すための足場となる（「行動の風景」）。コーチとして，実行すべき新たな提案を生み出すよう語り手を促す質問を工夫できるだろうか？ それはどのような質問か？ それらの質問の特徴はどのようなところにあるか？ 書き直しの質問を進める前に，意識の風景のなかで豊かな物語を発展させるための足場を築くことがナラティブコーチに求められていることを忘れてはならない。そうした質問は，どのような文脈において最もうまく適用できるだろうか？
- 意識の風景についての質問に対して学習者が初めに示す反応は，自分の属性，特質，足りないところ，動因，欲求，資産，勇気，特性など，自己アイデンティティのさまざまなカテゴリーに関するものである。しかし，ナラティブアプローチの考え方によれば，このような決めつけは学習者の前進を阻むかもしれない基礎を提供することになるだろう。言い換えれば，彼らは「型にはまって身動きがとれない」状態にある。語り手が別のアイデンティティのカテゴリーをもつように

導くためには，ナラティブコーチはどうする必要があるだろうか？　一般にどのようなカテゴリーが必要だろうか？
- 第三者としての立会人による語り直しは，グループに三人以上の参加者がいれば実施できる。そのような状況では，グループの一人以上の参加者が第三者としての立会人の役割を演じられる。ナラティブな舞台における第三者としての立会人と，聴いたりノートを取ったり感想を述べたりといった過程の出来映えを評価する観察者との違いはどこにあるだろうか？　第三者としての立会人による語り直しは，組織のための選択を評価するというグループ実習向けに修正して適用できないだろうか？　もしできるなら，それは特にどのような価値があるだろうか？

推薦図書

Law, H.C., Ireland, S. and Hussain, Z. (2007) *Psychology of Coaching, Mentoring and Learning*. Chichester: Wiley.

　本書は，多くの実践的な演習や事例研究と結びつけながら，Universal Integrated Framework の理論面や実践面について詳述したものである。その枠組の評価に関する章も設けられている。

Law, H.C., Ireland, S. and Hussain, Z. (2006) Evaluation of the coaching competence self review on-line tool within an NHS leadership development programme. Special Group in Coaching Psychology Annual National Conference, City University, London, December. Published (2006) in *International Coaching Psychology Review* 1(2).

　本論文は，Universal Framework について簡潔に解説するとともに，それが国営医療サービスのリーダーシップ・プログラムのためのオンラインツールとしてどのように用いられているかを具体的に説明している。そのオンラインツールの評価やその数量的な検討結果についても報告している。

Rosinski, P. (2003) *Coaching across Cultures*. London: Nicholas Brealey.

　本書は，新たに登場した異文化間コーチングを発展させる先駆的な業績とみなされている。それは，社会文化人類学の成果に基づいている。文化の違いに対応するときや人種にかかわるコーチングを提唱するさいに，文化指向の枠組を提供してくれる。最も高次のレベルでは，コーチは差異を最大限に活用することによって，多様性を貫く統一性を達成しようと目指すだろう。

White, M. (1995) *Re-Authoring Lives: Interviews and essays*. Adelaide: Dulwich Centre.

　本書は，実践を通して理論の有効性を裏づけたマイケル・ホワイトのナラティブ療法に関する刺激的なインタビューや初期の評論を集めたものである。

（榎本博明訳）

第11章

神経言語プログラミング（NLP）コーチング

ブルース・グリムリー
（Bruce Grimley）

はじめに

　神経言語プログラミング（NLP：Neuro-linguistic programming）コーチングは理論的基礎をもたない実用主義的アプローチであり，構成主義心理学，行動主義心理学，経験心理学と理念を共有している。NLPコーチングは多くの心理学的アプローチを利用していて，あからさまに折衷主義的な姿勢をとっている。NLPの創設者は，クルト・レヴィン（Kurt Lewin）のように「優れた理論ほど実用的なものはない」とは主張せず，複雑なだけで少しも実用的でないような理論には傾倒しなかった。その代わり，彼らはメタ学問分野としてNLPを記述した。彼らは主観的経験の構造を研究したので，最大の関心事は，人が何かをするときそうするわけをいちいち納得してやっているのかを**記述する**ことだった。
　NLP創設時に，共同創設者であるジョン・グリンダー（John Grinder）とリチャード・バンドラー（Richard Bandler）の指導者であったグレゴリー・ベイトソン（Gregory Bateson）が，この「芸術であり科学であるもの」は，システム理論，変形文法，ゲシュタルトの影響を吹き込まれたものとしても記述されるべきであると考えたのは理解できる。NLPは多くの手法がそのあとに残っていく方法論をもった考え方として記述されている。NLPコーチとして働くときは，コーチにとって真実であることよりも，クライエントにとって有効であることを強調するアプローチを採用する。

第11章 神経言語プログラミング（NLP）コーチング

神経言語プログラミングの発展

　NLPについて知っておくべき重要な点は，核となる活動がコーチングではなくモデリングだということである。市場に出回っているNLPのコーチング本は，その多くがNLP^{training}と適切に表記されている。言い換えると，それらはNLPに関するものというよりも，クライエントの変化を促進するために作られて役立っているモデルを適用してクライエントを訓練するものである。1970年代中頃に，最初のモデルであるメタモデルが作られた。その後，ミルトンモデル（Milton model），アイ・アクセシング・キュー（eye accessing cue〔眼球の動きで相手の情報を得る方法〕），6ステップ・リフレーム（six-step reframe）がそれに続いた。これらはすべてモデルであり手法である。本章を読み進めると，それについて多くの発見があるだろう。

　NLPの二人の共同創設者は1980年代に袂を分かった。それは平穏無事にはいかなかったようで，結果として，1996年にリチャード・バンドラーは，ジョン・グリンダーに対してNLPの創設と実践にかかわる多くの申し立てをし，訴訟を起こした。この件は2000年2月に解決し，双方ともNLPとのかかわりについて，それぞれの功労をけなさないようにすることに同意した。ジュディ・ドーロジアー（Judy De-Lozier），ロバート・ディルツ（Robert Dilts），レスリー・キャメロン－バンドラー（Leslie Cameron-Bandler），フランク・ピュスリック（Frank Pucelik），スティーブン・ギリガン（Stephen Gilligan），デイビッド・ゴードン（David Gordon），スティーブ・アンドレアス（Steve Andreas）とコニリー・アンドレアス（Connirae Andreas），ララ・ユーウィング（Lara Ewing），クリスティーナ・ホール（Christina Hall），ワイアット・ウッズモール（Wyatt Woodsmall）たちはいずれもNLPの草分け時代からの共同開発者であり，それぞれの関心領域に合わせてモデルを構築した。NLPに多くみられる鍵となるパラドックスの一つに，卓越したモデルを作るように求められたことがあげられる。このモデルは，モデリング過程そのものを記述するパターンの発見，コード化そして実証が，グリンダーによって「芸術的手腕」（Bostic St. Clair and Grinder, 2001）と表現されたように，どれほどアルゴリズムをもっていなくても，基本的にはアルゴリズムなのである。

理論と基本概念

　このように，NLPは多くの実践家から理論的根拠がないとみなされている。しかし，その開発された手法の多くを手に取って，使ってみると，心理学者はNLPの手法とコーチング心理学者たちが用いる手法とが酷似していることに気づいた。最近，ワークショップを進めたとき，あるゲシュタルト心理学者が「私ならそのデモンストレーションをとてもうまく行えたのに」と批評した。ゲシュタルト心理学はNLPが初期に行ったモデリング計画のモデルの一つなので，このデモンストレーションにおいて，私はNLPを行っていたのではなく，むしろ，ゲシュタルトから生まれたメタモデルと知覚ポジショニングを応用していただけである。

　NLP全体を支えている理論は構成主義である。このことは，英国心理療法協議会の傘下組織である経験構成主義の部門のなかに神経言語プログラミング療法ならびにカウンセリング協会をおくときに，英国心理療法協議会から正式に認められている。イマヌエル・カント（Immanuel Kant）と同じく，NLPは，ただの現象的表象である外界（NLPではファーストアクセス，あるいはF^1と呼ぶ）にアセスすることは提案しない。ファーストアクセスの言語的変形（NLPではF^2と呼ぶ）はすぐに行われ，成功と困難な事態の基礎を形成する意識された「現実」を生じさせる。逆説的ではあるが，成功したときにわれわれを外界とつなげるのも，失敗したときにわれわれを外界から遠ざけるのも，この「現実」である。

　ほかの理論的ならびに哲学的なルーツの多くがNLPの実践に情報を提供している。ここでは，いくつかの鍵となるルーツに焦点をあてる。

目標設定理論

　目標設定理論はNLPコーチングの基本となるものである。もしどこへ向かうかがわかっていなければ，どこで曲がるかは問題にならない。目標設定によって，われわれは向かうべき方向がわかり，安定性が与えられ，有意義な決断を行える。NLPコーチにとって，目標は肯定的に述べられ，感覚的な証拠に基づき，測定可能であり，タイムフレーム内にあり，クライエントがもっていなければならない。また，クライエントの信念や評価としっかり調和するものでなければならない。NLPコーチングにとって，目標設定の最も重要な側面

は，社会，組織あるいは親から承認されるためにそうせざるをえない場合と比較して，クライエントが本当にこの目標を達成したいと望むかどうかを確かめることである。

　リチャード・バンドラーと袂を分かった後，ジョン・グリンダーは個人的かつ専門的な発展を目指すにはどちらの目標を選ぶかというとき，無意識をとても強く強調する「ニューコード」（new code）を開発した。彼は，意識的な心よりも無意識の心のほうがこうした重大な決定をする態勢を整えていると指摘した（Bostic St. Clair and Grinder, 2001）。

ゲシュタルト

　ゲシュタルト療法は NLP の最初のモデルであり，このモデル化計画から「メタモデル」が生まれた。ゲシュタルト療法は，まさにフリッツ・パールズ（Fritz Perls）的なやり方で，クライエントの気づきを助けるものとして設計された。ジョン・グリンダーはこのモデルを，適切な挑戦とともに人の発話における 13 の統語パターンの集合として表現した（Bostic St. Clair and Grinder, 2001）。端的にいうと，本質的にそれらは，何が，いつ，誰が，どのように，どこで，から始まる質問である。こうした質問のスキルは，クライエントが，感覚に基づく言語を用いて何とか目標を定められるようにすることを保証するのに有効なだけでなく，ひとたび目標が設定されると，何が目標達成を妨げているかをはっきり理解することにも力を貸してくれる。

　クライエントが役員会でプレゼンテーションを行おうとして浮き足立っているとき，有効な質問は「正確には，どのくらい大変なのか？」である。これは，クライエントに難しいことばを使わないようにさせ，代わりに，感覚に基づく正確なことばを使って経験を表現するよう求め，問題の本当の原因との結びつきを作る効果をもつ。こうすることで，クライエントは問題の全責任をとれるようになる。ミルトンモデルは，意識する心に迂回路を作って無意識の心と直接に意思疎通を図るために，ことさらに漠然としたことばを使っており，メタモデルはミルトンモデルとよく対比される。

　ゲシュタルトから生まれたもう一つの手法は，知覚ポジショニングである。この手法はクライエントにとってよい情報を集めるのに有効であり，プレゼンテーションを受ける人の立場に自分をおいて，その人の目と耳をとおして見聞きするものである。その人は何を見て，何を聞くのか？　こうすることで，クライエントは何が起きているかについて多角的な説明を手に入れる。メタモデ

ルと知覚ポジショニングによって，クライエントは，自分で理屈づけた現象学——それはF^2変形の機能である——に基づく最優先の変化のみにかかわって何も得られないより，もっとよく自分全体とかかわり，そこに順応できるようになる。

　ゲシュタルト心理学から受け継いでいるこれらの側面は，NLP が要求する自己認識の必要性をとてもよく扱っている。いったんそのような自己認識をもつと，単刀直入にいうなら，次の段階は柔軟性である。私の構成概念や表象は，特定の状況における変更を受け入れられるほど十分なゆとりがあるのだろうか？　多くのクライエントの答えは「ゆとりはない」である。そのようなクライエントは，A 地点から B 地点へ車で移動しようとしている人に似ている。地図には B 地点へ行くたった一つのルートしか描かれていない。そのルートがある日閉鎖されていたらどうするだろうか？　そのような頼りない地図をもつクライエントは確実に窮地に陥る。しかし，複数のルートを正確に表現している地図をもつクライエントは，ただ別のルートを選べば自分の目標に到達できる。

　必要な多様性というシステムコンセプトは，「システムの内部監査機構は，それが扱おうとしている環境と同じくらい多様でなければならない」(Morgan, 1997: 41) という NLP の前提の一つである。NLP コーチは，地図の内容をもっと充実させて，クライエントがもっといろいろな選択肢を手に入れられるよう手助けする。このように柔軟性を備え，選択肢を用意することを強調するのが，NLP コーチングの鍵である。

変形文法

　メタモデルの成立をたどると，グリンダーがどのように変形文法を理解したかがとてもよくわかる。実際，彼は変形文法とその方法論を「NLP における最も広範囲な影響の一つ」(Bostic St. Clair and Grinder, 2001: 66) あるいは「モデリングの基礎」(Bostic St. Clair and Grinder, 2001: 77) と表現した。変形文法の核心は，われわれの言語行動が規則によってコントロールされているということである。記述し分析し説明するためのしかるべき対象は，すでに考えたように，実際の言語ではなく，母国語の話者が暗黙のうちに無意識に理解できる基本規則の集まりである。NLP と対をなすのは，人間行動の卓越した点も規則でコントロールされているという考えである。このような基本規則のおかげで，ある時点で注意が向けられなければならない行動が何であるかを特定できる。

第11章　神経言語プログラミング（NLP）コーチング

　これらの基本規則は，個々のモデリング計画をとおしてNLPのなかで明確になった。たとえばエリクソンのモデル化において，バンドラーとグリンダー（Bandler and Grinder, 1975）は，2種類あるバーバルペーシング〔同じことばを繰り返したり，相づちを打ったりすること〕は個人がもつ管理規則へのアクセスに不可欠なことを発見した。第一に，クライエントの観察できる経験行動を記述すること，第二に，クライエントの観察できない経験を記述することである。したがって，クライエントが自分をどう知覚するかと，クライエントをコーチがどれだけよく記述できるかとの相乗効果が重要である。

　クライエントをこのようにとらえるモデルによってNLPコーチは，特定の基本規則にこだわることで，どのようにクライエントが自らを意図的に妨害するかを深く理解できる。クライエントはほとんど無意識的にこうしたこだわりを示す。クライエントがそのパターン化に気づいて，もっと生産的な言語や行動を生み出す代替パターンを見つけられるよう手助けし，クライエントを目標に向かわせることは，NLPコーチにとってコーチング過程の一部なのである。

　クライエントが「デイビッドが私をそのように見るときは，私の話が脱線していると思っているんです」というとき，われわれには表層構造つまり実際の言語が提示されている。NLPコーチが行う最初のステップは，「この表層構造は深層構造を完全に表しているのだろうか？」と尋ねることである。実際に欠けた部分があることにコーチが気づいたとき，メタモデルは具体的な説明を求めはじめる。それには「たとえば？」「どのように知っているのか？」「どのように脱線したのか？」「誰の話の筋なのか？」「正確な話の筋は何か？」などの問いが含まれる。欠けた部分をクライエントが埋めていくにつれて，この状況を記述するモデルが内容豊かになり，より多くの選択肢がみえてくる。

行動主義

　行動主義から発展した自己知覚理論にしたがうと，われわれは連合とラベルづけを通して学習する（Hampson, 1984）。たとえば，ジョニーがつまずいて頭をぶつけたとき，母親が「まぁ，痛いだろうに」というような場合である。われわれは行動主義に大いに基づく社会化の過程をとおして，感情と経験の意味を学習する。なぜ頭をぶつけると「痛い」のかは，それが母親の「地図」と一致し，子どもに内在化するからである。子どももこのように学習する。しかし，そこで止まってはいけない。幼いジョニーは，医療従事者，社会サービス提供者，教師，医者，心理学者がみな同じように言うので，苦痛は社会で支え

なければならないという「事実」になることを知る。NLPのこの地図を作る2つのひずみは，「ジョニーがテーブルに頭をぶつけたことが，側頭部に感覚を引き起こす」という因果と，（言語学の用語で，われわれが連合をとおして，特有の方法でどのように意味を生み出すかを指す）等価の複合概念である。この感覚は痛みを意味し，結果として苦痛になる。これはジョニーの「現実」を生み出すF^1，F^2変形の融合である。

映画『馬と呼ばれた男』(1970)において主演のリチャード・ハリスは，乳首にひっかけられて吊るされる通過儀礼を経験する。想像するに，19世紀のスー族の文化は，身体感覚とそれが意味することに関して，〔今とは〕きわめて異なった等価の複合概念（F^2変形）をもっていたのだろう。

しかし，行動主義とは違ってNLPは，精神の「ブラックボックス」に何が起こったかに興味をもち，社会的学習理論のように，記憶，動機づけ，認知構造，注意に関心を向けた。アルバート・バンデューラ（Albert Bandura）が示したように（Gross, 1987: 534），子どもは模倣をとおして学習し，重要な他者からほめられる行動を知る。子どもはその後，将来，ふさわしい文脈でそうした行動を使うために，そうした人をモデルとする。これはおもに無意識の行動と考えられている。

NLPは行動主義心理学と類似した専門用語を多く用いる。たとえばアンカリング〔特定の体験に対して，五感を利用した感覚的な刺激を条件づけし，その体験を定着させて，たやすく引き出せるようにすること〕は古典的条件づけで用いられた。典型的なNLPの手法では，次のようにアンカリングが用いられるだろう。プレゼンテーションを行うことを文脈と考えてみる。引き金は，われわれのクライエントにプレゼンテーションを頼んだ上級管理職である。NLPコーチは，クライエントが，求める感情状態を引き出すような肯定的経験を見出せるよう補助する。アンカーは認められ，行動主義における条件刺激と同じものとなる。それには身体的活動，心象，内在世界などがあげられる。

われわれの例では，コーチは，クライエントが克明に状況を思い出せることに気づいている。その状況とは，彼女が学校の16歳以下のホッケーチームを率いるように頼まれて非常に自信をもったときのことだった。コーチは，彼女に自信がある感情状態をアンカーと結びつけるよう仕向けた。この連合はたいてい2，3回作られる必要があり，そのときに，自信を経験した状態のピーク時とこの連合がちょうど合っていること，そして，アンカーがいつも正確に同じであることが重要である。

感情状態とアンカーの連合が形成されたら，クライエントは新しいアンカーと問題の引き金や問題の状況とを結合する練習をする。新しい連合が形成されるまで，これも繰り返される。未来ペーシング〔望んでいる行動が自然に，自動的に起こるようにするため，未来の状況を想定して意識のなかでリハーサルを行うこと〕とキャリブレーション〔他人の無意識的，非言語的反応を理解する過程〕の後，マネジャーの声を聞くたびに自信を感じるようになり，20分間の練習が終了する。マネジャーの声は，アンカーによって，自信という感情資源を自動的に活性化する（条件反応）。NLPのさらなる前提は「人は成果を得るために必要なすべての資源をもっている」というものである。この場合は，クライエントはつねに資源をもっていたが，この状況でアンカーを使えなかったということになる。

TOTE モデル

理論よりも実用性に焦点をあて，矛盾しているモデルを結合することで，NLPはその創造性を示す。NLPは，手法のレパートリーに古典的条件づけや社会的学習を取り込むだけでなく，方法論の中心にTOTEをすえた。TOTEは，行動の基本的な構成単位である刺激-反応パラダイムに取って代わるものとして，ミラー，ギャランター，プリブラム（Miller, Galanter and Pribram, 1960）によって考案された。TOTEは，一人のNLPコーチが，一連の操作をとおして，クライエントが今いるところから望む場所へ移動するのを助けるために用いられるメカニズムである。TOTEは人が不一致を経験することで操作可能となり，操作が検証され，一致を経験したときに最終的にそこから抜け出す。そのプロセスは，NLPの主義，結果，鋭敏性，柔軟性によってうまく要約される。

一人のクライエントを例にとると，役員会でプレゼンテーションするとき，望ましい結果は，自信をもって振る舞うことである。会議でプレゼンテーションすることについて考えている段階では不一致がある。クライエントはこの状況への信頼をまったく失っている。不一致がどのようなものかに焦点をあて，NLPコーチが助けることによって，クライエントは特に何が変わる必要があるかを明らかにできる。それはとにかく心構えかもしれない。肯定的な独り言，十分な準備，より多くのアイコンタクト，そのほかの活動といった課題の集まりかもしれない。これは，変わる必要があるものを引き出し，クライエントがこうした変化を遂げられるように課題を課すTOTEの操作〔O〕の側面である。

そのような変化を操作できるようにするとき，人が実際に受けるフィードバックと自信に満ちあふれた人が得るフィードバックとがどれほど釣り合っているかを理解するためには，フィードバックに敏感であることが重要である。課題を行ってから，われわれの望むフィードバックが得られたとわかったとき，われわれは一致を経験し，プレゼンテーションを行う場面において手順化された一連の操作を手に入れてTOTEを抜け出す。われわれが望んだ結果とフィードバックが一致しないとき，新しい一連の操作が試されるか，既存の操作が改善される。目標が達成され，TOTEを抜け出す合図である一致を経験するまで，TOTEは何度も循環する。

要　約

たったこれだけの章のなかで，NLPを導き出すすべての心理学的理論に触れることはできないだろう。ここには一般意味論，システム理論，再帰属理論，社会的比較理論，認知的不協和理論，臨床的催眠，家族療法，自我状態理論，認知理論，精神力動理論が含まれる。これまでに述べたことで，NLPがその発展のなかでどのようにして心理学領域での類似テーマを利用するようになったかについて，みなさんはわかっていただけたと思う。

実　践

NLPの鍵となる前提は，逆らうクライエントなどはおらず，柔軟性のないコーチがいるだけということである。これが実際に意味することは，NLPコーチは自身の道具箱に一連の「手法」を備え，どの手法をいつ使うかを知らなければならないということである。しかし，これを首尾よく行うためには，NLPコーチはこうした手法を途切れなく使うことに十分に長けていなければならない。この点はカール・ロジャーズ（Carl Rogers）の考えと一致している。彼は，成功を収められる最高の技術は一時的改善である（Rogers, 1967）と述べた。実のところ，このレベルの無意識能力を得るためには，本を読むよりも，信頼できる指導者とともにNLPコーチとして訓練を受ける必要がある。NLPコーチにとってこれは，セッションには決まったフォーマットがないということを意味する。本節では，文字どおり多くのNLP手法を見つけるよりも，典型的なNLPコーチングの介入がどのように進むかを概観しよう。われわれの友人は役員会のたびにぼろぼろになるが，私は彼のそばを離れないよう

にしよう．

成果

NLPコーチがクライエントの問題を解決しようとする前に，ラポールが作られる必要がある．ラポールによってクライエントは，コーチが深層レベルでクライエントの世界地図を理解していると伝えられる．彼らがこの意志を信じているときだけ，彼らは自分を成果に導く「許可」をコーチに与える．ラポールはいくつかの方法で得られる．

表象システム

NLPコーチにとって，クライエントは表象システムをとおして間接的に世界に働きかける．われわれは最初，五感をとおして世界を表現する．たとえば，イヌはすぐれた嗅覚をもち，タカはするどい視覚をもち，コウモリは聴覚システムで世界を見る．ヒトでは，おそらく優先順位はあるだろうが五感すべてを用いる．クライエントはこの優先性に手がかりを与え，ラポールを得るために，コミュニケーションにおいてどれが優先されているかを明らかにする必要がある．もしクライエントが早口で話し，見上げながら，胸の上部で浅く呼吸し，直立姿勢で，明るい服を着て，未来が鮮やかに見えると頻繁に話し，身振りが多いならば，優先されている表象システムは視覚であろう．あなたはまっすぐに立ち，表情豊かに，ほかの人の前で自信をもって話しているように見えると，クライエントには伝える必要がある．自信をもって話すとき，どのように見えるかをクライエントに気づかせ，彼らが気づくものを描かせるような，視覚的な課題を与えることは重要である．ほかの表象システムでも，類似した手がかりが存在する．しかし，NLPコーチはそれらが何なのかを知り，クライエントに伝えることが重要である．

言語

クライエントのことばは，彼らの感情と思考を表している．クライエントにフィードバックするとき（NLPではバックトラック〔後戻り〕という），クライエントのことばを正確に使うことが重要である．意訳したくなるだろうが，意訳は，**あなたの現実を用いてクライエントの現実を解釈する**ことだと気づかなければならない．クライエントの無意識レベルでのラポールを得るためには，彼らの現実が何なのかを全体で理解するということを念頭においておく必要がある．

ボディーランゲージ

　NLPのもう一つの前提は，心と身体は一つのシステムの一部だということである。あなたが何かを考えると，その結果として身体に動きが生まれる。クライエントの身体の動きに合わせるだけでなく，あなたの身体の動きをあなた自身のことばと合わせることも，ラポールを得る重要な方法である。ボディーランゲージに注意を向けて，感情的に親密な関係にある人どうしのビデオを観ると，たとえば一人が足を組むと，もう一人も同じように足を組むことに気づくだろう。これはNLPでクロスオーバーマッチングと呼ばれることがある。足ではなく腕を組む場合もあるが，基本的には同じである。これは相手に気づかれないように一貫して行う必要がある。そうでなければ逆効果となり，クライエントはコーチから離れる手だてを探しはじめる。

メタプログラム

　メタプログラムは，情報を整理する無意識の方法であり，われわれの生活を構成するテンプレートのようなものである。メタプログラムという用語は，しばしばパーソナリティという語の代わりに用いられる。細部にとてもこだわって，あらゆる t に横線を入れ，あらゆる i に点をつける人をあなたは知らないだろうか。そうして彼らは，ゆっくり，秩序だてて働く（大きなまとまりより小さなまとまり）。あるいは，常にやる気がなく，うつむいているが，ピンチになってはじめてやる気を出す（積極的というより反動的な）人を知っているだろう。さらに，本当に良いタイムキーパーで，自分自身だけでなくほかの人もまとめあげて楽しみ，計画がある場合だけに存在するような人を知っているだろう（選択というより進行）。メタプログラムの発展は，NLPのなかではレスリー・キャメロン–バンドラーの功績である。彼女は60種のパターンを発見したと主張した（Rose-Charvet, 1997）。NLPコーチがラポールを獲得するには，クライエントがどのパターンを特徴的に受け入れているかに気づき，クライエントに評価を返すときにこのパターンを使う必要がある。

認知ポジショニング

　ラポールの構築を補うために，NLPがセカンドポジションと呼ぶものを受け入れることはきわめて有効であり，それによってクライエントの地図を直感的に理解できる。文字どおりコーチはそこにいる人がクライエントであると想像する。コーチングセッションのあいだ，コーチは心のなかで，クライエントの生理機能，話すさいのペースと声の高さを受け入れる。

第11章　神経言語プログラミング（NLP）コーチング

よくまとまった成果の獲得

クライエントとのラポールを構築したら，前述の原理にしたがって，よくまとまった成果は何かをクライエントが明らかにできるよう手を貸すことをはじめるとよい。たいていクライエントは成果の達成をいつも妨害してきた地図を使って生活することに慣れているため，思わず知らずこうしてしまうだろう。知覚ポジショニングはここで効果を発揮する。コーチは，望みを達成した誰かをクライエントに想像させ，彼らをセカンドポジションにおくよう勧めるとよい。もう一つは，「アズ・イフ」フレーム（as if frame）を用いる手法であり，まるで目標をすでに達成したかのように話し，振る舞うことである。それはどのようなものか？ プレゼンテーションをしているときクライエントはどのような感情状態でありたいか，また，役員会からどのような反応を引き出したいか，そして，このことを正確に行動に表し，ことばで表現するにはどのようにするかについて知る必要があるだろう。クライエントが成果を得たとする証拠は何だろうか？ その証拠をどのように評価するか？ クライエントは，自分がそのように行っていない場合の例も知る必要がある。

鋭敏性

コーチングでこうした過程をたびたび経験すると，クライエントはさらにコーチングの必要がないくらいとても気持ちよくなる。クライエントがしたいことをできる資質をもっていると自分自身で認識するだけで十分であり，それで成功である。

だが，ほかのケースでは「しかし」といわざるをえない。特定の状況でクライエントがどのような人になりたいかを引き出したあとに，コーチのもとにもってくる地図についてクライエントは，自分がどうしてこの人になれないかを全心全霊で申し立てはじめる。ここから前進していくために，NLPコーチはこれを処理する必要がある。精神力動理論にならってNLPは，うまくいっている上級管理職にも一次的利得と二次的利得の問題があると想定している。これらは，人が私的資源（思考と感情）と公的資源（言語と行動）を最大限に活用するのを妨害する。こうしてクライエントは，よくまとまった成果を一貫して手に入れることができなくなる。

NLPは，人びとが自分の地図の性質を変えて，より生産的な思考，感情，行動といった異なる現象学を作り上げられると主張する。NLPの根底には多くの前提がある。ここで言及しておくべき関連する前提として，すべての行動

には肯定的な意図がある（Dilts and DeLozier, 2000: 1004），というものがある。クライエントが，役員会でプレゼンテーションしなければならないときにほろほろになると訴えるとき，前提とされているのは，彼らは最善を尽くしており，震え，アイコンタクトの不足，物忘れの背後には前向きな意図があるということである。仮説として，クライエントは役員会に印象づけたいのかもしれない。この前提のもう一つの側面は，クライエントはこのように振る舞うことを学ぶということである。一次的利得が示唆するのは，そうした兆候をもちつづけることは，クライエントの意識のなかに独自の学習エピソードを入れるよりも簡単だということである。二次的利得は，クライエントがこの兆候から利益を得ることを示唆する。おそらく，クライエントはうまく対処できたと信じられず，役員会でのプレゼンテーションのさいにはいつもこのように自分自身に制約を設けてしまうのだろう。

　NLPは問題解決を目指し，コーチが過去を掘り起こす考古学的アプローチを推奨するものではないが，こうした複雑な問題を克服する手法が必要である。知覚ポジショニングを使うと，クライエントに本当に起こっていることを別の視点からうまく記述できる。認知的不協和の状態では，われわれの本当の信念が意識にのぼらないようにし，クライエントは自分が震えていて，アイコンタクトを避けており，理解を得やすいように話せない様子をみることで恐怖が生じる。そのように理解しておかないと，たとえば「私はプレゼンテーションの準備が十分にできていない」といったような，まちがった根拠にしたがって進んでいってしまう。鋭敏性を高めるのに力があるNLP手法はほかにもたくさんある。ロバート・ディルツ（Dilts, 1998）は，「純粋なNLP主義者はそれをあざ笑うけれども，心理統計学はNLPの守備範囲でさえある」と述べている。

柔軟性

　この段階では，コーチはラポールを獲得し，よくまとまった成果を引き出し，クライエントが，いま役員会にどのようにプレゼンテーションしているかと，どのようにプレゼンテーションしたいか，との違いを正確に見極めるよう手助けする。効果的なプレゼンテーションを行うための多くの作業は，それまでのコーチングをとおして，このときまでにすでに終わっているだろう。クライエントがもっと柔軟性を磨くよう手助けして，成果を達成できるようにする強力なNLP手法が，6ステップ・リフレームである（O'Conner and Seymour, 1995）。リフレームは次の段階を経てクライエントを導く。

第11章　神経言語プログラミング（NLP）コーチング

1. 変えたい行動を見つける。
2. その行動に責任をもつ立場の人とコミュニケーションを確立する。
3. 現在引き起こされている行動によって，その立場の人の肯定的意図を見分ける。
4. 同様の肯定的意図を生み出す代替行動をとるよう，創造的な立場の人に求める。
5. その問題行動に責任がある立場の人に，将来，一定期間にわたって代替行動を受け入れ，試してみるように求める。
6. この新しい行動に反対する立場の人がほかにいないかを調べ，ステップ5の課題での全体的一致を引き出す。

　メタファは，柔軟性をもっと高めるのに役立つ第二のNLP手法である。ミルトン・エリクソン（Milton Erickson）は「メタファは，変化のなかで起こる意識的な抵抗を回避するのに役立つ」と述べて，メタファを好んだ。NLPコーチは，この場合，人前で振る舞う能力にあまり信頼をおいていなかった若者が，いかにうまくそれを克服したかという話を語るかもしれない。これはクライエントの現在の経験を標準化するだけでなく，彼の遍歴の深層構造に合致し，それに意識的に気づかずに解法を与えるものである。メタファは極力目立たないようにして効果的に働く必要がある。

　キャリブレーションはNLP手法の一つであり，これを使うことでコーチは，クライエントが「問題状態」について語っていないときでさえ，いつそれにアクセスしているかを知ることができる。クライエントがその「問題状態」にアクセスしたさいに示す眼球運動などの手がかりに気づくことで，NLPコーチはそのような時点と恵まれた状態とをアンカリングする。そして，絶えずアンカリングを行った結果として，将来，クライエントが問題状態にアクセスしようとするといつも，自分が恵まれた状態にアクセスしているので，内心では思わず知らず笑ってしまう。キャリブレーションの鍵は正確性である。NLPには「一度は事件，二度は偶然，三度目はパターン」ということばがある。コーチが，アイ・アクセシングや行動に表れたわずかな動きと問題の内的状態とを正確に結びつけることは重要である。そのようにできているとコーチが確信しているとき，彼らはわずかな手がかりを，すでに合意ができているポジティブで望ましい状態や信念にアンカリングすることを始められる。

　NLPコーチが使えるツールはほかにもあり，クライエントはその助けを借りて，いっそう柔軟にAからBへ移動できるようになる。これまでに述べたこ

とで，NLP手法の過程といくつかの例の背後にある考え方を理解してもらえたものと期待する。

どのようなクライエントにいちばん有効か？

過程を指向する分野であるNLPは，すべての人を支援できると信じている。進んで探求し実験しようとするクライエントは，NLPアプローチからいちばん利益を得る。NLPはただ平均を上回るよりも卓越することに関心があるとする考えを共有するクライエントは，このアプローチに惹かれる傾向がある。最後に，曖昧なものにも肯定的に反応でき，長いあいだ彼らを制限していた現実を保留しようという課題を楽しむクライエントには有効だろう。多くの自己をつくり，そのうち自分の求める成果に最適な自己をすぐに受け入れる能力があると認識しているクライエントは，NLPコーチングから最も多くのものを得る。

すでに述べたように，NLPコーチの有効性を妨げているのは，そのアプローチに柔軟性が足りないということだけであり，これがNLPの前提にある。ラポール構築のはじめが大事だとすると，自分が専門とする分野や領域のクライエントをコーチするものは，もっと容易にラポールを作り上げられるとわかり，それゆえに，この過程をもっと速く進められるだろう。

事例研究

序盤（成果）

マシューは英国でトップのパブリックスクールで教育を受け，最近までアメリカ企業の（100,000ポンドを超える年収の）販売管理職だった。かなり販売実績を向上させたにもかかわらず彼は解雇され，とても腹を立てていた。

コーチングは，このクライエントがコーチングに何を望むかを説明することから始まった。彼は自分が「型にはまって」いて，そこから抜け出したいと望んでいることがわかった。これが彼の求める成果であり，もし達成できれば，コーチングは成功であると認めた。第1回のセッションにおいて，この「型」を作り上げているものが複数の問題であり，彼はいずれに対しても成果を得たいと望んでいることが明らかになった。彼はすべての「問題」を心のなかでひとまとめにしていたので，一つ解決できないとすべてが解決できないと認識し

第11章　神経言語プログラミング（NLP）コーチング　　243

てしまい，その結果，怒りと無力感を感じていた。
　コーチは彼の問題を了解し，はじめにそれをカテゴリーに分けることにした。その結果，2つのカテゴリーが得られた。
・緊急か／それほど緊急でないか
・重要か／それほど重要でないか
　クライエントは，以前の雇用主に対する怒りは，自分が型にはまっていることから根本的に生まれていると感じ，よりよく怒りを処理するならば，これ以外の問題にももっと効果的に焦点をあて，自分のスキルを問題解決に使えるかもしれないと感じた。このほかの問題は，満足できない人間関係，新しいビジネスへの取り組み，体重の問題，資産運用に関するものであった。
　本当の問題は何かを明らかにし，分類し，明確に表現し，それぞれの問題の成果をはっきりさせるために「メタモデル」が用いられた。こうすることで，クライエントはその問題について何かができるようになり，コントロールできる状態に戻った。

中盤（鋭敏性と柔軟性）
　鋭敏性を高めるために，クライエントは図11.1に示すモデル（Turner, 2003を改変）にしたがってコーチングを受けた。クライエントはこのモデルを使って，介入のはじめに，自分を洞察できるようにした（NLPではペーシングという）。自由になって，彼がもっとよく自分の怒りを処理できるならば，彼にとって重要なそれ以外の問題にもっとはっきり目を向けられるようになるだろう。焦点が絞られた結果，クライエントは複数の成果を達成するためにしっかりと行動できるようなるだろう。
　このモデルはTOTEアプローチともとてもうまく合う。クライエントがいったん目標を定めたら，どのようにその目標に到達するか，その方略で目標に到達できるかを明らかにする必要がある。できなければ，彼が求める成果を達成し，一致を経験し，この学習ループから抜け出すまで，方略を変えたり洗練させたりしなければならない。
　知覚ポジションは，クライエントが怒りをうまく処理できるようにするために用いられた。クライエントは，過去の状況について自分が怒っていることに気づいた最初のポジションを受け入れるよう求められた。彼はその視点を「振り払った」のち，社内のさまざまな上級管理者になりきって，彼らの視点からだけ見て，感じて，考えるように勧められた。その後，彼は，こっそり他人を

観察するように，2つの見方のつながりと関係とをみることができる第三の知覚ポジションに移行することになる。最後に，第四の知覚ポジションは，ビジネスの世界，そのなかの特定のマーケットや領域におけるもっと広い見地から，クライエントと同僚とのつながりや関係がどのようにみえるかを考えるものである。それぞれの知覚ポジションに対して，クライエントはコーチング空間内の異なった場所に立つことになるだろう。

この時点でクライエントは，現在の感情が，人間関係，減量への願望，新しいビジネスへの取り組み，資産運用のような，ほかの生活領域にどのような影響を与えているかについて考えるよう勧められた。彼の異なる生活領域を分けるために空間的なアンカーが用いられ，彼はそれぞれの領域での異なった効果

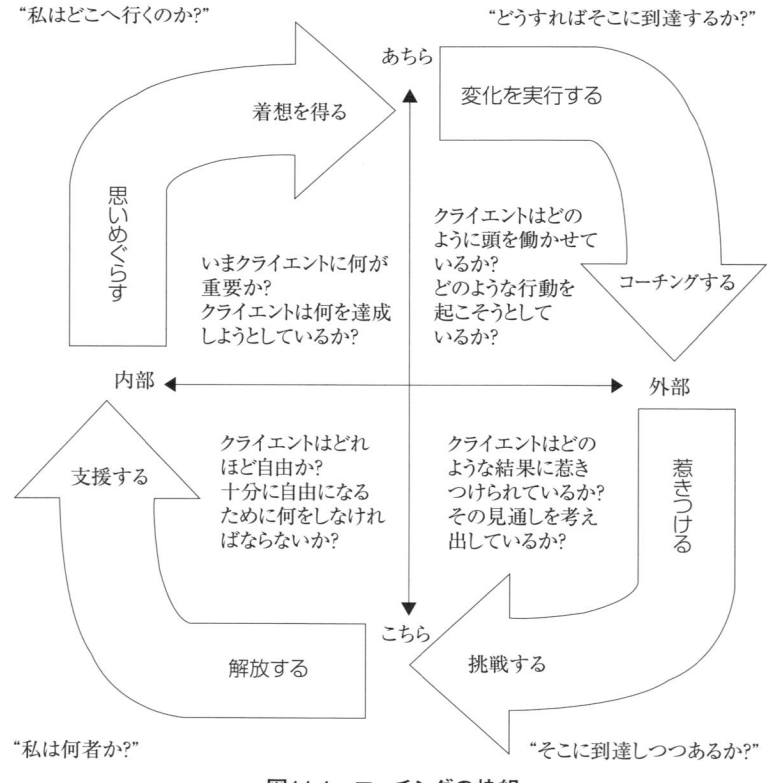

"私はどこへ行くのか？"　　　　　　　　　　"どうすればそこに到達するか？"

あちら

着想を得る　　　　変化を実行する

思いめぐらす

いまクライエントに何が重要か？
クライエントは何を達成しようとしているか？

クライエントはどのように頭を働かせているか？
どのような行動を起こそうとしているか？

コーチする

内部　　←→　　外部

支援する

クライエントはどれほど自由か？
十分に自由になるために何をしなければならないか？

クライエントはどのような結果に惹きつけられているか？
その見通しを考え出しているか？

惹きつける

解放する　　こちら　　挑戦する

"私は何者か？"　　　　　　　　　　　　"そこに到達しつつあるか？"

図11.1　コーチングの枠組

出典：四分円モデル www.mikethementor.co.uk Dr.Mike Munro Turnerの許可を得て掲載。

を評価できた。セッションが終わる頃に彼は，解雇にとても腹を立てたことで問題がどのように生じたかを，いっそうはっきりと感じとれた。異なる視点からこれをみたとき，彼は怒る代わりに，計画を立てて実行しようという気になった。実際，それに続くセッションのあいだ，クライエントは成果を達成するためにかかわれる具体的な活動にいまいっそうの力を注いだ。

　ラポールのスキルと未来ペーシングは，クライエントを支援し，コーチがこうした企てに保証人として活動するのに用いられた。メタファと同じく，文脈リフレーム（この行動はいつ役に立つか？）や内容フレーミング（これはほかに何を意味するか？）が中盤をとおして使われ，思考や感情といった内的資源が動員された。そして，よくまとまったクライエントの成果とそれらが対応づけられた。

　ミルトンモデルはこのコーチングのあいだずっと用いられた。たとえば，コーチングのあいだ，クライエントは本当に怒り罵倒するような様子をみせた。それがはじまったら，コーチは中断させて，次のように言うとよいだろう。

> 人を遠ざけ，無視しようとするなら，怒ることは本当に有効です。けれども，誰かがあなたに何かを言ったとき，あなたは怒る以外にいろいろな対応ができるでしょう。とても穏やかに返事するのが簡単なことに驚かされ，そうすると，違う反応が返ってきたり，あなたが担当をまかされたりすることに気づけます。

　クライエントはパーソナリティに興味をもち，パーソナリティプロファイリングに記入した。これは，自分のパーソナリティを知る方法をもっとはっきり理解できるようにしてくれる道具である。これをとおして彼は，実際に，人がどれほど隅々まで整然と互いにまったく異なっているかを見出した。この訓練は，コーチング成果を達成するために焦点の構造，方向，明確さのうちどれを選択できるかを明らかにするのに役立った。彼はまた，盲点となりうるのは，感情的な興奮をうまく扱うことであると正しく理解した。彼は，感情的に興奮したとき，さまざまな知覚ポジションから秩序だてて自分の状況をみる過程が，将来の状況でとても有効に使える手法であると知った。

　クライエントはジムに入り，サイクリング，ボート漕ぎ，ルームランナーでのウォーキングをはじめた。彼は個別に得られる以上の成果をもたらす目標を明らかにするために1800語の文章を書き上げ，それらの成果ごとにいっそう力を入れて活動しはじめた。クライエントは「食事日記」もつけはじめた。

これには，食事前の空腹具合を1〜10の尺度（1＝非常に空腹である，10＝まったく空腹でない）で記録して，「機械的に食事をとること」をやめる目的があった。この課題では，何をどれだけ食べたかを正確に記録することが求められた。その点数が4以下であれば，食べたいものを食べてよい。しかし，点数が5以上であったら，何かを食べるのではなく，クライエントが何か具体的な課題を見つけて，自ら努力して成果の一つに向かえるようにすべきだということになる。具体的活動の成果記入用紙がセッションで考案され，クライエントが考えなくても，とりかかるべき必要な活動のリストに向かえるようにした。こうした活動を行うことで，彼は個別に得られる以上の成果を得るだろう。

この時点でのもう一つの訓練は，NLPで（内面に目を向ける）ダウンタイムと呼ばれる手法を検討することである。これは，（5以上の点数から判断して）空腹でない場合，その状況で，彼に食べたいという欲求を起こさせているものは何かを明らかにすることであった。内心，欲求不満を感じていることか，内なる声が「できなかった」と彼にささやくことか，彼が課題の一つに失敗するという内なる視覚表象なのか？　こうして彼は，これまでの食習慣を持続させてきた内的表象を明らかにした。この過程をへて，自分に最も役立つことにしたがって内的表象を変えながら，それらをコントロールできるようになった。

おわりに（柔軟性，未来ペーシング，強化）

10セッションのうち，最後の2セッションは未来ペーシングに費やされた。これもNLPの概念であり，クライエントが未来に目を向け，何をする必要があるかについて具体的に理解できるようになるとともに，起こりうるどのような問題も等しく表面化できるようにすることを意味するものである。起こりうる問題としては，あまりに性急に他者に要求すること，減量を続けること，彼が計画したようにはうまくいかなかった場合に感情状態を管理することが提起された。これらは，すでに行われた仕事を補強することによって処理された。加えて，彼はほかのパーソナリティタイプもさらに理解しようと努め，どうすればそうしたパーソナリティタイプの人ととても効果的にかかわれるかをロールプレイした。

最後のセッションが終わってクライエントは，型にはまった性格からほんとうに脱却し，生活面でも前進していると感じた。数量化できる成果で彼の進歩が確認されたが，それには，満足いかない人間関係の終結，資産の一つの売却，

ロンドンへの引っ越し，ビジネスパートナーとなりうる人とのまじめな話し合い，彼が非常に喜んだ減量が含まれていた。彼はビジネススーツに身を包んで，いっそう見栄えがよいと強く思い，いい気分だった。

簡単な NLP 用語集

「地図は領土ではない」
クライエントの問題は外界にあるのではない。クライエントが外界を表象したもののなかにある。

「ところで，それは成果を成し遂げることをどのように助けてくれますか？」
不必要な行動に隠された肯定的な意図を明らかにするために有効な質問。

アナログマーキング（analogue marking）
声の調子，ボディーランゲージ，ジェスチャーなどを使って，文章やプレゼンテーションのなかでキーワードを強調する手法。

キャリブレイテッドループ（calibrated loop）
進行中のインタラクションにおいて，ある人の行動面での手がかりが，相手から具体的な無意識の反応を引き出すコミュニケーション様式。

チャンキング（chunking）
より大きな，あるいはより小さな部分に経験を編成しなおしたり，分けたりすること。チャンキングアップは，情報をいっそう大きな抽象的レベルにまとめ上げること。チャンキングダウンは，情報をいっそう具体的で明確なレベルに落としこむこと。

引用文献

Bandler, R. and Grinder, J. (1975) *Patterns of the Hypnotic Techniques of Milton Erickson, M.D.*, Volume 1. Cupertino, CA: Meta.

Bayne, R. (1997) *The Myers-Briggs Type Indicator*. Cheltenham: Stanley Thornes.

Bostic St. Clair, C. and Grinder, J. (2001) *Whispering in the Wind*. Scotts Valley, CA: J and C Enterprises.

Dilts, R. (1998) *Modeling with NLP*. Capitola, CA: Meta.

Dilts, R. and DeLozier, J. (2000) *Encyclopedia of Systemic Neuro-Linguistic Programming and NLP New Coding*. Scotts Valley, CA: NLP University Press.

Gross, R. D. (1987) *Psychology: The science of mind and behaviour*. London: Edward Arnold.

Hampson, S. (1984) Sources of information about the self. In P. Barnes et al. (eds) *Personality,*

Development, and Learning: A reader. London: Hodder and Stoughton.

Miller, G. A., Galanter, E. and Pribram, K. H. (1960) *Plans and the Structure of Behavior.* New York: Holt, Rinehart and Winston.

Morgan, G. (1997) *Images of Organization.* London: Sage.

O'Connor, J. and Seymour, J. (1995) *Introducing NLP Neuro-Linguistic Programming*, revised edition. London: Thorsons.

Rogers, C. R. (1967) *On Becoming a Person.* London: Constable.

Rose-Charvet, S. (1997) *Words that Change Minds: Mastering the language of influence*, 2nd edition. Dubuque, IA: Kendall / Hunt.

Turner, M. (2003) Mike the mentor, http://www.mikethementor.co.uk/

議論のポイント

- 類型論によると、われわれは一生をつうじてある類型をもちつづけ、どれを選ぶかはおそらく生得的である。選好の概念に関してローワン・ベインは「マイヤーズ・ブリッグズ・タイプ指標（Myers-Briggs Type Indicator）の文献には公式の定義はなく、おそらく類推によっていちばんよく定義される。もっともよく使われる類推は利き手である」（Bayne, 1997: 4）と述べている。もしこれを受け入れるならば、NLP コーチとしてわれわれは、クライエントが基本的に、そして確かに違った自分になるために、ある状況で彼は自分の内部構造を一時凍結したり解体したりする能力をもっていると、クライエントにどのように示せるだろうか？

- 心理学がどのように機能しているかについて語るとき、ジョン・グリンダーは、研究は平均的な活動能力を引き出せるような独立変数を見つけ出すことを目指すと述べている。彼は心理学という団体に異を唱え、なぜわれわれは素晴らしい活動やその研究にもっと関心をもたないのかと問うている。彼の考えはどれほど的を射ているのだろうか？

- 「認知行動的」ということばは、情報処理のなかで最も活用されている側面、つまり情動レベルの側面を過小評価している。NLP は、心と体は一つのシステムであるという前提をもち、確実な結果をすみやかに生み出しているが、そのモデルのなかに、この失われたつながりを基本的に含んでいる。これについて論じてみよう。

- NLP は研究の土台を欠いていると批判されてきた。「NLP 研究」と入力して、ウェブ検索してみよう。あなたが見つけた情報を踏まえて、この批判はどのくらい妥当であると思うか？　もし妥当だと思うならば、コーチング環境の急激で持続的な変化に関して NLP 実践家が主張していることについて、さらにどのように研究を進めるだろうか？

推薦図書

Bandler, R. and Grinder, J. (1979) *Frogs into Princes: Neuro Linguistic Programming*. Moab, UT: Real People Press.

DeLozier, J. and Grinder, J. (1987) *Turtles All the Way Down: Prerequisites to personal genius*. Scotts Valley, CA: Grinder and Associates.

Dilts, R. and DeLozier, J. (2000) *Encyclopedia of Systemic Neuro-Linguistic Programming and NLP New Coding*. Scotts Valley, CA: NLP University Press.

Dilts, R., Grinder, J., Bandler, R. and DeLozier, J. (1980) *Neuro-linguistic Programming*. Volume 1, *The Study of the Structure of Subjective Experience*. Capitola, CA: Meta

(國見充展訳)

第12章

人間中心的コーチング心理学

スティーブン・ジョセフ,リチャード・ブライアント-ジェフェリーズ
(Stephen Joseph and Richard Bryant-Jefferies)

はじめに

　人間中心的コーチング心理学は,メタ理論的仮定に基づいて人間に取り組む方法である。そこでは,人間は発達し成長する可能性をもっており,その内なる可能性が解き放たれたとき,より自律的で,社会的に前向きで,とてもうまく機能する方向に進んでいけると仮定されている。しかし,これは自動的に起こるものではない。適切な社会的環境がなければ,内発的動機づけは最適な機能状態へ向かうことを阻まれ,困難な状態に陥り,機能不全にいたる。したがって,人間中心的コーチング心理学者の課題は,クライエントの内発的動機づけを促進するような社会的環境を提供することである。人間中心的コーチング心理学者は,自分をいちばんよく知っているのはクライエント自身であり,クライエントが判断されたり強要されたりしていると感じないような受容的で信頼のおける関係を提供できれば,クライエントは自ら決定し,最適な機能状態に向かって動機づけられていくと考えている。この章では,人間中心的アプローチの発展を説明し,それがいかにコーチング心理学に応用できるかについて述べていく。

人間中心的アプローチの発展

　人間中心的アプローチは,もともとカール・ロジャーズ(Carl Rogers, 1951, 1961)によって発展させられた。このアプローチはカウンセリングと心理療法

においてよく確立しているが，コーチングにも応用できる。ほかの治療的アプローチと違って，人間中心的アプローチは機能不全の「修復」や「治療」を問題とせず，セラピストが専門とする医学モデルの「診断的」立場を決してとらない。人間中心的な実践家の焦点は，クライエントがどのような心理的機能状態にあろうと，もっと最適な機能状態に向かって進んでいけるように，クライエントの自立を促進することにある（Joseph, 2003, 2006）。人間中心的アプローチは人間を研究対象とするメタ理論的アプローチであり，その目的は，治療のためだけでなく，教育，養育，集団学習，葛藤解決，そして安らぎの過程（Barrett-Lennard, 1998 を参照）のためでもあったが，これらはすべて，自分をいちばんよく知っているのは自分自身であるという哲学的立場に基づいている。この考えはコーチング心理学者には容易に受け入れられるであろう（たとえば，Kauffman and Scoular, 2004）。

　人間中心のメタ理論的見地は，近年のポジティブ心理学（たとえば，Joseph and Linley, 2004, 2005, 2006; Linley and Joseph, 2004）における発展と同様に，50年以上にわたる研究と理論によって確立された心理学の伝統である（Barrett-Lennard, 1998 を参照）。人間は成長し，発達を遂げ，最適な機能状態に向かう生得的傾向を有している，というこの仮定は，自分をいちばんよく知っているのはクライエント自身であって治療者やコーチではない，という理論的基盤を提供する（Joseph, 2003; Levitt, 2005）。これは人間中心的実践にとって指導原理として役立つものであり，この原理は根本的にはその人自身による決定を尊重するという筋の通ったわかりやすい立場である（Grant, 2004）。人間中心的心理学は治療的技術ではなく，自分をいちばんよく知っているのは自分自身であるという理論的立場に基づいた考え方である（Joseph, 2003; Levitt, 2005）。

理論と基本概念

　カール・ロジャーズは**実現傾向**（actualizing tendency）と名づけたメタ理論的見方を提案した。これは，人間が成長し，発達を遂げ，最適な機能状態に向かう生得的傾向を有しているとするものである（Rogers, 1959, 1963 参照）。しかし，これらは自動的には起こらない。人間にとって生得的な最適状態を**自己実現**するためには，適切な社会的環境が必要である。ロジャーズが提案した適切な社会的環境は，人がありのままに理解され，評価され，受容されていると

感じる環境であった。そのような環境において，人間は内発的実現傾向にそった形で自己実現に向かう傾向があり，結果として幸福で最適な機能状態になるとロジャーズは説明した。しかし，ありのままに理解され，評価され，受容されていると感じるのではなく，むしろ誰かがそうあってほしいと望んでいる人としてしか評価されていないと感じるとき，人間は内発的実現傾向にそった形で自己実現できないため，結果として困難な状態や機能不全にいたる。

必要十分条件

セラピストあるいはコーチが行おうとすることは，適切な環境条件の提供である。ロジャーズ（Rogers, 1957）は，彼が考えるポジティブな治療的変化のための必要十分条件を6つ述べている（ボックス12.1参照）。ロジャーズは，これらの条件がどのような治療的人格変化の根底にもあり，成功した援助関係のいずれにおいてもこれらの条件が作用しているにちがいないと確信していた。

第一の条件は前提条件であり，これが満たされなければ，続く5つの条件は不要になってしまうだろう。心理的接触というロジャーズのことばは，二人が互いに気づいているかどうか，そして，一方の行動が他方に影響を与えるかどうかを意味している。したがって，たとえば片方が緊張状態のときは，心理的接触があるかどうかを判断するのは難しい。第二の条件において，不一致は，

ボックス12.1　前向きな人格変化の必要十分条件

1. 二人が心理的に接触した状態にある。
2. 一方をクライエントと呼ぶと，その人は不一致，脆弱，不安の状態にいる。
3. 他方をセラピストと呼ぶと，その人は両者の関係のなかで統合され〔自己〕一致している。
4. セラピストはクライエントに対して無条件の肯定的配慮を行う。
5. セラピストはクライエントの内なる準拠枠を共感的に理解し，それをクライエントに伝えようと努める。
6. セラピストがクライエントに共感的理解を示し，無条件の肯定的配慮を行っていると伝えることが最低限の達成課題である。

出典：Rogers, C. R. (1957) The necessary and sufficient conditions of therapeutic personality change. *Journal of Consulting Psychology* 21: 95–103. 米国心理学会から許可を得て掲載。

基底感情とそれへの気づき，あるいは，感情への気づきと感情の表出が両立しないことからなっていると説明される。たとえば，見ている人を不安にさせるようにみえるのに自分自身がそれに気づいていない人は，基底感情とそれへの気づきのあいだに不一致があるといえる。自分自身の不安に気づいているのに，くつろいでいると感じている人は，気づきと表出のあいだに不一致があるといえよう。第三の条件では，セラピストが〔自己〕一致している，すなわち，彼／彼女は怒りや悲しみといった自身の内的経験にはっきりと気づいており，適切と思われるときにはそれを正直に率直に表出できる。第四の条件では，セラピストは無条件の肯定的配慮を行える，すなわち，彼／彼女はクライエントを特別視せずに，クライエントを温かく受け入れられる。第五の条件では，セラピストは共感的理解を有している，すなわち，彼／彼女はクライエントの経験がどのようなものであったかを感じて理解できる。最後に，第六の条件では，クライエントはセラピストの共感と無条件の受容に気づく。ロジャーズは，これら6つの条件が満たされるなら前向きな人格変化が起こるが，6条件すべてが単にあるだけでなく，より多くあればあるほど，クライエントの前向きな人格変化が際立つと確信していた。

> 最後の条件……それは，最低限でも，セラピストがクライエントに与えていた受容と共感にクライエントが気づくことである。このような態度が伝えられなければ，クライエントに関する限りそのような態度が両者の関係に現れることはないので，治療的過程が始まることはないだろう，とわれわれは仮定する。
> （Rogers, 1957）

ロジャーズが「最低限」ということばを使っているのは，カウンセラーが共感して無条件の肯定的配慮を行っており，しかもそれをカウンセラーが伝えていると，クライエントが十分にわかっている必要はないとほのめかしているからであることは興味深い。ほんの少しでも正確に聞いて共感的に理解すれば，ポジティブな治療効果が十分に得られるのであり，論理的には，それに気づけば気づくほど治療的効果がいっそう大きくなると考えがちである。しかし，もし強さと正確さが問題だとすれば，多くを聞くがあまり正確ではなく，セラピストの理解にもあまり気づかないクライエントよりも，自分の内的世界のとても重要な部分を共感的に理解していると経験できるクライエントのほうが，ずっとセラピストにとって重要で治療的にも意味があることになる。カウンセラーがクライエントに共感して

無条件の肯定的配慮を行い，クライエントと一致しているということが伝わると，クライエントが前向きに人格変化を遂げる過程のための条件が作り出される。　　　　　　　　　　　　　　　　　（Bryant-Jefferies, 2005a: 11）

　ロジャーズ（1957）がざっとまとめた必要十分条件は，人間中心的なセラピストまたはコーチの態度面での特質を述べており，彼らがクライエントと一致していて共感しようと努め，彼らに無条件の肯定的配慮を行おうと努める過程にかかわる実践について述べている。クライエント中心療法の基本的な考えは，これら核となる態度面の特質が，実現傾向を前向きに表出できるようにする社会的環境だということである。この理論的側面こそが，核となる条件に理論面で意味をもたせている。自分が判断されているとか評価されているとは感じない環境にあれば，人間は自分を守る必要がないので，統合的な自己実現が起こりはじめる。

ポジティブ心理学

　ロジャーズ（1957, 1959）の理論の用語は心理学者にはなじみがあり，無条件の肯定的配慮，共感，一致といった用語を聞いたことがない研究者はほとんどいないだろう。しかし，これらの用語はあまりによく知られているので，理論の深さが見過ごされたり，実際よりはるかに表面的なアプローチだと誤解されたりしている懸念はあるもしれない。ジョセフとリンリー（Joseph and Linley, 2004, 2006）は，クライエント中心療法の核となる条件を，情動知性や自己決定といった，現代ではもっと主流にある用語のなかで再構成しようとしてきた。

　ロジャーズは1957年にパーソナリティ変容の6つの必要十分条件について述べているが，ジョセフとリンリー（2004, 2006）は，その主張を現代の用語に関連づけて，クライエント中心療法をセラピストの**感情知能**（emotional intelligence）に基づいて樹立された重要な経験的アプローチとして述べている。クライエント中心療法的アプローチの基本は第三の条件にあるセラピストの一致である。一致は根底にある思考と感情に気づくこと，そして，その思考と感情を状況のなかで適切に表出できる能力を指している（Bozarth, 1998; Wyatt, 2001）。そこには人間の内的認知と感情状態の一致，それらの意識的な気づき，それらをしっかり表出できる能力がある。第五の条件の共感的理解と組み合わせたとき，一致はサロビィ，メイヤー，カルーソー（Salovey, Mayer and

Caruso, 2002; Salovey, Caruso and Mayer, 2004) が述べた感情知能の4側面すべてを含むことになるだろう。クライエントの準拠枠を共感的に理解する調和したセラピストは，自分自身がどのように感じ，クライエントがどのように感じているかを深く洞察し，治療的関係という職務において自分の感情を管理して創造的に使うことができ，感情を理解して適切な名前をつけられる。これが実際に意味するのは，クライエント中心療法家は自分自身を深く理解し，クライエントと真剣にかかわれる人だということである。セラピストはクライエントの視点からその世界を理解するように努め，クライエントの生活における方向づけを受け入れて，自分の計画を押しつけないようにする。つまり，クライエントの自己決定を最優先するのである。

非指示性

このように，クライエント中心療法の最も重要な点は，本質的に核となる条件の提供ではなく，人間は生まれながらに前向きで最良に機能するよう動機づけられていて，適切な社会的環境条件のもとでその力が解き放たれる，というセラピストのメタ理論的仮定である。

> クライエント中心療法家は，人間は何を必要としているか，あるいは，いかにして人間は自由になれるか，といった仮定を立てない。彼らは自己受容，自らの方向決定，肯定的成長，自己実現，現実自己と知覚された自己の一致，現実に対する特定の見方などを進めようとしない。**クライエント中心療法は，他者による自己決定の権利を素直に尊重する実践である。**
> （Grant, 2004: 158, 太字は原文）

他者による自己決定を尊重するからこそ，セラピストは何も条件をつけない姿勢をとり，非指示的という原則的立場をとれるのであり，これがこのアプローチの際立った特徴である。ブロドリー（Brodley, 2005）はこれを次のように表現している。

> 非指示的な態度は心理学的に重要である。なぜなら，それは技法ではないからである。セラピストの成長の初期においては，「これをしてはいけない」「あれをしてはいけない」といった表面的で規範的なものかもしれない。しかし，時間をかけて自己診断を行い，セラピーを経験するとともに，それはセラピストの人格の一側面となる。それは，人間にひそむ前向

きな能力に大いに敬意を払い，人間の弱さを鋭く感じとれる感性を示している。
(Brodley, 2005: 3)

　自分の目的意識を押しつけずにクライエントの目的意識を受け入れるという第二のポイントは，すでにみたように，クライエント中心療法の最も重要な点（つまり第四の条件）であり，セラピストの一致と共感をとおして伝えられる（Bozarth, 1998 を参照）。人間の動機づけを生み出す重要な要素の一つとして実現傾向を信頼し，介入せず，介入の意図ももたないということは，クライエント中心療法家の基本である。ボザース（Bozarth, 1998）はそれを次のように追記している。

　　セラピストは，クライエントのペースで，クライエント自身の考え方，感じ方，処理の仕方で，クライエントとともに進む。セラピストが別のことを行ったり，別の意図をもったりすると，人間中心療法の本質を侵すことになってしまう。別の仕方で行うことは，それがいかなるものであろうと，このアプローチの本質に対する「そうだが，しかし」反応である。セラピストが治療計画を立て，治療目標を定め，介入的方略を作って，クライエントをどこかに連れて行こうとしたり，クライエントに何かをさせよとするとき，セラピストは人間中心療法の本質を侵している。
(Bozarth, 1998: 11-12)

　まじめで感情的に洗練された関係のなかで，人は防衛をやめ，自分をよりよく知り，人生において新たな選択ができると感じられる。

研究支援
　どの心理学者にとっても重要な問題は，当然のことながら，クライエント中心療法が人間援助の効果的方法かどうかということである。1960年代から1970年代にかけて行われた初期の研究が，必要十分条件に関するロジャーズの仮説と矛盾しない証拠を提供している（Barrett-Lennard, 1998 参照）。しかし，その後，20年以上にわたってクライエント中心療法における研究の伝統はしだいに衰退していった。その大きな理由は，研究熱心な新しい世代の心理学者が，心理療法に対する新しい認知的アプローチに関心をもちはじめ，クライエント中心療法は心理学の主流のなかでしだいに周辺的なアプローチとなっていったことである（Joseph, 2003）。その結果，利用可能なデータにまったく

別の解釈を与える研究者たちでも，ロジャーズが提案した6条件が必要十分条件かどうかという疑問にはほとんど回答を与えられないままになっている。クライエント中心的な伝統とは関心を異にする研究者は，これらの条件は必要にちがいないが十分ではないと主張するように証拠を解釈しがちであった。したがって，伝統を異にするセラピストは，さまざまな認知的あるいは行動的な技法でさらに介入する必要があるようにみえる。

しかし，クライエント中心療法家は，その同じデータを，必要条件ではないかもしれないが十分条件であると主張するように解釈してきた。改宗からトラウマ的経験にいたるまで，変化を媒介するさまざまな要因によって，個人的な発達や成長もまた生じうると考えられるので，これらの条件は必要ではないかもしれないが，それが存在するときそれらは十分条件である（概観するにはBozarth, 1998を参照）。それゆえ，さらに介入する必要はない。クライエント中心的な見方を支持して，今では治療的関係の重要さを支持する圧倒的な証拠が提示できる（Duncan and Miller, 2000; Wampold, 2001; Hubble and Miller, 2004; Bozarth and Motomasa, 2005を参照）。

実　践

それでは，自分自身をいちばんよく知っているのはクライエントであるというメタ理論的な見方が重要であるとする議論に照らしながら，人間中心的コーチング心理学の実践について述べ，この研究がコーチング心理学にも応用できるかを述べていこう。困難な状態からのがれて機能不全を軽減する過程は，幸福や最適な機能状態を促進する過程と同じなので，人間中心的な研究方法は心的機能のレベルの違いによって人間を区別しない（Joseph, 2006）。機能連続体の両端は，自己実現が実現傾向とどれほど一致しているかとの関係で定義されている。一致していればいるほど，人はより幸福であり，いっそう最適な機能状態となる。しかし，一致度が低ければ低いほど，困難な状態に陥り，機能不全はいっそうひどくなる（Ford, 1991; Wilkins, 2005を参照）。

人間中心モデルと医療モデルを対比する

このように，人間中心的アプローチは，人間の機能のネガティブな側面とポジティブな側面のいずれにも統合的で全体論的な焦点をあてているので，心的健康に関する純粋にポジティブ心理学的な見地を提供している（Joseph and

Worsley, 2005)。コーチング心理学は，機能不全にあって苦しんでいる人間を扱うさいに求められる理論的基盤や実践的技術と同じものを必要とする活動である。人間中心的コーチング心理学は，最適な機能状態を理解して高め，不適応な機能状態を軽減することをひとまとまりの課題とみなしている。それは医療モデルのレンズをとおした場合にあてはまる2つの別々の課題とみる見方とは対峙するものである（Joseph, 2006 を参照）。人間中心的コーチングは，苦悩と機能不全そのものの軽減を目指すものではなく，幸福と最適な機能状態の促進を目指すものである。しかし，人間中心的見地からすると，実際のところ，これらは2つの別々の課題というよりはひとまとまりの課題である。このように，人間中心的視点に立つと，カウンセリングとコーチングに理論的差異はない。その人がどこから出発するかは重要ではない。人間中心的心理学の創始者の一人であるジョン・シュリーン（John Shlien）は，もとは 1956 年に行われた講演において次のように述べている。

　　心理学的カウンセリングで開発された技術によって機能不全の人間の発展的能力が解き放たれ，彼らがいっそう健康的になるなら，この技術は**完全には**機能していない健康な人間にも利用可能であろう。われわれが健康のポジティブな目標に着目するなら，人間がどの状態からはじまるかよりも，ポジティブな目標の望ましい終着点をどのように達成するかにもっと関心をもつようになるだろう。　　　　　　　　　　　　（Shlien, 2003: 26）

カウンセリングとコーチングを対比する

　したがって，訓練の到達水準と期間は，人間中心的コーチング心理学者が心理学的機能の連続体上のどこで働けるかを決めるときにしか問題にならない。人間中心的コーチング心理学の実践に関していえば，コーチの課題は，クライエントが頼りになると経験し，受け入れられ理解されていると感じるような社会的関係を育てることである。しかし，治療過程はカウンセリングで使われているものと同じであるにもかかわらず，医療モデルに基づいて2つの異なる専門領域が発展してきたという事実が，内容の違いを生み出している（Joseph, 2006 を参照）。ごく簡単にいえば，使用する用語によって扱う対象となるクライエントが決まる。カウンセリングでは，生活のなかでうまくいかなかったことを振り返るのに対して，コーチングはこの先に何がうまくいくかをみるものである，というのが一般的理解である。過去を振り返りたいクライエントには

カウンセリングを提供し，未来を向きたいクライエントにはコーチングを提供することになるだろう。人間中心的セラピストあるいは人間中心的コーチの課題は，どちらの場合でも同じであり，その人とともにいて自己決定を助けることである。このように，理論的過程のレベルでは，コーチング心理学者，カウンセリング心理学者，臨床心理学者のどの資格で雇われようと，人間中心的心理学者の課題はいつも同じである。しかし，内容を実践するレベルでは，セッションの進め方が異なってくる。その理由は簡単で，クライエントが一般的にコーチングとは違った素材をカウンセリング場面にもってくるからである。

　　人間中心的アプローチのような治療的アプローチでは，クライエントに何をするかではなく，**どのように向き合うか**が治療的に重要なのであり，この「どのように向き合うか」をクライエントは受けとめなければならないと主張している。　　　　　　　（Bryant-Jefferies, 2005b: 114，太字は原文）

事 例 研 究*

　アンは心理学者の部屋にいた。それは三回目のセッションだった。最初の2回のセッションで，デニスとの結婚が終わって彼がどのように自分のもとを去っていったか，いかに惨めで落ち込んでいたか，自分の過去のこと，失ったもの，一緒に歩もうと思っていた未来の喪失をくよくよ考える以外に何もできなかったことなど，最近の生活を振り返ることに費やした。それは突然にやってきた。そのとき彼女は46歳だった。友人，娘，両親の誰もが協力的だったが，自分では行き詰まりを感じていた。そして，彼と別れて1年目の記念日である今をのがしたら，今までより安定したやり方で自分の人生を再構築できなくなってしまうと感じたのだった。
　これまでのセッションは，自分は前を見はじめる必要があると感じているということばで終了した。彼女は，マイケルが話を聞いてくれ，自分が必要としていた場所を与えてくれたことにとても感謝していた。彼女は苦しくて混乱しているときに，聞いてもらっていると感じていた。しかし，これ以上くよくよしたくはないことをわかっていた。

---

* このような架空の対話の使用は，ラドクリフ出版社から出版された人間中心的カウンセリングに関するシリーズ本『リビングセラピー』において，リチャード・ブライアント-ジェフェリーズが考案してきた。

マイケルはアンと向かい合って座っていた。「ところで，前回あなたはこれから先のことにもっと焦点をあてたいと言っていましたが，今はどんな感じですか？」彼は仮定の発言をしたくなかった。人間中心的コーチング心理学者としてクライエントとかかわりたかったので，自分の過程をクライエントに押しつけたり強要したりしたくなかった。彼は，アプローチの核心で，アンが一つの実現傾向をもっていることを確信していた。それは彼女が必要とし，あるいは，手に入れられると感じていた経験に向かわせられるとマイケルが信じるに足るものであった。しかもその経験は最も満たされ満足できるものであった。

　「今でもそうです。そうしなくては。過去にしがみついてばかりはいられないから。けれどもそう感じてしまうんです。特に怒りや恥などのいろいろな感情を。それでも前進しなければならないですよね」。

　「ふーむ，前に進む必要がありますね。そういった感情をすっきりさせないとね」マイケルはつとめて共感的に応答を続けた。

　「それって何か新しい人生を築かなければいけないということかしら？」

　「新しい人生を築く必要を感じること」マイケルは，アンの口調そのままに，わずかに「新しい」にアクセントをつけた。

　アンはうなずいた。彼女は続けられると感じた。「それはどんなものかわからないから，怖くて，少しはらはらします。けれどもほとんどは怖さです」。

　「ほとんどは怖さで少しはらはら。未来はどんな感じ？」(1)

　アンは肩をすくめた。彼女はマイケルの話し方がうれしかった。マイケルは急いでいないようにみえ，彼女が自分のことばに耳を傾けること，何とか自分自身に耳を傾けることを許してくれているようにみえた。それは彼女の目の前にある現実と向き合うための時間を与えているようであった。

　アンは深く息をつき，心臓が少し鼓動をはじめるのを感じた。不安とわずかないらだちを感じた。それがいやで，アンは口を結んで下を向いた。

　マイケルは沈黙を感じた。それはまったく不意に訪れたかのようだった。彼はアンの頭の動きに気づいた。それは突然だった。

　「何が起こっているか説明させようとは思っていません」。マイケルは柔らかい口調で言った。「けれどもあなたに何か起こったみたいですね」。

　アンはひたすら自分のことを考えていた。たった一言口にしたことが，どういうわけか自分の気持ちを……そう，そのことばしかなかったのだが，それほど不安にしたものが何なのかわかっていなかった。彼女には理由がわからなかった。彼女は何も言わなかった。実際，起きていることは，彼女の気づきの縁

にあるものの存在がいっそうはっきりと感じられるようになりはじめているということであり，彼女自身が有能で自信に満ちた女性であるという自己感覚とおそらく矛盾するものであった。彼女の自己感覚はここ数か月打ちのめされていたが，支援は十分に受けており，自分がよい人間で，それらをやりおおせる道を探さなければならないということを何とかして知りたかった。(2)

マイケルは沈黙が続くのをよいと思った。彼にとって沈黙は，沈黙がそうあることを許すような，ある種の特別な共感を呼んだ。彼はそれがはじまったときに自分の感覚に気づき，アンを人間として温かく受け入れ，彼女のあらゆる発言に感覚を研ぎ澄まし，自分自身の内的体験に敏感でありつづけながら，ありのままの彼女に向き合うようにさせた。

アンは深く息を吸って，ため息をついた。顔を上げてマイケルの眼をじっとみつめた。彼は確かに部屋にいるようだった。しかし，彼女のうちにあるものも同じだった。彼女は息を吸い込んだ。不安は変化していき，生々しい色合いを帯びていった。それは恐怖だった。彼女はことばにしたが，それは口に出した以上のものであった。それは今まさに彼女の経験と気づきのなかに起こっていた。「怖い」。

そのことばは静かに発せられたので，かなり集中していなければ聞き逃しそうなほどだった。彼は同じような調子で答えた。「何かに怖がっているんですね」。

アンは弱気になり，腕はひりひりして，変に重く麻痺しているようにも感じられた。彼女は暑いと感じた。息を飲み込み，頭を振った。「私，私，自分をそんなふうに，自分が楽しんでいるようにみるなんてできません。どんなふうにそれを楽しんでいるのかも，誰といるのかもまったくみえません」。声はだんだん小さくなった。

「そして？」マイケルは，アンを連れてきたその過程から彼女を連れ去ったそのことばに感情移入しようとはしなかった。彼は，彼女が話を続けられると感じているか，話したいと感じているか，発言を待った。

「しなくてはいけないでしょ？　しなくてはいけない。道を探さないと。けれども私の一部は嫌がっているんです。進まなくてはいけないとわかっているのだけれど」。

「ふーむ，あなたの一部が緊張状態にあってしりごみしていて，別の一部は進まなければいけないと知っているのですね」。

「まるで私のなかで戦っているみたい。私はそのまったただなかにいるのが怖

いんです」。
「あなたのなかの戦いのまっただなかにいるのが怖い？」
マイケルの答えを聞いたとき，アンはことばが作られていくのを感じた。「戦いのまっただなかで怖がっているのは私自身なのだ」。
マイケルはうなずいた。「それはあなた自身なんですよ」アンは今，まさにとても重要な弁別を行っているように感じられた。彼は，人生の難局において，そのような難しい過程をつき進んでいこうとしている人間として彼女を受け入れつづけ，共感的な応答をさりげなくつづけ，彼女に感じている温かさをもちながら，彼女が歩んでいる過程を信じ，彼女とともにいた。
アンは自分がうなずいていることに気づいた。「それは私自身だわ。なにかはっきりしてきた感じです。私はそれ，選択，戦いにとてもよく気づくようになった感じがします。だから前に進まないといけないとわかったんです。わかりました」。彼女は一呼吸おいた。「それで，まだ確かでないから怖いんです」。
「しなければいけないとわかったけれど，とても怖いと感じている？」
「私のなかの一部分は前を向きたがっているんですが，別の一部分が嫌がっているような。一部分がただ，そう，前を向きたがっていないけれど，そこにとどまりすぎたから，進まないと」。
「あなたはその場所にとどまりすぎたので，怖いけど，進まないといけないような感じですか？」
アンの不安は消え，恐怖はまだ残っているがそんなに強くないことに気づいて，うなずいた。「はじめなくては。娘はとても協力的です。一緒に休暇をとってほしがっているので，まだわからないけれど，そうするべきだと思います。娘の言うことはもっともですし，きっと私にとっていいことですよね？」(3)
マイケルはわからないことに対して確かだとは言いたくなかった。彼にとって重要なのは，アンが自分自身の求めることを自分の評価に基づいて決定することであり，誰かが彼女にとって最善だと思ったことに基づいて決定することではなかった。「あなたはわからないと言っているけれど，娘さんがもっともなことを言っているとわかっている感じですね。それはどんな感じですか？」
アンはうなずき，もう一度，深呼吸した。「そう，そうなんです。これは私にとって，新しい私になる好機ですね。未来に向かって成長するチャンスを自分にあげなくてはいけないですよね。それは簡単ではないでしょうけれど」。
マイケルは微笑んだ。「簡単ではないけれど，未来に続くチャンスですね」。このことばはアンの発言のなかで際立ってみえた。彼はそれに感情移入しなが

ら微笑んだ。アンはそれが簡単ではないことと，成長していける感覚の両方を聞いてもらっていると感じたので，希望と方向づけの感覚がいっそうはっきりと感じられた。

「どうしたらいいでしょうか？」

「うーむ，何をなさりたいですか？」マイケルは提案することでコーチングへの指示的アプローチに陥らないようにした。コーチングへの人間中心的アプローチの独自性は，個人が自ら必要とする前向きな選択ができると信じて，非指示的態度をもちつづけるところにある。(4)

その問いはアンのところにとどまっていた。「家のなかでふさぎ込むのではなく，もっと友人と出かける努力をするほうがいいですね」。

「いいですね。友だちともっと出かけるとか」。

「それから，新しい友人を作るのもいいですよね。夜間授業にも行ってみようかしら。何年もそういうことをしていなかったわ。ずっと考えてはいたけれど結局やらなかったのよね」。

「考えてはいたけれど結局とりやめていた？」

「どれほどうまくできるかわからないけど，きっと大丈夫ですよね？」

「うーむ，重要な質問ですね。うまくできると言っていいものか」。

「けれどもやらないと。申し出に対してもっと真剣になるつもりです。いい考えだと思いませんか？」

「それはとてもポジティブですね」。それはポジティブに聞こえたので，マイケルは心からそう答えた。しかし，ここでもマイケルは，彼が同意したからやるべきだという印象をアンに与えないようにした。彼は，自分がしたくてするのだと彼女にわかってほしかった。彼女がわかってそうするならば，それはとても強い動機づけになるだろう。(5)

アンはうなずいた。「娘と休暇の計画を立てます。そしてもっと友人と出かけるわ。けれども自分でやりたくはないわ」。

「まだ自分から進んでやらなくても大丈夫ですよ。友だちや娘さんと一緒にいたいんですね？」

アンはうなずき，本当にそう思った。それならきっと安心だと感じられた。いいや，それほど安心でもなく，より現実的でも，信じられるものでもない。「実行しなければだめですよね？」

「それに対する私の考えは『あなたのタイミング，あなたにとって正しいと感じられるやり方で』ですよ」。

「そうですね。まわりの人たちは何をすべきか教えるのはうまいけれど，私はそれが好きではありません。強制されているとは感じたくありません。みんなは教えてくれていたけれど，言いすぎでした。でも今はそれができるように感じます」。アンは一息ついて考えをまとめた。「自分のやり方を見つけて，自分のペースを取り戻す必要がありますね。もう十分すぎるほど核心部分から離れていたんですから」。

「ふーむ，核心部分からずっと離れていたという感覚はとてもはっきりしているようですね」。(6)

アンは動機づけの感覚を取り戻したように感じた。そう，彼女は長いあいだそうしてその場所にいた。しかし今や彼女は進むべきで，どこからどうはじめるかに関していい考えを見つけた。

注釈

この事例は，人間中心的アプローチが，クライエントが何をすべきかを規定するのではなく，人間は成長し，発達を遂げ，最適な機能状態へと向かう生得的傾向を有しているというメタ理論的仮定に基づいていることを示している。そして，このようにしてコーチは，もし自分が適切な社会的環境をアンに提供できれば，彼女は自分で方向性を見つけられる，と信じられることを示している。特に，これはクライエントに対するコーチの共感と温かい受容の役割，コーチング過程への序幕として構築されている関係の重要性，そして，クライエントが自分の方向性を見つけると信じるコーチの能力を示している。また，われわれはこの事例がコーチングとカウンセリングの接点を例示しているという理由で，これを選択した。ここには，クライエントが過去の問題を探索することから，新しい決定を行って未来の目標を設定するにいたるという焦点の切り替えがみられる。

この事例研究は，人間中心的コーチング心理学が技術の使用によって定義づけられているのではなく，発展する関係によって定義されているということを示しているが，われわれはそこで技術の使用そのものを禁止してはいないことを強調したい。クライエント中心療法の世界では最近の数年間に理論面でも実践面でも多くの発展があり，専門家としてのクライエントという考えは実践においてさまざまな形で解釈されてきた可能性がある。コーチング心理学者は，クライエントとともに，クライエントのペースで，いっそう過程指向のアプローチへ進むというその原則的役割（Worsley, 2001, 2004）のもとで，古典的な

クライエント中心的アプローチからセラピーにいたるまで（Merry, 2004），活動の発想とやり方を描くことができる（Sanders, 2004 を参照）。人間中心的な取り組み方を際立たせているのは，その技法が使われるとそれが人間中心的理論のメタ理論的仮定を表現したものになるということである（Joseph and Linley, 2004, 2006 を参照）。重要な点は，コーチが特定の技術や査定の道具を用いているという事実ではなく，それらをどのように使っているかなのである。

過程の描写

事例研究の（1）において，人間中心的コーチはクライエントであるアンが直面しているジレンマをとらえており，自分が聞いたことを彼女に聞かせ，望むならば，彼女のことばだけでなく感情に対しても鏡となることで，彼女の未来は少し怖く，わくわくし，不確かにみえ，コーチはそれがどのようなものかという不安に彼女の目を向けさせ，先を読めるようにさせ，それが何を意味するかを考えさせている。聴かれていることを知って，アンが自分の経験にいっそう目を向けると，不安が現れ，（2）の時点で，クライエントの気づきの縁からそのデータが現れはじめるのがみられる。彼女の気づきはまだ内容にまで達していないが，不安の存在は，現れつつあるものがいくらか不快で，おそらく彼女の自己概念に異を唱えるものだということを示す指標になっている。マーンズとソーン（Mearns and Thorne, 2000）は「気づきの縁」という素材，つまり，人間の経験のうちに存在するが人間の気づきのなかには存在しない要素について書いている。

その内容が明らかになり，それをクライエントが把握し，理解するにつれて，不安は和らいでいく（3）。しかし，いつもそうなるとは限らない。素材が明らかになってくると，その人の自己概念はひどく混乱するかもしれない。人間中心的コーチはこの素材を表面化させないようにするだろう。人間中心的コーチの役割は，クライエント自身の過程のなかでこれが起こるような治療的で関係的な条件を提供することである。クライエントはポジティブな方向を求めて先を見据えているが，今や自分の経験にもっとよく目を向けるようになり，もっとよく考えるようになりつつある。こうしてアンは，将来のビジョンをいっそう現実的に受け入れられ，動機づけはいっそう焦点づけられ，この場合には，彼女を引き戻そうとするものから生まれる彼女の内的矛盾によって分断されることはそれほどなくなるだろう。

クライエントは「何をすべきか」がわからないままにされる（4）。そして，

人間中心的コーチング心理学者は，その問いが発せられることを認める。それに答えるのは彼ではない。人間中心的アプローチの非指示的立場は，非常に重要である。ロジャーズは「個人は自己理解のための，そして，自己概念，基本的態度そして自己指向的行動を変えるための膨大な資源を自分のなかにもっており，これらの資源は促進的に働く心理的態度という解釈可能な環境が提供されれば利用できる」(Rogers, 1980: 115) と主張するが，この主張にそった形で，クライエントは自分自身の方向性をきっと見つけられる (5)。

何が求められているかを知ることで，クライエントは何をしなければならないかを理解しはじめ，方略が現れはじめる。アンは認識したがるが，同時に，彼女のもう一つの部分が彼女を引き戻そうとする。人間中心的コーチはクライエントが求めることと知っていることを一つにすることの重要性を知っているが，それは，クライエントが自分を引き戻そうとする要素を認識し経験できるように手助けすることでもある。行動を起こせるような力と明確な方向性をクライエントが見つけられるように，その気づきは十分で，もっと完全でなければならない。しかし，繰り返すが，それはアンにとって適切なときにである。

クライエント自身が変わる必要があると確信したとき，そして変わる準備ができたとき，実際にセッション内の気づきのなかで自分自身の経験を処理している。(6) において，クライエントは旅をした。「共感的内省」のなかで背中を押されるままに，コーチは言われたことすべてに対して強く反応するのではなく，クライエントの過程が生じたところをとりあげて反応している。これは強力である。これはクライエントが到達した場所にクライエントをとどめておく。このことが確認され，この地点からアンは動きはじめる，あるいは，自分の成長を妨げている自身の性質のなかに何かほかの要素を発見するかもしれない。もしそうなら，これを知り，求めるための余地が残っているだろう。人間中心的コーチは，もし何かが現れるなら，それが折よく現れることを期待すべきだということを知っている。

人はしばしば急に，時にはかなり劇的に成長する。それはまるでマーンズとソーン (2000: 180) が「社会的調停規制」と名づけたものが壊され，人間の可能性の実現を妨げている価値の条件が粉砕されたようである。もちろん，そのような劇的成長は必ずしも安定しているわけではなく，それらはおそらく，健康的バランスと，実現傾向と社会的調停規制との対話という現に進んでいる過程を受容する漸進的な動きが必要だということを強調する (Mearns and Thorne, 2000: 180)。人間中心的コーチング心理学者はセッション内でクライ

エントにこのための望遠鏡を提供しない。人間中心的コーチング心理学者のアプローチがコーチングの領域内において独特な点は，この対話が完全に存在することを許し，成長側面として知覚されるものに味方すること，そして，成長を強要しようとすることを許さないところである。この過程のもう一つの見方は，自己内の「成長的」と「非成長的」な形態という見方になるだろう (Mearns and Thorne, 2004: 114–116)。

結論

　人間中心的アプローチは，コーチング心理学の領域に多くのものを提供している。それは，人間を制限するものも奨励するものも含みつつ，心理的過程を理解し定義づけるための強力な理論的システムである。人間中心的アプローチは，完全を達成し，人生経験をより満足させるよう人に促す実現傾向という中核概念をその理論のなかに含んでいる。人間中心的アプローチは，それがあれば，人間のなかにある実現傾向が人間をとおして完全に出現することを促進し，人間の偉大な潜在能力を達成できるようにするという，よく研究された一連の関係の原則を強調する。強要されるものは何もない。人間を高めるような，人と人とのコーチング関係を経験するなかで，クライエントの心理的過程は信頼され，促進される。

引用文献

Barrett-Lennard, G. T. (1998) *Carl Rogers' Helping System: Journey and substance*. London: Sage.

Bozarth, J. (1998) *Person-centred Therapy: A revolutionary paradigm*. Ross-on-Wye, UK: PCCS Books.

Bozarth, J. D. and Motomasa, N. (2005) Searching for the core: the interface of client-centered principles with other therapies. In S. Joseph and R. Worsley (eds) *Person-centred Psychopathology: A positive psychology of mental health* (pp.293–309). Ross-on-Wye, UK: PCCS Books.

Brodley, B. T. (2005) About the non-directive attitude. In B. E. Levitt (ed.) *Embracing Non-directivity: Reassessing person-centered theory and practice in the 21st century* (pp. 1–4). Ross-on-Wye, UK: PCCS Books.

Bryant-Jefferies, R. (2005a) *Counselling for Problem Gambling*. Abingdon, UK: Radcliffe Publishing Ltd.

Bryant-Jefferies, R. (2005b) *Counselling for Eating Disorders in Men*. Abingdon, UK: Radcliffe

Publishing Ltd.

Duncan, B. and Miller, S. (2000) *The Heroic Client: Doing client-directed, outcome informed therapy*. San Francisco, CA: Jossey-Bass.

Ford, J. G. (1991) Rogerian self-actualization: a clarification of meaning. *Journal of Humanistic Psychology* 31: 101–111.

Grant, B. (2004) The imperative of ethical justification in psychotherapy: the special case of client-centered therapy. *Person-Centered and Experiential Psychotherapies* 3: 152–165.

Hubble, M. A. and Miller, S. D. (2004) The client: psychotherapy's missing link for promoting a positive psychology. In P. A. Linley and S. Joseph (eds) *Positive Psychology in Practice* (pp. 335–353). Hoboken, NJ: Wiley.

Joseph, S. (2003) Client-centred psychotherapy: why the client knows best. *The Psychologist* 16: 304–307.

Joseph, S. (2006) Person-centred coaching psychology: a meta-theoretical perspective. *International Coaching Psychology Review* 1: 47–55.

Joseph, S. and Linley, P. A. (2004) Positive therapy: a positive psychological theory of therapeutic practice. In P. A. Linley and S. Joseph (eds) *Positive Psychology in Practice* (pp. 354–368). Hoboken, NJ: Wiley.

Joseph, S. and Linley, P. A. (2005) Positive psychological approaches to therapy. *Counselling and Psychotherapy Research* 5: 5–10.

Joseph, S. and Linley, P. A. (2006) *Positive Therapy: A meta-theory for positive psychological practice*. London: Routledge.

Joseph, S. and Worsley, R. (2005) A positive psychology of mental health: the person-centred perspective. In S. Joseph and R. Worsley (eds) *Person-centred Psychopathology: A positive psychology of mental health* (pp. 348–357). Ross-on-Wye, UK: PCCS Books.

Kauffman, C. and Scoular, A. (2004) Toward a positive psychology of executive coaching. In P. A. Linley and S. Joseph (eds) *Positive Psychology in Practice* (pp. 287–302). Hoboken, NJ: Wiley.

Levitt, B. E. (ed.) (2005) *Embracing Non-directivity: Reassessing person-centered theory and practice in the 21st century*. Ross-on-Wye, UK: PCCS Books.

Linley, P. A. and Joseph, S. (2004) Toward a theoretical foundation for positive psychology in practice. In P. A. Linley and S. Joseph (eds) *Positive Psychology in Practice* (pp.713–731). Hoboken, NJ: Wiley

Mearns, D. and Thorne, B. (2000) *Person-Centred Therapy Today*. London: Sage.

Merry, T. (2004) Classical client-centred therapy. In P. Sanders (ed.) *The Tribes of the Person-centred Nation: An introduction to the schools of therapy related to the person-centred approach* (pp. 21–44). Ross-on-Wye, UK: PCCS Books.

Rogers, C. R. (1951) *Client-centred Therapy: Its current practice, implications and theory*. Boston, MA: Houghton Mifflin.

第12章　人間中心的コーチング心理学

Rogers, C. R. (1957) The necessary and sufficient conditions of therapeutic personality change. *Journal of Consulting Psychology* 21: 95–103.
Rogers, C. R. (1959) A theory of therapy, personality, and interpersonal relationships as developed in the client-centered framework. In S. Koch (ed.) *Psychology: A study of a science*. Volume 3, *Formulations of the Person and the Social Context* (pp. 184–256). New York: McGraw-Hill.
Rogers, C. R. (1961) *On Becoming a Person*. Boston, MA: Houghton Mifflin.
Rogers, C. R. (1963) The actualizing tendency in relation to 'motives' and to consciousness. In M. R. Jones (ed.) *Nebraska Symposium on Motivation*, Volume 11 (pp. 1–24). Lincoln, NE: University of Nebraska Press.
Rogers, C. R. (1980) *A Way of Being*. Boston, MA: Houghton Mifflin.
Salovey, P., Mayer, J. D. and Caruso, D. (2002) The positive psychology of emotional intelligence. In C. R. Snyder and S. J. Lopez (eds) *Handbook of Positive Psychology* (pp. 159–171). New York: Oxford University Press.
Salovey, P., Caruso, D. and Mayer, J. D. (2004) Emotional intelligence in practice. In P. A. Linley and S. Joseph (eds) *Positive Psychology in Practice* (pp. 447–463). Hoboken, NJ: Wiley.
Sanders, P. (ed.) (2004) *The Tribes of the Person-centred Nation: An introduction to the schools of therapy related to the person-centred approach*. Ross-on-Wye, UK: PCCS Books.
Shlien, J. M. (2003) Creativity and psychological health. In P. Sanders (ed.) *To Lead an Honourable Life: Invitations to think about Client-Centered Therapy and the Person-Centered Approach* (pp. 19–29). Ross-on-Wye, UK: PCCS Books.
Wampold, B. E. (2001) *The Great Psychotherapy Debate: Models, methods, and findings*. Mahwah, NJ: Lawrence Erlbaum.
Wilkins, P. (2005) Person-centred theory and 'mental illness'. In S. Joseph and R. Worsley (eds) *Person-centred Psychopathology: A positive psychology of mental health* (pp. 43–59). Ross-on-Wye, UK: PCCS Books.
Worsley, R. (2001) *Process Work in Person-centred Therapy*. Basingstoke: Palgrave.
Worsley, R. (2004) Integrating with integrity. In P. Sanders (ed.) *The Tribes of the Person-centred Nation: An introduction to the schools of therapy related to the person-centred approach* (pp. 125–148). Ross-on-Wye, UK: PCCS Books.
Wyatt, G. (ed.) (2001) *Rogers' Therapeutic Conditions: Evolution, theory and practice*. Volume 1, *Congruence*. Ross-on-Wye, UK: PCCS Books.

議論のポイント

- 非指示的アプローチはどのようにコーチングに応用できるか？
- 効果的なコーチングのために必要な，鍵となる関係要因は何か？
- クライエントはただコーチの方針にしたがっているのではなく，自分に忠実なや

り方で成長していると，どのようにして確信するか？
- 人間中心的アプローチの見地からみえてくるコーチングとカウンセリングの違いは何か？

推薦図書

British Association for the Person-Centred Approach www.bapca.org.uk

Embleton Tudor, L., Keemar, K., Tudor, K., Valentine, J. and Worrall, M. (2004) *The Person-Centered Approach: A contemporary introduction*. Basingstoke: Palgrave Macmillan.

Merry, T. (2002) *Learning and Being in Person-Centred Counselling*, 2nd edition. Ross-on-Wye, UK: PCCS Books.

Rogers, C. R. (1980) *A Way of Being*. Boston, MA: Houghton-Mifflin.

（家島明彦訳）

第13章

会話的学習
―― コーチングにおける
　　パーソナルコンストラクト心理学の適用

キーラン・ドゥイグナン
(Kieran Duignan)

はじめに

　パーソナルコンストラクト心理学（PCP）は，構成主義心理学，人間性心理学そして文脈心理学というテーマと心理測定，ソフトシステム方法論そして行動主義的な強化の技法をひとつにしたものである。
　「会話的学習」はPCPをコーチングに適用した典型例で，これには3つの側面がある。第一に，これはコーチとクライエントの双方が対話をとおしてどのように学ぶかについて説明する。第二に，これは，PCPが提案した人間行動の対照的なモデル，すなわち，科学者として行動する人間と，その人自身の人生の物語において脚本家や俳優として行動する人間を表現する。第三に，これは，クライエントが全力を傾けて達成水準を引き上げられるよう力づけることに課題分析がいかによく使えるかを指摘している。
　本章ではPCPの発展を概観し，パーソナルコンストラクト理論の5つの主要なテーマを紹介する。また，PCPをコーチング実践に適用する5つの方法について概略をまとめ，事例研究によってそれらの適用例を示していく。推薦図書には，読者が関心をもった研究について詳しく知るための情報が示されている。

パーソナルコンストラクト心理学の発展

　パーソナルコンストラクト心理学の「始動」から半世紀以上たった今の時点

でみると，われわれはその発展に2つの「波」を区別できる。これにより，治療場面とコーチング場面で実践家が目指す主要な課題の目標が対比して区別される。

パーソナルコンストラクト心理学の「第一の波」

行動実験によって個人の選択肢を広げることは，米国の心理療法家で心理学者のジョージ・ケリー（George Kelly, 1991）がPCPを開発して以来，それを特徴づけるテーマである。ケリーは臨床心理学者として，工学心理学者，心理療法家，スーパーバイザーとして，また臨床心理学者と心理療法家の教師として経験を積んだ。彼は自分の仕事が，生涯にわたって見通せる視点を与えると考えたが，PCPの主要な課題は，「ストレス」の経験を人がコントロールできるよう助けることであり，それは半世紀以上にわたってコーチング心理学者が直ちにかかわれる挑戦的仕事であるとも明確に述べていた。（物体のストレスを研究する分野でおもな学位を取得した）ケリーは，ストレスや不均衡が実はごくふつうで健全なものであるという明確な仮定をもってPCPを考え出した。すなわち，人間において，ストレスはたんに避けるべき状況ではないという仮定である。この観点は，現実に立ち向かったり個人の価値に基礎をおいた行動に深くかかわったりするための実用主義者的なきっかけとして，コーチングにおいてとても実り多いものである。

PCPの「第一の波」という用語はケリーひとりが使ったわけではなく，英国の二人の臨床心理学者，ドン・バニスター（Don Bannister）とフェイ・フランセッラ（Fay Fransella）も使った。バニスターとフランセッラ（Bannister and Fransella, 1990）は，どのようにして一般の人びとが科学的な方法を日々の生活に有効に使えるかに関してケリーが行った観察を特に強調した。このパーソナルコンストラクト理論の基礎は，ポーランドの認識論者アルフレッド・コージブスキー（Alfred Korzybski, 1994）からケリーが実際に引用した「科学者としての人間」という概念（もしくはショウ〔Shaw, 1980〕の「個人的な科学者」として通用している，それほどステレオタイプでない概念）に集約される。ケリーの代表的業績は，心理学の伝統的な境界に制約されない彼の知的な生活時間をさまざまに紡ぎ合わせて注目すべき統合を生み出すことであったように，米国のプラグマティズムや記号論の伝統に位置する哲学者ジョン・デューイ（John Dewey, 1991; Morganbesser, 1987も参照）もまたPCPのデザインにかなりの影響を与えていることに，コーチは気づくべきである。

PCPは，科学的に基礎づけられているが，まだ探求を必要とするクライエント中心療法の研究枠組として，社会から「心理学的に具合悪い」と分類された人びとの健康や社会復帰の促進に貢献しているいくつかの職業，すなわち臨床心理学，言語聴覚療法，カウンセリング，心理療法，精神医学などの専門家によって少しずつ認識されていった。

パーソナルコンストラクト心理学の「第二の波」

PCP適用の「第二の波」はケリーの著作から誕生した。そこで彼は，個人が語るだけでなく演じることもでき，もっといえば繰り返し作り上げられる自分史をもった個人としての人の第二のモデルを提示した。自身の生活における語り手兼俳優として人をとらえるPCPモデルこそが，クライエント自身の自分史の特徴や現状を理解できるよう助けたいと考えるコーチング心理学者にとって非常に有効である。

サーモン（Salmon, 1985）は，PCPにおける「自分史」の潮流の典型として位置づけられるかもしれない。この潮流は，ポープとキーン（Pope and Keen, 1981），クラックストン（Claxton, 1984）が示すような教育におけるPCPの適用とともに徐々に発展してきた。そしてそれは，コーチングのPCPを「ラーニング・カンバセーション（learning conversation）」™と表現したスチュアートとスチュアート（Stewart and Stewart, 1981）や，コルブ（Kolb, 1984），ブロフィ（Brophy, 2003），ハリーオーグステインとトーマス（Harri-Augstein and Thomas, 1991）が示したように，組織心理学においてもときどき現れてくる。

理論と基本概念

図13.1はPCPの骨子をなすコーチングに関連する5つのテーマのイメージを表したものである。理論的なレベルでは，素晴らしい会話的学習能力という概念によって心理学の分野に注目すべき貢献があったのは，クライエントの自分史，方略的な課題分析，「移行の次元」，代替的な個人的役割，代替行動を起こすことなどのテーマをケリーがぴったりと継ぎ合わせたことである。

クライエントの自分史

「個人の自分史」という概念は，パーソナルコンストラクト心理学に不可欠

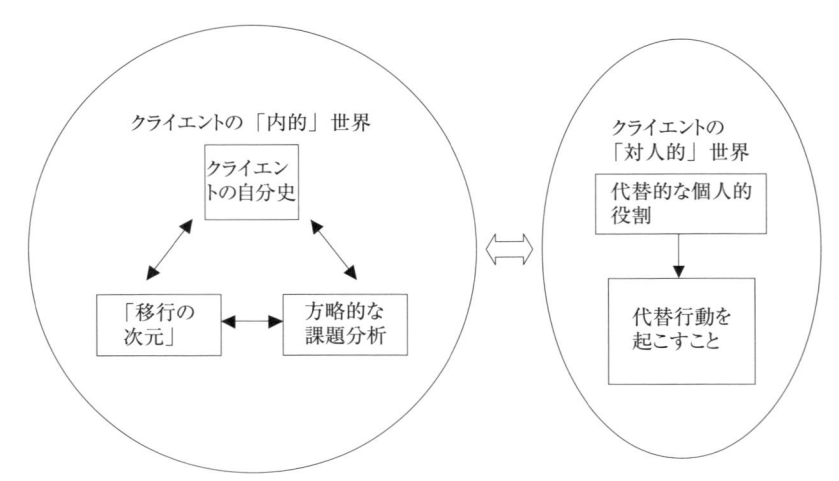

図13.1　クライエントの「内的」および「対人的」経験世界を
パーソナルコンストラクト理論の枠組で描いたもの

な部分である。この心理学では，自分史が続いたり途切れたりと形を変えながら，誰もが自分の人生を理解でき，人生のどの時点においても，人は自身の自分史に現れてくるさまざまな局面の書き手となれると仮定している。よく書かれたミュージカルドラマのテーマのように，PCPに心理学的な豊かさを与えるのは，クライエントの自分史とそのほかの4つの理論的な「チャンク」の相互作用である。

　自分史の「建設的な代替物」（Kelly, 1991, Vol. 1:3-31）という構成要素は，個人の人生の物語はまさに終わりを迎えるまで変更可能なことを意味する。個人の活動をとおしてクライエントに物語を創りなおす可能性を理解させるためにコーチは，いくつかの「好ましい」不均衡の原則と，クライエントの自分史を一緒に探し求めるための「移行の次元」の観点を利用するかもしれない。

「移行の次元」

　「移行の次元」という概念は，どの人も科学者であるととらえるモデルに必要不可欠である。なぜなら，それによって，クライエントについてのデータを実践家とクライエント自身が体系的に探索したり集めたりできるようになるからである。個人的な科学者として，われわれは，管理上のラベルとしてよりも，「実験」をとおしてクライエントの行動に代わりうる役割や形式の意味するものを検証するための仮説として「移行の次元」を使うかもしれない。それらの

実験は，コーチングを含む援助過程のなかで，もしくは「現実世界」のなか，あるいは両者のなかで，計画され，実施され，評価されるかもしれない。ときに実験結果は仮説を立証する。仮説が立証されないとき，実験結果はクライエントが自身について尋ねる質問を見直すように促すかもしれない。

ケリーは移行の次元がどれほど「混乱」のもとになるかを知りながらも，援助過程と現実世界を明確に区別している。そうした区別を設けることでコーチは，心理療法やカウンセリングにおける治療的仕事とコーチングとの実用的な境界を見分けられるのである。ケリーは「パーソナルコンストラクト心理学の観点から，われわれは混乱を，つねに無効とされるにもかかわらず繰り返し用いられる個人的な構成体として定義する」(Kelly, 1991, Vol.2: 193) と述べている。それゆえ「混乱」は（「敵意」の移行次元のみを決定づける特徴である）現実を直視することの拒絶を含んでいる。それに対して彼は，人が不均衡や優しさなどのなかで生きるときの特別な経験の仕方として「移行の次元」を特徴づけた。彼はそれらの移行の次元 (Kelly, 1991, Vol.1: 259-392) を2つの不均衡の階級――「構成」と「除去」――にまとめた。それらは表13.1に紹介されている。

表13.1　パーソナルコンストラクト心理学における「移行次元」

広い分類	使われるラベル	まとめ
「構成」	創造サイクル	気づきの範囲が広がる段階―思考や感情のパターンがほぐれてくる―それに続いて，気づきの範囲が広がることの意味が具体化される段階が来る―しばしば心理測定法を用いて思考や感情のパターンを確かなものにする。
	決定サイクル	慎重に先を読んでコントロールする段階―これを経て，人を特定の状況へ導く選択が行われる。
「除去」	攻撃性	現実世界での活動をとおして考えを吟味し，人が知覚して注意する範囲を積極的に広げていく。
	脅威	圧倒的な不安感と結びつけられて，自分自身の心理的構造において差し迫った全体的変化に気づく。
	恐れ	新しい付随的な構成体であり，その原因は特定の出来事，人あるいはものであり，それほど強くないストレスである。
	不安	出来事が人のコンストラクトシステムの範囲外で起こっているのでそれが理解できないと認識すること。
	あやまち	人の中心的役割構造から自己が排除されていることに気づく。
	敵意	自己中心性とバイアスであり，それはあまりに支配的で病的なために，フィードバックが行われても人は事実を無視しつづける。

出典：Kelly, 1991, Vol.1:.259-392.

会話的学習に「移行の次元」という見方を含めると，人間行動を潤色するだけでなく複雑にするかもしれない重要な現実を認めることになる。人はいつでも2つ以上の移行の次元を経験するので，不振がその人にとって「悪いもののなかでもいちばんましな」選択肢にみえるかもしれないという結果によって強い「ダブルバインド」の混乱と不安の感覚を経験する。この点では，コーチにとって重大な課題は，クライエントによく寄り添って，その人——もしくは，その人の思考を条件づけている現実世界の組織的あるいは教育的な状況——が，どのようにそうした「ダブルバインド」の原因になっているかを十分に理解することである。コーチがこれを十分に理解できれば，クライエントに代替仮説を示す土壌ができる。

クライエントにとって問題となろうと関心の機会となろうと，コーチはクライエントの行動や経験にかかわる会話的学習の過程を導くための仮説を生成する手段として「移行の次元」を使える。事例研究で示すように，自分が足を踏み入れる組織の魅力的な仕事のなかで効果のある関係をはじめられるかどうか心配しているクライエントは，いくつかの移行の次元を通過する。

方略的な課題分析

「自分史」の流れが第一場で上演され，「個人的な科学者」が第二場で登場する劇としてパーソナルコンストラクト心理学をとらえるなら，その劇の筋が次の場面，つまり第三場において，二人の登場人物の関係を進める社会的メカニズムの導入にいたるのは当然だろう。

そこでPCP理論は，個人（集団あるいは組織）の生活で重要な課題に光をあてるために人は「不均衡の原則」に頼ると仮定する。そして，「バーンアウト」として知られているような耐えがたい極端なストレスを避けるために，人はこうした原則をどのように利用するかを理解することが方略的な課題分析には求められるとも仮定する。

PCPの枠組のなかで，人は決してただ「変わらない状態」にあるのではない。むしろ，人は生まれてから死ぬまできわめて「動的」なものと仮定されているので，人の「内的」そして「社会的」世界で実際に何が起こっているかを考え直させる健康な不均衡状態が繰り返される。ケリー（1991, Vol.1: 32–127）は，クライエントの個人的経験における変化と連続のサイクルのなかで生きるという方略的な課題や不均衡をクライエントが管理できるよう助けるための方法論を開発した。この方法論は，人は対比されるものを自分の経験のなかに探

すことによって「建設的な代替物」を見つけられるという原則に基づくが，その基礎となるのが実用主義の哲学である。ケリーはこれを12の原則として説明した。そこからほかの11の原則が導き出される基本原則を，彼は「人の過程は，出来事がどのように起こるかを予測する方法によって心理学的に水路づけられる」という表現にまとめた（Kelly, 1991, Vol. 1: 32）。言い換えると，一人ひとりの行動と経験は，その人にとって意味があると考えられるものによって形成される。変化の事態に直面してクライエントがその事態で選択した個人の役割にしたがって出来事の要素に注意を向けるとき，クライエントが選択した立場は，そのとき自分が注意を払った事態の要素によって強化される。この観点から，変化は人生の冒険において人間のもつ能力の一部とみることができる。

方略的な課題分析の方法論が深くPCPに組み込まれているという事実がまだ述べられていないのは不思議なことである。しかし，この事実はまったく驚くにあたらない。なぜなら，ケリーは第二次世界大戦で米国空軍の――ヒューマンファクターの専門家として――工学心理学の仕事に就いていたのであり（Fransella, 1995），課題分析は人間工学の要だからである。

代替的な個人的役割

劇としてのPCPの第三場でケリー（1991, Vol. 1: 268–334）は，クライエント自身の個人的要求とともに仕事などの状況で生じる課題要求に応えるために採用する心理的役割について，クライエントが選択しやすくするための枠組を提供している。脚本家としてのケリーは，個人的経験と課題要求のあいだに横たわるとらえがたい心理的で意味的な空間が一つの視野を提供すると考え，それは，適切な移行次元のなかでクライエントが心にやすらぎをもって進んでいけるようにする代替的な個人的役割を支持する方略的な基礎を見つけるには十分であると想定していた。

メアー（Mair, 1976）は，個人がもつ潜在的処理能力を，程度の差こそあれ各人の前に横たわる「自己のコミュニティ」という比喩で説明する――そして，それは自分のいる社会的な世界とどのようにかかわるかを調整するために使える。たとえば，これから述べる事例研究において，クライエントは自分の仕事の公式な記述ではふれていなかったが，保険数理の仕事において，一方では世界規模の技術的・商業的な要請と，他方では国の規制機関との地域的結びつきから生まれる政治的要請とのあいだの緊張状態をもっとよく処理するための手

段として，どのようにして駆け引きの心理的役割を作り出すかを最後には理解するにいたる。

　クライエントの自分史と，心理的な意味をもつ代替的な個人的役割のあいだの相互作用において，コーチはクライエントが取り組んでいる移行次元に関連する可能性を直接もしくは間接に提案するかもしれない。事例研究でみるように，コーチングで触れているクライエントの自分史における段階は，「技術屋」の役割にとどまりたくないという向上心と，その役割に安住せずに超えていく能力があるかどうかという不安に関連している。コーチング過程のなかで，クライエントが通過している「除去」と「建設的」な移行次元を明らかにする方法をコーチとともに発見するにつれて，自分の自由になる代替的な個人的役割を見つけ出すにいたる。

代替行動を起こすこと

　PCPにおける人間の「第一の波」モデルがどうして「個人的な科学者」にかかわるのかを心にとめると，第二場の焦点である科学の言語はPCPコーチングに適用される。その言語では，「科学者」としての人間の生き方を実験するなかで「行動」は従属変数であり，クライエントがもつ経験や思考のシステムは，自分の行動を変えるために使うかもしれない独立変数である。ケリーが科学的方法をこのように理解していたからこそ，方略的な課題分析が適用でき，好ましい不均衡というモデルが作られたのである。

　人が力をつけたと感じ，活動や行動を起こせると感じるためには，活動や行動が実り多いという「役割」の感覚をもつ必要がある。さもなければ，その活動や行動は成り行き任せで「無分別」にさえみえ，あなたの生活が乱れているようにみえるとき，まさにそれは，文字どおりまったく恐ろしいものとして経験されうる状況である。「人間性心理学の祖父」と認められているルーマニア系アメリカ人の精神科医モレノ（Moreno, 1988）によって開発された心理劇とソシオドラマの「アクション法」の重要性をケリーは認識していた。PCPの文献はそうした方法の重要性を見過ごしているが，ケリー自身（1991, Vol.1: 268-334; Vol.2: 408-429）は，クライエントの感情，想像力，深い関与について語ることによってよりも，モレノの方法のほうがはるかに共感的に，そして確実に，クライエントの感情，想像力，深い関与を引き出せるとして高く評価した。

　コーチングの状況において，これは劇としてのPCPの転換点である。モレ

ノと同じくケリーは，人が選択するかもしれない心理的役割の重要性を理解し，どれほど多くの行動が私的にも公的にも避けがたい特徴をもっているかをわかっていた。人は行動によって自分を社会に示すとき，たんに個人的実験をする以上のことを行っている。人は一人で押し入れのなかにいるような引っ込み思案の俳優としての「個人的な科学者」というだけではない。人は劇の脚本家であり俳優である。劇は自分の人生であり，まわりの人びとの人生の物語の一部として，みなから見られたり聞かれたりする。どのようなときも，人の活動はその人が生きているなかで作り上げられ展開していく個人的な物語に使える。そして，その人の経験を色づけることによって，それらの活動は行動実験でその人にフィードバックされるだけでなく，その人が方略的に選択した目標についてのメッセージをほかの人に伝える。

実　践

　コーチングのさいに，クライエントが選ぶ課題目標と，クライエントの自分史における測定可能な目に見える意味表現として自身が深くかかわろうとしている行動とのあいだにはトレードオフが起こるが，パーソナルコンストラクトコーチングの主要な課題目標は，クライエントがこのトレードオフを正しく評価できるようにすることである。コーチングが資金提供を受けている時間計画にしたがうと，第二の課題目標は，一方で，コーチングのさいにクライエントにとって明確な移行次元を自身が正しく評価できるようにすることを含み，他方で，好ましい不均衡の原則と一致する深い内省と注意深さを高めるような方法をクライエントに紹介することを含む。

　PCPコーチが好ましい不均衡の原則に一致するよう振る舞う限り，彼らは遠距離コミュニケーションにまでその目標を進めることができる。訓練されたコーチは，クライエントといつも同じ物理的場所を共有しなくても，クライエントが必要とし重視している指導，サポート，励ましを与えられるかもしれない。電話，ファクシミリ，手紙，電子メールなど，柔軟に利用できて手頃な通信手段を使うと，遠距離コミュニケーションがコーチング方法として使える経済的な選択肢となる。PCPコーチングは自己監視を勧めるが，こうすれば短距離コミュニケーションにおいても奥深さが出て，互いに会話がしやすくなり，いつもどおりのコーチング場面に入れる。

　PCPの体系的な特徴は，コーチングにおいてそれを適用するための「既成

の形式」あるいは「ルール」，つまりは2つの例外とはいくらか食い違っている。一つは，ケリーが「十分な根拠がなくても信じるアプローチ」（1991, Vol.1: 241-244; Vol.2: 170, 284）と呼んだもの――クライエントの思考，感情，感覚，価値の指標に真剣に注意を払うこと――では，クライエントの言っていることがどれほどためらいがちで要領を得ず，みるからに一貫性が欠けていようと，それをコーチがしっかり評価することを求めている。「十分な根拠がなくても信じるアプローチ」は，ほかにも使われているさまざまなツールとともにPCPコーチングを特徴づけている。

　もう一つは，コウジーズとポスナー（Kouzes and Posner, 2003）やダニエルズとダニエルズ（Daniels and Daniels, 2006）の研究から出ているメッセージ――目標をもった評価は牽引力を生み，人びとが萎えているときに自分たちの方略的な課題目標に向かって整列できるようにする――を適用している。PCPコーチがほかにどのようなツールを使おうとも，評価のための個人達成度得点表（PAS：Personal Accomplishment Scorecard）の枠組にしたがうことは，どのコーチングセッションにも含まれるべきである。得点表の細かいデザインにはいろいろあるが，クライエントの目標と，それに向かうために選択する行動とのあいだの関係をクライエントがどのように管理しているかをしっかりと見

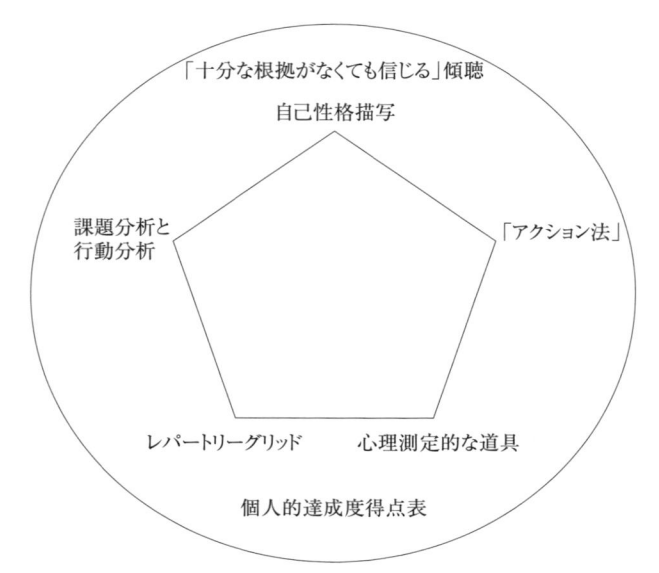

図13.2　会話的学習：PCPコーチングの実践

直せるようにするという目的は，言うまでもなくPCPコーチングにとって重要である。

　図13.2は，実際のPCPコーチングとして使われる会話的学習のためのツールを図式化したものである。これは実際にPCPをどのように適用するかを描いているが，「第一の波」の「個人的な科学者」モデルは課題分析や行動分析，レパートリーグリッド，心理測定法をうまく組み合わせて使うことを支持している。そして「第二の波」の「個人的な物語の語り手兼俳優」モデルは，自己性格描写や心理劇，ソシオドラマの「アクション法」を手際よく使うことを支持している。PCPコーチングでは柔軟に方法を使えるので，賢いコーチはクライエントへの応答性の良さと情報保護の規則をしっかり順守することとの折り合いをどのようにつけるかについて，前もって注意深く考えている。

自己性格描写

　PCPコーチングで自己性格描写を用いる目的は，**その人が選択したことば，状況，時間枠のなかで，自分史のなかの今いる段階を理解し，それに耳を傾ける**ことである。

　ケリーは，「ある人のどこが具合悪いかを知りたいなら，その人に聞きなさい。彼［原文のまま］はあなたに教えてくれるだろう」というわかりやすい格言とともに自分の自己性格描写の分析を紹介した（Kelly, 1991, Vol.1: 239–267）。この率直さを彼は「誠実なアプローチ」と呼ぶ（Vol. 1: 139）。「そのような質問をする臨床家は，注意深く傾聴する準備をしていなくてはならない。その答えは，回答者が自分について行うだけでなく，心理学者やその状況についてのパーソナルコンストラクトの観点からも表現されるからである」というケリーの添え書きは，コーチング過程の内省的な性質を強調している。なぜなら，クライエントが自分の物語を構成する方法そのものが，コーチとクライエントが行っている会話的学習という劇の一部になることは避けられないからである。この方法によってクライエントは，コーチング関係のなかでまさに経験している移行次元を演じやすくなる。

　コーチとクライエントは自己性格描写を使って，移行次元や「好ましい不均衡」の原則を用いることで，クライエントの自分史についての仮説を構成できる。クライエントが「敵意」の移行次元にとどまらなければ，コーチの反応はクライエントが自分の語っている物語にもち込む内省や気配りを活気づかせられる。ケリーが提唱する「誠実な」方法で，コーチは，少なからず明確に，こ

れへの控えめなきっかけとして,「文脈－プロット－性格－行動－成果 (CPCAO)」のようなわかりやすい枠組を紹介するかもしれない。

　自己性格描写は書類, ビデオテープ, オーディオテープなど, さまざまな記録形態で立案される。形態はどうであれ, 共感をもって自己性格描写が用いられるとき, それはクライエントが自分史の現段階において個人的な危険や機会をどのように把握しているかを十分に示してくれる。

　もしコーチがクライエントと数か月以上にわたって活動をともにするなら, 自己性格描写の訓練を繰り返すことでクライエントは, 行動の変化によって一生をつうじて進路を決めるのに使われている移行次元をどのように構成しなおすかの概略を明らかにできる。そして, 二人の共同作業についての自己性格描写を交換すると, コーチングを終わりに導くために格好の内省的訓練が提供されるかもしれない。

課題分析と行動分析

　すでに述べた PCP 理論の概要でも触れたように, ケリーは, 個人が経済環境などでのさまざまな変化に対して自分の行動を合わせていくことに責任をもち, 工夫できるようにするための方略的な課題分析を思いついた。実践家はクライエントとともに, 方略的な課題分析の原則にくわえて, クライエントの生活における好ましい不均衡の原則がどのように機能するかを探るが, ケリー (1991, Vol.2: 292–369) は, そのために使う技法を探し求めている。

　コーチングで十分な課題分析を行うと, クライエントが自分史において, また, 彼の関心領域について何らかの決定を考えるときに用いている「生き生きした描写」や「根本定義」そしてシステム思考 (Checkland, 1984；Duignan, 1996) が明らかになるだろう。「SSM」として知られるソフトシステム方法論 (Checkland and Scholes, 1999) を使ってコーチは, クライエントが作り出している自分史を色づけるためのデータとして, 彼の思考や感情のパターンを構成する要素を振り返れる。この過程は, クライエントが思考や感情の質的転換を行えるようにする手段として使える。この移行によってクライエントは, どのように行動できるかを知り, これまでの生活では個人的段階と考えなかったが, 今ではそれとして真剣に行動する力を手にする。

　課題分析は人材管理の方略や実践のなかであまり注目されてこなかった領域であるが, プロスポーツのコーチングでその有効性は立証されており, その領域では標準的な過程になっている。しかし, ほかの領域のコーチは, プロスポ

ーツにおいて広く使われているビデオ分析を必要とせず，非常にシンプルな「ローテクな」鉛筆，できれば色鉛筆と紙と「十分な根拠がなくても信じる」傾聴というとても簡単な方法でSSM課題分析を行える。

実践可能な最良の課題分析を完成させるにつれてコーチは，私的であれ公的であれ，自分の方略的な課題目標に合った個人行動の特徴を管理するための選択肢をクライエントが探せるよう助けるために，業務実績管理（Daniels and Daniels, 2006）やリーダーシップ（Kouzes and Posner, 2003）について行動研究を行うかもしれない。それは，どのようにしてクライエントが自分史における現在の状態から，さまざまな抽象化のレベルで個人的ジレンマについて考え感じる過程を経て，自分の世界で利用できる行動的な選択肢を手に入れるかを明らかにする意思決定樹状図をコーチが描くときに，役立つことがよくある。

レパートリーグリッド

PCPコーチングでレパートリーグリッドを用いる目的は，クライエントを評価する質的方法と，その人を「個人的な科学者」とみるモデルにおける量的方法とをつなぐことである。クライエントからデータを集める構造化された形式は，クライエントの自分史の諸側面について理解を深めるために，そして，フィードバックの対話中にその人がうまく切り抜けている移行次元についての仮説を検証するために使える時間をどのように経済的に利用するかをコーチに教えてくれる。SSMの課題分析方法に精通しているコーチはレパートリーグリッドを使えるが，それは，事例研究に示されているように，クライエントが示している問題について自身が考え感じるシステムの「根本定義」を作り上げている「生き生きした描写」についてのデータを生み出す原動力となるからである。

ケリーは，もう一人のイギリス人心理学者ウィリアム・スチーブンソン（William Stephenson, 1953）のQソート法から翻案したレパートリーグリッドの有効性を示す論理的根拠と手続きをやや詳細に説明している。レパートリーグリッドが考案されたとき，それはたった一人の経験におけるデータ集合として統計的母集団が記述されている点で問題があるとされたが，その人が自分の世界をどのように考え感じるかについて統計的構造を探求する方法として数学的に確実なことはよく示されていた（Shaw, 1980）。

コーチは紙と鉛筆でレパートリーグリッドを作り上げ，頭のなかで，あるいは計算機を使って基礎的な算術計算を行うかもしれない。現在では，無料の，

もしくは手頃なソフトウエアを使って，コーチのパーソナルコンピュータやラップトップコンピュータで，レパートリーグリッドのデータを短時間で統計的，数学的に分析できる。

ポープとキーン（Pope and Keen, 1981），スチュワートとスチュワート（Stewart and Stewart, 1981），トーマスとハリーオーガステイン（Thomas and Harri-Augstein, 1985），ハリーオーグステインとトーマス（Harri-Augstein and Thomas, 1991），ジャンコウィッツ（Jankowicz, 2004），スチュワートとメイズ（Stewart and Mayes, 2006）は，レパートリーグリッドをはじめとするいろいろなグリッドが，人のPCPモデルと合うように，コーチングツールとしてどれほど多様に使われているかを刺激的に描いている。事例研究が示しているように，グリッドを使った評価は，創造的なサイクルを活性化し，クライエントが自分の思考や感情のパターンを示しやすくすることにとても役立つ。フランセッラら（Fransella et al., 2003）は，好ましい不均衡の原則に描かれている哲学に合うようにグリッドの多様性が発展したことによってPCPの進展がどのように跡づけられるかを説明している。

厳しい時間枠のなかでコーチングが行われる状況において，レパートリーグリッドは強力なコーチング促進ツールとして役立つかもしれない。しかし，グリッド法の長所は落とし穴にもなりうることを覚えておくべきである。利用者がレパートリーグリッドの正確さに頼りすぎると，パーソナルコンストラクト心理学の開発者が信頼するほかの技法の長所を正しく評価できなくなる（Kaplan, 1964 を参照）。

心理測定的な道具

コーチは，ほかの実践家も同じような評価尺度を使っているとの理由で，「内的」妥当性として技術的に知られている伝統的な概念に基づいた心理測定法を導入するかもしれない。それは，クライエントの心理的性質（たとえば，パーソナリティ特性や認知的機能，価値，興味）についての客観的データによって，クライエントの発展していく自分史を特徴づけるためのものである。クライエントの母語が英語でないとき，その母語で利用できる心理測定法を使えば，クライエントはコーチングにかかわりやすくなるかもしれない。

心理学的尺度をPCPコーチングでうまく使うには，技術的マニュアルや専門家の査読にみられる情報のみではなく，PCP理論（Kelly, 1991, Vol. 1: 138–151）との適合性も必要である。別の種類の行動を使って実験を促進するクラ

第13章　会話的学習　　　　　　　　　　　　　　　　　　　285

イエントの創造性サイクルや意思決定サイクルでの活動を許す自己認識や自己理解にさいしては，小さな転換が起こるが，評価データをクライエントの自分史と確実に関係づけられれば，現在の移行次元は，こうした転換に強力に対応できるかもしれない。この点で，バイアスのコントロールに関するベイザーマン（Bazerman, 2006）の研究は役に立つ。

　事例研究が示しているように，パーソナリティ検査あるいは心理測定法を使った評価はときに，創造性サイクルを活性化し，クライエントが考え感じる仕方を外に表しやすくすることに力を発揮する。クライエントが求めている変化を心理的役割や行動のなかで生み出すためにはさらなる介入の仕方が必要かもしれないが，評価が会話的学習をどれほど活気づけるかという点では明らかに得るところがあるかもしれない。これ以外では，適切な心理測定法を使えば，コーチとクライエントが行動面での選択肢をもっと正確に指摘しようとする仕事を直接に促進させられるかもしれない。そして，この選択肢によって，コーチングのあいだにクライエントが行っている移行次元をもっと正確に指摘し，管理できるのである。

「アクション法」

　自己性格描写，課題分析そして測定法は，コーチがそれにそってクライエントの自分史を正しく評価し，クライエントの「除去」の移行次元を正しく導こうと取り組むために使うかもしれない強力な枠組を作るのに役立つ。しかし，クライエントによっては，「行動を起こすこと」，つまり，行動的な習慣を変えたり，仕事の実績を改善させたり，体重を落としたり，怒りをコントロールしたり，不用意にほかの人を怒鳴りつけたりしないようにするために必要な行動をするときに困難を経験することがある。

　会話的学習に「アクション法」を導入するのは，小さいがきわめて重要な刺激やきっかけを与えて，クライエントの記憶や想像力を活発にし，彼が2つ以上の代替的な個人的役割を演じて行動的に実験できるようにするためである。アクション法によって個人は，移行次元のあいだ，難しいと思う活動を短時間で実行できるようになる。アクション法は，ラポールを微調整しコミュニケーションを活発にさせる効果をもっているので，新しい言語行動でクライエントはあまり気後れせずに情緒的な不安をあえて表に出し，コーチに対して，またほかの人びとのなかで自分をさらけ出す。心理劇やソシオドラマの「アクション法」がうまく使われると，それはクライエントどうしの相互作用──すなわ

ち，微笑み，笑い，ときには涙もそれにあたる——にカタルシス効果を与える。クライエントが激しい感情を吐露すると，ほどよいエネルギーで中核的な感情を方向づけたりコントロールしたりするために取り決められた境界にそって中核的な感情を知り，評価することが容易になる。

会話的学習は，心理劇の一形式で，一人で演じられる「モノドラマ」を進んで使ってみることとすぐ結びつく。そこでコーチは，クライエントが現実世界で占めている社会的状況，「社会的な原子」，つまり，クライエントが手を差し伸べようとしたり拒絶したりしようとしている人びと，意気投合している人びとのなかで，異なった役割を演じるようクライエントに指導する。

ありふれた人工物——一般的にはドア，イス，テーブル，固定電話や携帯電話——は適切な「支え」として役立ち，それによって，自信のない（もしくはまったくひどく傲慢な）クライエントがほかの人とのかかわりでどれを選択し，どのように行動変化をさばくかという原則を試すように支え励ます。別の役割におけるクライエントの行動実験を再生すると，内省の質が高められる。それをきめ細かく管理するためにコーチは，ビデオテープ，オーディオテープ，CD，そのほかのメディアに記録し，それを後で使うための基準を注意して設ける。

コーチングは PCP 実践において心理劇やソシオドラマの「アクション法」を前面に出す分野になりつつあるので，コーチは，ブラットナー（Blatner, 1973），ウィーナー（Wiener, 1997），スターンバーグとガルシア（Sternberg and Garcia, 2000）の助言や，治療的状況以外での役割実現を魅力的に描いた PCP や人文科学についての最近の著書を利用できる（Scheer and Sewell, 2006）。

事例研究

保険数理士（アクチュアリー）のマリーは，彼女自身のことばでいうと「対人スキル向上」のために，自費でコーチングを受けようと公認職業心理学者のキアラを訪ねた。二人は数か月間一緒に作業を進めるための時間制限つきの契約を取り交わしてから，マリーに「自己性格描写」を書くように指示した。

マリーによる自己性格描写には次のような観察が含まれていた。

> 私はとても粘り強い。闘士であり，簡単にあきらめたりしない。求められれば果敢に振る舞い，信頼をおいている人，好きな人，尊敬する人には

第13章　会話的学習

誠実である。自己批判的になりすぎる面もあるが、臆することなく自分の欠点に向き合い、克服するための援助やアドバイスを求めている。仕事では、自ら現状に挑戦し、新しい方法で何かをしたがり、現在の過程のなかに自分の特徴を残していく……

　私がいちばん気がかりなのは対人面での限界であり、それは自分でわかっている。私はそうした状況でとても経験を積んでいるのに、会議を統括したり、職場の軽口に参加したりするような、くだけた状況では、落ち着いてことばを交わせない。私は口をつぐみ、防衛的になったり、たんにエネルギーを失ったりする。そして、こうした行動が自分の可能性を発揮できなくさせていると感じている。私は自分の技術力を高く評価し、信頼しているが、「技術屋」として色眼鏡で見られたくはなく、自分のスキルをもっと広い舞台で認められるようにするための機会がほしいと思っている。

マリーの自己性格描写には次のような一節が書かれていた。

　私は自分の行動を変えるためにどれだけの能力をもっているか自信がない。私は、いとこの息子が診断されたアスペルガー症候群について詳しく調べ、多くの症状を確認した。私はストレスに陥ったり、怒りやすい傾向があり、よくかたづいていない自分の家が示しているように、自分を律していくスキルに乏しいと強く思っている。

マリーが自分自身を表現するために「アスペルガー症候群」という臨床的用語を使ったことをキアラがおだやかに尋ねたとき、マリーは誠実かつ冷静に、自分は、改善できるかという心配と、ぜひそうしたい気持ちがどれほどあるかについて正直でありたいという個人的な自己帰属に基づいてこのように書いただけだと説明した。マリーは自分の治療記録が臨床的なアセスメントの紹介や精神病のエピソード、あるいはほかのひどい障害を含んでいないことを付け加えた。キアラは、マリーが臨床的表現を使ったのは、比較的ふつうの不安や恐れ、彼女が経験しているキャリアの移行期の要求に結びついた危険な兆候ですらあるという仮説を立てはじめた。

　キアラは、マリーが自分の対人関係スキルが十分ではないと感じていたので、それに取り組むために WHO（1992）が示しているアスペルガー症候群の記述をコピーして彼女に渡した。二人はそれについて少し議論し、キアラはマリーに、もし重大な精神的不安があるなら、自分の知っている精神科医を紹介す

ることを確約した。二人はこれに基づいてコーチングを進めることに同意した。

マリーの話にさりげなく耳を傾けていると，もう一つの前進があった。彼女は自分がいかにオーケストラ部やトライアスロン部で「並の」プレイヤーであり，その演奏や能力のレベルにあまり拘泥していないかを示した。彼女はそうした活動で秀でることを求めず，純粋に満足を与えてくれるものとして，また社会的な状況として楽しむことに満足していた。彼女はまた，大学連合オーケストラの責任者にどうして自分が選ばれたかについても明かしてくれた。オーケストラの団員が本気で指揮者に反旗を翻しはじめたとき，その責任者には政治的な手腕がかなり求められていたのである。

マリーの自己性格描写について議論するうちにキアラは，マリーが一流会社で管理職への転職が差し迫っていることにとても不安を感じながらも，それをわくわくしながら見ていることを知った。マリーの自己性格描写によって明らかになったのだが，彼女は最近，辞めようとしている会社の「ひどい上司J」と呼んでいる直属上司がひどい対応をしたため，自分が対人的，政治的に有能だとずっと思ってきた信頼をとても傷つけられた。マリーの説明によるとJは会計係であり，この不安の原因が何かを明らかにした。そしてキアラは，商業的，政治的な要素が広く絡み合った技術的，保険数理的な問題についてJがどのように伝えたらいいか途方にくれていたと推測した。キアラはマリーに，おそらく以前の直属上司「J」に対してフラストレーションを感じたという記憶の影響で，転職を「罪」ととらえる次元を自分で作り出しているかもしれないという仮説を提案した。その結果，マリーは，精神的な達成の領域で厳密な基準を適用してしまい，仕事という社会的領域において心のなかでますます低く自己評価する羽目に陥った。

コーチングが進むにつれてキアラは，マリーにふさわしい創造性サイクルは，職場での自分の感情とほかの人の感情について，次に仕事関係でのイニシアチブについて，自分でもっとしっかりと判断する力をもつことを含んでいるという仮説に注意を向けた。マリーが保険数理士として仕事をしていることから数値データに対しては心配がないと考えて，キアラはマリーのためにあつらえられたレパートリーグリッドを使い，彼女が自分の行動や，これまで足を踏み入れていた管理システムのなかで報告しているマネジャー，そして職場での同僚たちの行動を読み解くためにどのような精神的枠組を使うかについてマリーからデータを集めるだけでなく，よく研究されたパーソナリティ検査でこの仮説を検証しようと提案した。

自己性格描写を再検討するために「文脈 – プロット – 性格 – 行動 – 成果（CPCAO）」の枠組をマリーに紹介して，キアラはレパートリーグリッドの尺度あるいは「コンストラクト」の一方の側に，パーソナリティ検査から取ったラベルを使い，異なる段階での彼女の自己イメージについて，また，彼女の新しい仕事と以前の仕事で互いにかかわりをもった人びとについて深く考えるような「下調べ」をするよう求めた．表 13.2 はマリーが記入したレパートリーグリッドのデータの一部を示している．

マリーの創造性サイクルを収束しやすくするために，キアラはグリッドデータの統計的，数学的な側面について評価するコンピュータプログラムも使った．

- マリーが心のなかでとらえていた，対象となっていた人びとのあいだの類似性パターンを示すためのクラスター分析
- マリーの不安と緊張への傾向を特徴づける（ここでは示されていない）おもな枠組を示すための主成分分析：「無関心」と対比される「自己意識」

グリッドデータと統計的なフィードバックを再検討して，キアラはマリーの質問に答え，彼女自身と「感じのよい同僚 X」とのあいだの対比をマリーがどのように知覚しているか尋ねた．その結果，「X」は自分よりも「決断力があ

表 13.2 マリーが完成させたレパートリーグリッド：彼女は職場生活のなかで自分自身とほかの人についてどのように知覚しているか

最大得点：7点	私が現在，職場でかかわっている私自身	協力的だった元上司「S」	感じのよい同僚「X」	私が16歳のときにかかわっていた私自身	うんざりする元上司「J」	ニューヨークの現在の上級管理者「C」	職場で私がかかわりたいと思っている私自身	私の姉妹	友人	最少得点：1点
興奮する	6	2	3	5	3	3	3	4	4	穏やかな
外向的	3	4	4	4	2	5	4	3	6	内向的
経験に対して開かれた	4	4	4	6	2	3	4	3	5	狭量な
愛想よい	2	4	4	3	2	4	4	3	4	頑固な
誠実な	3	3	3	1	3	3	5	3	2	でたらめな
心理的に健康な	4	7	6	3	2	4	7	4	5	心理的に具合の悪い

る」というマリーの信念が明らかになった。「意思決定サイクル」の移行次元の「先取り」段階を管理することをマリーが難しいと感じる前歴をもっているかもしれないという仮説を確かめるために，キアラはいくつか質問をした。マリーは途中で急に答えるのをやめた。長い沈黙が続いてから，彼女はため息をついた。

　そう。そうです。私はどれほど情報に溺れていたかに気づきました。重要なことについて決心する代わりに，思い出せる限りのあいだ私は，より多くの情報が魔法のように振る舞うだろうという希望のなかで先延ばししていました。学校や大学にいて，小論を書いたり答案を書いたりするゲームをしている限りは，うまくやりおおせていますよね！　そのようなことは現実世界ではうまくいかないとずっとわかっていました。私の主人は助けようとしてくれるのですが，今では私に我慢できなくなってきています。なぜ彼が最近になってこの先延ばしの習慣を「いまいましいアスペルガーゲーム」と呼びはじめたのかがようやくわかってきました。彼は私が観客として人生をただ傍観することを好み，本当に生きることを避けていると言います。今まで彼が何を言っているのか理解できなかっただけなのです。恐ろしいことです！

　マリーの目からいまにも涙がこぼれそうなのを見てキアラは，「アスペルガーゲームのプレイヤー」に代わるものとして彼女が発見した個人的役割をしっかりと理解してくれるよう助けたいと願った。キアラはマリーに，仕事のミーティングで「ぐずぐずしている」と思うときの自分の思考パターンを明らかにするために考案された一人芝居の練習をするよう求めた。マリーは複雑な役を演じたので，以前の取り決めどおりにキアラは，起こったことの「認知的リハーサル」を録音した。それから二人はそのテープを一緒に聞いて，マリーが「行き詰まった」ときの思考や感情を思い出せるようにした。

　それからキアラは，マリーが生活のなかで試せる二種類の「宿題」に取り組むよう話し合った。一つは，彼女がぐずぐずしそうになったと感じたとき，本当に重要なものを決定し，進展しそうな行動を少なくとも一つ選び，それを実行するというものであった。もう一つは，新しいマネジャーとかかわっているときのマリーの行動パターンのデータを集めることであった。それは，二人のマネジャーと技術的な保険数理上の問題について深く考える行動である。一人はニューヨークを拠点に世界的に活躍する会社の主任保険数理士「C」で，彼

第13章　会話的学習

とは電話で連絡を取っていた。もう一人は，彼女が法令順守にかかわる政治的に微妙な問題について連絡を取った会計係である地方マネジャーである。

　すぐあとでマリーは，自分が職場で気をとられているという「自覚がある」いつもの習慣から脱却しつつあることがわかったと言った。彼女は少し前には自分の感情をうまく表現できなくさせ，途方に暮れさせ，いらいらさせていた閾値を越えたと言った。

　　会議において，ただマネキンのように座って，誰からも質問されずにいらいらしているよりむしろ，私の見解をわかってもらうために別の選択肢を準備しはじめたとき「敷居をまたいでいる」と，はっきり気づきました。実際に，あなたが勧めていたように，会議中に重要な問題をまとめたA4の書類を一枚配ったとき，私はゲームにおいて勝利を手にしているように感じました。

　マリーは，保険数理上の知識があれば，自分が不手際をただ見過ごしてしまいがちだという見方が大きくなるに任せるよりも，自分が頻繁にかかわっているロンドンの同僚にもっと自説を強く主張するほうが危険が少ないと考えるようになっていたと報告した。しだいにマリーは，ロンドンで信頼を得ることは，「Ｃ」とロンドンの同僚のあいだの違いから抜き差しならない関係に陥って埋没してしまうことを避ける重要な方法であるという見方をするようになった。その違いにいずれは自分の側から橋を架けなければならなくなるだろう。

　注意深く耳を傾けることでキアラはマリーに，とても助けになる人からの積極的支援がなくても非常に効果的に話ができたと感じたときに，自分が経験したことの質に特に注意を払うように促した。自分自身による自己性格描写でマリーは，自覚している「対人的な限界」を描いているが，それに対処できるような個人的役割を彼女が**再構成**できるようにするために，キアラは（マリーの自分史のなかで「生き生きした描写」と組織的パターンとを統合した「根本的定義」である）「活動的な外交官」という個人的，心理的な役割によって「彼女自身に力を与える」考え方について議論した。マリーはこの役割が「アスペルガーゲームのプレイヤー」に対してやりがいのある代役を務めてくれるという，興奮と安堵の入り混じった感情を表した。

　キアラは，マリーがオーケストラでオーボエを「演奏すること」の熟達度とバイオリンで「遊ぶ」という基礎的な能力レベルとのあいだの類似性をたとえとして，基本的な「閾値」能力と熟達や卓越のあいだの違いを観察するように

勧めた。マリーは楽器演奏に徐々に熟達していくことに努力だけでなく忍耐もどれほど必要かを自身の経験から知った。今や彼女は，駆け引きのなかでどのように態度を決めるかは，「うさぎの頭脳」のような速くて鋭いコンピュータ支援の分析スタイルからよりも，自ら観察した行動から生じるジレンマについて深く考える「亀のスタイル」から生まれるかもしれないと実感した。

　オーケストラでの自分の経験を思い起こしながらマリーは，保険数理士という職業的役割よりも音楽家としての個人的役割のなかで自分を見る作業によって，これまで行ってきた対人行動の実例をたくさん思い出せて，その結果，組織での行動の政治的側面にかかわるさいにとても多様な考え方ができるようになったこともありがたく思っている。この観点からマリーは，地位がはるかに上で，ニューヨークを拠点にしている「C」よりも，ロンドンで毎日一緒に働いている人たちとともにもっと積極的に外交的指導力を発揮する方法にしだいに気づくようになった。

　最後のミーティングのなかで，キアラとマリーは一緒に働く局面での自己性格描写について意見を交わした。マリーの最新の自己性格描写では，さまざまな駆け引きの役割を知ることで彼女が利用できるようになった自己エンパワーメントを次のように描いた。

　　　自分自身に対する信頼や，ここロンドンでの仲間や上司とのやりとりと同じように，大西洋をはさんだ「C」との会話を観察したり実際に会話したりする能力に対する信頼を築くことは，もっと複雑な駆け引きのレベルです。彼らと互いに感化しあいながら前進していくにつれて，自分のキャリアにおける厳しいトライアスロン競技で少しずつ前進しているように感じます。私はコーチングの場でのやりとりを記録したオーディオテープをまだ大事にしています。それは私にとって，とても困っているなかで，いっそう力強く泳ぐようにとあなたがホイッスルを吹いてくれたときのように感じます。

どのようなクライエントにいちばん有効か？

　PCPによるコーチングは，苛酷な変化にうまく対応できないクライエント，実際に仕事を行っているクライエント，そして自分たちの行動を適応させようとして自分の経験から学ぶ準備ができているクライエントを対象とするもので

第13章　会話的学習　　　　　　　　　　　　　　293

ある。

　事例研究で概観した実践的技法はいずれも集団や組織で使われるかもしれないが，その技法はそれぞれの必要に合うように注意して作り替えられなければならない。たとえば，コーチが集団のメンバーに彼らの自分史を語ってくれるように頼むとき，そのコーチはメンバーが互いに語ってくれる物語の内容や特徴からその集団の社会的アイデンティティがどのように生まれるかに気づいているべきであり（Bruner, 2003），この集団のメンバーの行動に対してこのアイデンティティが及ぼす感情的影響を管理できるよう準備しておくべきである。技法を注意深く作り替えることに失敗すると，「構築」次元への道がふさがれたり，「無理な移動」次元へ移るきっかけとなるが，これは誰の利益にもならない。

　クライエントの第一言語が英語でない場合，PCPコーチがクライエントの優先言語にかなり熟達していれば，PCPに合うように質的技法と量的技法を組み合わせると，クライエントとのラポールが楽に作り上げられる。

　表13.3には，個人レベルだけでなく，集団や組織の場面で成人にコーチングを行うときの主眼が示されている。

表13.3　PCPコーチングに向く人びと

クライエント	コーチングの焦点
個人	・心理的適合性をとおしてスポーツで成果をあげる。 ・「バーンアウト」から健康なストレスへ。 ・個人的な不健康や能力不足を克服する。 ・人生の「老年期」，中年，仕事を始める時期での挑戦。 ・営業電話に出るのが嫌いで気が進まず，それと反対の行動をとってしまわないようにする。
集団あるいは組織	・仕事上のリスクを特定し，それをうまく処理する選択肢を探す。 ・十分に能力を出し切れていないなかでリーダーシップを発揮する行動。 ・多様性を認めて違いを正当に評価するために，費用効果がある支援を導入する。 ・費用に見合う効果があるような安全で／健全な作業行動や作業環境を導入する。 ・技術を使う人たちのニーズに合わせて費用に見合う効果を生み出すように技術を適用するリーダーシップ行動。 ・プロとしてアマチュアのスポーツ選手をコーチし，審判を務め，指導し，管理する。 ・演劇界や音楽界での独立起業家たち。 ・ビジネスで「新たな機会を創り出すこと」について助言する。 ・建物や情報技術システムを設計，開発，構築し，環境になじませ，改良する。

多くのティーンエージャーは，彼らの選択肢に対して，その個人ごとの価値観に合うようにPCPが新鮮な観点を示してくれることに——はじめは不信感をもつが——驚きや好奇心を示す傾向がある。方略的な個人の意思決定が緊張状態にあって難しいとき，コーチは「移行の次元」を使うことで，ティーンエージャーと彼らの両親，里親，継親あるいは世話係との対話のなかで創造性サイクルを促進させられる。自分史モデルと自己の性格描写の技法，課題分析と行動分析は，たとえば性とジェンダー，健康とけがや病気，成人，自由，規律，個人的責任，キャリア選択やコース選択，履歴書や「個人的意見」を書くこと，ポートフォリオを出したり仕事やコースのための面接を準備することなど，個人的な関係の領域で，コーチングのさいに教師や個人的アドバイザーがうまく扱えば，非常に効果的である。

PCPコーチングは，状況によっては主要な手段として適切ではない。クライエントが決まった形式を望むような場合，PCPコーチングは即座に「無理な移動」の移行次元に入るきっかけを与えやすい。どの年齢のクライエントであっても，「敵意」の移行次元にこだわり，回避がその人の優先的な行動方略であることが明らかな場合，PCPコーチングは手段のよい利用法ではない。適切な心理測定法もしくはほかのアセスメントが使用されれば，読字障害があったり深刻な学習上の問題があったりするクライエントに，PCPコーチングは適しているかもしれない。

すべての人間が直面する健康的に生きようとする課題が避けがたいパラドックスを示すように，会話的学習を作るためにPCPを使おうとする課題も同様である。一方で，ソフトシステム方法論のようなツールの開発，コンピュータを使った処理支援，レパートリーグリッドの評価，心理測定法の発展とともに，コーチはケリーがPCPへと統合した豊かな知的財産を基礎として力強い介入ができる。他方で，この組み合わせは，クライエントが生活のなかで前進できるようにする主要な課題にコーチがあまり注意を向けていないか，コーチが知識や技術の魅力にとても抗しがたい場合に，コーチの失敗が許されるというパラドックスを生む。

引用文献

Bannister, D. and Fransella, F. (1990) *Inquiring Man: Theory of personal constructs*. London: Routledge.

Bazerman, M. H. (2006) *Judgment in Managerial Decision-Making*, 6th edition. Hoboken, NJ:

Wiley.

Blatner, H. A. (1973) *Acting-In: Practical applications of psychodramatic methods*. New York: Springer.

Brophy, S. (2003) Construing New Realities: an organisational case study. Unpublished diploma dissertation in counselling in occupational settings. The Centre for Personal Construct Psychology, London.

Bruner, J. (2003) *Making Stories: Law, literature, life*. Boston, MA: Harvard University Press.

Checkland, P. (1984) *Systems Thinking, Systems Practice*. Chicester: Wiley.

Checkland, P. and Scholes, J. (1999) *Soft Systems Methodology in Action*. Chichester: Wiley.

Claxton, G. (1984) *Live and Learn: An introduction to the psychology of growth and change in everyday life*. London: Harper and Row.

Daniels, A. C. and Daniels, J. E. (2006) *Performance Management: Changing behavior that drives organizational effectiveness*, 4th edition, revised. Atlanta, GA: Performance Management Publications.

Dewey, J. (1991) *How We Think*. New York: Prometheus. (Originally published 1909.)

Duignan, K. (1996) Using soft systems methodology to elicit user requirements for adapting a socio-technical system. Unpublished MSc in Ergonomics project report, University College London.

Duignan, K. (2005) Improving options for managing business and employee health. In P. Grant and S. Lewis (eds) *Business Psychology in Practice*. London: Whurr.

Fransella, F. (1995) *George Kelly (Key Figures in Counselling)*. London: Sage.

Fransella, F., Bannister, D. and Bell, R. (2003) *A Manual for Repertory Grid Technique*, 2nd revised edition. Chichester: Wiley.

Harri-Augstein, S. and Thomas, L. (1991) *Learning Conversations*. London: Routledge.

Jankowicz, A. D. (2004) *The Easy Guide to Repertory Grids*. Chichester: Wiley.

Kaplan, A. (1964) *The Conduct of Enquiry: Methodology for behavioural science*. San Francisco, CA: Chandler.

Kelly, G. A. (1991) *The Psychology of Personal Constructs*, Volumes 1 and 2. London: Routledge (in association with the Centre for Personal Construct Psychology, London). (Originally published 1955.)

Kolb, D. A. (1984) *Experiential Learning: Experience as the source of learning and development*. Englewood Cliffs, NJ: Prentice Hall.

Korzybski, A. (1994) *Science and Sanity: An introduction to non-Aristotelian systems and general semantics*. New York: Institute of General Semantics. (Originally published 1933.)

Kouzes, J. and Posner, B. (2003) *Encouraging the Heart: A leader's guide to rewarding and recognising others*. San Francisco, CA: Jossey-Bass.

Mair, J. M. M. (1976) Metaphors for living. In A. Landfield (ed.) *Nebraska Symposium on Motivation: Personal Construct Psychology*. Lincoln, NE: University of Nebraska Press.

Moreno, J. L. (1988) *The Essential Moreno: Writings on psychodrama, group method and spontaneity*. New York: Springer.

Morganbesser, S. (1987) The American Pragmatists. In B. Magee (ed.) *The Great Philosophers: An introduction to Western philosophy*. Oxford: Oxford University Press.

Pope, M. and Keen, T. R. (1981) *Personal Construct Psychology and Education*. London: Academic Press.

Salmon, P. (1985) *Living in Time: A new look at personal development*. London: J. M. Dent.

Scheer, J. and Sewell, K. (eds) (2006) *Creative Construing: Personal constructions in the arts*. Giessen, Germany: Psychosozial-Verlag.

Shaw, M. (1980) *On Becoming a Personal Scientist: Interactive computer elicitation of personal models of the world*. London: Academic Press.

Stephenson, W. (1953) *The Study of Behavior: Q-technique and its methodology*. Chicago, IL: University of Chicago Press.

Sternberg, P. and Garcia, A. (2000) *Sociodrama: Who's in your shoes?* London: Praeger.

Stewart, A. and Stewart, V. (1981) *Business Applications of Repertory Grid*. Maiden-head: McGraw-Hill.

Stewart, V. and Mayes, J. (2006) *Enquire Within*. Available www.enquirewithin.co.nz (2 August 2006).

Thomas, L. and Harri-Augstein, S. (1985) *Self-Organised Learning*. London: Routledge.

Wiener, R. (1997) *Creative Training: Sociodrama and team-building*. London: Jessica Kingsley.

World Health Organization (1992) *The ICD-10 Classification of Mental and Behavioural Disorders: Clinical descriptions and diagnostic guidelines*. Geneva: WHO.

議論のポイント

- 現在の生活におけるジレンマについて500語以内で自己性格描写を書いてみよう。2つ以上の移行次元がそのジレンマをどのように明らかにしてくれるかを検討しよう。
- 表13.1に描かれた移行次元のなかから，あなたがいちばん使いたいと考えるものを3つ選んでみよう。やる気とバランス感覚をしっかりもって，あなたがそれぞれの移行次元を切り抜けられるようにするには，どのように行動したらよいか？
- あなたの生活には，とても重要なのでその質をぜひ高めたいと考えている領域があるとして，そのなかで一つの関係を特定してみよう。その関係を改善するためにあなたにできることをいろいろと引き出してみよう。これまでの制約にとらわれずに想像力を働かせて，見つけたことを記録しよう。これから2週間のうちに起こるだろう活動を検証しよう。そして，あなたがやろうとしていて，まだやっていない3つの具体的な行動を決めて，それを順位づけしよう。あなたはどれを

しようとしているか，それに必要な活動をいつ起こすかを書きとめよう。
- 「信じやすい」傾聴を行うために，同僚あるいは友人に協力を求めよう。60分間で，彼らがほとんど（95％）聞いてもらえないクライエントの役割を演じて，そのあいだに，本当に問題となることについて彼らに「コーチング」する根拠を話し合おう。

推薦図書

Kelly, G. A. (1991) *The Psychology of Personal Constructs*, Volumes 1 and 2. London:Routledge
（ロンドンのパーソナルコンストラクト心理学センターの協力で出版された。初版は1955年）

　パーソナルコンストラクト心理学のコーチングへの適用可能性を調べるために，本章ではこの文献から引用を行い，パーソナルコンストラクト心理学の「源泉」について検討している。本書は著名な古典と同様に難解だが，時間をかけて読みなおすと，人間行動について思いがけない洞察が得られる。

Fransella, F, Bannister, D. and Bell, R. (2003) *A Manual for Repertory Grid Technique*, 2nd revised edition. Chichester: Wiley.

　グリッドを統計的・数学的にどのように分析したらよいかを確実に理解したいならば，本書は人間を科学者としてみるモデルに忠実な良質の参考文献である。

Jankowicz, A. D. (2004) *The Easy Guide to Repertory Grids*. Chichester: Wiley.

　範疇などのグリッドを設計し，実践して解釈する手続きが必要ならば，実践例が豊富に盛り込まれた本書は絶好のガイドブックである。

Salmon, P. (1985) *Living in Time: A new look at personal development*. London: J. M. Dent.

　本書は明快に説明された魅力的な一冊である。パーソナルコンストラクト心理学の「自分史」モデルについて説明しており，その哲学の中心にある希望と楽観主義が感じられる。

Wiener, R. (1997) *Creative Training: Sociodrama and team-building*. London: Jessica Kingsley.

　あなたのコーチング実践でソシオドラマの「アクション法」をパーソナルコンストラクト心理学に適用する方法に魅力を感じるなら，ウィーナーの文献とともにケリーの文献の関連部分を読むとよい。

（並川　努訳）

第14章

精神力動・システム-精神力動コーチング

ベガ・ザギア・ロバーツ，ハリーナ・ブラニング
(Vega Zagier Roberts and Halina Brunning)

はじめに

「精神力動」という用語は2つの概念を結びつけている。一つは，魂や精神を意味するギリシャ語の *psyche* に由来する "psycho-"，もう一つは，強さや力を意味するギリシャ語の *dynamis* に由来し，物理学などの領域で運動，活動あるいは変化の原因となる力を示すのに使われた "-dynamic" である。したがって，精神力動コーチングは，個人内や集団内で，あるいは個人間や集団間で働いている精神的な力が，どのように思考や行動に影響を及ぼしているかを理解する方法に基礎をおいている。

理論的方向性においても実践面においても，さまざまな実践家が精神力動的な立場からコーチングにアプローチしている。多くは，精神分析理論のいずれかの「学派」に基礎をおく訓練を受けたセラピストであるが，システム-精神力動の立場から実践を行っている実践家も少なくない。このため，精神力動的な立場の実践家は，無意識的な精神生活が個人や集団の行動に与える影響に焦点をあてる精神分析理論の要素と，役割や権威，そして作業システムや作業過程の立案に焦点をあてるオープンシステム理論の要素をあわせもっている。コーチング過程における役割に中心をおいているため，このアプローチは役割コンサルタント業や役割分析に似たものとみなされることがよくある。

精神力動・システム－精神力動コーチングの発展

　精神力動コーチングあるいはシステム－精神力動コーチングの歴史については，ロバーツとジャレット（Roberts and Jarrett, 2006）が提案したコーチングのタイプに関する議論が，役に立つ文脈的知識を提供してくれる。彼らは，英国で最近実践されているコーチングの主要なアプローチについて，その鍵となる相違点を研究している。図14.1で格子内に示された情報は，さまざまなコーチングを行っている指導的実践家が，自身の仕事において何を主要な目的とし，焦点をあてているかについて尋ねたインタビューに基づいて書かれている。コーチングによる介入の主要な**目的**は，垂直軸の一方の端を洞察に，他方の端をアウトプットとする連続線上に示されている。水平軸は，コーチングの主要な焦点が個人におかれているか，あるいは組織や組織の役割におかれているかを示している。情報は，コーチングによる介入の厳密なカテゴリーとしてではなく，一群のタイプを示す「雲」の中に集められている。

　際立った知見は，コーチングへの主導的アプローチのほとんどが，どこかの象限にかなり明確に分類され，精神力動コーチングは下の象限に位置づけられていることである。すなわち，より純粋に「治療的と特徴づけられる」アプローチは左に，システム－精神力動（役割コンサルタント業）アプローチは右に位置づけられる。要するに，上の2象限は目標達成に基づいているのに対して，下の2象限は意味生成に基づいている。したがってこれからの節では，これら2つの主要な「流れ」の精神力動コーチングが何を共有していて，どのような点で異なるのかについてみていくことにする。

　精神力動セラピーの実質的な発展は，フロイトが「談話療法」を発展させた20世紀初頭にまでさかのぼれる。しかし，精神力動コーチングは比較的最近になって発展した。精神力動コーチングの流れは，次の2つの主要な源泉へとたどっていける。

組織について精神力動的に特徴づけられた研究を行う

　第二次世界大戦のあいだ，タビストッククリニック出身の精神分析家は，自分たちの臨床的な知識を，とりわけ兵士の選抜や精神的な傷を負った兵士のリハビリテーションに応用するなどして，さまざまな形で戦争に協力した。戦後，これら精神分析家のなかの何人かが社会学者や人類学者，そのほかの専門家と

```
                    アウトプット
                        ↑
   ┌─────────────────┐  │  ┌─────────────────┐
   │   GROWモデル     │  │  │  認知行動モデル   │
   │ ギャルウェイの    │  │  │ 活動や業務実績での │
   │「インナーゲーム」に│  │  │ 行動的成果に基づく。│
   │ 基づき,活動への気 │  │  │ 心理学的基礎を重視 │
   │ づきや責任を高める │  │  │ する企業でこのアプ │
   │ ことを目指す。しば │  │  │ ローチが採用される。│
   │ しばジョン・ホイット│  │  └─────────────────┘
   │ モア卿やマイルズ・ │  │
   │ ダウニーと結びつけ │ 主 │
   │ られる。          │ 要 │
   └─────────────────┘ 目 │
                       標 │
                        │
个人 ←───────────────────┼──────────────────→ 組織
       注意が向けられる主要な焦点
                        │
   ┌─────────────────┐  │  ┌─────────────────┐
   │ 治療的と特徴づけら │  │  │ 役割コンサルタント業│
   │ れる             │  │  │ システム-精神力動に│
   │ 初めはさまざまな学 │  │  │ 基づき,個人の関係 │
   │ 派のセラピストとし │  │  │ 性,仕事のシステム,│
   │ て訓練を受けた独立 │  │  │ 組織の文脈に焦点を │
   │ した実践家がとても │  │  │ あてて,役割の有効性│
   │ よく使っている。た │  │  │ を改善する。      │
   │ とえば,ロジャーズ派│  │  └─────────────────┘
   │ ,ゲシュタルトある │  │
   │ いは精神力動的モデ │  │
   │ ル。個人の成長に焦 │  │
   │ 点をあてる。      │  │
   └─────────────────┘  │
                        ↓
                      洞察
```

図14.1　コーチングの4つのモデル

©V. Z. Roberts and M. Jarrett, 2006

ともに，新たに設立されたタビストック人間関係研究所（Tavistock Institute of Human Relations）の仕事に参加した。そこで彼らは一連の理論を作り上げ，採掘場，工場，育児施設，病院，そのほか多くの幅広い組織と一緒に活動した（Trist and Murray, 1990 を参照）。

　職場における個人の問題についてはじめてシステム－精神力動〔コーチング〕が行った取り組み（コーチングの先駆け）は，おそらく1950年代の後半

までさかのぼり，その頃，クリスチャン・チームワーク・トラスト（後のグラブ行動研究所〔Grubb Institute of Behavioural Studies〕）が参加者に対して，組織における行動やダイナミクスをいっそうよく理解するためのさまざまな訓練イベントを提供していた。この仕事からは，組織的役割分析（Organizational Role Analysis：ORA），すなわち，リーダーやマネジャーが自分たちの役割をより効果的に引き受ける方法が生まれた（Reed, 1976; Reed and Bazalgette, 2003）。ORAは，個々のクライエントとかかわっている多くのシステム－精神力動の実践家によって，しばしば「組織的役割コンサルタント業」や，もっと最近では（マーケティングの目的で）「エグゼクティブコーチング」の名のもとに改良されてきている（Newton et al., 2006）。

精神力動的な方向づけをもって個人にセラピーとカウンセリングを行う

1990年代の中頃から，精神力動を含む心理臨床家やカウンセラーのあらゆる流派において，自分たちの実践をコーチングという形で職場に広げていこうという潮流が生まれてきている。こうした動きの背景には，長期間を要するセラピーの人気が衰えてきているなかで，彼らの技能を効果的に活用できる別の道を探す必要性が出てきたことがあるのかもしれない。ペルティアはこれについて，「談話療法はとても時間がかかり，きわめて個人的であるため，保証できるものではなく，追い越し車線の運転者に求められる迫力もなければピントもずれている」（Peltier, 2001: xvi）と述べている。

しかし，多くの組織では，精神力動理論に方向づけられたコーチが提供してくれるものには何かが足りないということに気づいている。それほど明瞭でもなく意識もされていない要因が仕事を難しくさせており，それについてもっと深く理解するために，現代のほとんどの組織において，毎日の生活のなかで，あるレベルでは，結果へと衝き動かす圧力から離れて「考える空間」が必要だと認識されている。

理論と基本概念

精神力動コーチングは，フロイトの独自の研究に由来する治療的環境のなかでおもに発展してきた理論や概念の枠組を土台として行われる。

精神分析理論からの概念
無意識の精神生活
　精神力動的な考え方の土台は，無意識，すなわち，われわれがそれを自覚しないような方法でわれわれに影響を及ぼす何らかの隠された精神生活が存在するという仮定である。脳のなかにとどまりながら意識には上らない思考や記憶がわれわれに存在する――たとえば，脳のある特定部位に埋められた電極に電流を流すと，忘れていた名前や電話番号，過去の出来事などを突然思い出すといった――ことを示すのは簡単だが，精神分析理論は，われわれが体験する特定の側面が，われわれを不安や苦痛から守る方法として無意識化すると主張している。

無意識の不安と防衛
　「無意識」と同様に「不安」という用語はわれわれの日常語の一部であり，一般的に，心をかき乱す感情状態を表している。これは将来の恐ろしい出来事を予期することで生じる。恐怖を予期することで，われわれはいくつかの防衛を作り出す。たとえば職場では，解雇への恐れ，事故や危険な失敗をしないかという心配など，多くの意識的な不安をもつかもしれない。そこで彼らは，そうした不安を管理したり軽減させたりするために，たとえば労働組合を組織したり，失敗を回避するためのマニュアルを念入りに作り上げたりする。
　フロイトとそれに続く精神分析理論家たちは，不安のなかのあるものは無意識的であるという考えを推し進めた。たとえば，われわれは，愛する人を傷つけたいと望んだり，両親や子どもに性的な感情を向けたりといった，受け入れがたい衝動をもっているかもしれない。これらの感情がまったく意識的であれば，自分は愛すべき，一般に慎み深い人物であるという感覚を脅かすことになる。精神分析理論は，防衛機制によってこれらの感情が意識のなかから無意識へと追い出されることを示唆している。これらの防衛機制は，否認（そうした感情が存在しないとすること），投影（そうした感情がほかの人に属しているとすること），理想化と価値切り下げ（苦痛な両面的感情を避けるために他者をまったくの善かまったくの悪とみなすこと），知性化（感情をうまく言い逃れること）を含んでいる（A. Freud, 1966）。
　精神分析理論は，〔心が〕無意識の不安であふれてしまうのを防ぐために，すべての人に防衛が必要であることを示唆している。役に立つ防衛もあれば，われわれが現実を適切に処理するのを妨げたり，潜在能力を完全に発揮するのを妨げたりしてしまう防衛もある。たとえば，投影を使いすぎると，自分自身

のやり方を改善する方法を探すよりも，他者のせいにしてしまう危険性が生じる。それによってわれわれは，管理者にあらゆる権限と強さを与えておきながら，自分自身の主導権を発揮することが「妨げられて」いると感じるときのように，実際よりもはるかに無力感を感じることにもなりうる。

封じ込め

われわれは乳幼児期に，不安に対処することを生涯にわたって学ぶ過程を歩みはじめる。そのようにできる前提には，養育者が情緒的にわれわれを理解して，年齢に即してわれわれの要求に対応してくれるので，（恐れていることが処理できる）安心感や理解されているという感覚を与えてくれるということがある。幼児は，自分の感情を，それがもはや怖くはないように「吸収」してくれる養育者に投影していると考えられている。この考えを仕事の場に転用すると，反動形成的な防衛機制を通して感情を取り除くように求めるのではなく，むしろ効果的に考えたり行動できるのに十分なほど意識と無意識の両方に不安を抱えることで，良いマネジメントというのは同様の機能を発揮できることが示唆される。しかし，もし両親あるいはマネジャー自身が過度に不安になっていたり心が奪われたりしていたら，彼らはわれわれが不安を処理することを支えきれないかもしれない。こうなると，われわれは不安に圧倒されてしまって，役に立たない防衛機制に頼ってしまうかもしれない。たとえば，会社の乗っ取りに直面すると，われわれはアイデンティティを失うかもしれないという不安を抱くだろう。ほかの組織を悪の帝国建設者とみなすことは，一時的に組織内の結束とアイデンティティを強めるかもしれないが，長期的にはそれまで適切なやり方で携わっていた仕事に対して否定的に作用する。

転移

この概念は，人生の早期における他者経験が現在にもち込まれる，つまり**転移**するという普遍的な傾向がわれわれには存在し，それゆえ他者に対するわれわれの知覚は色づけられているか，あるいはゆがめられてさえいるという考えに基づいている。たとえば，「内的な」権力者像がやさしい（「両親は私にとって役に立つ境界を設定した」）人は，仕事場での権力者に対して，彼らとの肯定的な関係構築を期待することで前向きな対応がもっとできるだろう。人生の早期に圧迫やいじめ，虐待を経験したことがある人は，仕事の場においても同じような感情を抱くかもしれず，組織のなかで権力者の立場にある人に対して過度に従順で依存的になるか，あるいは過度に攻撃的で防衛的になるかもしれない。

逆転移と無意識的コミュニケーション

逆転移は，患者によって分析家に引き起こされる感情を意味する精神分析学の用語であり，たとえば，守りたいとか救いたいという強い衝動を感じることである。分析家は情緒的に中立で，患者のコミュニケーションを傾聴し翻訳するものと考えられていたために，初期の頃は，逆転移は抵抗の源泉と考えられていた。しかし，逆転移は患者からの無意識的コミュニケーションに対する分析家の反応であると理解でき，それゆえ，無意識的水準で患者に起こっている心的状態を知るのに必須の情報であることが徐々に認識されるようになってきた。たとえば，患者を守りたいという衝動は，患者が実際に語っていたこととは表面的には特に何も関係がないかもしれないし，分析家はそれが自分自身の個人的な欲求からきているものと考えるかもしれない。これはもちろん一つの場合であり，ほかの可能性は，患者は自分の恐怖を無意識的に伝えていて，より強いと知覚している存在に守ってもらいたいと望んでいるのである（両親に対する感情が分析家に転移したものである）。分析家が保護したいという感情をかき立てられるかもしれないのは，まさにこの無意識的コミュニケーションである。

オープンシステム理論からの概念

生体は環境とのあいだで物質を交換することによって，つまりオープンシステムであることによって生存している。このために外界との境界，すなわち外界から内部を分離する細胞膜や皮膚が必要である。この境界は，中身が外に漏れたり組織が崩壊したりするのを防ぐのに十分なほど丈夫でなければならないが，環境と必要な交換が行えるだけの十分な透過性をもっている必要がある。最も単純な生活システムは単細胞であるが，より複雑な組織では同時に働いている多くのオープンシステムが存在する。それぞれは特化した機能を発揮しているが，組織全体としての要求に応えるためにほかのシステムの活動と協調している。

こうした考え方を人間のシステムに適用したクルト・レヴィン（Kurt Lewin, 1947）の研究は，ミラーとライス（Miller and Rice, 1967）によって拡張されて発展を遂げ，組織における部分と全体のあいだの関係，さらには組織と環境のあいだの関係を研究するための枠組を提供するまでになった。

一次作業

これは組織が存続するために成し遂げなければならない作業である（Rice,

1963)。オープンシステムとしての組織は，図14.2のように図式化できる。中央のボックスは，入力を出力に変換する作業，たとえば皮（A）を靴（B）に変換するといった作業を行うために必要となる活動システムを表している。

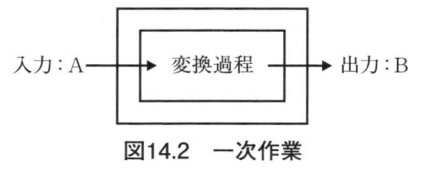

入力：A → 変換過程 → 出力：B

図14.2　一次作業

　一次作業は，主要な処理量によって規定される。入力が生の素材（たとえば皮）だとすると，出力は完成した製品（たとえば靴）である。英国の国営医療保険サービスのように人びとのために働いている組織においては，入力は状態Aにある人びと（病気の人びと）であり，出力は状態Bにある人びと（より健康な人びと）である。

　企業では，図14.2が示しているものよりもかなり複雑で，多くの異なる入力と出力がある。たとえば，Aという製靴工場は環境からの情報を取り入れて，財政計画やマーケティング方略を作るためにそれを利用している。製造，販売，人事，マーケティングといった異なる部門があり，それらはすべて協働する必要がある。しかし，どのように資源を分配し，組織の多様な活動にどのように優先順位をつけるかはその一次作業によって決定される。

　一次作業という概念は，複雑なシステムにおいては限界があるがとても役に立つ。ある人の作業システムの目的がどれほど明確であるかは，その人が課題を達成できるかどうか，システムの設計や作業実践が適切な状態にあるかどうかを継続的に評価できる基準を提供する。それはまた，組織全体としての一次作業に対してそれぞれの下位システムがどのように貢献しているかを明らかにしたり，結びつけたりすることにも役立つ。

境界でのマネジメントと境界のマネジメント

　生体には透過性が高すぎも低すぎもしない細胞膜が必要である。同様に，組織システムにも環境との移行を調整する境界が必要である。この調整はマネジメントの中核的機能となっている。たとえば，マネジャーは，職員配置のレベルとほかの資源のレベルを，製造しようとしているものや変化する消費者ニーズに確実に合わせておく必要がある。この理由から，オープンシステムモデルは，マネジャーを管理システムの境界に位置づけている（図14.3を参照）。

　図14.3において，m1，m2などはチームや部門のような下位システムのマネジャーを表し，Mはすべてのmたちの直属上司を表している。直属上司は，自身が管理しているシステムの境界に位置することで内部と外部に同時に接触

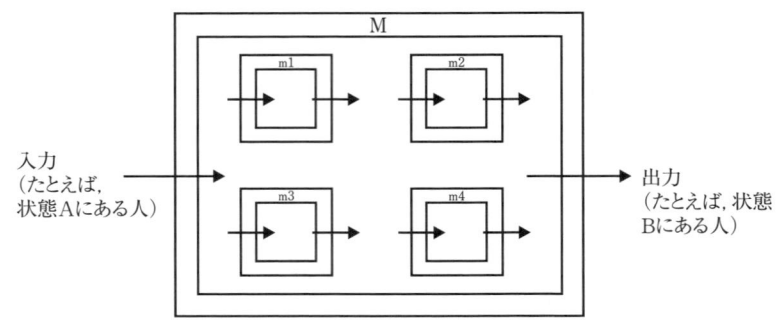

図14.3　境界でのマネジメント

できるとともに，それは境界のあいだの移行を調整する役割をもつ彼らの機能を示している。

　マネジャーはシステムの境界に位置することで，外部の環境と内部のシステムの状態の両方に接することができる。このことは，上で述べた意識的および無意識的な不安について必要な**封じ込め**を行うために，彼らが管理しているスタッフの情動状態を理解することを含んでいる。システムから遠すぎる存在あるいは孤立しすぎている存在となったマネジャーは境界的な地位を失い，もはや有効な管理ができない。

　多くのサブシステムの働きを監督している（図14.3のMで示される）さらに上位のマネジャーや管理職は，これらのサブシステムの働きを協調させる必要がある。そのためには，特定の目的や活動がそれぞれ互いに，そして全体としてどのように結びついているかを洞察し，もっと広く理解することが求められるとともに，彼らが指導し管理している人びとにその理解を伝える能力も求められる。

2つの理論的立場を融合させる：システム-精神力動
社会的防衛システム

　ジャック（Jacques, 1953）は「社会構造のダイナミクス」という革新的な論文のなかで，「制度化された人間組織に個人を束縛する主要な要因の一つは，不安に対する防衛である」（Trist & Murray, 1990:420–421）と述べている。組織を含む社会構造の内部では，個人や集団は，意識的な規則とともに無意識的な規則も採用している。ジャックは，すべてがうまくいかないときに「トラブルの原因として衆目の一致する」一等航海士の例をあげている。こうすること

で，全員が自分の命を預けている船長が，頼れる護衛者であると理想化される。ここでは，船の乗組員の全体的な「社会システム」は，（まったくの善とまったくの悪への）分裂と投影という防衛を用いている。こうして，あらゆる悪や弱点などは一等航海士に投影され，あらゆる善，強みや知識は船長に投影される。これらの防衛によって乗組員たちは，安全な手の上にいると感じられ，そうすることで，船長は全能ではないという，深層部分にある恐ろしい現実からも守られている。

　この種の分裂は船の上や戦時中の軍隊では有効かもしれないが，組織においてはしばしばうまく機能せず，他者を非難したり身代わりにしたりする事態を招き，現実的な問題解決能力を弱めてしまう。さらに，投影の対象である当人は，こうした投影をきわめて個人的なものとして体験するかもしれない。一等航海士は自らのいたらなさをつのらせはじめるかもしれないし，船長は自分の判断の的確さを過大評価することになるかもしれない。いずれにしても，集団的な投影過程が働いた結果として，現実に対処できなくなるという危険をはらんでいる。この種の組織的な投影を自覚していると，ストレスと葛藤を減らせ，人びとが再び現実をもっと正確に認知できるようになって，いっそう効果的な行動をとれるようになる。

　個人的な水準で働いている防衛についてすでに述べたように，われわれが不安に打ちのめされないためには，組織的な防衛システムが必要不可欠である。問題は，組織内の防衛システムが機能しているか，どれだけコストがかかるかである。われわれは，既定の事実として，「物事をまわりがやるように」やる傾向がある。反動形成的な組織的防衛について洞察することは，ある種の費用－便益分析をする機会を与えてくれ，もし必要なら，規則やシステム，業務がどのように設計されているかを再考する機会を与えてくれる。この一例は，現在ある官僚制度と手続きが誤りを防ぐうえで効果的なのか，あるいは，絶えず変わる要求に応えるのに必要な柔軟性の幅を実際に狭めるうえで効果的なのかと問うことである。

作業システムの設計

　組織内のシステムと下位システムの境界は重要な機能を果たしている。それは，誰がシステムの外部にいて，誰が内部にいるのかを明確にするのに役立ち，それゆえ，集団あるいは個人のアイデンティティの感覚を育む。たとえば，私はチームＸの一員で，そこには私が貢献している任務があるという具合である。こうしてわれわれは，自身がその一部となっているシステムのメンタルマップ

を作れる。その一方で，柔軟性のない境界は，チームや部門，組織のあいだの協働を妨げることになりうるし，葛藤をあおることすらありうる。有効な問いとは，現在の境界が任務の作業効率を上げるものなのか，逆に下げるものなのかと問うものである。

権威とリーダーシップの行使

権威の行使は，精神力動理論あるいはシステム理論，理想的には両方を用いることで理解できる。精神分析的な観点からは，権威者との無意識的な関係が，権威を適切に用いることにわれわれがどれほど長けているかに影響を及ぼしている。権威の不適切な行使は，（たとえば，過度に統制的であったり過度に懲罰的であったりと）権威主義的であることと，反対に（あるマネジャーが，権威の行使を有効な行動として考えるのではなく，むしろ自分がもっと上位の管理によって犠牲にされていると感じながら部下にかかわるように）権威を放棄することも含む。

しかし，関係（システム的な要素）を報告するという構想は，組織において権威がいかに経験され，用いられているかに重大な影響を及ぼす。たとえば，いまや多くの人が一つ以上の責務を果たしていて，自分の専門分野をもっている人もいれば，多くの専門分野にわたるチームで役割を担っている人もいるかもしれない。これは，異なる分野がどのように結びついているかを理解するうえで人びとが助けを必要とするかもしれない場合には，必要かつ有効な構想である。他方で，そのような構想は，誰が何に対して責任をもっているかを覆い隠してしまうといった無意識的な防衛機能を果たしているかもしれず，それは反動形成的であり緊張の多いものである。

個人の心理的性質とシステムの風土（Krantz & Maltz, 1997）をともに考慮しながら，精神力動的観点とシステム理論的観点を結びつけて考えると，権威というものは，（委任によって，すなわち形式的な権威筋から）**与えられる**ものであるとともに，（役割をもっている人によって解釈されることで）**引き受ける**ものであるともみなせる。これと密接に関係しているのは，リーダーシップがいかに行使されるかということである。リーダーシップの行使は，最上位の執行権者に完全にゆだねられているのだろうか？　ターケット（Turquet, 1974）は，健全で創造的なチームでは，リーダーシップは，自分の意のままになる状況に対して誰がどの程度の影響力を行使するかによって変わりうると述べている。

役割

　これらすべての概念は，役割という概念に統合される。役割は，図14.4 に示されるように，個人と組織の交わる部分に位置づけられる。

　役割は「人が状況に応じて自分の行動を構成することで頭のなかに生じる考えのパターン」（Grubb Insitute, 1991: 8）と定義できる。役割の諸側面は，従事している組織から，仕事の種類，組織図あるいは信条などの形で**与えられる**。しかし，役割はまた**引き受けられる**もの（前ページの権威とリーダーシップの行使の項を参照）でもある。すなわち，ある役割を担っている個人は，その人自身がもっている技能，理想，信条，内在化された過去の権威者との無意識的な関係，そして，その人がおかれているシステムは何を求めているかについての自分なりの理解，さらには，変化している状況はシステムと自分自身に何を求めているか，といったことに基づいて役割を個人的なものにしている。

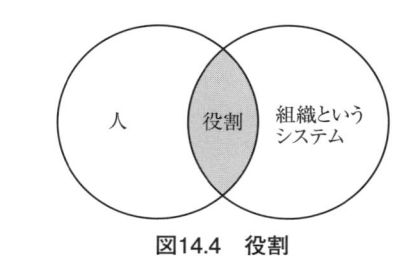

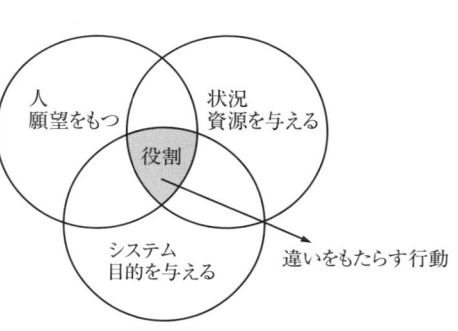

図14.4　役割

図14.5　経験を行動枠組に移す

　1980年代の半ばから変化の速度が上がるにつれて，より広い状況を読み取り解釈する能力がますます不可欠になってきている。そのため，図14.4 は，図14.5 に示されるように状況を含みこんで拡大してきている。これは「行動枠組への経験の移動」と呼ばれているが，その理由は，効果的な役割取得には，個人の経験を使って，それを3つの領域——人，組織／システム，状況——に統合することが要求されるということである（Bazalgette et al., 2006）。この第三の要素に加えて，ある役割の行動をとるという焦点が，生産物（図14.2 や図14.3 に示されたように組織／システムが作り出すもの）から成果，すなわち状況に違いを生み出すものへと移ってきている。

実　践

　コーチングモデルのタイプ（図 14.1 を参照）をもう一度みることによって，容易に精神力動コーチングの目標を明らかにできる。治療的な特徴づけをされたコーチングのおもな目的として，クライエント自身による個人的な洞察を高めることがあるだろう。すわなち，以前は意識の外にあったものに意識的な自覚をもたらすことである。クライエントは，たとえば，行動や対人関係における反復的なパターンを生み出していた要因について深く洞察するかもしれないし，だからこそ，それらの要因を変えるためによりよい地位を選ぶかもしれない。

　役割コンサルタント業のおもな目的は，クライエントの強い希望や能力と，彼らの属する組織システムの目標とをいっそうよく合致させたり，調整したりすることである。これには，クライエントが自身の役割をより深く，より広く理解することが含まれる。すなわち，自分がどのシステムあるいは下位システムのなかにいるのか，どの境界上，あるいは複数の境界の交差点上にいるのか，自分の権威がどこに由来し，それをどのように行使しているのか，自分の役割やシステムについての組織的な設計が，おもな任務の要求とどれほどよく合致しているのか，といったことである。それに加えて，クライエントが，自身がその一部となっている組織的な防衛過程についていっそう自覚することで，いかに行動するかについてより高いレベルの選択ができるようになる。もちろん彼らは自分の洞察力を深めている途上にあるが，これはここで扱っているコーチングのおもな目的ではない（図 14.1 を参照）。

精神力動療法から導かれる道具と技術
自覚の外にあるものを見通す

　精神力動的に特徴づけられたセラピーが拠って立つのは，患者の自己をよりよく統合するために，あるいはフロイトのことばでは愛する能力（意味があり満足できる関係を築くこと）や働く能力（生産的で創造的になること）を高めるために，それまで無意識的であったものに意識的な自覚をもたらすことである。（患者が頭に思い浮かべたことを，検閲をとおさず何でも話すように促す）自由連想法のような技術や夢の分析は，無意識的な素材を利用可能にするもので，セラピストは解釈を行いながら，患者がその素材を統合的に結びつけて洞

察できるよう援助する。中核的な道具としては，患者の内的世界についてきわめて重要な情報を提供するものとして転移や逆転移（上述の項目を参照）に働きかけることを含む。

　精神力動コーチングはセラピーとはっきり区別される。クライエントは患者ではないし，コーチもセラピストの役割を果たすわけではない。概して，精神力動コーチは心の深部にある無意識的素材を意図的に浮かび上がらせようとはせず，それを直接的に解釈しようともしない。しかし，セッションは，それまで予見されていなかった結びつきを出現させようとするために，ほかのコーチング技術に比べて構造化されていない傾向がある。あまり意識的でない素材は，描画を用いると浮かび上がってくる（描画を使った洞察についての説明は，ブラニング〔Brunning, 2001〕と，本章の事例研究2を参照）。コーチは，無意識的素材の「深い」解釈は提供しないだろうが，何がクライエントの問題を生み出しているかについて仮説を提供するだろう。これは，クライエントがそれまで気づかなかったつながりをコーチが指摘し，クライエントがそれらに好奇心をもつよう促すこと，言い換えれば，クライエントが緊張して防衛的にならないようにすることを含んでいる。

　精神力動コーチが実際に行うことのなかで，治療的実践から転用しているものはそれほど多くない。しかし，どのように考え，どのようにコーチングの役割を担うかについては多くの方法を利用している。鍵となる特徴は次のようなものである。

「第三の耳で聴くこと」*

　これは，クライエントとの新たなコミュニケーションを築くために，言語化されていることだけでなく，ほかのレベルで伝達されていることも聴くという特別な聴き方である。話されていないことは必ずしも無意識的なことではなく，何かの理由で言語化されていないのかもしれない。たとえば，あるマネジャーは，自分の仕事が近ごろ監査されたことについて，怒りの表情とともに防衛的に話していた。彼は，監査報告に書かれた批判の多くに実を言うと同意してはいないと感じていた。なぜこの感情が危険すぎて口にできないのかを次に検討することは，彼が自分の全能力を働かせることを抑制していたあらゆる範囲の仮定を変更するうえできわめて重要である。

---

*　これは，患者のコミュニケーションについて聴くための特別の方法について記述したセオドア・レイク（Theodor Reik）の用語であり，必ずしも言語化されていないものについても聴くということであると述べておく（Reik, 1948）。

自分自身の感情をデータとして用いる

これは精神分析的に特徴づけられた聴き方で，ときには「ことばの背後にある音楽」あるいは「並行する過程」を聴くことと説明される。これは，コーチの感情はコーチだけのものではなく，クライエントが自覚していない情動状態も映し出しているかもしれないので，目に見えないところで何が生じているのかについて本質的な情報を提供するという考えに基づいている。このような方法で自分自身に自然に耳を傾ける人もおり，それは直観に基づいているのかもしれない。しかしそれは，コーチやセラピストだけでなく，マネジャーや職場にいるほかの人たちでも，自らの行動や決定の基礎となる別のデータを豊富に加えながら学習したり練習したりできる技能である。

封じ込めることと役割にとどまること

クライエントに安心感がなければ，自分にとって妨げとなる恐れのある無意識的な考えや感情を表出することはない。治療的な設定には，この安心感をもたらす多くの特徴がある。とりわけ，毎回の決まったセッション時間という境界線は，患者が極度の不安にとらえられるのを防いでおり，患者とセラピストの関係という境界線や，秘密厳守，患者を助けて「良くする」ことを唯一の目標としてあらゆる配慮を行い，批判を交えずに傾聴するというセラピストの態度も，患者に安心感をもたらしている。これらが一体となって不安を封じ込め，クライエントの不安を我慢できるレベルに保ち，それによって習慣的な防衛を緩めて何か新しいことを学べるような状態になる。

精神力動コーチングは異なる境界線をもっている。面接場所が変更されるかもしれず，セッションが不定期に行われるかもしれない。しかし，コーチはこうした変更の影響には気を配るが，外的な環境の変化は気にせずに，クライエントとともに過ごすあいだ役割に徹するよう骨を折る。これには，たとえクライエントの心がコーチから離れていたり，コーチを中傷したり，あるいは過度に理想化したりしているときでも，何が起きているのかを理解することに焦点をあてつづける時間も含まれる。

クライエントがコーチを理想化することは，コーチングという仕事にとって拒否に劣らず脅威となる恐れがあり，どちらの場合もコーチを役割から引きずり下ろしてしまう。否定的な投影を受ける側にいるとき，コーチは感情を情報として活用するのではなく，それを表に出してしまうかもしれない。コーチがクライエントとのあいだに非常に熱のこもったラポールを築いていると，思わずクライエントと結託してしまい，困難な問題をつきとめて処理しなければな

第14章　精神力動・システム－精神力動コーチング　　　313

らないのに，かんたんにそれをやめてしまう。

6領域モデル

このように，システム－精神力動コーチングは，個人と役割と組織のあいだの結びつきを考えに入れている（P/R/O：図14.4を参照）。ブラニング（Brunning, 2001, 2006）は，図14.6に描かれているような「6領域モデル」と呼ばれるコーチングの実践モデルを展開している。

このP/R/Oモデルは，個人，役割，組織という3つの基本的要素が拡張されて，役割に含まれるクライエントのパーソナリティ，ライフストーリー，スキル，才能や能力といった，より多くの情報も含んでいる。6つの領域はすべ

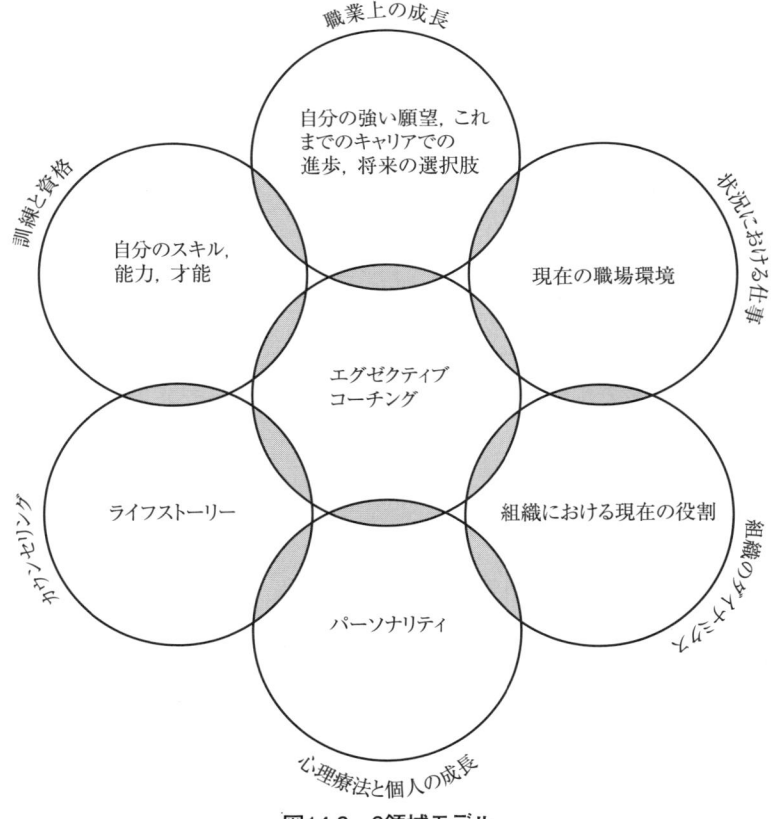

図14.6　6領域モデル

出典：Brunning, 2001, 2006

て，コーチングセッションのあいだ共存していて，それらのうちどれかあるいはすべては，作業の正当で適切な焦点となっている。また図14.6 は，コーチングの知識を与えたり補完したりするかもしれない追加の専門的技術や知識を示している。図中では，これらの特徴は，それらが関連している各領域の外側にある。

　6つの領域は，連続するダイナミックな動きのなかにあって，まるで6つが相互にかみ合った歯車のように，それぞれが隣り合う歯車の動きに影響を与えうるものとみなされる。それゆえ，「組織における現在の役割」の領域における混乱は「ライフストーリー」の領域などに影響を及ぼす。それぞれの領域は，調和的な形であろうとなかろうと，ほかの領域に影響を及ぼしうる。たとえば，パーソナリティやライフストーリーのなかには，役割を担っている個人を，外的条件や状況の違いによって効果的に動かすものもあれば，効果的に動かさないものもある。これは，本章の事例研究1で説明することになる。

　このモデルに基づいて実践するために，コーチは適切な個人データや情報に比較的自由に接近できるようクライエントと交渉する必要があり，それによってコーチングセッションでの会話をより深められる。同時に，いつのまにかコーチングの代わりにセラピーを提供しているということがないように注意を払い，クライエントがそれをはっきり了解しておくように促すことはとても重要である。クライエントが，自分自身がセラピーを必要としていることをある程度「わかっていて」，精神力動コーチにそうしてほしいと望んでいるとき，クライエントが，あまり脅威を与えない選択肢としてコーチングを選択することは特別なことではない。そういった場合の多くでは，コーチングの代わりに，あるいはコーチングとともに心理療法を推薦することが特段の介入かもしれない。

役割分析において使用される道具や技術
システム的に思考する
　これまで述べてきたすべての道具は，役割コンサルト業において使用するものである。相違点は，示されている問題が何であれ，それはシステム的に理解されなければならないという前提である。たとえば，精神力動コーチングを受ける人は，組織内でしばしば問題の原因とみなされている「やっかいな」個人とされる。オブホルザー（Obholzer, 2003）はそれについて次のように述べている。

個人，役割あるいは集団を，異なっているが相互に結びついている全体のなかの部分とみなすことはきわめて重要である。したがって，いかなる「個人的な」表現も，いつでも，そして何よりもまずシステム的な兆候とみなし，そのレベルで取り扱う必要がある。　　　　　（Obholzer, 2003: 156）

心のなかにある組織

　システム－精神力動コーチング，あるいは役割コンサルト業の実践の本質は，組織についてクライエントがもっている内的モデルを浮かび上がらせ，明確にすることである。すなわち，クライエントは，しだいに自分の情動状態を重要なデータとして自覚し，考慮するようになる。その会話が仕事での重要な出来事についてであれ，新しい戦略やプロジェクトについてであれ，クライエントの仕事の優先事項に明らかに無関係な逸話であれ，コーチは，クライエントが出す話題のなかにあって，組織によって決定される力にいつも注意を払っている。仮説は，クライエントがもち込むものは何でも，組織の考えの反映であり，それゆえ「診断」の道具として役立つということである（Armstrong, 2005）。

　たとえば，もしコーチがクライエントに自分自身の絵を描くように勧めた場合，コーチはその絵を，クライエント自身の**組織システムにおける**内的な体験を表現したものとみなし，クライエントのまったく「個人的な」内的世界についてのものとはみなさない。絵は「心のなかにある組織」についてのデータを提供するものと理解される。この「心のなかにある組織」という用語は，（301ページで述べたように）グラブ研究所で組織的役割分析（ORA）において最初に使われ，いまでは役割コンサルト業や，システム－精神力動的なコーチングアプローチを行うほかの実践家によって広く使われている。

実証的結果である経験の利用

　心のなかにある組織がこれまで以上に鮮明に視界に入ってくるにつれて，クライエントは，自身の属している組織を，ある状況のなかにある一つのシステムとしていっそう深く理解するようになり，自分あるいは他者の行動を理解する手段としてこれまでのあらゆる経験を使う能力を伸ばすようになる。コーチとクライエントは互いに何が起きているかについての作業仮説を発展させ，それをクライエントが実際の職場で試すのである。したがってここには，クライエントが組織とコーチングセッションのあいだを行ったり来たりする反復過程があり，それぞれの状況での学びが別の状況での学びに情報を提供する。こうしたサイクルを経て，クライエントは過程が内在化するという新たな方法で

「どのように学ぶかを学ぶ」ようになる。

どのようなクライエントにいちばん有効か？

ペルティア（2001）は，精神力動論的な考えは，クライエントが対人関係の技能や自己理解を高めたり，「気難しい」部下，同僚，上司をうまく扱うこと，そして／あるいは自滅的行動を克服することを望むときには，きわめて有効となりうると述べている。これに加えて，精神力動コーチングのある特殊な形態として役割コンサルタント業を紹介する。それは，人びとが，表層の下の，個人／パーソナリティ，役割そして組織の文化のあいだに，どのような結びつきがあるのかを発見し，自分のものと自分のものではないものを切り離したり結びつけたりすることによって，内省と建設的な活動のための空間を創り出すのに役立つ。ひとたびこれが達成されると，さまざまな職業選択を意識的に，合理的に，いっそう決然と行い，組織システムの利益となるように自己と役割とのあいだで調和をとるチャンスがいっそう高まる。

システム－精神力動的な観点からのコーチングをうまく行おうとすると，一般にはコーチとクライエントが対面してのやりとりが必要不可欠である。そうした方法は，時としてそれが無意識的な不安にふれて難しい気分をかき立てることがあるが，（電話や電子メールによる）距離をおいた方法には，コーチがそうした気分について重要な手がかりをつかんだり，あるいはクライエントの感情を十分に抑えたりできないという危険がある。距離をおいたコーチングは，コーチが無意識的なコミュニケーションを「聞く」という能力をも低下させてしまう。長引く出張がたびたびある仕事にクライエントが就いているといった特別な状況では，電子メールや電話によるやりとりによって，コーチングの継続と封じ込めという不可欠な作業が行われる。

精神力動コーチングは，公的な分野と私的な分野の両方でうまく使われてきており，銀行から病院まで，あるいは多国籍企業から学校や託児所までと，あらゆる種類の組織に属するクライエントに，そして代表取締役から第一線の班長といったあらゆる階層にまで及んでいる。それは，「気難しい」同僚から出世についてまで，さまざまな問題を抱えた人びとを援助でき，権威とリーダーシップの行使にかかわる問題に特に適している。

それは，たとえば学校を出て会社へ入るさいに困難を抱えているような若い人にも役に立つ。しかし，役割に焦点をあてた役割コンサルタント業は，若い

人が役割問題について探求し取り組みたいと望んだり，それを必要としている状況においてのみ適している。ほとんどの問題について，子どもや青年はコーチング，カウンセリングあるいはセラピーからいっそう適切な援助を得られるだろう。

年齢，従事している組織，クライエントの属する階層などにかかわらず，精神力動コーチングは，開放性と探求の精神を要求する。あらかじめ決められた目標を達成しようとして，構造化された予測できるアプローチを求めるクライエントはどこでもうまくやっていけるであろう。まさにコーチとクライエントは好奇心をもち，コーチングの旅が彼らをどこへ連れていくかをあらかじめ「知らないこと」に寛容でいられる能力を共有する必要がある。

事例研究1：行為におけるP/R/O

カレンは公共部門組織の上級マネジャーであった。（ここで示す資料は実在するクライエントのものであり，クライエントの許可は得ている。詳細部分は一部変更されている。）カレンは，現在の役割について批判的な目で検討でき，短期的にも長期的にも仕事で何ができるかを決定できるようになるために，自らコーチングを申し込んできた。カレンを特に悩ませている問題は，属している組織で，仕事の説明がつねに明確でないことである。この問題について直属上司と話し合うたびに，最後は決まって，混乱した気持ちがつのった。そして，何も解決せず，明確にもならなかった。

組織のなかで上層部から決められた役割と，彼女の職業で通常期待されている自律性を与えられて，カレンは，権威を行使して自分の役割をもう一度確認し，外部の顧客の要求に応じること，自分自身の知識と専門的技能の領域に身をおくことが組織にとって有益であると確信した。自身の役割を再確認した結果，彼女は外部の顧客のために率先して訓練を計画しはじめた。これはすべての参加者から感謝され，肯定的に評価されたが，彼女の直属上司は決して正式な業務とは認めなかった。

訓練イベントには外部から何百人もの参加者が集まるが，あわただしい準備期間に，再びカレンは，組織からまだまったく支援を受けておらず孤立しているという気持ちを抱いた。開催日が近づくなか，彼女は運営上の支援を受けないまま，一人できわめて長時間働くようになった。彼女は過度の負担と怒りを感じたが，組織の誰とも向き合うことができなかったし，そうしたくもなかっ

た。支援がないなか，訓練イベントは計画どおりに行われ，大きな成功を収めた。

　このイベントの直後に2回目のコーチングセッションが行われた。カレンの話を聴いているうちに，見かけ上は些細であるが重大な出来事がコーチを襲った。それは表面的には，コンピュータ上で重要な文書が失われたらしい問題に関するカレンと彼女の個人秘書とのたんなる意見の食い違いであった。その個人秘書は，カレン自身がその文書を消去したにちがいないと主張したが，カレンは，そのような重要な文書を消去したことなど今まで一度もないと確信していた。

　消去されたということばは，突然，カレンがあらゆる体験と感情について話したり考えたりするためのたとえになった。カレンは，自分の重要な文書がハードディスクから消去されたのとまったく同じように，自分が組織のなかで「消去された」ことをよくわかっていた。この「消去」という傾向が，たんに彼女の役割や組織のなかだけでなく，第三の領域に，つまりはカレン自身にも存在しているとはいえないだろうか？　セッションが進むにつれてカレンは，自分自身を「消去」する傾向があって，自分自身の要求や強い望みを無視した結果，たとえにあるように他者からの要求に十分に応えられていなかったことを認識した。

　この認識は新たな視点を提供した。今や，コーチング過程には考慮に入れる3つの重なる領域，すなわち人－役割－組織が存在するのである。これらすべてにおいて，消去するという共通の命令が実行されていた。それぞれの領域は互いに影響を及ぼし合い，増幅させあっていた。すなわち，カレンは自分が貶められたように感じ，自分の才能が十分に生かされておらず，訓練が成功裏に終わって組織がその境界を越えてまたたくまに外部によく知られるようになったにもかかわらず，彼女の主導権を無視したことが，組織が「消去」ボタンを使ったようにもみえた。同時に彼女は，自分の役割について再交渉したり退職したりできないほど，自分の経験や能力を十分に評価できなくなっていた。その代わりに彼女は，人と構造と社風が三つどもえで永遠に作用し合う状況にはまり込み，過剰労働と過小評価の位置に自分を縛りつけてしまった。この重なりを発見すると，カレンの前には次のような多くの選択肢が現れた。

- 彼女の直属上司にカンファレンスについて特別なフィードバックをするように求め，
- 彼女の新しい洞察を支持したり否定したりする証拠をさらに集める方法と

して全方位評価を求め,
- 彼女の行った訓練の仕事がもっと明確に理解され支持されるような方法で彼女の仕事を記述するよう再交渉するか,
- あるいは,新たに職を探すステップを踏み出す。

なぜカレンが自分の欲求を「消去」する傾向を発展させたのか,なぜ彼女はほかの人が自分に対してそうすることを許したのかについて,コーチがあえて理由を深く追求しないようにすることは重要である。なぜなら,これは明らかに個人セラピーの領域だからである。コーチングの目的のためには,このような傾向があるということに今や彼女がはっきりと気づき,何にも縛られずに彼女自身が現状や長期にわたる職業上のニーズについてもっと効果的に取り組むことで十分である。

もちろんカレンは,コーチングに訪れる前からこの傾向についてある程度は自覚していたが,この傾向が仕事に関連する彼女の問題を長びかせるうえでどれほど重大であったのか,職務上の役割において自分が消去されたと感じるほど,この傾向が支配的な組織文化とどれほど深く共鳴していたのかを,彼女は今になってようやく悟ったのである。

検 討

同じような問題あるいは同じようなダイナミクスが,3つすべての領域に同時に生じるときはいつでも,クライエントは過度に仕事の役割から影響を受けていて,自分の状況について前向きなことを思いのままにできないという経験をしている傾向がある。これは,me(役割にある個人)とnon-me(組織における役割)との深くて無意識的な融合と,それに付随して生じる,個人に属するものと組織に属するものとを分離することの難しさに起因する。個人的な要素がひとたび認識されて自分のものになると,クライエントがほかの2つの要素(役割と組織)をこの性急な融合から分離し,相互の結びつきをもっと冷静にみつめ,自分自身のために,あるいは属している組織のために,権威をもって行動する能力をいっそう容易に回復させはじめられる。

事例研究2:役割分析

ジェラルドは公共部門組織の上級マネジャーであった。彼は直属上司のキースが,自分が新しい構想を進めようとするのをたびたび止めていたので,自分

の成功が無視されていると感じていた。ジェラルドは，キャリアの向上について，そして現在の職から離れることについて少し考えようとコーチングに訪れた。

　18か月以上前に，組織の風土が任務駆動型から目標焦点型に大きく変化した。キースは1年あまりその職位に就いていて，ジェラルドと彼のチームが変えまいとしたあらゆることを具体化させてしまった。キースとのミーティングは，いかにして行政の課す目標を達成するかに終始した。最初のコーチングセッションでジェラルドは，「私は目標よりも，何かを起こすことのほうに興味があるんだ」と，まるでこれら2つのことがまったく互いに排他的であるかのように述べた。彼はキースのことを，自分のアイディアを繰り返し「皆殺し」にしようとしている者とみなしていた。コーチが彼に，自分自身がなかにいるワークシステムを描くことを頼んだとき，ジェラルドは，ホイールのようにみえるもののハブの位置に自分とチームがいて，チームと外部の出資者のあいだにスポークが並んでいる絵を描いた。キースも残りの管理職も絵のなかにはいなかった。ジェラルドもまた「皆殺し」をしているのだろうか？　絵のなかの線は，内側と外側に向かって飛んでいる槍のように見えた。つまり，ジェラルドの頭のなかにある組織は，包囲されている孤立したグループのようなものだった。

　2回目のコーチング会議で，ジェラルドはキースから受けた「決定的な」電子メールについて話した。そのメールは，ジェラルドが最近下した結論で，彼自身はきわめて革新的と考えていたにもかかわらず，それに対するキースからの批判で埋め尽くされていた。彼は，この問題を「自分の職務怠慢から生まれた創造的な部分の価値を認めてくれた」以前の直属上司とのあいだで経験した問題と対比した。それはまるで創造性と職務怠慢（たとえば，業務目標によってコントロールされることに抵抗すること）がまったく表裏一体であるかのようであった。ジェラルドとコーチが一緒に電子メールを読み進むにつれて明らかになったのだが，根本的な不満はキースがかかわろうとしてこなかったことにあった。そこでコーチはジェラルドに，自分がキースだと想像するように勧めた。キースは親しい同僚や友人に対してジェラルドのことをどのように言うだろうか？　「やつはだらしないスリで，自分のことだけやって，おれを無視している。やつが何をやらかすかわかったものじゃない。おれたちが○○の目標を達成できなかったら，おれは首を切られる」。絵はがらりと変わった。キースはいまやジェラルドを単純に力で押さえつける人物としてだけでなく，ジ

ェラルドや彼が負わせるかもしれないダメージを恐れている人物として現れたのである。そしてはじめて，キースもまた目標に満足しているわけではないというヒントとなったのである。

　ジェラルドはそのセッションで，翌日に予定されていたキースとのミーティングがとても不安になり，新しい構想を提示しようという自信がなくなってしまった。彼はたった2つのシナリオしか想像できなかった。一つは，彼がアイディアを話し，キースがそれをつぶすというもの，もう一つは，彼はアイディアをしまっておき，その構想が後になって「明かされる」というものであった。第三の方法を探そうとするなかでコーチは，もしジェラルドが白紙の書類を持ってミーティングに出席し，キースとブレインストーミングをしたらどうなるだろうかと考えた。ジェラルドは半信半疑だったが，それを試みることに同意した。のちに彼は，そのときの様子を驚嘆まじりに語った。キースは何のアイディアも書いていなかったその書類をさまざまな色で埋め尽くしたのである。描いているときのキースには，かつてジェラルドがみたことのないほどエネルギーがみなぎっていた。新たな構想の最終形は，ジェラルドが最初にやりたいと思っていたものとほとんど同じであったが，キースは，それを根本的に別のものとみており，心から支持していた。ジェラルドは今やキースから支持を得ただけでなく，キースの新たな側面と，組織での「本物の仕事」に対する真の情熱を発見していたのである。

　残りのコーチングセッションでジェラルドは，キースに抵抗するよりも，自分自身の情熱と自分の部署の目的に対する解釈がどれほど管理職たちの目的に貢献していたのか——**そして貢献しているように見えていたのか**——を考えることへとエネルギーを向け変えていった。ジェラルドは，他者を締め出すことにエネルギーを注ぐより，むしろ自分たちが行っている仕事の展望や目的について，キースとだけでなく，部門のほかのマネジャーたちとも対話するようになっていった。しだいに多くの人が，最近の行政支配的な潮流のなかにのみ込まれていった意味を取り戻しはじめた。

　転職についてのジェラルドの考えも変わった。以前，彼が第一に目指していたのは，自分の怠惰な面と創造的な面を支持して評価してくれる上司のもとでの仕事を探すことであったが，自分にとって最も重要な仕事をする機会を与えてくれるような中核的目標をもった組織を探すことが今や重要になったのである。性急に現職から離れることはもはや感じなくなったが，同時に彼は，自分のきわめて高い向上心と願望が別の場所を求めていることに気づいた。

検 討

　精神力動的な用語では，この変化を投影システムにおける移行として理解できる。この事例で，管理職の2つの課題——目標に取り組むことと，クライエントに肯定的な変化をもたらすような意味のある活動をすること——は分裂していた。この分裂はシステム全体に及ぶ防衛で，ジェラルドとキースが行動に表しているように，一方がますます「怠慢」になるにつれて，もう一方はますます厳格で官僚的になっていった。このコーチングセッションのなかで作られた作業仮説は職場で試された。ひとたびキースが仕事に対する自分自身の情熱に触れられるように——そしてジェラルドが会議の目標に対して責任を共有できるように——空間が開くと，システム全体がいっそう統合的で創造的になっていった。

　洞察は役割を果たしているが，主としてその移行は，システムの要因と心のなかにある組織に注目することで促されたのである。ジェラルドの描画は，彼自身が境界としての地位を失っていたことを示していた。すなわち，彼は内側にあるもの（彼のチームの仕事）と外の世界（顧客やコミュニティの要求）とに接していたのだが，組織の残りの部分を消し去っていたのである。その結果として彼は，顧客の利益のために戦い，チームの自律性を守り，業務実績の目標を無視することに自分の役割を限定していた。このことは管理職としての地位を危険にさらすことになり，結果として，長期的には顧客のためになりつづける力も脅かされるようになった。組織の見えない部分を見えるようにすることは，必要不可欠な第一歩であった。ジェラルドが自身の下位システムの中核的な目標と，それが組織のほかの部分とどのように結びついているかを再定義しようと取り組むにつれ，仕事での新たな対話が可能になった。彼は，行政による統制レベルの上昇でかき立てられた不安の結果として，最も重要な結びつきをずっと失っていたのだが，ほかの人たちとともに力を注いでそれを築くことによって，自分のチームを超えてリーダーシップを発揮することができた。

コメント

　2つの事例研究からわかるように，クライエントに開かれた選択肢という意味での精神力動／システム−精神力動コーチングの成果は，ほかのコーチング方法といつも大きく異なっているわけではない。精神力動コーチングをほかと区別するものは，クライエントがおかれている状況を動かしている無意識の力

に立ち向かい，それを理解し，抑制できるように彼を援助することに焦点をあてることである。システム－精神力動的な観点を加えると，クライエントは組織のダイナミクスと構造とを結びつけ，個々人のダイナミクスとより広い状況とを結びつけられるようになる。これは，彼らが自身の役割について「もう一度想像する」ことを可能にする（個人の役割と組織についてもう一度想像するという議論については，マネジメント活動としての内省的思考を中心的に描いた事例研究とともに，Hutton, 1997 を参照）。

謝辞

本章はすでに出版されている著書の2つの章を広範囲にわたって利用している。それらは，Roberts, V. Z. (2004) Psychodynamic approaches: organisational health and effectiveness. In E. Peck (ed.) *Organisational Development in Healthcare: Approaches, innovations, achievements*. Abingdon, UK.: Radcliffe. と Brunning, H. (ed.) (2006) *Executive Coaching: Systems-Psychodynamic Perspective*. London: Karnac. である。すでに公表されている研究と関連図表の一部転載を許諾してくれた各出版社にお礼を申し上げる。

引用文献

Armstrong, D. (2005) *Organization-in-the-Mind*. London: Karnac.

Bazalgette, J., Irvine, B. and Quine, C. (2006) The absolute in the present. In A. Mathurd (ed.) *Dare to Think the Unthought Known?* Tampere, Finland: Aivoairut.

Brunning, H. (2001) The six domains of executive coaching. *Journal of Organizational and Social Dynamics* 1(2): 254-263.

Brunning, H. (ed.) (2006) *Executive Coaching: Systems-Psychodynamic Perspective*. London: Karnac.

Freud, A. (1966) *The Ego and the Mechanisms of Defence*. New York: International Universities Press.

Grubb Institute (1991) *Professional Management: Notes prepared by the Grubb Institute on concepts relating to professional management*. London: Grubb Institute.

Hutton, J. (1997) Re-imagining the organisation of an institution: management in human service institutions. In E. Smith (ed.) *Integrity and Change*. London: Routledge.

Jacques, E. (1953) The dynamics of social structure: a contribution to the psychoanalytical study of social phenomena deriving from the views of Melanie Klein. *Human Relations* 6: 3-24. Reprinted in E. Trist and H. Murray (eds) (1990) *The Social Engagement of Social Science*. Volume 1, *The Socio-psychological Perspective*. London: Free Association Books.

Krantz, J. and Maltz, M. (1997) A framework for consulting to organizational role. *Consulting Psychology Journal* 49(2): 137-151.

Lewin, K. (1947) Frontiers in group dynamics. Parts I and II. *Human Relations* 1:5-41; 2:143-153.

Miller, E. J. and Rice, A. K. (1967) *Systems of Organisation: The control of task and sentient boundaries*. London: Tavistock.

Newton, 1, Long, S. and Sievers, B. (eds) (2006) *Coaching in Depth: The organizational role analysis approach*. London: Karnac.

Obholzer, A. (2003) Some reflections on concepts of relevance to consulting and also to the management of organisations. *Organisational and Social Dynamics Journal* 3(1): 153-164.

Peltier, B. (2001) *The Psychology of Executive Coaching: Theory and application*. London: Brunner-Routledge.

Reed, B. (1976) Organisational role analysis. In C. L. Cooper (ed.) *Developing Social Skills in Managers*. London: Macmillan.

Reed, B. and Bazalgette, J. (2003) Organizational role analysis at the Grubb Institute of Behavioural Studies: origins and development. In J. Newton, S. Long and B. Sievers (eds) *Coaching in Depth: The organisational role analysis approach*. London: Karnac.

Reik, T. (1948) *Listening with the Third Ear*. New York: Pyramid.

Rice, A. (1963) *The Enterprise and its Environment*. London: Tavistock.

Roberts, V. Z. (2004) Psychodynamic approaches: organisational health and effectiveness. In E. Peck (ed.) *Organisational Development in Healthcare: Approaches, innovations, achievements*. Abingdon, UK: Radcliffe.

Roberts, V. Z. and Jarrett, M. (2006) What is the difference and what makes the difference: a comparative study of psychodynamic and non-psychodynamic approaches to executive coaching. In H. Brunning (ed.) *Executive Coaching: Systems-Psychodynamic Perspective*. London: Karnac.

Trist, E. and Murray, H. (eds) (1990) *The Social Engagement of Social Science*, Volume 1. London: Free Association Books.

Turquet, P. (1974) Leadership: the individual and the group. In A. D. Colman and M. H. Geller (eds) *Group Relations Leader 2*. Washington, DC: A. K. Rice Institute, 1985.

議論のポイント

- 心理療法の代わりにシステム-精神力動コーチングを実践してみてはどうだろうか？
- コーチングのあいだ，ただ一つの領域に注目する代わりに，人，役割そして組織からなるシステムに注目してはどうだろうか？
- 精神分析理論全体を批判せずに，どのようにしてこのアプローチの始まりを理解

第14章 精神力動・システム－精神力動コーチング 325

し，支持できるか？

推薦図書

Armstrong, D.（2005）*The Organisation-in-the-Mind*. London: Karnac. The Tavistock Clinic Series.

　本書は，著者のアームストロングが，はじめはグラブ研究所で，のちにはタビストック・コンサルタンシー・サービスで30年以上にわたって発展させてきた「心のなかにある組織」という概念をさらに検討したものであり，コーチングに関する多くの事例研究や，個人，組織へのこの概念の応用について解説している。

Brunning, H.（ed.）（2006）*Executive Coaching: Systems-Psychodynamic Perspective*. London: Karnac.

　本書は，システム－精神力動アプローチの生態，分析そしてコーチングへの応用について検証している。

Hutton, J., Bazalgette, J. and Reed, B.（1997）Organisation-in-the-mind. In J. E. Neumann, K. Kellner and A. Dawson-Shepperd（eds）*Developing Organizational Consultancy*. London: Routledge.

　本書は，「心のなかにある組織」という概念の成り立ち，グラブ研究所で開発された組織的役割分析（システム－精神力動コーチングの一形態）のなかでの利用を，事例研究や，コーチ，コンサルタントにとってのガイドラインとともに明快に示している。

Newton, J., Long, S. and Sievers, B.（eds）（2006）*Coaching in Depth: The organizational role analysis approach*. London: Karnac.

　本書は，たくさんの事例研究をまじえながら，組織的役割分析の歴史，理論の国際的な発展や応用そして実践について，この上なくよく概観している。

Obholzer, A. and Roberts, V. Z.（eds）（1994）*The Unconscious at Work: Individual and organizational stress in the human services*. London: Routledge.

　本書は，グループダイナミクスや組織ダイナミクスが人びとにどのような影響を与えるかを入門的にわかりやすく解説している。最初の4章では，本章で使われている概念的枠組をわかりやすいことばで解きほぐしている。これ以降の章では，精神分析，集団関係そしてオープンシステムからの理論が，進行中の複雑で手間のかかるダイナミクスをいかにうまく解明しているかが描かれている。本書には多くのエピソードが収録されている。

（大西将史訳）

第15章

解決焦点化コーチング

ビル・オコーネル，スティーブン・パーマー
(Bill O'Connell and Stephen Palmer)

はじめに

　解決焦点化コーチング（SFC：Solution-focused Coaching）とは能力に基づく結果指向的アプローチである。それに助けられてクライエントは，自分の問題に対して答えを導き，一緒に答えを作り上げることによって，好ましい結果を得る。解決焦点化コーチングは，未来に焦点化されて目標指向的なコーチングの精神にとてもよく一致するものである。解決焦点化アプローチをとるコーチは，問題解決よりはむしろ，クライエントのスキル，長所，知識，経験に注目する。コーチは，クライエントの力を伸ばし，目標を明確にし，クライエントを助け，力づけて，クライエントに役立つ解決法を立案し実行できるようにする役割を担う。解決焦点化コーチングとは，実施計画にはっきり焦点をあてることによって，クライエントの協力を強める実践的アプローチである。コーチはクライエントがその技法をもち帰り，それを自分たちのために使うことを期待してクライエントに技法を説明するので，コーチとクライエントとの関係には何の隠しだてもない。解決焦点化コーチングは明確な目標をもち，敬意を払われる進歩的な方法であり，短期間で有益な結果が得られる。解決焦点化コーチングは1990年代後半から世界規模で支持者を獲得している。

解決焦点化コーチングの発展

　解決焦点化アプローチは歴史的にアルフレッド・アドラー（Alfred Adler），

ミルトン・エリクソン（Milton Erickson），ジョン・ウィークランド（John Weakland）から影響を受けているが（O'Connell, 2003），その創設者として一人をあげることは難しい。解決焦点化アプローチはもともと家族療法の領域で生まれ，1980年代にアメリカのミルウォーキーにある短期療法センターで働く家族療法家チームの努力で発展を遂げた。その指導者はスティーブ・ド・シェイザー（Steve de Shazer）とインスー・キム・バーグ（Insoo Kim Berg）である。二人ともこのアプローチに関して多くの著書を著しているだけでなく，熟練した実践家でもある。このほかの指導者には，ネブラスカのセラピストであるビル・オハンロン（Bill O'Hanlon）がいる。家族には多様で複雑な問題がよく現れる。家族の一人ひとりは，何が問題だったのか，誰が責められるべきかについて互いに議論し，多くの時間を費やすだろう。葛藤をもたらす敵対的な雰囲気のなかで，家族の一人ひとりは当然ながら防衛的になり，結果として，一般的には個人的変化を遂げられなくなったり，その気力が失せてしまったりする。こうした非生産的な行き詰まりに気づいて，家族療法家のチームは方針を変えた。家族の問題に合意を作り出そうとする代わりに，家族療法家のチームはどのような解決法があるかについて合意を見出そうとした。彼らは家族の一人ひとりに，その状況が改善したことにどのように気づいたのか，何が違っていると気づいたのかを尋ねた。こうした作業を始めると，その家族療法家のチームは，家族が自分たちの問題を議論することにあまり時間がかからなくなったことを見出した。家族療法家たちは，どのようなとき物事がうまくいったのかに家族の一人ひとりが気づくように手を貸してあげると，その家族関係がより早く改善することを発見した。その家族が「解決法」に注意を向けるようになると，あまり問題の悪循環にとらえられなくなった（de Shazer et al., 1986を参照）。

　創設の当初から，さまざまな実践家が自分たちの状況やクライエント集団に解決焦点化アプローチの原理と技法を適用してきたが，彼らのあいだで，解決に焦点化した思考や実践は国際的に広い支持を勝ち取った（たとえば，Berg and Miller, 1992; Lethem, 1994; LaFountain and Garner, 1996; Selekman, 1997; Triantafillou, 1997; Hoyt and Berg, 1998; George et al., 1999; Darmody, 2003; Devlin, 2003; Grant, 2003; Hawks, 2003; Hoskisson, 2003; Norman, 2003; O'Connell and Palmer, 2003; Sharry, 2003; Bloor and Pearson, 2004; Berg and Szabo, 2005; Meier, 2005; Jackson and McKergow, 2007）。その領域は次のとおりである。

- 教育——個別指導，指導教育，指導
- コーチング，カウンセリング，調停，アドバイス，ガイダンス
- 子ども
- メンタルヘルス
- 性的なトラウマ
- 薬物の誤用
- ソーシャルワーク
- 心理学
- 親の訓練
- サポートグループ
- スーパービジョン
- 内省チーム
- ビジネスとマネジメント
- 組織変革
- チームコーチングとチーム開発

解決焦点化コーチングはグループ，チーム，恋人どうし，夫婦，家族，若者，子どもに広く使われている（O'Connell and Palmer, 2003 を参照）。多くのコーチは自分たちのやり方と解決焦点化アプローチの妥当性を自らで見出してきた。実践が暗礁にのりあげたとき，解決焦点化の技法を使うコーチもいれば，認知行動的アプローチと統合してきたコーチもいる（Green et al., 2006）。さらには，それを中核モデルとして使うコーチもいる（Berg and Szabo, 2005）。

理論と基本概念

文字どおり，解決焦点化アプローチは理論に乏しい。「少しですむのにたくさん使うのは無駄である」（Russell, 1996: 462–463 を参照）というオッカムの剃刀の原理に従い，解決焦点化アプローチはその概念と介入においてミニマリスト〔必要最低限のことを行うと主張する者〕であることを目指している。このミニマリズムにしたがって，コーチは白紙から始める必要があると感じるよりも，クライエントの生活ですでにうまくいっているものと手を組むようになる。クライエントは建設的で役に立つことをすでに多く行っている。つまり，「もし壊れていなければ修理しない」のである。うまくいっていることをただ多く行っているにすぎない。クライエントに合わない方略をもち込むよりも，

クライエントに合った「特別あつらえの」問題解決方略をとるほうが効果的だろう。クライエントの目標や価値観に合わせると，問題にではなく人に合った解決法が確実にもたらされる。解決焦点化コーチングはクライエントの個人的資質，長所に重点をおく。それは次のように想定している。

- クライエントを助けて，できれば最小限の分析で自分たちの問題の解決法を描き出せる。
- クライエントは多くの資質や能力をもっているが，自分も他者もそれに気づいていない。ほとんどの人はわずかな潜在能力すら使っていない。
- クライエントは好ましい未来について多くの考えをもっている。「多くの問題を抱える」クライエントは「多くの目標をもつ」クライエントとみなされる。
- クライエントはすでに建設的で有益な活動を行っている（そうでなければ状況はもっと悪くなっているだろう）。
- われわれは言うまでもなく自分の過去とともにあり，失敗や成功から学ぶ必要があるが，解決焦点化の作業ではクライエントの現在または好ましい未来に最重点がおかれている。個人史を振り返ると，われわれはどれほど遠くまで歩いてきたか，そのあいだに困難な問題をどのように克服してきたかを思い出す。そうした歴史の教訓を学ぶと，われわれは昔の問題が再び現れてくることに注意を向けられるようになる。
- ときに問題の原因を探り，理解することは有益であるが，それは必ずしも必要ではなく，役に立たないことさえある。原因を探そうとすると，責められる相手やものを探すことになりかねない。問題の原因を論じようとすると，行動を自己正当化し，事態をさらに深刻化させる危険がある。分析の仕方によっては，将来に期待をもつことがいっそう難しくなる。

解決焦点化アプローチをとるコーチはクライエントの経験にひねった解釈を加えない。うまくいかなかったことにどう決着をつけるかを知るために推測してはならない。代わりにコーチは，クライエントが「うまく」やったとき，どのようにして成功したかに気づくよう助ける。クライエントに対する質問は「そうした違いを生み出したのはどんな違いでしたか？」である。

コーチはクライエントに「あなたが目標を達成するときに，どのような違いが起きるでしょうか？」と尋ねることもある。さらに次のような質問が投げかけられる。「そうするとどのような違いが生まれるでしょうか？」こうした一連の質問によってクライエントは，自分がどれを選択し優先するかを明らかに

でき、目標を達成するための段階を確認できる。
　「問題の話」を封じ込めようと狙いながら、コーチはクライエントの問題に耳を傾け、受け入れる。人はたいてい自分の胸のつかえをとりたいし、その必要があると思っている。自分が孤独で誤解されていると感じている人ならなおさらである。重要なのは、相手を立てて「問題の話」から「解決の話」に移る機会を探しながら、コーチがその人の関心や感情を受け入れて、それでよいと認めることである。ときには、自分の問題状況をもっと詳しく説明したいと感じる人もいるだろう。もしクライエントが「ネガティブな」話をすることをコーチが拒み、「ポジティブな考え」に向かわせようとするならば、クライエントはコーチの努力に抵抗し妨害するだろう。しかし、クライエントもまた胸のつかえをとる解決法をたいていもっていることを覚えておく価値はある。クライエントはその状況を改善するための自分の考えをもっており、誰かとともにその考えを検討する機会が必要だと思っている。賢いコーチはいつもクライエントの考えに注意深く耳を傾け、できればクライエントの好みに合わせる。
　「昔と同じ」問題を繰り返しがちな人と同じように、問題解決のためによく吟味された方略の一部しか使おうとしない人もいる。そのいくつかは失敗に終わる解決法かもしれない。クライエントはほかに試せるものを考えられないので、うまくいかないとわかっている方略さえ使う。オスカー・ワイルドがいうように「経験より希望が勝る」のである。全体的にみると「あなたがいつも行ってきたことをいつも行うならば、あなたが得てきたものをいつも得られるだろう」という事実を無視して、クライエントは新たな方略を取ろうとする。解決焦点化アプローチは、そのような無益なパターンから抜け出し、「何か違うことをする」ようクライエントに働きかける。解決焦点化の方法でうまく進めるには、クライエントに関連し特化した「特別あつらえの」解決法をコーチとクライエントが協力して探すことである。
　クライエントに合った解決法を見つけようとして、コーチはクライエントのやり方に干渉してはならない。これは、コーチがそのクライエント独自の解決構築過程を妨害したり意のままにしようとせずに、促進することを意味する。特に公式の解決法を提供することは、短期間で行うには有益であると感じられるだろうが、長期的にはクライエントの自信を失わせ、依存を高める。
　解決焦点化アプローチをとるコーチはクライエントに、おもに問題を「見る」ことから、建設的でポジティブな出来事が自分の生活でいつ、どのように起きるのかに気づくことに、注意の焦点を切り替えるよう働きかける。たとえ

ば，クライエントはグラスが半分空とみるか半分入っているとみるかを決められる。つまり，自分が犯した間違いについてくよくよ考えようと決めることもできれば，残りの時間をどのようにうまくやるか，物事がうまくいかないときにどのようにこれまでと違った行動をとればよいかも学べるのである。クライエントが解決法に敏感になればなるほど，自分たちが利用できる解決法に気づくようになる。

　解決焦点化アプローチをとるコーチは次のことに焦点をあてるようクライエントに求める。
- 短期および長期にわたるクライエントの希望。
- どうすれば問題に例外が起きるようにさせられるか。
- クライエントのスキル，特質，長所——クライエントの資質。
- クライエントがふみ出す必要がある第一歩。
- クライエントが前進するために使う方略。

　解決焦点化アプローチをとるコーチはクライエントを自身の人生の専門家とみなす。コーチはクライエントの「専門的な」熟練技よりも「内部事情通の」知識を優遇する。専門家はクライエントにとって何が「正しい」解決法なのかをおそらくわからない。解決法は問題にではなくクライエントに合っている必要がある。グリーンとグラント（Greene and Grant, 2003）は次のように述べている。

　　最良の状態において，解決焦点化コーチングを使うとわれわれは，誰もがもっている豊かな経験，スキル，熟練技，直感にアクセスして使えるようになる。それによってわれわれは，仕事と個人の生活の双方において自分たちがおかれている状況にふさわしい創造的な解決法を見つけられる。
　　　　　　　　　　　　　　　　　　　（Greene and Grant, 2003: 23）

　解決焦点化アプローチをとるコーチはクライエントに力を貸して，目標を達成するさいに彼らを動機づけ，力づけ，支えるであろうことばや態度を作り出せるようにする。解決焦点化の会話は，クライエントが好ましい未来を達成するために使える能力，スキル，資質に力点をおく。その会話は楽観的で，希望に満ち，相手を尊重した調子で進められる。その会話をとおしてクライエントは，つねに変化は起こっており，少なくともある程度は変化の方向を決定する力が自分にあるということによりいっそう気づく。

　一般に，解決焦点化アプローチの実践家を訓練するとき，心理学の理論を試

してみることは重要視されていない。しかし，自己指向的学習と自己調節は，クライエントがどのように助けを受けて目標を達成するかを説明するので，解決焦点化アプローチの重要な側面とふつう考えられている (Grant, 2006a)。グラント (Grant, 2006b: 158) は「目標の設定は，自己調節がうまくいってコーチングが効果をもつための基礎となる」と述べている。この主張はレイサムとユクル (Latham and Yukl, 1975), ロック (Locke, 1996) そしてローズソーンとエリオット (Rawsthorne and Elliot, 1999) の研究によって支持される。目標の設定と遂行の結果との関係について報告している研究が刊行されているが，それらを検証してみると，前述の研究は目標の設定がコーチング過程にどれほど重要かに焦点をあてている。しかし，もっと最近になって，スカウラーとリンリー (Scoular and Linley, 2006) がコーチングと目標設定の「聖域」に挑んだ。彼らの研究は，目標設定条件と目標未設定条件で実験参加者間の違いを調べる実験デザイン（N=117）を使った。その結果，2つの条件間に有意差は認められなかったが，パーソナリティの違いに統計的な有意差が認められた。コーチとクライエントの気質が異なると，〔目標設定条件で〕結果の得点が高くなったのである。

実　践

関　係

　ここで述べる介入は，相手を尊重し，平和主義的で，協力的な関係という状況で生じる。そこではクライエントが専門家とみなされる。コーチの役割は，解決法を提案したり，アドバイスを与えたり，病理学的知見を含んだ洞察を提供することではない (O'Connnell, 2003; Grant, 2006b)。その役割はむしろまとめ役であり，相手を支援する質問や内省の過程をとおして，クライエントが自分の資質をうまく使えるようにし，目下のやりがいがある仕事に必要なスキル，長所，方略の蓄積をもっていることを理解させる。

　クライエントの声に注意深く耳を傾け，クライエントが解決への道から外れないようにし，クライエントの能力を振り返り，クライエントに想像力を使うよう促し，クライエント独自の方略をまとめること——これらは解決焦点化コーチがおもに貢献できる点である。コーチは技法によって解決に焦点をあてるのではない。誰かを本当に解決に向けさせるのは，解決に焦点化された価値によって支えられた関係の質である。

スキルと方略
セッション前の変化
コーチングセッションを初めて依頼するときクライエントは，最初の約束のときまでに起きたどのような変化にも気づくよう求められる（O'Connell, 2003）。最初のセッションにおいて多くのクライエントは，自分たちの状況を抑えていた要因だけでなくそれを改善した要因も報告する。この作業が強力でポジティブな幕開けとなる。そこではクライエントの資質と方略が注目の的になる。それによってコーチとクライエントはセッションを構築する土台を手に入れる。

問題を含まない話
最初のセッションの開始時にコーチは，クライエントが自分の問題には関係なく自分自身や関心事について話す機会も与える（O'Connell, 2003）。こうした会話をとおしてしばしば得られる情報のおかげで，コーチは次のことを知る。
- そのクライエントとうまくやる方法。
- どのようなたとえや事例を使うとそのクライエントに効果があるか。
- 解決法を導くときにクライエントがもつ長所，資質，価値観。

あたりさわりのない話をするなかで，クライエントが経験しているどのような問題よりももっと多くの問題がクライエントにはあるという事実が浮かび上がる。

能力を探すこと
クライエントが直面している問題を知ると同時に，解決焦点化アプローチをとるコーチはクライエントの能力を示す事例に特に注意を払う（O'Connell, 2003）。熟練したコーチは，しかるべき時機をとらえて，クライエントがもっている長所や素質に気づかせ，それらを現在の状況にどのように応用できるかについてよく考えさせる。それをきめ細かく行うと，クライエントは自分のスキルや長所を知るだろうが，コーチがポジティブなフィードバックを過大評価すると，クライエントは認めがたいものとして，このバラ色の事態をいっそう拒む可能性がある。

例外に基づいて形成すること
クライエントが問題に直面しているとき，解決焦点化アプローチをとるコーチはそのときのことでくよくよ悩まず，クライエントがその問題をもっとうまく扱っているときのことについて質問する。こうしたエピソードは「例外」として記述される。誰にでも高いとき‐低いとき，上昇期‐下降期，いいとき‐

悪いときがあるので，例外はいつでも見つけられる（O'Connell, 2001, 2003）。例外はクライエントが建設的な方略をもっている証拠を与える。こうした機会を強調し検討することによって，クライエントは例外がもっと頻繁にあるいはもっと長いあいだ起こる方法を見つけられる。コーチは例外が起きた状況をクライエントと一緒に検証する。コーチは「これをどのように行ったのですか？」「最初に行ったことは何でしたか？」「それが役立つだろうとどのようにして知ったのですか？」「それをもう一度行えるようにするには何が起こらなければなりませんか？」などの質問をするだろう。例外は「もしうまくいくならば，それをやりつづけなさい」という解決焦点化の原則にしたがう。

　奇跡の質問

　スティーブ・ド・シェイザー（de Shazer, 1988）と彼の同僚たちによって考案された奇跡の質問は，クライエントが「問題になる話」を回避できるようにするために，問題焦点型のコーチによって使われる介入法である。それは，クライエントの想像力を高めて，もしその問題がクライエントを支配あるいは特徴づけていなかったら毎日の生活はどのようにみえるかを記述するよう働きかけるものである。標準的な形式は次のとおりである。

　　　ある夜，あなたが眠っているときに奇跡が起こり，私たちが議論してきた問題が消えてしまうという場面を想像してください。あなたは眠っていたので，奇跡が起きたことを知りません。目覚めたとき，あなたにとって奇跡が起きたという最初の兆候は何でしょうか？

　この質問は，型にはまった質問の仕方では通常は明るみに出されない想像力に富んだ材料にアクセスするので，強力なものになる（O'Connell, 1998）。熟練したコーチはクライエントの回答に密接に関連した追加質問のあとに奇跡の質問を行う。それぞれの質問はクライエントの好ましいシナリオのもう一部分を構成し，クライエントが使えた方略を明らかにするのを助ける。コーチがクライエントの奇跡の答えを検討するときに，コーチはあらゆる例外——ほんの一部であっても奇跡がすでに起きていたときのこと——について耳を傾けているだろう。コーチはまたクライエントの長所，資質，能力を証拠だてる話にも耳を傾ける。質問には「奇跡が起きたことを彼らはどのようにして知るでしょうか？」「何が違っているかに彼らは気づくでしょうか？」「彼らはどのようにそれに反応するでしょうか？」といった，クライエントの生活のなかでの重要な他者に関するものも含まれるだろう。

尺度化

コーチは特定できる小さな目標を設定し，方略を発展させるために，0から10までの尺度を使ってクライエントが自分の向上を測定できるようにする（O'Connell, 2001, 2003; Greene and Grant, 2003; Berg and Szabo, 2005; Grant, 2006aを参照）。尺度上の10は「可能な限り最良」を，0は最悪を表す（Palmer et al., 2007）。コーチはその尺度上での自分の位置をクライエントに考えさせる。そのときに，「あなたは1日か2日前どの位置にいたとお考えですか？」「あなたが尺度上でより高く評定したとき何が起きていたのですか？」「これから数週間のうちにあなたはどこに着きたいと思っていますか？」「それが起きるためには何が起きる必要がありますか？」などの質問をする。クライエントはまた，ほかの人が自分をその尺度上のどこにおくのかを考えるかもしれない。解決焦点化アプローチをとるコーチは，その尺度で1点上がるような小さな前進ができることを考えるようクライエントに働きかける。このことは解決焦点化の原則である「小さな変化は大きな変化を導ける」と一致している。クライエントが小さな変化を成し遂げようと取り組んだとき，自分がもともと考えていたよりもっと遠くまで運んでくれるモメンタム（勢いに乗ること）を作り上げる場合がよくある。物事がうまくいかないときせいぜいクライエントにできることは，その尺度上の同じ得点のところにとどまれるように努力することである。尺度は，クライエントが自分の前進を測定し，次のステップを考えるためにセッション間で気軽に使える実践的な技法である。

セッション間の課題

セッションが続くあいだ，解決焦点化の質問を続けると，クライエントが事態を改善するため次に何を行おうとしているかがわかってくる。こうした課題はたいてい次の原則にしたがう。

- もしうまくいっているならば，それをやりつづけなさい。
- もしうまくいっていないならば，それをやめなさい。
- 小さな変化は大きな変化を導ける。
- 違うことをやりなさい。

評価

一つのセッションの終わりに，コーチはクライエントに手短な評価を返す。この手順は単純明快である。

- そのセッションでクライエントが行った役に立つ貢献を特定する価値のある評価。

- そのセッションで明らかにクライエントが達成したことの要約。
- 上記の内容とクライエントの目標とのあいだの関連づけ。
- 次のセッションまでにクライエントが行おうとしていることの取り決め――セッション間課題。

リフレーミング

リフレーミング〔違う枠組を使って物事をみること〕の技法を使って，コーチはクライエントがほかに問題をどのようにみるかを発見できる（O'Connell, 2000）。問題に対して別の視点をとることでクライエントはその問題を克服できるようになる。

文字化

解決焦点化アプローチでは，終了時の評価場面で語られたことを要約して，各セッションのあとにクライエントに書き送るコーチもいる。彼らはまた，クライエントが問題を克服したとき，あるいはポジティブな変化を遂げたときのことを記録した日記をつけるように勧める。この記録が，困難な時期に導き出された解決法の記憶装置になる。クライエントは尺度化や奇跡の質問に対する回答を記録することで，自分のために解決焦点化の技法を使いつづけられる。

どのようなクライエントにいちばん有効か？

一般的に，解決焦点化コーチングを受けたクライエントはほとんどがよくなる。これは子ども，成人，恋人どうしあるいは夫婦，作業チーム，グループ，高齢者に適した方法である。臨床的障害のある人は，コーチングではなく，解決焦点化療法または，認知行動療法のようなほかの心理療法を受けると効果があるだろう。セラピストは不安などの臨床的障害に取り組み，コーチは生活や仕事に関連した問題に重点的に取り組めば，コーチングと並行して治療を行える。しかし，こうした状況において，コーチあるいはコーチング心理学者は臨床的障害について知っていると役に立つことがある。たとえば，抑うつ状態のクライエントはコーチングセッションで作り出された目標によって打ちのめされ，自殺したい衝動に駆られる。こうなるとかえって病気が悪化するので，医原性だと考えられる。

解決焦点化コーチングがうまくいかない場合，次のような理由があげられる。
- コーチのスキルのレベルが低い。
- コーチが一貫性のないアプローチを使う。

- クライエントが一時的に自分の資質を利用できない。
- クライエントが「手っ取り早い解決策」を求め，望ましい変化を達成する努力をしようとしない。
- クライエントの自尊心が低く，自分の長所や素質を正しく評価できない。
- クライエントが自分の問題の原因をもっと深く理解したいと望んでいる。
- クライエントがコーチに指導的で問題解決する役割を望んでいる。

　もしクライエントが変化を冷静にみつめる前の段階にあるならば（Prochaska and DiClemente, 1992を参照），コーチングを受ける準備ができていないのかもしれない。そのクライエントが目標に向かって進展していくことと中間セッションの課題に取り組むことに対してアンビバレントな感情をもつとき，このことがコーチングで明らかになるだろう。しかし，クライエントは最初の数回のセッションのあいだに変化しているかもしれず，あとになってコーチングに復帰することがクライエントのためになるかもしれない。

事例研究

　コリン（35歳）は大企業のチームリーダーである。彼がコーチングを受けに来たとき，誠実で，温かく，実直で，知的な人物にみえた。6か月前に昇進してから，新しい役割――管理，同僚のサポート，問題解決，新しいアイディアを生み出すこと，会議の議長を務めること，会社の方針の立案にかかわること――に取り組んできた。

　しかし，そうした新しい仕事の一つの側面が，コリンに大きな不安を引き起こした。それは月例の上級経営会議での彼の行動である。会議の雰囲気が強引で競争的と感じられ，そのために気後れしてしまった。会議中はほとんど発言せず，追い詰められないようにしていたかった。会議で発言しているとき，無視されているように感じた。無視されたという経験が彼の自信に悪影響を与えた。会議で力のある何人かのメンバーにいじめられているように感じ，自分の地位を保つのが難しいと思った。経営側に効果がなかったことを示して自分のチームの評価を下げたとき，自分を敗者だとみなしはじめるようになった。彼は自分のチームの問題を会議で提起できなかったと報告したとき，リーダーとしての信頼を失っているように感じた。

　コリンは経営会議をひどく恐れるようになった。夜になかなか寝つけず（自分の2歳の子どもに邪魔されたことでそれに輪をかけたように）寝返りをう

つようになった。会議の朝，仕事に行く途中で気分が悪くなり，気が動転した。会議の後，彼は「ノイローゼになったような感じだ」と表現していた。

　コリンがコーチングを受けに来たとき，コーチは彼にとって経営会議がどれほど厳しいものかに理解を示した。コリンは会議での自分の行動を詳しく聞かれると思っていたのに，チームリーダーとしての長所について尋ねられて驚いた。チームとの関連では，自分が「勤勉で，自信があり，協力的で，熱意がある」と感じていた。仕事以外の友人が彼をどう評しているかについて質問されると，コリンは「誠実で，世話好き，人づきあいがいい」と答えた。こうした開始時のやりとりがコリンの状況に関連づけられ筋立てされた。自分であることが難しく感じるのは，経営会議という特定の状況においてだけである。

　実際に，コリンは多くの個人的資質や社会的資源をもっていた。彼は自分が仕事以外の状況では自己主張できることを説明できた。たとえば，家の拡張工事に来た建築業者との交渉場面である。彼が仕事で直面している今の状況と似た状況にかかわらなくてはならなかったことがあるか尋ねられると，コリンは以前に働いていた会社で自分に理不尽な要求をしてくる上司と対峙しなければならなかったときのことを思い出した。彼はそれがとても難しいと感じ，その前に「心の準備をして身構え」なければならなかった。

　彼の資質に関して，コーチは「経営会議で使えるならば，どのような長所や素質があれば実際に役に立つと思いますか？」と尋ねた。たいていは「はっきりと話ができる人」と答えた。この後，どうすれば彼のコミュニケーションをはっきりさせられるかについて話し合った。経営会議に関して，彼は次のようなときにはっきり話したいと思っていた。

- 会議の冒頭で議題について意見を述べているとき。
- 関連する質問を行うとき。
- チームの問題点を話しているとき。
- 自分のアイディアの所有権を保ちたいとき。

　コーチはどうすればこれらを行えるのかに関するヒントを与えるのではなく，「先ほどあげたことを行った会議はこれまでありましたか？」とコリンに尋ねた。コリンは今までほとんどなかったと答え，追い詰められた同僚を彼が援護したときのことを思い出した。そのときは自分が言いたかったことを何とか言え，ほかの人と意見が合わなくても要点を外さないで話した。次にコーチは「会議で行っていることで，当面やめられたらいいと思っていることはありますか？」と尋ねた。コリンは「自分を低地位におくような行動をするのをやめ

たい。たとえば，会長の視線が届かない場所に座るのをやめたいし，休憩中にみんなにコーヒーを入れてあげることをやめたい」と答えた。

奇跡の質問として知られる解決焦点化介入法を使って，コーチはコリンに次のことを想像するように言った。「ある夜，眠っているときに驚くべきことが起きました。それはあなたの望みが叶う奇跡です。この奇跡は次の経営会議でうまくやる能力を与えてくれます。そのときあなたは眠っていたので，奇跡が起きたことを知りません。あなたが経営会議の日に目覚めたとき，どうやったら驚くべきことが起きたとわかるでしょうか？」

この質問と追加質問に答えると，次のような描写が浮かび上がった。

> 以前よりもよく眠れたので，目覚めたときに私はいつもよりずっと心が穏やかだったと思う。こぎれいな格好をしたい。仕事に行く途中には音楽を聴いて，会議がどんなに恐ろしいものになるかは考えないようにしたい。チームの問題点について言うつもりのことを準備しておきたい。会議ではほかの人と同じようにありのままの自分でいたい。会議に入る前に深呼吸してリラックスしたい。会議では，自分が見え，見られる場所に座りたい。自分の存在感を示すために会議の冒頭で何か言いたい。悩んでいるようにみられず，もっとリラックスしたい。

奇跡の質問に対するコリンの回答によって，一つの計画が考え出された。
- 経営会議の前夜には，夜中に赤ん坊の世話をしないことを妻に話す。
- 特にチームの問題点について何を言うか考えて，会議に向けてもっとよく準備する。
- 仕事にiPodをもっていく。
- 会議で座る場所を変える。
- 質問するだけでもよいので，会議の冒頭で何か言おうとする。

セッションの終わりの評価場面で，コーチはチームリーダーとしてのさまざまなスキルをコリンに思い出させた。彼は自分が販売を促進したことを経営者に認めさせた。彼には経営会議での自分の行動を改善するたくさんのアイディアがあった。コーチはコリンが別の状況にスキルを移し替える能力があると信じていると述べた。

コリンが2週間後に2回目のコーチングセッションにきたとき，話題の焦点は，前回会ったあとどのような変化が生じたかに移った。コリンは彼が参加した経営会議で依然として不安を感じたが，チームの問題点を提起することに

成功したと報告した。コーチはコリンがどのようにしてこれをやりおおせたかに興味をもった。コリンは，もしまた会議で提案しそこなったとチームに言わなければならないとしたら，チームがどれほどがっかりするだろうと考えつづけたので，それを提案しようと自分を奮い立たせたのだと述べた。また，彼は平穏な夜を過ごした結果，前夜にゆっくり眠れたので，以前より気分よく会議に行けた。さらに，仕事に行く途中に，会議の日の心配事を頭からそらすために音楽を聞く計画を実行した。

こうした解決法をさらに進展させるためにコーチは，尺度を使ってコリンに質問を投げかけた。

コーチ：0から10までの尺度があります。10が何もかも良いで，0が本当に悪いとすると，経営会議に関してあなたは今どこにいると思いますか？

コリン：3です。

コーチ：何であなたは2ではなく3と言ったのですか？

コリン：前と違った考え方をするようになったからだと思います。私にとって会議で独創的な考え方をすることはよくないことでした。あまりにも競争的だからです。自分を会議に合わせ，それに対処する方法を見つける必要がありました。

コーチ：それでは，あなたの見解では，3を保つか，4に進むために何をする必要があると思いますか？

コリン：私がやろうと考えていることは同僚のエマに話すことです。彼女は会議について私と同じように感じていますが，彼女はそれに対処する方法を見つけているようにみえます。

コーチ：どうすればあなたは4になりますか？

コリン：経営会議でチームに対して出された評価の結果を聞かせたときのチームの反応をみることです。そうすれば私は前に進みつづけられます。

さらに話し合いながら，コリンは尺度の得点を上げる次の段階への計画を練った。途中で後退する事態が起きても，コーチはコリンに，強みを発揮し，達成したいことを達成した瞬間に気づき，経験から学べるよう働きかけつづけるだろう。コーチが使っている介入法の多くは，次に示すように，コリンが自分で使えるようになっている。

• 会議でポジティブな行動をした瞬間に気づき，自分がどのように行動した

のかに気づくこと。
- 自分自身にとって達成可能な小さな目標を設定すること。
- 進展を測定するために尺度を使い，次の段階に進むかどうかを見極めること。
- 腕を磨いて，自分にとってうまくいく解決法を考案するために資質や想像力を使えるようにすること。

長い期間を経て，コリンは経営会議で以前より自信がつき，主張できるようになり，チームリーダーとして彼の株は上がりつづけた。経営会議への出席はいまだに仕事としてしなければならないことの一部だが，コリンは自分やチームを正当に評価していると感じている。

引用文献

Berg, I. K. and Miller, S. D. (1992) *Working with the Problem Drinker: A solution-focused approach*. New York: W. W Norton.

Berg, I. K. and Szabo, P. (2005) *Brief Coaching for Lasting Solutions*. New York: W. W. Norton.

Bloor, R. and Pearson, D. (2004) Brief solution-focused organizational redesign: a model for international mental health consultancy. *International Journal of Mental Health* 33(2): 44–53.

Darmody, M. (2003) A solution-focused approach to sexual trauma. In B. O'Connell and S. Palmer (eds) *Handbook of Solution-Focused Therapy*. London: Sage.

de Shazer, S. (1988) *Clues: Investigating solutions in brief therapy*. New York: W. W. Norton.

de Shazer, S., Berg, I. K., Lipchik, E., Nunnaly, E., Molnar, A., Gingerich, W. and Weiner-Davis, M. (1986) Brief therapy: focused solution development. *Family Process* 25: 207–221.

Devlin, M. (2003) A solution-focused model for improving individual university teaching. *International Journal for Academic Development* 8(1/2): 77–90.

George, E., Iveson, C. and Ratner, H. (1999) *Problem to Solution: Brief therapy with individuals and families*, revised edition. London: BT Press.

Grant, A. M. (2003) The impact of life coaching on goal attainment, metacognition and mental health. *Social Behavior and Personality* 31(3): 253–264.

Grant, A. M. (2006a) Solution-focused coaching. In J. Passmore (ed.) *Excellence in Coaching: The industry guide*. London: Kogan Page.

Grant, A. M. (2006b) An integrative goal-focused approach to executive coaching. In D. R. Stober and A. M. Grant (eds) *Evidence Based Coaching Handbook: Putting best practices to work for your clients*. Hoboken, NJ: Wiley.

Green, L. S., Oades, L. G. and Grant, A. M. (2006) Cognitive-behavioural, soloution focused life coaching: enhancing goal striving, well-being and hope. *Journal of Positive Psychology* 1(3):

142–149.

Greene, J. and Grant, A. M (2003) *Solution-Focused Coaching*. Harlow, UK: Pearson Education.

Hawkes, D. (2003) A solution-focused approach to 'psychosis' . In B. O'Connell and S. Palmer (eds) *Handbook of Solution-Focused Therapy*. London: Sage.

Hoskisson, P. (2003) Solution-focused groupwork. In B. O'Connell and S. Palmer (eds) *Handbook of Solution-Focused Therapy*. London: Sage.

Hoyt, M. F. and Berg, I. K. (1998) Solution-focused couple therapy: helping clients construct self-fulfilling realities. In M. F. Hoyt (ed.) *The Handbook of Constructive Therapies*. San Francisco, CA: Jossey-Bass.

Jackson, P. Z. and McKergow, M. (2007) *The Solutions Focus: Making coaching and change simple*. London: Nicholas Brealey.

LaFountain, R. M. and Garner, N. E. (1996) Solution-focused counseling groups: the results are in. *Journal of Specialists In Group Work* 21(2): 128–143.

Latham, G. P. and Yukl, G. A. (1975) A review of research on the application of goal-setting theory in organisations. *Academy of Management Journal* 18(4): 824–845.

Lethem, J. (1994) *Moved to Tears, Moved to Action: Solution focused brief therapy with women and children*. London: BT Press.

Locke, E. A. (1996) Motivation through conscious goal setting. *Applied and Preventive Psychology* 5(2): 117–124.

Meier, D. (2005) *Team Coaching with the Solution Circle: A practical guide to solutions focused team development*. Cheltenham: SolutionsBooks.

Norman, H. (2003) Solution-focused reflecting teams. In B. O'Connell and S. Palmer (eds) *Handbook of Solution-Focused Therapy*. London: Sage.

O'Connell, B. (1998) *Solution-focused Therapy*. London: Sage.

O'Connell, B. (2000) Solution focused therapy. In S. Palmer (ed.) *Introduction to Counselling and Psychotherapy: The essential guide*. London: Sage.

O'Connell, B. (2001) *Solution-focused stress counselling*. London: Continuum.

O'Connell, B. (2003) Introduction to the solution-focused approach. In B. O'Connell and S. Palmer (eds) *Handbook of Solution-Focused Therapy*. London: Sage.

O'Connell, B. and Palmer, S. (eds) (2003) *Handbook of Solution-Focused Therapy*. London: Sage.

Palmer, S., Grant, A. and O'Connell, B. (2007) Lost and found: special report on solution-focused coaching. *Coaching at Work* 2(4): 22–30.

Prochaska, J. O. and DiClemente, C. C. (1992) *Stages of Change in the Modification of Problem Behaviors*. Newbury Park, CA: Sage.

Rawsthorne, L. J. and Elliot, A. J. (1999) Achievement goals and intrinsic motivations: a meta-analytic review. *Personality and Social Psychology Review* 3(4): 326–344.

Russell, B. (1996) *History of Western Philosophy and its Connection with Political and Social*

Circumstances from the Earliest Times to the Present Day. London: Routledge.

Scoular, A. and Linley, P. A. (2006) Coaching, goal-setting and personality: what matters? *The Coaching Psychologist* 2(1): 9–11.

Selekman, M. D. (1997) *Solution-Focused Therapy with Children*. London: Guilford Press.

Sharry, J. (2003) Solution-focused parent training. In B. O'Connell and S. Palmer (eds) *Handbook of Solution-Focused Therapy*. London: Sage.

Triantafillou, N. (1997) A solution-focused approach to mental health supervision. *Journal of Systemic Therapies* 16(4): 305–328.

議論のポイント

- 問題よりも解決に焦点をあてる時間を多くとるのはなぜ意味があるのか？
- 奇跡の質問は解決焦点化コーチングにとって不可欠なのか？
- 解決焦点化コーチングや解決焦点化セラピーは理論面が弱い。本当にそうなのか？　それとも，実践に情報を与える基礎理論に対して解決焦点化アプローチの実践家が無関心なだけなのか？
- 目標設定は解決焦点化コーチングにとって重要な側面か？

推薦図書

Greene, J. and Grant, A. M. (2003) *Solution-Focused Coaching*. Harlow, UK: Pearson Education.

Jackson, P. Z. and McKergow, M. (2007) *The Solutions Focus: Making coaching and change simple*. London: Nicholas Brealey.

O'Connell, B. and Palmer, S. (eds) (2003) *Handbook of Solution-Focused Therapy*. London: Sage.

O'Connell, B. (2005) *Solution-Focused Therapy*, 2nd edition. London: Sage.

■本章の執筆中に，解決焦点化セラピーの創始者であるスティーブ・ド・シェイザーとインスー・キム・バーグが亡くなった。本章を二人に捧げる。

（槙　洋一訳）

第Ⅲ部

コーチングとコーチング心理学において，関係，多様性そして発展を理解する

第16章

コーチ－クライエント関係の再検討
――コーチングにおける目立ちにくい変化主体

アランナ・オブロイン, スティーブン・パーマー
(Alanna O'Broin and Stephen Palmer)

どの理論的視点に立とうとも，効果的なコーチングの基本は協働的関係がうまく作れるかどうかにある。　　　　　(Stober and Grant, 2006: 360)

はじめに

　コーチ－クライエント関係はすべてのコーチング契約における基本的な要素である。最近，コーチングのための概念的な文脈的メタモデルを作ろうとする動きがあり，「コーチングのなかで効果的な共通テーマは何であり，それはどのような文脈においてであるか」という問いを問題にするなかで，ストーバーとグラント (Stober and Grant, 2006) は7つの主題となる要因を提示している。このうち次の2つの主題はコーチ－クライエント関係に直接かかわっており，コーチング過程のなかでこれに決定的な重要性が与えられていることを裏づけている。

- コーチはクライエントの最善の利益を目指して行動するだろうとクライエントが信じるような意味ある関係になっている。
- つねに異議申し立てができるようにするとともに，変化を促すために適切な間隔をおいて介入することで，クライエントの成長をさらに促し，活動能力や技能を向上させることが，協働的な作業同盟におけるコーチの役割である。

　コーチ－クライエント関係の良否がコーチング効果を左右することは予想されるにもかかわらず，驚くべきことに，これを本格的に検討した研究文献はほとんどない (O'Broin and Palmer, 2006a を参照)。

第16章 コーチ－クライエント関係の再検討

概念的なコーチングアプローチでは，コーチ－クライエント関係のとらえ方が異なっているが，最低限の必要条件としてコーチとクライエントとのよい作業関係が重要であることを認めないものは，たとえいたとしてもごく少数である。

本章で採用するアプローチではコーチ－クライエント関係を次のように実用的に定義する。

> 〔コーチ－クライエント関係は〕コーチング同盟およびそれに伴ってなされるクライエントとコーチの貢献からなり，共同で作り上げられ進展する優れた関係である。

先行研究が教えてくれるもの

変化のための道具

おもにエグゼクティブコーチングに関する文献をもとにした場合，コーチ－クライエント関係は成長（Stober et al., 2006）や変化（Kilburg, 2000; O'Neill, 2000）を生み出す重要な道具ととらえられる。コーチ－クライエント関係は，それが論理的には共通の土台をもつカウンセリングや心理療法の関係としばしば比較され，対比される。コーチ－クライエント関係は同等な権利を有し（Levinson, 1996），権威主義的というよりもむしろ協働的で平等主義的なものとみなされる（Grant and Cavanagh, 2004）。コーチ－クライエント関係では互いがあまり依存的にならないことが期待されている（Hart et al., 2001）。カウンセリングと心理療法の原理はエグゼクティブコーチングを促進させられるが，コーチング関係と心理療法関係とのあいだの大きな違いは，問題がどこまで深く追求されるかにあると理解されている（Kilburg, 2000）。

コーチング関係と心理療法関係には多くの類似性があることも知られている。そのうちのいくつかは，コーチ－クライエント関係をよりよく理解するためにとても重要なものである。その類似性の最たるものの一つは，まさに心理療法関係と同様に，コーチ－クライエント関係には強い信頼関係の形成と維持が必要なことである（Gyllensten and Palmer, 2007; Bluckert, 2005a）。

強いコーチ－クライエント関係の構築

よいコーチの資格証明を探し求めるとき，コーチからみた場合（Peterson,

1996) もクライエントからみた場合 (Wasylyshyn, 2003) も，強いコーチ-クライエント関係の構築が必要なことが，コーチングの研究文献で繰り返し裏づけられている。ローマン (Lowman, 2005) はこのテーマをさらに発展させて，コーチング研究には実証的基盤が必要であると主張している。そして，コーチングで何がうまくいき，何がうまくいかないかに関する特集シリーズで扱われているさまざまな仮説から共通テーマを抽出し，その第一のものとして，成功するために決定的に重要な意味をもつのは信頼関係を作り上げる能力かもしれないと指摘している (*Consulting Psychology Journal: Practice and Research*, 57, 1 ; Stober and Grant, 2006 も参照)。

コーチングの研究文献では，コーチングが段階を経て進展するらしいという見解で一致しているが，それを前提とすると (Diedrich, 1996; Witherspoon and White, 1996)，強いコーチ-クライエント関係がとりわけ重要である。その第一段階は，言うまでもなく関係の構築である。論理的にいうと，関係構築にどれほど成功するかが，その後のコーチング過程で起こるフィードバックや評価といった諸段階に影響を及ぼすことになるだろう。

コーチングの研究文献によれば，コーチとクライエントの相性の良さ (Banning, 1997) と，コーチ-クライエント関係において支援と異議申し立てのあいだで絶妙のバランスをとること (Bluckert, 2005b) も重要である。

コーチ-クライエント関係についての研究が少ないからか，コーチ-クライエント関係とセラピスト-クライエント関係の相互作用と相違点については，仮定を単純化しすぎていることは間違いない。特に，コーチングの研究文献にこれまでしばしばみられたように，それらが二分法的な対立項であると概念化される場合にはそれがあてはまる。

実証的結果に基づくコーチング

今日的な専門的・政治的風土というより広い文脈のなかでは，「実証的結果に基づく実践」という用語は，心理学を含む多くの専門家によって厳しく吟味されるようになってきた (Lane and Corrie, 2006)。観念的知識と実践に基づく知識との緊張関係を扱おうとして，さまざまな文脈において「科学者-実践家」であるとはどういうことかを多元的に物語り，その方法やあり方を考えるように提案されている (Haarbosch and Newey, 2006 ; Miller and Frederickson, 2006 を参照)。

コーチング心理学者たちは，しばしば心理学や成人学習，コミュニケーションといった関連領域からの最新かつ最良の知識を取り入れつつ（Cavanagh and Grant, 2006; Stober and Grant, 2006），またコーチング独自の研究とコーチ自身の専門的能力を統合し，クライエントの好みも考慮した，広範な「実証的結果に基づくコーチングへのアプローチ」をとることで，この論争を大いに盛り上げている。

コーチ‐クライエント関係を扱ったコーチングの研究文献が少ないという理由から，本章では「実証的結果に基づくコーチングへのアプローチ」（Cavanagh and Grant, 2006）という原則を採用する。本章ではさまざまな専門領域からの事例を使いながら，コーチング過程において重要な役割を果たしているにもかかわらず，これまでしばしば過小評価されてきた変化の仲立ちとしてのコーチ‐クライエント関係について議論し，将来性がある研究を進めるために対話を活発にし，それにふさわしい領域を浮き彫りにすることを目指している。

隣接領域の専門職と研究報告が教えてくれるもの

ストーバーとグラントが述べるところによれば，最新かつ最良の知識は，

> 実証的結果，理論，実践の関連領域で評価の定まった研究文献にしばしば見出される。事情に明るい実践家たるコーチならば，そうした既存の知識を取り入れ，その知識を状況に合わせてうまく使い，自分自身の思慮深い実践に照らしながら，自分がクライエントとともに働くことについてさらに情報を与えてくれる確かな枠組を作り上げられなければならない。
> 　　　　　　　　　　　　　　　　　　　　　（Stober and Grant, 2006: 6）

実証的結果に基づくコーチング心理学へのアプローチの教義にしたがって，カウンセリングと心理療法の効果研究，スポーツ心理学といった類似の領域，そしてゲーム理論から事例をとりあげ，コーチング心理学の理論，研究，実践そしてコーチ‐クライエント関係の理解にとって，そうした知識がどれほど有益であるかを示す。

カウンセリングと心理療法の効果

ドードーヴィルの経験を繰り返さない

キルバーグ（Kilburg, 2004）は新興の実証的コーチング文献ベースと心理療法の効果についての文献ベースを比較している。「みんな勝ったんだから，全

員が賞をもらわないと」〔『不思議の国のアリス』の第3章に登場するドードー鳥のことば〕というたとえとともにソール・ローゼンツァイク（Saul Rosenzweig, 1936: Rosenzweig, 2002 を参照）のドードーヴィル推量を引用しながら，キルバーグ（2004）は，これまで行われたエグゼクティブコーチング研究は，治療者がどのようなアプローチをとるかとは関係なく，どれも一様に肯定的な効果を生み出すことを示してきており，それは心理療法の効果を扱う文献で70年以上にわたって繰り返されてきた発見と似ていると結論づけている。ここからキルバーグは，コーチングの過程と効果に関する理解を助ける唯一のやり方として，そうした研究を繰り返すことがはたして誠実な対応なのかという疑問を投げかけることとなり，「われわれが生活するなかでポジティブな変化をもたらすきっかけを作るのは，ほとんどが援助の何気ない側面である」と結論づけた（Kilburg, 2004: 207）。キルバーグ（2004）の主張にしたがうと，この分野の心理療法関連文献をさらに探索すべきなのは当然である。

変化の一般原理

1990年代半ばから2つの陣営——経験に基づく治療（EST：Empirically Based Treatments）の支持者と経験に裏づけられた治療関係（ESR：Empirically Supported Therapy Relationships）の支持者——は，自分たちの治療法の効果が優れているとそれぞれに主張し合ってきた。こうした主張は，米国心理学会の第12部会である臨床心理学協会の特別委員会（Task Force, 1995）と，第29部会である心理療法部会の特別委員会（Norcross, 2002）の，それぞれの方針にそったものであった。第29部会の特別委員会は，第一に，確かにこの治療関係が心理療法の効果に対して実質的で一貫した貢献をしており，それは特定の治療法に左右されず，第二に，治療関係を特定の患者の要求や特性に合わせて調整することが治療効果を高めると結論づけた。次にあげるのは，明白な効果のあることがわかった一般的要素である。

- 治療上ないし作業上の同盟
- 共感
- 目標についての合意と協働
- クライエントの抵抗の度合

治療法の効果を最適化する努力のなかで，もっと最近になって，第12部会と北米心理療法研究学会（NASPR：North American Society for Psychotherapy Research）の特別合同委員会はより統合的なアプローチをとり（Castonguay and Beutler, 2006a），次の質問だけに答えることにした。

- 理論モデルや方法を問わず，ポジティブな効果をもたらす治療法のなかで参加者，関係，手続きがどのようなものかわかっているか？
- これらの要因または変数はどのように影響しあって変化を促進するか？

「さまざまな治療的要因を含む基本原理」(Beutler and Castonguay, 2006: 5)を見出そうとする試みのなかで，合同特別委員会はその原理を，理論的定式化よりはもっと具体的であり，技術よりはもっと一般的なものと表現した。カストンゲイとビュートラー（Castonguay and Beutler, 2006b）は同特別委員会が描いた変化の原理を，彼らが相関分析から推定した変化の決定因にちなんで「実証的基盤のある」あるいは「実証に由来する」と呼ぶことを提案している。これらの効果的変化の共通原理には，先に第29部会特別委員会が認定したものとともに，セラピストがもつべき次のような特徴が含まれる。

- 強い作業同盟を構築し維持すること。
- クライエントとの高水準の協力関係を促進するよう試みること。
- クライエントとともにその関係を進めていくこと。
- 思いやりをもち，友好的で，心を開いていること。
- 一貫した態度をとり，誠実であること。
- 同盟の解消をクライエントとともに決定すること。
- 効果を生み出すためにはクライエントの期待が一定の役割を果たすことを銘記すること。

同特別委員会は，統合的過程に重点をおきながら，それぞれの原理はそれが生じる文脈のなかで検討されるべきであるとも述べている。カストンゲイとビュートラー（2006b: 353）が述べるように，「すべての関係が変化をもたらすわけではないので，促進すべき介入と回避すべき介入について（そのさいの関与の仕方も含めて）理解している必要がある」。

コーチングへの移しかえ

変化の原理というこの考え方は，コーチングへの文脈的アプローチにうまくあてはまるものであり，ほかですでに指摘されているように（Linley, 2006; Stober et al., 2006），心理療法の効果研究からの知見はコーチング心理学の実践家と研究者のどちらにも同様に示唆を与えてくれる。焦点を絞って実証的にコーチ－クライエント関係とセラピスト－クライエント関係を比較し対比するような研究は，有益なものとなるだろう。

スポーツ心理学

コーチングの考え方はその多くがスポーツと運動にさかのぼる（Whitmore,

2002）。ペルティア（Peltier, 2001）が指摘するように，有益なテーマは運動コーチングの領域から移しかえることができる。選手の満足（Bortoli et al., 1995），動機づけ（Amorose and Horn, 2001），腕前の向上（Lyle, 1999; Gould et al., 2002；Jowett, 2005）を決定づける要因としてコーチ－選手関係の質が重要なことが，スポーツ心理学の文献で特に注目されている。運動選手それぞれの要求に注意を払うことが，コーチ－選手関係を予測する最も良い要因らしいと示唆する研究もある（Salminen and Liukkonen, 1996）。

コーチング心理学の発展と軌を一にして，スポーツ心理学における理論，研究，実践においてコーチ－選手関係へのいっそう包括的で実証的結果に基づくアプローチが発展しはじめた（Jowett and Cockerill, 2002; Poczwardowski et al., 2002；Mageau and Vallerand, 2003; Jowett, 2006）。

これらの発展の一例はコーチ－選手関係の動機づけモデル（Mageau and Vallerand, 2003）であり，認知的評価理論（Deci and Ryan, 1985）と内発的・外発的動機づけの階層モデル（Vallerand, 2001）に基づいている。そこでは，本章で扱われているコーチ－クライエント関係の議論と響きあうテーマが数多くとりあげられている（エグゼクティブコーチングに対する目標焦点化アプローチの文脈で自己決定理論を扱う議論については Grant, 2006 も参照）。

マジョーとバレランド（Mageau and Vallerand, 2003）のモデルは，次の3要因がコーチング過程におけるコーチの行動に影響を与えるような因果系列を提唱する。
- コーチングに対するコーチの個人的指向性
- コーチングの文脈
- 運動選手の行動と動機づけに関するコーチの理解

コーチが（統制的であるよりも）自律－支援的に行動し，構造への見通しをもち，熱意にあふれていると，自律性，能力，関係性を求める運動選手の心理的要求に良い影響を与えることが示されている。これらの要求が満たされて，今度は運動選手の内発的動機づけそして自己決定的な動機づけが決められる。

コーチングにとっての意義

マジョーとバレランド（2003）のモデルは，次の3つの見地からコーチ－クライエント関係についての議論に情報を与えてくれる。
- それは，自律性，能力，関係性というクライエントの3つの心理的要求を満たすことが，クライエントの内発的動機づけと自己決定的な外発的動機づけにとって重要であることを浮き彫りにする。

- それは，自律－支援的なスタイルの決定因（コーチの指向性，文脈，運動選手の行動と動機づけについての理解）を特定し，統合し，自律－支援的なスタイルが学習可能なものであることを提唱する（Reeve, 1998）。
- それは，コーチングの文脈がいかにコーチング行動に影響を与えるかを強調する。このモデルは，きわめて競争的なスポーツ場面では，運動選手だけでなくコーチも大きなプレッシャーを感じることを示している。強いストレスを感じると，コーチは自律－支援的な行動よりも統制的な行動を採用したくなるかもしれない。

マジョーとバレランド（2003）のモデルは，スポーツ科学の文献から得られる知見がより広いコーチング分野の文献と響きあうものであることをよく示しており，このモデルの第三点で示されているように，エグゼクティブコーチングの文脈では特にあてはまる。

スポーツ心理学とコーチング心理学を比較している文献展望の一部として，オブロインとパーマー（O'Broin and Palmer, 2006b）は，コーチ－選手関係とコーチ－クライエント関係の類似性と差異が，両職種でのコーチング効果に関して進められている議論と研究，実践のなかで役立つものになるだろうと強調している。そこで引用されている類似性とは次の4つである。

- 運動選手／クライエントの成功と成長にとって関係が重要であるとますます認識されるようになっていること。
- 関係の意図的な性質。
- 「効果的」な関係の追求。
- 関係の対人的文脈。

両者の違いは，それぞれの関係がもつ感情的な結びつきの強さの違いと，関係が続く期間の長さの違いである。すなわち，コーチ－選手関係は，感情的にしばしばとても強く結びつき，より頻繁に接触し，きわめてプレッシャーが大きい競争的な環境のもとに置かれる。

実証的結果に基づいてなされるアプローチでは，具体的でもっと幅広い事例を用いて，コーチ－選手関係とコーチ－クライエント関係を比較して対比することになるが，それは，いずれの専門家にも，議論，知識交換の機会を数多く提供し，研究と実践に寄与するものとなろう。

ゲーム理論

ゲーム理論（von Neumann and Morgenstern, 1944）は，しばしば対立関係や協力関係での人間行動を研究する一つの学際的アプローチである。ゲーム理

論は経営管理（Brandenburger and Nalebuff, 1996），スポーツ（Palomino et al., 1999），社会科学や行動科学（Colman, 1995）の領域で応用されている。

ゲームになぞらえることで，二人以上の「プレーヤー」のあいだの相互作用状況を，さまざまな具体的水準でモデル化できる。**協力ゲーム**では，参加者の戦略は，その集団ないし二人にとって最大の成果を達成できるように調整されるのに対して，**非協力ゲーム**では，各人が相手に関係なく自分の報酬を最大化させる。**ゼロ和ゲーム**は勝ちと負け（否定的なもの）の合計がゼロになるようなものであるが，**非定和ゲーム**——これは人どうしのいっそう「自然」な相互作用に近いものである——では，勝ちと負けの合計が，参加者の選ぶ戦略によって変わってくる。ここで興味深いのは，もし二人の人間が協力的な解決にいたることができるならば，どのような**非定和ゲーム**であっても，二人がともに得をするゲームに変換させられることと，非定和ゲームには唯一の認められた数学的な一般解がないこと，言い換えると，そのようなゲームには何が合理的かという問いに対する明確な答えがないことである。

この第二の問いに答えようと，ゲーム理論の理論家と研究者たちは，人びとと会社が戦略の場面で何をするのかについてもっと広く説明を求め，さまざまな戦略と実験的な知見を説明し，さらに予測を立てることに役立つ新しい要因を取り入れようとしてきた（Butler, 2005）。たとえば**心理学的ゲーム理論**（PGT：Psychological Game Theory）（Geanakopolous et al., 1989）では，たんにお金への依存ではなく，プレーヤーのもつ（ほかのプレーヤーの意図に関する）信念への依存という要因が導入されている。**行動主義的ゲーム理論**（Camerer, 1997, 2003）もそうしたアプローチの一つであり，ゲーム理論を認知科学に結びつけ，「社会的効用関数」について公平さへの配慮やほかのプレーヤーの意図を読み取るなどの認知的な要因を加えている。

コーチングへの移しかえ

ゲーム理論は，特に組織の文脈においてクライエントがコーチングにどう取り組めるのかという問題に光をあてるものである。とりわけ行動主義的ゲーム理論は，道徳的責任といった領域や，どのように人びとが互いに交渉し信頼するのかという問題に取り組む。単純交渉ゲームはかつて社会的効用の問題を明るみに出したのだが，これが示唆に富むものであることがここで明らかになった。カメラー（Camerer, 1997）が述べているように，最後通牒ゲーム，しばしば引用される囚人のジレンマゲーム，「チキン」ゲーム（ここでは囚人のジレンマゲームの一種）はいずれも，戦略的相互作用を説明しようとするときに，

実り多い研究領域となりうるだろう。
　説明のために，管理職，上級管理職，重役，人事管理の専門家が従業員にエグゼクティブコーチング，ビジネスコーチングあるいはパフォーマンスコーチングを受けるよう勧める場合を例にあげよう。従業員はこのコーチング機会を「役得」と考えて，ゲーム開始前から協力的に振る舞うかもしれない。あるいは，この従業員はキャリア指向で，コーチングを受ける可能性があるので，協力的ゲームを「するふりをする」ことでやる気を示すかもしれない——協力するということばの本音は，このアプローチでは戦略的であるといってよいが，本当のところ，クライエントはコーチングを自分で選んだものではなく強制されたものと感じるかもしれない。これは囚人のジレンマゲームを，ゲーム理論の用語でいう公平均衡という意味での協力ゲームに変えてしまう。〔本人の〕意思が問題なのだから，協力するように「強要された」と感じるプレーヤーは，公平均衡によれば，無理に返礼しようとはしないと予想され，それゆえ標準的なジレンマ事態におけるよりもいっそう離反しがちになるだろう（Camerer, 1997: 171）。まさにこのゲームを行うときに，状況から読み取った要求に応えようとして，従業員は実際の効果にかかわらずコーチングが有効であったと述べるかもしれない。コーチングが非常に有効であるという知見は文献（たとえば，Chartered Institute of Personnel and Development : CIPD〔英国人材開発協会〕，2005; Gyllensten and Palmer, 2006）で広く認められているが，ある程度はこうして作為的に作られたものである可能性が高いといっても不思議ではないだろう。

さまざまな概念的アプローチ

　これまでの章では，コーチングに対する概念的あるいは理論的なアプローチをさまざま概観し，コーチ－クライエント関係がそこでどのようにとらえられているかを示してきた。文脈的コーチングの観点からみるならば（Stober and Grant, 2006），コーチング効果に関して，コーチ－クライエント関係が個々の理論を超えて影響を及ぼす有効な要因を考えることもできる。
　概念的アプローチの水準だけではなくむしろ，変化の原理を扱う抽象化の水準で作業をすると，コーチ－クライエント関係をコーチが利用する場面でこうした議論に有益な情報を提供する3つのモデルが利用できる。
　文脈的コーチングの観点からは，一人ひとりのクライエントの文脈のなかで，

コーチング契約のあいだ絶えず変化しつづけるクライエントからの要求にうまく合ったコーチ－クライエント関係を築くことが求められる。ここで文脈とは，その人の個人的な将来の見通しという意味であり，エグゼクティブコーチングの場合には，組織という文脈におけるクライエントの対人関係という意味である。

　クラークソン（Clarkson, 1995）の**カウンセリングの5つの関係モデル**（Five-Relationship Model of Counselling）は，異なる理論的方向づけから，関係の様態どうしを結びつける（Clarkson, 1994 も参照）。このモデルは，クライエントの要求が示しているように，個人的，発達的，転移的／反転移的，超個人的な様態を作業同盟の様態の上に重ね合わせられると提唱する。このモデルは，さまざまな関係が職場環境に与える影響を理解するために，組織コンサルタント業に合わせた形で用いられている（Carroll, 1996）。

　変化の通理論的モデル（TTM：Transtheoretical Model of Change）（Prochaska and DiClemente, 1984）はこの議論を膨らませる第二のモデルである。プロチャスカとノークロス（Prochaska and Norcross, 2001）が指摘するように，変化のさまざまな段階でセラピストがとるべき立場は，多くの場合，前熟考段階では**養育する親**に，熟考段階では**ソクラテス的教師**に，準備段階では**熟練したコーチ**に，行動と維持の段階では**コンサルタント**に似ている。重要なのでここで指摘しておかなければならないが，それは，クライエントの変化の各段階において，心理療法関係がその要求に見合ったものになっているということである。

　関係の立脚点モデル（MRS：Model of Relationship Stances）（Sullivan et al., 2005）は，ノークロス（Norcross, 1993）の示した関係の「立脚点」という概念を発展させたもので，より新しいモデルである。心理療法の「大家」が各クライエントの要求に合わせるために治療関係をどのように構築し利用するかを検討するなかで，サリヴァンたちは，セラピストの（1）反応，（2）協同，（3）参加という行為からなる**安全な関係の領域**と，（4）自己の利用，（5）関与，（6）セラピストの客観性からなる**挑戦的関係の領域**を見出した。安全で信頼できる関係の基盤を作り上げ，そこでクライエントが自分の感情を表出し，新しい行動を試せると感じられるようにすることは，**安全な関係の領域**の共通テーマである。サリヴァンら（Sullivan et al., 2005: 64）は「安全な関係の領域での関係の立脚点は，クライエントが必要な変化を起こすために不可欠な要素を含んでいるかもしれない」と述べている。

より活動的な**挑戦的関係の領域**では，心理療法の目標に向かって努力するクライエントから行動を引き出すために，セラピストのもつ能力，エネルギー，資源をすべて使うことが必要とされる。自己の利用，関与，セラピストの客観性という立脚点には，セラピストが自分のパーソナリティと個人的資質を意図的に用いる行為や，心理療法を前に進める責任を引き受けること，クライエントが自分自身についていっそう客観的な見通しをもてるように情報，フィードバックそして評価を与えることが含められるだろう。

サリヴァンら（2005）は自分たちのモデルとクラークソン（1995）のモデルを前提として，心理療法関係はクライエントそれぞれの要求に合わせてセラピストが意図的に構築するので，異なった形を取ることもあると述べている。

コーチングへの移しかえ

これまでに概観した3つのモデルは，われわれがコーチ－クライエント関係を論じるさいにセラピスト－クライエント関係からコーチ－クライエント関係に移しかえることのできる3つの重要な要素を示してくれる点で有益である。それは次の3つである。

- 通理論的であること。
- コーチによって意図的に構築されること。
- コーチングが行われているあいだ変化しつづけるクライエントの要求に応じること。

クラークソン（1995）とサリヴァンら（2005）のモデルがいずれも作業同盟の意義を強調しているという点がここでは重要である。この同盟がないと，作業を行って目標を達成することは困難であり，これがコーチング同盟と特に相乗的に働くことは先に見たとおりである。

協働的な貢献

コーチング同盟

変化の共通原理の節で論じたように，治療関係にかかわる治療面での変化の共通原理について，第12部会と北米心理療法研究学会（NASPR）の特別合同委員会が得た知見から，次のことがいえそうである（Castonguay and Beutler, 2006b）。

- 治療的処置の期間にしっかりした作業同盟を立てて維持することは，良い効果を生む傾向にあること。

- セラピストは，治療のあいだ，クライエントとの確かな協働関係，すなわち作業同盟を促進するように試みること。

セラピストのもつ技能と個人的要因がクライエントとのよい関係の発展に影響を及ぼすことを示す証拠がこのほかにもある（Horvath, 2001）。ベディら（Bedi et al., 2005）も，この同盟がどのようなもので，どれほど強力であるかについての認識が，クライエントとセラピストでは異なることを示している。これは同盟形成の初期段階で特にあてはまる（Bedi, 2006）。

心理療法の効果研究において通理論的な治療的要素の重要性がますます強く認識されるにつれて（Wampold, 2001），作業同盟についてのいっそう広い汎理論的な再定式化（Bordin, 1975; Luborsky, 1976）が，すべての援助的関係において重要な要素であるとますますみられるようになってきた（Horvath, 2001）。より広い意味で用いられはするものの，この同盟はクライエントとセラピストとのあいだの協力関係の質と強さを指す用語としてもしばしば概念化される（Bordin, 1975, 1979, 1994; Horvath, 2001; Horvath and Bedi, 2002）。

作業同盟に関するボーディン（Bordin, 1975, 1979, 1989, 1994）の理論は，2つの仮定を前提条件としている。第一の仮定は，作業同盟が，関係する二者がどれだけ目的にかなった協力的な作業に従事しているかを測る物差しになるということである。第二の仮定は，その同盟が相互返礼的な関係のなかで立ち現れるということである。目的にかなった協力的な作業と結びつけられる作業同盟の特徴としてボーディンがあげているのは，課題，絆，目標の3つである。

作業同盟に関するもっと新しい文献（Hatcher and Barends, 2006; Horvath, 2006）は，ボーディンの理論を再検討し発展させている。ハッチャーとバレンズ（Hatcher and Barends, 2006）は，ボーディンが提起したものよりもっと積極的な同盟に関する交渉がクライエント側でなされることを仮定し，同盟のなかで作業がどの程度の，どのような水準の，どのような種類の協働関係や目的をもっているかをさらに検討するよう提案する。そして，絆のさまざまな側面や，目的とする作業とその絆がどのようにかかわるかについて検討するよう提案している。ホーバス（Horvath, 2006）は，時が経過してもこの同盟は変わらないという前提を問うべきだと強調し，治療の初期段階では，もっと「成熟」した後の同盟の段階とは異なる特徴が必要とされると論じている。

コーチングにとっての意義

作業同盟の重要性について心理療法の効果研究で繰り返し見出されてきた知見は，コーチ－クライエント関係やコーチング過程ときわめて密接にかかわっ

ているといえる。本章の議論から導かれるコーチング同盟の実用的定義は，次のとおりである。

> コーチング同盟は，コーチング関係のなかで，目的をもった協働的な作業にクライエントとコーチがどれだけ深くかかわっているかを反映したものであり，コーチング過程を通して時間をかけて一緒に取り決められ，さらに何度も見直される。
>
> （Bordin, 1975, 1979, 1994; Hatcher and Barends, 2006; Horvath, 2006 に基づき翻案）

作業同盟に関するボーディンの理論は協働関係や目的をもった作業を強調しており，コーチングの文脈に容易に移しかえられる。彼の枠組は次の3つの中心的特徴を浮き彫りにするが，心理療法の作業同盟においてと同様に，コーチング同盟にも適用できるだろう。

- 目標——コーチング目標に関する合意と，その目標への深い関与
- 課題——コーチングの仕事に対する認知的側面
- 絆———信頼や好意，敬意など

さらにボーディンの枠組は，今行われていて，一人のクライエントにとって最適な作業がどの程度，どのような水準で，どのように協力的で目的をもっているかを評価できる可能性を秘めているかもしれない。

実証的結果に基づくコーチングの研究と実践に向けたアプローチは，文脈的モデルを強調し，研究の包含的な共通特性と通理論的な研究領域に焦点をあて，アプローチ自体もコーチング文脈での研究課題の最重要候補として作業同盟を提案するだろう。さらに，作業同盟に関するカウンセリングと心理療法の効果研究において得られているより広い具体的な知見は，作業同盟がコーチング同盟とコーチング効果に関連するだろうということを示してきた。コーチ－クライエント関係をもっとよく理解するために，これは注目に値する研究領域であり，そのさらなる探究は優先課題であると考えられる。

クライエントとコーチの複合的貢献

ここでわれわれはクライエントとコーチの複合的貢献について触れておこう。これはコーチング過程そのものには含まれないが，コーチ－クライエント関係に影響を与え，したがってコーチング結果に影響を与えうるものである。心理

療法の効果研究が「誰によるどの治療法が，どのような状況において，この特定の問題を抱えるその個人にとって最も効果的か」(Paul, 1967: 111) という問いに答えようとしてきたのと同様に，複数の要因をとりあげる研究がますます増えてきた (Beutler and Castonguay, 2006)。セラピスト－クライエントの類似性の研究は，この探究から出てきたものである。

セラピストとクライエントの類似性がポジティブな効果をもつことを支持する見方と，類似しないことの重要性を支持する見方が真っ向から対立する構図が浮かび上がってきた (Fernandez-Alvarez et al., 2006 を参照)。この論争はカウンセリングと心理療法の効果に関する研究文献においてある程度続いているが，コーチ－クライエント関係にうまく適用できるものであり，したがっておそらくコーチング結果にも適用できるだろう。

コーチ－クライエントの相性の重要性に関する知見

コーチ－クライエント問題の多くは，より効果的なコーチ－クライエント関係〔の構築〕と，コーチング結果の改善につながる可能性がある。さらに研究する価値がある有望な候補として，性差，文化，様相の類似性，そしてより広いパーソナリティにかかわる問題をここでとりあげよう。

性差

ペルティアとイルエステ－モンテス (Peltier and Irueste-Montes, 2001: 206) は「性差はわれわれのアイデンティティの中心的側面である」と述べている。しかし，同性と異性のコーチ－クライエント関係がコーチングとコーチング結果に与える影響に関しては，さまざまな見方がある (Sparrow, 2006a を参照)。こうした見方の違いは，心理療法の効果を扱う文献で男女の組み合わせが治療同盟に与える影響について相反する知見が認められること (Fernandez-Alvarez et al., 2006) を反映するだけでなく，男女の組み合わせ効果が与える影響に関して，広範な一般化よりも微妙な意味合いの探求が欠けていることを反映するものである。このことは男女の組み合わせがセラピストとクライエントの関係に与える効果にも当てはまる (Lebow et al., 2006)。

比較文化的問題

ロジンスキーとアボット (Rosinski and Abbott, 2006) は民族文化がビジネスに与える影響に関する文献が最近ふえていることを強調する一方で，あらゆる集団 (たとえば，職業，性差，地理，宗教，社会生活，組織) が文化をもつという重要な観察を行っている。このことは，個人としてのわれわれのアイデ

ンティティは，所属する複数の集団がもつ文化的特徴が一体化したものであるとみなせることを意味する。ロジンスキーとアボット（2006: 257）は文化的観点からみたコーチングを，「アイデンティティの意識を高め，変化の過程での積極的力として文化を動員できる」ものと結論づけている。

ロジンスキーとアボット（2006: 263）は続けて，文化的観点をとることはクライエントもコーチも「本物」であると励ますことだと述べている。それは，彼らが期待や望ましさからでなく，自分が誰であるかという感覚に基づいて行動することを意味する。さらに彼らは，真の信頼を**本物の信頼**，すなわち「繰り返しと実験，経験を通して形成された成熟した信頼」（Rosinski and Abbott, 2006: 265）と表現して，強くて信頼できるクライエント－コーチ関係が最高であると主張し，成功したコーチング過程はそうした関係を促進し発展させるのに理想的な足場であると論じる。したがって，この過程は，クライエントがモデルとして使い，自分の仕事や人づきあいのより広い領域に拡張させることができる。こうした文化への関心の高さにもかかわらず，文化がコーチング結果に与える影響について焦点を絞った研究はほとんど行われていない。

様相の類似性

多様相療法（Lazarus, 1989, 1993）は7つの相互作用的様相を提唱し，それを単独で，あるいはほかと組み合わせて使うことで，ある時点での人の機能と経験を説明する。7つの様相は，行動的（Behavioural），感情的（Affective），感覚的（Sensory），イメージ的（Imagery），認知的（Cognitive），対人的（Interpersonal），薬・生物学的（Drugs/Biological）の7つの要因であり，BASIC IDという頭字語で簡単に覚えることができる。

ラザルス構造的プロフィール・インベントリー（Lazarus, 1989）はBASIC IDの7つの様相の機能を評定評価する自己報告式調査票であるが，ハーマン（Herman, 1998）はこれを使ってクライエント－セラピストのペアを研究した。ハーマン（1998）は，セラピスト－クライエントの様相類似性が，おそらくはラポールの増大をとおして，それゆえに自分たちの治療関係の性質に関するよりよい認識をとおして，心理療法の効果にポジティブな影響を与えることを見出した。彼はまた，より明確な意思疎通によって，また技法がもっと「的確に」実施されることによって，様相類似性が心理療法過程に影響を与えると仮定した。これらの知見は，セラピストの理論的立場が彼らの様相構造のプロフィールと一貫していることを見出したハーマン（Herman, 1992）の先行研究に基づくものである。

別の研究（Hunt et al., 1985）は，認知的類似性が治療関係におけるラポールの形成と維持に役立つことを示唆している。彼らはクライエントとセラピストのあいだの類似性が大きければ大きいほど，その二者間の意思疎通が明確になる傾向があると主張している。

同様に，高等教育部門での「仮想の」メンタリングプログラムの研究（Beddoes-Jones and Miller, 2006）では，メンターとメンタリング対象者との認知スタイルの相性がいいと，1年以上にわたるプログラムのなかで関係がいっそうよく持続するようになると同時に，目に見えて組織の利益が向上することが見出された。認知的類似性に関して，こうした知見がコーチ－クライエント関係に移しかえられるとすれば，確かめてみる価値があるだろう。

コーチングにとっての意義

これらの知見は，コーチングのなかで多様相的アプローチをうまく利用するにあたって重要な意義をもちうるといえる（Richard, 1999; Palmer et al., 2003）。また，多様相的アプローチは比較文化的な実践にも有益との主張がある（Ponterotto, 1987; Jewel, 2002; Palmer, 2002a）。

パーソナリティ

フェルナンデス－アルバレスら（Fernandez-Alvarez et al., 2006）が述べているように，心理療法の効果研究は，クライエントとセラピストが広い意味でよい「パーソナリティ」の相性をもつことが，効果にポジティブな影響を与えうることを示している。クライエントとコーチのパーソナリティの相性も同様にコーチング結果によい影響を与えるかもしれない。もちろん，コーチとクライエントのあいだの何らかのパーソナリティの違いもよい結果をもたらしていることが十分にわかっており，実際，目標設定とパーソナリティタイプに関する最近のコーチング研究のなかで見出されたのは，マイヤーズ－ブリッグス類型指標（MBTI: Scoular and Linley, 2006）で測定されたコーチとクライエントの気質が異なるときに効果得点が高いということであった。

コーチングへの移しかえ

心理療法の効果研究に関する文献では，性差，民族性，年齢，宗教，精神性といったクライエント－セラピストの相性の領域と同じく，クライエント－セラピストのパーソナリティの相性についても限られた研究しか知られておらず，知見にも一貫性がない（Beutler et al., 2006; Lebow et al., 2006）。このように結果が明確でないことから，これらの側面に関して，過程と結果を結びつける治療関係やコーチング関係をもっと詳しく研究していかなければならない。

クライエントとコーチの個別の貢献

クライエントがもたらすもの
動機づけ

　クライエントの動機づけは，治療結果に影響を与える要因であることが示されてきた。実際，カストンゲイとビュートラー（2006b）は，治療過程に取り組むためのやる気と能力をクライエントがもっていると治療効果が高まる傾向があることを見出した。もしこれがコーチングの文脈にあてはまるなら，クライエントの参加によって治療効果が高まることは評価すべき重要な要因であり，これは，コーチング結果を最適化するためにコーチとクライエントが協力して取り組むべき重要な要因となるであろう。

　変化の通理論的モデル（TTM：Prochaska and DiClemente, 1984；第9章を参照）は変化の6段階循環モデルであり，それは時間とともに展開する。その段階というのは，前熟考期，熟考期，準備期，行動期，維持期，終了期である。プロチャスカとノークロス（2001）は，変化の各段階で，それぞれに異なった変化過程が進展を最適化できると主張する。治療関係とクライエントの変化の各段階を対応づけることが，長期にわたる治療効果を高めるために必要である。

　グラント（Grant, 2006）は，変化の通理論的モデルがコーチングの実践において手引きとなるような意義をもち，変化の循環のなかでコーチがクライエントとともに用いることができるような各段階に合ったコーチング戦略を数多く与えてくれると論評している。グラント（2006）は，クライエントが行動段階にいると仮定するだけではなく，特に変化に対してクライエントがどれだけ強く動機づけられて準備状態にあるかが，コーチが心して評価しなければならない重要な要因であると指摘する。グラント（2006）は，各段階は重なりあっており，必ずしも前段階に続いて次の段階がくるわけでなく，また変化が永続するまでには逆戻りもありうるし，実際よくそうなると述べている。

　コーチングの文脈に適用できそうなほかの動機づけモデルとしては，ホルトフォースとカストンゲイ（Holtforth and Castonguay, 2005）のモデルがあり，そこでセラピストはクライエントの動機づけ目標に自分の介入内容を適合させる。彼らは**一貫性理論**（Grawe, 2004）に基づく認知行動療法の動機づけ同調アプローチを提唱する。動機づけ同調は，ここでは「治療関係を育み，活用するため個人ごとに治療的介入を行うよう設計されたメタ技法」（Holtforth and

Castonguay, 2005: 444）と定義される。動機づけ同調は，クライエントの動機づけに合わせて介入を行い，要求を満足させる経験をクライエントに与えるため用いられ，治療同盟の絆，目標，課題といった構成因を発展させるのに役立つ。ホルトフォースとカストンゲイ（2005）は次のように提唱する。

- 具体的技法に加え，治療関係は認知行動療法の研究，訓練，実践における中心的位置を占めるにふさわしい。
- 技法の応用を促進する要因として，あるいは同盟を発展させるとき，ないし同盟の決裂に対処するときの技法の対象として，治療関係は技法と絶えず相互依存関係にある。

スポーツ心理学に関するこれまでの議論で，すでにわれわれは，コーチがクライエント個人の外発的および内発的な動機づけに及ぼす影響が，コーチ−クライエント関係とコーチング結果にとって重要な意味をもちうることをみてきた（Mageau and Vallerand, 2003）。グラント（2006: 166）は，クライエントの内発的な要求や価値を，知覚された外部目標にいかにぴたりと合わせるかを論じるなかで，コーチがクライエントの動機づけに与えうる影響の実例を示している。

パーソナリティ

クライエントのパーソナリティは，コーチ−クライエント関係とコーチング結果に影響を与える別の因子かもしれない。第12部会と北米心理療法研究学会（NASPR）の特別合同調査委員会は，パーソナリティ障害のないクライエントと比べて，パーソナリティ障害があると診断されたクライエントはあまり治療の恩恵にあずからないという共通の基本的知見を出した（Castonguay and Beutler, 2006b）。グラント（2006）がいうように，鍵となるパーソナリティ次元を理解することは，コーチがクライエントの要求に目標を合わせるときに役立つかもしれない。ホーガンとホーガン（Hogan and Hogan, 2001）のパーソナリティ特性の次元モデルは「パーソナリティ障害」から「パーソナリティスタイルの健全な表出」までの連続体を示しているが，これは比較的にコーチングのしがいがあるクライエントをコーチするときに役立つだろう。グラント（2006）は（Cavanagh, 2005に基づいて翻案された）パーソナリティスタイルをいくつか示し，それぞれのスタイルに訴えかけてやる気を引き出すような目標を整理する方法をまとめあげた。たとえば，自己陶酔的なパーソナリティスタイルに対しては，人前での注目度を高め，賞賛の機会を増やし，目立とうとする力を強め，独自性をいっそう強調するように訴えかけて動機づける。

カバナーとグラント（Cavanagh and Grant, 2006）は，臨床的問題と非臨床的問題の区別はいつも明確なわけではなく，クライエントがどの次元の連続体上にあるかは，時間とともに，また考慮される問題ごとに変化すると述べている。クライエントのパーソナリティはコーチング過程においてクライエントの要求に影響を与えるもう一つの要素なので，コーチ－クライエント関係の力学のなかで考慮される必要がある。

コーチがもたらすもの

対人的変数

同盟（Horvath and Bedi, 2002）と心理療法の効果（Wampold, 2001）の両方における偏差の相当部分が，セラピストの個人差で説明できることがわかってきた。

治療的関係についていうと，セラピストのクライエント中心対人スキルに関連した次の3要素が，変化の共通原理であることが見出されている（Castonguay and Beutler, 2006b）。

- クライエントと共感的に向き合うこと。
- 親身で温かく受容的な態度をとること。
- 一貫した態度あるいはまじめな態度をとること。

直感的にいうと，これらの態度はコーチングの文脈にそのまま移しかえられる。これらの共感的な反応は，目標を理解したり，次々と起こる経験やニュアンスを理解するといった全体的課題とともに，共感的な理解，探索，喚起，推測を含む。同様に，ほかの関係要因と同じく，これらの対人スキルは個々のクライエントの要求とコーチングの文脈に応じて調整される必要がある。

実際，クライエントが何をもって共感的と感じるかは，クライエントによって異なる（Holtforth and Castonguay, 2005）。同様に，文脈が異なり，クライエントが違えば，それに応じた共感的反応が必要とされるだろうことは，心理療法の効果についての研究が示唆するとおりである（Grrenberg et al., 2001）。ここでもまた強調されるべきは，一人ひとりのクライエントのその時々の要求である。

スタイル

セラピストが傾聴するときや話すときのことば遣い，声の質，表情，姿勢，身振りなどには，セラピストのパターン化され一貫したコミュニケーションスタイルの本質的特徴がみてとれるが，これらが治療的介入の効果に影響を与え

る要因であると論じられてきた（Geller, 2005）。ゲラーは，治療プログラムを本当にあつらえるには，**どうすればセラピストとして申し分なく振る舞える**かを認識する必要があると論じている。ゲラーは，治療的介入が意図した効果をもっと上げられるようなスタイル上の選択肢を発見することに力を尽くし，その意思決定にあたっては「自分のコミュニケーション内容をできる限り個別化するためには，どのスタイル上の選択肢が必要なのか」という問いを基礎におくべきだと主張する（Geller, 2005: 476）。ゲラーはまた，治療適性の根底には，傾聴し，見つめ，話し，寄り添う能力があり，それらを強化することで，引きつづいて適切な治療的介入を特定し改善していけると結論づける。クライエント－コーチ関係とコーチング過程についても同じことがいえるだろう。

適切な応答性

心理療法の効果を扱った文献にみられる変化の共通原理に関する研究は，セラピストがどのように最善を尽くすと介入の効果を最適化できるのかを見出そうと試み，効果的変化をもたらす一般原理や要素を数多く導き出してきた（Castonguay and Beutler, 2006b）。

目下の議論の一部として，スタイルズとウルフ（Stiles and Wolfe, 2006）は，第29部会特別委員会（Norcross, 2001, 2002）の見出した変化の一般原理が，具体的な指示というよりも，自分のクライエントと仕事をするさいにセラピストが最適化すべき，あるいは目指すべき特質ないし目標であると述べている。具体的な適用にあたっては，セラピストの技能と判断を必要とするような，相当に評価的な要素が求められる。

スタイルズとウルフ（2006）は**応答性**が文脈に影響される行動であると表現し，治療上の（そして実に，人間の）相互作用は，セッションの進行につれて内容と過程が浮かび上がってくるような動的過程において，大きく変化する時間尺度上でやりとりされるものであると述べている。

彼らの分析は，評価的には中立的な**応答性**という考えとともに，**適切な応答性**という原理に基づいている（Newman et al., 2006 も参照）。適切な応答性は，そこで用いられている治療アプローチの見通しと関係者の目的に応じて，肯定的な，あるいは有益な変化を生み出すために必要な行動をとることを含む。それゆえに，適切な応答性は流動的な活動であり，クライエントから出てくる要求，クライエントの資質，場面，治療アプローチ，目標などに大きく左右される。

適切な応答性では，意志的な行為と達成という2種類の要素が区別される。

- **行為**は分類できて数えられる要素であり，応答できるものとして使われることも，そうでないこともある。クライエントにフィードバックを与えることは意志的行為の一例である。すなわち，セラピストはフィードバックするかどうかを自己判断で決められるので，行為としてのそうした分類はその利用が適切であることを示すものではないし，特定の観点からの評価に左右されるものでもない。
- **達成**は適切な応答性とともに用いられる行為の目標である。それは部分的には，特定の観点から肯定的に評価されることで明確になる要素である。文脈を考えなければ，ある特定の行為が達成に貢献しているとみることはできない。文脈が異なり，クライエントが違えば，ある行為がそのクライエントの要求に適切に応じるものであるか，どのようなタイミングで行われるかといったほかの環境要因に応じて，その行為は役に立つこともあれば足を引っ張ることもあるだろう。

明らかに効果的であるとされたすべての要素と，見込みがありおそらく効果的であると第29部会特別委員会が認めた7要素のうちの5つは，意志的行為というよりはむしろ達成であり，特別委員会は適切な応答性が果たす役割の重要性を認め，書名（Steering Committee, 2002）のなかにそのことばを入れた。

コーチングへの移しかえ

場に応じて適切な対応がとれるコーチという考え方は，コーチングの文脈にすぐに移しかえられ，しかもそれと非常に関連が深いといえる。この「カスタマイズされた」コーチングアプローチでは，どの戦略や技法を利用するかの決定はクライエントの要求，目標，文脈に依存する。

カバナー（Cavanagh, 2006: 337）の「効果的なコーチは本当によく語る」という観察は，適切な応答性を使っている一例であり，それはスタイルズとウルフ（2006）が述べるように，用いられる治療アプローチによってはクライエントの意にそわないものとなる場合がある。アーノルド・ラザラスの研究と「真のカメレオン」（Lazarus, 1993）という概念は，心理療法からコーチングの文脈に移しかえられそうな治療上の効果を最大化させたいというクライエントの要求に合うように，対人関係を調整ないしはカスタマイズすることに役立てるという考え方のもう一つの例である。

境界問題

ブロートマンら（Brotman et al., 1998: 44）は，コーチングの最強戦術はクライエント-コーチ関係であり，作業（あるいはコーチング）同盟は相互の信

頼と敬意によって特徴づけられ，守秘義務によって「安定する」と主張した。強いコーチング関係の鍵となる要素である守秘義務の重要性は，ワシリシン（Wasylyshyn, 2003），カンパ-コケシュとアンダーソン（Kampa-Kokesch and Anderson, 2001）によっても論じられている一方で，ハートら（Hart et al., 2001）はコーチングにおける倫理的行動と守秘義務の問題への懸念を表明している。

コーチ-クライエント関係と治療関係における類似性と差異を考えるとき，境界問題について異なる見方が生じる。倫理行動規定があるにもかかわらず，治療やカウンセリングのなかでクライエントを食い物にし，性的にも心理的にもクライエントを虐待することで専門家としての規範を侵す場合のように，セラピストが境界を破るといういきすぎた事例がある（Hetherington, 2000; Palmer, 2002b）。

倫理的とみられることはほとんどないが，治療関係の枠外での交際はあまり非難されてこなかった。ラザラスとザー（Lazarus and Zur, 2002）は性的なものを含まない二重関係あるいは多重関係の利点と欠点を検討し，ある種の境界と倫理が治療の効果を減じていると結論づけた。彼らの定義によると，標準的なクライエント-セラピスト関係の「境界」外にある交際は，昼食を一緒にとることや社交上のつきあいを含んでいた。これはセラピスト-クライエント関係の文脈ではかなり興味深い結論であるが，エグゼクティブコーチ-クライエント関係の文脈に移しかえてみると，現実味を帯びてくる。コーチングの文献にはそうした活動の事例が確かにある（Hart et al., 2001）。多忙な重役たちは通常，時間を最大限に利用するため，自分のオフィスで喜んで内部や外部のエグゼクティブコーチと一緒に仕事をしながら昼食をとる。もしエグゼクティブコーチがこれを「境界問題」としてとりあげると，多くの重役たちはそれをばかげたこととみなし，のちにコーチング同盟の問題を必要以上に生み出しかねない。

特に大きな組織では多重関係が実際に存在することを念頭におき，ガブリエル（Gabriel, 2005）はそれが有益なこともあると述べる。彼女は，セラピストが究極的には責任を負い，これを倫理的な問題解決のカテゴリーに争点としてしっかりと据えるよう主張する。

ヤングレンとゴットリーブ（Younggren and Gottlieb, 2004）は，すべての二重関係が非倫理的であるとする立場からの議論も，二重関係は必ずしも危険ではなく有益なこともあるとする立場からの議論も，職業上の実践という複雑な

領域を単純化しすぎたものであると述べている。ヤングレンらは，専門家が二重関係に入ろうと考えているときや，そうした関係にうっかり入ってしまったときも検討できるような，倫理的基礎をもった要因，リスク管理の要因そして意思決定の要因を組み込んだ3要素モデルを提唱している。

コーチングにとっての意義

ヤングレンとゴットリーブ（2004）のアプローチは，コーチ–クライエント関係における境界問題にすぐあてはめられ，示唆に富むものといえよう。次にあげるのは専門家が問うべきであるとこのモデルが提唱する質問である。第一の，そしておそらく最も根本的な質問は次のものである。

- 専門的な関係を超えてその関係に入ることは必要なことか，あるいは避けるべきことか？

その答えが肯定的なものなら，ここでの議論に特に関連して次のような質問がなされる。

- 二重関係がコーチングを受けるクライエントに害を与える可能性はないか？
- 二重関係がコーチング関係を混乱させるリスクをどうしたら評価できるか？
- この問題を客観的に評価できるか？

この話題はこれまで，コーチングやコーチング心理学の文献であまりとりあげられてこなかった。プロフェッショナルコーチの倫理行動規定が一般的ガイドラインを提供し，スーパービジョンのおかげでコーチは質の高い仕事を提供できているが（Carroll, 2006），コーチ–クライエント関係とコーチング過程にかかわる倫理，リスクそして意思決定の要因について，さらに研究が必要なことは明らかである。

文　脈

治療上の変化についての実効性ある原則に関して，第12部会と北米心理療法研究学会（NASPR）の特別合同調査委員会が出したおもな結論は，次のようなものである。

> 各原理はそれが生じる文脈のなかで検討されるべきである。関係者，関係，技法の原理は一体となって機能する。

（Castonguay and Beutler, 2006b: 367）

　実証的結果に基づいてコーチングとコーチング心理学へのアプローチが行われるなかで，近年のコーチングモデルと議論は，この統合的アプローチと軌を一にしており，文脈を重視する点で共通している。

　カバナー（2006）は，複雑な適応システムの観点からコーチングを論じている。一つのシステムは一群の相互作用的要素からなり，時間をかけて複雑な全体が形成され，全体は部分の総和よりも大きい。複雑な適応システムでは，全体システムを作り上げる各部分はそれ自体が全体システムであり，相互作用しつつ適応することで，より大きな群システムが作り上げられる。

　カバナー（2006）はコーチング関係それ自体を複雑な適応システムとみている。クライエントとコーチの複雑な相互作用のなかで会話が一緒に作り上げられ，そこからコーチング関係ができあがってくる。個人も組織も一つの複雑な適応システムであるという意味で，文脈は一人ひとりのクライエントにとって唯一無二である。カバナー（2006: 326）が述べるように，「個人と一緒に仕事をするということは，まさにチームやより大きな組織と一緒に仕事をすることである」。

　システムのあるレベルでの働きはほかのレベルにも影響を与えると認識する一方で，カバナー（2006）は，いつもコーチはシステムのどのレベル（個人，チーム，組織など）に取り組んでいるかに留意し，注意を払うことが重要であると述べる。

　ストーバーとグラント（2006）の文脈モデルは，さまざまなコーチングアプローチにとって，実証的結果に基づく実践のための包括的枠組を構築できるようにするメタモデルととらえうる。このアプローチでは，各コーチングモデルがどれほど効果をもっているかを比較するのではなく，コーチング過程そのものを理解しようと試みる。文脈モデルでは，コーチングがいかに行われるか，コーチング過程で何が生じているかという2つの問題を分析する手段となる7つのテーマと7つの原理を採用する。彼らは，コーチがなぜそのクライエントとのセッションでそのように振る舞っているかを自分に問い，自分たちの行為の一貫性を，その理由と実行している手続きとともによく考えるように勧める。このモデルの共通テーマには，コーチ–クライエント関係，クライエントとコーチの特徴，これらがどのように相互作用して一人ひとりのクライエントの文脈に技法をうまく適用できるのかといった概念が含まれている。

ストーバーとグラント（2006）は，強制的あるいは義務的なコーチングの文脈がネガティブな影響を与える可能性をコーチが強調しながら，クライエントのポジティブな成長可能性の文脈を支援するように主張して，次のように述べている。

> 人間主義的アプローチのように，たとえコーチが共感的，中立的で，誠意ある姿勢を伝えられるとしても，自分が成功するように文脈が作られているとクライエントが信じられなければ，成功の見込みは低くなる。
> （Stober and Grant, 2006: 359）

エグゼクティブコーチングの組織的側面がコーチ－クライエント関係に与える影響を考えると，ほかの文脈効果や，それとほかの要因との相互作用とともに，理論的，調査的な探究をさらに進める必要があるとわかる。

電子メール，ウェブカメラ，電話でのコーチング

広い意味での「オンラインセラピー」という用語は，リアルタイムあるいは電子メールというコミュニケーション媒体を用いて遠距離を結んで提供される健康管理サービスを含む。これに関する研究はごくわずかで，ほとんどが小規模のサンプルで行われており，この技術がサービスを効率よく提供できるかよりも，この技術に満足しているかに着目したものであるため（Foxhall, 2000），その効果について意味のある評価をくだすことは難しい。しかし，この文献がまさに強調するように，今後の研究では，オンラインセラピーが治療関係に与える影響がとりあげられなければならない（Griffiths and Cooper, 2003）。特に，セラピストが「かなり知識のある顧客に対するコーチ以上の」存在とみなされるような，クライエントと介護者の役割について社会変化がいっそう平準化すると予想される文脈においてはそうである。同様に，コーチングの文献には，電子メールと電話コーチングに関する研究，特にそれがコーチ－クライエント関係にどれほどの影響を及ぼす可能性があるかについての研究はほとんどない。

マーシャル・ゴールドスミス（Marshall Goldsmith）たちが8つの組織で行った研究は，電話コーチングの有効性を立証しており，ゴールドスミスはそれが大変よいコーチング方法であると述べている（Rossett and Marino, 2005）。商業誌の記事は，オンラインでの経験とそこで使われる道具はコーチ関係を支援する基本的な方法であると謳っている。その長所には，クライエントの要求

と，地理的には近くにいないかもしれないコーチとの「相性」を容易に合わせられることが含まれる。パーマー（Palmer, 2004）は事例報告のなかで，同じ治療者とのあいだで，対面およびインターネットのチャットルーム，電子メールのセッションを経験したクライエントは，3つすべての領域ないし場面で効果を見出したと述べている。そのクライエントは振り返って「要するに，クライエントの立場からみて，とにかく重要なのは柔軟なコミュニケーション方法です。私たちが使った方法はどれも効果的なことがわかったのです」と述べた（Palmer, 2004: 19）。ロセットとマリノ（Rossett and Marino, 2005）が述べるように，このことは，電子コーチングプログラムの成否は次のような要因によって決まるのであり，一般のコーチングプログラムを成功に導く要因と何ら変わらないことを意味する。

- コーチはコーチングしたいと望んでいるか？
- その人はコーチングされることを望んでいるか？
- 相性は良いか？
- 対人的次元。

この技術に特有の問題も少しある。

電子コーチングはうまくいくとすべてのコーチが信じているわけではない。距離があると信頼感が生まれるかは疑わしく，この媒体では誤解が生じると考えるコーチもおり，したがって，明確なコミュニケーションを強調したり，最初は対面して信頼関係を築いたりすることを好むコーチもいる（Feldman, 2002）。

同様に，2001年のニューヨークへのテロ攻撃以来，米国では電話コーチングの人気が高まっており，英国もおそらくはこの流れに乗っていくものと考えられる。電話コーチングでは便利さよりも互いの相性が強調される（Sparrow, 2006b）。十分に準備して焦点を絞ることはもちろんだが，電話コーチングをはじめる前にラポールを築くこともまた大いに必要である。電話コーチングは補助的なものと考えるコーチもいれば，匿名性の高さゆえにいっそう率直になるとして，すべてのコーチング関係を電話で行おうとするコーチもいる（Faulkner, 2004）。

結 論

本章では思いもよらないパラドックスを強調してきた。すなわち，暗黙の前

第16章　コーチ-クライエント関係の再検討

提であるコーチ-クライエント関係の重要さに比べて、コーチング効果において、この関係と変化主体としてそれが果たしうる役割を明確にとりあげたコーチング研究が少ないというパラドックスである（O'Broin and Palmer, 2006a）。

この議論の何よりも重要なテーマは、ほかの文脈での効果的な変化の共通原理がコーチ-クライエント関係にも移しかえられそうであり、この原理について特に議論と調査研究を行う価値があるということである。隣接領域の研究調査報告からもってきた具体例を既存のコーチングの理論と実践に結びつけることによって、本章では、実証的結果に基づくコーチングアプローチを採用してコーチ-クライエント関係のいくつかの側面について議論し、この話題に関する対話や今後の研究を前進させるための有益な示唆を提供した。

今後の有望な研究領域には次のものが含まれる。

- 課題、絆、目標の下位構成要素に移されたコーチング同盟。
- 結果を最適化するためにコーチがコーチ-クライエント関係をカスタマイズないし調整すること。
- 一人ひとりのクライエントの要求に合った適切な応答性を強調すること。
- 関係者、関係、技法、文脈が一体となってその役割を果たすことでコーチング結果がもたらされていることを認識すること。

これまでの議論をとおして検討されたコーチ-クライエント関係には多くのさまざまな要素が影響を与えているが、これはカバナー（2006: 337）の「コーチング関係は複雑な適応的システムである」という指摘をよく説明している。

そうした複雑な適応的システムでは、過程を結果に結びつけるときに、複数の要因が作用することが予想されるので（Fillery-Travis and Lane, 2006 も参照）、ほかで論じたように（O'Broin and Palmer, 2006b）、クライエントとコーチのあいだにある関係の諸側面を整理するためには、差異のなかに広い意味での類似性がみられるかといったことではなく、むしろもっと総合的なレベルでのさらなる研究が求められる。

本章では、コーチ-クライエント関係と、それがコーチング結果に及ぼすと推定される影響について急いで議論し研究する必要があると論じてきた。効果的なコーチ-クライエント関係がどのような利点をもちうるか、その関係の改善に向けてコーチはどのように貢献できるかは、コーチング過程において変化をもたらす可能性のある動因としては顧みられない研究課題であった。そうした知見はコーチング結果、コーチング能力、コーチ訓練に対して重要な意味をもっている。

引用文献

Amorose, A. J. and Horn, T. S. (2001) Pre-and post-season changes in intrinsic motivation of first year college athletes: relationships with coaching behavior and scholarship status. *Journal of Applied Sport Psychology* 13: 355–373.

Banning, K. L. (1997) Now coach? *Across the Board* 34: 28–32.

Beddoes-Jones, F. and Miller, J. (2006) 'Virtual' mentoring: can the principle of cognitive pairing increase its effectiveness? *International Journal of Evidence Based Coaching and Mentoring* 4(2): 54–60.

Bedi, R. P. (2006) Concept mapping the client's perspective on counselling alliance formation. *Psychotherapy: Theory, Research, Practice, Training* 53(1): 26–35.

Bedi, R. P., Davis, M. D. and Williams, M. (2005) Critical incidents in the formation of the therapeutic alliance from the client's perspective. *Psychotherapy: Theory, Research, Practice, Training* 42(3): 311–323.

Beutler, L. E. and Castonguay, L. G. (2006) The Task Force on empirically based principles of therapeutic change. In L. G. Castonguay and L. E. Beutler (eds) *Principles of Therapeutic Change that Work*. Oxford: Oxford University Press.

Beutler, L. E., Castonguay, L. G. and Follette, W. C. (2006) Integration of therapeutic factors in dysphoric disorders. In L. G. Castonguay and L. E. Beutler (eds) *Principles of Therapeutic Change that Work*. Oxford: Oxford University Press.

Bluckert, P. (2005a) The similarities and differences between coaching and therapy. *Industrial and Commercial Training* 37(2): 91–96.

Bluckert, P. (2005b) Critical factors in executive coaching – the coaching relationship. *Industrial and Commercial Training* 37(7): 336–340.

Bordin, E. S. (1975) The working alliance: basis for a general theory of psychotherapy. Paper presented at the Society for Psychotherapy Research, Washington, DC, September.

Bordin, E. S. (1979) The generalizability of the psychoanalytic concept of the working alliance. *Psychotherapy: Theory, Research and Practice* 16: 252–260.

Bordin, E. S. (1989) Building therapeutic alliances: the base for integration. Paper presented at the annual meeting of the Society for Exploration of Psychotherapy Integration, Berkeley, CA, April.

Bordin, E. S. (1994) Theory and research on the therapeutic working alliance: new directions. In A. O. Horvath and L. S. Greenberg (eds) *The Working Alliance: Theory, research and practice*. New York: Wiley.

Bortoli, L., Robazza, C. and Giabardo, S. (1995) Young athletes' perception of coaches' behavior. *Perceptual and Motor Skills* 81: 1217–1218.

Brandenburger, A. M. and Nalebuff, B. J. (1996) *Co-opetition*. New York: Doubleday.

Brotman, L. E., Liberi, W. P. and Wasylyshyn, K. M. (1998) Executive coaching: the need for standards of competence. *Consulting Psychology Journal: Practice and Research* 50(1): 40–46.

Butler, D. J. (2005) A reality check for game theory. *Journal of Economic Surveys* 19(1): 137–147.

Camerer, C. F. (1997) Progress in behavioral game theory. *Journal of Economic Perspectives* 11(4): 167–188.

Camerer, C. F. (2003) *Behavioral Game Theory*. New York: Russell Sage Foundation.

Carroll, M. (1996) *Workplace Counselling*. London: Sage.

Carroll, M. (2006) Key issues in coaching psychology supervision. *The Coaching Psychologist* 2(1): 4–8.

Castonguay, L. G. and Beutler, L. E. (2006a) Principles of therapeutic change: a task force on participants, relationships, and technique factors. *Journal of Clinical Psychology* 62(6): 631–638.

Castonguay, L. G. and Beutler, L. E. (2006b) Common and unique principles of therapeutic change: what do we know and what do we need to know? In L. G. Castonguay and L. E. Beutler (eds) *Principles of Therapeutic Change that Work*. Oxford: Oxford University Press.

Cavanagh, M. (2005) Mental-health issues and challenging clients in executive coaching. In M. Cavanagh, A. M. Grant and T. Kemp (eds) *Evidence Based Coaching*. Volume 1, *Theory, Research and Practice from the Behavioural Sciences* (pp.21–36). Bowen Hills, Qld: Australian Academic Press.

Cavanagh, M. (2006) Coaching from a systemic perspective: a complex adaptive conversation. In D. R. Stober and A. M. Grant (eds) *Evidence Based Coaching Handbook: Putting best practices to work for your clients*. Hoboken, NJ: Wiley.

Cavanagh, M. and Grant, A. M. (2006) Coaching psychology and the scientist-practitioner model. In D. A. Lane and S. Corrie (eds) *The Modern Scientist-Practitioner: A guide to practice in psychology*. Hove: Routledge.

Chartered Institute of Personnel and Development (2005) *Training and Development 2005: Survey Report*. London: CIPD.

Clarkson, P. (1994) The psychotherapeutic relationship. In P. Clarkson and M. Pokorny (eds) *The Handbook of Psychotherapy*. London: Routledge.

Clarkson, P. (1995) *The Therapeutic Relationship*. London: Whurr.

Colman, A. M. (1995) *Game Theory and its Applications in the Social and Biological Sciences*. Oxford: Butterworth-Heinemann.

Deci, E. L. and Ryan, R. M. (1985) *Intrinsic Motivation and Self-Determination in Human Behavior*. New York: Plenum.

Diedrich, R. C. (1996) An iterative approach to executive coaching. *Counselling Psychology Journal: Practice and Research* 48: 61–66.

Faulkner, G. (2004) Listen and learn. *Contract Journal* 425(6497): 28–29.

Feldman, D. (2002) Distance coaching. *Training and Development* 56(9): 54–56.

Fernandez-Alvarez, H., Clarkin, J. F., Salgueiro, M. del C. and Critchfield, K. L. (2006)

Participant factors in treating personality disorders. In L. G. Castonguay and L. E. Beutler (eds) *Principles of Therapeutic Change that Work*. Oxford: Oxford University Press.

Fillery-Travis, A. and Lane, D. (2006) Does coaching work or are we asking the wrong question? *International Coaching Psychology Review* 1(1): 23–35.

Foxhall, K. (2000) How will the rules on telehealth be written? *APA Monitor on Psychology* 31(4): 38.

Gabriel, L. (2005) *Speaking the Unspeakable: The ethics of dual relationships in counselling and psychotherapy*. London: Routledge.

Geanakopolous, 1, Pearce, D. and Stachetti, E. (1989) Psychological games and sequential rationality. *Games and Economic Behavior* 1: 60–79.

Geller, J. D. (2005) Style and its contribution to a patient-specific model of therapeutic technique. *Psychotherapy: Theory, Research, Practice, Training* 42(4): 469–482.

Gould, D., Greenleaf, C., Chung, Y. and Guinan, D. (2002) A survey of US Atlanta and Nagano Olympians: variables perceived to influence performance. *Research Quarterly for Exercise and Sport* 73: 175–186.

Grant, A. M. (2006) An integrative goal-focused approach to executive coaching. In D. R. Stober and A. M. Grant (eds) *Evidence Based Coaching Handbook: Putting best practices to work for your clients*. Hoboken, NJ: Wiley.

Grant, A. M. and Cavanagh, M. J. (2004) Toward a profession of coaching: sixty-five years of progress and challenges for the future. *International Journal of Evidence Based Coaching and Mentoring* 2(1): 1–16.

Grawe, K. (2004) *Psychological Therapy*. Seattle, WA: Hogrefe-Huber.

Greenberg, L. S., Elliott, R., Watson, J. C. and Bohart, A. C. (2001) Empathy. *Psychotherapy: Theory, Research, Practice, Training* 38(4): 380–384.

Griffiths, M. and Cooper, G. (2003) Online therapy: implications for problem gamblers and clinicians. *British Journal for Guidance and Counselling* 31(1): 128–135.

Gyllensten, K. and Palmer, S. (2006) Workplace stress: can it be reduced by coaching? *The Coaching Psychologist* 2(1): 17–21.

Gyllensten, K. and Palmer, S. (2007) The coaching relationship: An interpretive phenomenological analysis. *International Coaching Psychology Review* 2(2): 168–177.

Haarbosch, V. and Newey, I. (2006) Feeling one's way in the dark: applying the scientist-practitioner model with young people who sexually offend. In D. A. Lane and S. Corrie (eds) *The Modern Scientist-Practitioner: A guide to practice in psychology*. Hove: Routledge.

Hart, V, Blattner, J. and Leipsic, S. (2001) Coaching versus therapy. *Consulting Psychology Journal: Practice and Research* 53(4): 229–237.

Hatcher, R. L. and Barends, A. W. (2006) How a return to theory could help alliance research. *Psychotherapy: Theory, Research, Practice, Training* 43(3): 292–299.

Herman, S. M. (1992) Predicting psychotherapists' treatment theories by multi-modal structural profile inventory responses: an exploratory study. *Psychotherapy in Private Practice* 11(2): 85–100.

Herman, S. M. (1998) The relationship between therapist-client modality similarity and psychotherapy outcome. *Journal of Psychotherapy Practice and Research* 7: 56–64.

Hetherington, A. (2000) Exploitation in therapy and counselling: a breach of professional standards. *British Journal of Guidance and Counselling* 28(1): 11–22.

Hogan, R. and Hogan, J. (2001) Assessing leadership: a view from the dark side. *International Journal of Selection and Assessment* 9(1-2): 40–51.

Holtforth, M. G. and Castonguay, L. G. (2005) Relationship and techniques in cognitive-behavioral therapy: a motivational approach. *Psychotherapy* 42(4): 443–455.

Horvath, A. O. (2001) The alliance. *Psychotherapy: Theory, Research, Practice, Training* 38(4): 365–372.

Horvath, A. O. (2006) The alliance in context: accomplishments, challenges and future directions. *Psychotherapy: Theory, Research, Practice, Training* 43(3): 258–263.

Horvath, A. O. and Bedi, R. P. (2002) The alliance. In J. C. Norcross (ed.) *Psychotherapy Relationships that Work: Therapist contributions and responsiveness to patient needs*. London: Oxford.

Hunt, D. D., Carr, J. E., Dagodakis, C. S. and Walker, E. A. (1985) Cognitive match as a predictor of psychotherapy outcome. *Psychotherapy* 22: 718–721.

Jewel, R. (2002) Multicultural counselling research: an evaluation with proposals for future research. In S. Palmer (ed.) *Multicultural Counselling: A reader*. London: Sage.

Jowett, S. (2005) The coach-athlete partnership. *The Psychologist* 18(7): 412–415.

Jowett, S. (2006) Interpersonal and structural features of Greek coach-athlete dyads performing in individual sports. *Journal of Applied Sport Psychology* 18(1): 69–81.

Jowett, S. and Cockerill, I. (2002) Incompatibility in the coach-athlete relationship. In I. M. Cockerill (ed.) *Solutions in Sport Psychology*. London: Thomson Learning.

Kampa-Kokesch, S. and Anderson, M. Z. (2001) Executive coaching: a comprehensive review of the literature. *Consulting Psychology Journal: Practice and Research* 53(4): 205–228.

Kilburg, R. R. (2000) *Executive Coaching: Developing a managerial wisdom in a world of chaos*. Washington, DC: American Psychological Society.

Kilburg, R. R. (2004) Trudging toward Dodoville: conceptual approaches and case studies in executive coaching. *Consulting Psychology Journal: Practice and Research* 56(4): 203–213.

Lane, D. A. and Corrie, S. (2006) *The Modern Scientist-Practitioner: A guide to practice in psychology*. Hove: Routledge.

Lazarus, A. A. (1989) *The Practice of Multimodal Therapy*. Baltimore, MD: Johns Hopkins University Press.

Lazarus, A. A. (1993) Tailoring the therapeutic relationship or being an authentic chameleon. *Psychotherapy* 3: 404–407.

Lazarus, A. A. and Zur, O. (2002) *Dual Relationships and Psychotherapy*. New York: Springer.

Lebow, J., Kelly, J., Knobloch-Fedders, L. M. and Moos, R. (2006) Relationship factors in treating substance use disorders. In L. G. Castonguay and L. E. Beutler (eds) *Principles of Therapeutic Change that Work*. Oxford: Oxford University Press.

Levinson, H. (1996) Executive coaching. *Consulting Psychology Journal: Practice and Research* 48: 115–123.

Linley, P. A. (2006) Coaching research: Who? What? Where? When? Why? *International Journal of Evidence Based Coaching and Mentoring* 4(2): 1–7.

Lowman, R. L. (2005) Executive coaching: the road to Dodoville needs paving with more than good intentions. *Consulting Psychology Journal: Practice and Research* 57(1): 90–96.

Luborsky, L. (1976) Helping alliances in psychotherapy. In J. L. Cleghorn (ed.) *Successful Psychotherapy*. New York: Brunner/Mazel.

Lyle, J. (1999) Coaching philosophy and coaching behaviour. In N. Cross and J. Lyle (eds) *The Coaching Process: Principles and practice for sport*. Oxford: Butterworth.

Mageau, G. A. and Vallerand, R. J. (2003) The coach-athlete relationship: a motivational model. *Journal of Sports Sciences* 21: 883–904.

Miller, A. and Frederickson, N. (2006) Generalizable findings and idiographic problems: struggles and successes for educational psychologists as scientist-practitioners. In D. A. Lane and S. Corrie (eds) *The Modern Scientist-Practitioner: A guide to practice in psychology*. Hove: Routledge.

Newman, M. G., Stiles, W. B., Janeck, A. and Woody, S. R. (2006) Integration of therapeutic factors in anxiety disorders. In L. G. Castonguay and L. E. Beutler (eds) *Principles of Therapeutic Change that Work*. Oxford: Oxford University Press.

Norcross, J. (1993) Tailoring relationship stances to client needs: an introduction. *Psychotherapy: Theory, Research, and Practice* 30: 402–403.

Norcross, J. C. (2001) Purposes, processes, and products of the Task Force on empirically supported therapy relationships. *Psychotherapy: Theory, Research, Practice, Training* 38(4): 345–356.

Norcross, J. C. (ed.) (2002) *Psychotherapy Relationships that Work*. New York: Oxford University Press.

O'Broin, A. and Palmer, S. (2006a) The coach-client relationship and contributions made by the coach in improving coaching outcome. *The Coaching Psychologist* 2(2): 16–20.

O'Broin, A. and Palmer, S. (2006b) Win-win situation? Learning from parallels and differences between coaching psychology and sport psychology. *The Coaching Psychologist* 2(3): 17–23.

O'Neill, M. B. (2000) *Executive Coaching with Backbone and Heart: A systems approach to emerging leaders with their challenges*. San Francisco, CA: Jossey-Bass.

Palmer, S. (2002a) Counselling idiographically: the multimodal approach. In S. Palmer (ed.) *Multicultural Counselling: A reader*. London: Sage.

Palmer, S. (2002b) Boundaries, journals and counselling psychology: Stephen Palmer interviews Kasia Szymanska. *Counselling Psychology Quarterly* 15(4): 399–404.

Palmer, S. (2004) A rational emotive behavioural approach to face-to-face, telephone and internet therapy and coaching: a case study. *Rational Emotive Behaviour Therapist* 11(1): 12–22.

Palmer, S., Cooper, C. and Thomas, K. (2003). *Creating a Balance: Managing stress*. London: British Library.

Palomino, F., Rustichini, A. and Rigotti, L. (1999) The invisible foot. *The Economist* 351(8113): 62–63.

Paul, G. L. (1967) Strategy of outcome research in psychotherapy. *Journal of Consulting Psychology* 331: 109–118.

Peltier, B. (2001) *The Psychology of Executive Coaching: Theory and application*. New York: Brunner-Routledge.

Peltier, B. and Irueste-Montes, A. M. (2001) Coaching women in business. In *The Psychology of Executive Coaching: Theory and application*. New York: Brunner-Routledge.

Peterson, D. B. (1996) Executive coaching at work. *Consulting Psychology Journal: Practice and Research* 48(2): 78–86.

Poczwardowski, A., Barott, J. E. and Peregoy, J. J. (2002) The athlete and the coach: their relationship and its meaning – methodological concerns and research process. *International Journal of Sport Psychology* 33: 98–115.

Ponterotto, J. G. (1987) Counseling Mexican Americans: a multimodal approach. *Journal of Counseling and Development* 65: 308–312.

Prochaska, J. O. and DiClemente, C. C. (1984) Toward a comprehensive model of change. In J. O. Prochaska and C. C. DiClemente (eds) *The Transtheoretical Approach: Crossing the traditional boundaries of therapy*. Homewood, IL: Dow-Jones.

Prochaska, J. O. and Norcross, J. C. (2001) Stages of change. *Psychotherapy* 38(4): 443–448.

Reeve, J. (1998) Autonomy support as an interpersonal motivating style: is it teachable? *Contemporary Educational Psychology* 23: 312–330.

Richard, J. T. (1999) Multimodal therapy: a useful model for the executive coach. *Consulting Psychology Journal: Practice and Research* 51(1): 24–30.

Rosenzweig, S. (1936) Some implicit common factors in diverse methods of psychotherapy. *American Journal of Orthopsychiatry* 6: 412–415.

Rosenzweig, S. (2002) Some implicit common factors in diverse methods of psychotherapy. *Journal of Psychotherapy Integration* 12(1): 5–9.

Rosinski, P. and Abbott, G. N. (2006) Coaching from a cultural perspective. In D. R. Stober and A. M. Grant (eds) *Evidence Based Coaching Handbook: Putting best practices to work for your clients*. Hoboken, NJ: Wiley.

Rossett, A. and Marino, G. (2005) If coaching is good, then e-coaching is … *Training and*

Development 59(11): 46–49.

Salminen, S. and Liukkonen, J. (1996) Coach-athlete relationship and coaching realized in training sessions. *International Journal of Sport Psychology* 27: 59–67.

Scoular, A. and Linley, P. A. (2006) Coaching, goal-setting and personality type: what matters? *The Coaching Psychologist* 2(1): 9–11.

Sparrow, S. (2006a) The gender gap. *Training and Coaching Today* April: 22–23.

Sparrow, S. (2006b) Hello, how are you? It's your coach calling. *Training Magazine* 24.

Steering Committee (2002) Conclusions and recommendations for the Task Force on empirically supported therapy relationships. In J. C. Norcross (ed.) *Psychotherapy Relationships that Work: Therapist contributions and responsiveness to patient needs*. New York: Oxford University Press.

Stiles, W. B. and Wolfe, B. E. (2006) Relationship factors in treating anxiety disorders. In L. G. Castonguay and L. E. Beutler (eds) *Principles of Therapeutic Change that Work*. Oxford: Oxford University Press.

Stober, D. R. (2006) Coaching from the humanistic perspective. In D. R. Stober and A. M. Grant (eds) *Evidence Based Coaching Handbook: Putting best practices to work for your clients*. Hoboken, NJ: Wiley.

Stober, D. R. and Grant, A. M. (2006) Toward a contextual approach to coaching models. In D. R. Stober and A. M. Grant (eds) *Evidence Based Coaching Handbook: Putting best practices to work for your clients*. Hoboken, NJ: Wiley.

Stober, D. R., Wildflower, L. and Drake, D. (2006) Evidence-based practice: a potential approach for effective coaching. *International Journal of Evidence Based Coaching and Mentoring* 4(1): 1–8.

Sullivan, M. R., Skovholt, T. M. and Jennings, L. (2005) Master therapists' construction of the therapy relationship. *Journal of Mental Health Counseling* 27(1): 48–70.

Task Force on Promotion and Dissemination of Psychological Procedures (1995) Training in and dissemination of empirically validated psychological treatments: report and recommendations. *The Clinical Psychologist* 48(1): 3–23.

Vallerand, R. J. (2001) A hierarchical model of intrinsic and extrinsic motivation in sport and exercise. In G. C. Roberts (ed.) *Advances in Motivation in Sport and Exercise*. Champaign, IL: Human Kinetics.

von Neumann, J. and Morgenstern, O. (1944) *The Theory of Games and Economic Behavior*. Princeton, NJ: Princeton University Press.

Wampold, B. E. (2001) *The Great Psychotherapy Debate: Models, methods, and findings*. Mahwah, NJ: Lawrence Eribaum.

Wasylyshyn, K. M. (2003) Executive coaching: an outcome study. *Consulting Psychology Journal: Practice and Research* 55(2): 94–106.

Whitmore, J. (2002) *Coaching for Performance: Growing people, performance and purpose*.

London: Nicholas Brealey.

Witherspoon, R. and White, R. P. (1996) Executive coaching: a continuum of roles. *Consulting Psychology Journal: Practice and Research* 48: 124–133.

Younggren, J. N. and Gottlieb, M. C. (2004) Managing risk when contemplating multiple relationships. *Professional Psychology: Research and Practice* 35(2): 255–260.

議論のポイント
- コーチング同盟の「課題，絆，目標」についてクライエントとコーチが協働することは効果的な関係の構築に必要十分であるか？ また，効果的な結果にとってはどうか？
- あなた自身のクライエントに合うように，どのような方法でコーチ－クライエント関係を作る必要があるか？ それをどのように達成するか？
- 同盟が決裂したとき，あなたはクライエントとどのようにして強いコーチング関係を発展させ，維持していくか？
- 特に組織的な文脈はコーチング関係にどのような影響を及ぼしうるか？ あなたはそうした要因をどのように処理するか？

推薦図書
Bluckert, P. (2006) *Psychological Dimensions of Executive Coaching*. Maidenhead: McGraw-Hill.

Hart, V., Blattner, J. and Leipsic, S. (2001) Coaching versus therapy. *Consulting Psychology Journal: Practice and Research* 53(4): 229–237.

Lane, D. A. and Corrie, S. (2006) *The Modern Scientist-Practitioner: A guide to practice in psychology*. Hove: Routledge.

Stober, D. R. and Grant, A. M. (2006) *Evidence Based Coaching Handbook: Putting best practices to work for your clients*. Hoboken, NJ: Wiley.

（柿本敏克訳）

第17章

コーチ育成のための認知発達的アプローチ

タチアナ・バヒローワ,エレーヌ・コックス
(Tatiana Bachkirova and Elaine Cox)

はじめに

　西暦2000年以降,コーチ養成コースならびにコーチやコーチング心理学者を育成する大学院課程は急速にその数を増している。しかし現在のところ,ラスク(Laske, 2006a)の研究を別にすると,理論的に基礎づけられたコーチ育成モデルはほとんどない。個人の発達に力点をおくことは,知識分野としてのコーチングやコーチング心理学にとって非常に重要であるにもかかわらず,コーチあるいはコーチング心理学者そしてその育成と比べると,重要な研究あるいは分析の対象とはなってこなかった。本章では,そうした不均衡を是正して,個人の発達に関する既存の理論を,それらがコーチングの状況にあてはめられてきたような具体的領域のなかで検討してみたい。

　われわれが定義する発達では,大人は変化していないわけではなく,絶えず学びつづけ,発達し成長していくという見方をとっている。このように発達を基本的に理解すると,われわれはウェルナー(Werner, 1948: 126)の見解に同意する。彼は「発達が起こっているときはいつも,いくぶん包括的で分化を欠いている状態から,分化や相互関連,階層的な統合が進んだ状態へと移行している」と述べている。この文脈で「分化」は,あるシステム(たとえば,個人,家族,組織あるいは人類全体)が構造あるいは機能においてどれほど互いに異なった部分から成り立っているかを意味し,「統合」は,異なる部分がつながりをもち,もう一方の目標をどれほど高めるかを意味している。あるシステムがもう一つのシステムよりもいっそう分化して統合されていると,そのシステ

ムはより「複雑」であるといわれるだろう（Csikszentimihalyi, 1994）。大人の発達に適用されるような認知発達的伝統は，個人をシステムとしてとらえる限り，複雑さのレベルにおいて重要な変化があることを仮定している。

したがって，本章の目的は，認知発達や自我発達に関するモデルを統合した上で，コーチに求められる発達課題を述べることである。本章はいくつかの節に分けられる。はじめに，大人の発達に関する多くのモデルを支援する理論的背景をざっとみていく。本節では，コールバーグ（Kohlberg, 1969），ペリー（Perry, 1970）そしてキングとキチナー（King and Kitchener, 1994）のモデルを含め，関連する認知内省的モデルを検討する。さらにわれわれは，特にレヴィンジャー（Loevinger, 1976），ケーガン（Kegan, 1982, 1994）そしてクック－グルーター（Cook-Greuter, 2004）が提案している発達理論や発達モデルを検討する。われわれはそれを「自我発達のらせん構造」と名づける。

続いて，これらの理論をコーチ，コーチング心理学者あるいはメンターの育成に応用した最近の3つの研究について簡単に議論する。第一の応用はバージャー（Berger, 2006）が展開しているもので，ケーガン（1982）の研究に基づいている。第二の応用はチャンドラーとクラム（Chandler and Kram, 2005）のもので，これもおもにケーガンの研究に基づいており，彼らが発達ネットワークと呼ぶものに大人の発達の視点を応用したものである。第三はラスク（Laske, 2006a, 2006b）の試みで，大人の認知や社会－情緒的な能力での変化に焦点をあてており，コーチの訓練に応用できる。

これらのレビューに続いて，本章ではわれわれが開発したモデルを提示している。このモデルはコーチあるいはコーチング心理学者の育成プログラムにうまく利用でき，コーチングのスーパービジョンを行っているあいだ評価基準を提供してくれるだろう。事例研究では，これらの理論やモデルがスーパービジョンの過程や関係をどのように伝えるかを示している。

背　景

心理学における（構造主義あるいは構成主義とも呼ばれる）認知発達論は比較的新しい学問であるが，行動の説明においてすでに注目すべき地位と役割を築いている。それは個人の発達を理解するのに重要で明確に定義された次元も提供している。ピアジェは子どもの発達において認知構造がどのような役割を果たすかを理解するのに力があったが，この伝統を構成している**認知的要素**

は，こうした貢献に基礎をおいている。ピアジェは，基本的な構成要素あるいは構造は発達における質的転換を調節するという構造主義的立場の代弁者であった。この方法で研究される発達の転換は，個人が世界とそこにいる自分自身に気づく形で現れる。発達が進むとともに構造はますます分化し，統合され，複雑になる。

　この伝統における**発達的**要素は，心理学や応用領域において特別な地位と役割をもっており，コーチング心理学にとって重要とみられる。心理学におけるこの伝統とほかの伝統とのあいだには，人間の本質についての主要な哲学的前提に関して重要な違いがある。たとえば，認知発達的伝統は，発達をもたらす人間の潜在力について精神分析学が行っている悲観論的な説明を受け入れていない。しかし，認知発達論者が人間の本質をポジティブにみることが人間全体の潜在力にはかかわるが，個々人にはかかわらないという理由で，それは人間性心理学とも異なっている。一人ひとりの人間はその一生のあいだ，発達のあらゆる範囲において機能していることもあればそうでないこともあり，退歩していることさえある。

　すべての認知発達理論にとって，思考や意味形成は基本的に構造化されている。構造そのもの——たとえばシェーマ（ピアジェ）あるいは主体−対象関係（ケーガン）——はつねに変わらないか，変わるとしてもきわめてゆっくりである。個々人は外的環境や内的要因を独自に組み合わせることで自身の枠組を作り上げる。心理学のほかの伝統や学派が，個人の発達で共通する変化の特徴とともに，この変化を促進する特別な条件をも探し求めるのに対して，認知発達論者は，発達そのものの目に見えない過程における質的転換を示す様式を特定し，この知識を一人ひとりの人間に応用する方法を示す。

　認知発達論者は，個人における変化の過程がそれぞれに違うやり方や次元で，またいろいろな速さで起こり，しかも構造的変化にとどまらないことを否定しない。人びとは新しいスキルを学び，新しい知識を身につけ，一生を通じて，さまざまなやり方で，きわめて多様な手段によって自分の個人的特質を変える。しかし，この伝統で扱われる変化はごくまれである。個人が世界をどのようにみて，自分の経験をどのように解釈するかを知っていくなかで，この変化に重大な転換が起こる。この変化は，個人がどれだけ深くまで気づけるか，どれだけ複雑なものにまで気づけるかに影響を与えるので，水平方向よりむしろ垂直方向とみられる変化の水準を表している（Cook-Greuter, 2004）。

　十分に発展をとげた認知発達理論は，人間の潜在力が単純で静的で自己中心

的なものから複雑で力動的で世界中心的なものへと変わっていくとみている。次の水準に移っても，各発達段階の属性は新しい段階の特性として残っていく。人は以前に学んだスキルを利用でき，各段階を通過しながらますます柔軟になり，統合されていく。こうして，変化し，ますます複雑になる世界のなかで人はいっそうよく機能できるようになる。

　コーチの育成との関係で特に重要な点は，よく考え，ほかの人と効果的にかかわる個人の能力が，各段階を通過するとともにますます豊かになっていくことである。コーチが状況の微妙な違いや細部に気づく能力は高まっていく。その結果としての自己認識によって，コーチはこうした状況を統合し，それに影響を与え，いずれはそれを変えうるよりよい機会を手に入れる。彼らがより早い段階でほかの人を理解できる能力は，新しい段階への移行を経ながらますます高まっていく。しかし，個人が操作を行っているどの段階でも，さらなる発達の余地や潜在力がつねにある。発達過程は，個々人に対して内的そして外的な要因がさまざまに組み合わされた結果であるが，コーチング過程で適切な支援が与えられて説明を求められることによってさらに刺激を受け，促進される可能性がある。

　われわれはコーチング過程で変化に影響を与える要因を理解するために認知発達的視点がとても重要であると信じている。コーチの成長を理解し，彼らがほかの人の発達を助ける能力を身につけていくことを理解するためにも，これは特に役に立つ。本章では，2つの視点から認知発達理論を検討したい。これはコーチやコーチング心理学者の成長にとって最も重要であると信じている。われわれは第一の視点を**認知内省的**らせん構造と呼ぶ。その起源はピアジェの研究にあり，推論や学習の能力を強調している（例としては特に Kohlberg, 1969; Perry, 1970; King and Kitchener, 1994 があげられる）。第二の視点は**自我発達**のらせん構造であり，その起源はレヴィンジャー（1976）にある。この視点は自己同一性の発達や個人相互の関係の成熟に焦点をあてている（特にKegan, 1982, 1994; Cook-Greuter, 2004）。

認知内省的らせん構造

　ピアジェ（Piaget, 1976）の認知発達モデルでは多くの段階が設定されており，子どもはその段階を順に通過しながら発達していく。各段階は，世界について理解し，それについての知識を構築していく異なったやり方を提示してい

る。ピアジェは，子どもの目下の認知構造がこれまでの理解と現在の経験とのあいだにある不一致をもはや調整できなくなったときに発達が起こると考えている。この点で，何らかの認知的再構造化が必要で，その結果，いっそう精緻化された次の発達水準に向かうのである。この発達は初期青年期の頃に「形式的操作」の段階で頂点に達する。

　コモンズとリチャーズ（Commons and Richards, 2002）は，形式的操作の限界をはっきりと認識し，個人がこうした限界を乗り越えて「形式後の」段階に移行できるような思考を記述することが，ピアジェの「形式的」領域を超えて段階理論を拡張する最も一般的な方法であると述べている。こうした試みを実行するには，ほかの研究分野の助けを借りる必要が多々ある。たとえば，コプロウィッツ（Koplowitz, 1984）は一般システム理論（Checkland, 1981）や仏教に助けを求めている。彼の理論はピアジェの具体的操作や形式的操作の段階を含んでいるが，さらに第四段階として，統一された操作的思考に続く論理後の段階あるいはシステム思考の段階を仮定している。

　ペリー（1970）の知的・道徳的な発達のモデルもまた，責任という要素が加えられている点でピアジェの枠組を超えている。ペリーは，知識や価値の起源に関する個人の仮定には構造的変化があると示唆している。ペリーは互いに重なり合う3つの発達段階を述べており，これには9つの認知的立場が含まれる。1950年代から1960年代にかけて米国で大学生を対象に行われた研究で，思考における基本的二重性という立場1から，多重性や関係的認識にいっそう気づく文脈的相対主義の立場5を経て，もっと発達した立場8と立場9での深い関与や解決の発達へと向かう3つの発達段階が特定されている。中間の段階に複雑な二重性があり，そこでは，もっと広く曖昧性を受け入れる方向への進展が実現されはじめる。ペリーが指摘するように，これが——単純な二重性から複雑な二重性への——最も難しい移行である。

　ペリーの研究成果はベレンキーら（Belenky et al., 1986: 104）に刺激を与え，彼らは女性の認識の仕方について研究を行った。彼らの分類では，ペリーの二重性論者の段階は「主観論者」と呼ばれ，相対主義への動きは「個別認識」といわれる。「主観論者は誰もが正しいと考え，個別認識論者は，正しいと感じられる知識を特に疑う」。

　ペリーの著書における最初の研究に基づいて，キングとキチナー（1994: 31）も内省的判断モデルを開発した。彼らは，教師が，うまく構造化されていない問題，すなわち，少しも確実に，あるいはまったく解決方法が記述できない問

題にいかに学生を取り組ませるかを説明している（King and Kitchener, 1994: 11-12）。そして，その発達が 7 つの段階にわたると述べている。
1　認識は個々の具体的な観察に限定される。
2　認識には，正しい答えと誤った答えという 2 つのカテゴリーがある。
3　ある領域で知識は確実であり，ほかの領域では時に不確実である。
4　知識はいつも知られているわけではないので，すべての知識は不確実である。
5　知識は不確実なので，文脈のなかで理解されなくてはならない。
6　知識は文脈のなかで理解されるので，証拠や意見を比較しながら構築される。
7　知識は，どの領域でも通用する一般原理に向かう正当な質問の過程から得られる成果である。

キングとキチナー（1994: 22）は，自分たちの内省的判断モデルを支える前提は，ピアジェが子どもと青年に対して行った研究に基づいていると認めている。彼らはまた，批判的思考についての自分たちのモデルとほかの現代のモデルとのあいだにおもに 2 つの違いがあると強調している。第一の違いは，発生論的前提が推論過程には重要だという点である。第二の違いは，もし問題に対する可能な解決法に本当の不確実性が存在しないならば，本当の内省的思考は要求されないというデューイ（Dewey, 1991）の主張を支持する点である。すべての学習は経験によってもたらされるが，すべての経験が学習に結びつくとは限らないことをわれわれが思い出し，前提を比較することで誤解が解消できるときに何も問題がなければ，過剰分析は避けるべきだとデューイはすでに論じていた。彼は「問題があるなら，分析的検査をするとよい」（Dewey, 1991: 216）と述べて，問題をよく検討してみる必要があると，ことばを選びながら強調している。

デューイ（1991: 215）はまた「気づかれない前提に注意を向けて，それを明確にすること」が何らかの点で必要だと主張している。メジーロフ（Mezirow, 1990）の変容的学習理論は批判的内省や前提の検証を強調しており，これがその核心である。メジーロフ（1990: 1）は内省を「われわれの信念にあるゆがみや問題解決における誤りを正すこと」ができるようにするものととらえている。

研究者のなかには，批判的内省によって人びとは，自分たちの信念を正当化するための前提や価値を合理的に検証できるようになるが，それは青年後期や成人のみに起こると主張するものがいる（Brookfield, 1987; Mezirow, 1990;

Garrison, 1991)。彼らは，批判的に内省する能力は身体的成熟の関数としてではなく，人びとが成長するにつれて，徐々に起こってくる魅力的な経験や出会いによって自分たちの推論的，内省的な能力が発達するために起こると主張している。特にメジーロフ（1990）は，心理社会的な発達において変化が起こるのはひとえに変容的学習によってであり，そうした学習が促進されるように助けるのは大人の教育者の役割であると主張する。

　　大人の教育者は次のようなときに変容的学習を積極的に引き起こす。すなわち，学習者が自分の示した要求に取り組むのを助ける過程で，その教育者が学習者の明白な要求を超えてその関心をつき動かし，**なぜそれを求めるのかを理解する**方向にもっていったり，心理文化的な力によって，他者の世界そして自身の世界を学習者が解釈する仕方がどのように形作られてきたかを理解する方向にもっていったりするときである。

　　　　　　　　　　　　　　　　　（Mezirow, 1990: 365，太字は引用者）

　認知発達にかかわるわれわれの議論と関連するもう一つのモデルはコールバーグ（1969）のものである。彼は道徳的なジレンマ状態についての物語を使って，回答者が自分の行動をどのように説明するかを検証しているので，このモデルでは道徳的な正当化に力点がおかれている。コールバーグの回答は3つのレベル（前慣習的，慣習的そして後慣習的）に分類され，それぞれに2つの段階が区別された。

　さらにコールバーグは，研究対象の男性が現段階よりも2つ上の道徳的推論を理解できないことを強調した。つまり，段階1にある人は段階2の推論は理解できたが，それより上の段階の推論は理解できなかった。これが意味するのは，より上位の段階への移行を最大化するには，学習事態において，ある人の現在の推論レベルよりも一段階だけ上の道徳的議論を導入すべきだということである。個人が前段階の課題を処理しているあいだに，上位段階の特徴をもっと積極的に利用することが求められるとき，「発達的誤用」が起こるので，ゴーワン（Gowan, 1974: 187）もまた，この利用に対して警鐘を鳴らしている。

　ゴーワンの研究は認知発達の段階を並べることから離れて，認知，情動，合理的そして情緒的な発達の次元を含むだけでなく，それを超えてしまう連続体としての認知発達に焦点をあてた。次節では自我超越という考え方についてさらに詳細に検討する。

自我発達のらせん構造

「自我発達」という用語は、よく知られてきわめて評価の高い論文のなかでレヴィンジャー（1976）が新しい変数を特定したことから、認知発達心理学の分野に導入された。この変数は発達にかかわることが確認された。これはサリヴァンら（Sullivan et al., 1957）がかつて見出した要因と密接に結びついており、彼らは対人成熟性あるいは対人統合能力と呼んだ。レヴィンジャー（Loevinger, 1987）は、この用語が初期児童期に限定される精神分析的概念と特に結びついているために、使うことをためらったが、自分が想定している現象を記述できるだけの包括的な用語がほかに見当たらなかったと述べている。レヴィンジャーの方法は心理測定的で、個人差を強調する方向に向いていた。その研究において個々人は、興味の様式や社会的環境の影響を受けて、ある段階から次の段階へと進んでいった。レヴィンジャー（1987: 226）の研究では、対応する対人モードをもった自己アイデンティティの発達において次のような段階が特定された。

衝動的	自己中心的，依存的
自己防衛的	巧みに操作する，用心深い
遵法者	協調的，忠実
良心的遵法者	人を助ける，己を知っている
良心的	真剣な，責任ある
個人主義	相互的
自立的	相互依存的
統合的	個性を大切にする

この構造をよく表しているもう一つの理論はケーガン（1982）の意識の順序である。われわれはこれが、他者との関係のなかで自己が自然と現れてくるようにさせる基本構造を最も包括的に記述していると信じている。ケーガンの理論はまた、〔クライエントの心のなかに新たな知識を加える〕情報的学習と変容的学習とを区別するので、コーチング心理学にとってもきわめて重要である。変容的学習は、心をもっとゆったりさせ、もっと複雑にし、多様な要求や不確実性にもっとよく対応できるようにしながら、まさに心のあり方を変えるものである。変容的学習は、クライエントの感じ方や行動に影響を与えるだけでなく、実際の知るという行動にも影響を与えるので、コーチングのなかで起こる

可能性がある。
　この理論は人間がかかわりあいをもっている2つの最も基本的で相互に関連する過程——関係性や一体性へと向かう活動としての統合と，分離と自立性へと向かう活動としての分化——を扱っている。ケーガンにとって意味を作る活動とは，どれを自己とし，どれを他者とし，その二者のあいだにどのような関係ができるかを中心に回っている。主体−対象関係という心理学的枠組は，バランスをとる活動のように，自己と他者とのあいだの均衡を維持したり，そこから抜け出たりしながら，個人がどのように成長していくかを描いている。
　定義によると，この理論において主体となるものは，まぎれもなく，まさに自己の一部として経験される。主体となるものは個人の一部であるために観察されえず，内省もされえない。そうするには，そこから距離をおき，垣間見る能力が求められるだろう。主体となるものはわれわれをもつのに対して，われわれは対象であるものをもつ。われわれの生活において対象となるものは「われわれが知ったり構造化したりすることの要素となっているもので，われわれが内省でき，扱え，見ることができ，責任がもて，互いに関係づけられ，コントロールでき，内在化でき，同化でき，あるいはまた影響を与えられるもの」(Kegan, 1994: 32) なのである。
　ケーガンの理論における発達という考えは，次のような比喩で最もよく理解できるだろう。主体であるということは，「本質をみる」というよりむしろ「その目で見る」ということである。ドレイス (Drath, 1990) はこの理論を記述するさいに，「文化的盲従」という好例を示している。

　　われわれは文化に規定された規準や期待によってものをみて，そういうものとして受け入れるのであり，それが何であるかによって検証することはできない。つまり，われわれはその本質をみることはできない。われわれの文化的伝統は，われわれがそうあるものであり，われわれがもつものではない。文化はわれわれをとらえているが，われわれはそのなかに埋没しており，そこから浮かび上がることはできないのである。(Drath, 1990: 486)

　しかし，状況によっては，またもっと成長すれば，文化的に決定される差異に気づき，われわれが以前には決してしなかったように他者との距離をとっていることに気づくようになるかもしれない。
　ケーガンが提示したこの理論の重要な要素は，すでにコーチング過程に計り

知れない価値を与えている。主体 – 対象の基本構造がわかると，コーチはこの過程のダイナミクスを理解できるようになり，支援の必要性がわかってそれを提供するので，自分のクライエントが主体から対象へと楽に移行できるようになる。対象としての個人から何かをつかみとるためにコーチは，**心理的筋力**の鍛錬を助けてくれるクライエントについて再び深く洞察することを期待できるだろう。フィッツジェラルドとバージャー（Fitzgerald and Berger, 2002: 31）が述べているように，「コーチが提供できる最も強力な介入の一つは，ひとえにクライエントに対してつねに批判的な洞察を続けること」なのである。

ケーガン（1982）は人びとが成長していくときにたどる6つの段階（心の順序）を次のように記述している。

1 **包含段階**では，赤ん坊にとって対象となるものは何もなく，すべてが主体である。
2 **衝動的段階**では，対象が別々のものと認識される。しかし，どの人も子どもの目からみれば主体である。見方が変われば世界もまた変わるので，この世界は魔法のようである。この段階の子どもは規則を忘れないようにしなければならず，世界について学ばなければならない。
3 **支配段階**では，若者は知覚や衝動をコントロールできるようになり，それによって，自由，力そして独立の感覚を身につける。若者は自己を代理人として成長させるが，要求や希望から離れることはできない。若者は他者の感情に気づくようになるが，同情はまだ生まれていない。彼らは自己中心的で，他者を，自分が欲しいものを得る手助けとなる人ともとらえれば，それを妨げる人ともみるのである。若者は罰を避けるときだけ規則に従うので，よく指導しなければならない。
4 **対人段階**では，人は要求をもつのであって，その人が要求の対象であるわけではないため，他者もそうした要求をもつものと理解される。他者は自分たちの目標にとってもはや手段とならない。しかし，この段階の人は関係のなかにいる。彼らは内省的で，自分の要求をもっと大きなものに従わせることができるが，他者の期待のほかに自分たちが求めているものについての感覚をもたない。彼らは重要な他者どうしの葛藤によって非常に苦しんでいると感じている。この段階の人はほかの人にも同じように自分を好きになってもらおうとは思わないので，決定するときの困難と自尊心の問題に遭遇する。自分たちが尊敬し，決定を助けてくれる人がいる限り，彼らは何かをすることができる。

5 **制度的段階**では，その人は現に関係をもっている誰かであるということを意味している。これによって，他者との関係の外にも存在し，自立性やアイデンティティをもった自己が作られる。この段階の人はさまざまな規則や意見を確かめ，どの規則や意見がよいかを決められるようになる。支配段階の人とは違って，他者に同情を抱き，彼らの意見に耳を傾けられるようになる。対人段階の人のように他者の意見に苦しめられることはなくなる。彼らは独自の決定システムを手に入れる。彼らは自発的，自己評価的で，よいリーダーを育てられる。彼らは自分自身の規則を作り，そのために闘うが，自身のやり方から抜けられないために，最良の外交官ではないかもしれない。

6 **個人間段階**では，人はアイデンティティをもった者，つまり個人になる。彼らは前段階までに手に入れたものすべてを獲得するが，加えて，自身の内的システムの限界とともに，内的システムをもつことの限界も学ぶ。彼らは自身の内的システムを見回して，差異にみえるもののなかに類似性を見出す。彼らは黒白をはっきりさせる考え方をしなくなり，世界を評価するさいに二分法や両極性をあまり使わなくなる。彼らは賢い助言者として振る舞い，すべての人はより大きな共同体の一員であると個人や集団が理解する手助けができるようになるだろう。

ここで重要な留意点は，この理論にしたがうと，人の心の順序を調べてその人の価値を測定するのは不可能だということである。もっと重要なことは，心の順序と個々人が行わなければならない課題とのあいだの**嚙み合い**である。ケーガン（1982）も，個人が段階間の移行に直面し，新しい発達課題に直面するときはいつでも，彼が自然療法あるいは自然な心理的支援と呼ぶものの価値をわれわれが思い出すように求めている。この支援の質は「その人が誰で，どのような人になろうとしているかを目で見て，評価して，理解できる」（Kegan, 1982: 260）人びとの存在に大きく左右される。「支援はたんに感情的なものではなく，『知る』ことであり，形や強度にかかわることでもある」（Kegan, 1982: 260）。

われわれはまた，本章で示すモデルをスザンヌ・クック－グルーター（Susanne Cook-Greuter, 1999, 2004）の研究に負っている。彼女はレヴィンジャー（1987）の研究に登場する発達的枠組をさらに発展させている。クック－グルーターは大人の発達に関して，相互に関連する3つの構成要素——発達的，情緒的，認知的——をもつシステムを記述する自我発達理論（EDT：Ego

Development Theory）を示している。彼女がのちに大人の発達について行った研究がウィルバー（Wilber, 2000, 2006）の全体性理論のなかで報告されており，ウィルバーの意識モデルのなかで前慣習的，慣習的，後慣習的そして後慣習的以降の初期段階において意味を作る方法が扱われている。

クック-グルーター（1999）は自我発達段階について多くを記述しているが，ここでは，トーバート（Torbert, 1991, 2004）が組織のリーダーシップの文脈のなかで述べている活動論理と対応づけながら列挙しておく。

自我発達段階	活動論理
クック-グルーター（1999）	トーバート（2004）
衝動的	衝動的
自己防衛的	日和見主義者
遵法者	外交官
自意識過剰	専門家／技術者
良心的	達成者
個人主義者	個人主義者
自立的	戦略家
構成に気づく	錬金術師

認知発達理論をコーチングに応用する3つの試み

認知発達理論はすでにさまざまな実践場面に応用されて，成功をおさめている。たとえば，グレイブス（Graves, 1970）が最初に研究した存在のレベルは，ベックとコーワン（Beck and Cowan, 1996）がさらに発展させて，組織のリーダーシップに応用している。ベックとコーワンは，人びとを動機づける手段の探求に先立って，自然な動機づけの流れや，この流れを関連づける方法についてまず検討すべきであると論じている。彼らはいくつかの世界観を述べている。これらは，異なった思考や学習の仕方，その世界観に特有の手段的価値や目的的価値，存在の問題といったさまざまな集まりを表していた。この方法は，人びとを彼らの世界観に従って扱いながら同時に育成することは，そこにかかわる個人のみならず，ビジネス，社会，ひいては全世界にも見返りがあることを示唆している。

ルークとトーバート（Rooke and Torbert, 2005）はクック-グルーターとの研究でリーダーシップ発達プロファイルという調査ツールを作成している。こ

れは，リーダーの内的「活動論理」と呼ばれるものを特定できるツールである。これによって，個々のリーダーが自分のおかれた状況をどのように解釈し，さまざまな課題にどのように対応し，他者にどのように影響を与えるかを説明する7つの異なる活動論理が特定された。ルークとトーバート（2005）は，リーダーが自分の活動論理を知り，現在の状況に照らして自分の論理の強みと限界を正しく評価し，さらなる発展のための潜在力を特定することが重要であると論じている。

　本章ともっと密接にかかわる話題として，現在，コーチングやメンタリングとの関連で認知発達的方法をどのように応用するかについて論文を執筆し，その方法の視点やモデルを提案している研究者が何人かいる。チャンドラーとクラム（2005），フィッツジェラルドとバージャー（2002）そしてバージャー（2006）はケーガン（1982, 1994）の発達理論に基づいて自分たちの研究を行っている。ラスク（2006a, 2006b）の研究は，おもにケーガンの研究である大人の発達に関する理論に基づいているだけでなく，バッセチェス（Basseches, 1984）が開発した弁証法的思考という考えや，ジャック（Jaques, 1994）が開発したとされる人間能力の考えをともに取り入れている。

　たとえばバージャー（2006）は大人の発達にのみ焦点をあてて，成人期の世界を理解する仕方として，意味を作る4様式を提案している。各様式は，観点の取り方，権威や規則への方向づけ，他者との関係における重要な要求など，さまざまである。バージャーの様式は4つの発達レベル――王子／王女，熟練職人，代表執行役そして年長者――に対応しており，組織における生活という文脈で記述されている。フィッツジェラルドとバージャー（2002）そしてバージャー（2006）の最も評価されている貢献の一つは，こうした集団がそれぞれにもつ重要な長所，弱点そして発達の領域を特定しただけでなく，コーチングに応用可能な有効な介入を提案し，それぞれの集団とかかわるときにコーチが直面する落とし穴について検討している点である。われわれは，特に認知発達的アプローチにかかわるとき，こうした研究者が発達に対してどのような観点をとるか，クライアントが今いる段階をどのように評価するか，コーチにとっての倫理的問題をどう考えるかについて，これらの研究者ときわめて相違の少ない考え方をしている。たとえば，このアプローチの簡潔性を思い違いすることについて，特に組織という場面で発達的段階を性急に判断してしまうことについて，われわれはバージャー（2006: 95）の考え方に賛同する。

　チャンドラーとクラム（2005: 549）は大人の発達の視点を，メンタリングの

ようなほかの発達ネットワークや関係と結びつけている。彼らは「保護される人が直面する限界をもし育成者が超えてしまっているとすると，それぞれの段階で保護される人は上位段階の育成者から最大限の利益を得るだろう」と主張し，この議論を裏づけるために，保護される人とメンターの仕事に関するケーガンの段階を検証している。

　ケーガンの対人段階にある保護される人は「優柔不断で，過度に［メンターの］支援を当てにしている」（Chandler and Kram, 2005: 553）とみられ，この段階にあるメンターは「異なった経歴や心理的支援を提供しようという自己認識や洞察」をもたないかもしれないと，チャンドラーとクラムは主張している。対人段階のメンターは，関係への依存から脱却したり，異なった視点の違いを見分けたりする能力が欠けていることで妨害を受けるだろうし，その結果，保護される人の価値や決定と対決したり，それに異を唱えたりすることに力を貸すよりむしろ，そうした価値や決定に思わず知らず同調し，それを強めてしまうかもしれない。

　ケーガンの段階ではその次にくる制度的段階において，個人はいっそう自己指向的になる。この段階では，個人は学習や成長を促進させる関係をもっとよく築き上げられるようになり，「仲間どうしの豊かなつながり」をもつようになるだろうが，その弱点は，彼らが自分の仕事や地位，そのほかの関係と強い一体感をもっていることである。したがって，自分が自己指向的で，個人的要求やほかの目標との関係から独立しているにもかかわらず，こうした「制度」によって自分が何者であるかが規定されるのである。チャンドラーとクラム（2005）が指摘するように，こうした個人は「スーパーバイザーから受ける力づけがうっとうしく，それによって脅かされ，コントロールされており，形式的には自分を導くためにメンターがあてがわれている」と感じるかもしれない。

　個人間段階では，個人は新しい情報や状況にもっとよく対応できるようになる。彼らは強いアイデンティティの感覚をもつが，内省的であり，広範囲の関係のなかに潜在力を見出せる。チャンドラーとクラム（2005: 560）は，この段階の保護される人は，より下位の発達段階にあるメンターの指導を受けていると退屈で，自分がだめになってしまうと感じると主張している。こうしたメンターは個人間段階の人にふさわしい支援を提供できないかもしれない。しかし，この段階にある保護される人は自分の発達について一つの関係に縛られないので，重大な問題状況には陥らないだろう。

　チャンドラーとクラム（2005）はまた，発達段階を査定するためにどれだけ

多様な道具や方法が考案されたかを確認している。ワシントン大学文章完成法テストを使ってレヴィンジャー（1976）の段階を評価して，レイヒーら（Lahey et al., 1988）は主体－対象面接を開発した。レヴィンジャーの研究とクック-グルーターの研究を足がかりに，トーバート（2004）はリーダーシップ発達プロファイルを開発した。

　このように測定を強調すると，この領域では，われわれはラスクの研究に特別の注意を払うことになる。ラスク（2006a, 2006b）はコーチの育成に関心をもち，研究に基づくコーチ教育モデルを説明している。彼はクライエントの成長においてコーチがとても大きな役割を果たしていると述べて，コーチがクライエントどうしの「仲立ち」をする能力や，「クライエントが自分の内部に思考や情動を作り上げる仕方」（Laske, 2006a: 46）をとても強調している。コールバーグ（1969）によると，ラスクは，コーチは自分よりも進んだ発達水準にあるクライエントを支援できないし，支援すべきでないと指摘している。

　同様の強い立場がコーチ教育とのかかわりで表明されている。「私は，コーチ自身は心を集中して，今以上にもっと複雑な言語感覚や能力を磨いて傾聴できるようにすべきで，それが提供できないようなコーチ教育は，クライエントの成長に大きな貢献をする機会を失わせていると提言する」（Laske, 2006a: 46）。彼のコーチ教育モデルでは，査定は訓練を受ける人の認知的・行動的な発達について行われる。レイヒーら（1988）によって開発された主体－対象面接は，ラスクらが「発達過程相談」と呼ぶものの一部として，社会感情的発達を検証するために使われ，コーチの発達水準のイメージを描くことを目指している。査定された発達水準は，コーチによって成し遂げられた進歩の指標となるだろうし，このプログラムについて学生集団を対象に行われたさまざまな査定は，「その発達面での有効性についてプログラムどうしを比較する」（Laske, 2006a: 54）ことに使えるだろう。

　われわれはラスクの基本的な前提や提案のいくつかは支持するが，それ以外についてははっきりと留保しておきたい。たとえば，われわれは「コーチング能力は実践家の現在の能力水準に合わせて使われる」（Laske, 2006a: 47）ことに同意し，個人内部に変化をもたらす行動主義的な枠組や理論を超えるような研究が現在みられないことにラスクが懸念を抱いているが，われわれも同様の懸念を抱いている。

　しかし，発達水準は高いほうがよいと発達をとらえるとき，われわれのかかわり方はラスクが示しているものよりもっと複雑である。発達的アプローチは，

それがまさに階層を作り上げるという事実によって判断されるのだが，われわれは，このアプローチが，どのように意味を見出すかの判断を，特定の状況において個人が活動できる能力にゆだねることはないと信じている。いちばん重要なのは，環境と，それを個人が扱う能力との兼ね合いである。コーチング過程で直面する課題がとても多様なように，この過程を促進させようとする人びともさまざまに貢献できる可能性をもっている。

発達の必要性をことさらに強調すると，このアプローチで過小評価されている倫理的な意味がきっと表面化するだろう。「実践家が抱えるクライエントは多くの問題から守られなければならないが，そのなかには，期待がどれほど恵み深く，共感を呼ぼうとも，クライエントの未来に対する実践家のそうした期待が含まれる」（Kegan, 1982: 295）と主張しているケーガンにわれわれは同意する。コーチの専門的な育成は，訓練や教育のなかで扱いうるものであり，実際に扱われている多くの重要な次元をもっている。しかし，コーチを次の発達水準に移そうという野心を表明しているコーチングプログラムは，控えめにいってもあまりに多くの責任を負うことになるだろう。次節では，焦点があたっている個人の発達に関してさまざまな哲学的そして倫理的な立場を示そう。

ラスクの方法を発達水準の査定に適用するとき実際に考慮することとして，デリー（Derry, 2006）は，そうした査定にはたっぷり時間がかかるので，発達過程相談のモデルがコーチ-クライエント関係にあてはめられるのかという疑問を投げかけている。われわれはバージャー（2006: 96）の指摘をこれに加えたい。「発達の道筋をただ理解するだけでも，コーチは自分のクライエントからのさまざまな要求を理解する力を与えられる。実際にクライエントの独自な発達空間を測定するところまで行く必要はあまりない」。デリー（2006）はまた，「継続する認可やスーパービジョン」にはコーチの発達段階を十分に査定する役割があると指摘している。われわれはこれに関してもやや留保しておき，次節でわれわれのモデルとコーチの成長に対する現在の立場を示すときにこの問題を扱うが，コーチングとメンタリングの領域でラスクの方法が研究に大いに貢献すると信じている。

コーチの認知的自我発達に関するモデル

本節では，特にコーチング過程における個人の発達に関してわれわれがとる立場を紹介する。そして，コーチならびにコーチング心理学者の成長にとって

この立場がどのような意味をもつかについて議論する。それとともに，これまで検討された理論，特にケーガン（1982），レヴィンジャー（1987），クック－グルーター（Cook-Greuter, 1985）の研究そしてウィルバー（2000）の研究全体を総合的に概観して得られるコーチ成長のモデルを述べる。

　これまでの節で示したように，この方法は，たとえば認知的，対人的，情緒的そして道徳的な（線形，流れ，らせん状の）発達次元がどれも同じように複雑に成長し，段階を追って前進的に展開していく傾向があると仮定している。発達がちがう道筋をたどると，必ずしも同時進行するわけではない。研究者は，自分が特に何に関心をもち，その関心にしたがって研究のどこに焦点をあてるかで，それぞれ別の次元に注意を向けている。われわれの関心はコーチの個人的・専門的な成長に向けられ，それがきっかけで，これまでに知り合い，一緒に仕事をする機会があったさまざまなコーチの集団で，個人の発達の道筋や段階がどのように現れているかを詳細に観察できるのである。その結果，2つの発達的次元が特定された。われわれの見方では，この次元の組み合わせが，一人ひとりのコーチングのスタイルや専門技術における質的変化に影響を与える。そして，このスタイルや専門技術を調べると，コーチが全般的成長においてどの段階にあるかがわかる。

- 認知内省次元は，コールバーグ（1969），ペリー（1970），キングとキチナー（1994）が述べている思考や内省的判断の複雑性の程度を説明している。
- 自我発達次元は，発達的と称される自我発達の個人内および対人的な道筋，ケーガン（1982），レヴィンジャー（1987），クック－グルーター（1985）が述べている他者の寛大さ，まじめさそして包括性の程度を説明している。

　われわれは，認知内省次元と自我発達次元がコーチの発達水準を示すものとして最も影響力があると考えている。これら2つの次元を組み合わせることで，関係，個人的発達，内省の程度，動機づけや活動における自我の役割，クライエントとのかかわり方，そして問題やさまざまな課題に対する態度といったコーチの多様な観点を特定できる。現在のところ，これら2つの次元はここで説明した全般的な発達段階にとって等しく重要なので，次に述べるコーチ成長の6段階モデル（表17.1）において一緒に示されているのだと，われわれは信じている。

　すべての発達モデルで示されているように，これらの段階は明確ではない。それらはいわば重力の中心を示しているだけであり，そこから個人は力を得ている。たとえば，おもに「質問者」であるコーチは，自分がクライエントに情

緒的支援を与えているあいだ，あるいは明らかに直感に頼っているとき，自分の批判的見方がどっちつかずの状態に直面する。もちろん，ときに質問者は，援助者の方略に戻るか，あまりよく知らない新しい受容者の方略を受け入れるかのいずれかの道を進める。ケーガン（1994: 326）が注目したように，個人はある状態や水準から別の進んだ状態や水準へと「次第に進路をとる」のである。

　コーチやコーチング心理学者のような実践家の仕事の本質は，個人的経験の意味を見出したり，批判的に内省したり，問題解決を行ったり，存在にかかわる重要な問題を検討したりといった過程に携わってクライエントの成長を促進させることにある。こうした過程に実際にかかわること自体が，実践家自身の成長速度を速めるといった多くの機会を提供している。コーチにはまた，自分が個人的にも専門的にもたえず成長しようと専心してきたことでこれまで知られているのであり，これからもそれで知られることが求められるのである。こうした要因はコーチの認知能力の発達に貢献し，自我発達における移行に影響を与えるとみられる。認知発達モデルの関連知識に触れて，また，ここで示したように，コーチとしての成長の潜在的な目標に触れて，この過程はさらに豊かなものになる。

　われわれはまた，このモデルあるいはほかの発達モデルがどのようにコーチングの実践を特徴づけているかについて詳説し，コーチング心理学におけるさらなる研究の発展に尽力したい。これは，コーチングは変化にかかわるものであるという伝統的な見解とある程度矛盾するかもしれないが，われわれは，段階を経て進む発達の基本計画あるいは自己の変化がコーチング過程で明らかになるだろうとは確信していない。クライエントが次の発達段階へと自分自身を意識的に移すという課題にとりかかるとき，注意を払うべき心理学的なわなや落とし穴がたくさんある。明らかな結果のなかでも，まずわれわれは，抽象的な理想の追求とは，クライエントが対処しなければならない現実の生活状況からエネルギーをそらすことを意味するという事実に言及できよう。第二は，より高次の発達水準と絶えず比較しつづけると，クライエントが自身や現在の能力に対してもっている信頼を損なってしまい，クライエントの自己効力感を弱めてしまうかもしれないという事実である。第三は，こうした追求によって，十分な動機づけや努力があれば質的な発達移行が起こりうるという幻想が生み出されるかもしれないという事実である。ここで論じられた変化がどう展開していくかは，言うまでもなく，既知の／未知の内的／環境的な要因の組み合わせを含むはるかに複雑な過程である。この過程は微妙に変化しながら進行する

表 17.1　コーチングの段階と発達課題

発達段階	認知内省次元＋自我発達次元	クライエントと協力する典型的なコーチのパターン	コーチが効果的に手助けできる発達課題
語り手	正反対の思考；具体的データ；規定モデル；一般に認められた知識 自己防衛的；勝ち負けを重視した他者との関係；操作的	一方を支持する；クライエント自身の経験や好みに基づいて多くの助言を行う	自己イメージを作り上げ評判を高める；競争的状況での支援
援助者	抽象的思考；注意深い比較；内在化されたシステムや直感への信頼；主観的に知ること 自己を意識する；集団指向だが自分の独自性に気づく；強く内在化された超自我；高い道徳規準と義務感；他者に批判的だがよい関係を築ける	情緒的支援を与える；「理解する」ために状況を調べることに力を貸す；心理測定的ツールをとても信頼する；状況を独自に解釈する；問題に対してさまざまな解決法を考える	信頼の醸成；新しいスキルの学習；具体的問題の処理；困難な状況への適応
質問者	多様性とパターン；知る人と知られていることの分離；批判的評価；合理的で分析的；主観主義の超越；内省的；まだ立証されていないことを知的に信用しない；強い自我；高い自尊心；自己理解や他者理解に本当に関心をもつ；自己欺瞞の可能性に気づく；強力な意味ある関係を築ける	余計な解釈を加えずに効果的に傾聴し言い換える；徹底的な質問；問題の根本原因の特定；合理的議論の展開；証拠の検証；矛盾の特定；適切な契約の使用	動機の特定；選択；目標や理想の達成；活動への焦点づけ；達成と有効性；計算された危険を引き受ける；未来指向的な課題；あるべき自己を扱う
受容者	相対主義；「観察者の」解釈や文化的条件づけへの気づき；システム的見方や心的モデルを作り上げる方向に向かう；まったく合理的な分析からもっと全体的なアプローチに移る；自分の本質をもう一度問い直す；多くの下位パーソナリティに気づく；内的葛藤を調べる；自分の信念を精査する；関係のなかでの個性と相互依	コーチング過程を最小限に構造化する；物事をそのままにする；物事を検証する；あるがままの物事とみえている物事とは違う；パラドックスを扱う；未来に焦点づけするより「今」を理解する；自発的な介入；個性のいかなる表現も受け入れる	比類のない個性や信頼性を育てる；役割とパーソナリティをうまく合致させようとする；生活における重大な状況あるいは特定の段階の意味を発見する

第17章　コーチ育成のための認知発達的アプローチ　　　401

	存性に焦点をあてる；多様性を楽しむ；高水準の感情移入		
養成者	現実を一般的システムとしてみる：システム的パターンや長期の動向に気づく；自分のモデルや方略を明確化する；問題を文脈のなかでとらえる；曖昧さを明確化する；洞察に富む；さまざまな原理を包括する；真実を見積もれる とても自律的な自己；自己のあらゆる要素を新たな意味に統合する；影を受け入れる；相互依存性とそれが個人の発達で果たす役割に気づく；関係と,他者の成長を助けることの責任	理想主義的見方と実用主義的で信念のある行動を結びつける；自己を探求する；相入れないニーズに折り合いをつける；質的な違いに気づく；他者の成長が遅くていらいらするかもしれない	意味のある生活を作る；方略的な関心事や原則を見極める；自己実現に向かって努力する；心理的な因果関係や過程を特定する；創造性をはぐくむ
脚本家	文化や自身の生涯を越えたメタ認知；通パラダイム的；不可分なまとまりとして現実を理解する；すべての考えは作り上げられるのであり,現実をはっきり描くにはどうしても言語が必要なので,真実はいつも幻想である；自我はそのままでいっそう明確になり,主たる操作者にはならない；自我アタッチメントについて自己批判的になる；発達の観点から他者を理解する；個人が心的モデルを作り上げる方法に心から思いを向け適応する	共感的傾聴；時機を得た要求；変容的でゆがみのないフィードバック；自由で非合理的な情報源から離れる；クライエントの経験をその発達段階の観点から枠づけしなおすのに役立つ	実存的パラドックスに関する葛藤を扱う；ことばの問題,心的モデルを作り上げる問題；矛盾やパラドックスを超えて働く；理論や説明の必要性に一緒に立ち向かう；自分の人生の新たな物語を創る

ので，何年もかかってようやく気づかれ認識されるかもしれない。したがってわれわれは，発達が水準あるいは段階を経て進むという明確な課題を設定すると，この過程が容易に起こるという幻想を生み出し，十分に理解されなければならない課題や，早急に起こさなければならない行動から〔注意を〕そらせて

しまうと主張してもよいだろう。

　より高次の発達段階を意識的に求めようとするとかかわるだろう問題がもっと複雑に絡んで待ち受けていることは，自己に関するさまざまな研究や精神的伝統をもつ学問によって指摘されている。たとえばリンド（Lind, 2000）は，願望に基づいた思考や文化的な条件づけの産物としての架空の目標を作り上げる「現代的自己」を描いている。そうした目標は現実とみなされ，自己はそれを達成できると信じられている。ヒルマン（Hillman, 1983: 105）はこれを自己が争おうとする傾向と呼んでいる。リンド（2000: 9）は，このように根本的な自己改善，完璧あるいは超越を求めると，「エゴイズム，つまり，統一性や有効性があると大胆にも錯覚したり，慢性的な内的葛藤に自己を陥れる」かもしれない慢性的な苦しみをいとも簡単に引き起こすことになるとしている。同時に，心理学や哲学には多くの伝統がある。たとえばゲシュタルトでは，人がまさに今ある自分であるときにのみ自己変容は可能になると主張している。人が今ある自分とは違ったものになろうとすることで，抽象的な理想が生み出されるのであり，この理想は魅力的であるがゆえに，あるがままの自己を理解する過程に十分に関与できていないことを正当化するかもしれないと主張される。たとえばクリシュナムルティ（Krishnamurti, 1991: 160）は，理想の追求を「容認された立派な延期」と呼んでいる。「あなたはそれが何で**ある**かはわかるが，それがどう**なる**かはわからない」（Krishnamurti, 1994: 127，太字は原文）という彼の主張は，認知発達的伝統の主要な信条と確かに軌を一にする。

　上述した議論と関連して，コーチがこの方法にかかわるときに，コーチングについてさらに倫理的に考慮すべきことを強調しておきたい。コーチは自分の発達水準を達成し，クライエントの発達水準について洞察を得たことで，意識していようといまいと，クライエントがコーチングにもち込んだ実施計画をはるかに超えるような実施計画を自分は受け入れるだろうかと自問する必要があるだろう。クライエントはより高い水準まで成長し，暗黙のコーチング計画をもちたいと思うだろうとコーチング心理学者が想定するのは簡単である。

　しかしわれわれは，コーチング過程が，個人のなかに変化や発達面での潜在的な移行を起こすための重要な条件を提供してくれると信じている。コーチングは，その定義上，クライエントが処理しなければならない課題をもっているという重要な特徴がある。こうした課題へのかかわりによって，クライエントを高めるために必要な能力や努力を特定できるようになる。クライエントの現在の段階，心の順序あるいは活動論理はその課題を扱うのに十分でないといっ

た反論を，その課題自体がクライエントに突きつけるとすると，これは変容や個人の成長の機会を作り出せるだろう。この過程においてクライエントは支援されるが，望ましい水準の変化が必ず起こるわけではなく，その課題は道具的水準で，あるいは水平的発達によって上首尾に処理されるだろう（Cook-Greuter, 2005）。この場合，コーチングはまだ効果的であると考えられるだろう。

同時に，発達的な志向をもったコーチ，コーチング心理学者そしてコーチングスーパーバイザーの態度やスキルが統合されることが，クライエントの成長にとって重要だろう。彼らは一つの段階を認めることができる。もっと正確にいうと，たとえ彼らが「まさにその段階のために」（Kegan, 1982: 292）ある判断をしなければならないとしても，クライエントが示す心的モデルを作り上げる方法を認めることができるのである。彼らはこの判断を声に出す必要はない。それは，この判断が正当化されていないからではなく，同一化の核心ではないからである。核心は，クライエントが自分の声を聞いてもらう機会を与えられるか，あまり成長していない状態から成長した状態へ移る機会が与えられるかに実践家が気づき，注意を払えるということにある。クライエントだけでなくコーチという存在も段階ではなく過程としてみる必要があることを，こうした理解に加えよう。

事 例 研 究

この事例研究でわれわれはコーチングスーパービジョンの例を述べたい。ここでは，コーチング心理学者もスーパーバイザーも上述した発達段階を知っており，これがクライエントとのかかわりにどのような影響を与えるかについて考えている。コーチングにおけるスーパーバイザーの役割は，適応過程や発達過程を通してコーチを支援することである。この事例研究では，スーパービジョンでコーチに働きかけるとき，認知内省的そして自我発達的な次元がきわめて役に立つことを示す。

コーチ

ここでは，ソニアというコーチを想定して，彼女のスーパービジョン過程を追っていく。ソニアはこれまでに概観したモデルに精通しており，自身は援助者の水準にあると理解している。コーチングの仕事のほとんどで，彼女の援助

者としての方略はうまくいっている。しかし，彼女にはアラステアというクライエントがおり，彼には自分の方法がうまく適用できていないと考えている。

　まずはじめにソニアは，仲間との軋轢の解消を含む問題についてアラステアと一緒に話し合った。アラステアはソニアとのコーチングを続けたいと願っているが，自分が何をしたいかをよくわかっていないようにソニアにはみえた。ソニアはアラステアとできるだけ信頼関係を築こうと努めていて，今ではアラステアの職場生活にある根深い不確実さ，抵抗そして疑いを共有しはじめている。しかし，アラステアは自分が価値と呼んでいるものと具体的な行動とを関連づけられていないようだった。ソニアはどのように手を貸したらアラステアを前進させられるかわからず，自分の手に負えないと感じはじめている。ソニアは自分の直感的方法がクライエントの要求やこのコーチング過程の展開から生まれる要求に応えるには十分でないと気づいている。このためにソニアは不安に感じて，この問題をスーパービジョンに託すことにした。このクライエントの要求に応えるには質問者の水準に移る必要があるのではないか，もしそうなったらソニアは何をする必要があるかを理解していなければならないと感じている。

コーチング-スーパービジョン過程

　スーパーバイザーのパットも発達段階に精通している。パットはソニアがこの葛藤問題に関してクライエントに適切な支援を与えてきたと判断している。しかし，ソニアが示している問題はクライエントとのかかわりのなかで自分が今いる段階の限界を反映しているようにみえる。クライエントは自分の職場生活との関係で問題がますます複雑になっていると述べている。

　パットはソニアが次の水準に関心があり，それについてもっと理解しようとしていることは，この場合には自然な成りゆきだと考えている。パットはソニアにはすでに抽象的思考ができ，鋭い比較ができ，自分の直感を活用できると気づいている。したがって，質問者段階はソニアにとって当然の進歩のようにみえる。確かに，この段階がさらに進むと起こってくる深い学習をソニアはすでにものにしているようである。ソニアは自分の仕事の限界に直面し，現在の概念化や思考に対して必然的に起こらなければならない要求に応える準備ができているとそれとなく言っている。

　しかしパットも，ソニアがさらに成長する機会を生かせるよう助けるか，アラステアができるだけ最良の支援を確実に得られるようにするかのあいだで，

スーパーバイザーとしての自分の役割に葛藤があることに気づいている。パットは，悪くするとクライエントを守る問題にまでこのジレンマが広がりかねないことを知っている。すでにパットは，この時点でアラステアにとってソニアは最良のコーチだろうかと自問していた。しかし，ソニアは最初の問題に関してアラステアをうまくコーチングしていたので，ソニアがさらに歩調を合わせて成長していけば，アラステアとのコーチングはうまくいくと信じている。

　そこでパットは，ソニアが自分のコーチング実践の進展にもっとよく注意を払うよう元気づけ，比較しやすいコーチングの実例を共有しようと勧めている。スーパービジョンという安全な環境のなかで，自分の批判力を高めるために，ソニアは自分の考えをパットや関連する理論家の考えと比較対照する。パットはソニアがさまざまな出来事を交差的に関係づけることで自分のコーチングの仕事にパターンを見出すよう求めている。ソニアはこう考えるように勧められて，自分にはもう一人，自分の目標に専心できなかったクライエントがおり，彼を助けようとどれほど努めても，彼は自分の目標の達成に集中できず，集中しようともしなかったことを思い出した。目下の「やる気のない」クライエントについて検討し，かつて別のクライエントが同じように行動していたことを振り返って，ソニアは二人のクライエントと，その問題に対する自分の反応に一つのパターンがあることに気づけた。このパターンに気づいてソニアは，自分の直感だけに頼るのではなく，「曖昧な」目標を理解し，自分の方法をほかの理論家の方法と比較する必要を悟った。こうした批判的評価が質問者水準を特徴づけている。

　さらに，パットはソニアがほかの多くの視点から問題をとらえるように助言した。パットは次のような質問をした。「あなたが自分の実践をスーパーバイズするとしたら，どのように質問するでしょうか？」「このとき，あなたのクライエントはどのように考えているでしょうか？」「別の理論的視点からこの介入はどのようにみえるでしょうか？」このようにさまざまな視点をとることに力点をおくと，パットはソニアが，結果としてこの段階での援助に力点をおいて主観的に知ることから，もっと多様で挑戦的で，対象指向的な質問方法へ移ることを後押しできた。

　パットは，権威に注意を向けて，それに疑問を抱く機会を見つけることが，ソニアの成長にとても重要であると気づき，ソニアが異なった理論を比較し，多くの新しい方略を検討し，コーチングの批判的理解を進めてくれるモデルを分析するよう提案している。パットはソニアが抵抗に関連する材料や理論を検

討し，その助けを借りて，アラステアを扱うために自分の理解を高めていくよう勧めている。

　パットはまた，ソニアが自信をもって合理的判断を行い，考えを本当に批判し，提示された証拠の質に関してしっかりと疑いの目で見るようになり，最後には批判的分析力をもてるように働きかけている。ソニアは援助者の水準にあって，ほかの人の役に立ち，ほかの人を助けたいということに自分のアイデンティティを縛りつけているので，クライエントの要求を強調しながら，自身の「援助者」としての準拠枠をほめるような反応が返されることにソニアは慎重なのだと，パットは気づいている。

　パットはソニアの行動のなかに進歩の兆候とみられるものがあることに気づいている。たとえば，ソニアが以前より進んで自問するようになったことにパットは注目している。ソニアはまだ直感的に決定を行っているが，なぜ自分がそうしているかと自問し，自分の直感的決定の有効性を比較し，評価するようになってきている。最近の介入について述べたとき，ソニアは「それはうまくいったのですが，おそらく自分を欺いているのだろうと思います」と述べた。

　ソニアはまたアラステアの動機にいっそう注意を払っている。ソニアはアラステアが成し遂げたこと，あるいは成し遂げなかったことには注目せず，特別な状況がアラステアにどのような意味をもっているかをはっきり考えようとしている。ソニアは「それはクライエントにとってどのような意味があるか？」と問う。アラステアの最初の葛藤はどのようにしたらうまく解決されるかを思い出し，ソニアはその出来事とアラステアの現在のジレンマを結びつけている。そして，「アラステアがチームとしっかりしたよい関係をもつことがどのような意味をもつか？」「アラステアは自分の一貫性を損なわずにどのように妥協できるだろうか？」とソニアは問う。

　時がたつと，ソニアとアラステアの関係そのものはもっと意味あるものになる。ソニアはもっと開放的になり，アラステアにとっていい解決法を自分がもっていないことを知るようになる。ソニアは，アラステアが直面している問題の水準から考えれば，完全な答えなど見つけられないだろうとわかっている。アラステアはソニアが自分の限界を隠さないことを評価し，体面を失う恐れを感じることなく彼の問題を深く検討するように元気づけてくれたと感じた。

　さらにパットは，ソニアがアラステアとの関係が変わったので契約しなおす必要があるのではないかと自分に話し合いを求めてきたことで勇気づけられた。これは，スポンサーとなっている組織にとってこのコーチング過程がもつ意味，

その限界と結果にソニアがいっそうよく気づくようになったことを示している。

　質問者の段階へと成長できたと判断するにはほど遠いことを示す兆候もいくつかある。アラステアの問題の本質にはもっと大きな組織の問題，将来の選択に対する彼の計画，彼が人生のこの時点で行わなければならない決定の重要性が含まれ，これは彼が自身の価値と向き合うときに彼を巻き込むにちがいない。しかし，クライエントとの何度かの面接について考えているとき，ソニアは軽率にもこの問題に対して相変わらず自分の解釈を押しつけている。ソニアは今でもときどき，「そうした環境では，もっとよい行動の道筋は……」とか「彼を助けられるとしたら，こうするでしょう」などと言って，クライエントに対して仮定や解釈を行う。

事例研究の成果

　こうした大人の経験はいつも流れのなかにあり，世界のなかで「こうある」という正しい方法を見つけ出すことと関係している。これは特に，アラステアが提示し，彼にこうした問題を自由に検討するための考える余地を与えようと最初にソニアが奮闘していた問題のなかに明らかにみられる。パットは，ソニアがこの特別の事例をよく考えるよう絶えず支援した。組織との契約が終了したとき，このコーチングはアラステアにとってよい結末を迎え，アラステアも組織もよい成果が得られたと考えた。アラステアがチームについて考えるようソニアが手助けし，その結果，最終的にはより大きな問題について考えられるようになったことは有益であったと，アラステアはソニアを評価した。

　ソニアのスーパービジョンはパットが行った。ソニアは，もっと理論的な知識をもたなければならず，専門的な成長を続けなければならないと悟った。コーチングについて理解するという点で彼女の選択はいっそう実証的な結果に基づくようになり，批判的になった。彼女は契約がどれほど重要かを経験し，コーチング過程において変化に応えることの重要性を知って，自身で契約書を作った。

結　論

　本章は大人の発達の理論に焦点をあてた。コーチングに特に応用される大人の発達の水準に関するモデルを示すために，認知発達や自我発達を扱う既存の理論に依った。

認知発達的視点に立つほかの研究者とともに，われわれは，この次元が，コーチングを受けるクライエントにとって，そして，コーチの教育や成長のなかで個人差を理解することに不可欠であると主張した。したがって，このアプローチに気づくことは，この分野のコーチ一人ひとり，コーチング心理学者，訓練者そして教育者，とりわけ，コーチあるいはコーチング心理学者のスーパーバイザーにとって重要である。教育者，スーパーバイザーそしてコーチは，認知発達そして自我発達の次元にそって個人の能力が自然に高められることを理解し，それを後押しする役割を担っている。

このアプローチは具体的なツールや技法を提示していない。ほかのアプローチがクライエントやコーチの発達水準にふさわしいツールや技法を提供しているので，それらが適切かどうかをよく考えるとよい。発達的な心をもった実践家の仕事に違いをもたらすのは，それぞれの発達段階にふさわしい支援と要求の巧みなバランスなのである。われわれはまた，自然な発達の過程を支える最良の方法は，コーチのスキルや能力を傾注して自分の仕事を扱い，クライエントの生活上の課題を処理する過程に積極的にかかわることであると確信している。最後に，応用という観点で，このアプローチは実践家自身が個人的に成長することが重要であると力説している。コーチングという実践は，特定の技法あるいは方法を適用することではなく，まさに人としてのコーチの成長によって差がつけられるのである。

ほかの状況への適用

認知発達的アプローチは，大人にコーチングを行った場合にも，もっと年少の子どもにコーチングを行った場合にも同程度の妥当性をもっている。しかし，われわれのモデルは大人のコーチやコーチング心理学者の発達のみを示している。集団過程については，集団での作業がときに途方もなく難しいことは明らかである。たとえば，違う発達水準にある人たちが同じ過程に強くかかわるとき，重大な誤解が生じる可能性が数えきれないほどある。しかし，予想できる発達が起こることもあれば，予想できない発達が起こる可能性もある。この領域はさらなる議論と研究が必要である。

引用文献

Basseches, M. (1984) *Dialectical Thinking and Adult Development*. Norwood, NJ: Ablex.

Beck, D. and Cowan, C. (1996) *Spiral Dynamics*. Oxford: Blackwell.

Belenky, M. P., Clinchy, B. M., Golderberger, N. R. and Tarule, J. M. (1986) *Women's Ways of Knowing*. New York: Basic Books.

Berger, J. (2006) Adult development theory and executive coaching practice. In D. R. Stober and A. M. Grant (eds) *Evidence Based Coaching Handbook: Putting best practices to work for your clients*. Chichester: Wiley.

Brookfield, S. D. (1987) *Developing Critical Thinkers: Challenging adults to explore alternative ways of thinking and acting*. San Francisco, CA: Jossey-Bass.

Chandler, D. E. and Kram, K. E. (2005) Applying an adult development perspective to developmental networks. *Career Development International* (special edition on mentoring) 10(6-7): 548–566.

Checkland, P. (1981) *Systems Thinking, Systems Practice*. New York: Wiley.

Commons, M. L. and Richards, F. A. (2002) Four postformal stages. In J. Demick and C. Andreoletti (eds) *Handbook of Adult Development* (pp. 199–219). New York: Kluwer Academic/Plenum.

Cook-Greuter, S. (1985) A detailed description of the successive stages in ego development theory. Paper presented at the second annual meeting of the Society for Research in Adult Development, Cambridge, MA.

Cook-Greuter, S. (1999) Postautonomous ego development: its nature and measurement. Doctoral dissertation. Harvard Graduate School of Education, Cambridge, MA.

Cook-Greuter, S. (2004) Making the case for developmental perspective. *Industrial and Commercial Training* 36(7): 275–281.

Cook-Greuter, S. (2005) Ego development: nine levels of increasing embrace. www.cook-greuter.com/ (2007年4月14日にアクセス)

Csikszentmihalyi, M. (1994) *The Evolving Self: A psychology for the third millennium*. New York: Harper Perennial.

Derry, J. (2006) What relevance does adult development theory have for coaching? *The Bulletin of the Association for Coaching Autumn* (9). www.interdevelopmentals.org/pdf/Derry-Article.pdf (2007年3月19日にアクセス)

Dewey, J. (1991) *How We Think*. New York: Prometheus (初版は1909年出版).

Drath, W. (1990) Managerial strengths and weaknesses as functions of the development of personal meaning. *Journal of Applied Behavioural Science* 26(4): 483–499.

Fitzgerald, C. and Berger, J. (2002) Leadership and complexity of mind: the role of executive coaching. In C. Fitzgerald and J. Berger (eds) *Executive Coaching: Practices and perspectives*. Palo Alto, CA: Davies-Black.

Garrison, D. R. (1991) Critical thinking and adult education: a conceptual model for developing critical thinking in adult learners. *International Journal of Lifelong Education* 10(4): 287–303.

Gowan, J. C. (1974) Development of the Psychedelic Individual (Chapter 6). www.csun.edu/edpsy/Gowan/contentp.html（2007年3月19日にアクセス）

Graves, C. (1970) Levels of existence: an open system theory of values. *Journal of Humanistic Psychology* 10(2): 131–144.

Hillman, J. (1983) *Healing Fiction*. Barrytown, NY: Station Hill Press.

Jaques, E. (1994) *Human Capability*. Falls Church, VA: Cason Hall.

Kegan, R. (1982) *The Evolving Self: Problem and process in human development*. London: Harvard University Press.

Kegan, R. (1994) *In Over our Heads*. London: Harvard University Press.

King, P. M. and Kitchener, K. S. (1994) *Developing Reflective Judgment: Understanding and promoting intellectual growth and critical thinking in adolescents and adults*. San Francisco, CA: Jossey-Bass.

Kohlberg, L. (1969) *Stages in the Development of Moral Thought and Action*. New York: Holt, Rinehart and Winston.

Koplowitz, H. (1984) A projection beyond Piaget's formal-operations stage: a general system stage and a unitary stage. In M. Commons, F. Richards and C. Armon (eds) *Beyond Formal Operations: Late adolescent and adult cognitive development*. New York: Praeger.

Krishnamurti, J. (1991) *Commentaries on Living, Third Series*. London: Victor Gollancz.

Krishnamurti, J. (1994) *Commentaries on Living, First Series*, 9th edition. London: Theosophical Publishing House.

Lahey, L., Souvaine, E., Kegan, R., Goodman, R. and Felix, S. (1988) *A Guide to the Subject-Object Interview: Its administration and interpretation*. Cambridge, MA: Harvard University, Graduate School of Education, Laboratory of Human Development.

Laske, O. (2006a) From coach training to coach education. *International Journal of Evidence Based Coaching and Mentoring* 4(1): 45–57.

Laske, O. (2006b) *Measuring Hidden Dimensions: The art and science of fully engaging adults*. Medford, MA: IDM Press.

Lind, R. (2000) *The Seeking Self: The quest for self improvement and the creation of personal suffering*. Grand Rapids, MI: Phanes Press.

Loevinger, J. (1976) *Ego Development: Conceptions and theories*. San Francisco, CA: Jossey-Bass.

Loevinger, J. (1987) *Paradigms of Personality*. New York: M. H. Freeman.

Mezirow, J. (1990) *Fostering Critical Reflection in Adulthood*. San Francisco, CA: Jossey-Bass.

Perry, W. G. (1970) *Forms of Intellectual and Ethical Development in the College Years*. New York: Holt, Rinehart and Winston.

Piaget, J. (1976) *The Psychology of Intelligence*. Totowa, NJ: Littlefield, Adams.

Rooke, D. and Torbert, W. (2005) Seven transformations of leadership. *Harvard Business*

Review April: 66–76.
Sullivan, C., Grant, M. and Grant, J. (1957) The development of interpersonal maturity: application to delinquency. *Psychiatry* 20: 373–385.
Torbert, W. (1991) *The Power of Balance*. Newbury Park, CA: Sage.
Torbert, W. with associates (2004) *Action Inquiry: The secret of timely and transforming leadership*. San Francisco, CA: Berret-Koehler.
Werner, H. (1948) *Comparative Psychology of Mental Development*. New York: International Universities Press.
Wilber, K. (2000) *Integral Psychology*. London: Shambhala.
Wilber, K. (2006) *Integral Spirituality*. Boston, MA: Integral Books.

議論のポイント

- クライエントが発達面でコーチより成長していたら，進展や相手に対するフラストレーションが起きる可能性がないことは別として，二人の協働作業のネガティブな結果として何が起こるだろうか？
- 認知発達的アプローチは，クライエントあるいはコーチが自分たちの行動のなかでどの発達レベルにあるかを判断する必要性をそれとなく伝えている。これは個人がもっている価値としばしば関連している。このことは，判断を行わないというコーチングの暗黙の特徴に合うか？
- より高い発達段階にあることは「知恵や精神性に精通していること」（Csikszentmihalyi, 1994）を示していると，認知発達理論はきわめて明確に述べている。個人発達のこうした見方は，コーチングとは何かというあなたの考え方とどれほど矛盾なく両立するか？
- 認知発達的アプローチがコーチング心理学において今以上に影響力をもつにあたって，おもにどのような障害があると考えるか？

推薦図書

Cook-Greuter, S. (2004) Making the case for a developmental perspective. *Industrial and Commercial Training* 36(7): 275–281.
Fitzgerald, C. and Berger, J. (2002) Leadership and complexity of mind: the role of executive coaching. In C. Fitzgerald and J. Berger (eds) *Executive Coaching: Practices and perspectives*. Palo Alto, CA: Davies-Black.
Kegan, R. (1994) *In Over our Heads*. London: Harvard University Press.
Wade, J. (1996) *Changes of Mind: A holonomic theory of the evolution of consciousness*. Albany, NY: State University of New York Press.

（堀　正訳）

第18章

カウンセリングとコーチングの境界を明確化するさいのコーチング心理学の役割

タチアナ・バヒローワ
(Tatiana Bachkirova)

はじめに

　コーチングとコーチング心理学の領域は急速に変わりつつある。以前に注目を集めていて，実践家とクライエントの双方にとって差し迫ったニーズがあることをよく示していた問題が，今まさに取り扱われている。たとえば，確立したプロフェッショナルコーチングの組織は，コーチングの実践における重要な問題への意識を高めて，コーチング実践家の実践やスーパービジョンのガイドラインを作成している。この他にも，こうした専門組織のあいだで協力が実を結んだもっと注目すべき試みもある。この領域で増加している研究によると，コーチングが「うまくいく」ことを各々の実践家が証明しようとする試みから，コーチング過程の性質や複雑さを慎重に詳細に研究することへと注目の焦点が移っていることを示している。これらの研究には，コーチング関係の微妙な違いやダイナミクスについて，また，クライエント，コーチそしてコーチング状況で具体的な要因が相互にどのような影響を及ぼすか，さらに，組織や社会に対してコーチングがどのような役割を果たしているかについてもっと広く考えることが含まれている（Whitney, 2001; Palmer and Whybrow, 2006）。
　人を成長させる方法であるコーチングは，カウンセリングや心理療法というマーケットのすき間に入り込んで，その地位を確立するために争う必要など，今ではないように思われる。これまでコーチは，自分の仕事が深層心理学で扱われるものとは違うので，それとはあまりかかわりをもたないようにしようと努めてきた。今ではコーチングと心理学との関連に触れるほどにまで，その態

度は軟化しているように思われる。コーチングによる介入を心理学的に補強する必要性は，プロフェッショナルコーチのあいだでは広く認められている。ますます多くのコーチング教育課程で，心理学に基づく科目がカリキュラムに含まれるようになってきた。また，科目としてのコーチング心理学はよく知られるようになり，いっそう影響力をもつようになっている（Cavanagh and Palmer, 2006）。

しかし，コーチングを心理療法やカウンセリングからもっと明確に区別する必要性は依然としてある。それはコーチングプログラムの市場を手に入れて拡大するといった目的のためではなく，たとえば心理学的なモデルやツールをコーチングの介入において利用する事例が増えているなどの理由からである。コーチング過程を質的に保証し，コーチの教育や訓練をもっと明確に方向づけ，その結果，専門的職業としてのコーチングをよりいっそう発展させるために，こうした区別は必要である。コーチング，カウンセリングそしてコーチング心理学の領域の新人だけでなく，クライエント，スポンサーになる見込みのある人びと，あるいはコーチやカウンセラーの資格をもつ経験者にとってもこうした区別は特に重要になる。

境界を明らかにしようとしたこれまでの試みの再検討

コーチングとカウンセリングあるいは心理療法との境界を明らかにする試みはこれまで，自身の専門知識がどのようなものかを説明しようとする各々の実践家に任せられてきた。文献をたどれば，この領域のごく初期の出版物にもこうした試みは認められる。しかし，依然として専門家のあいだには意見の相違があり，この専門的職業になじみがなく，「コーチングとは心理療法を必要としない者に行われる心理療法である」という定義に不慣れな人たちは何も明らかになっていないことに不満を抱いている状況から判断すると，これらの境界を明らかにしようとした初期の試みは，特に成功したようには思われない。そのため，問題は見た目ほど簡単ではない。われわれは，コーチングを過程として理解したり，発達的支援を補強すると考えられる知識として理解することに取り組まなければならないのである。ここでは，どのような原因からこの問題の難しさが生まれてくるかを具体的に論じる。

両者のあいだの相違を明らかにしようとして出会う典型的な問題は，カウンセリングや心理療法だけでなくコーチングをも，まとまったタイプとして描き

出そうと試みて，これら2つの実践的領域に境界を設けようとすることから生まれる。こうしたまとまりある実践のタイプは，いくつかの仮定された特徴をもつとみなされる。両者を区別する試みがコーチングまたはカウンセリングのいずれかの実践家のみによって独自に行われたり，いずれの領域の実践家も情報に基づいてもう一方の領域の実践を判断するのに適任ではないとき，しばしばここで述べた問題はいっそう難しくなる。

　実際のところ，簡単な区別ではいずれの立場の実践家も満足させられそうにない。たとえばパースローとレイ（Parsloe and Wray, 2000）は，心理療法は問題解決指向的または危機解決指向的であり，「検査や薬物の処方，幼少期の体験への焦点づけ，家族とのかかわりを含むかもしれない」（Parsloe and Wray, 2000: 12）診断や分析，治療に重点をおいていると述べている。彼らはこうした実践がどれだけ広範囲な理論に支えられているかを説明している。自分たちの実践をこのように定義することに同意するカウンセラーは決して多くないかもしれない。その一方でパースローとレイは，コーチングが概して結果もしくは活動能力を指向しており，行動することや長期間にわたる変化の持続を重視すると述べている。コーチングは特定の領域における活動能力を向上させるために行われ，実践に動機づけられ，対人スキルに強く左右されると彼らは述べている。この定義もまた多くのコーチング実践家を満足させられるものではない。

　こうした画一的な定義はペルティア（Peltier, 2001）にも認められる。同書の表1.1および表1.2（pp.xxvii and xxx）を見ると，心理療法とカウンセリングがごく限られた視点からとらえられていることがわかる。たとえば「はじめに」のある部分には「心理療法のポジティブおよびネガティブな問題（何を保持して何を捨てるべきか）」という見出しがつけられている。心理療法で「受動的アプローチや，クライエントのみから情報を得ること，変化が乏しいこと，定刻にオフィスのみで行われ，たとえば50分という決められた時間でコーチや話し合いに頼ること」（Peltier, 2001: xxx）などをコーチは見習うべきではないとペルティアは指摘している。このように言われれば，コーチが心理療法とかかわりをもちたくないと考えたとしても驚くにあたらない。

　たとえば「コーチングでは，生活上の出来事に対する情動的反応が存在すること，クライエントは自分の情動を表出して処理できることを想定している。コーチングは心理療法ではない」（International Coaching Federation: ICF, 2002）という定義にみられるように，カウンセリングや心理療法そのものにつ

いて詳しく述べず，それらと対比するだけでコーチングの具体的な特徴を定義するという似たような試みがなされている。この定義では両者の実践についての前提ばかりが説明され，コーチング過程がどのようなものか，クライエントの情動を扱うときにコーチがどのような役割を果たすかが十分には明らかにされていない。

　グラント（Grant, 2000）は，コーチングやカウンセリング，心理療法を受ける人びとを臨床型，非臨床型あるいは混合型に分類できると提案して，これらの実践をもっと明確に区別しようとした（Grant and Cavanagh, 2004 を参照）。メンタルヘルスの定義を学術的な議論の範疇にとどめているため，この主張もあまり支持できない。また，専門のカウンセラーの援助を受けて情動的な生活の質（QOL）を改善させる選択をしたという事実だけに基づいて，そうした人びとが臨床的な集団に属しているとみなすことは，重大な倫理的問題と深く結びつく。それに対して，ある人が人生の重要な時期を振り返り，カウンセリングを通してそれを探る過程に積極的にかかわろうと決断することは，精神的に健康な状態を表しているといえよう。

　この点についてさらに説明するため，異なる行動や決定を行った二人の管理職の例を比べてみよう。彼らの状況や人生の段階は，そのほかの点ではとても似通っていた。一人は，自分の活動能力をもっともっと高めるためにコーチングを受けるという経歴をやみくもに追い求めている。そのとき彼は，自分のキャリア追求が自分と家族にもたらした耐えがたい状況を避けるような選択をしていることにまったく気づいていなかった。もう一人の管理職は，ある日，自分が「出世競争」のなかにいることを自覚し，いま目指していることがどれだけ自分や家族にダメージを与えているかに気づいた。彼は人生のなかで現在おかれている段階の意味を探るため，勇気をもって専門家に助けを求めた。この2つの事例についてはこれ以上説明する必要はない。この2つを「臨床的」な事例として議論することが道理にかなっていることは明らかである（Bachkirova and Cox, 2004）。精神的健康の問題に苦しむ人びとが，自分たちの問題が適切な治療的状況からも同時に扱える限り，コーチングの恩恵を受けることは実践が示している。人びとを「臨床的」と「普通」の集団に分けるという提案は，さまざまな理由や基準のもとに絶えず異論が唱えられ退けられている。しかし，「臨床的」と「普通」とのあいだで人びとを分けるという考えは，依然としてコーチング領域の初心者に大きな影響を与えている。

　要するに，コーチングをカウンセリングから区別しようという試みは，カウ

ンセリングや心理療法におけるきわめて多様なアプローチを誤って説明しがちであり，同様にコーチングを誤って説明することが多い。利用者をカテゴリー分けすることもまた有効ではなく，誤解を招いている。したがって，コーチングとの関連では，こうした区別の試みは，コーチングそのものではなく，それと対照的だと思われる領域の実践に注目しつづけることによって，コーチングをより深く理解する過程を遅らせてきたのであり，そうした理解に基づいてコーチングを定義してきたといえる。

より明確な境界の必要性

コーチングとカウンセリングの境界を明らかにすることが実際に求められているが，それはたんに理論上の関心からではない。実践家によれば，彼らは自分がかかわっている成長の過程が，コーチングとカウンセリングのいずれの領域にあたるかをいつも判断するよう迫られる。心理療法やカウンセリングをコーチングと結びつけることについては，実践家のあいだで現在のところ次のような同意が得られている。

- 心理療法またはカウンセリングは必要であれば（このやり方が治療的アプローチと矛盾せず，実践家がコーチングに必要な付加的スキルをもち，クライエントのおかれた状況に対する十分な知識があるならば）コーチングの要素を含む。
- コーチングのなかで心理療法を行うことは適切ではない。

第一の考えは比較的に単刀直入でよく受け入れられている一方，第二の考えは一見すると明白だが，特に心理療法とコーチングのいずれの資格ももつ実践家に対しては理論的な根拠がない。一般にコーチングの過程は明白な契約のもとにはじめられるので，とりわけクライエントの同意なしにその過程の性質を変えることは適切でないという説明がこの考えを見事に表している。どこでコーチングが終了し，どこからカウンセリングがはじまるかがすべての当事者に明らかであれば，この説明で十分だろう。

この場合，われわれは同じ質問に戻ることになる。コーチングには特定のスキルが必要なのか？　原則としてそうしたスキルはどれほど明確なのか？　コーチングについての現行の定義は限定しすぎではないか？　実践場面では，クライエントの将来や生活でのポジティブな側面だけを扱うことなどできないとわれわれは知っている。コーチは困難な問題や発達の障害，不満などを扱って

いる。これらのうちのいずれがコーチング領域に含まれるのか，そして最も重要なことだが，それはなぜなのか？

　専門家のなかには，コーチングでカウンセリングを行うことは不適切だという考えを捨てるべきだとはっきりと主張するものがいる。たとえばサイモンズ（Simons, 2006）は，研究の結果から，高度な自己知識は成功するリーダーシップに不可欠なので，クライエントの過去がもたらす影響，その結果生じた彼らの行動を支える態度や感情，信念を取り扱うために，外部コーチングはカウンセリングの要素を含むべきであると結論づけている。また，「成功するリーダーは，自分の自己概念から生じるあらゆる問題に直面し，それを扱う必要がある」と指摘する（Simons, 2006: 24）。彼はプロフェッショナルコーチがカウンセリングや心理療法のトレーニングを受け，理想的には資格を取ることが必要だと主張している。

　コーチングを過程として定義することが実際には難しいので，境界に関する問題は解決されないままであると思われる。ますます多くの試みが新たに行われているにもかかわらず，「プロフェッショナルコーチングが実際にどのようなものか，どうすれば実効性があり信頼できるコーチになれるかは明らかでない」（Sherman and Freas, 2004: 84）ようである。

　このことを念頭において，コーチングを定義するために現在どのようなアプローチが行われているのか，そうした試みの結果がこれまでにどのようにコーチングとカウンセリングの区別に役立ったか（あるいは役立たなかったか）を調べることは重要かもしれない。これまでに2つのアプローチが確認できる。第一のアプローチは，より高次の一般化レベルでコーチングの究極的な成果や目的を明らかにするために行われてきた。これは個人の成長，幸福あるいは活動能力を高めるアプローチとしばしば表現された（Grant and Palmer, 2002）。このタイプの定義がコーチングの究極的な意図を正しく反映しているとすると，それに異を唱えることは難しい。しかし，このような定義は，それがコーチングとカウンセリングを区別できないという問題を含んでいる。なぜなら，カウンセリングもまた究極的には，もっと上手な生き方を探求して発見し，明らかにし，より高次の幸福に向かう機会を提供することを含むからである（Cross and Watts, 2002: 295）。

　第二のアプローチは，最終的な成果がどのように達成されるかについてもっと詳細に記述することである。たとえばグラント（Grant, 2006: 13）は，コーチングは「協調的で，個別化され，問題解決に焦点づけられ，成果指向で，体

系的で，拡張性があり，自己指向の学習を促進し，実証的な結果に基づくべきで，職業上の倫理が組み込まれた専門的な実践」であると述べている。このタイプの定義が抱える問題は2つある。第一は，第一のアプローチに関してすでに述べたように，その定義がカウンセリングの特定のアプローチと区別できないいくつかの特徴を含むことである。第二に，その定義は，非常に限定的で，ただ望ましいという理由で，限られたコーチング形態にしかあてはまらない特徴をいくつか含むことである。

カウンセリングとコーチングを区別する別の方法

　本節では，コーチングとカウンセリングを比較するもう一つの試みを概略する。それによって，すでに明らかになったいくつかの落とし穴を避け，そのほかの複雑な問題を考慮するつもりである。たとえば，コーチングをカウンセリングと対比させるとき，クライエントが機知に富み（Berg and Szabo, 2005），進んで問題を解決しようとする（Hudson, 1999）という考えをあてはめると，カウンセリングはそうではないということを誤ってほのめかすようなものである。したがって，以下の試みの意図は，コーチングとカウンセリングの違いや共通点を明らかにすることである。こうした違いや共通点は，たとえば実践家の個人的スタイルや理論的背景，あるいは彼らが用いる特定のアプローチから説明することは難しい。それに加えて，コーチングのそうした側面は，コーチングが専門職としては（たとえば，実践や倫理，スーパービジョン，介入の理論的基盤などの詳細な取り決めがあるかどうかという点で）まだ発展途上の段階にあるため，カウンセリングと比較すると不利になるかもしれない。しかし，専門的な発展のもつこうした側面から判断すると，コーチングという専門職は必ずや進展していくことが明らかなようにみえるので，コーチングの不利な面は回避されるだろう。

　コーチングとカウンセリングの過程を比較するために重要だと思われるいくつかの側面を表18.1にまとめた。この表には，おそらく両者を区別しなければならず，また区別しうるだろう側面が含まれているので，最終的なものではない。たとえば関係の時間的な長さや過去への焦点づけなど，この表には含まれない側面もある。しかし，それらの側面はいずれの過程においてもきわめて多様なので，それぞれの過程を互いに区別することはいつもできるわけではない。

表18.1に示した側面をみると，コーチングとカウンセリングのいずれにも有効に働く要因の重要性に関する項目で，2つの実践のあいだの類似性が特に顕著である。それらは，クライエントと実践家のあいだ，実践家の自己が果たす役割とクライエントへの深い関与のあいだの関係の重要性である。実践における両者の基本的スキルは，特定のカウンセリングの学派やアプローチにおいて発展した特殊なカウンセリングのスキル（たとえば，ゲシュタルトセラピーの技法や精神分析における夢の解釈など）を除けばとても似通っている。その一方で，必ずしもすべてのカウンセリングのアプローチにおいて，コーチングで実践される目標設定やアクションプランニングなどのスキルがはっきりと用

表18.1　コーチングとカウンセリングの相違点

側面	カウンセリング／心理療法	コーチング／メンタリング
最終的な目的と利益	個人の成長や幸福	個人の成長や幸福（資金援助があればそれを提供する組織にも利益となる）
初期の動機づけ	心理的な問題や機能不全を取り除くこと	生活の質を高めて活動能力を改善すること
介入の状況	クライエントの生活のいずれか，できればすべての側面に開かれている	クライエントの目標やコーチの専門領域，スポンサーの指定に沿った契約により明確にされる
クライエントの変化への期待	きわめて不満足な状態からほどほどの満足へ	ほどほどの満足からよりいっそうの満足へ
起こりうる結果	幸福の増大，さまざまな生活領域での予想外の肯定的変化	目標の達成，幸福や生産性の向上
理論的基礎	心理学および哲学	心理学，教育学，社会学，哲学，経営，健康や社会医療などを含むことがある
主な専門的スキル	傾聴，質問，フィードバック，特定のアプローチに特化したツールや手順の使用	傾聴，質問，フィードバック，明確な目標設定や活動計画
過程での関係の重要性	高い	高い
クライエントの関与の重要性	高い	高い
その過程での実践家の自我の役割	非常に重要	非常に重要

いられるわけではない。

　注目すべき違いとして，表18.1には，そもそもクライエントがカウンセリングまたは心理療法を受けようとする動機づけは，コーチングやメンタリングの場合としばしば異なることが示されている。それには，心理的な問題や機能不全を取り除きたいという願いにはじまり，個人の幸福を改善させるために，人生のパターンや臨界期を探し出したいという欲求にいたるまでさまざまある。その一方で，コーチングやメンタリングの動機づけは，ほとんどの場合，組織から支援や激励を受けて個人が活動能力を改善しようと決心することである。特に個人がこのサービスに対価を支払い，組織がかかわっていない場合には，個人的および職業的な面での成長が目的だといえる。このような場合には，初めの動機づけがどのようなものであれ，その過程の最終目標は同じなので，コーチングとカウンセリングの違いはあまり大きくない。

　もし組織やその他の利害関係者がかかわっている場合，多くの側面において両者の違いはより大きくなる。カウンセリングはクライエントの生活のあらゆる側面にかかわる可能性があるため，カウンセリングの焦点は個人によってしか決められず，クライエントの生活において，その過程がどこに向かうかについては何の制約もない。コーチングの焦点もまたクライエントによって決められるが，もしコーチングの費用が組織から提供されている場合には，一般にその目標は組織にとって有益とみられる方向に向けられる。コーチングでは，各クライエントとの契約は，具体的な成果を期待する組織にとって有益な範囲内にそうした過程がとどまるように調整される。こうすることで，コーチングをどのような予定で割り当てるか，さまざまな関係者が成果の評価とどのようにかかわるかが決まる。このことはまた，コーチングにおける倫理や守秘義務にかかわる具体的な問題を生み出しかねない。カウンセリングであれば，明らかに個人に向けられるので，こうした問題は避けられる。

　クライエントがどれほどの個人的ニーズをもっているかによって，クライエントがもっと基本的なやり方で前進したり，成長を妨げる障害を克服できるようにする資質を育てたりすることにどれだけ多くの時間を使えばよいかが決まるだろう。そうした個人的な関心としばしば対立する組織の直接的ニーズとのしがらみがないならば，コーチングの範囲は限定されるだろう。それとは対照的に，カウンセラーはどのような状況であってもクライエントに支援を提供できる。そのため，個人的成長という視点では，カウンセリングの最終目標はほとんどのコーチングの目標よりも巧みで戦略的である。カウンセラーは心理的

問題を含む具体的な問題から「十分に機能する人間」(Rogers, 1961) になるための過程を推測する。その一方でコーチングの目標は，組織のなかであろうとなかろうと，一般にクライエントの生活の特定の領域のみに焦点づけられる。

　その次に比較される側面は介入を行う状況であり，やはりコーチングとカウンセリングでは異なっている。カウンセリングはいっそう広い戦略的な目的にしたがい，クライエントのどのような生活領域にも関連するので，介入を行う状況は限定されていない。家庭であれ仕事であれ，過去であれ未来であれ，クライエント個人のあらゆる生活領域に関して問題や発達的目的が検討される。クライエントが働きかけなければならない状況のつながりにカウンセリングの実践家が精通していない場合でも，実践家の仕事の成否がこの知識で決まることはほとんどない。それとは対照的に，コーチングの介入にふさわしい状況は，クライエントからの具体的な要求やコーチの専門領域，何らかの組織に属している場合にはその職務にしたがった契約によって通常は明確化されている。普段から，コーチは自分自身の専門領域について，たとえばスキルコーチングか，パフォーマンスコーチングか，あるいは発達コーチングか，そして——しばしばクライエントの求めに応じて——自分の専門技能が培われたフィールド，たとえば民間企業なのか公営企業なのか，国営医療サービス（NHS：National Health Service）やビジネス，販売などのもっと具体的な領域なのかを明らかにしている。コーチングのおもな焦点は一般にコーチング関係のごく早い段階から明らかにされ，このことはまた介入を行う状況を決定する。もし組織がコーチングの出資者である場合には，その状況はさらにはっきりする。介入を行う状況を変更するさいには，取り交わした契約を見直す必要があるだろう。

　コーチングとカウンセリングの過程でもう一つの重要な違いがある。それは結果に対する期待の高さである。コーチングを受けるクライエントは，カウンセリングのクライエントと比べてずっと高い期待を抱いているように思われる。この期待の高さは，どのような動機づけでコーチングをはじめたかによるといえるだろう。心理的問題を排除すれば生活のなかで相応の満足やバランスのとれた状態になるが，その一方で，特定のコーチング目標が定められていると，クライエントは目標達成に成功して満足することを当然ながら期待すると思われる。これは，カウンセリングのクライエントは未知の生活領域を探索する過程から得られる予想外の恩恵に与らないだろうということを意味するのではない。しかし，こうしたカウンセリングの効果はおそらく，きつい仕事に対する特別賞与とみなされるだろう。

コーチング心理学にとってカウンセリングとコーチングの相違や類似性がもつ意味

　開始時の動機づけを除けば，コーチングとカウンセリングの最も大きな違いは，介入を行う状況と結果に対する期待の程度にあると思われる。その違いはライフコーチングや組織のなかで行われるコーチングと関連している。コーチにとってこうした違いが一般的に意味するものは次のとおりである。

- コーチは自らの専門領域に合致した状況のみにかかわらなければならない。
- コーチはクライエントによって明確にされた領域において働かなければならない（もしその領域を拡大せざるをえないならば，新たな契約を取り交わす必要がある）。
- コーチの能力やクライエントがコーチングを受ける準備ができているかの査定と，クライエントが期待する結果とをコーチがどれだけ責任をもって結びつけるかは，望ましい変化に対する期待の程度によって左右される。

　たとえコーチがカウンセラーの資格をもっているとしても，彼らはコーチングのクライエントが定めた領域において働くことを期待されている。のちに明らかになったニーズからその領域を拡大しなければならない場合には，新たに契約を取り交わす必要がある。明らかにされた問題や目標によっては，クライエントの生活におけるさまざまな状況を制限なしに探る必要が生じるかもしれないが，そうすると，開始時に設定された特定の目標に向けて，限られた時間のなかで検討することでどのような直接的影響が出るかを予測できなくなってしまう。そうした状況では，どのようなタイプのコーチング（たとえば，パフォーマンスコーチングや発達コーチング）を行うのか，コーチがその時点で必要だと思われるコーチングを提供するのにどれほど適しているのかを明確にすることがコーチにとって重要となる。たとえば発達コーチングでは，パフォーマンスコーチングとは対照的に，活動能力にかかわる特定の行動にあまり焦点が向けられない。発達コーチングはクライエントの長期的なニーズや願望，新たに起こるニーズや願望をいっそう受け入れるので，パフォーマンスコーチングの場合には制約がなさすぎて心理学的にはいたずらに難しいとみなされる介入も正当とされるかもしれない。

　コーチング心理学者は，カウンセラーとしての資格をもたなくても，意思決定を行う時点でそこに含まれる心理的問題やそうした変化がもつ心理的な意味

合いを見つけられるという強みをもっているといえる。
　コーチングが活動能力指向よりも発達指向となっている領域では，クライエントが具体的な著しい変化を期待するので，変化の過程に含まれる問題の大きさやクライエントが期待する結果にたどりつけるかどうかを予想するのが難しいことをコーチは知らせる責任があると求めている。確かにクライエントは，結果に影響を与えるかもしれないコーチング過程の性質上，意思決定の過程にかかわらざるをえない。このことは，コーチング過程の結果に関してコーチとクライエントは同等の責任を負うという前提によって決定されている。
　この比較がもつ重要な含みとは，コーチングが発達指向的になればなるほど介入の状況においていっそうカウンセリングに近づき，その状況から考えると両者は一つになるということである。したがって，発達指向的に活動するコーチは，発達を妨げる要因や援助関係のダイナミクスも含めて，自己の性質や個人発達の心理学，そして，個人発達の促進にかかわる過程の性質について，いっそう見識をもつ必要がある。こうした理由によって，個人発達の理論や，発達への実践的介入がもつ心理学的な意味の理解に焦点を向けた主題領域としてのコーチング心理学が，コーチングを行うすべての人にとってますます重要となってきているのである。
　コーチングとカウンセリングは異なる領域に焦点をあてているので，コーチングを行うさまざまな実践家集団にとって違った意味をもっているが，両者の境界の問題について深く考えることは得るところが多い。たとえば，次のような問題である。

- 心理学者ではない人たちや，その専門領域のすべての初心者。
- カウンセリングや心理療法以外の1つないし2つの領域の専門家である心理学者。
- 心理学者ではないが豊富な経験をもったカウンセラーや心理療法家。
- カウンセラーの資格ももつ心理学者。

　第一と第二のグループにとって，2つの実践の違いがもつおもな意味とは，彼らがその実践において直面するかもしれない心理的問題の限界を，しかるべき時期に適切に理解することである。これらの実践家は，図18.1のモデルを考慮すると得るところが多いだろう。このモデルは，目に見えない心理的問題を明らかにして，クライエントをしかるべき専門家に引き合わせる作業で意思決定するさいに必要な要素を示している。このモデルはまたそうした問題についての知識をもち，気づくことの重要性を強調している。

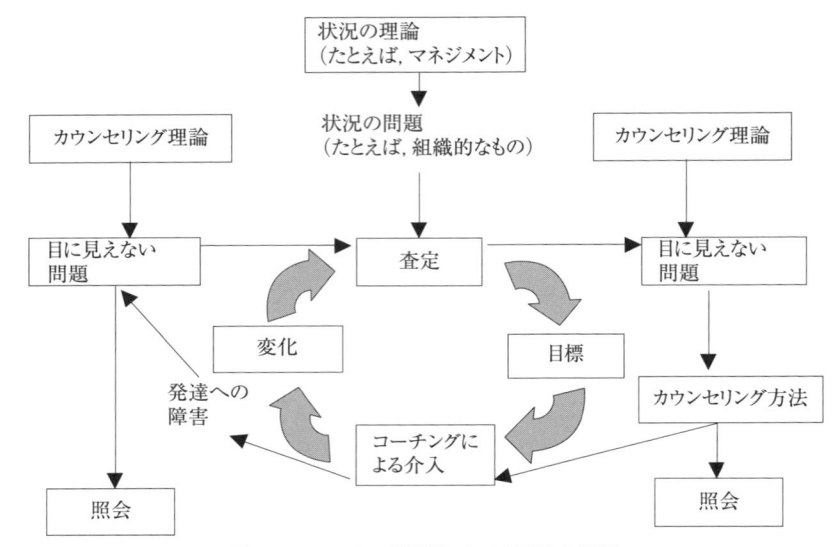

```
                     状況の理論
                   （たとえば，マネジメント）
                            │
                            ▼
                       状況の問題
  カウンセリング理論    （たとえば，組織的なもの）   カウンセリング理論
        │                   │                      │
        ▼                   ▼                      ▼
    ┌─────────┐         ┌──────┐            ┌─────────┐
    │目に見えない│  ⇄    │ 査定 │     ⇄      │目に見えない│
    │  問題    │         └──────┘            │  問題    │
    └─────────┘            ⇅                 └─────────┘
        ▲              ┌──────┐                   │
        │              │ 目標 │                   ▼
      発達への         └──────┘              ┌──────────┐
       障害                ⇅                 │カウンセリング方法│
        │            ┌──────────┐           └──────────┘
        │     ⇄     │コーチングに│                │
        │            │  よる介入  │                ▼
    ┌──────┐        └──────────┘              ┌──────┐
    │ 照会 │                                    │ 照会 │
    └──────┘                                    └──────┘
              変化
```

図18.1　コーチング過程における理論の役割

このモデルによれば，コーチング過程のはじまりは査定である。これはクライエントの査定（ニーズ，価値，優先順位，パーソナリティなど）ばかりでなく，コーチングの状況，価値や文化を含めた全体としてクライエントのおかれたシステム，そしてクライエントが成功を望んでいる状況を理解することも含む。これらすべてはまた，こうした状況でコーチが直面する立場，コーチが好むコーチングの枠組，取り決めた契約の詳細を検討することにともなってどの程度の自由や制約が生じるかを検討しながら査定される。次に，査定の結果は，それがどれほど実際にあてはまるかを評価するために，各々のクライエント（そして，かかわっていればクライエントの組織）が設定した目標と関連づけられる。適切な方略が作り出され，方法が選ばれた後に，選択した介入や行動がとられる。望ましい変化が生まれ，設定した目標や状況に照らして十分であると認められれば，このサイクルは完結して，次の水準に目標が移る。このサイクルは契約の範囲内で，必要で可能なあいだ繰り返される。

　しかし，こうした理想的なシナリオはおそらく理論的にしか実現しないだろう。現実にコーチは，自身の進歩を妨げている目に見えない問題を抱えたクライエントと仕事をしなければならないことがよくある。そうした問題が初回の査定で明らかになることさえある。たとえばコーチは，自分の仕事を人に任せ

るスキルを高めたいと望むクライエントはほかの人を信頼することがとても難しいことに気づくかもしれない。こうした問題はクライエントの目標達成にとって重大な障害となりうるものであり，適用された治療的アプローチによっては，詳細な検討や実施可能な介入が必要となるかもしれない。この時点でコーチは，クライエント（または組織）と交わした契約で定められた状況からその問題を処理し，クライエントとそれについて話し合うために求められる自分自身の能力を評価する必要がある。コーチは目に見えない問題を専門的に扱えるカウンセラーに依託することを検討してもよい。あるいは，コーチングを進める決定をした場合，目に見えない問題が適切な心理学的理論の知識によって評価され，具体的に選択されたカウンセリング方法によってコーチングの介入が質的に高められ，その後に行われる新たな査定は単なる活動能力の改善を超えたいっそう広い状況で行われる。たとえばこの場合には，仕事を任せることで達成されるどのような進歩も，明らかにされた目標（たとえば，仕事を任せるスキルを磨くこと）ばかりでなく，開始時の苦境（たとえば，ほかの人を信頼する能力の欠如）を考慮しながら査定されるだろう。

　場合によっては，目に見えない問題がコーチング過程の途中の段階で明らかになり，心理的発達に立ちはだかる重大な障害はクライエントの成長を遅らせることが明らかになるかもしれない。先に述べたように，心理的な苦境がどのようなものかを理解したうえで意思決定する過程も同様に必要とされている。

　コーチングの状況によっては，背景となる具体的な——理論的で実践的な——関連知識を適用する必要があると決定されるかもしれない。たとえば，ある組織において，初期または途中の査定段階でコーチングの申し出を受けた場合，マネジメントの理論や組織の発達に関する特別の知識は，コーチングを行うためのとても貴重な財産となる。組織がもつ特定の文化や価値は，クライエントのリーダーシップのスタイルについて特定の見方をとらせるかもしれない。そして，このスタイルがコーチングの目標や過程に明らかに影響を及ぼす。

　このモデルは，主要な心理学的理論を十分に理解することが発達的な現象やその障害に気づいて解釈するために必要だということを示唆している。実践家のうち，はじめの2グループにとっての意思決定過程における主な課題とは，目に見えない問題を早いうちに発見することだろう。少なくともいずれかのカウンセリングのアプローチについて十分な知識を備えることは，コーチにとってとりわけ役に立つだろう。そうした知識は，目に見えない問題やクライエントの発達を阻む障害を扱う場合に，コーチが扱うスキルの範囲を広げるのに役

立つだろう。

　第三と第四のグループに入るコーチング実践家にとってこのモデルが指摘するおもな意味は，クライエントがおかれたシステムや契約の性質に対する感受性についてコーチが状況的知識をもつ必要があることだと思われる。これら2グループの実践家はいずれの実践モードも行う資格をもつため，意思決定の過程におけるおもな課題とは，焦点づけられた状況指向のコーチング過程から逸脱することが何を意味するかを最大限に考慮し，クライエントを巻き込んで契約を結ぶというこの過程の性質を尊重することである。

　すべてのグループの実践家にとってスーパービジョンは，クライエントとコーチの双方に多くの貴重な利益をもたらすことに加え，コーチングとカウンセリングの境界に関連した意思決定過程の有効性を保証するためにデザインされた活動であるといえる。このことは同時に，この仕事に適任である理想的な（しかし限定的ではない）スーパーバイザーは，第四のグループを構成する心理学者であろう。彼らはコーチとカウンセラーのいずれの資格ももち，特にスーパーバイザーとしての訓練を受けている。

境界をもっとはっきり知るために
コーチング心理学が果たす役割

　急速に発展した研究領域であるコーチング心理学は，コーチングとカウンセリングの境界について明確な理解と実践的な価値を生み出すために重要な役割を果たしている。専門職としてのコーチングの発展にコーチング心理学がとても寄与すると思われる領域がいくつかある。そうした領域の一つは，コーチング実践のために今あるカウンセリングの理論や方法，アイディアを十分にあてはめる仕事である。このハンドブックやいくつかの著書はそうした目的のための重要なステップを提供している（たとえば，Peltier, 2001; Stober and Grant, 2006; Bluckert, 2006; Passmore, 2006）。

　特に組織的な状況において，個人がどのように成長していくかについて新しい理論が明らかに必要とされている。これらの理論は，いくつかのコーチングの介入を規定している短縮ステップの単純モデルよりもずっと洗練されていなければならない。全体的にみると，これらの理論は，次にあげる本質的な要素を詳しく述べることで，個人における発達的変化の現象を説明するだろう。

- 人間性についてのおもな概念や仮定

- 発達を進める条件
- 発達を妨げるもの
- 発達の課題や目標
- 変化を可能にするための方法や技法
- コーチとクライエントの関係
- 本質的な過程やダイナミクス
- 落とし穴や限界

　これらの要素からなる理論は一般に，人間の性質や個人の発達を含めた世界の全体像を描き出している。それによってコーチは，発達のパターンを理解して自分の活動を首尾一貫して計画できるはずである。そうした理論を用いるとコーチは，自分が働く領域やカウンセリングの領域で発達という現象について同僚と意見交換する機会が得られ，共有された理解や互いに得るところの多い研究の枠組を提供されることで，いずれの実践も質が高められるだろう。

　コーチング心理学はまた，専門家としての配慮が求められる問題を扱うさいのさまざまな危険にコーチが注意するよう促すには理想的な知識の領域である。それは暗くて見通せない——心理測定検査とは別の方法によって極度の苦痛やパーソナリティ障害の兆候を見分けるといった——領域に明かりをともす（Berglas, 2002; Cavanagh, 2005）。たとえばカバナー（Cavanagh, 2005）によれば，実践家たちが各々のクライエントにとって必要となる働きかけの方法について決断を迫られたときには，彼らはとても役に立つアイディアをすでに見つけているという。クライエントに対してコーチングだけを行えばよいのかとコーチが疑念をもつ状況では，それはつねに慎重に検討すべき問題である。それはまた，クライエントの抱える特別な問題に効果的に対処するときにコーチ自身がもつ能力の限界をきちんと見極める必要があることをコーチに注意喚起するだろう。それは次のような問題である。

- クライエントはどれほど長いあいだその苦痛や機能不全を経験してきたのか？
- クライエントはどれほど極端な行動や反応を示しているか？
- 苦痛や機能不全の行動はどの範囲にまで広がっているか？
- クライエントはどれほど防衛的か？
- 行動や思考，感情にみられる機能不全のパターンはどれほど変化に抵抗しているか？　　　　　　　　　　　　　　　（Cavanagh, 2005: 23）

コーチング心理学の果たす役割がきわめて重要な領域がもう一つある。コー

チやコーチング心理学者へのスーパービジョンは，認定されたカウンセリングやスーパービジョンで用いられる伝統的なモデルを越えた広がりをもっている。これらの広がりについて説明し活用したいくつかの優れた研究はキャロルとギルバート（Carroll and Gilbert, 1999），ホーキンス（Hawkins, 2006a, 2006b），そのほかの専門家によってすでに行われてはいるものの，これらの広がりを引きつづき検討して，これまでの取り組みを評価する必要がある。

　すでに述べた分析の結果が示すように，コーチングとカウンセリングの違いやその境界を明らかにする課題は，コーチング心理学の領域で概念的かつ実践的な研究がいっそう進んだことで，これまでよりも行いやすくなった。しかしながらこの課題は，個別の事例を受けもつ個人の実践家には行いやすくなっているようにはみえない。コーチングを実践しているコーチにとって，このことがもつ意味は彼らの専門知識に限ったことではない。クライエントの発達にかかわる一対一の過程がもつ微妙な違いや複雑さを観察して解釈でき，それに基づいて意思決定を行うときに，コーチの自己が果たす役割は過大に評価できない。このことはまた，コーチやコーチング心理学者が自身の心理学的な素養やスキル，個人的成熟について訓練を積み，教養を深め，個人的に発達していくさいにコーチング心理学が果たす重要な役割を暗に示している。コーチにとってスーパービジョンという概念が何かをはっきりさせ，その実践を進めていくときに，そして，コーチングとカウンセリングのあいだに強く張った綱の上でバランスをとるコーチをそれぞれの場合に応じて支援するスーパーバイザーを育成するときに，コーチング心理学のもつ役割は今後も卓越したものでありつづけるだろう。

引用文献

Bachkirova, T. and Cox, E. (2004) A bridge over troubled water: bringing together coaching and counselling. *International Journal of Coaching and Mentoring* 2(2).

Berg, I. K. and Szabo, P. (2005) *Brief Coaching for Lasting Solutions*. New York: W. W. Norton.

Berglas, S. (2002) The very real dangers of executive coaching. *Harvard Business Review* 80 (6): 87.

Bluckert, P. (2006) *Psychological Dimensions to Executive Coaching*. Maidenhead: Open University Press.

Carroll, M. and Gilbert, M. (1999) *On Being a Supervisee: Creating learning partnerships*. Self-made manual.

Cavanagh, M. (2005) Mental-health issues and challenging clients in executive coaching. In M.

Cavanagh, A. M. Grant and T. Kemp (eds) *Evidence Based Coaching*. Volume 1, *Theory, Research and Practice from the Behavioural Sciences* (pp. 21–36). Bowen Hills, Qld: Australian Academic Press.

Cavanagh, M. and Palmer, S. (2006) Editorial—The theory, practice and research base of Coaching Psychology is developing at a fast pace. *International Coaching Psychology Review* 1(1): 5–7.

Cross, M. and Watts, M. (2002) Trainee perspective on Counselling Psychology: articulating a representation of the discipline. *Counselling Psychology Quarterly* 15(4): 293–305.

Grant, A. M. (2000) Coaching psychology comes of age. *PsychNews* 4(4): 12–14.

Grant, A. M. (2006) A personal perspective on professional coaching and development of coaching psychology. *International Coaching Psychology Review* 1(1): 12–22.

Grant, A. M. and Cavanagh, M. J. (2004) Toward a profession of coaching: sixty-five years of progress and challenges for the future. *International Journal of Evidence Based Coaching and Mentoring* 2(1): 1–16.

Grant, A. M. and Palmer, S. (2002) Coaching psychology workshop. Annual Conference of the Division of Counselling Psychology, British Psychological Society, Torquay, UK, 18 May.

Hawkins, P. (2006a) Coaching supervision. In J. Passmore (ed.) *Excellence in Coaching*. London: Kogan Page.

Hawkins, P. (2006b) *Supervision of Coaches, Mentors and Consultants: Polishing the professional mirror*. Maidenhead: Open University Press.

Hudson, F. M. (1999) *The Handbook of Coaching*. San Francisco, CA: Jossey-Bass.

International Coaching Federation (ICF) (2002) *The Nature and Scope of Coaching*. www.coachfederation.org/ICF/For+Coaching+Clients/Selecting+a+Coach/Nature+and+Scope+of+Coaching/ (2006年4月6日にアクセス)

Palmer, S. and Whybrow, A. (2006) The coaching psychology movement and its development within the British Psychological Society. *International Coaching Psychology Review* 1(1): 5–11.

Parsloe, E. and Wray, M. (2000) *Coaching and Mentoring: Practical methods to improve learning*. London: Kogan Page.

Passmore, J. (2006) *Excellence in Coaching: The industry guide*. London: Kogan Page.

Peltier, B. (2001) *The Psychology of Executive Coaching*. Hove: Brunner Routledge.

Rogers, C. (1961) *On Becoming a Person*. Boston, MA: Houghton Mifflin.

Sherman, S. and Freas, A. (2004) The Wild West of executive coaching. *Harvard Business Review* 82(11): 82–90.

Simons, C. (2006) Should there be a counselling element within coaching? *The Coaching Psychologist* 2(2): 22–25.

Stober, D. R. and Grant, A. M. (eds) (2006) *Evidence Based Coaching Handbook: Putting best practices to work for your clients*. Chichester: Wiley.

Whitney, G. (2001) Evaluating development coaching. In L. West and M. Milan (eds) *The Reflecting Glass: Professional coaching for leadership development*. Basingstoke: Palgrave.

議論のポイント
- 本章では「心理学的コーチング」という用語が意味のないことを示している。あらゆるコーチングは心理学的過程からなっているので，心理学的とみられている。これについてあなたはどのように考えるか？
- 「心理学的な心をもった」コーチは心理学的な知識が豊富なコーチと同じくらいよいと主張する人たちがいる。この主張はどのような前提に基づいているか？
- カウンセリングの経験がないコーチングスーパーバイザーはコーチやコーチング心理学者にとって役に立ちうるか？
- カウンセリングとコーチングの境界を強調しない業務，たとえば「個人的コンサルティング」（www.practicalpsychology.org/index.html）を作り出そうという興味深い試みがよく論じられている。こうした考えを導入して実行するときに考えなくてはならないことは何か？

推薦図書
Berglas, S. (2002) The very real dangers of executive coaching. *Harvard Business Review* 80 (6): 87.
Buckley, A. and Buckley, C. (2006) *A Guide to Coaching and Mental Health*. London: Routledge.
Cavanagh, M. (2005) Mental-health issues and challenging clients in executive coaching. In M. Cavanagh, A. M. Grant and T. Kemp (eds) *Evidence Based Coaching*. Volume 1, *Theory, Research and Practice from the Behavioural sciences* (pp. 21–36). Bowen Hills, Qld: Australian Academic Press.
Simons, C. (2006) Should there be a counselling element within coaching? *The Coaching Psychologist* 2(2): 22–25.

（野村信威訳）

第19章

コーチングと多様性

ヘレン・バロン,ハンナ・アジゾラー
(Helen Baron and Hannah Azizollah)

はじめに

　多様性はコーチングに欠かせない要素である。よいコーチであるためには,たとえ「多様性」ということばが書かれていなくても,多様性の視点から仕事をする必要がある。二人の人間がいれば,そこには何らかの違いがある。このことは,二人が世界をどのように知覚し,それに反応し,どのように感じるかに影響を与える。多様性は,こうした違いを考慮し,それらが人びとのあり方,人どうしのかかわり方にどのような影響を与えるかを考察する。カンドーラとフラートン (Kandola and Fullerton, 1998) は,組織のなかで多様性の視点に立って仕事をするということは,個々人の能力の最大化に注意を向けるという意味であると述べている。

　本章において,われわれは先入観,機会均等そして多様性についての基本事項を扱い,これらがコーチング実践にどれほど欠かせないものかを考える。このためには,多様性を扱うときにコーチに必要な能力は何かを議論しなければならない。そこで,われわれは多様性という強力な要素を使って計画を説明したいくつかの事例研究を紹介する。

　多様性に関する章をこのハンドブックに確実に収めることで,議論を的確に進めるという要求にただ応えるにとどまらず,この章を通じてあなたなら多様性の問題にどのようにアプローチするかを検討するように求める。あなたが概観したり,よく考えたりできるように,われわれはコーチングにおいて多様性の問題がどのように生まれるかを例証したエピソードを含めた。これらの助け

を借りると，いっそう理論的な議論がもつ実践的な意味を明らかにできるようになり，コーチング実践において，多様性に関するあなた独自の考えを発展させる機会が得られるだろう。

偏見，差別，ステレオタイプ

性差別主義者や人種差別主義者の態度はもう過去のものであると考えるのは深慮に欠ける。ときには中傷や締め出しのようなあからさまな攻撃行動の形で，たいていは，人びとの態度やほかの人の期待のなかに埋め込まれたとらえがたい形で，偏見がいまだに生きていることは，研究が示している。この兆候は当該個人のアイデンティティによって同一行動が異なって解釈されたもの（彼女は報復した，彼は応じた），つまり，実のところきわめて攻撃的になりかねない職場での「冷やかし」あるいは，「他者」とみなされる人びとの社会的調和を欠いた職場での「冷やかし」かもしれない（たとえば，Sheridan and O'Sullivan, 2003）。組織のなかにいる女性は，男性ならば見逃してしまう，わずかな，あるいはあからさまな性差別によく気づくだろう（Wahl and Holgersson, 2003）。

人がいい白人女性マネジャーは，直属の黒人男性従業員の前でうっかり攻撃的なことばを口走ってしまうのではないかと恐れるあまり，彼とよい関係を作ることに失敗し，その業績問題を避けて通ろうとするかもしれない。この従業員は，個人的にも仕事面での成長においても，支援を受けられないという経験が人種差別のせいであると考えるかもしれない。これに対してコーチは，彼が「けんか腰」であるとか神経過敏であると誤って感じてしまうだろう。コーチはこのマネジャーにこうした欠点のある働きかけをしないように求めるだけでなく，この従業員に手を貸して，何が起こっているかを見抜き，その状況をうまく処理するための効果的な方策を考案し，彼とほかの人との関係や自身のキャリア目標に対していかなるネガティブな影響も与えないようにしなければならない。ある性転換者は職場でそのことを「公表する」かどうかについて深く考えるかもしれない。彼のコーチは，この性別適合問題や彼自身の性的アイデンティティについて十分に議論でき，このジレンマ解決を後押しできるほど十分にこの問題を熟知していなければならない。

明らかに偏向した態度や差別的行動をとる人は少数かもしれない。しかしそれは，どの行動が適切であるかについて一般的な同意があることをしばしば示

している。もしそうした行動が日常的に起こり，大部分の人びとによって許容され，影響力のある個人によってあからさまには異議を申し立てられないばかりか，後押しさえされるようであれば，その状況は個人的偏見の枠を超えた組織的差別なのである。人びとは自分たちの行動の結果としてほかの人がこうむる損失に気づかないことさえあるかもしれない。組織というものは，彼らの「普通」の習慣がどれだけ特定の人びとを不利にする可能性があるかをはっきり理解していないことが往々にしてある。たとえば，恵まれたプロジェクトへの人員配置が，仕事後のパブでのくだけた議論のなかで検討される傾向があるとしたら，このようなパブでの議論に参加できない人びとは不利な立場に立たされるだろう。これには介護責任を負う女性や，社会的または宗教的な理由からそれを好まない特定の人びとが含まれる。この種の差別を受けやすい人やそのような差別を思わずしてしまう人と一緒に働くとき，よいコーチは規範や過程がもつこの種の危険性に気づかなければならない。

エピソード
ジェニファーのユダヤ人コーチは，ジェニファーが働いている組織がかなり反ユダヤ主義的であると考えていた。しかし，それはコーチングと無関係に思われたので，その意見については話し合ってこなかった。数か月後，ジェニファーはコーチに，自分はユダヤ人なのだけれどもそのことはつねに秘密にしていると話した。今，ジェニファーはユダヤ人であることをチームには「公表」しようと思っているが，上司には差し控えようと思っている。
- このコーチング計画でコーチがユダヤ人であることはどのような意味があるだろうか？
- ジェニファーの目的達成を手助けするために，あなたは何をすればよいだろうか？

機 会 均 等

機会均等は多様性の一側面である。それは，ある集団の成員が直面する障害や不平等を克服することに焦点をあて，特に，不当な差別の影響や，人種差別主義や性差別主義のような否定的態度から生まれる結果を処理することと関連している。ジェンダーや人種は機会均等の考え方にとって重要であるが，不平等を引き起こしうる領域はほかにも多くあり，コーチはそれに気づかなければ

ならない。英国の機会均等法は差別撤廃に焦点をあてており，人種やジェンダーのみならず，障害，同性愛，宗教や年齢による差別の撤廃も守備範囲としている。これらはいずれもコーチがある程度の理解をもつべき領域である。組織のなかの個人や集団のあいだにはほかにもかなり多くの差異（たとえば，社会階級，学歴，出身地域）があり，これは個々人が協力して緊密な関係を築く能力を弱め，機会の不平等を引き起こす障壁を作り出しかねない。

　機会均等モデルは，どの集団の成員に対しても障壁を作らないことを公正とみなしている。これは法律上では定番の方法である。機会均等という考えのもとにコーチングするには，どの集団の人たちにもコーチの提供する業務が利用しやすいことと，彼らが提供した業務が集団のどの成員にも同様に効果があることを保証しなければならない。若い女性と一緒に仕事することを心地よくは感じない男性コーチは，彼女とよいコーチング関係を築いていく見込みがないだろう。彼女の同僚男性のジョークや意味が二通りにとれる曖昧な語句をコーチがオフィスでの典型的な「冷やかし」とみなしている場合は，とりわけそうだろう。彼は，変わることのない性差別主義的な発言の流れが彼女にどのような感情を抱かせるか，また，彼女がほかの男性チームのなかで注目される成員の一人となっていくことに対してどのような決定的障壁があるかをほとんど悟ることはないだろう。コーチは，彼女の経験の正当性を確認したり，性差別主義的な環境のなかで女性であることがもたらす多くの困難を確認するよりもむしろ，彼女自身に問題があると感じさせてしまうかもしれない。

エピソード

　コリーヌは 5 年間の休職の後，仕事に復帰したいと思っている。これまで彼女はとても成功した IT コンサルタントとして数多くのコンサルティング会社で働いてきた。彼女は職を得ることが難しいとコーチに相談していた。彼女は聴覚障害をもっていて，話し方にもその影響が残っているが，過去にはそれが原因で仕事上の不利益をこうむったことはなかった——彼女はこの障害が現在抱えている問題の原因とはなりえないと感じている。

- これについてどのようなコーチング方法がとれるだろうか？
- このような問題は，コリーヌのジェンダーや身体障害，休職，彼女自身の売り込み方などと関係しているだろうか？

多　様　性

　機会均等アプローチとは対照的に，多様性は包括性や個別性にいっそう焦点をあてている（Kandola and Fullerton, 1998）。女性がしばしば直面する育児問題を扱うだけでなく，多様性はあらゆる人の要求を満たすことを考えている。たとえばフレックスタイム制は幼児がいる女性に助けとなるが，世話すべき年配の親がいる人がそうするように，子どもがいる男性も同じような要求をもっているかもしれない。フレックスタイム制は礼拝に出席したい人や小説を執筆している人には力強い味方である。多様性はまた，さまざまな経歴をもつ人びとがどのように共に仕事をするのかという点を考慮に入れる。異質集団内でのダイナミクスは，すべての人びとが同じ経歴や世界観を共有している集団内でのダイナミクスとどう異なっているだろうか？　多様性はすべての人びとの貢献を高く評価し，すべての人びとが個人や全体としての集団あるいは組織の利益向上に最大限にかかわれるようにする機会をさらに増やそうとする。

　今日，社会の異質性がますます高まっていることは，個人や組織が多様性の影響を無視できないことを物語っている。それは営利企業の顧客基盤，大学の学生会，行政機関に来る顧客のなかで起こる。本腰を入れて多様性を扱おうとしない組織は，苦しい結末を迎えるだろう――しかし，実行すれば利益を得られるかもしれない。組織の活動能力の研究は，労働力が多様であれば創造性と革新性が改善されることを示しているが，多様な労働力はまた，もっとうまく使わないと，葛藤や締め出しのようなネガティブな結果を招いてしまう（Simons et al., 1999; Ely and Thomas, 2001）。

コーチングと多様性

　多様性の問題に取り組むために，コーチングプログラムは組織のなかではじめられることがある。これは女性にリーダーシップをとることを勧めるときのようにはっきりしている場合もあれば，そうでない場合もある。（たとえば，マネジャーどうしのコミュニケーションを改善するためのプログラムのように）はっきりした理由は多様性とまったく関連がないかもしれない。しかし，多様性が依然として根本問題――つまり，異なる集団の出身者は一緒にうまくやっていけないという問題――として残っている。

変人が「厄介者」扱いされて，コーチングが必要とみなされるのはごくふつうのことである。その場合，実際に問題なのは，その個人に対してほかの人がどのように反応するかである。自分のやり方に満足しているチームの成員とは違う人を紹介すると，平衡状態が崩れるかもしれない。集団が何も柔軟性を見せられなかったり，自分たちとは違った誰かと一緒に仕事ができなかったりすることは非難されない。むしろ非難されるのは新人のほうである。問題の所在を確認することはコーチングにおいていつも重要であり，一見しただけではそれほど多様性の要素を見出せないと知ることはとても重要である。

　コーチは行動，態度そしてアプローチにおいて変化を引き起こす潜在的力についてだけでなく，クライエントの問題に影響を及ぼす状況的要因についても感覚を研ぎ澄ましていなければならない。こうした環境のなかで偏見を扱う仕事がどれほど難しいかを正しく理解することはとても重要である。コーチングは，主流となる慣習や物事の進め方にクライエントを合わせようとするよりもむしろ，クライエントが自身のアイデンティティを受け入れ，自分たちに役立つ解決法を見つける手助けをすることができるだろう。

　ある会社で，目に見えない障壁によって黒人女性マネジャーが最上級職に就けない場合を考えてみてほしい。そこで何らかのコーチングプログラムを提案すると，より多くの黒人女性が自分の潜在的力を手に入れられるかもしれない。一方では，こうした手助けがあると，彼女たちはマネジャーとしての成功や昇進に必要なスキルを身につけられるだろう。他方では，これまでのところ，そうした女性は成功するほどにはうまくいっていない――彼女たちは厄介者である――ので，彼女たちを変えることのほうが問題の解決策であるという暗黙の想定がある。しかし，彼女たちの能力や貢献を正しく評価するために，あるいは，彼女たちが起こそうとしている行動の前に立ちはだかっている障害を取り除くために変わらなければならないのは，組織のほうかもしれない。おそらく彼女たちは，ほかのマネジャーが自分のスキルを立証して身につけることに力があったような，ある種やりがいのあるプロジェクトを与えられてこなかったのだろう。

　こうしたプログラムを実行するさいにコーチは，不当な差別を行う組織との結託がもたらす影響に注意を払わなければならない。もちろん，特定の集団に的を絞ったコーチングプログラムが有効であることは考えられる。公式のコーチングプログラムが，ほかの集団の成員がよりよく仕事をするのを手助けする非公式なサポートのネットワーク（先輩のネットワーク）に取って代わるかも

しれない。この状況でクラッターバック（Clutterbuck, 2003）は新入社員教育プログラムの有用性を述べ，スピアー（Spear, 2001）はエグゼクティブコーチングについて検討している。二人の研究者がその必要性を強く主張しているのは，コーチが差異の問題を理解してそれを扱うことと，組織内の隠れた偏見に気づくとともに，概してよく作られ実装されたプログラムをもつことである。

さまざまな状況におけるコーチングに必要な能力

コーチングには幅広い知識とスキルが必要とされ，確かにこれまでの節では，知識とスキルの広さや深さがコーチングの状況と関連していることを強調してきた。ここでわれわれは，クライエントがコーチと異なる経歴をもつような場合に，異質なクライエントを扱うさいに特にかかわる不可欠な能力を強調しておく。この領域における研究のほとんどはカウンセリングの視点から行われているが，そこで強調されている能力はコーチング関係にとっても同等以上にふさわしいものである。なぜならば，そうした能力は，クライエントを理解し効果的に仕事をするために重要だからである。カウンセリングではしばしば個人についてもっと徹底した作業が必要である。その作業を通じて，活動にいっそう焦点をあてたコーチング過程では見逃されていたような問題が明らかになるかもしれない。

ペダーセンとレビー（Pedersen and Levy, 1993）は多文化的状況のなかで働くためのさらなるスキルについて事例を示し，エンズ（Enns, 2000）はカウンセリング関係のなかでジェンダー問題を扱うさいに必要なスキルについて述べている。スーたちの研究（Sue and Sue, 1990）はいまでも大きな影響力をもっている。その研究では，異文化間カウンセリングに必要なさまざまの能力に，自己意識，知識そしてスキルという3つのおもな標題をつけて論じている。次にこれらの3領域について述べていく。

自己意識

自己意識は変化を目指すどのような関係においてもきわめて重要である。この状況での自己意識とは，ある人の文化的な思い込みやバイアス，ステレオタイプに，コーチとして気づいていることである。どの文化もほかの文化と区別されるような前提をたて，それぞれに共通の価値や態度をもっている。多数派の文化の成員ならば，その人自身の文化的な思い込みや態度を実際よりも普遍

的なものととらえがちである。文化的な思い込みをしているとまったく気づかないことはよくある。たとえば，コーチが自律的単位としての自己という西欧的な価値を概して支持しているとする。そのコーチは個人がそうした組織的な状況のなかで独立した行為者として立ち回る方法を強めようと尽力する。しかし，あらゆる文化の人びとが自律に向かおうとする傾向を共通にもち合わせているわけではない。集団成員性（たとえば，家族，仕事の集団）によってアイデンティティがより強く規定されるいっそう集合主義的な文化に属する個人は，個人中心のアプローチを重視するコーチを不適切とみなす傾向がある。

「人種的偏見がない」「性差の偏見がない」「障害に対する偏見がない」ことは取捨選択できるものではない。第一に，クライエントと適切なコーチング関係をもっていれば，そのような基本的事実には必ず気づくからである。第二に，クライエントの中核となる面を無視することで，コーチはその人のアイデンティティのきわめて重要な部分を否定しているからである。第三に，クライエントに関するさまざまの事実が関係に影響を及ぼすという前提を否定することで，コーチはクライエントの視点から世界を理解すること——人を変えるために働きかけるときに不可欠な段階——に間違いなく失敗するからである。もしコーチが文化的前提に注意を払わなければ，異なる前提をもったクライエントは，本当にそのコーチとうまくやっていき，コーチング過程を進めていくのに必要な信頼関係を築けないだろう。バークハードとノックス（Burkhard and Knox, 2004）そしてガシュー（Gushue, 2004）は，人種の違いに「人種的偏見がない」見方をする人たちは，クライエントの抱える問題の評価や感情移入があまりうまくできないと述べている。

コーチング関係において効果をあげられるためには，コーチは自らの文化的前提や偏った見方に絶えず心を向け，どのように自分たちの見方がゆがめられてきたか，また自分たちがクライエントとどのようにかかわるかについても絶えずよく検討しなければならない。

エピソード

ひとりの男性コーチがクライエントと非常に親密な関係を築いている。そのクライエントはコーチのことがとても好きで，彼の見識や感受性にとても感銘を受けている。クライエントは自分が同性愛者であり，自分の秘密がコーチの仕事に与える影響を調べたかったのだと後になって明らかにする。コーチはショックを受け，その予期せぬ告白を不快に感じる。コーチは自分のなかにある

偏見に気づかないままに，また，その問題についてスーパーバイザーと協力する必要性にも気づかないままに，そのクライエントとうまくやっていけると感じてしまっていた。

- コーチはクライエントが同性愛者だったことに対する自分の反応を，どのようにしてコーチング過程で前向きに利用すべきだろうか？
- このことはクライエントに，またコーチに，どのような影響を及ぼすだろうか？

知　識

　自分とは違う人とうまくやっていくためには，その人がどのように世界を経験するかを洞察すること，そして，あなたの振る舞いがその人の文化「規範」を犯さないとどうしたら言えるかを理解することが大切である。これは，異なる文化や宗教の集団を理解すること，異性が経験する世界や，障害がある人からの要求を理解することなのかもしれない。たとえば，宗教上の信条によってアルコール摂取が許されないイスラム教徒の同僚が，仕事の後にチーム仲間との飲み会になぜ加われないかを了解することが大事である。

　信頼と感情移入を高めるには，どうしたらうまく行動し，コミュニケーションを行い，互いにかかわるかを知ることが必要であるのに，コーチがクライエントの経歴について，その基本的な事実についてさえ十分に理解していないとすると，クライエントはそのコーチをあまり信頼しないかもしれない。コーチが明らかにあなたと異なる宗教的・文化的な背景のもとに振る舞っていたとき，あなたはそのコーチをどれほど信頼するか考えてみてほしい。

　異なる文化や集団に関する知識はもちろん重要なのだが，コーチはステレオタイプなものの見方が危険なことにも注意しなければならない。ある態度や振る舞いが特定の集団に典型的であるからといって，あなたがコーチしている集団のその人にもあてはまるという保証はない。女性はあまり競争的でなく関係性をいっそう重んじるとか，年配者はあまりキャリアに関心がないとか，経済的に貧しい出自の人は信用ならないなどと想定するのは間違っているだろう。

　ポジティブなコーチング関係を始めるよいきっかけとして必要とされる基本的な知識以上に，コーチは絶えず自分自身を理解し，クライエントを理解し，コーチング関係を理解しようと努めるべきである。その検討のために重要となる事項のリストを次にあげるが，このほかにも枚挙には暇がない。

- 人が不快だと思う特定の振る舞いやことばづかいがあるか？

- あなたは，異なる文化集団の出身者のボディランゲージを正しく解釈しているか？
- 難聴者とのコミュニケーションは難しいからといって，あなたは自分の反応を簡略化しすぎていないか？
- 競争的努力は男性と女性で評価が違うか？

異なる集団の人びとが集まって自分たちの経験について話し合い，勉強すれば，文化的差異について見識を深められる。さらに，異なる経歴をもつ人びとに関する伝記や小説，映画やテレビ番組もあなたの知識を広くし，ものの見方を変えるよい材料となる。あなたの知識はどこが欠けているのか，これをどのように補ったらよいかを知っていることは，あなたが蓄えている知識に特別な情報を付け加えるのと同じくらい重要である。コーチは，議論の場で互いによくわかりあえているか，コーチとクライエントのいずれかが相手の言おうとしていることを誤解していないかについて絶えずチェックする必要がある。

差異の側面について学術的な発表がいくつか行われている。たとえば，ホフステードとホフステード（Hofstede and Hofstede, 2004），トロンピナールスとハンプデン－ターナー（Trompenaars and Hampden-Turner, 1997）の研究では，文化的差異をわかりやすく紹介している。彼らは関係性におけるヒエラルキーの度合い（力の隔たり）や時間に対する心構えのような差異の次元について検討している。ロック（Locke, 1992）は異文化間カウンセリングの状況のなかで文化集団を再検討するために用いたモデルを発展させた。個々の文化の特徴について理解することと同じくらい，文化がどのような次元で変わりうるかを理解することは得るところが多い。これによってコーチは，コーチングの状況や関係における問題がいつ文化的差異にかかわるようになるかを確かめられる。

これらすべての研究において，たとえある集団内にいたとしてもその全成員の経験や態度は異なっているだろうと理解しておくことが重要である。英国で育っても別の文化的背景をもつ人びとは，2つの文化的前提のいずれかを取り入れるか，それら2つを自分なりに統合するか，さもなければ「英国的」自己と故国の自己とのあいだで葛藤を経験するにちがいない（次ページの文化的アイデンティティの議論を参照）。障害は個人のアイデンティティに重大な影響を与えることもあれば，そうでないこともある。

コーチはクライエントが属する集団に関して知っているだけでなく，偏見が――目立たないものであれ明白なものであれ，個人的なものであれ組織的なものであれ――個人に，そして人がうまくやっていく能力にどのような影響を与

えうるかを理解すべきである。重要なのは，差別の頻度も影響も，つまり，人種差別主義者や性差別主義者の意図的行動も，社会的また制度的な要因によるいっそう陰険な結果のいずれをも過小評価しないことである。社会の本流から疎外されているという感覚がしばしば最も大きな衝撃を与える。じっと見られたり，仲間外れにされたり，自分たちについての基本的な事実を隠されたりすることは，人びとが自分たちをどう思うか，また世界をどう見るかに悪影響を及ぼす。権力は概して多数派または主流となる集団の典型を与えられる。そして，そこから外れた人びとは，自分たちが理解できない，あるいは自分たちを排除する組織構造や行動に直面して，無力感や絶望感を感じる。こうした過程を経て，人びとは自尊感情や自信，ストレスや日々の疲労からの回復力を失ってしまう。

　こうした洞察力がないとコーチは，非友好的な環境でやっていくための効果的な方策を立てていた人と，不適切な行動をとってほかの人たちに非友好的な反応を引き起こしてしまった人とを見分けられないだろう。多様な分野の経験をもつコーチからスーパービジョンを受けたり，その領域で働いているコーチたちとネットワークを作ってコミュニケーションをとったりすれば，こうした過程にいっそう気づけるようになるだろう。

　コーチは，どのように文化的アイデンティティが発達していくか，人びとがどのようにしてほかの人との違いを受け入れるようになるかについて何らかの見識をもつべきである。自分がほかの人と異なることに誇りをもち，（たとえば，黒は美しいとか，同性愛者の自尊心といった）自分の文化的アイデンティティを謳い文句にしている人もいるだろう。また，それを恥の原因とか隠すべきものととらえたり，大いに努力して埋め合わせるものであると経験する人もいるだろう。これらの要因が個人のアイデンティティに及ぼす影響についてモデルを提案した理論家も多くいた。なかには，自分の集団を理想化して多数派のようになろうと行動することから，自分の集団と優位な文化とを統合する方法まで，人びとはさまざまな段階を経験することを示した理論家もいた。これらのモデルに関するいくつかの議論と，それがカウンセリング過程に及ぼす影響についてはポンテロットら（Ponterotto et al., 2000）を参照されたい。ある人びとにとっては，アイデンティティの葛藤を乗り越えることがカウンセリングの成功にとって重要なのかもしれない。

　結局のところ，ほかの人の視点から物事を本当に理解して知ることができる人などいないのである。コーチには，クライエントが感じていることを自分は

知っているという思い込みは禁物である。コーチが当てにできるのは洞察力のみである。こうした洞察力が程度の差こそあれ適切に働くには，前述したようなコーチの知識が一役買っている。よい知識をもっていれば，コーチは洞察できる機会がいっそう増え，いっそう正しく洞察できるようになる。

エピソード

アンドリューはいくつかの資格をとって学校を辞め，ニッチ産業として小さいソフトウェア会社を創業し成功を収めた。ここ何年かのあいだに会社は60名の社員を雇用するまでに成長した。アンドリューは自分をサポートして会社を成長させてくれる理事会役員を募集した。彼は販売，マーケティング，経営，財務そして人材の分野に有能な適任者を選んだ。彼は理事たちのチームを運営する手助けをしてくれるコーチを雇ったが，行き詰っている。アンドリューは理事たちの資格や素養を評価しているが，彼らを信頼しておらず，彼らが自分とあまりにも違うことに怖じ気づいている。

- アンドリューは自分が信頼していない人たちに，どのように権限を委譲すればよいか？　もし彼らに行動する権限を与えないとしたら，どのようにアンドリューは彼らのスキルから利益を得られるか？
- アンドリューはどうしたら自分が怖じ気づいているという感情を見抜く力を得られるか？
- アンドリューを助けるためにあなたはどんな方策を考え出すか？

スキル

力のあるコーチは，どのような環境下でも，あらゆる人びとに適用可能な幅広い方策やアプローチをもっているだろう。しかし，クライエントがちがえばアプローチも異なる。したがって，一人ひとりの文化的視点にそったアプローチが用いられるべきである。感情的反応の理解に価値をおいて，より内省的なアプローチから利益を得ようとする人がいる一方で，そのような行動をわがままととらえる文化の出身者は行動的問題解決アプローチをいっそう進めるだろう。

多様性の問題が論じられることで——コーチとクライエントのあいだの一対一のコーチング関係の枠外にある——作業に基づくコーチングの計画において，ほかの一人，二人あるいは三人の関係者どうしの境界をコーチがうまく設定する必要性に焦点があたるようになった。

行動指向アプローチは，クライエントのおかれた環境下で偏見を克服するために不可欠かもしれない。もしコーチングを受けた人がみな適切に行動しても，そのまわりの人たちがこのことを理解せず，反応もしなければ，もっと積極的に介入しないとコーチングは役に立たないだろう。コーチに助けられて，個人は偏見に立ち向かい，それに対処するための方策を発展させ，それを実行するための支援を得るだろう。クライエントの努力にもかかわらず効果がないという例外的な状況では，コーチは組織のしかるべき代表者と会い，クライエントが直面している差別の問題について，的確に話し合うことを考えるべきである。

これはコーチング関係と相反するようにみえるが，コーチングの二者関係において状況をとらえようとすることは，クライエントがその状況に責任をもっており，罪悪感と，客観的に対立する環境を扱うことの難しさとがあいまってクライエントとコーチのあいだの信頼が傷つけられるかもしれないとコーチが信じていることを示唆している。第一に，その問題はそのコーチングのなかで提起され話し合われるべきである。行動に移される前にクライエントの同意を得ておくべきである。同様に，もしコーチが，ほかの人に対して差別的な振る舞いをしているクライエントに気づいたときは，たとえクライエントがその人の行動のこの点にまったく満足し，そのコーチングの焦点をほかの問題に向けたとしても，クライエントの行動は問題提起されるべきである。

またコーチは，よく磨かれたコミュニケーションスキルをもち，多様な手法を十分に使う能力を求められる。クライエントのコミュニケーションスタイルに合わせられること——たとえばボディランゲージ，感情表出の程度——は一般的にコミュニケーションの有効性を高めるだろう。より感情的なコミュニケーションスタイルを高く評価する文化もあれば，あまり感情に動かされないアプローチを重視する文化もある。感情にとらわれない西洋の思考表現を退屈で説得力に欠けると考える人もいれば，あからさまに感情を表現するスタイルは理性に欠け，その事柄の本質に十分注意を払っていないとして困惑する人もいる。言語的コミュニケーションも非言語的コミュニケーションも文化によって変わりうる。たとえば，慣習が違うとアイコンタクトの仕方が異なることを知らなければ，クライエントのアイコンタクトが敵対心によるのか自信のなさによるのかを正しく判断できなくなる。

クライエントを紹介する

　一人のコーチは，幅広い経歴の人たちと仕事をすることになる。しかし，コーチングの最終目標がアイデンティティ，差別そして集団成員性の問題に大いに向いているからには，コーチが適切にコーチングできないと感じたら，クライエントともっと気安くかかわれる人をいつでも紹介できるようにしておくべきである。コーチングはコーチとクライエントのあいだの良好な関係に基づいているので，もしこの関係に何か問題があれば，ほかのコーチを紹介する可能性をつねに考えておくべきである。取り組むべき多様性の次元がほかにもある場合には，この可能性を強調しておくとよいかもしれない。場合によっては，類似集団の出身であるコーチと仕事をすることは役に立つが，これは必ずしも必要条件ではない。すでに議論したように，ある人が少数派や小規模集団の出身であるとき，それがジェンダーや人種，性別，出身地域，社会階級，教育歴やほかの領域のどれと結びついていようとも，アイデンティティがコーチング過程の中心的なテーマになるはずである。このような場合には，個人が抱いている世界観や直面している問題をより洞察しやすく，クライエントがもっと信頼関係を築きやすい類似集団出身のふさわしいコーチを見つけられるように配慮すべきである。

事 例 研 究

　次に述べる事例研究は多様性の問題がコーチング過程のなかでいかに重要かを示している。いずれの事例も実際のコーチング経験に基づいているが，例示を目的としているために詳細には手が加えられているので，実在の人物を指しているわけではない。どの事例研究でも多様性の観点からコーチング問題が分析されている。個々の事例についてわれわれが行った分析を読む前に，それぞれの研究でどのような多様性の側面が問題とされているか，その状況でのダイナミクスはどうか，あなたがコーチならどのように取り組むだろうかを考えてみてほしい。

事例研究１：男性の一人とみられている
　サンドラはきわめて専門的な通信技術会社の中間管理職であった。彼女は空

高く飛ぶ鳥のようで，ほかの管理職たちとはまったく違っていた。彼女はとても有能なだけでなく，彼女の役職には珍しいくらい年齢が若かった。彼女は男性ばかりの職場のなかで紅一点だったが，同僚たちともうまくやっている。彼女は昇進に備えてコーチングを受けており，そのことからも組織が彼女をとてもよくみていることがわかる。コーチングでの焦点はもっと効果的な影響を与える方法に向けられていた。

　数回にわたるセッションの後，彼女はコーチに，自分は妊娠しているが，昇進の決定がなされるまでこのことを秘密にしておきたいと告げた。数か月後，彼女の昇進がすでに決まってもなお，彼女は妊娠していることを自分のマネジャーに言っていないとコーチに告白した。自分の妊娠は今や目に見えて明らかであるにもかかわらず，それに誰ひとりとして気づいていないと彼女は信じている。「彼らは自分たちが私を男としてみているということに気づいていないのかしら」。サンドラはどうみても妊娠しているのに，彼女の同僚が気づいていないということはコーチにとって衝撃的であった。

　これまですでにサンドラは目立たないように影響を与えてきたので，コーチングの焦点は，もっとはっきりと直接的にどう影響を与えるかにあった。彼女は自分の知性や洞察力，人と異なる着眼点を同僚たちに評価してもらいたかった。そして，組織が自分を昇進させてくれて，自分のスキルをもっとよく使ってほしかった。

　サンドラは多くの点（年齢，ジェンダー，能力，洞察力）でほかの同僚たちとは異なっていたので，彼女とチームの同僚とのあいだにいざこざがあったのだと想像する人もいるかもしれない。しかし，彼女は組織のなかでよい関係を作り上げていたので，周囲から「男」としてみられるまでになったのである。この事実は同僚たちと彼女の両方にいえることであった。もし彼らが自分たちと彼女との違いや能力水準に対応できていなかったら，彼らは代わりに同程度の能力をもった年長の男性を見つけてきたはずである。ということは，彼らも彼女のことを年長の男性と同等にみていたということになる。これは彼女が何とかしようとしたり，または何とかしなければならないという問題ではなかった。彼女は性差別主義者の言動を無視し，彼女自身の女性的な部分を隠さなければならなかったが，こうすることで彼女は同僚からいっそう受容されるようになったのである。

　サンドラは妊娠を秘密のままにしておくことに特段の心配を抱いている様子

ではなく，しかも彼女はその事実を明かすのを何度も先延ばしにしてきたが，今となっては，一人として気づいていないということは信じがたかった。サンドラの同僚たちが彼女の妊娠に気づかないのは，彼女を「男性の仲間」とみている結果なのかもしれない。もし彼女が本当に女性でなければ，どうして妊娠できるのだろうか？　自分が妊娠しているという事実を彼らに突きつけたら——それでも彼女は自分にとってうまく機能していた男性のペルソナをもちつづけられるだろうか？　これはコーチングセッションのなかで話し合われるべき重要な難問であった。サンドラはどうすれば自分の人間関係をうまく進めていけるかに気づく必要があった。サンドラのおかれた状況に対する彼女自身の男女同権主義者的な反応をコーチが彼女に押しつけることはふさわしくないだろう。しかし，組織のなかのほかの人とサンドラとの関係のダイナミクスを彼女が理解することは役に立つだろう。

　組織の観点からサンドラは確かに役に立つ人物であり，明らかにほかの管理職たちより有能であった。けれども彼女は，組織にうまくとけ込むために自らの独自性を隠さなければならなかった。彼女は子どもを生んでもごまかしつづけていけるだろうか？　彼女は一人の男性として振る舞わなくても，若い女性として効果的に仕事ができるのではないだろうか？　そうできるためには，その組織が変わり，いろいろな人びととやっていけることを学ばなければならないだろう。現在に至るまで，サンドラはあらゆる便宜を得てきた。しかし，彼女が同意しなければ，コーチはその組織に、とりわけ彼女の上司にこのことを話せなかっただろう。事実，彼女は同意しなかったのである。

　結果的にコーチングは，この問題が解決しないうちに，サンドラが育児休暇に入ったときに終わりを迎えた。最初からそうするつもりだったのだが，彼女は昇進したにもかかわらず，出産後，職場に復帰することはなかった。こうして組織はきわめて有能な一人の管理職を失った。ひょっとしたらサンドラは一人の女性として，母として，チームとの新しい関係を構築する気になれなかったのかもしれない。あるいは組織の外に出てみて，このような性差別的環境で，仕事のために自分がどれほど犠牲を強いられてきたかと考えるに至ったのかもしれない。

事例研究 2：なじめない

　ジュリアンはある巨大 IT 企業でセールスマネジャーのチームを管理している。彼は次のような領域で自分を助けてくれるコンサルタントを迎え入れてい

る。
- チームの発展
- 彼自身のリーダーシップ技能の向上
- チーム内の何人かの同僚の個人コーチ

　ジュリアンは，チームの一員できわめて能力が低いと思われるワレンのことが特に心配である。彼はワレンが仕事に対するスキルをもっていないと懸念している。ワレンは能力が低く，うまくなじめず，顧客とよい関係を築けていないと，ジュリアンは述べている。彼はワレンをチームから外すべきだと思いはじめているが，ワレンの実績を示す確かなデータを出すように求めてもまったく出てこない。ほかのセールスマネジャーたちはまさに中流階級出身で大学を卒業しているのに対して，ワレンは貧しい公営住宅団地の出身で，16歳で学校を退学していた。ジュリアンはワレンに個人コーチングを提案しているが，彼が今以上に実績を上げる能力を秘めているとはまったく思っていない。

　コーチングを通して，ワレンは自分のスキルをジュリアンが低く評価しているという事実に気づいていないことが明らかになってきた。彼は自分をマネジャーへ昇進させてくれたジュリアンに非常に恩義を感じていた。ワレンがコーチに語ったところでは，自分には別の仕事の申し出も来ているが，自分を信頼してくれるジュリアンにとても感謝しているので，今回の経験からも，またジュリアンのためにも今の職にとどまるつもりだということであった。

　一日のチーム育成を通して，そのコンサルタントコーチはワレンがチームの二人の同僚のスケープゴートにされていると思われる手がかりをいくつか得た。コンサルタントコーチはまた，チーム育成日のあいだとジュリアンとの個人的話し合いを通じて表面化したことなのだが，ジュリアンに対してだけでなく，彼が人を巧みに操作するスタイルに対しても，強い嫌悪感を募らせた。ジュリアンとの個人的話し合いは終結していたが，ワレンへのコーチングは続いている。

　この事例研究における多様性の問題は，ワレンとチームの同僚，特にジュリアンとのあいだにある経歴の違いがどの程度，明らかになった実績問題の根底に横たわっているかということである。圧倒的な白人男性の環境のなかで，ワレンも白人男性なのだが，それでもなお違いがあって，うまくなじんでいないとみられる。多様性の問題のほとんどで，権力は多数派集団に与えられる。この例では，チームマネジャーであるジュリアンと，ワレンを生きにくくさせて

いるチームの同僚である

　珍しいことに，コーチはチームの外側からコーチングにかかわって以来，ジュリアンとチームの同僚がワレンに対してどのような対応をしているかがわかる客観的な証拠を手に入れている。コーチングを委託したマネジャーとしてジュリアンをみて，また彼との個人的な話し合いや，チーム全体とのコーチのかかわり方のなかで，コーチはジュリアンの感情をよく見抜いている。コーチはワレンが不当な扱いをされていると感じていて，直感的にワレンに同情を向けている。コーチは不健全な権力関係を心配しており，自分がジュリアンの手先としてワレンを組織の外に追いやることに加担してしまうのではないかと懸念している。同時にコーチは，何が起こっているか，ワレンがこの先，今の力関係とどのように渡り合い，変えていくかに気づけるようにする機会として，コーチングをとらえている。

　コーチには倫理的ジレンマが数多く存在する。ワレンとの仕事でコーチは，ジュリアンとの個人的セッションから得られた洞察をどれだけ使えるだろうか？　コーチがジュリアンとの共謀的な力関係にかかわらないためにはどうしたらよいだろうか？　コーチがこの状況をみたとき，ジュリアンが嫌いでワレンが好きであるということがコーチに影響しているのだろうか？　もしコーチがワレンに辞職を勧めたら，自分をワレンのコーチとして雇った組織に対する義務を破ることになるだろうか？

　コーチはコーチングセッションのなかで，ワレンがチームの同僚やジュリアンとの関係をどのようにとらえているかを話題にしようと決めた。コーチはジュリアンとの個人的な会話から得た情報に触れないようにした。しかし，ジュリアンに対するコーチの個人的感情は現れてしまった。ワレンは自分に対するジュリアンのこれまでの態度にまったく気づいていなかったようだが，コーチの意見を聞いて大いに安堵したようだった。ワレンが直面している差別をはっきりと否定しつづけることには相当のエネルギーが必要であった。そして事実を認めることによって，彼はここから解き放たれたのである。それによって，ワレンは自分のおかれた立場と新しい仕事についてもっと客観的に考えられるようにもなった。彼は自分の立場にいっそうよく気づいたうえで，新しい仕事を引き受けるよりもこの組織に残る決心をした。

事例研究３：自分が黒人だから？

　ポールは大きな公共事業体のトレーニングマネジャーである。彼はカリブ海

第19章 コーチングと多様性

生まれのアフリカ系黒人であり，はじめてのマネジメント職である。コーチングは彼の活動能力に対する不安から開始された。もしそれが改善されなければ，彼は降格させられてしまうだろう。低い活動能力を証拠立てるものは，（より広い問題に焦点をあてるけれども，細部への注意を欠いている）彼のコミュニケーションスタイルについての不満という非常に漠然としたものであった。彼が仕切っているプロジェクトが期待どおりの成果をあげるかについても懸念がある。一方で，彼はその役割にあまり慣れておらず，今のところ彼の努力が現れるような（よくも悪くも）具体的な成果はほとんど出ていない。

コーチングの開始時にポールは，自分が楽天的で，有能なので，何事もうまくやっていけるだろうと感じている。彼は自分の活動能力や話題となっている問題に対してあまりにも無頓着である。コーチ（白人男性）は，ポールのコミュニケーションはポジティブでよどみないが，ときに不正確で漠然としているとみている。このあたりに彼を動きにくくさせている問題があると考えられる。

この事例では，ポールがうまくやっているのか否かの客観的な証拠がほとんどない。彼自身はうまくやっていると思っているが，彼のマネジャーはそうではないと心配している。こうした見解の違いは，この組織とポールのアフリカ系カリブ人としての経歴のあいだにある文化的差異に一つの原因があるのかもしれない。文化的差異はしばしばコミュニケーションスタイルに反映され，これが，ポールに欠点があると思わせるような領域なのである。コミュニケーション過程に対するポールの文化的前提が，その組織の多数派［白人］のマネジャーのものと異なることが原因なのだろうか？

英国の文化では，感情的表出を避けながら機能的コミュニケーションを行う。職場では考えを伝達することが重要であり，感情は理性的な思考に干渉するものとみなされる。アフリカ系カリブ人の文化（そしてほかの多くの文化）では，感情的表出をより高く評価し，まったく感情がない合理性は，議論されている対象に無関心で興味とかかわりあいを欠いていると理解される。このアプローチの違いが誤解を招くことになる。

ポールには一見すると自分が処理できる以上のことを引き受けてしまう傾向がみられるので，それが誤解を生んでいるのかもしれない。ポールはその組織が自分に望むことを引き受ける準備が感情的にはできていて，能力の範囲内で行うように求められているとうすうす感じているので，もし何かするように頼まれれば引き受けるだろう。ポールは仕事ができないと組織が反応することに

合理性があっても，それに感情がこもっていないとき，彼は仕事への自分のかかわりが認められていないと感じて，いつでも準備はできていると主張する。仕事に対する自分の願いを彼がどのように繰り返そうと，仕事は彼に課せられるのである。ポールはほかの人たちのいい加減な反応と，自分に仕事を十分に割りあてないことを，自分を受け入れてくれない証拠とみているかもしれない。彼がこれを人種差別主義とみなしても驚くにあたらないだろう。

コーチはポールに，彼の同僚と同じやり方で反応しているようである。クライエントとほかの人がどのようにかかわっているかの証拠としてコーチング関係を用いるのはしばしば有効であるが，コーチは，異なる文化様式から生まれる潜在的なコミュニケーション問題を効果的に研究できるほど十分に自分がアフリカ系カリブ人の文化について理解しているかどうかをよく考えなければならない。ポールがどのようにみられているかを知るための根本的なダイナミクスをコーチが理解できていなければ，組織と同様にコーチは人種差別主義者とみられてしまう恐れがある。もしかしたら，ポールはこのような問題をもっと多く経験している人に助言を求めるべきであり，同じような経歴をもつ人びととともに働くことから得るところが多いかもしれない。

ポールはその役割として求められていることを効果的に果たせるほど有能であるのかという疑問や，彼の活動能力の改善方法など，コーチング過程のなかで確実に考慮されるべき諸問題とも前述したことは関係をもたない。しかしそれ以前に，ポールは，自分とほかのマネジャーたちは互いに誤解をしていたのかもしれないとわかる必要がある。

要　約

コーチングは一対一の活動である。それは個々人が仕事や私生活でもっと無駄なく動けるようになるために彼らに働きかける過程である。コーチングの仕事には構造があり，コーチングの助けを借りて，クライエントは注意を向けるべき対象を探し出し，その領域で適切な変化を起こす。ほぼその定義どおりに，その過程には，差異とかかわりながら自己を見つめることが含まれている——人はどのようにほかの人もしくは理想自己と異なるのだろうか？　クライエントはそうした差異に満足しているか？　クライエントはそれに価値をおくのか？　クライエントは差異を最大限に活用するのか？　もしわれわれ一人ひとりが異なっていないと，同じように物事を行い，見たりするだろう。

コーチは多様性に関して次の2つの活動を行う。
- 個人が自分の差異を尊重し，それを効果的に使えるよう手助けしなさい——これには同一化がともない，多様性のポジティブな属性を用いる必要がある。たとえば，男性チームのなかにいる一人の女性はおそらく感情にいっそう敏感なので，感情的で扱いにくいというレッテルを貼られるだろう。彼女はその感受性を磨き，早い段階で自分が影響を与えうる問題を見出せば，それをうまく利用できるかもしれない。
- クライエントの心のなか，おかれている環境のなかで，多様性のネガティブな問題を特定し，それに対処しなさい。このためには，不完全なシステムのなかで人が働けるよう手助けする——そのもののあり方を最大限に利用する，ことによると彼らはその環境に対応して変化していくかもしれない——ことと，クライエントが現状に疑問をもって環境を変えるよう励ますこととのあいだでバランスをとる必要がある。

引用文献

Burkhard, A. W. and Knox, S. (2004) Effect of therapist color-blindness on empathy and attributions in cross-cultural counselling. *Journal of Counseling Psychology* 51: 387–397.

Clutterbuck, D. (2003) Diversity issues in the mentoring relationship. In M. J. Davidson and S. L. Fielden (eds) *Individual Diversity and Psychology in Organizations*. Chichester: Wiley.

Ely, R. J. and Thomas, D. A. (2001) Cultural diversity at work: the effects of diversity perspectives on work group processes and outcomes. *Administrative Science Quarterly* 46: 229–273.

Enns, C. Z. (2000) Gender issues in counselling. In S. D. Brown and R. W. Lent (eds) *Handbook of Counselling Psychology*, 3rd edition. New York: Wiley.

Gushue, G. V. (2004) Race, color-blind racial attitudes and judgements about mental health: a shifting standards perspective. *Journal of Counseling Psychology* 51: 398–407.

Hofstede, G. and Hofstede, G. J. (2004) *Culture and Organisations: Software of the Mind. Intercultural cooperation and its importance for survival*, 2nd edition. New York: McGraw Hill.

Kandola, R. and Fullerton, J. (1998) *Diversity in Action: Managing the mosaic*, 2nd edition. London: CIPD.

Locke, D. C. (1992) *Increasing Multicultural Understanding: A comprehensive model*. Newbury Park, CA: Sage.

Pedersen, P. R. and Levy, A. (1993) *Culture Centred Counseling and Interview Skills: A practical guide*. Westport, CT: Praeger.

Ponterotto, J. G., Fuertes, J. N. and Chen, E. C. (2000) Models of multicultural counselling. In

S. D. Brown and R. W. Lent (eds) *Handbook of Counselling Psychology*, 3rd edition. New York: Wiley.

Sheridan, A. and O'Sullivan, J. (2003) What you see is what you get: popular culture, gender and workplace diversity. In M. J. Davidson and S. L. Fielden (eds) *Individual Diversity and Psychology in Organizations*. Chichester: Wiley.

Simons, T., Pelled, L. H. and Smith, K. A. (1999) Making use of differences: diversity, debate and decisions comprehensiveness in top management teams. *Academy of Management Journal* 47: 662–673.

Spear, K. (2001) *Executive Coaching for Women and Minorities: Special challenges*. The White Paper Series. Durango, CO: Lore International Institute.

Sue, D. W. and Sue, D. (1990) *Counselling the Culturally Diverse: Theory and practice*, 2nd edition. New York: Wiley.

Trompenaars, F. and Hampden-Turner, C. (1997) *Riding the Waves of Culture: Cultural diversity in business*, 2nd edition. London: Nicholas Brealey.

Wahl, A. and Holgersson, C. (2003) Male manager's reactions to gender diversity activities in organizations. In M. J. Davidson and S. L. Fielden (eds) *Individual Diversity and Psychology in Organizations*. Chichester: Wiley.

議論のポイント

- あなたは今までに自分と非常に違う人と仕事をしたことがあるか？ このことはその人間関係に，よくも悪くもどのように影響したか？ その相互関係からあなたは何を学んだか？
- あなた自身の（宗教的，文化的，社会的，ジェンダー関係，性的指向などの）背景は，コーチとしてほかの人とつきあい，活動する仕方にどのような影響を与えるか？
- もし誰かがほかの人に差別的な振る舞いをしているところを目撃したら，あなたはどうするか？
- あなたと一緒に仕事をしている人と自分が何か違っているという状況を今までに経験したことがあるか？ そうした経験はあなたとその集団との関係にどのように影響したか？ そのときあなたはどう感じたか？
- 多様性のどの側面とあなたはうまく取り組むか？ 取り組みにくいのはどのような側面か？

推薦図書

Benokraitis, N. V. (ed.) (1997) *Subtle Sexism: Current practices and prospects for change*. London: Sage.

Clutterbuck, D. (2003) Diversity issues in the mentoring relationship. In M. J. Davidson and S.

L. Fielden (eds) *Individual Diversity and Psychology in Organizations*. Chichester: Wiley.

Kandola, R. and Fullerton, J. (1998) *Diversity in Action: Managing the mosaic*, 2nd edition. London: CIPD

Pedersen, P. R. and Levy, A. (1993) *Culture Centred Counseling and Interview Skills: A practical guide*. Westport, CT: Praeger.

Trompenaars, F. and Hampden-Turner, C. (1997) *Riding the Waves of Culture: Cultural diversity in business*, 2nd edition. London: Nicholas Brealey.

（長谷川千秋訳）

第20章

コーチングにおける心理測定法の利用

アラン・ボーン
(Alan Bourne)

はじめに

　心理測定法は，パーソナリティ，能力，価値観，興味といった心理的特性のアセスメントを行うものである。代表例としては，質問紙，テストなどの測定尺度を用いたり，数量的な尺度やカテゴリーによって定量的結果を導き出す方法などが含まれる。心理測定アセスメントをコーチング場面で利用することには，それを支持する論理として，心理的特徴と直接に関連するような精度をもち妥当性の高い尺度を提供したり，それらを使って，より高水準の自己洞察を可能にするような客観的情報を提供するといった背景がある。たとえば，ほかの人とのコミュニケーションに困難をきたしたときや，より効率的に仕事をこなしたいとき，そしてプレッシャーに対処するときなど，さまざまな状況における問題を解決するために，クライエントが自分自身の行動について洞察することは役に立つだろう。

　一般的に心理測定アセスメントは，何らかの問題に取り組むさいに役立ってきただけでなく，より広範なコーチング関係における技法としても発展してきた。コーチングにおいて心理測定法が役立つためには，尺度がすぐに問題への的確な洞察を与えてくれること，評価はクライエントが受け入れられるように伝えられること，得られた洞察がクライエントの目標と一致したポジティブな行動変容を導いてくれることが不可欠である。

　本章では，心理測定アセスメントの背景となる理論も含めて，コーチング過程において心理測定法がどのような役割を果たしうるか，そして，これが重要

なのだが，どのようにして適切な測定法を選択し，その結果をクライエントにどのように戻すかについて検討する。

心理測定法の発展

1960年代後半から，人びとを評定し，その力を発揮させるための有効な手法として，心理測定アセスメントは広く受け入れられるようになってきた。多くの評定ツールはもともと臨床場面で使うために設計されている。しかし，臨床場面以外でも，職場にとどまらず，さらなる応用場面からのニーズに合わせて作成された評定ツールへの需要が高まってきている。そして，それらが焦点をあてているのは，上首尾の業務実績や嗜好をもたらす個人の心理的資質であり，これにはパーソナリティ，認知能力，価値観，動機づけ，興味が含まれる。

臨床的解釈に基盤をおく精神分析的アプローチのような理論とは違って，心理測定的アプローチは統計学的な分析に基礎づけられており，科学的な厳密さが強調される。心理測定的な研究では，コーチング場面での理解に役立つような心理的特性の領域を探求してきた。たとえば，適性や知能（Guilford, 1967; Sternberg, 1985），パーソナリティ（Cattell, 1965; Costa and McCrae, 1992），価値観（Schein, 1990），興味（Holland, 1973）などである。

これまで長いあいだ心理測定的アプローチにおいて強調されてきたのは，厳密な測定ツールの利用である。なぜなら，それらの測定ツールは，統計学的尺度を使うことで，標準化されて高い精度や妥当性を保ちながら，明確な理論モデルを評価し，かなりの試行を繰り返して発展してきたからである。

心理測定法の利用：基本概念

高い水準を保ちながら心理測定アセスメントは，ある心理的特性を個人がどれほどもっているかを測定すること，そして，より大きな母集団のなかでその特性を定量化することに焦点をあてている。本節では，コーチングにおける心理測定のさまざまな応用法について概説し，適切なアセスメントを特定して選択するさいに考えるべき基本的問題について論じる。コーチング場面において重要なのは，心理測定アセスメントを行うことで，ほかの人との関係やその洞察によってどうしたら自分自身をよりよく理解できるようになるのか，そして，障害を克服してどのように自分自身の目標を達成できるようになるのか，を考

えることである。

　心理測定法の領域では，このアプローチを支持するような仮説が数多くある。最も基本的な仮説は，心理測定法における初期の研究（たとえば，Spearman, 1904）によって証明されているもので，心理的特性に関してはっきりとした妥当性が示されている（一般にこれらは正規分布する）。心理測定法は個人差を把握することからはじまり，さらにその個人差をもとに，大多数の人びとにとっての「標準」と関連づけて，個人にどのような意味があるかを明らかにする。

　次に重要なのは，測定された特性が比較的安定していると理解することである。たとえば，パーソナリティ傾向は時間とともに変化するとはいえ，長期間ほぼ安定している（Costa and McCrae, 2006）。だからこそ，これらの特徴は行動に絶えず影響を与えるのであり，個人がそれを理解しておくことは特に役立つのである。そうした特徴を理解すると，個人が生かせる強みを特定し，個人が発展させ変化させようと願っている領域を理解できるようになる

　ここでは，心理測定アセスメントがおもにどの領域で発展してきたか，コーチング場面でそれらがどのように応用されているかについて述べる。

パーソナリティ

　パーソナリティは，個人が行動し，考え，感じるとき，どのような仕方を好んで選択するかにかかわっており，日常で人びとがどのように振る舞うかを予測するものである（Cattell, 1965）。人びとが互いに，あるいは周囲とどのようにかかわり，どのように課題を遂行し，自分の思考や情動をどのようにコントロールすることを好むかに関しては，比較的安定した差異が存在する（Costa and McCrae, 2006）。パーソナリティ特性はほぼ安定しており，その人の趣味やスキル形成などに大いに影響するため，コーチング場面においては特に理解に役立つ。つまり，その人自身がとりやすい行動の仕方を知り，コミュニケーション，問題解決，ほかの人との葛藤などにかかわる問題をよりよく理解するために，パーソナリティ特性の測定は役立つのである。

動機づけ

　動機づけは，要求，意欲，目標ということばでも呼ばれ，何らかの方法で人びとを行動させるような動因にかかわるものである（Maslow, 1943; McClelland, 1961）。また動機づけは，どのようにして本人のエネルギーを方向づけたり，努力を持続させたりするのか，といったこととも関連する。動機づ

けには，短期的で一時的なものも，かなりの期間にわたって持続するものもある。他方で，その基礎をなしている動因は，個人が価値をおいているもの（次項を参照）や，それがどのように行動を導くかといったことと密接に関連している（Latham, 2007）。

価値観

個人がもっている価値観は，内的なガイドラインや規範とかかわり，特定の状況で最も望ましい振る舞い方を決定するさいに用いられる。価値観は，個人レベルでも集団レベルでも存在し，たとえば，文化的な価値観，特定の組織や職業における価値観などがある。価値観は主として，社会化（ある集団内における行動規範の共有）を通して身につけられていく。価値観は個人内で適切に身につけられ，アイデンティティの感覚と密接に関連する傾向にある。そのようにして価値観は，クライエントが自分自身の行動や決断，職業選択について理解するのに役立ち，重要な洞察を導くもととなりうる（Schein, 1990）。

信　念

信念は価値観と密接に関連し，個人が真偽を判断するための基本的な前提である。信念は行動を決めるさいに基本となるもので，価値観と同じように，人びとが状況を，あるいはほかの人との関係をどのように解釈するかに影響を与える。たとえば，もしあなたが，すべての人間は同じように敬意をもって公平に扱われるべきであると信じているならば，その信念は，ほかの人との関係においてあなたの行動を左右するだろう。価値観と密接に関連するとはいえ，一般的に信念は心理測定的アプローチによって評価されない。

態　度

思考や感情は，自分のまわりの環境がもつ特定の側面について個人が抱くものであり，態度の基礎となる。たとえば，ある組織への深いかかわり（Meyer and Allen, 1991）や特定の仕事への満足（Locke, 1976）は，自分の仕事に関してどのように感じるか，自分の努力をどのように焦点づけるか，といった判断に大きな影響を与える。

興　味

興味は，職業指導との関連でよく用いられ，人がいちばんしたいことを表す

特性である。また，ホランド（Holland, 1973）の職業的興味に関するモデルなど，本人に刺激となるような職業ないしは仕事にかかわる特性である。たとえば，人びとは多かれ少なかれ，自分が病気から回復したり，楽器を演奏したり，新しい建物を設計したりできるようになることに興味をもつだろう——このことは，彼らが果たしたいと願っている役割をはっきり示している。

能力とスキル

能力とスキルは，ある特定の課題に対する個人の潜在能力や活動能力を理解することにかかわる特性である。その課題とは，たとえば事実や数字を用いた数的推理や，書かれた情報を解釈し，扱うことと密接に関連する言語的推理である（Guilford, 1967）。これらの特性は，たとえばクライエントの職業選択を手助けするときに，彼の認知的な強みがどこにあるかを理解し明確化するのに役立つ。

使用手法の選択

コーチング場面で心理測定法を用いるとき，それらが有効となるためには，理論的な厳密性と実用性をしかるべく確実に組み合わせられることが重要である。心理測定アセスメントには，コーチングに携わるクライエントに役立つさまざまな筋書きが用意されており，その内容はクライエントがもっている多様な目標と同じくらい幅広いといえる。たとえば，どうしたら自分自身のスキルを向上させられるか，どのようにほかの人とうまくやっていくか，をよりよく理解したいと願う人にとって，パーソナリティや価値観をきちんと評価することは，その目的と合致する。同様に，新たなキャリアパスを探し求めている人にとっては，自分の技能や興味を明らかにすることが役立つだろう。

あるテストの使用を決断する前に，あなたがなぜそのテストを使いたいのか，そのほかのアセスメント方法よりもあなたの方法にどのようなメリットがあると考えられるか，を明らかにする必要がある。英国心理学会にある心理テストセンターなどでは，さまざまな手法に定期的に検討が加えられ更新されており，利用可能なツールに関するガイドラインも提供されている。さらに，良質な心理測定テストの発行者はすべて，自分たちのテストに関する情報や，その精度と妥当性を裏づけるような証拠を提供している。

次に示す各領域は，どのような心理測定的なアプローチや手法がコーチング

を支えるのに役立つかを決めるさいに，心にとどめておくべきものである。

認定の必要条件

英国心理学会（British Psychological Society, 2006）が公表しているガイドラインには次のようにはっきり規定されている。すなわち，心理測定テストの使用者たちは，倫理規準にしたがい，責任をもってアセスメントを使用し，処理，解釈，評価を行うさいに必要な知識および実践スキルを有するよう，適正基準に達するまで訓練されるべきだということである。このことに含まれるのは，概して，能力などの心理測定アセスメントを用いる訓練が行われているという基礎（A水準），そしてパーソナリティ質問紙などの特殊な測定に特化した訓練（B水準）である。

訓練に対して必要な投資がなされるならば，あなたがコーチとしてクライエントとともに使いたいと思うツールに関して特別に認定を受けた同僚に頼るほうが，時として経済的にはいっそう現実味がある。心理測定アセスメントの実施に関して第三者を加えようとする場合，あなたが考慮すべき実用性や微妙な違いについては，「心理測定アセスメントの実施における第三者の介入」という節でもっと詳細に論じられる。

領　域

アセスメントの手法は，非常に広範囲であったり，きわめて限られた部分に焦点があてられていたりする。たとえば，パーソナリティ質問紙は，パーソナリティ特性を幅広くとらえようとしたり，リーダーシップをとる状況における潜在的「逸脱者」のような特定の問題に焦点をあてたりする。適切な測定法を選択するさいに必ず考慮すべきことは，その手法が，クライエントの特定のニーズをしっかりと扱っているか，クライエントを前向きにさせるような有益な洞察を生み出しそうか，ということである。

標準化

テストの発行者が提供する標準的集団を使うと，個人を評定していくさいの基礎が得られる。ほとんどの心理測定尺度が価値をもつためには，ある個人の結果を，類似の人びとと対比して理解できることがいつも重視される。たとえば，仕事場面での行動の動因となる価値観に関して，クライエントはほかのマネジャーや専門家とどのように比較されるだろうか？　あなたは，一人の利用

者として，そのテストがどんな基準に基づいているかを確認すべきである。こういった質問に答えられるよう，テストの発行者は要求があれば情報を提供すべきである。

信頼性

あるテストが測定しているとされる特性を，どのようにして正確に測定するのだろうか？ 訴求力があるように聞こえる手軽なウェブ検索によって多くのツールが発見できるのだが，残念ながら，さらなる調査によって実際に正確で信頼性があると立証された研究はみられない。心理測定学者は 0 から 1 までの尺度で信頼性を測定しており，1 に近いほど信頼性が高いとする。心理測定法は一般に，およそ 0.7 ないしはそれ以上の信頼性がある場合に受け入れられる。実際に，信頼性のある測定尺度は，1 週間あけて同一個人を二度測定すると，たいてい高い一貫性をもつ。

テストの信頼性が低いと，とても不正確になったり，誤った結果をもたらしたりするので，誤解を招き，クライエントの関心を損ねてしまうこともありうる。テストの発行者が信頼性に関する証拠を示していない場合，答えは簡単である。そのアセスメントは使用すべきでない。

妥当性

妥当性は，ある評定ツールが測定しているとされているものを実際に測定しているかどうかにかかわる。その手法が測定している特性は，われわれが評定しようと試みている特性と関連しているだろうか？ 最終的にあなたが知りたいことは，評定結果と実際の行動，活動能力とのあいだに確かに関係があることを示すデータを，その手法がもっているかどうかである。これは，その測定尺度を実際の行動，活動能力にかかわる結果因子と関連づける研究において有意な相関があることを示す証拠として通常は表される。

どのツールを使うかを選択するとき，あなたはこれらの因子すべてを考慮すべきである。そこで網羅している内容は，あなたが扱っているニーズに合致するだろうか？ 関心のある重要な変数（よりよい活動能力など）と結果が関連するという科学的証拠は，テストの発行者から出されているか？ その評定ツールは，科学的に立証されて明確にまとまった理論に基づいているか？

洞察の創出

心理測定法をコーチングで用いる場合，その目的は，クライエントが別の方法では手に入れられなかったり，生み出すには長い時間がかかったりする洞察を得る手助けをすることである。このような洞察を得てクライエントは，自分の目標を達成するために克服しなければならない障害物が何であるかをもっとよく理解できるだろう。相対的な客観性，基本的な妥当性，信頼性によって，そして，関連する基準集団との比較によって，心理測定尺度は，クライエントに手を貸して現在の思考のなかにある障害物を取り去ったり，さまざまな問題について新しい見解を提供できるようにする信頼のおける新情報を手に入れるのに役立つ。

これは，心理測定的なアプローチあるいは手法を選択するさいに，考えるべき最も重要な要因かもしれない。採用された評定ツールによって，クライエントは独自の洞察ができるだろうか，そして前進できるだろうか？

受容のしやすさ

あなたが使う評定の過程や手段は，クライエントが受け入れやすいものだろうか？　一般的には，評定方法と目指す目標とが近いほど，その手段はクライエントに受け入れられやすい。クライエントが評定過程を受け入れているほど，その経験から学びやすくなり，評定結果を自分のものとしやすい。

バイアスのなさ

どのような評定方法もバイアスを受けやすく，バイアスは（性別や年齢などの）異なる集団間にある真の差異を反映する。どのような手法を使うときも，先行研究で集団間にどのような差異が確認されているかを理解しておくことは重要であり，あなたの解釈をクライエントに知らせたり，その解釈がそのクライエントに合っていると保証したりするのに役立つ。

実用主義

現実には，適切な心理測定法を選択するさいに考慮すべき最も重要な要因の一つは実用主義だろう。

- どの程度の処理が必要とされるか？
- クライエントはどれほど時間をとられるか？
- どのような準備が必要となるか？

- コストはどれほどかかるか？
- 訓練に要求されるものは何か？
- 結果はどれほど扱いやすいか？

多くのアセスメントはオンラインで利用可能であり，その結果は自動的に評定されて出力される。このおかげで必要な作業量は減り，質問紙に基づくアプローチと比べて使い勝手が著しくよくなる。しかし，例によってインターネットにアクセスしなければならない。

まとめると，あなたが提供できる最善のサービスをクライエントに提供することを保証し，さまざまな手法の使用に関して認定に必要な条件に適合した心理測定アプローチを採用するさいには，上述の事項をすべて理解することが重要である。ここで論じられた事項は，いずれも英国心理学会が認定するすべての訓練コースの中核となっている。

実践場面における心理測定法の利用

ここまで，さまざまなタイプの利用可能な心理測定アセスメントについて論じ，それらがどこで役立ち，そのなかから最適な手法をどのように選択するかについて述べた。本節では，アセスメントを実施し，解釈し，評価するという観点から最も望ましい実践について概説する。最後に，望ましい評価を行うためのガイドラインを提示する。

実　施

どの心理測定法でも重要なことは，クライエントがアセスメントの目的，つまり，心理測定法に何を期待しているか，その結果をどのように用いるかを確実に理解しながら，構造化された明確な方法でそれが実施されるように保証することである。データの機密性が保証されることは，（データがどのように用いられ，保存されるのかを含む）心理測定法の利用よりも重要である。クライエントが承諾した目的以外にアセスメント結果が利用されないよう監視することは，利用者としてのあなたの責任である。アセスメントの実施が電子メールで伝えられようと，対面で行われようと，いずれにせよ重要なことは，クライエントとポジティブな関係を築いて，正直で開かれた反応を積極的に受け入れ，結果の妥当性を保証することである。

解　釈

　心理測定法の実施におとらず重要なことは，あなたが結果から的確な推論を行うことを身につけられるよう，テスト発行者が訓練を受け，それにかかわる規準（たとえば，A水準，B水準の認定）で認定されていることである。

　まずきわめて重要な作業は，あなたが使用を決めた（たとえば，さまざまなパーソナリティ特性が測定される）手法の基礎となるモデルや尺度をよく理解することである。このほかに，結果を評価するさいに用いられる比較集団ないし基準集団が明確にされていることも重要である。たとえば，クライエントの結果は適切な基準と比較されたか？　上級の管理職や役員を評定する場合，その活動能力を類似の組織におけるほかの上級管理職と比較できるか？

　より効果的なリーダーシップのスキルをどのように向上させるかなど，特定の発展が求められる場合を考えるとき，どのようなアセスメントの結果も，この特定の課題が求めるものと関連づけて考えなければならない。たとえば，その人はほかの人に影響を与えたり主導権を握ったりすることを望んでいるのに，ほかの人と比べて有意に，率直に意見を聞かないで行動を起こしてしまうと指摘されたならば，特に洞察によってクライエントが自分の発達努力に注意を集中できるよう促すことなどが考えられる。また，望ましい結果を達成するための意思決定に仲間をかかわらせる新たな方法を探求して，ほかの人に影響を与え導いていく能力を高めるための方策を発展させることもありうる。

評　価

　評価過程の質も，クライエントが測定結果を手にしたり有意味な変化を早く遂げたりするためにとても重要である。よい評価は次の基準を満たすべきである。

- **精度**：100パーセントの正確さをもつ尺度はないという事実を考慮しながらも，評価は技術的に正確で，確実に理解できるように，専門用語を使わず，できる限り明確に行われなければならない。有意味な変化をもたらすためには，クライエントが理解できるような正確で妥当性の高い情報が提供されることが不可欠である。
- **ラポール**：重要なのは，判断に基づかない客観的な方法で評価が与えられることであり，また，その過程が客観的で役立つと保証するようなよいラポールがクライエントとのあいだに作られることである。評価過程は，クライエントが役立つ洞察を得やすくさせるものであり，またこれは，コー

チング全体にとってもそうであるように，信頼できる開放的な雰囲気によって支えられる。
- **測定結果の所有権**：クライエントは，評価の結果について検討し，その結果を自分のものとする機会をもつべきであり，そうすれば自分の成長にどのような意味をもつかを受け入れられる。
- **有用性**：より大きな自己洞察と上首尾な行動変容という目標を達成するためには，心理測定アセスメントによる結果が，クライエントにとって実践的な現実世界という状況におかれなければならない。構造化された評価によって，実践的な意味の吟味，すなわち，クライエントが評価結果から何を学んだか，クライエントがその後どのような行動を考えているかについて吟味できるようになるだろう。

心理測定アセスメントの評価を行うさいに最も危険なことの一つは，「バーナム効果」として知られるものである。バーナム効果は，「だまされやすい者はいつもいるものだ！」との謳い文句をもつエンターテイナーであったバーナムによって名づけられた。パーソナリティの選好に関する情報が評価される場合，特に重要となるのが，曖昧だったり誤解させたりするような評価に気づき，それを与えないように努めることである。たとえば，
- 「概してあなたはほかの人たちとの仕事を楽しみますが，その一方で，時には一人で仕事をしたいと思っています」
- 「少なくともしばらくの時間，あなたはまわりの人たちよりもポジティブです」

この表現は曖昧であり，どのようにしてクライエントとほかの人を比較するかについて，具体的なことをほとんど語っていない。しかし，曖昧な評価が人びとに容易に受け入れられるという現象は，経験的研究で立証されている。スタグナー（Stagner, 1958）は，人材管理者の標本集団にパーソナリティ質問紙を実施してから，すべての人材管理者に同じ評価を与えた。すると，約半数は調査結果がとても正確であると信じ，残りの大部分もさほど的を外れていないと考えたのである！　心理測定アセスメントによってクライエントが自分自身をよりよく理解するためには，評価を与えるときに，結果の記述でこのような問題が起こらないようつねに明確にすることが不可欠である。

心理測定アセスメントの実施における第三者の介入

　ツールを使う訓練を適切に受けず，認定もされないままにそれを用いることは，明らかに倫理的でない。英国心理学会（2006）によると，心理測定アセスメントが適切な資格に基づいて確実に用いられるよう，その使用者は必要な訓練を受けていることがつねに求められる。これらのアセスメントは，国際テスト委員会（International Test Commission, 2001）のテスト使用ガイドラインによって定められた国際的ガイドラインを反映している。

　　　有能なテスト使用者は，テスト過程に携わる人の要求および権利，テストを行う理由，そしてテストが行われるいっそう広い状況に対して相当の注意を払いながら，適切に，専門的に，そして倫理規準を守ってテストを使用する。
　　　この結果は次のような保証が得られれば達成されるだろう。すなわち，テスト過程を実行するために必要な資格を有していること，そして，テストおよびその使用に関してテスト過程を補強して，それについて情報を提供してくれる知識・理解を有していることである。

　コーチの観点からみて最も重大な実践面での問題の一つは，訓練にかかる時間およびコストだろう。心理測定法の利用に必要なのは，（能力の評価において利用者に資格を与える）A水準，それと関連するB水準（パーソナリティなどの特性を評定するための特殊な手法）の訓練ができていることである。ある手法の使用訓練が多くのクライエントに役立つ可能性があるなら，これは十分に適切な投資となり，それによって，コーチは第三者を介在させることなく心理測定アセスメントをアプローチにまとめられるかもしれない。
　しかし，もしコーチング過程で心理測定ツールを使用する明らかなメリットがあっても，それにかかわる訓練が行われなければ，コーチング過程を支えるツールに関して適切な訓練を受けて専門的知識を有する第三者が携わるほうが適切だろう。いずれにしても，そうした個人は英国心理学会あるいはそれと同等のしかるべき認定証をもっていて，理想的にはその手法の利用に関してかなりの経験を積んでいるべきである。
　第三者を介入させることによって，コーチング関係はいっそう複雑になる。その場合には，アセスメントの評価過程の限界に関して，第三者とクライエン

トのあいだで，そうした関与について明確な契約が交わされる必要がある。たとえば，コーチが心理測定アセスメントを使う用意をし，その評価セッションに基づく目標についてクライエントの同意を得る。そして，評価セッションは，訓練を受けた第三者によって実施される。さらにその後，クライエントがその経験から学んだことについてコーチが検討し，自分たちのいっそう広範なコーチングへと統合していくのである。また，第三者を利用することには，コーチがアセスメントや評価の過程にかかわらないですむというメリットがある。

効果的な評価セッションの実施方法

本節では，心理測定アセスメントにおいて効果的な評価を提供する方法について概説する。使用した例は，パーソナリティ質問紙に関するものである。これらはコーチング場面で最も広く用いられている心理測定法に基づいており，そのガイドラインは心理測定尺度すべてに応用されている。

まずは構成に関してだが，評価セッションは次の段階をつねに含むべきである。

- はっきり導入を行う。
- 実用性を明確にする（時間的余裕，守秘義務など）。
- クライエントの観点から評価セッションの状況を明確にする。
- 質問紙および測定される内容を紹介する。
- 積極的傾聴によって開かれた評価形式を確立する。
- 質問紙の構成を説明する。
- 状況を考慮した意味を求めながら，それぞれの尺度および評点を説明する。
- 評価された各結果について，クライエントが質問し理解する機会を設ける。
- 尺度どうしを関連づけて複雑なプロフィールが理解できるようにする。
- 実行に向けて理解したことをまとめ，意味を明確にする。

ここからは，クライエントの学習にふさわしい環境を提供するための状況を設定するガイドラインや助言について概説し，これらの各段階ができるだけ効果的に進んで，評価から有益な洞察を引き出せるようする。

導　入

評価セッションの導入にあたって重要なことは，あなたがセッションの目的をどのように理解しているかを明確にし，クライエントがどのようにしてアセ

スメントを完了するに至ったかを確認して，クライエントがツールに対してもつ印象，クライエントの反応の仕方，そして結果に影響するようなほかの外的問題などについて理解することである。

守秘義務
対面していようと離れていようと，つねに評価は統制された環境で内密に行われなければならない。誰が結果にアクセスできるかをつねに明確にすべきである。クライエントの雇用主がコーチングのスポンサーとなっている場合，データはクライエントの担当部門が利用可能なのか，あるいは，あなたとクライエントのあいだで内密に扱われるのか？

状　況
クライエントの観点から状況を理解することは不可欠である。あなたがその背景を確実に理解するために対象とすべき範囲は，クライエントが取り組んでいる現在の役割や問題，強い願望，それまでのキャリア，そしてセッションから予想される事柄や目標である。しばしばこれは継続的なコーチング関係の不可欠な要素であり，こうした情報の多くはすでに検討されているが，評価セッションのあいだにこれらが明確にされるのがよい実践である。

心理測定アセスメントの記述
これは次のことを対象とすべきである。
- 手法は何であるか，何を測定するものか（たとえば，パーソナリティ，価値観など）。
- 結果は絶対確実なものではなく，クライエントの回答次第である。
- モデルの基本構成（たとえば，主要な領域および尺度）。
- 使用される比較群と，基準と比較することが重要な理由。
- 評価をクライエントの目的に関連づけることの重要性。

評価様式
心理測定アセスメントに基づいて評価がなされるときに重要なことは，相互的な過程としての議論が大いになされること，そして，クライエントが自分の思考や感情を探し求められるように安全な環境が与えられることである。これを達成するために，効果的な評価様式を確実にするさいに必要な要素が数多く

ある。
- **ラポールと積極的傾聴**：まず重要なことは，クライエントをゆったりさせ，率直で真摯なラポールを作ることである。クライエントがその結果について言おうとしていることを傾聴するだけでなく，クライエントが言ったことを承認し，言い換え，よく考えて，あなたが理解したとはっきり伝え，あるいは，あなたが積極的に傾聴していることを示して，積極的に伝える。非言語的なボディランゲージは，たとえば，胸襟を開いて，あなたがクライエントを理解していると認めているときの姿勢のように，積極的に傾聴しているという姿勢と一致しているべきである。
- **開かれた質問と探査**：クライエントの結果が何を意味するかを確認するときには，議論をあまり発展させないような閉じられた「はい／いいえ」の質問よりも，開かれた質問（たとえば，それでどうなると思いますか？ この結果についてどのように感じますか？）を用いる。
- **個人的判断の回避**：価値判断を避けることが評価では重要である。さらにいえば，評価結果について不偏不党で，結果を説明してくれるようクライエントに促すくらいがよい。
- **適度な異議申し立て**：これは対抗するという意味ではなく，クライエントが評価結果に同意しないような領域を検証するために，クライエントをさらに調べる手はずを整えておくべきだという意味である。

モデル・尺度・スコアに関する吟味および探求

結果を評価するさいに重要なのは，確認的であろうとなかろうと，その結果にかかわる実例を探すこと，そして，（どのような状況でクライエントの行動が異なるのか，そしてそれはなぜか？ について）状況における一貫性を探すことである。この過程によってクライエントは，自分自身の異議申し立てや要求と関連して，スコアが何を意味するかを理解できるようになる。

関連づけ

評価結果の議論で最も強力な要素の一つは，尺度間で，そして提示された実例のあいだで関連づけることである。これは，結果に関する実践的意義をクライエントが理解しやすくするためにとても重要である。関連性の基本的タイプおよびそれらを作り上げる方法について次に概観する。
- **尺度どうしを関連づける**：支持的であることには高い選好度をもつが，ほ

かの人の話を傾聴したり，その相談を受けることにはあまり選好度が高くないなど，スコアを関連づけるとみえてくる意味を特定する。ある手法で進歩がみられればみられるほど，あなたはすでに対象とした尺度をいっそう関連づけられるようになる。
- **スコアと背景とのあいだで関連づける**：クライエントが提供する背景の情報によって，彼らのパーソナリティプロフィールの性質，とりわけ経験，価値観，学習された行動など，彼らの発達を形作ったと考えられるものへの洞察が得られる。
- **スコアと行動例とのあいだで関連づける**：あなたが評価セッションを通して前進し，クライエントが提供したさまざまな実例が明らかになるにつれて，一貫したテーマが強調されて議論されるかと思えば，異なった状況での行動に一貫性がみられなくなることもある。これらをとりあげて議論すると，一貫した行動パターンや，強みともなれば潜在的に自らを制限するものともなる要因についての洞察がしやすくなる。

要約すること，振り返ってよく考えること

評価過程のあいだに，これまで立証されてきた結果を定期的に要約したり，クライエントに振り返って考えさせたりすることは役に立つ。これによってクライエントは，重要な発達的活動についての自分の考えに焦点をあて，さらなる検討を行うだろう。これまでの議論でコーチもクライエントも同意しているように，この節は重要な点の要約で締めくくられることになっている。

使用される心理測定法が信頼できて妥当で，ニーズに合致しているなどの基本的な基準を満たしている場合，コーチングにおける心理測定アセスメントの威力はすべて，評価セッションの質に帰着する。クライエントの目標達成を可能にするときの結果の影響力は，次のことが行われているかどうかに左右される。すなわち，クライエントがどれほどよくその意味を理解できるよう促され，新たな行動手段をとる機会がはっきりと明らかにされ，その結果と現実世界の関心事とをきちんと関連づけているかである。

どのようなクライエントにいちばん有効か？

心理測定法は広範囲のクライエントに対して有効である。しかし，領域の問題に関してすでに記したように，ツールのなかには，幅広く応用できるように

開発されているものもあれば，特定の関心領域に焦点をあてているものもある。おそらく，心理測定法を最も広い範囲から選択して利用できるのは，リーダーシップ技能を理解し，人びとがどのように協働するかを把握することに特に焦点をあてるような仕事への応用だろう。ほかのツールは包括的であり，仕事以外の状況でも有用で検討すべき論点かもしれない。

心理測定ツールからきわめて大きな恩恵を受けるクライエントとは，それらを終えるまで率直に反応し，心を開いて，自分自身をもっとよく理解しようと好奇心をかきたて，自分がどう見えるかに異議を唱えるような評価に対して防衛的な態度をとらない人だろう。

特に青年に心理測定法を用いるときは，いくらか注意すべきである。なぜなら，彼らは比較的に発達の初期段階にあり，年を重ねていくなかで，なお多くの態度がとても変化しうるからである。すべての事例においてきわめて重要なのは，ある手法が，その意図された目的のみに使用され，適切かつ代表的な基準を使って効果的な解釈ができるように保証されることである。

事例研究

この事例研究で描こうとしたのは，心理測定法（この事例ではパーソナリティ質問紙）を使うと，クライエントが自分自身の行動をもっとよく洞察し，クライエントが望んだ目標の達成にどのような影響をもたらすかをもっとよく洞察するのにどれほど役立つかということである。

デイビッドは，世界的な電気通信会社に勤務する上級プロジェクトマネジャーで，社内では，おもに大きなインフラ整備の管理に携わっていた。当初は技術者として入社したが，かけ出しの運用管理職へ異動してから，そこで多くのプロジェクト管理を次々とこなした。

デイビッドはプロジェクトマネジャーに昇進して，「仕事ができる」人という評判を社内で築き上げ，ビジネス部門で「トップ」に就いてからは，運営面でより広い責任をとれるような役割をますます求めるようになった。いずれは重役に昇進したいという野心をもっている。

デイビッド自身の見解によると，これまで自分はあまり注目されず，もっと一般的な役割を引き受ける能力があるにもかかわらず，プロジェクトを管理する技術屋とみられてきたと感じていた。彼自身の気持ちを説明すると，「人ご

み」の中で時間をつぶしているような，あまり経験のないマネジャーが，より よい機会を得ている一方で，会社（そして彼の上司）は自分に，これまでうま くやってきた仕事をそのまま続けることを望んでいるように感じとれたのである。

デイビッドはコーチングに関心をもち，その助けを借りて，この道で自分の キャリアを高めていくために必要な手段をどう講じるかを探し求めようとした。 そして，ここではじめれば，さらなる発展がないまま同じことをやりつづける よりも，いくらか進展があるだろうと考えた。デイビッドは，パーソナリティ 質問紙を通じて彼の仕事の仕方を調べることが役に立つかもしれないと提案さ れた。この方法によって，彼の目標達成を押しとどめているかもしれない発展 性のある領域と彼自身の強みの両方が明確にされるだろうと考えたからである。 彼は自分とほかのマネジャーとをどのように比較するかについて明快な見解を 得たいと願い，またその結果が正確で彼自身に役立つものなのかが気になった ため，彼は心理測定アプローチがもつ客観性に魅力を感じた。

測定過程

デイビッドが好む仕事の仕方について有益な洞察を得るために，またこの仕 方が，職場で彼がほかの人からどのようにみられているかに影響があるかを調 べるためには，作業に基づくパーソナリティ質問紙がこうした状況での行動の 解明に特に焦点をあてていることから，これに回答する課題がふさわしかった。 この点では数多くのツールが利用可能であるが，例によって求められるのは， 英国心理学会が認定する訓練であり，それは，そのツールおよび，結果の解釈 方法や評価方法について質問紙実施者が十分に理解していることを求めている。

この例では，デイビッドは次元的パーソナリティ質問紙（Holdsworth, 2006）に回答したが，この質問紙の対象は次の主要三領域である。第一は， 回答者はほかの人と一緒にどのように働いているか，第二は，回答者が課題や プロジェクトを処理する仕方，第三は，回答者の動因および情動である。この 報告書では15のパーソナリティ特性に触れ，英国心理学会規準にしたがった ツールで訓練を受けた実施者が結果をデイビッドに戻した。ここでは，評価に よってもたらされたいくつかの重要な洞察について概観し，さらに，デイビッ ドが学習したポイント，それによって彼が経験のなかから取り除いた行動につ いて述べる。

デイビッドがほかの人と一緒にどのように働きたいかに関しては，いくらか

矛盾しているが興味深い自己像がみえてきた。どのような結果を期待していたかを述べるように求められると，彼は，いくぶん外向的で，いつもほかの人とかかわろうとしており，前向きに物事を進めようとしていると述べた。彼のプロフィールからは，大多数のマネジャーと比較して，ほかの人に影響を与えることをとても好むことが読み取れた。しかし，社会的状況への信頼の水準は，ほぼ標準的なものであった。これに関する具体例をあげるように尋ねて明らかになったのは，しばしば彼は主導権を握ってほかの人を説得しようと努めながらも，社内には彼より実力があるか上級の管理者が少なくとも二人いて，歯が立たないとわずかながらも感じたり，彼らより優位に立つことが難しいと思ったりしていたという結果である。その一つが，スポンサーが彼の対応の仕方を見抜いて興味を失ったようなのだが，彼が指揮していたプロジェクトがやや縮小されたことである。

　すでに述べたことと関連し，またデイビッドがいくぶん驚いたことに，人脈を築くとかコミュニケーションすることに対する彼の好みは，ほとんどのマネジャーよりもわずかに低かったのである。デイビッドは，彼が取り組んでいたすべてのプロジェクトで同僚と親しいと感じており，つねにスポンサーを確保することに集中していた。その一方で，明らかになったのは，先を見越して人脈を築いていくべきであり，また，差し迫った課題がないときでもほかの人たちと時間を過ごすべきだということである。要するに彼は，物事に影響を与えようとすることに関しては積極的だが，自分で思っていたほど社交的ではなかったのである。

　デイビッドの結果からは，周囲の人びとを支援すること，同僚と調和を保つことは好むが，「仕事ができること」を損ねるときには，彼はほかの人に相談することにあまり乗り気ではないようにみえた。全体的にみると，この結果のおかげで，彼は2つの重要なポイントを強化できる。第一に，彼は自分のプロジェクトを進めること，自分のチームの運営に集中するあまり，社内でまんべんなくもっと広範な関係を築くことに尻込みする傾向があった。結果として，彼が感じたように，組織内の多くの同僚が，プロジェクトの運営に対する彼の評判は知っているが，彼個人についてはよくわかっていなかったこと，そして，自分のネットワークをそれ以上に拡げていこうとしないために，彼自身がその機会を逃していたのかもしれないということはおそらく確かだろう。第二に，主導権を握りたいという強い願望をもっているのにデイビッドは，自分がほかの人とどのようにかかわっているかについて，そして，彼がときとして同僚に

第20章　コーチングにおける心理測定法の利用　　473

偏見を抱いていたり，上級管理者の前で自信を失っていたりすることについて，しっかり思案しながら学ぶという必要性を認めた。

　プロジェクトマネジャーとしてのデイビッドの成功はおそらく驚くべきことではなく，彼が自分の仕事やプロジェクトをどのように管理していたかに関する結果からは，彼が自分の決断を支えるために分析的アプローチをとっており，とてもしっかりした方法に基づき良心的であることが示された。彼はほかの大方のマネジャーと同程度に概念的で創造的だと思われた。これがどのような意味かと尋ねられたとき，彼はそれがおそらく「よいプロジェクトマネジャー」のプロフィールだろうと認めた。それから，彼が強く望んでいた役割で最も重要な資質について議論したところ，彼が確認したのは，以前に受けた質問紙の結果で，自分が時としてあまりに細部にこだわりすぎていると言われたこと，もっと広い方略的な見方をすると得るところが多いということである。このことは，最近のプロジェクトのスポンサーに関する〔前ページで述べた〕例と関係していた。そのスポンサーは，基本的問題の簡単な要約は知りたかったが，デイビッドに心が惹かれにくかったのである。デイビッドはそのとき，スポンサーがまったく非協力的で興味を示さなかったと思ったと述べた。しかし，これがパーソナリティの多様性であるとわかったとき，アプローチの仕方がとても「高水準」な個人とどうしたらもっと効率的にコミュニケーションがとれるかについて考えることから何かしら得られるものがあると納得した。

　デイビッドの動因および情動に注目すると，質問紙の結果から明らかになったのは，彼は全般的な生活の質に仕事が及ぼす影響についてはうまくバランスをとっているが，仕事に対する日々の動機づけが非常に高いということである。デイビッドは自分がとても活動的で野心的だと述べており，最初はこの結果が自分をぴたりと言いあてていることをあまり信用できなかった。しかし，キャリアをすべてに最優先させるよりも，ここ数年間プロジェクトに集中した役割を担ってとても幸せだったと述べながら，自身の知識や経験が足りないことに最近いらだちを覚えていた。

　彼のプロフィールからは，プレッシャーのある状況では欲求不満になりやすいが，周囲で起きた変化に順応するためにとても複雑なアプローチで応じる場合には，ほかの人と比べてきわめて高水準の回復力を有することがわかった。さらに検討して明らかになったのは，情動的な水準で，デイビッドが最近望んでいるほどにはおそらく組織はあまり自分を支援してくれず，特に彼の直属上司にも認めてもらえず，受け入れてもらえないだろうとデイビッド自身が感じ

ていたことである。おそらくデイビッドは行動する能力が高く，プレッシャーからの立ち直りも速いことから，ほかの人たちがこれらの不安に気づきにくかったのだろうと思われた。

　評価セッションから見出された重要なポイントを要約していく過程で，デイビッドに求められたのは，セッションから学習した最も有益なポイントは何か，そして，それを徹底的に追求していくために何をするかを考えることである。ほかの人たちとの仕事のやり方に関して，彼が認めたことは，予想していたほど自分が社交的ではなく，また，自分のネットワークを強化し，なんとか評判を得ていくために，自分のすぐまわりよりも外で同僚やマネジャーを知っていくことは明らかに何らかのメリットがあるということである。さらに広くみると，デイビッドには多くの領域があった。それは，彼がコミュニケーション様式を特定の個人に合わせるよう考えられ，さらに重要なことだが，プレッシャーを高めて，周囲の人たちから「だしぬけに」欲求不満になっているとみられるよりもむしろ，直属上司に対してもっと早い段階から懸念を示しておくことなどである。

　デイビッドの事例では，パーソナリティ質問紙を使うことで，自身の行動について客観的な視点が提供され，彼自身の仕事のやり方が効果的に映し出され，安全な状況で仕事について考えられたことで前進できた。結果のなかには気楽に挑めないものもあっただろうが，アセスメントによって彼は自分の立場にとらわれなくなり，どれが適切な問題かを特定できたのである。そして彼にはさらにコーチングが行われ，発展のための焦点が与えられた。

引用文献

British Psychological Society (2006). *Psychological testing: A user's guide*. Leicester: BPS Psychological Testing Centre.

Cattell, R. B. (1965). *The Scientific Analysis of Personality*. Harmondsworth: Penguin.

Costa, P. T., Jr, and McCrae, R. R. (1992). Four ways five factors are basic. *Personality and Individual Diggerences* 13: 653–665.

Costa, P. T., Jr, and McCrae, R. R. (2006) Age changes in personality and their origins: comment on Roberts, Walton, and Viechtbauer (2006). *Psychological Bulletin* 132: 28–30.

Guilford, J. P. (1967). *The Nature of Human Intelligence*. New York: McGraw-Hill.

Holdsworth, R. F. (2006). *Dimensions Personality Questionnaire*. St Helier, Jersey: Talent Q Group.

Holland, J. L. (1973). *Making Vocational Choices: A theory of careers*. Englewood Cliffs, NJ:

Prentice Hall.
International Test Commission (2001). International guidelines for test use. *International Journal of Testing* 1: 93–114.
Latham, G. P. (2007). *Work Motivation: History, theory, research and practice*. Thousand Oaks, CA: Sage.
Locke, E. A. (1976). The nature and causes of job satisfaction. In M.D. Dunnette (ed.) *Handbook of Industrial and Organizational Psychology* (pp.1297–1349). Chicago, IL: Rand McNally.
Maslow, A. H. (1943). A theory of human motivation. *Psychological Review* 50: 370–396.
McClelland, D. C. (1961). *The Achieving Society*. Princeton, NJ: Van Nostrand.
Meyer, J. P. and Allen, N. J. (1991). A three-component conceptualization of organizational commitment: some methodological considerations. *Human Resources Management Review* 1: 61–89.
Schein, E. H. (1990). *Career Anchors—Discovering your real values*. San Diego, CA: Pfeiffer.
Spearman, C. E. (1904). General intelligence, objectively determined and measured. *American Journal of Psychology* 15: 201–293.
Stagner, R. (1958). The gullibility of personnel managers. *Personnel Psychology* 11: 347–352.
Sternberg, R. J. (1985). *Beyond IQ: A triarchic theory of human intelligence*. New York: Cambridge University Press.

議論のポイント
- 心理測定法からの評価が役立つためにまず重要なのは，それが実践的で正確なことである。それでは，心理測定アセスメントがこの点で目的に合うことを保証するために，あなたはどんな基本形を考えるか？
- 心理測定アセスメントによって，クライエントは有益な洞察ができるようになる一方で，評価過程を通じて結果を意味ある学びに移しかえることが非常に重要である。これが確実に起こるためには，評価のなかで起こる最も重要な活動は何だと考えるか？
- コーチングの状況において，クライエントを支援するための一つのアプローチとして心理測定アセスメントが使われる場合，そのおもなメリットと限界は何だろうか？
- 心理測定アセスメントを使うとき，クライエントがその結果に責任をもつことがとても重要なのはなぜだろうか？ これがなされなかったら，コーチング過程にどのような危険が待っているだろうか？

推薦図書

British Psychological Society (2006) *Psychological testing: A user's guide*. Leicester: BPS Psychological Testing Centre.

Costa, P. T., Jr, and McCrae, R. R. (2002) *Personality in Adulthood: A five-factor theory perspective*, 2nd edition. New York: Guilford Press.

Rust, J. and Golombok, S. (1999) *Modern Psychometrics: The science of psychological assessment*, 2nd edition. Hove: Routledge.

Schein, E. H. (1990) *Career Anchors—Discovering your real values*. San Diego, CA: Pfeiffer.

(中谷陽輔訳)

第IV部

持続する実践

第21章

組織内にコーチングの取り組みを組み込んで維持していくための概念

アリソン・ワイブラウ, ビック・ヘンダーソン
(Alison Whybrow and Vic Henderson)

はじめに

　コーチングはさまざまな組織のなかで発展している。これは，個人や組織の活動能力を最適化して，競争相手に対して大きな優位を生み出す潜在的な力をコーチングがもっていると，われわれがますます強く信じるようになっていることの証左である。現在，コーチングの市場規模は年間でおよそ2億ドルにのぼる（Fillery-Travis and Lane, 2006）。コーチングは組織の管理職への浸透度では上位5位に入り，活動能力の向上にとてもポジティブな影響を与えたという事例も報告されている（Corporate Leadership Council, 2003）。

　企業指導力協議会（Corporate Leadership Council, 2003）は次のような注意書きを添えている。コーチングは開かれた対話を生み出し，防衛的な態度を抑え，個人や組織が学び，成長し，行動していけるようにするが，それは細分化されていて，組織の活動能力に限定的な影響しか与えない可能性がある。

　いろいろな要因が絡み合った結果として，コーチングはさまざまな影響を及ぼしている。その要因は，コーチの能力のばらつき，コーチとクライエントとの相性の程度，コーチングが組織の戦略とどれほどうまく統合され，組織の風土に合っているか，ということである。そうした影響はまた，組織におけるコーチングの実践にみられる多様性（たとえば，誰がコーチに接触するかについての方針の違い，どのようにコーチに接触するか，何のためにコーチに接触するか，そしてコーチング関係がどのように発展していくか）の結果でもある。

　個人や組織の複雑性を考えると，実践や影響においてこうした多様性がみら

れるのは驚くにあたらない。あなたの組織においてコーチングの効果を最大限に引き出すために利用できる実践的なツールや技法は見つけられる。

　第一に，コーチングの導入は旅のはじまりだということを認識してほしい。新しい見方や行動が根づくまでには時間がかかり，あなたの組織においてコーチングというものが発展していくにつれて柔軟性が求められる。

　第二に，システムに基礎をおいて運用される変化アプローチを使い，コーチングの取り組みを理解し，それを実行し，統合するようにしてほしい。変化は複雑で，多様な成果をもたらす。そのうちのいくつかは予想できるが，驚かされるものもある。実のところ，よく確かめられているように，永続的な変化を生み出すよりも何かをはじめるほうがはるかに簡単である（Senge et al., 1994）。

　第三に，変化の過程を容易にする道具，技法そして安全のネットワークがあるという事実を知って，元気を出してほしい。本章では，変化をもたらすために考えられたさまざまの道具，概念そして技法についてまとめる。これらは，システムの視点からコーチングを紹介するときに役立つだろう。最大の課題は，人が何かを行う方法を変えさせることであるとすると，第Ⅱ部の各章は，個人の発達や変化を鋭く見抜くために有効な方法を提供してくれる。

　本章では枠組，概念そして考え方を示す。これらは，あなたの属する組織にとってコーチングの目的が何であり，その目的がどのように達成されるかを考えるときに役立つことがわかるだろう。おそらく，ここで示された着想のいくつかを利用すれば，あなたの属する組織において全般的な活動能力が改善され，人びとが業務を遂行する仕方に持続的な変化がもたらされるだろう。

　はじめに，組織におけるコーチングにどのような種類があるかを概観し，マネジメントを変える道具や技法に触れながら，コーチングに対してあなたが抱く見通しをどのように実行するかを探っていこう。あなたがこうした見通しをまとめあげ，維持していくのを後押ししてくれるだろう方策，理論そして概念を紹介する。続いて，あなたが今受けている支援そしてこの先必要とするだろう支援のレベルを判定してくれる自己評価質問紙を示す。最後に，人びとがなぜコーチングの導入に抵抗するのか，抵抗を克服するために何ができるかについて議論する。

組織におけるコーチングの取り組みの類型

　組織内でのコーチングには規格化された実施マニュアルのようなものはなく，

ある会社あるいはその一部署でうまくいった方法がほかでもうまく使えるとは限らない。しかし，われわれの研究で，コーチングを組織に導入するためのさまざまな方法が確認された。それは，専門家としてのコーチ，コーチとしてのマネジャーそして／あるいは個別のコーチングプログラムである。これらは補い合うものであり，同じ組織のなかでうまく共存できる。確かに，組織について調べた結果によると，個人や組織の活動能力を高めるために，51％は外部コーチを使っており，41％は部内者を訓練してコーチとしており，79％はエグゼクティブコーチを使っていた（Kubicek, 2002）。

専門家としてのコーチ

発達やビジネスの分野で経験のある熟練コーチを確保しておき，必要に応じて個人を支援するために利用することが組織では推奨される。こうして確保された人材は，もっぱらコーチとして働いたり，本来業務以外にも責任を負ったりしている常勤の従業員ではなく，しかも／あるいは当該組織とは別の準構成員で組織しておくのがよい。この方法では，コーチとして有能なだけでなく，組織のなかで実行力がある個人を確保しておくことが重要である。熟練コーチは，第Ⅱ部で概観した心理学的枠組を少なくとも一つ以上使えるほどに熟達していて，しっかりしたコーチング経験をもっていることが求められる。コーチがどのような能力をもつかは，当該組織で個々のコーチングプログラムが何を求めているかによって決まるだろう。

コーチとしてのマネジャー

組織内でこの種のコーチングを使うと，命令や統制に基づく伝統的な社風よりむしろ，指導や促進の枠組のなかで従業員が自ら学ぶよう支援する社風をいっそう育てやすくなる。ここでは，コーチングの技能はそのマネジャーがすでにもっている能力の範囲に収まりそうである。その目的は，あらゆるマネジメントに通用するようなコーチングの専門家を育てるのではなく，組織内で活動能力を高めるためにマネジャーが使える道具を提供することである。このアプローチは，学ぶための組織を作り上げるのに重要である（Senge et al., 1994）。

個別のコーチングプログラム

これらのプログラムは一般的に，個別の活動能力が求めるものに合うように，あるいはその組織にとって優先度の高い発達課題を満たすように作られている。

グラントとカバナー（Grant and Cavanagh, 2004）はコーチングプログラムに3つの一般的なレベルを確認している。
- **スキルコーチング**では，コーチは〔クライエントの〕特定の行動に焦点をあてるよう求められる。
- **パフォーマンスコーチング**では，クライエントの目標設定，障害克服そして自身の活動能力の評価といった能力改善過程に焦点があてられる。
- **発達コーチング**では，個人が深く考える空間を創るなど，もっと全体的な見方がとられる。ここでは，個人の発達や専門的能力の開発に関するもっと基本的な問題が扱われる。

　個別のコーチングプログラムが導入されると，さまざまなコーチがその組織に迎え入れられて，各組織の具体的な要求に対処できるようになるかもしれない。たとえば，役員は自身にエグゼクティブコーチをつけるかもしれず，花形プレイヤーを雇うために優秀なコーチが紹介されるかもしれない。あるいは，パフォーマンスコーチが成績不振者のために雇用されるかもしれない。

　上記のどの方法で組織にコーチングが導入されるとしても，人びとの行動が変わるだけでなく，組織の構造，運営そして社風なども変わらなければ，かけ声だけに終わってしまう。たとえば，部としての最終締切を強く求めるあまり，経理チームの職員が必要なコーチに接触することを経理部長が許さないとしたら，利用できる内部コーチをどれほど確保していても無駄である。同じように，上司である部長が協力的でなく，部下の課長たちが「どのように」行うかよりも「何を」行うかのためだけに短期間で報酬を受けるようならば，新たに習得したコーチング技法を彼らが使えるようになることを期待するのは無駄である。最後に，コーチングプログラムの導入によって並はずれた業績をあげる人のやる気を高めても，組織の構造が妨げとなってその「並はずれた業績をあげる人」が自分のキャリアを向上させられなければ，ネガティブな影響しか与えないだろう。

　組織に広く行き渡っている社風は，コーチングの取り組みを手中におさめられるかどうかを左右するだろう。クラッターバックとメギンソン（Clutterbuck and Megginson, 2005）はコーチングを後押しする社風（コーチング文化）として次の6つを指摘している。
- コーチングはビジネス運営者と関係している。
- コーチであることは奨励され支援される。
- コーチは訓練を受ける。

- コーチングは認められ，しかるべき報酬を受ける。
- システムとしての視点が採用される。
- コーチングの導入に向かって進む。

システムとして考える視点とマネッジドチェインジ

　ある取り組みを組織に導入して，自分の考え方ややり方を変えるよう人びとに求めるとき，システムとして考える視点は有効である。あらゆる生物は安定していて連続性を保ち，予測できる状態のなかで育ち，この均衡を乱すどのような力にも逆らおうとする自然の傾向がある（Heller et al., 1998）。行動や思考を変えようとしてこの均衡を乱すと，人はさまざまな形の抵抗にあうだろう。
　この抵抗の強さは，システム理論をもう少し検討してみるとわかる。われわれは個人として複雑なシステムであると同時に，さまざまなほかのシステムのなかに存在している。こうしたしくみによって，いかなる活動も反応，交換そして影響からなるシステム内に組み込まれ，このシステムから逃れられない状況が作り出される。個人の行動はシステム全体が求めている要求に対する反応とみられる（Peltier, 2001）。この視点からは，行動で変化が起きるためには，状況全体が変わらなければならないことが容易に理解できる。
　どのシステムにも下位システムがあり，そのあいだには少なからず相互に通過が可能で柔軟な境界があることを理解すると，状況はもっと複雑になる。このシステムおよび下位システムにおいて，行動予測は，たとえ外部環境が変化を求めようとも，われわれをとらえて離さず，変化を妨げるような申し立てやイメージによってある程度決定される。ペルティア（Peltier, 2001）が指摘するように，個人や組織のレベルで行動を変えるためには，当該組織のシステムおよび下位システムのなかにある融通のきかない予測，個人の役割，行動，階層そして連携を検討しなおして，もっと柔軟にする必要がある。システムについての議論は第14章を参照してほしい。
　簡単にいうと，コーチングを効果的に組み込むためには，当該組織のシステムは，もし異なった状況を想定できるならば，人びとが価値をおき，かかわれるような別のシステムに変えなければならない。成功をもっと期待するためには，新たな状況を作れるように最初に細かい注意を払っておかなければならない。人びとの行動のみならず組織というシステム，その運営そして社風に前向きに敏速に目を向けさせる全体的なアプローチを行うと，もっとうまくいくだ

ろう。

　ラマーシュ・アンド・アソシエーツ（LaMarsh and Associates, 2005）が開発した「マネッジドチェインジ」™（Managed Change™）という枠組を使うと，既存のシステムに組み込まれた変化の主体として，あなたは一歩を踏み出し，新たな状況を作りはじめるとともに，システムについてもっと客観的に理解できるようになる。

コーチングの取り組みをうまくまとめて維持するために「マネッジドチェインジ」™という枠組を使う

　「マネッジドチェインジ」™というモデル，そのアイディア，それを導く論理が本章の中心を貫いている。具体的な事柄については適宜述べていく。

まずはじめに──なぜチェインジなのか？

　あなたは自分の組織において人びとをさらに成長させるのに役立つのはどのようなコーチングの取り組みかを知っており，コーチングがいつものようにビジネスに組み込まれることを保証するためには努力や注意が必要であることを知っていると思っているだろう。しかし，あなたは歩きはじめたばかりのこの道のりがどれほど長いかを本当に調べたことがあるだろうか？　どれほどの資質をあなたはもっていて，これからどれだけ必要なのか，どこからはじめるのか？　次のような質問（LaMarsh and Associates, 2005 を一部改変）に答えていくと，あなたがどこにいて，成功するには何が必要かが明らかになるだろう。

- なぜコーチングなのか？
- なぜコーチングの道に足を踏み入れたか？
- コーチングを通じて何を成し遂げようとしているか？
- コーチングをうまく導入できないと何が起こるか？
- （内的および外的な）どのような力によって，あなたはコーチングをビジネスの実践にもち込みたいと考えているか？
- なぜもっと早くその行動を起こさなかったか？
- ここではじめないと組織にどれだけマイナスの影響が出るだろうかと考えるまでにどれだけの時間を費やすか？

　こうした質問に対する答えをまとめると，コーチングが導入されている状況，「コーチング」によって何がもたらされるかについての期待，実現の背後にあ

る動因そしてコーチングを行うために必要な時間がわかってくる（LaMarsh and Associates, 2005）。

あなたはコーチングという取り組みがどのような権限をもつかに疑問を抱きはじめているかもしれない。どうすれば実現させやすくなるか？　いつまでに実現できるか？　現時点で今以上にどのような情報が必要か？

2つの見通し質問

- コーチングの取り組みに対してどのような見通しをもっているか？
- 今あなたはどこにいるか？

一歩を踏み出そうと躍起になると，第一の質問に答えなければならないと考えて（しばしば肝心な部分のまわりをざっと見るだけの）落とし穴にはまり，第二の質問をまったく忘れてしまうだろう。これは，あなたが出会う道とは別の道を歩む準備をはじめたということを意味する。時間をとって2つの質問に答えることが，この道のりがどれだけ長く奥深いかを理解するのに不可欠である。ここでは，第一の質問にあなたがどのようにもっと詳しく答えるかに的を絞っていこう。

はっきりした現実的な目標を設定すること自体が難しい課題だが，努力すれば報われることは研究が示している（初期の文献については，Kahn et al., 1964 を参照）。基本的には，目標が具体的ではっきりしていれば，成功の可能性はより高まる。見通しをつけることは，個人や組織が変わるときに，目標設定においてきわめて深くかかわる重要な部分である。見通しを立てる訓練と同じく，もっと詳しく，より現実的な見通しを立てられれば，それだけいっそう適切な関連づけができ，それを確認でき，意にそわない驚きを避けられる。同時に，きわめて詳細な見通しと，あなたの考えのなかでは変わりつつある環境を調整できるほどに柔軟な見通しとのあいだでバランスをとっている。

「あなたの見通しは何か」という問いに答えるとき，あなたは自分の見通しを実現するために必要な組織の構造，運営，人びとそして社風を詳しく理解したいと考えるだろう。ひとことで言うと，「従業員の活動能力の問題を解決するためにコーチングを導入すること」はあまり成功に結びつかない。あなたはコーチングの取り組みに対する見通しをはっきり描くさいに図21.1がとても役に立つとわかるだろう（コーチングの見通しと出発点を明確に描くための枠組については，LaMarsh and Associates, 2005 を一部改変している）。

第21章　組織内にコーチングの取り組みを組み込んで維持していくための概念　485

あなたの前に横たわる課題をほんとうによく理解するには，あなたのもつコーチング見通しと関連して次のような重要な領域について調べなければならない。
- コミュニケーション
- 従業員の関与
- マネジメントスタイル
- 意思決定
- 顧客との関係
- 質への重点づけ
- 技術の利用
- チームワーク
- 報酬と感謝のことば
- 変化の管理

　図21.1の中央におかれた質問の表現を少し変えて，別の重要な領域を含めてみたり，この新たな質問を同図の4つの四角に入っている項目にうまくあてはめてみたりしてほしい。たとえば，コミュニケーションについては，中央の質問は次のようになる。コーチングがうまく行われているとき，コミュニケーションはどうなるか？　また，このコミュニケーションを円滑にするためにどのような組織の構造や運営が考えられるか，人びとはどのような能力をもち，どのように振る舞うか，などである。こうして，あなたが目指すものについて全体像を描ける。

　見通しを立てる訓練によって，あなたは目指すものを手に入れる。コーチングの道のりがどれほど遠いかを理解するためには，出発点についても理解しなければならない。「あなたは今どこにいるか？」という質問に答えると，あなたが計画し実行しはじめる場所に「杭を立てる」ことができる。第一の質問に対する答えは，有効になるよう十二分に調べなくてはならない。あなたが今どこにいるかを理解できるよう助けてくれる有用な質問については，図21.2を参照してほしい。

　まとめると，これらの質問に答えることで，あなたは当該組織のなかに今あるコーチングと，それがどのように変わっていくか，何が変わらなければならないかのあいだにある溝をもっとよく理解できるだろう。

　システムとして考えると，われわれは，現在おかれた状況のいずれかで一つの変化が起こると，その枠組のほかの要素に影響が広がり，変化が生まれるこ

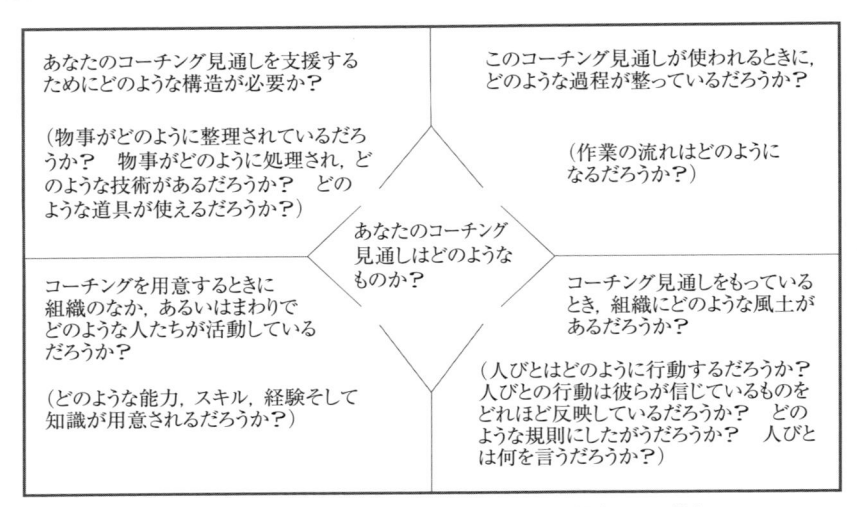

図21.1 あなたのコーチング見通しをはっきり描くための枠組

あなたのコーチング見通しを支援するためにどのような構造が必要か？

(物事がどのように整理されているだろうか？　物事がどのように処理され，どのような技術があるだろうか？　どのような道具が使えるだろうか？)

このコーチング見通しが使われるときに，どのような過程が整っているだろうか？

(作業の流れはどのようになるだろうか？)

あなたのコーチング見通しはどのようなものか？

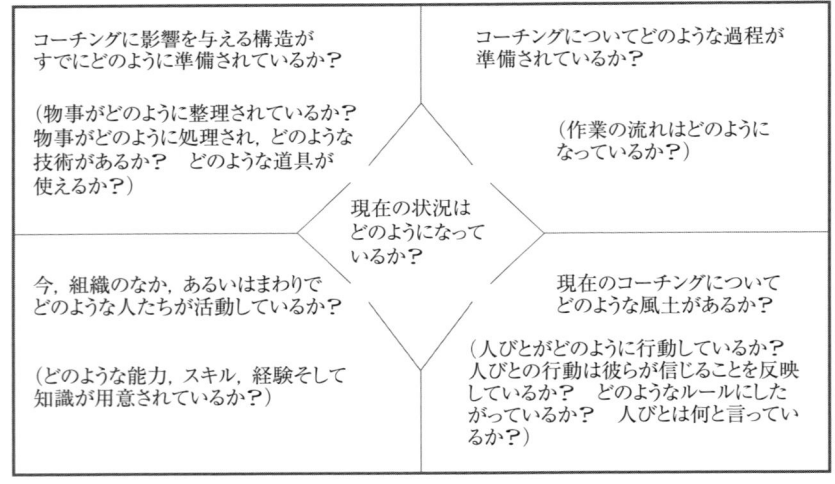

コーチングを用意するときに組織のなか，あるいはまわりでどのような人たちが活動しているだろうか？

(どのような能力，スキル，経験そして知識が用意されるだろうか？)

コーチング見通しをもっているとき，組織にどのような風土があるだろうか？

(人びとはどのように行動するだろうか？　人びとの行動は彼らが信じているものをどれほど反映しているだろうか？　どのような規則にしたがうだろうか？　人びとは何を言うだろうか？)

図21.2 あなたの出発点をはっきり描くための枠組

コーチングに影響を与える構造がすでにどのように準備されているか？

(物事がどのように整理されているか？　物事がどのように処理され，どのような技術があるか？　どのような道具が使えるか？)

コーチングについてどのような過程が準備されているか？

(作業の流れはどのようになっているか？)

現在の状況はどのようになっているか？

今，組織のなか，あるいはまわりでどのような人たちが活動しているか？

(どのような能力，スキル，経験そして知識が用意されているか？)

現在のコーチングについてどのような風土があるか？

(人びとがどのように行動しているか？　人びとの行動は彼らが信じることを反映しているか？　どのようなルールにしたがっているか？　人びとは何と言っているか？)

とに気づく。これらの計画された（計画されていないこともよくある）変化は，当該組織においてコーチングの取り組みがどのように発展していくかに影響を与える。当該組織のなかにコーチングを組み込むために選ぶ的確な道はときに靄がかかったように感じられるが，道すがら，予期せぬ障害ばかりでなく，素

晴らしい機会にも出会うだろう。

道のりを導く方略

　どれほど小さくても変化が起きているときには，確かに個人や組織の能力が低下する。これは人びとが不確実な段階に入ったときにはごく自然に起きる反応である。このとき，人びとが毎日の仕事のなかでしたがってきた経験則は変わり，職場がどのように機能しているかを個々人がとらえる世界観に異が唱えられる。人びとは自問しはじめる（あるいは組織に対して問いを発しはじめる）――この変化は私にとってどのような意味をもつか？　どのように行動すればよいか？　私はこれまでたどってきた道を本当に変える必要があるか？　こうして個人レベルのストレスが増加する。確かに，組織の変化は健康安全管理者（HSE: Health and Safety Executive）にとって重大なストレス危険領域である。

　組織の努力目標は，いかにしてこの能力低下を最小限に抑えるかである。あなたがコーチングをなぜ導入したかを明確にし，前に進んでいくことが助けになるだろう。さらに，あなたが利用できる取り組みや，変化のあいだ人びとを支援するために導入できる安全策がある。経験に基づいて，そのうちのいくつかを次に紹介する。

鍵となるプレーヤーを理解する

　あなたのコーチングの取り組みを成功に導くためには，いくつかの重要な役割を果たす人が必要である。一人は変化の請負人であり，もう一人は変化の仲介者である。

変化の請負人

　変化の請負人には，マネジメントのつながりのなかで変化の目標を伝えるすべての人が含まれる。あなたを支援し，組織に必要な変化をもたらす人を組織の最上層部にもっている必要がある。彼らの行動は，あなたのコーチング見通しに記されたとおりに，ほかの人たちに必要とされる行動とうまく合わなければならない。請負人には，変化を後押しするために行わなければならない重要な義務がたくさんある。そうした重要な義務の一つは，財政的ならびに人的な資源を含めて，あなたが取り組みに必要なさまざまな資質をもっているかを確認することである。詳細については，鍵となる役割評価についての節でさらに

概観する。

変化の仲介者
　変化の仲介者になりうるのは，変化を起こさせる責任をもつ個人あるいはグループである。変化の仲介者は主要な変化の請負人とは違う役割をもっている。変化の仲介者は，変化の請負人がもっと戦略的なレベルで行動を起こせるように導きながら，実践的なレベルで変化を引き起こすことに焦点をあてる。

提案された変化のターゲット
　ターゲットとは，（しばしば変化の請負人も含まれる）変わることを必要としている人びとであり，少なくとも次のいくつかを経験している可能性が高い。
- 気まずい，不安，自意識過剰と感じている。
- 自分に何ができるかではなく，何をあきらめなければならないかを最初から考えている。
- ほかの人たちも同じ変化を経験しているにもかかわらず，自分がひとりぼっちだと感じている。
- （変化に対する準備の度合は個人によって異なっているのに）自分たちは多くの変化を扱えるが，変化のための資質はもっていないと信じている。
- プレッシャーがないときには自分たちが再び物事を「うまく」行うだろうとわかっている。

変わっていく役割
　変化の請負人と変化の仲介者の役割は，変化のためのプログラムが進んでいるあいだ正式にはごく少数の個人にしか与えられない。しかし，コーチングの取り組みに隠れて自分の十分な影響力を表に出さない年長者（請負人）もまたターゲットとなるだろう。個人はほかの人に起こりうる行動にならって自分の公の，あるいは私的な行動を変えなければならないかもしれない。請け負う準備ができ，変化の仲介者になる準備もできていて，あなたのコーチング見通しのなかに記された事柄と彼ら自身の行動とを同調させる準備ができている人たちが組織のなかで増えれば増えるほど，コーチングはいっそううまく組み込まれるだろう。

変化の請負人そして／あるいは変化の仲介者として能力を発揮すること
　ほかの人たちに影響を与えて特定の行動をとらせたり変えさせたり，また新しい方法や仕事に向かわせるには，4つの基本的な構成要素について考えなければならない。

- あなたが行動して深く関与するか。
- あなたとほかの人がどのように何についてコミュニケーションするか。
- あなたがどれほど真剣にかかわれるか。
- あなた自身がどれだけ危険をいとわないか，ほかの人の危険をどれだけ引き受けられるか。

あなたの行動やかかわりあい

あなたは自分の対人行動スタイルにできるだけ十分に注意を払わなければならない。あなたが変化の「的」であることをどのように感じているかについてしばらくじっくり考えると，多くの洞察が得られるだろう。コーチングの見通しが完成しており，当該の組織において信頼を得ていれば，トップダウンで具体化されなければならない。雇用者たちが自分の行動を変えなければならないという必要に気づき，彼らが有効に使っているコーチングの支援をほかの人たちに提供しなければならないと気づいているとき，彼らはそうした人びとの行動や態度を，さらに上のレベルから精査検討することで，彼らが本当に何をしようと考えているかを実際に理解できる。トップのチーム，特に鍵となる変化の請負人が提示している慣習的なやり方，行動そして習慣は，きわめて重要である。

組織のトップにいる人びとの行動はなぜそれほど重要なのだろうか？　心理学的な研究によると，（変化のただなかで）状況が曖昧になればなるほど，ますますほかの人びとに頼ってどのように行動したいかを考えるようになる（Aronson, 1984）。われわれは同僚，仲間，マネジャーそしてリーダーに頼ってその鍵を見つける。組織のリーダーがコーチングの見通しにそった行動を示してくれれば，ほかの人びとはその行動が重要であるとみなして，それにならう。

同様に，深い関与についての研究からは，あなたの発言や行動によってあなたがコーチングの取り組みにどのように深くかかわるかが明らかになり，次のような3つのレベルで，ほかの人のなかにふさわしい信念が生まれ，ふさわしい行動が起きるようになることが示されている。

- あなたが行動してみれば，あなたの行動と矛盾しない信念が育ち，これからその行動を続けていく（Salancik, 1977）。
- 人はほかの人がするからそれをするのであり，それが当然と信じている（Wiener, 1982）。
- 人は，それが個人であれ，チームであれ，仕事であれ，マネジャーであれ，

自分の属する組織の一部あるいはすべてと一体であると思うから，自分に求められることをする（Mowday et al., 1979）。

この過程のなかで鍵となる請負人や，変化をもたらす要因について考えると，望ましい行動からいくらかでも逸脱することは，あなた自身が心のなかではその場に深く関与しておらず，そのコーチングの取り組みが実のところあまり重要でないと示すことになるだろう。

あなたがほかの人と何についてどのようにコミュニケーションを行うか

コミュニケーションについては膨大な研究が行われている（詳細な概説については Hargie and Dickson, 2004 を参照）。ここでは，どうすればわれわれがメッセージにいっそうの影響力をもたせられるかについて簡単に述べる。

- コミュニケーションを行う人は十分な判断力をもっていて信頼するに足り，自分たちがおかれている立場を利用して何かを得ようとしたり，何かを失ったりすることがあるとみられてはならない（Aronson, 1984; Hargie and Dickson, 2004）。とても信頼されるコミュニケーションを行う人は，ほかの人たちが聴衆の見解と非常に違った見解をもっていても説得できる。

- コミュニケーションで交わされるメッセージには，人びとが目にしたり聞いたりした個人の生き生きとした実例が含まれていなければならない（たとえば，Nisbett and Ross, 1980）。2つの視点を提示する方法は，このメッセージに抵抗がある場合にはとりわけ，いっそう有効である（Aronson, 1984; Hargie and Dickson, 2004）。

- コミュニケーションで交わされるメッセージは，必要な変化をもたらすために何をしなければならないかについて明確で楽観的に語られると同時に，感情的な内容が含まれるべきである。恐れを表すメッセージ（たとえば，「全社員が自分の行動に責任をもたないとわが社は競争に負けてしまう。そのために，われわれはマネジメントスタイルをもっとコーチングスタイルへと変えなければならない」）を伝える場合には特にそうする必要がある。

- 聴衆は居心地がよく，強引な方法がとられないと予測できれば，もっと受容的になる。

どうすれば信頼できる参加が可能か

参加の問題は，コーチングの取り組みを組織に導入するとき特にかかわってくる。コーチングはコーチとクライエントとの双方向の参加関係を含むと一般には理解されている。したがって，参加しながらの変化過程はコーチングの基

本的な見解と一致する。変化の過程に参加するよう従業員に働きかけることは不確実性や衝突を増やすと感じられるかもしれないが，これは魅力的な課題であり，参加することは，次の事柄も含めて，個人にも組織にも重大な利益を与えてくれる。

- 深い関与，没頭，そして組織の成果にいっそう個人が責任をもつこと（Heller et al., 1998）。
- 意思決定過程と結果の公正さをもっとよく認識し，最終決定にもっと深く関与すること（McFarlin and Sweeney, 1992）。
- 環境のコントロールと自決というわれわれの要求を実現すること（たとえば，White, 1959）。
- 能力や向上した行動力の開発。
- 「集団思考」の回避（Janis, 1982）。均質でとても凝集性の高い集団は満場一致を維持することにとても腐心するので，自らが選んだ活動経路，可能な選択肢やそのほかの選択肢を効果的に評価できず，次善の結果，ときに壊滅的な結末へといたる。このようなときに「集団思考」の回避は起こる。

あなたは参加しようという機会をどのようにして信頼がおけるものとするか？　信頼はなかなか築けないのに，簡単に壊れてしまう。そして，マネジメントが述べていることが実際に遂行されないと，あなたのコーチングの取り組みは成功しにくくなるだろう（たとえば，Fucini and Fucini, 1990）。従業員は自分たちの意思決定と関係ないところで決定がなされたと思うと，反感をもち，操作されていると感じ，欲求不満になって，変化の過程から身を引こうとするかもしれない（Heller and Wilpert, 1981; Marchington et al., 1993）。信頼のおけない参加は人びとが将来的にかかわれる機会を減らしてしまう。

　第一に，参加を企業風土の一部とすれば，相変わらずそれはビジネスとなり，参加型の構造や過程が存在できることになる。人びとがビジネスの問題に興味をもってかかわろうとするくらい知識があって腕が立つと感じており，個人的にポジティブな結果を信じていて，通常業務でない仕事と日々の仕事との折り合いをつけられるならば，参加はもっと起こりやすくなるだろう。要するに，人びとに参加させようとするなら，気楽にできて恐怖感を与えないようにしなければならない。

　第二に，参加することを人びとがポジティブな経験ととらえ，彼らの意見提供がしっかりと評価され，同時に集団どうしの駆け引きや対立関係を最小限に抑えられることである（Heller et al., 1998）。

あなた自身の危険負担と，ほかの人の危険負担を保証すること

これまでとは違った方法で何かを行おうとすると，それには個人的な危険がともなう。たとえば，あなたが誰かにしてほしいことを伝える代わりに，その人をコーチするという新しい方法をはじめてとろうとすると，〔人びとは〕奇異に感じるだろう。あなたは無防備だと感じ，あなたが意図したことを自分で行えたかどうかわからず，どのような反応が起こるかに確信がもてない。あなたが安心できるもの，ほかの人が予想していることから逸脱すると，あなたは危険を負うことになる。危険を負うことで変化が生まれるならば，ほかの人が危険を負担しやすくして新たな行動を起こしやすくする変化の請負人あるいは変化の代理人として，あなたがとれる方法はたくさんある。

- あなたが個人的に直面した困難あるいは，コーチングの取り組みにそって行動しようとして犯した間違いを皆で共有して前向きに検討しなさい。そうすれば，間違いは仕方ないというメッセージを伝えることになり，ただちに成功したいというほかの人の期待に何とか対処できる。
- 個人や組織がいつも行っている防衛的なやり方を解消し，変化の課題のみならず個人間の相互作用に焦点をあてるよう努めなさい (Argyris, 1985)。あなた自身の，そしてほかの人の習慣的な防衛機制に切り込む準備を怠らないようにしなさい。
- これまでとは違う新しい行動を人びとが安心して試せるようにしなさい。人びとはことばと行動による支援，協力そして失敗への耐性を必要としている。
- つねに上を目指すように活動能力の基準を掲げ，進歩をモニターする手続きを準備しておきなさい。卓越していて個人やチームが説明責任をもつという風土を醸成しなさい。

非協力的な行動や非難が続くと，人びとはこれまでとってきた行動に戻ってしまうだろう。なぜなら，そうすることが安全でいっそう心地よいと感じるからである。

鍵となる役割評価

さて，あなたにとって重要な役割を果たしている人びとの現在の行動は，これまでに提示した理想的な条件にかなっているだろうか？　ボックスの 21.1，21.2 そして 21.3 に略述したチェックリストを使うと，こうした人びとのアプ

ボックス21.1　鍵となる請負人のチェックリスト

　コーチングプログラムの鍵となる請負人は，変化を理解し，障害を取り去って，変化が組織全体に起こるようにする。彼らは包み隠さずにコーチングの見通しに深く関与しなければならず，たとえ間違いが起こっても，変化をもたらすチームをはっきりと支援しなければならない。彼らは，

- コーチングの見通しを達成するために財政面でも行動面でも組織全体に何が求められているかをよく知らなければならない。
- コーチングの結果が——役員会レベルではなく——組織全体で支持され，同意が得られるようにしなければならない。
- コーチングプログラムに情熱を注いで深く関与し，それを信じ，それがもたらす利益について語らなければならない。
- コーチングプログラムの導入にさいして避けられない障害や抵抗に取り組もうと決意しなければならない。
- 目標達成のために資金援助を行い，そのために自分の時間をさかなければならない。
- 変化の代理人がコーチングプログラムをうまく成し遂げられるようにしなければならない。
- 変化が起こるにつれて，どのタイプの活動能力の低下なら大目に見られるか，その大きさはどのくらいかを特定できなければならない。
- コーチング見通しの実現に必要な行動変容が起きるようにコミュニケーション，学習そして報酬のシステムが使われることを保証しなければならない。
- 確立されたコーチング関係にかかわる守秘義務の規則に従い，疑問が提起されたならばこの規則を維持しなければならない。
- コーチングプログラムにかかわるラインマネジャーの問題に共感を示し，解決に努めなければならない。
- コーチングプログラムに対して人びとが抱く心配事や不安を表明する機会を与え，人びとが直面している障壁を打ち破るよう支援しなければならない。
- 人目につこうとつくまいとコーチングの見通しに深く関与しなければならない。
- 自分の行動を変え，専属のコーチをもつことで，また，この事実をほかの人びとに包み隠さずにいることで，危険を負わなければならない。

出典：LaMarsh and Associates, 2005 を改変；© LaMarsh and Associates, Inc.

ボックス 21.2　鍵となる変化の代理人のチェックリスト

　鍵となる変化の代理人は，コーチングの取り組みとそれが与えうる影響を理解し，変化の過程を管理し，それにともなって人びとに生じる問題を扱わなければならない。代理人はしかるべき請負人を見つけ，その請負人が適切な額の資金援助を行うことを保証しなければならない。代理人は，表面上そして，いっそう深い水準で起こりうる抵抗を測定しなければならない。彼らは，

- コーチングの取り組みをはっきりと理解し，過去において変化を効果的に実行していなければならない。
- コーチングの取り組みがもつ個人的，組織的，技術的，顧客側と提供者側の動態を個人として十分に理解していることを示さなければならない。
- 請負人と自分たちがどれほど負担するかを決め，コーチングの取り組み，重要な展開そして，それらに必要なものを請負人に伝えながら，コーチングの取り組みを首尾よく実行するためにしかるべき額の資金援助を得られるようにしなければならない。
- 請負人から信頼され，尊敬されなければならず，そしてコーチングの取り組みの目標をもたなければならない。
- コーチングの取り組みを首尾よく実行するために不可欠な変数は何かを判定し，当該組織における抵抗，現在の風土そして変化の過程を査定しなければならない。
- ほかの人にメッセージを伝え，その人の話を積極的に聴き，忍耐強く，請負人と協力して目標に取り組みながら，効果的にコミュニケーションを行わなければならない。
- 次のことを行って，コーチングの取り組みを実行するための総合的な計画を立てなければならない。
  - ビジネスとしてのリスクを浮かび上がらせ，そのリスクを減らすための方法を提言すること。
  - 変化の必要条件と資源の効果的な利用との帳尻を合わせること。
  - コミュニケーションの計画，学習や進行の計画そして，報酬や正しい評価の計画を立てること。
- もし必要な支援が得られなければ，この取り組みを中止する準備ができていなければならない。

出典：LaMarsh and Associates, 2005 を改変；© LaMarsh and Associates, Inc.

> **ボックス21.3　目標となる人についてのチェックリスト**
>
> **目標となる人**とは，コーチングの取り組みに合うように自分たちの行動を変えようとしているすべての人である。目標となる人の理想的な行動は次のとおりである。
> - 進んでリスクを負おうとする。
> - 進んで現状を打破しようとする。
> - コーチングの取り組みを導入するために進んで戦おうとする。
> - 感情を正しく評価して伝えられる。
> - 物事があまりに長い時間変わらないままだとうんざりする。
> - 定義づけがあまりに混乱していたり欠けていたりしていても我慢できる。
> - コーチングの見通しを進んで調整し，処理しようとする。
> - 変わるための方法を考えながら時間を過ごそうとする。
> - 何もしないままで時間を過ごさないようにする。
>
> 出典：LaMarsh and Associates, 2005 を改変；© LaMarsh and Associates, Inc.

ローチや行動の信頼性が確保される。そして，コーチングの取り組みを提示し，統合し，維持していくことを保証するために，変化をもたらすあなたのチームが何を行えばよいかを評価できるようになる。

システムと過程を結びつけることについての意見

報酬や正しい評価，学習や発達そしてコミュニケーションシステムは精査され，変更を加えられ，統合されなければならない。それは，人びとがコーチングの導入を快諾し，あなたのコーチング見通しのなかで詳しく描かれた行動を行えるようにするためである（LaMarsh and Associates, 2005）。

この統合によって従業員は，仕事をこなす活動能力，毎日の行動そして同僚とのかかわり方について自分たちに期待されるもの——どれが受け入れられるか——を明らかにしながら，必要な行動変化をもたらす多くの強化地点を手に入れられる。あなたはマネジャーにコーチングのアプローチを受け入れてほしいが，そのマネジャーがチームの構成員に威張りちらし，非難し，操り，どなるのに対して，あなたが異を唱えないならば，構成員たちはそのコーチングアプローチはあまり重要でないと遅からず悟るだろう。

報酬と正しい評価

報酬が与えられ動機づけられる行動はあなたのコーチングの取り組みと矛盾しないので，コーチングのポジティブな成果を支える鍵である。目に見える報酬（賃金，手当て，昇進など）そしてあまり目立たない形の正当な評価（賞賛，学んだり成長したりできる機会，マネジャーによる日々の正当な評価）は，あなたが次のように行動することを保証するために，少しずつ増やしていかなければならない。

- 望ましくない行動よりも望ましい行動に報酬を与える。
- コーチングの取り組みに対して早い時期から前向きに抵抗をほのめかしたり表出したりする人に報酬を与える。
- 新たなレベルでの活動能力の測定方法を開発した人に報酬を与える。
- 変化が根づいたときに，望ましくない行動に罰を与える。

実践的な視点からすると，正規の報酬システムを「微調整する」ことは簡単というにはほど遠く，そうした感情に訴える話題には多くの作業や心痛がからみそうである。同様に，場あたり的に報酬が与えられることはほとんど目に見えず，疑問をもたれないままである（Heller et al., 1998）。

あなたの現在の報酬システムがどのように機能していて，今の行動を維持しているかを理解するために，次のことを確認してみてほしい。

- 報酬を受ける現在の行動
- 正規の報酬
- ふだんの報酬
- 現在の活動能力の評価基準
- （コーチング見通しにそわない）古いやり方で仕事を行う難しさの程度
- （コーチング見通しにそう）新しいやり方で仕事を行う難しさの程度

(LaMarsh and Associates, 2005 を改変)

学習と成長

学習と成長のシステムはコーチングの取り組みを支えるのに必要な行動に焦点をあてるべきである。従業員は求められる行動を行い，前向きな評価を得て，能力を発揮させるための手立てや機会を必要とする。仕事の場だけでなく，もっと多くの正規の作業現場で人びとを新しい行動へと導く学習過程を取り入れると，従業員はもっと一貫して行動を変えられるだろう（Kirkpatrick, 1996）。

学習と成長に関する優れたシステムを使うと，人びとはコーチングの取り組

第21章　組織内にコーチングの取り組みを組み込んで維持していくための概念　　497

みがもつ視点を理解し，ふさわしい行動を実践し，それについて深く考え，それをふだんの状況に適用できるようになる（たとえば，Kolb, 1974）。したがって，毎日の前向きな評価を受けて従業員は，自分たちがどれだけ進歩したかに気づき，自分たちの能力にどれだけの格差が残っているかを理解できる。人びとが新しい能力を身につけ，気づく力を高められたとき，世界はこれまでとは違ってみえはじめ，世界をそのように経験できるようになる。新しい考えや仮定が形をみせはじめ，それによって，スキルや能力がさらに向上する（Senge et al., 1994）。

　学習と成長に関する正規のシステムがコーチング見通しを補完することを保証するためには，次のことを行わなければならない。

- コーチング見通しにおいて求められる行動や活動能力のレベルを特定すること。
- 現在の知識あるいはスキルのレベルと求められる活動能力のレベルにどれだけの格差があるかを評価すること。
- この格差を埋めるための訓練や開発を計画すること。

コーチングの取り組みを導入するにあたって，次のことを行わなければならない。

- 適切な時期に訓練や開発を導入すること。
- スキルの開発を最適化するために，しかるべき順序で訓練を導入すること。
- 個人や組織が変わるときに，そしてその変化過程で訓練を提供すること。
- 人びとに前向きな評価のスキルを提供すること。
- 訓練や開発をたえず一貫してコーチング見通しに結びつけること。

進歩があったとき，あなたは次のことを行わなければならない。

- 補習コースあるいは「上級」プログラムを通じて人びとが自分のスキルを維持し，あるいは改善するための機会をもてるように保証すること。
- 〔人びとに〕求められる能力を導入プログラムやキャリア開発プログラムに組み入れること。　　（LaMarsh and Associates, 2005 を改変）

コミュニケーションシステム

　コーチングの取り組みについてのメッセージを一貫して率直に伝えるには努力が必要である。「口コミ」が従業員の考えや行動にしばしば大きな影響を与えるように，組織のコミュニケーションシステムには秩序だった構成要素と，きわめて強力な形式ばらない側面がある。確かに，さまざまな理由で正規のコ

ミュニケーションシステムがとても貧弱なとき，従業員は非公式のネットワークを通じて，変化が起こっているあいだに自分のもつ唯一の情報を提供する。

　正規のコミュニケーションシステムがどれほど整っていようと，個人的なレベルでコーチングが何を意味するだろうかということを理解するために，人びとは自分の同僚や仲間の言うことに耳を傾ける。ふだんの会話のなかで個人的経験が伝えられ，あなたが提案したコーチングの取り組みについて広まっているうわさに根拠が与えられる。

　あなたは人びとが受け取っているメッセージにどのように影響を与えられるか？　基本的には，従業員と組織のあいだにあるあらゆる接点で，コーチングの取り組みについて明瞭で一貫したメッセージを〔発せるよう〕保証することである。（報酬や正当な評価，学習や成長のシステムを通じた）人びとの個人的経験が公式のメッセージに反映されなければならない。これが行われれば，公式のコミュニケーションシステムと非公式のコミュニケーションシステムはもっと似た内容をもつだろう。ステイシーとグリフィン（Stacy and Griffin, 2005）が指摘しているように，ある組織における会話の質は，その組織の質を映し出すのである。

　おおまかに（コーチングの導入前，導入中そして導入後の）3つの段階があり，あなたが公式のコミュニケーション経路を通してコーチングの取り組みを計画するときは，それぞれに力点のおき方を変えなければならない。

　最初の段階では次のことを行う。

- 個人的に，あるいは信頼のおける人（この人物は，あなたが話をする機会によって変わる可能性がある）からの推薦によって，あなたの信頼性を確立する。
- 信頼できる従業員の代表がかかわることを保証し，信頼できる変化の代理人や請負人を特定する。
- なぜ変化が必要なのかを説明し，そこから得られる結果に議論を集中する。
- 変化を導入しなかったときの結果について説明する。
- 変化を裏づける詳細な資料（たとえば，市場調査，事例研究，費用便益分析）を手元にもっている。
- コーチング見通しを——繰り返しになるが，あなたが話を向けている人あるいは人びとの視点から——記述する。
- 外的な推進力を特定し，強調する。
- 計画された人員削減，組織の再構築など，わかっている個人的結果につい

第21章 組織内にコーチングの取り組みを組み込んで維持していくための概念

て正直に語る。そうしないと、口コミでこうしたうわさが広まり、その影響は限りなくネガティブなものになるだろう。
- 以前にコーチングの取り組みを導入しようとしたときの結果の成否についてよく知っておく。
- あなたがコーチング見通しに近づくにつれて人びとが目にする変化を説明する。
- 何が変わっていないのかを特定する。
- あなたができるところで提案や新しいアイディアを受け入れ、前向きに双方向コミュニケーションを構築して推進する。
- 人びとをとがめず、構造化され事実に基づいた議論を行う。

変化が起こっているあいだ次のことを行う。
- 次のメッセージを何度も繰り返す。つまり、なぜ変化が必要なのか、なぜこのコーチング見通しが適切なのかを強調する。
- これまでと違うことばを使い、焦点のあて方を変えながら——さまざまな方法でコーチング見通しを明確にする。
- コーチングの取り組みによって個人や組織がどれほど利益を得るかを強調することで、関心や熱意を生み出す。
- この見通しにそって人びとが変わるために何をしなければならないか、人びとがどのような資質をもっているかを確認する。
- 変化に対する抵抗を人びとが心おきなく表せるようにするためのさまざまな方法を考え出す。変化が個人的なものではないことを人びとに確約する。
- 消し去ろうとしている行動ではなく、新しい行動にあなたが報酬を与えようとしていることを保証する。
- 物事を行う古いやり方を嘆く——古いやり方に別れを告げて、葬り去る。

進歩がみられたら次のことを行う。
- 人びとがどれほど前進したかを示す。
- 人びとがなぜ変化しているかに気づかせる。
- 人びとがどれほどの代価を払ったかを知らせる。
- （口コミの影響を忘れずに）直近の問題や論点をすぐに知らせる。
- 将来に起こる変化を特定して、あなたが進路から外れないようにする。
- すべての人の尽力とそこからもたらされる結果に感謝する。

(LaMarsh and Associates, 2005 を改変)

報酬と正当な評価、学習と成長そして組織内のコミュニケーションがさまざ

まなレベルで互いに作用しあい，組織内に広まった風土の礎石となることが明らかになった。各システムは互いに王手をかけられた状態にある。たとえば，ほかの要素はそのままにして学習と成長という要素だけを変えると，その2要素は結局，あなたのコーチングの取り組みを効果的に組み込むものとはならず，抵抗を長引かせるだけだろう。

あなたのコーチングの取り組みを軌道に乗せる：変化の軌跡を理解し，抵抗をうまく処理する

あなたはすべてのシステムを整え，見通しを詳細に述べ，鍵となる代理人や請負人を指名しおえて，どこからはじめるかをわかっている——それでも人びとはあなたのすることに依然として異を唱え，あなたが彼らにしようとしていることに反対する。どうして思うように進まないのだろうか？

変わりつつあるとき，人びとは態度や行動の変化を経験している。このことに彼らはほとんど気づいていないか，あるいはこれは彼らが何年ものあいだ戦ってきたあとの変化なのかもしれない。出来事が個人に及ぼす影響はきわめて多様である。ある人びとにとっては，コーチング風土の変化が諸手を挙げて歓迎されるようなものであるのに，その同じ変化が別の人びとの仕事にとってはまったく衝撃を与えるものとなることがある。変化にともなって人びとが不快感や曖昧さを経験するとき，抵抗が起こる。その抵抗はほんのつかの間のこともあれば，深く刻み込まれることもある。それに気づいていることもあれば，そうでないこともある。それどころか人びとは，自分たちがコーチング見通しに合わないやり方で行動しているということに気づかないことさえあるかもしれない。

変化過程の一部としての抵抗

変化のただなかで人びとは，一連の段階や情動を体験する（Kübler-Ross, 1973）。一般にこれは，人びとがふだんとは別の行動を求められ，自分たちの考え方を変えなければならない状況に直面したときに体験する衝撃とともにはじまる。変化しているとき，変化にともなう不快感を避けるために，個々人は変化の必要性を否定するかもしれない。人びとの反応が衝撃から否定へと移るにつれて，強い情動が人びとの反応を特徴づけるようになる。行動や態度において求められる変化は，われわれの自己の感覚にはあまりにも脅威となる。ポ

ジティブな自己像を維持し，われわれの考え方が正しいと主張するために，われわれの世界観に合った都合のいいやり方で情報は処理される。変化の必要性を強く否定する状態にあると，人は意識して，このうえなく執拗に変化に抵抗し，ストレスを経験し，その事態に激しい怒りを覚え，傷つき，苦しめられたと感じるだろう。

　こうした最初の段階が終わると人びとは，変化は必要なものであり，一般に変化とはその変化にともなって考え方のなかに起こる転換であることを受け入れるようになる。考え方におけるこの変化がしばしば行動における変化をもたらし，人びとが新しい行動をはじめようとするとき，彼らの考え方はさらに変わり，新しい行動と協調する。その結果，変化が〔組織に〕組み込まれ，維持されるのである。コーチング見通しを支えるために考え出された組織のシステムや風土によって，このサイクルは継続的に維持される。

　一部の人びとは，こうした移行を決して理解しようとせず，変化の必要性に異を唱えたままで，求められる変化が自分にとってあまりに心地よくないために，それを避けてしまうかもしれない。その一方で，自己認識，他者認識そして組織に対する認識を深めるにつれて，人びとは移行曲線のなかのさまざまな段階で揺れ動く。

　驚くにあたらないことだが，われわれが変わらないでいると自己意識が脅かされると感じれば，考え方や行動において変化がもっと起こりやすくなる。同じく，われわれが意のままにそれらを変えることができると信じるならば，もっと考え方や行動を変えられるだろう。

抵抗に対処する

　抵抗に恐れを抱き，抵抗が現れる好機を制限しようとしたり，それが起こったときに否定したり無効にしようとすることは簡単である。抵抗は変化の範疇の一つであるから，それは起こるだろう。抵抗は方向づけられ何かとかかわりをもちうるエネルギーをもっている。抵抗は人びとの関与や忠誠を実証する。人びとが新しい行動や態度を形作ることを支援するために，われわれは抵抗に耳を傾け，それを本気で扱い，利用する必要がある。

　抵抗を扱うことで「集団思考」の影響が抑えられ，革新や創造性が生み出され，当初考えられていたよりも良いコーチング見通しに到達できる。抵抗を無視するならば危険を覚悟で行いなさい！

　個人的なレベルでは，抵抗を利用して人びとが変化できるようにすることを

表 21.1　人びとを変化のサイクルに向かわせる方略と技法

段階	方略と技法
衝撃	コミュニケーションを繰り返し，ことばや方法を変える。必要な変化を小さなステップごとに分け，最初のステップに焦点をあてる。対立を避け，余裕を与える。個人の変化を組織全体の変化と結びつける。
拒否	「ほかの人の気持ちを個人的に理解しない」「論理や理性を使わないようにする」という感情を認め，正当化する。
気づき	コーチング見通しのなかの，柔軟で交渉の余地がある部分に気づく。変わっていないものを明らかにする。一人ひとりを支援し，自分が手に入れられる資源は何かを伝える。双方向コミュニケーションを増やし，従業員が変化に対して責任をもつよう力づける。
受け入れ	個人の学習や成長を支援する。学んだことを特定し，進歩に報酬を与えて認める。どれほど遠くまで到達したかに気づかせる。
実験	従業員に信頼感を与え，前向きな評価を行う。
意味の探索	双方向コミュニケーションを高め，その変化をさらに進めていく根拠を評価し，その基礎づくりを行う。
統合	進歩に対して報酬を与えて認め，組織のシステムをたえずモニターして作り変えながら，望ましい行動を維持する。

支援する取り組みや技法がある。表 21.1 にその概略を示してある（LaMarsh and Associates, 2005 を改変）。

　組織のレベルでは，人と，その人が働くシステムという2つが抵抗を生み出す主たる源泉となるだろう。ここからわれわれは，組織レベルの抵抗を本気で扱うためにあなたにできることがあると了解できる。

　第一は，上述したように個人レベルで抵抗を扱うことである。第二は，報酬と正当な評価，学習と成長そしてコミュニケーションのシステムを綿密に計画し，それらが互いに相反するように働いて，あなたのコーチングの取り組みを組み込めなくするような領域を研究することである。必要ならば，変化の請負人を巻き込んで，システムにおいて必要な変化が起こるようにさせ，厳しいメッセージを発し，人びとがコーチングの取り組みの目標に注意を集中するようにしなければならないかもしれない。

要　約

　本章では，あなたの組織のなかで物事がどのように進むかということの一部として，コーチングの取り組みが組み込まれ維持されうる風土を作ることはとても難しく，簡単な過程ではないが，システム的な視点から十二分に行えば，長期的な活動能力の利益がどれほど多く得られるかということを述べた。

　本章では，あなたのコーチングの取り組みが成功し，活動能力の改善をもたらしうる風土を作るのに必要な段階の論理的枠組を概略した。

　まとめると，これから述べることをあなたが行えば，従業員はコーチングを組み込み維持するための変化にもっと積極的にかかわれるようになるだろう。

- 変化を管理するためのしっかりした取り組みや戦術を一貫して使う。
- 組織と部署のレベルでコーチング見通しを定義する。
- 変化をうまくもたらした請負人だけに報酬を与える。
- コミュニケーション，学習と成長，報酬と正当な評価のシステムがうまく協働することを確かめる。
- 人びとが変化するのに必要な資源を提供する。
- 失敗や誤りを受け入れる。
- 変化の必要性を組織全体に伝える。
- ためらわずに抵抗を表出させ，表出したことに適切に対応する。
- あらゆるレベルで従業員を変化の過程に巻き込む。
- 小さな勝利と最終的な成功を認めてあげて，賞賛する。

　人びとはきっと起こるだろうと自分たちがわかっているものに全力を尽くす傾向がある（Aronson, 1984）。したがって，過去に首尾よくいった変化があれば，システムが互いに調整され，またシステムがコーチング見通しとともに働き，従業員はこの見通しが実現されつつあると感じるだろう。

引用文献

Argyris, C.（1985）*Strategy, Change and Defense Routines*. Boston, MA: Pitman.
Aronson, E.（1984）*The Social Animal*, 4th edition. New York: Freeman.
Clutterbuck, D. and Megginson, D.（2005）*Making Coaching Work: Creating a coaching culture*. London: CIPD.
Corporate Leadership Council（2003）*Maximising Returns on Professional Executive Coaching*.

Washington, DC: Corporate Leadership Council.

Fillery-Travis, A. and Lane, D. (2006) Does coaching work or are we asking the wrong question? *International Coaching Psychology Review* 1(1): 23–36.

Fucini, J. and Fucini, S. (1990) *Working for the Japanese: Inside Mazda's American auto plant.* New York: Free Press.

Grant, A. and Cavanagh, M. (2004) Toward a profession of coaching: sixty five years of progress and challenges for the future. *International Journal of Evidence Based Coaching and Mentoring* 1: 7–21.

Hargie, O. and Dickson, D. (2004) *Skilled Interpersonal Communication: Research, theory and practice.* London: Routledge.

Heller, F. and Wilpert, B. (1981) *Competence and Power in Management Decision-Making: A study of senior levels of organisation in eight countries.* Chichester: Wiley.

Heller, F., Pusic, E., Strauss, G. and Wilpert, B. (1998) *Organisational Participation: Myth and reality.* New York: Oxford University Press.

Janis, I. (1982) *Groupthink.* Boston, MA: Harcourt Press.

Kahn, R., Wolfe, D., Quinn, R. and Snoeck, J. (1964) *Organisational Stress: Studies in role conflict and ambiguity.* New York: Wiley.

Kirkpatrick, D. L. (1996) Great ideas revisited: revisiting Kirkpatrick's four-level model. *Training and Development* 50(1): 54–57.

Kolb, D. A. (1974) On management and the learning process. In D. A. Kolb, I. M. Rubin and J. M. McIntyre (eds) *Organizational Psychology*, 2nd edition (pp.27–42). Englewood Cliffs, NJ: Prentice Hall.

Kubicek, M. (2002) Is coaching being abused? *Training* May: 12–14.

Kübler-Ross, E. (1973) *On Death and Dying.* London: Routledge.

LaMarsh, J. and Associates (2005) *Master of Managed Change™ Handbook.* Chicago, IL: LaMarsh and Associates.

McFarlin, D. B. and Sweeney, P. D. (1992) Distributive and procedural justice as predictors of satisfaction with personal and organisational outcomes. *Academy of Management Journal* 35(3): 626–637.

Marchington, M., Wilkinson, A., Ackers, P. and Goodman, J. (1993) The influence of managerial relations on waves of employee involvement. *British Journal of Industrial Relations* 31: 553–576.

Mowday, R. T., Steers, R. D. and Porter, L. W. (1979) The measurement of organizational commitment. *Journal of Vocational Behaviour* 14: 224–247.

Nisbett, R. and Ross, L. (1980) *Human Inference: Strategies and shortcomings of social judgement.* Englewood Cliffs, NJ: Prentice Hall.

Peltier, B. (2001) *The Psychology of Executive Coaching.* New York: Brunner-Routledge.

Salancik, G. R. (1977) Commitment and the control of organizational behaviour and belief. In

B. M. Staw and G. R. Salancik（eds）*New Directions in Organizational Behaviour*（pp. 1–54）. Chicago, IL: St Clair.

Senge, P., Kleiner, A., Roberts, C., Ross, R. and Smith, B.（1994）*The Fifth Discipline Field Book: Strategies and tools for building a learning organisation*. London: Nicholas Brealey.

Stacey, R. and Griffin, D.（2005）*Complexity and the Experience of Managing in Public Sector Organisations*. London: Routledge.

White, R. W.（1959）Motivation reconsidered: the concept of competence. *Psychological Review* 66:297–333.

Wiener, Y.（1982）Commitment in organisations: a normative view. *Academy of Management Review* 7: 418–128.

議論のポイント

- 組織のなかで内部コーチングの専門家を養成するとき，守秘義務，責任，契約に関してあなたが考えておくとよい問題は何か？
- コーチングを導入するとき，どのような学習や成長のシステムが特に再構築されなければならないか？
- コーチングを組織に導入したときの投資収益率をどのように証明するか？
- 組織へのコーチング導入はほかの組織発展戦略とどのような点で類似しているか，あるいは異なっているか？

推薦図書

LaMarsh, J. and Potts, R.（2004）*Managing Change for Success: Effecting change for optimum growth and maximum efficiency*. London: Duncan Baird.

　本書は LaMarsh and Associates, Inc. の「マネッジドチェインジ」™ モデルについて，本章で述べたよりも深い洞察を与えてくれる。変化の過程について徹底した知識を得るための実践的・効果的な取り組みを理解するさいによい指導書となるだろう。

Megginson, D. and Clutterbuck, D.（2005）*Making Coaching Work: Creating a coaching culture*. London: CIPD.

　本書は，あなたのコーチングの取り組みの有効性を高め，成功に導くために組織内にコーチングの風土を作り上げることに特に焦点をあてている。

Senge, P., Kleiner, A., Roberts, C., Ross, R. and Smith, B.（1994）*The Fifth Discipline Field Book: Strategies and tools for building a learning organisation*. London: Nicholas Brealey.

　本書は学びの組織を作り出すための道具，技法そして取り組みを豊富に提供している。また，システムをはっきりと描き，システム内に変化をもたらすための方法を扱っている。組織の変化にかかわるときには手元においておくとよい本である。

Fillery-Travis, A. and Lane, D.（2006）Does coaching work or are we asking the wrong

question? *International Coaching Psychology Review* 1(1): 23–36.
　コーチングに関する国際的な出版物である『国際コーチング心理学レビュー』の第1巻に収録された研究論文であり，どのようにしたら組織のなかでコーチングの付加価値をうまくとらえられるかについて洞察を与えてくれる。

(堀　　正訳)

第22章

コーチング心理学にスーパービジョンは必要か？

マイケル・キャロル
(Michael Carroll)

はじめに

　臨床的スーパービジョンは一世紀以上にわたって実績を積んでいる。これは，ソーシャルワーカーを支援し，彼らが深く考えるための場所として19世末に米国で考案され，人を支援するほかの専門的職業——保護観察，助言，福祉プログラム，従業員支援プログラムそして教育——で徐々に使われるようになった。フロイトの初期に，小さなグループで集まって議論し，互いにクライエントの支援作業を再検討したという記録が残っている。この段階でスーパービジョンは正式の手法とはなっていなかった。マックス・アイティントン（Max Eitington）は，1920年代に精神分析学の訓練においてスーパービジョンを正式の要件とした最初の人物に数えられている。スーパービジョンの第二段階は，1950年代に，精神力動的な方向性に加えて，カウンセリングあるいは心理療法などの方向性が導入されるとともに訪れた。こうした新しい発展から広がっているスーパービジョンは「カウンセリングに縛られた，あるいは心理療法に縛られた」スーパービジョンモデルと呼ばれている。なぜなら，これらのモデルでは，それが支持するカウンセリングあるいは心理療法の方向を，理論とスーパービジョンへの介入に結びつけたからである。ロジャーズ，パールズあるいはエリスがスーパービジョンを行っている場面を見た人は，自分たちがカウンセリングで行うスーパービジョンとどこが違うのかといぶかるだろう。スーパービジョンがカウンセリングから離れ，カウンセリング過程よりも教育的過程になろうと努めはじめたのは，1970年代に入ってである。焦点は支援作業

を行う人から支援作業そのものに移った。その結果，スーパービジョンに求められる社会的役割あるいは発達的枠組はいっそう一般的なものになった。今では，スーパービジョンは実践，つまり，その作業を利用して将来の作業を改善するために行われる実際の作業に向けられている。これはスーパービジョンの理論や実践におけるきわめて大きな転換であり，これによってカウンセリングとスーパービジョンのあいだの分裂が決定的になった。スーパービジョンは臆することなく，はっきりと実践に重点をおくようになり，実践に影響を与えている対象（たとえば，実践家という人，かかわりをもつ組織の影響）は何でもスーパービジョンの正当なテーマであった。

1970年代までにスーパービジョンは完全に米国カウンセリング心理学会に受け入れられ，その後20年間にわたってそこを安住の地としてきた。米国の大学からはスーパービジョンに関する多くの理論，モデルそして研究が生まれた。スーパービジョン研究はほとんどが今でも米国で生まれており，特にカウンセリング心理学で行われていることはほとんど疑問の余地がない。カウンセリング心理学をいちばん端的に特徴づけている「思慮深い実践家」というモデルをカウンセリング心理学の内部から強調することで，スーパービジョンに信頼性が与えられた。スーパービジョンという作業は「実践について深く考える」側面をもっていた。

臨床的スーパービジョンは（重ねて記すが，ユースワーク，社会事業，教育そして保護観察において）1980年代以前には英国にあったが，1970年代後半から1980年代はじめに大西洋を横断して，この地に定着した。臨床的スーパービジョンはカウンセリング，カウンセリング心理学そして心理療法という専門的職業をとおして米国に合ったモデルや枠組を扱った。英国カウンセリング心理療法学会（BACP：British Association for Counselling and Psychotherapy）はその新しい子どもを受け入れただけでなく，米国よりもさらに踏み込んで，スーパービジョンを義務とし，すべての実践家に必要な条件とした。BACPはカウンセリング組織としてはじめて，月に1時間半のスーパービジョンへの参加をあらゆる所属実践家に求めた。その方針は今も変わっていない。米国と同様に，英国のカウンセリング心理学はスーパービジョンを〔実践家の〕訓練や，起こっている成長になくてはならない部分とみなした。そのため，スーパービジョンをカウンセリング有資格者の必要条件（訓練中の人には義務）としなければ，スーパービジョンの利用や有用性を勧めることをあえて停止してきた。

現在，コーチング心理学はスーパービジョンに対する自らの立場を再検討し

ており，コーチング心理学に関する会議が行われるときはいつも，少なくともスーパービジョンに話が及んで，しばしば注目の的になる。しかし，コーチング心理学がほかの専門的職業に関するスーパービジョンモデルをコーチング領域に移すことに慎重なのは，ほぼ間違いない。パンパリス・ペイスリー（Pampallis Paisley, 2006）は「既存のスーパービジョンモデルはコーチングの要求に応えられているか？」との重要な問いに「既存のモデルも新しいモデルも」と答えている。コーチングのスーパービジョンはほかの専門的職業に適用されているスーパービジョンから要素やモデルを借りてもよいだろうし，コーチングを「特別なスーパービジョンの枠組を必要とする十分に独特の分野であり，これを支える特別な理論」とみる余地はある。本章では，スーパービジョンがコーチングに与えうる付加価値について考えてみたい。そして，「組織のなかで仕事をするときにエグゼクティブコーチがおかれている多層的で多水準の複雑さの必要性」（Pampallis Paisley, 2006）を認識しながら，既存のスーパービジョンモデルを使うコーチング心理学の文化のなかで，コーチング心理学のスーパービジョンがどのように実行できるかをはっきりと述べる。

スーパービジョンのタイプ

　コーチング心理学のスーパービジョンへと進む前に，いくつかのスーパービジョンについて概観しておかなければならない。一般的には4つのタイプがある（Hawkins and Shohet, 2000: 53）。

- **個別指導（研究）スーパービジョン**：このスーパービジョンを特徴づけるのはメンター関係であり，スーパーバイザーは研究論文や研究プロジェクトに従事している人を監督（指導，助言）する。言うまでもないが，このスーパーバイザーはスーパーバイジーより経験豊富で，新たなスーパーバイジーがどの道を通るかを知っていなければならない。
- **訓練生スーパービジョン**：このスーパービジョンは訓練中の人，まだ資格をもたない人を対象とする。この場合，スーパーバイザー自身が，訓練生を資格取得に向かわせるアセスメント過程に関与している。訓練生スーパービジョンでは評価が大きな役割を演じている。ここでの関係は一種の「徒弟」モデルで，経験豊富で資格をもったスーパーバイザーが初心者を指導して，専門的で経験豊富な職業人へと変貌させるものである。
- **相談的スーパービジョン**：これが相談的と呼ばれるのは，スーパーバイジ

ーが資格をもっている（おそらく自分の領域ではスーパーバイザーよりははるかに経験豊富だろう）からである。言うまでもないが，これは同僚的な関係とみられ，あまり改まった評価をともなわない。学びの旅では主従というよりもむしろ連れである。

- **管理者スーパービジョン**：このスーパービジョンでは，スーパーバイザーはスーパーバイジーの直属の上司である。

概して，これまで臨床的（あるいは，内省的ないし発達的）スーパービジョンと呼んでいるものは，実践家の仕事が，スーパーバイジーとスーパーバイザーとの話し合いに焦点を向けていたり，スーパーバイザーがスーパーバイジーとスーパービジョン関係しかもっていないような状況に適用されている。したがって本章では，コーチング心理学のスーパービジョンの中心的な検討課題として，相談的スーパービジョンについて詳細に検討していく。コーチング心理学における訓練プログラムが出てくると，コーチング心理学の訓練生スーパービジョンはもっとよく扱われなければならなくなるだろう。

ここでは記述の大半をエグゼクティブコーチングにさいているが，ライフコーチングもスーパービジョンに多くの有益な示唆を提供してくれる。ふつうにこの2つのコーチングを区別する特徴は，エグゼクティブコーチングでは，それを資金的に援助し，コーチング心理学の実施計画について発言権を求める組織が存在することである。

スーパービジョンとは何か？

専門的職業が何であれ，スーパービジョンとは一般に何なのか？　ひとことで答えると，スーパービジョンとはスーパーバイジー（この場合はコーチング心理学者）が自分の仕事をもっとよく行うためにそれについて広く再検討を行い，深く考える場である。コーチング心理学者は自分の実践をもう一人の人（個人スーパービジョン）あるいは集団（小集団スーパービジョンあるいはチームスーパービジョン）に対して行い，その助けを借りて，その経験から学ぶために，自分たちの実践で起こったことを再検討する。つまるところ，スーパービジョンはコーチングの仕事をもっとよく行うためのものである。それはよりよい仕事のための唯一の手立てではなく，多くの仕事を評価するさいのきわめて効果的な介入の一つにすぎない。信頼がおけて何も隠しだてのない関係のなかで，スーパーバイジーは自分の仕事について語り，思慮深くしっかり考え

第22章　コーチング心理学にスーパービジョンは必要か？

ることで自分の仕事から学び、そこに戻ってきて、それを〔今までと〕違ったやり方で行うのである。スーパービジョンは、仕事について深く考えることで、その仕事から学び、それをもっと創造的に行う基礎ができるという前提に基づいている（King and Kitchener, 1994; Moon, 1999; Bolton, 2001）。

ライアン（Ryan, 2004）はこれをうまく表現している。

> スーパービジョンは実践について調べる過程であり、思いやりをもって正しく評価する過程である。……スーパービジョンのさいにわれわれは自分自身の実践の物語を書き直す。……スーパービジョンは実践に割り込む。スーパービジョンをつうじて、われわれは何をしているかに気づく。われわれが行っていることに敏感でいるとき、われわれは臨床的な紋切話という心地よい話のなかでまどろむ代わりに、そこに何があるかに気づく。
> 　　　　　　　　　　　　　　　　　　　　　　　　　　（Ryan, 2004: 44）

コーチング心理学のスーパービジョンは経験的学習の一形態である。その核心にあるのは実践、つまりコーチング心理学者というスーパーバイジーを実際に扱うことである。作業について再検討を求められず、問い合わせも受けず、質問も考慮もされず、批判的に内省されることもない場は、スーパービジョンをおいてほかにない。実際の実践や作業に焦点づけられていないスーパービジョンは、カウンセリングあるいは心理療法のもう一つの形態にすぎない。スーパービジョンは活動について内省する過程、もっというと、活動を目指して内省するために活動のなかで内省する過程である。

レインとコリー（Lane and Corrie, 2006: 19）は、スーパービジョンがカウンセリング心理学者にどのような利益をもたらすかをまとめている。私の見解では、そうした利益はコーチング心理学者にも同様にあてはまるものである。

- スーパービジョンはクライエントを保護する（事例については概観する）。
- スーパービジョンは実践家に内省する余地（つまり改善に向けた洞察）を与える。
- スーパービジョンは実践家が自分の強みや弱みをはっきり理解できるようにする。
- スーパービジョンは専門的成長について最新の情報を届ける機会を与える。

これに加えて次のような利益を指摘しておこう。

- スーパービジョンは実践家が自分の仕事における倫理的ならびに専門的な問題に注意を払うようにさせ、倫理面で用心するよう促す。

- スーパービジョンは、コーチング心理学の手はずを整えるときにかかわる利害関係者（会社，クライエント，専門団体）のニーズから生まれる緊張について深く考え，それを抑えるための公開討論の場を提供する。
- スーパービジョンをとおして実践家は，自分のコーチングの仕事が生活にどのような影響を与えるかを測れるようになり，自分の専門的仕事に対して自身が個人的にどのように反応するかを見極められるようになる。
- スーパービジョンは，クライエントのシステムの一部となっていないスーパーバイザーという「第三者」の視点を与える。
- つまるところスーパービジョンはクライエント（コーチングを受ける人）が幸福でよりよく仕事ができるようにするためにある。
- スーパービジョンは，コーチング心理学者が説明する責任をもつ人たち（会社，クライエント，専門職業人など）のための説明義務について公開討論する場を提供する。
- スーパービジョンは心理学的な革新，洞察そして研究においてコーチング心理学者がいつも最良の状態にいられるようにする。

レインとコリー（2006）は，効果的なスーパービジョンを行おうとすると，いきおい実践の場（互いによりよい仕事を提供できるように一緒に活動する学習グループ）の形をとることになると，いみじくも指摘している。グループの誰もが深く考えるための公開討論の場としてそのグループを利用するが，こうした実践の場では，素晴らしい仕事をすることが，そうした参加者にとっての課題となる。チームスーパービジョンや小集団スーパービジョンは，たやすくコーチング心理学の実践の場となりうる。

ホーキンスとスミス（Hawkins and Smith, 2006）は，コーチングでのスーパービジョンを定義するときにコーチング心理学者のシステム的見方を強調するが，そこでは上述した要素の多くが使われている。

> コーチングのスーパービジョンは，クライエントには直接に働きかけないスーパーバイザーの助けを借りて，コーチがクライエントのシステムと，クライエント－コーチシステムの一部であるコーチ自身のいずれをもよりよく理解することに注意を向け，それによって自分の仕事を変えさせられる過程である。スーパービジョンによってコーチは，クライエントやクライエントが属する組織の利益になる変化を自分たちが今どの部分で生み出していないかを発見できる。　　　　　　　（Hawkins and Smith, 2006: 147）

第22章　コーチング心理学にスーパービジョンは必要か？ 513

　これからみていくように，腕のいいスーパーバイザーはシステム的な見方をとり，多くのニーズを包括的にまとめあげなければならない（www.bathconsultancy.com を参照）。

コーチング心理学のスーパーバイザー

　スーパーバイザーはまず第一に，深く考えるように促す者である（Hay, 2007）。なかんずく彼らは，スーパーバイジーが自分の仕事をはっきりと説明し，安心できて誠実な関係や環境のなかで（スーパーバイザーとスーパーバイジーが）一緒にそれを再検討する。したがって実践は，思慮のない繰り返しではなく，注意深いかかわりとなる（内省の反対は思慮のなさであり，そこでは作業は型通りのものとなり，同じ作業が思慮なく何度も繰り返される）。スーパービジョンによって，自分の作業について思慮深く，勇気をもって考える注意深いスーパーバイジーが生まれる。スーパーバイザーとスーパーバイジーは臆することなく素晴らしい仕事，質の高い仕事を求め，クライエントに最良のサービスを提供しようとする。ボンドとホランド（Bond and Holland, 1998）がスーパービジョンを「実践について徹底的に内省を推し進めるための確保された決まった時間」と定義するとき，こうした趣を閉じ込めている。

　2005 年にマオリの心理学者，ソーシャルワーカー，カウンセラーからなる50 人のグループと仕事をしたとき，スーパービジョンは「将来の幸福のために，過去の宝を集めて現在の能力にすること」であると彼ら独自に定義した（ニュージーランドでの私的なやりとり，2005）。スーパービジョンは既定事実ではない。それは文化に影響されず，専門的見地からも柔軟性があり，状況やスーパーバイジーに応じて作られる必要がある。コーチング心理学のスーパーバイザーはきわめて柔軟である。彼らはスーパーバイジーに近づいていき，決してその反対に，（長年にわたってスーパービジョンの伝統となっているように）スーパーバイザーに合わせるようスーパーバイジーに求めることはない。

　まとめると，コーチング心理学のスーパービジョンとは何かを決定する重要な信条は次のようなものである。

- コーチング心理学のスーパービジョンはスーパーバイジー（コーチング心理学者）の学びのためにある。
- 経験的学びがスーパービジョンの核心である。コーチングの仕事は学び（実践からの学び）を達成する手段である。

- スーパーバイザーはスーパーバイジーの学びを促進させる。
- スーパービジョンにおける学びは変わることであり，伝えることではない。
- 学びは将来のためのものである（仕事に戻ったとき，それをもっとよく行うために何が必要なのか？）。
- 学びには，コーチング心理学者が何をするか，なぜ自分がするようにそれをするのかを明確にできるように，その声を聞きだすことが含まれる。
- スーパービジョンは話し合いに基づく学びである。心をこめて深く考えて対話することで，学びが起こる。
- スーパービジョンは「私の学び」から「われわれの学び」へと移る。

スーパービジョンはスーパーバイジーの学びのためにある

　コーチング心理学のスーパービジョンはスーパーバイジーの学びに焦点があてられる。スーパービジョンのセッションはいつも次のようなうんざりすることばであっけなく終わってしまう。「私と過ごしたこの時間から何を学びましたか？」ここでの学びは理論的なものでも，ただ頭で学んだものでもない。それは経験から学んだものであり，その経験によってこれまでと違った方法で仕事ができるようになる。スーパービジョンは変容的学びである（Mezirow, 2000）。作業という経験がまさに教師となり，自身の経験の足もとにひれ伏すのである（Zachary, 2000）。米軍はAAR（活動後レビュー）と呼ばれるスーパービジョンを考案した。そこでは，作戦のあとに指揮官が自分の部隊を小集団に分けて招集し，6つの質問（Garvin, 2000）を行う。

- われわれは何をしようとしたか？
- 何が起こったか？
- うまくいったのは何か？
- 失敗したのは何か？
- そこから何を学んだか？
- 次のときにはどのようにするか？

　これはれっきとしたスーパービジョンであり，コーチング心理学のセッションについて深く考えるときに，これと同じ質問をコーチング心理学のスーパーバイザーも行う。最後の2つは未来に向けた質問である。われわれは過去について深く考えるために過去を再び訪ね，過去から学んだことをよく考えて別のやり方でそれを行うために未来へ進んでいく。現在の時点で，われわれは過去

第22章 コーチング心理学にスーパービジョンは必要か？

を再検討し，未来のために学ぶ。

われわれは教えすぎており，スーパーバイザーとして教えることも下手だが，それ以上に学びを手助けすることが下手だと納得している。教えることと学ぶことは同じではなく，両者は必ずしも結びついていなくてもよい。教えることは必ずしも学ぶことに帰結しないし，きっと往々にして，教師である私が期待する学びにはならない。教えるとき，それを受ける者に対してわれわれは自分たちの世界に入るよう求める。しかし，学びにおいては，われわれが彼らの世界に加わるのである。教えることが重要でないといっているのではない。教えることは学ぶことほど重要でないといっているのである。

もし「すべての学びが学び手の枠組からはじまる」なら，スーパーバイジーがすべてそれと同じ方法でスーパービジョンを受けるべきであるかのように，コーチング心理学のスーパーバイザーが指導するのは理にかなっていない。学びという点から，一つのサイズはすべてにあてはまるものではないと理解するなら，スーパーバイザーはわれわれが教える人の学びのスタイルあるいは知性を知らなければならない。「私が教える前に，あなたの学びのスタイルを教えていただけませんか？」と問うことがいかに少ないか。

スーパービジョンをはじめる前に，スーパーバイジーに次のように問うとよいだろう。

- あなたはどのように学ぶのか？
- あなたの学びのスタイルは？
- どうすればあなたの学びを手助けできるか？
- あなたの学びを妨げるかもしれないものについて私は何ができるか？
- あなたと私の違いがあなたの学びにどのような影響を与えるか？
- どうすれば一緒に学んでいけるか？

こうした情報で身を固めると，コーチング心理学のスーパーバイザーは，コーチであるスーパーバイジーの学びのニーズやスタイルに自分のスタイルや介入を柔軟に合わせるようになる。

システム的スーパービジョン

コーチング心理学のスーパービジョンでは（ライフコーチングにおけるように）二人の人あるいは小集団（仲間，チーム，グループのスーパービジョン）が通常は目に見える焦点である。しかし，スーパービジョンのシステム的側面

に目を向けないと，もっと広い場において，目に見えないがきわめて活発に振る舞う参加者を見落としてしまう。彼らは，コーチング心理学者，クライエントそして両者の作業に決定的な影響を及ぼす。その過程にかかわるものがたとえ目に見えなくても，スーパービジョンには否応なく多くのサブシステムがかかわる。それらを考慮せず，心にとどめず，その影響に気づかないと，オシュリーが「システムに対する無知」(Oshry, 1995) と呼ぶ状況を生み出してしまう。コーチング心理学のスーパービジョンにシステムでアプローチするときには，図22.1に概略を描いた全体像を心にとどめておくとよい。

　図22.1にあるように組織は，各々の管理職が，コーチングの組織に雇われた指定コーチとエグゼクティブコーチングを行うように取り決める。このコーチは外部のスーパーバイザーから，場合によってはコーチング組織に属するスーパーバイザーからスーパービジョンを受ける。5つのサブシステムがすべてかかわることもあれば，そのうちの4つ，あまりないことだが，エグゼクティブコーチングではそのうちの3つ（管理職，コーチそしてスーパーバイザー）がかかわることもある。コーチング組織に属する，あるいは，組織が各々の管理職にコーチングを提供する契約を結んだ会社に属するコーチである心理学者の仕事を外部スーパーバイザーがスーパーバイズするとき，考慮する必要があるダイナミクスを想像してみてほしい。専門的な境界を維持し，契約とりわけ心理学的な契約の業務をこなし (Carroll, 2005)，各々の役割を果たす人びとの要求や責任に気づくことは，目に見えない危険区域になるかもしれない (Copeland, 2005, 2006; Towler, 2006)。

　とりわけこの点において，コーチング心理学者と彼のスーパーバイザーには，理解し，企業とともに活動し，ビジネスの場で働くときに知識，洞察そしてスキルが必要である。コーチング心理学者の多くは，たとえ公営企業で働いていた経験があったとしても，こうしたキャリアをもっていない。ホーキンスとスミス（2006）はこの点に警鐘を鳴らしている。

　したがって，ある集団の理論やモデルを別の集団に過剰にあてはめることには危険がある。カウンセラー，カウンセリング心理学者のスーパー

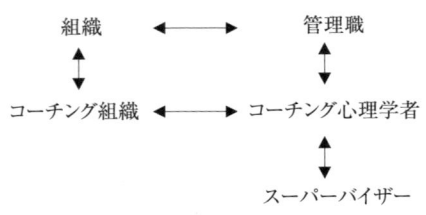

図22.1　コーチング心理学のスーパービジョンについてのシステム的見方

ビジョンを目指すコーチが遭遇する危険の一つは，スーパーバイザーの専門的焦点がクライエントの心理を理解することに向かいがちなことである。……最大の危険は，基本的に関心が組織よりも個人にいっそう向いてしまって，個人を「よくない」あるいは「冷酷な」組織の犠牲者とみる容認できない傾向が不意に現れるときに起こる。

(Hawkins and Smith, 2006: 148)

　コーチング心理学のスーパーバイザーはこの計画に（個人的な視点とともに）組織的な視点を加える。
　2つの博士論文が組織的な状況のなかでスーパービジョンをとらえている。特にそのうちの一つは，スーパービジョンを取り決めるときに組織が及ぼす影響について精査している（Gonzalez-Doupe, 2001; Towler, 2006）。
　タウラー（Towler, 2006）は「状況という要因がスーパービジョンの過程にどのように影響するか」に特に関心があり，「クライエントとしての組織」という概念を使って「目に見えないクライエント」（企業あるいは組織）について考察している。タウラーの質的研究は，「スーパービジョンという領域の絶え間ない変化や流れのなかでスーパーバイジーとスーパーバイザーが同化して互いを受け入れるようになる」と表現される心理的過程を明らかにしている。

1　スーパーバイザーが見た目にもっている負の影響（スーパーバイザーの理解されていない多様な役割）と戦うスーパーバイジー
2　組織が見た目にもっている負の影響（訴訟，期待，制約，風土）と戦うスーパーバイジー
3　スーパーバイジーと組織との関係（なれ合いの姿勢，監視，三つ巴の制約）で自分の役割と戦っているスーパーバイザー
4　スーパーバイザーを評価している，あるいは評価されていると感じているスーパーバイジー（関係，敬意，防衛，スーパーバイザーの柔軟性）
5　スーパーバイジーを評価している，あるいは評価されていると感じているスーパーバイザー（経緯，信頼，役割の明瞭さ）
6　組織を評価している，あるいは評価されていると感じているスーパーバイザーとスーパーバイジー（価値の一致，支持されていること）
7　スーパービジョンのための柔軟な空間や関係的な焦点にともにかかわり，それを生み出しているスーパーバイジーとスーパーバイザー（組織の変化，難しいクライエントそして倫理的な問題への対応）

タウラーと同じくゴンザレス−ドゥープ（Gonzalez-Doupe, 2001）は，スーパーバイザーはスーパーバイジーと組織のあいだの関係を和らげるものとして活動しているという結論に期せずして達している。ゴンザレス−ドゥープの研究は組織における小集団スーパービジョンに焦点があてられ，その重要な発見は，作業集団が集団，チームそして組織からの圧力を防ぐ境界として機能しているというものであった。こうした小集団スーパービジョンは「防衛グループ」と呼ばれてきた。ゴンザレス−ドゥープの研究は，「組織というシステムのなかでカウンセラーが自己弁護できるよう支援する」（Gonzalez-Doupe, 2001: 238）スーパービジョンとスーパーバイザーの重要性を示している。

いずれの研究者も，エグゼクティブコーチングが組み込まれている組織のなかで働くコーチング心理学者とともに活動するスーパーバイザーにきわめて関係の深い結論を出している。組織のなかのカウンセラーに関する研究を行っているスー・コープランド（Sue Copeland, 2005）も，システム的（組織的）側面にも焦点をあてるよう強く迫っている。彼女のモデルは組織内のカウンセラーにとてもよくあてはまるが，企業内の管理職やチームとともに働いているコーチング心理学者にもうまく適用できるものであり，包括的で，組織に組み込まれる（図22.2を参照）。

キャロルは，スーパービジョンという場の一部として組織があるときにスーパーバイザーが達成しなければならない10の課題について概観し，次の作業を行うための能力として要約している。

1 すべての関係者と明確な契約（二者間，三者間，ときには四者間での契約）を結ぶ。
2 コーチング心理学者が（結託することなく）企業や組織とともに働けるようにする。
3 コーチング心理学者が全システムとの（心おきなく誰が誰と話すかといった）情報の流れを管理できるようにする。
4 スーパーバイジーが組織という状況のなかで適切な倫理的決定を行えるよう支援する。
5 各々の管理職と組織との境界領域でコーチング心理学者とともに働く。
6 コーチング心理学者が組織のなかで働くときに自分自身に気を配り，自立できるよう支援する。
7 コーチング心理学者が記録，統計データ，報告書を扱い，これらを組織にどのように伝えるかを扱えるように助ける。

第22章 コーチング心理学にスーパービジョンは必要か？　　519

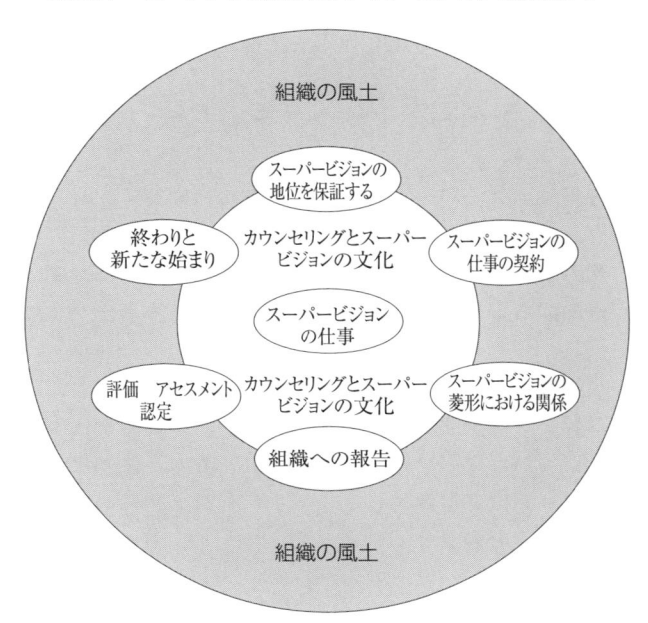

図22.2　組織におけるコーチングスーパービジョンのモデル（コープランドによる）
出典：Copeland, 2005, 図2.1

8　しかるべき時に三者間の話し合いをどのように行うかを知る。
9　コーチング心理学者の理解を促進し，組織内で別々の過程を並行してうまく進める能力を高める。
10　どうしたらコーチング心理学が組織の変化（たとえば，チームコーチング，企業風土を変えるためのコーチング）を理解し促進するための触媒となるかについてスーパーバイジーと一緒に評価する。

多くの研究者が，組織という状況のなかでエグゼクティブコーチングを準備して実施するために最良の方法は何かを検討しはじめている（Hawkins and Shohet, 2000; Austin and Hopkins, 2004; Clutterbuck and Megginson, 2005; Copeland, 2005 を参照）。しかし，コーチングのスーパービジョンそのものについてはほとんど研究が行われてきていない。最近では，「組織内でスーパービジョンを行うときに自分が多様な三角測量点におり，コーチングにとってその主たるものはコーチ，クライエントそして組織である」という問題に取り組んでいる博士論文がある（Pampallis Paisley, 2006）。腕のいいコーチング心理学のスーパーバイザーは，創造的な緊張関係のなかでこうしたサブシステムを

すべて備え，それらのニーズや相互作用も把握している。

スーパービジョンのパラドックスをもちつづけるのか？

コーチング心理学のスーパーバイザーは，岐路に立って，対立するものをまとめることから起こるさまざまな緊張をもちつづけるという気の進まない仕事をしている。次のようなスーパービジョンにかかわる質問は，すべてのスーパーバイザーが直面するジレンマや葛藤をとらえており，スーパービジョンを要求する。

- スーパービジョンは監視なのか，成長を促すものなのか？
- スーパービジョンは説明責任にかかわるものか，質的な仕事なのか？
- スーパービジョンは欠陥を抑えるのか，潜在的力を最大化するのか？
- スーパービジョンはアセスメントやフィードバックにかかわるものか，自己評価にかかわるものか？
- 焦点はスーパーバイジーにあてられるのか，クライエントにあてられるのか？
- スーパービジョンはシステムにかかわるものか，個人にかかわるものか？
- スーパービジョンは教えることなのか，学ぶことなのか？
- スーパービジョンは誰もが同じ権限をもつのか，権威に基づくものか？
- スーパービジョンは専門家にかかわるものか，初心者にかかわるものか？
- スーパービジョンはカウンセリングか，教育か？

こうした緊張関係のほとんどすべてにおいて，答えは中間のあたりにある。コーチング心理学のスーパービジョンは「あれかこれか」というよりむしろ「あれもこれも」という立場である。それは評価でもあれば育成でもあり，学びでもあれば説明責任でもある。クウィン（Quinn, 2004）は，われわれが愛／憎しみ，生／死，また，それぞれを善と悪に分けるような対立に終止符を打つときに溶け合うカテゴリーについて語っている。彼は，深く考えた活動，責任ある自由，しっかりした見通し，偏らない相互依存といった組み合わせを示唆している。腕のいいスーパーバイザーは組み合わせを作り出し，結びつける。

こうした緊張をもって持続し，創造的に活動することは，コーチング心理学者やコーチング心理学のスーパーバイザーにジレンマのいずれかの側面を無理やり選ばせる関係や組織のなかでは難しいだろう。さまざまな利害関係者（組織，管理職そしてエグゼクティブコーチ）のあいだで中立的な立場を維持する

という「集中攻撃にさらされる」ことは日常茶飯事である。

コーチング心理学のスーパーバイジーが
スーパービジョンを効果的に使えるようにする

　スーパーバイジーの多くは，自分たちが何も訓練を受けずにスーパーバイジーになっていると不平を言うが，それはもっともである。確かに，彼らを指導する文献はほとんどなく，スーパービジョンとは何であり，どのようにスーパーバイザーを選び，スーパービジョンのなかでどのように契約を結び，コーチングのクライエントをどのように紹介し，どのように葛藤を処理するかを理解させてくれる情報資源はほとんどない。一冊のマニュアル（Carroll and Gilbert, 2005）が，実際に活躍するスーパーバイジーになる手助けをしてくれる。ほかの領域では，スキルのセットが6つあり，コーチング心理学でスーパーバイジーがスーパービジョンの時間を最大限に活用できるよう手助けしてくれる。それらは次のとおりである。

- どうすれば深く考えられるかを学ぶこと。
- どうすれば学べるかを学ぶこと。
- 学びを促進させるためにどのようにフィードバックを与えたり受けたりするかを学ぶこと。
- どうすれば情緒的に気づいていられるかを学ぶこと。
- どうすれば現実的に自己評価できるかを学ぶこと。
- どのように対話するかを学ぶこと（Carroll and Gilbert, 2005 を参照）。

　キャロルとギルバート（Carroll and Gilbert, in press）は，スーパーバイジーについての本をコーチのためのマニュアル『クライエントになること：学びの関係を作り出す』に作り替えた。そこでは，実際に活動するクライエントになろうとするのに指針となる文献がほとんどないなかで，クライエントに別の支援策を与えてくれている。

　スーパーバイジーには，スーパービジョンを最大限に活用するときに手助けが必要で，彼らがそうできるようにするために時間を使えば，それに対して素晴らしい見返りがあるだろう。

コーチング心理学のスーパービジョンを理解するためのモデル

　コーチング心理学向けに作られてはいないが，既存のスーパービジョンモデルの多くがエグゼクティブコーチと一緒に活動するときに大いに使える（たとえば，Page and Wosket, 1994; Holloway, 1995; Hawkins and Shohet, 2000; Inskipp and Proctor, 2001a, 2001b）。ホーキンスとショエットの7つの目をもつスーパーバイザーという方法は，コーチング心理学のスーパーバイザーによって使われれば特に役立つ（Inskipp and Proctor, 2001b）。それを使うと，スーパーバイジーはスーパービジョンを準備したり，特に一つに焦点をあてるならば，ホーキンスとスミスがコーチングスーパービジョンの7つのモードと呼ぶ手法を準備したりしやすくなる。これらのモデルはこのあとアンソニーの事例を概観するとき使うことになる。

事 例 研 究

　アンソニーはコーチ・スープリームに所属する心理学者であり，銀行業を専門にエグゼクティブコーチングを提供している。この会社はアベル・インベストメントと契約を結び，アンソニーは二人の管理職をクライエントとして任されている。二人（アメリアとジェイソン）とはこれまで約4か月にわたって仕事をしており，月に一度，1時間半の話し合いをもっている。

　ガブリエルはアンソニーのスーパーバイザーをしている。彼女はコーチ・スープリームには所属しておらず，スーパーバイザーとしてそこから謝礼を受けている。アダムは彼の得意先の一つであるコーチ・スープリームの内部監査責任者であり，ここでの事例管理として，毎日スーパービジョンを行っている。

　アンソニーはこれまで二度にわたってアメリアをガブリエルのもとに連れてきて，スーパービジョンを受けさせた。二度目のスーパービジョンのセッションで，アンソニーはアメリアに起こっていることをとても心配していると述べた。アメリアはクライエント向けに自分の投資口座を管理しているという点で生産者兼管理者であるが，投資銀行15行からなるチームを直属上司として監督している。彼女がきわめて若くしてこの地位に昇進したことからわかるように，アベル・インベストメントは彼女が有能で，会社とともに成長していく能力を秘めていると見ている。アンソニーは（アベルもそれを求めていた）アメ

第22章 コーチング心理学にスーパービジョンは必要か？

リアのマネジメントスタイルについて一緒に話し合っており，人材部長も交えて会合をもち，エグゼクティブコーチングの計画に同意し，6か月後に暫定報告書を提出する予定となっている。

　しかし，マネジャーとして元気いっぱいに気合いを入れてスタートしてから2か月で，アメリアは「精神的に打ちのめされた」。そのようになりはじめたのは，彼女のチームの一つの業務実績が芳しくないことに直面し，その問題を何とかしなければならなくなってからである。アンソニーはそれをするように勇気づけ，どのように介入するかについて彼女を指導した。それは思うように進まず，とげとげしいやりとりのあとに，問題のチームの構成員はアメリアの上司のもとへ行った。上司はアメリアのチームの構成員に味方しているようにみえた。構成員はいいかげんな仕事のやり方に立ち向かう必要についてアメリアに同意しながらも，彼女がそれをうまく扱っていないと感じて，上司が彼女に取って代わるようもちかけた。つまるところ構成員は辞め，チームの残った人たちはアメリアに反旗を翻した――彼女は追放寸前であった。彼らはアメリアの活動をことごとく妨害し，陰口をたたき，仕事のあとの一杯や，以前ならば彼女を当然のように誘っていた「懇親会」にも呼ばなくなった。アメリアへの影響は壊滅的なものだった。彼女は職場に出るのを嫌がり，コーチングのセッションのなかで，家に帰って泣きたいと語ったり，彼女が意気消沈して，絶えず仕事の話をし，落ち込み，ふさぎ込んでいることに彼女の夫はうんざりしていると語った。アメリアは一人ぼっちで，誰からも支援を受けられず，行き詰まっていると感じていた。彼女はストレスで2週間の休暇をとってから，最近職場に復帰した。

　アンソニーも行き詰まっていた。彼はこの事態をどう切り抜けたらよいかわからなかった。彼はメッセージを2通，受け取っている。アカウントマネジャーのアダムは，組織の上層部に対してチームを改編して葛藤を解決するよう進言するとよいと勧めた。一方，スーパーバイザーのガブリエルは，そうするとアメリアが力を奪われてしまうので，この問題に立ち向かうことで彼女を支援するほうがよいと考えた。アメリアは，この事態が，アンソニーが注意していたが深くは追求しなかった自分の家族の出自と似ていることを指摘した。アンソニーはコーチングがカウンセリングのようになってしまって，アメリアの経歴に焦点があたり，それを現在のチームの状況に転移させてしまわないかと心配であった。他方で，アンソニーはアメリアに手を貸して，彼女を「生き残りモード」から脱却させなければならないと感じていた。そうしなければ，彼

女が一日を何とか過ごして，その週を終えられても，マネジャーとしての彼女の役割を改善するためのポジティブな方略は何ら得られないのである。アンソニーはアメリアが「破綻」したり，衝動的に辞めてしまわないかと心配であった（診察した医師は彼女に2週間の休暇を勧めた）。

　スーパービジョンのなかでガブリエルは，7つの目のモデル（Hawkins and Shohet, 2000）を使ってアンソニーとともに，どのように質問できるかを検討し，次のような計画で進められないかと提案した。

- クライエント——チームをクライエントとみるならば，彼らに起こっていること（たとえば，なぜ彼らはアメリアに反対するのか？）に注意を集中し，そこで働いている力関係を理解しようとし，組織や，それにかかわるさまざまな関係からこの意味を理解できる。
- 介入：アメリアは事態をこれ以上悪くしないで改善するために何ができるか？　彼女はどうしてこの事態に至ったか？　さらに，どのような方略を講じればもっとよい雰囲気を作り出せるか？
- 関係：ここでかかわるさまざまな関係（アメリアと上司，チーム，そこにいる構成員，取締役人事部長）をどのように評価するか？　新たにもっとよい関係を築く方法はあるか？
- アンソニーには何が起きているか，なぜ起きているか？　起きていることに対して彼はどのように反応し，考え，そして感じるかを理解できるか？　彼が行き詰まっているという反応や感情をわれわれはどのように扱えるか？
- 並行する過程：スーパービジョン関係（いずれもが行き詰まっている！）に移行している可能性があるチームで何が起こっているか？
- ガブリエルに何が起きているか，どのような反応をし，どのような直観，見解を抱き，勘を働かせるか？
- もっと広い組織というシステムのなかで何が起きているか？　その各部分はどのようにアメリアに影響を与えているか？

　上述した焦点のいずれもがエグゼクティブコーチングの心理学においてスーパービジョンのセッションを進めるのに豊かな素材となる。スーパービジョンにあてはめると，次のような質問になる。

- 限られた時間のなかでどの手段をとるかを誰が決めるのか？
- 今まさにどうすればアメリアをいちばんうまく手助けできるか？　スーパービジョンというドラマのなかでいろいろな役者はどう演じるかを知って

第22章 コーチング心理学にスーパービジョンは必要か？

いるか？
- スーパーバイザーはただスーパービジョンを行う以外に（たとえあるならば）いつ介入すべきか？
- スーパーバイザーは起こっていることをケースマネジャー（アダム）に話すべきか？
- アダムは何らかの情報を（人材部門をとおして）アベル・インベストメントにフィードバックすべきか？
- アンソニーはもっと前向きな役割を果たして，起きていることを組織の側からもっと深く掘り下げるべきか？
- アンソニーは自分が提供しているエグゼクティブコーチングと並行してカウンセリングからの支援（彼自身はカウンセラーではないが，アメリアに適任者を紹介して心おきなく取り組めるようにできる――費用は会社が負担すると確信している）を受けるようアメリアに勧めるべきか？

　スーパーバイザー主導のスーパービジョンでは，コーチング心理学のスーパーバイザーが7つの目のどれを使うかを決める。スーパーバイジーの立場からのスーパービジョンでは次のような質問が行われる。あなたにとっていちばん手助けになるのは何か？　さまざまな選択肢のなかで，あなた自身を前進させ，あなたの学びを進める方法はどれか？
　この事例は，組織のなかでエグゼクティブコーチングを行うときに関係しうる個人，チーム，組織そしてスーパービジョンにとっての問題／ジレンマ／課題を示している。

ほかの領域

　コーチング心理学のスーパービジョンを扱った本章では，スーパービジョンの歴史をたどり，スーパービジョンの理論，研究そして実践をコーチング心理学に適用することに手をつけた。いきおい，重要な領域に焦点をあてることになり，考慮しなかった領域もある。本章を終えるにあたり，効果的なスーパービジョン関係を構築し維持していくために，コーチング心理学のスーパーバイザーが注意を払わなければならない点に触れておくことは価値があるだろう。ほかの専門的職業はこのための枠組やモデルとなるが，そうした結論をコーチング心理学の分野に適用する試みが行われなければならない。

- スーパービジョンの契約を結ぶこと（Inskipp and Proctor, 2001a, 2001b; Carroll and Gilbert, 2005）。多くのサブシステムがかかわる場合には，コーチング心理学と同じように，はっきりと文書の形で契約を結ぶことが基本である。
- スーパービジョンが進められる過程と通過する段階（Carroll, 1996; Hawkins and Shohet, 2000）。
- スーパーバイザーとスーパーバイジーが成長していく発達段階（Skovholt and Rønnestad, 1992）。専門能力の開発でスーパーバイジーはそれぞれが独自の段階を通過するということに気づくと，コーチング心理学のスーパーバイザーは状況に応じた介入を「投げ込む」ことができる。そしてまた，スーパーバイジーがいちばん必要とするスーパービジョンがどのようなもので，そこに含まれる関係が何かを考える余地が生まれる（Pauline and Willis の私的情報）。
- スーパービジョンでの評価とフィードバック（Carroll and Gilbert, 2005）。そして，これが組織という状況のなかでどのように機能するか。
- 小集団やチームでのスーパービジョン（Lammers, 1999; Proctor, 2000）。
- スーパービジョンの効果についての研究（Freitas, 2002）。
- 上手なスーパービジョンと下手なスーパービジョン：腕のいいスーパーバイザーは何を行い，何をしないようにすべきか？（Ladany, 2004）
- 特にシステムの一部として組織がかかわるときのスーパービジョンにおける倫理的意思決定と法的問題（Carroll, 1996）。

結　論

　コーチング心理学は倫理，認定，訓練そして研究の規定に集中しながら，専門的職業になる旅をはじめた。その専門的技術の一部がスーパービジョン——実践を再検討し，一つひとつの学びを拾い集めてそれを将来の実践に適用する公開討論の場——である。コーチング心理学は，どのようなスーパービジョンのモデル，枠組そして方略がコーチング心理学者の経験的学びにふさわしいかを問うている。既存の理論や研究をスーパービジョン一般にもち込み，それらをコーチング心理学にふさわしい枠組へと移しかえる動きが起きている。そして，学びの介入それ自体としてコーチング心理学のスーパービジョンを作りはじめている革新的な思想家，理論家そして研究者をコーチング心理学は必要と

している。魅力的な時代が目の前に現れてきている！

引用文献

Austin, M. J. and Hopkins, K. M. (eds) (2004) *Supervision as Collaboration in the Human Services*. Thousand Oaks, CA: Sage.

Bolton, G. (2001) *Reflective Practice*. London: Paul Chapman.

Bond, M. and Holland, S. (1998) *Skills of Clinical Supervision for Nurses*. Buckingham: Open University Press.

Carroll, M. (1996) *Counselling Supervision: Theory, skills and practice*. London: Cassell.

Carroll, M. (2005) The psychological contract in organisations. In R. Tribe and M. Morrissey (eds) *Professional and Ethical Issues for Psychologists, Psychotherapists and Counsellors*. London: Brunner-Routledge.

Carroll, M. and Gilbert, M. (2005) *On Becoming a Supervisee: Creating learning partnerships*. London: Vukani.

Carroll, M. and Gilbert, M. (in press) *On Becoming a Coachee: Creating learning partnerships*. London: Vukani.

Clutterbuck, D. and Megginson, D. (2005) *Making Coaching Work: Creating a coaching culture*. London: CIPD.

Copeland, S. (2005) *Counselling Supervision in Organisations*. Hove: Routledge.

Copeland, S. (2006) Counselling supervision in organisations: are you ready to expand your horizons? *Counselling at Work* 51 (winter): 2–4.

Freitas, G. J. (2002) The impact of psychotherapy supervision on client outcome: a critical examination of two decades of research. *Psychotherapy* 39(4): 354–367.

Garvin, D. A. (2000) *Learning in Action: A guide to putting the learning organisation to work*. Boston, MA: Harvard Business School.

Gonzalez-Doupe, P. (2001) The supervision group as protection: the meaning of group supervision for workplace counsellors and their supervisors in organisational settings in England. PhD dissertation. University of Wisconsin-Madison.

Hawkins, P. and Shohet, R. (2000) *Supervision in the Helping Professions*, 2nd edition. Buckingham: Open University Press.

Hawkins, P. and Smith, N. (2006) *Coaching, Mentoring and Organizational Consultancy: Supervision and Development*. Maidenhead: Open University Press.

Hay, J. (2007) *Reflective Practice and Supervision for Coaches*. Maidenhead: Open University Press.

Holloway, E. (1995) *Clinical Supervision: A systems approach*. Beverly Hills, CA: Sage.

Inskipp, F. and Proctor, B. (2001a) *Making the Most of Supervision, Part 1,* 2nd edition. London: Cascade.

Inskipp, F. and Proctor, B. (2001b) *Making the Most of Supervision, Part 2,* 2nd edition.

London: Cascade.

King, P. and Kitchener, K. S. (1994) *Developing Reflective Judgment*. San Francisco, CA: Wiley

Ladany, N. (2004) Psychotherapy supervision: what lies beneath? *Psychotherapy Research* 14 (1): 1–19.

Lammers, W. (1999) Training in group and team supervision. In E. Holloway and M. Carroll (eds) *Training Counselling Supervisors*. London: Sage.

Lane, D.A. and Corrie, S. (2006) Counselling psychology: its influences and future. *Counselling Psychology Review* 21(1): 12–24.

Mezirow, J. (2000) *Learning as Transformation: Critical perspectives on a theory in progress*. San Francisco, CA; Jossey-Bass.

Moon, J. (1999) *Reflection in Learning and Professional Development*. London: Kogan Page.

Oshry, B. (1995) *Seeing Systems: Unlocking the mysteries of organizational life*. San Francisco, CA: Berrett-Koehler.

Page, S. and Wosket, V. (1994) *Supervising the Counsellor: A cyclical model*. London: Routledge.

Pampallis Paisley, P. (2006) Towards a theory of supervision for coaching — an integral approach. DProf. thesis, Middlesex University, UK.

Proctor, B. (2000) *Group Supervision: A guide to creative practice*. London: Sage.

Quinn, R. (2004) *Building the Bridge as You Walk on It*. San Francisco, CA: Jossey- Bass.

Ryan, S. (2004) *Vital Practice*. Portland, UK: Sea Change.

Schon, D. (1987) *Educating the Reflective Practitioner*. San Francisco, CA: Jossey- Bass.

Skovholt, T. M. and Rønnestad, M. (1992) *The Evolving Professional Self*. New York: Wiley.

Towler, J. (2006) The influence of the invisible client. PhD dissertation, University of Surrey, UK.

Zachary, L. (2000) *The Mentor's Guide: Facilitating effective learning relationships*. San Francisco, CA: Jossey-Bass.

議論のポイント
- スーパービジョンはコーチング心理学者が行う作業の質をどのように高められるか？
- どのような学びの概念がコーチング心理学者の効果的スーパービジョンを支えるか？
- 効果のあるスーパービジョンと効果のないスーパービジョンはどう違うと考えるか？
- スーパーバイザーはスーパーバイジーがその時間を最大限に活用するのをどのように支援するか？

推薦図書

Carroll, M.（2006a）Key issues in coaching psychology supervision. *The Coaching Psychologist* 2(1): 4–8.

Carroll, M.（2006b）Supervising executive coaches. *Therapy Today* 17(5): 47–49.

Hawkins, P. and Smith, N.（2006）*Coaching, Mentoring and Organizational Consultancy: Supervision and Development*. Maidenhead: Open University Press.

Hay, J.（2007）*Reflective Practice and Supervision for Coaches*. Maidenhead: Open University Press.

（堀　　正訳）

おわりに

スティーブン・パーマー
アリソン・ワイブラウ

　われわれが2004年はじめに本書を執筆しようと考えはじめたとき，コーチング心理学はまだ揺籃期にあったが，急速に発展していた。もちろん今でも発展している！　出版社の許しを得て，われわれはそうした発展に遅れまいとした結果，この『コーチング心理学ハンドブック』は当初の構想と変わってしまっている。この仕事は続けていて胸躍る，やりがいのある計画であった。この『ハンドブック』がコーチング心理学というテーマに役立つことを期待するとともに，この分野で入手できる学術文献の一つに必ずや加えられるものと信じている。

　読者の方々からご意見などをいただければ，改訂版を出版するさいに新しい話題を加える手がかりになる。次のメールアドレスにメールを送っていただきたい。

　　　スティーブン・パーマー：dr.palmer@btinternet.com
　　　アリソン・ワイブラウ　：Alison.whybrow@btinternet.com

（堀　　正訳）

アペンディクス 1

コーチングとコーチング心理学の専門団体

注：* はコーチング心理学団体

Association for Coaching
  www.associationforcoaching.com

Association for Professional Executive Coaching and Supervision (APECS)
  www.apecs.org/

Australian Psychological Society, Interest Group in Coaching Psychology*
  www.groups.psychology.org.au/igcp/

British Psychological Society, Special Group in Coaching Psychology*
  www.sgcp.org.uk/

Danish Psychological Association, Society for Evidence-based Coaching
(Selskab for Evidensbaseret Coaching)
  www.sebc.dk

European Mentoring and Coaching Council
  www.emccouncil.org/

Federation of Swiss Psychologists, Swiss Society for Coaching Psychology*
  www.coaching-psychologie.ch/

International Association of Coaching
  www.certifiedcoach.org/

International Coach Federation
  www.coachifederation.org/ICF/

Worldwide Association of Business Coaches (WABC)
  www.wabcoaches.com/

アペンディクス 2

コーチングとコーチング心理学の関連雑誌

International Coaching Psychology Review(ICPR)

英国心理学会コーチング心理学特別団体がオーストラリア心理学会コーチング心理学利益団体とともに出版している。ICPRはコーチング心理学の分野における理論，実践，研究に焦点をあてた世界規模の雑誌である。ここには，実証的な結果に基づく実践を支援する学術論文，体系的評論，そのほかの研究報告が掲載されている。査読がある。

www.sgcp.org.uk/coachingpsy/publications/icpr.cfm

International Journal of Evidence Based Coaching and Mentoring

オクスフォード・ブルックス大学が出版している。これは，誰でも自由に読める査読つき国際誌であり，2月と8月にインターネット上で公開される。この雑誌の目的は2つある。第一は，この分野で発展の第一線にいなければならない研究者，専門家，企業の顧客，マネジャーそして大学の専門家に対して実証的な結果に基づく，よく研究された資料を提供することである。第二は，自分たちの実践の正当性を立証しようとするコーチングやメンタリングの実践家が増えているなかで，彼らに対して強力な議論の場を提供することである。

www.brookes.ac.uk/schools/education/ijebcm.home.html

The Coaching Psychologist(TCP)

英国心理学会コーチング心理学特別団体が出版している。TCPはコーチング心理学の分野における研究，理論，実践そして事例研究といったあらゆる側面についての論文を掲載している。関連する学問分野からの投稿は歓迎する。TCPは誰でも利用でき，登録は必要ない。査読がある。

www.sgcp.org.uk/coachingpsy/publications/thecoachingpsychologist.cfm

Coaching: An International Journal of Theory, Research and Practice

コーチング学会（Association for Coaching）と提携して，ルートリッジ

（Routledge）が出版している。この雑誌は将来の研究に役立つ新たな見識やアプローチを発展させることを目指している。広く学際的な視野のもとに，原著論文，展望論文，「インタビュー」，技法や事例の紹介といった論文が掲載されている。また，指針や実践について国際的に議論する場も提供している。この雑誌は，特定のテーマを扱った特別部門あるいは特別問題について掲載することを検討している。

www.informaworld.com/rcoa

（訳注：ホームページアドレスは原著刊行時のもの）

アペンディクス 3

大学にあるコーチング心理学センターなど

Coaching Psychology Unit, City University, UK
　www.city.ac.uk/psychology/research/CoachPsych/CoachPsych.html

Coaching Psychology Unit, University of Sydney, Australia
　www.psych.usyd.edu.au/psychcoach

Coaching Psychology Institute, Harvard Medical School
　www.coachingpsychologyinstitute.com

（訳注：ホームページアドレスは原著刊行時のもの）

監修・監訳者あとがき

　本書は "*Handbook of Coaching Psychology*"（Edited by Stephen Palmer and Alison Whybrow. Routledge, 2007）の全訳である。翻訳開始から出版にいたるまでの経緯をここに記して，翻訳・出版にかかわってくださった方々のお力添えに心よりお礼を申し述べる。

　"*Handbook*"（以下，原書をこのように略記）との出会いは本当に偶然であった。群馬大学大学院社会情報学研究科に入学することになっていた戸部真吾君が2008年1月に研究室を訪ねてきて，「インターネットに "*Handbook*" が紹介されているので購入して読みませんか？」と切り出したので，その場で一緒にインターネット検索を行い，すぐに購入した。手元に届いてから，さっそく第1章を読み進めるなか，インターネットで「コーチング」「コーチング心理学」と入力して調べてみると，コーチング心理学はまだ日本で紹介されていないこと，コーチングは日本のビジネス分野で十数年の歴史があるが，それにはまだ理論的な裏づけが十分でないことがわかった。そこで，"*Handbook*" を翻訳しようということになり，出版を引き受けてくれる出版社を探した。監訳者が一部を執筆した『自己心理学』のシリーズを出版していた金子書房編集部の亀井千是さんを紹介していただき，目次，まえがき，第1章の一部を訳して，メールでお送りした。しばらくして，亀井さんから編集会議を通過したとのご返事をいただいた。

　2008年8月に金子書房を訪れ，出版までのスケジュールについて相談させていただいた。監訳者は「自己心理学研究会」で活動を行っているので，同研究会代表の榎本博明氏と話し合った結果，同研究会のプロジェクトとして行うこととし，研究会メンバーに協力を呼びかけることとなった。2008年9月17日から北海道大学で開催された日本心理学会大会にあわせて開かれた「自己心理学研究会研究発表会」において "*Handbook*" の内容をメンバーに紹介し，翻訳担当部分の希望を募った。担当者が決まり，翻訳が始まった。

　2009年初めから2010年4月までの1年半をかけて，担当者より送付されてきたWord原稿に監訳者が手を入れ，出版社に渡す原稿を作成した。この間，

原書中に不明な個所がいくつかみつかったため，監訳者は"Handbook"編者のパーマー先生にメールで問い合わせた。ほどなくパーマー先生より返信があった。第一信は「"Handbook"の日本語訳プロジェクトが進んでいることは承知していたが，あなたが担当していることを知って喜んでいる」であった。十数回のメール交換を行ったのち，7月27日のメールでは「日本語版に寄せることばが必要ならば作成して送付するがどうか？」との問い合わせがあった。送付してくださった"acknowledgement"が，本書『コーチング心理学ハンドブック』の巻頭に載せられた「日本語版に寄せることば」である。パーマー先生は，このほかの章の執筆者の方にもメールを転送してくださり，その方（キーラン・ドゥイグナンさん）からも，翻訳困難なことばについて詳細な説明がとどいた。

　2009年には「日本コーチング心理学研究会」を発足させ，ホームページも開設した。サイトを訪れて，関心をもってくださる方が少しずつ増えてきている。

　"Handbook"の翻訳が決まってから，まもなく3年が経過しようとしている。「自己心理学研究会研究発表会」では6回にわたってメンバーとともに，"Handbook"の翻訳についてはもちろんのこと，心理学の研究についてもたくさんの時間をかけて語り合った。

　『コーチング心理学ハンドブック』は550ページを超える大部な翻訳書である。「自己心理学研究会」のメンバーの協力がなければ，おそらくこれだけの期間で出版にこぎつけることはできなかっただろう。翻訳に直接携わったメンバーの方々には心よりお礼を申しあげる。

　監訳者もこれまでの3年間，ほとんどこの翻訳に力を注いだことを記しておきたい。担当者からの原稿は言うまでもなく，初校が出てから，すべての原稿に少なくとも10回は目を通した。手元において，時間があるときにはつねに原稿に目を通していた。したがって，内容についての最終的な責任は監訳者にある。

　翻訳を進めているときは，本当に完成するのだろうかと不安を抱きながらの日々であった。しかし，こうして完成した『コーチング心理学ハンドブック』をみると，監訳者の手を離れていってしまうという寂しさを感じる。本書が日本におけるコーチング心理学の普及に少しでも貢献することを願っている。

　翻訳にあたって，次のような原則を立てた。

1　原書では"coachee"と"client"という用語が多用されている。当初は"coachee"を「コーチングを受ける人」と訳していたが，用語として冗長なので使わないこととした。また「コーチー」という訳語も検討したが，これを使うと読者が「コーチ」と混同してしまう恐れがあるので，使わないこととした。監訳者の指摘に対して，"Handbook"編者のパーマー先生は，"coachee"は「コーチングを受ける個々人」を指し，"client"は「コーチングを受ける組織あるいは集団」を指すよう各章の執筆者はできるだけ使い分けているが，厳密に使い分けられていない個所もあると述べている。パーマー先生の指摘に従うと，監訳者は"client"を「クライアント」と訳すほうがふさわしいとも考えた。しかし，日本では広告業界を中心にこれまで「クライアント」が使われてきているので，訳書では"coachee"と"client"をともに「クライアント」と訳すこととした。
2　本文中での引用文献の表示で，(Grant, 2006: 369)とあるのは，(Grant, 2006)の369ページを意味している。
3　原書においてイタリック体で表記されている用語については，訳書では太字で表記した。
4　訳者による補足は，〔　〕を使って記した。
5　原語の"V"を日本語表記するさいには，基本的には「バ」行の音をあてたが，たとえば「ヴィゴツキー」のように，これまで慣用的に「ヴィ」と表記されているものについては，慣用に従った。
6　原書の索引は，人名と事項が一体化されているが，訳書では人名索引，事項索引に分けた。人名索引はカタカナ表記をしている人名をすべて掲載した。事項索引については，原書で採用している階層式の索引とはせず，各章で重要と考えられる事項を，監訳者の判断によって掲載した。基本的には初出ページを掲載したが，各章で何度も使われる重要項目については，該当ページを繰り返し掲載した。

最後になってしまったが，この翻訳が実を結ぶにあたってご尽力いただいた方々にお礼を申し上げる。

一人目は編集者の安藤典明さんである。安藤さんには原稿の綿密なチェックをしていただいただけでなく，読者の立場から日本語として理解しにくい個所を多く指摘していただいた。

二人目に忘れてならない人がいる。渥美純子さんは「自己心理学研究会研究

発表会」のアレンジなどをしてくださっただけでなく,『コーチング心理学ハンドブック』の原稿整理を手伝ってくださり,「日本語版に寄せることば」の訳語についてアイディアを出してくださった。

　三人目は,監訳者の家族である。監訳者が日々,翻訳作業に明け暮れるなか,それを温かく見守ってくれた。

　最大の功労者は,金子書房の亀井千是さんである。亀井さんは,監訳者が訳出してお送りした"Handbook"のごく一部を読んで,この本の価値を見出し,出版というプロセスに乗せてくださった。亀井さんの的確な判断がなければ,本書は出版されていなかったことだろう。

　パーマー先生よりの「日本語版に寄せることば」から引用して結語としたい。
　「『コーチング心理学ハンドブック』翻訳という企画を支えてくださった金子書房の皆さんに対して,心より感謝のことばを贈ります。」

2011年6月17日

監修・監訳者　堀　　正

人名索引

ア 行

アイザックス(Isaacs, W. N.) 161
アイゼンク(Eysenck, H. J.) 101
アイティントン(Eitington, M.) 507
アージリス(Argyris, C.) 76
アドラー(Adler, A.) 101,326
アボット(Abbott, G. N.) 360,361
アレクサンダー(Alexander, G.) 87
アンダーソン(Anderson, M. Z.) 368
アンドレアス(Andreas,C.) 229
アンドレアス(Andreas, S.) 229
イルエステ－モンテス(Irueste-Montes, A. M.) 360
ヴィゴツキー(Vygotsky, L. S.) 208,210,214
ウィーナー(Wiener, R.) 286
ウィルバー(Wilber, K.) 393,398
ウェルトハイマー(Wertheimer, M.) 158
ウェルナー(Werner, H.) 382
ウォルピ(Wolpe, J.) 101
ウッズモール(Woodsmall, W.) 229
ウルフ(Wolfe, B. E.) 366,367
エドガートン(Edgerton, N.) 103
エリオット(Elliot, A. J.) 332
エリクソン(Erickson, M. H.) 241,327
エリス(Ellis, A.) 101,110,112
エンズ(Enns, C. Z.) 437
オハラ(O'Hara, B.) 34
オハンロン(O'Hanlon, B.) 327
オブホルザー(Obholzer, A.) 314
オブロイン(O'Broin, A.) 8,353
オリベロ(Olivero, G.) 72
オールポート(Allport, G. W.) 53

カ 行

カウフマン(Kauffman, C.) 35
カストンゲイ(Castonguay, L. G.) 351,363,364
カバナー(Cavanagh, M.) 1,4,69,365,367,370,373,427,481
ガブリエル(Gabriel, L.) 368
ガームストン(Garmston, R. J.) 102
カメラー(Camerer, C. F.) 354
ガルシア(Garcia, A.) 286
カルーソー(Caruso, D.) 254
カント(Kant, I.) 230
カンドーラ(Kandola, R.) 431
カンパ－コケシュ(Kampa-Kokesch, S.) 368
キチナー(Kitchener, K. S.) 383,386,387,398
キャメロン－バンドラー(Cameron-Bandler, L.) 229,238
ギャランター(Galanter, E.) 235
キャロル(Carroll, M.) 428,518,521
ギリガン(Gilligan, S.) 229
キルバーグ(Kilburg, R. R.) 75,76,349,350
ギルバート(Gillbert, M.) 428,521
キーン(Keen, T. R.) 273,284
キング(King, P. M.) 383,386,387,398
クック－グルーター(Cook-Greuter, S.) 383,392,393,396,398
クラークソン(Clarkson, P.) 165,356,357
クラックストン(Claxton, G.) 273
クラッターバック(Clutterbuck, D.) 437,481
クラム(Kram, K. E.) 383,394,395
グラント(Grant, A. M.) 2,4,9,10,15,29,34,69,75,113,332,346,363-365,370,371,415,417,481
クリシュナムルティ(Krishnamurti, J.) 402
グリフィス(Griffith, C. R.) 5-7
グリフィン(Griffin,D.) 498
グリーン(Green, C.D.) 6
グリンダー(Grinder, J.) 228,229,231-233
グリーンバージャー(Greenberger, D.)

122
グレイブス (Graves, C.)　393
ゲイロード (Gaylord, E. C.)　7
ケーガン (Kegan, R.)　383,389,390-392, 394,395,397-399
ケーラー (Köhler, W.)　158
ケリー (Kelly, G. A.)　272,275-283,294
コウジーズ (Kouzes, J.)　280
コージブスキー (Korzybski, A.)　272
コスタ (Costa, A. L.)　102
ゴードン (Gordon, D.)　229
ゴットリーブ (Gottlieb, M. C.)　368,369
コッブ (Cobb, H. C.)　34
ゴービー (Gorby, C. B.)　9
コフカ (Koffka, K.)　158
コープランド (Copeland, S.)　518
コプロウィッツ (Koplowitz, H.)　386
コモンズ (Commons, M. L.)　386
コリー (Corrie, S.)　78,511,512
ゴールドスミス (Goldsmith, M.)　39,371
コールバーグ (Kohlberg, L.)　383,388, 398
コルブ (Kolb, D.A.)　208,209,273
コーワン (Cowan, C.)　393
ゴーワン (Gowan, J. C.)　388
ゴンザレス－ドゥープ (Gonzalez-Doupe, P.)　518

サ　行

ザー (Zur, O.)　368
サイモンズ (Simons, C.)　417
ザッコン (Zackon, R.)　29
サポリト (Saporito, T. J.)　75
サーモン (Salmon, P.)　273
サリヴァン (Sullivan, C.)　389
サリヴァン (Sullivan, M. R.)　356,357
サロビィ (Salovey, P.)　254
ジェームズ (James, W.)　50
ジャック (Jacques, E.)　306
ジャック (Jaques, E.)　394
ジャレット (Jarrett, M.)　299
ジャンコウィッツ (Jankowicz, A. D.)　284
シュリーン (Shlien, J.)　258
ショウ (Shaw, M.)　272
ショエット (Shohet, N.)　522
ジョセフ (Joseph, S.)　254
シンガー (Singer, R.)　8
スー (Sue, D. W.)　437

スカウラー (Scoular, A.)　35,332
スキナー (Skinner, B. F.)　86,88
スキフィントン (Skiffington, S.)　94
スタイルズ (Stiles, W. B.)　366,367
スタグナー (Stagner, R.)　464
スターンバーグ (Sternberg, P.)　286
スティーブンソン (Stephenson, W.)　283
スチュワート (Stewart, A.)　273,284
スチュアート (Stewart, V.)　273,284
ステイシー (Stacey, R.)　498
ストーバー (Stober, D. R.)　346,370,371
ストリックランド (Strickland, L.)　118
スピアー (Spear, K.)　437
スペンス (Spence, G. B.)　27
スマッツ (Smuts, J. C.)　159
スミス (Smith, E. W. L.)　170
スミス (Smith, N.)　512,516
ゼウス (Zeus, P.)　94
セリグマン (Seligman, M. E. P.)　49,50
ソーン (Thorne, B.)　265,266

タ　行

タウラー (Towler, J.)　517,518
ターケット (Turquet, P.)　308
ダニエルズ (Daniels, A. C.)　280
ダニエルズ (Daniels, J. E.)　280
チャンドラー (Chandler, D. E.)　383, 394,395
ディクレメンテ (DiClemente, C. C.)　192
ティーズデイル (Teasdale, J.)　101
ディードリッチ (Diedrich, R. C.)　68
ディルツ (Dilts, R.)　229,240
ディングマン (Dingman, M. E.)　74,78, 79
デューイ (Dewey, J.)　272,387
デュボア (Dubois, P.)　101
デリー (Derry, J.)　397
ド・シェイザー (de Shazer, S.)　327,334
トーバート (Torbert, W.)　393,394,396
トーマス (Thomas, L.)　273,284
ドレイス (Drath, W.)　390
ド－ロジアー (De-Lozier, J.)　229
トロンピナールス (Trompenaars, F.)　440

ナ　行

ニーナン (Neenan, M.)　106,121
ノークロス (Norcross, J. C.)　356,363

人名索引

ノックス(Knox, S.) 438

ハ 行

バーグ(Berg, I. K.) 327
バークハード(Burkhard, A. W.) 438
バージャー(Berger, J.) 383,391,394
パースロー(Parsloe, E.) 414
バッセチェス(Basseches, M.) 394
ハッチャー(Hatcher, R. L.) 358
パデスキー(Padesky, C.) 122
ハート(Hart, V.) 368
バニスター(Bannister, D.) 272
パブロフ(Pavlov, I. P.) 86-88
パーマー(Palmer, S.) 1,2,4,8,11,15,106,
　111,112,116,118,121,132,353,372
ハーマン(Herman, S. M.) 361
ハリ-オーグステイン(Harri-Augstein, S.)
　273,284
パールズ(Perls, F.) 158,159,162,166,231
バレランド(Vallerand, R. J.) 352,353
バレンズ(Barends, A. W.) 358
バーンズ(Burns, D.) 121,122
バンデューラ(Bandura, A.) 86,88,89,
　234
バンドラー(Bandler, R.) 228,229,
　231,233
パンパリス・ペイスリー(Pampallis
　Paisley, P.) 509
ハンプデン-ターナー(Hampden-Turner,
　C.) 440
ピアジェ(Piaget, J.) 383-387
ヒューストン(Houston, G.) 169
ピュスリック(Pucelik, F.) 229
ビュートラー(Beutler, L. E.) 351,363
ヒルマン(Hillman, J.) 402
フィリップス(Philips, J.) 72
フィッツジェラルド(Fitzgerald, C.)
　391,394
フェルナンデス-アルバレス(Fernandez-
　Alvarez, H.) 362
ブラッカー(Blucker, J. A.) 7
ブラットナー(Blatner, H. A.) 286
フラートン(Fullerton, J.) 431
ブラニング(Brunning, H.) 311,313
フランセラ(Fransella, F.) 272,284
フリッシュ(Frisch, M. H.) 69
プリブラム(Pribram, K. H.) 235
ブルーナ(Bruner, J. S.) 216
フロイト(Freud, S.) 55,299,301,302,
　310,507
プロチャスカ(Prochaska, J. O.)
　192,356,363
ブロートマン(Brotman, L. E.) 367
ブロドリー(Brodley, B. T.) 255
ブロフィ(Brophy, S.) 273
ベイザーマン(Bazerman, M. H.) 285
ベイトソン(Bateson, G.) 228
ペダーセン(Pedersen, P. R.) 437
ベック(Beck, A. T.) 101,112
ベック(Beck, D.) 393
ペリー(Perry, W. G.) 383,386,398
ペルティア(Peltier, B.) 8,37,301,316,
　352,360,414,482
ベレンキー(Belenky, M.) 76
ホイットモア(Whitmore, J.) 1,39
ホーガン(Hogan, J.) 364
ホーガン(Hogan, R.) 364
ホーキンス(Hawkins, P.) 428,512,516,
　522
ボザース(Bozarth, J.) 256
ポスナー(Posner, B.) 280
ボーディン(Bordin, E. S.) 358,359
ホーナイ(Horney, K.) 49,55
ポープ(Pope, M.) 273,284
ホフステード(Hofstede, G.) 440
ホフステード(Hofstede, G. J.) 440
ホランド(Holland, J. L.) 458
ホランド(Holland, S.) 513
ホール(Hall, C.) 229
ホルトフォース(Holtforth, M. G.) 363,
　364
ホワイト(White, M.) 208,211,212,216,
　217,219
ポンテロット(Ponterotto, J. G.) 441
ボンド(Bond, M.) 513

マ 行

マイケンバウム(Meichenbaum, D.)
　101
マイヤーホフ(Myerhoff, B.) 208,216
マクガバン(McGovern, J.) 71
マークス(Marks, I. M.) 101
マジョー(Mageau, G. A.) 352,353
マズロー(Maslow, A. H.) 50
マダックス(Maddux, J. E.) 61
マリノ(Marino, G.) 372
マーンズ(Mearns, D.) 265,266
ミラー(Miller, E. J.) 304

ミラー(Miller, G. A.) 235
ミラー(Miller, W. R.) 191,197
メイズ(Mayes, J.) 284
メイヤー(Mayer, J. D.) 254
メギンソン(Megginson, D.) 481
メジーロフ(Mezirow, J.) 387,388
メルロ-ポンティ(Merleau-Ponty, M.) 140
モーア(Mohr, D. C.) 75
モレノ(Moreno, J. L.) 278

ヤ 行

ヤングレン(Younggren, J. N.) 368,369
ユーウィング(Ewing, L.) 229
ヨンテフ(Yontef, G.) 161,162

ラ 行

ライス(Rice, A. K.) 304
ラザラス(Lazarus, A. A.) 101,367,368
ラスク(Laske, O.) 382,383,394,396
ラックマン(Rachman, S. J.) 101
ラトナー(Latner, J.) 169
ラマーシュ(LaMarsh, J.) 483
リチャーズ(Richards, F. A.) 386
リンド(Lind, R.) 402
リンリー(Linley, P. A.) 54,254,332
ルーク(Rooke, D.) 393,394
レイ(Wray, M.) 414
レイヒー(Lahey, L.) 396
レイン(Lane, D. A.) 78,511,512
レヴィン(Lewin, K.) 228,304
レヴィンジャー(Loevinger, J.) 383,385,389,392,396,398
レウェリン(Llewellyn, J. H.) 7
レズニック(Resnick, R. W.) 157,170
レビー(Levy, A.) 437
ローザー(Lawther, J. D.) 7
ロジャーズ(Rogers, C. R.) 49,53,56,160,190,236,250-254,256,257,266
ロジンスキー(Rosinski, P.) 207,360,361
ローズソーン(Rawsthorne, L. J.) 332
ロセット(Rossett, A.) 372
ローゼンツァイク(Rosenzweig, S.) 350
ロック(Locke, D. C.) 440
ロック(Locke, E. A.) 332
ロバーツ(Roberts, V. Z.) 299
ローマン(Lowman, R. L.) 348
ロルニック(Rollnick, S.) 197
ローワン(Rowan, J.) 59

ワ

ワイブラウ(Whybrow, A.) 11
ワシリーシン(Wasylyshyn, K. M.) 79,368
ワトソン(Watson, J. B.) 86,101

事項索引

ア 行
アイ・アクセシング・キュー　229
アイデンティティの風景　216
アクション法　285
アクチュアリー(保険数理士)　286
アサーション訓練　123
「アズ・イフ」フレーム　239
アセスメント　104
あなたへの焦点化　147
アナログマーキング　247
アルコール依存症　191
アンカリング　234
安全な関係の領域　356
アンビバレンス　193
怒り軽減イメージ　122
移行の次元　274
意識の順序　389
意識の風景　213,222
異文化間カウンセリング　440
意味　140
意味を作り出す存在　140
意味を作る4様式　394
イメージエクスポージャー　122
イメージ技法　100
うぬぼれ　168
運動研究実験室　6
英国カウンセリング心理療法学会(BACP)　508
英国人材開発協会(CIPD)　355
英国心理学会(BPS)　2,40,58,219,459
英国心理療法協議会　230
英国保健臨床先端研究所(NICE)　10
鋭敏性　239
エグゼクティブコーチング　8,35,47,71,102,301,352,516
A 水準　459
STIR　106
ABCDEF コーチングモデル　110
ABCDEF の枠組　104
ABC モデル　101
F^1　230
F^2　230
エポケーの原理　146
エンカウンターグループ　27
エンカウンター領域　147
大げさなとらえ方　117
オーストラリア資格機構　33
オーストラリア心理学会　3
オープンシステム理論　304
オペラント行動　88
オレンジ　73

カ 行
解決焦点化アプローチ　11
解決焦点化コーチング　326
解釈　463
概念的アプローチ　355
外部コーチング　68
会話的学習　271
カウンセリング　19,47,190,258,317
カウンセリング心理学　3,26
カウンセリングとコーチングの境界　412
カウンセリングとコーチングの対比　258
カウンセリングの5つの関係モデル　356
鍵となる請負人のチェックリスト　493
鍵となるプレーヤー　487
鍵となる変化の代理人のチェックリスト　494
鍵となる役割評価　492
書き直し　215
学習と成長　496
学習の車輪　209
過小評価　117
家族療法　327
課題分析　282
語り(語る)　207
価値観　457

葛藤と変化　143
活動能力（パフォーマンス）　2,26,47,72,
　　87,100,346,417,449,460,478
活動能力向上思考　114
活動能力妨害思考　114
彼らへの焦点化　148
変わっていく役割　488
関係　332
関係性　139
関係の立脚点モデル（MRS）　356
感情知能　254
感情的なことば　119
感情的な責任　125
感情的判断　117
管理者スーパービジョン　510
機会均等　433
企業指導力協議会　478
危険負担　492
記述の原理　146
奇跡の質問　334
気づきの縁　265
気づきを妨げるもの　166
記入用紙　121,130
決めつけ　117
逆説的な変化理論　165
キャリブレーション　235
Qソート法　283
強化　88
境界でのマネジメント　305
境界のマネジメント　305
境界の明確化　416
境界の明確化にコーチング心理学が果たす
　　役割　426
興味　457
協力ゲーム　354
クライエント紹介　444
クライエント中心カウンセリング　4
クライエント中心療法　255
クライエントにとっての有効性　94,125,
　　149,173,200,219,242,292,316,336,469
クライエントの自分史　273
クライエントの属性　75
グラブ行動研究所　301
GROWモデル　5,86,89
クロスオーバーマッチング　238
訓練生スーパービジョン　509
ゲシュタルトコーチング　157
ゲシュタルトコーチングの発展　158
ゲシュタルト心理学　157

ゲシュタルト療法　157,231
決断バランス表　198
ゲーム理論　353
権威とリーダーシップの行使　308
健康専門職協議会登録証　11
現実自己と理想自己　194
現実の洗いなおし　91
現象学的方法　145
現象論　161
言説の相互関係的領域　147
健全な心　50
現代的自己　402
肯定的なことばかけ　197
行動コーチング　86
行動コーチングの発展　86
行動実験　124
行動主義　86,101,233
行動主義的ゲーム理論　354
行動的アプローチ　11,100
行動的枠組　37
行動の風景　212,223
行動分析　282
国際コーチ連盟（ICF）　5
国際コーチング心理学会議　16
国際コーチング心理学フォーラム（IFCP）
　　16
国際コーチング心理学レビュー　1
国際テスト委員会　465
国立精神衛生研究所　49
心の順序　391
心のなかにある組織　315
個人間段階　392
個人達成度得点表　280
個人中心カウンセリング　4
コーチ-クライエント関係　346
コーチ-クライエントの相性　360
コーチ成長の6段階モデル　398
コーチとしてのマネジャー　480
コーチ認定プログラム　31
コーチの職業的背景　29
コーチの専門的信頼性　31
コーチの属性　74
コーチ養成の水準向上　32
コーチング過程　77
コーチング過程における理論の役割
　　424
コーチング関係　172
コーチング関係の重要性　145
コーチング協会（AC）　31

事項索引

コーチング心理学特別団体(SGCP)　3,
　　14,31,207
コーチング心理学特別団体(SGCP)の目的
　　14
コーチング心理学とは何か　1
コーチング心理学にとっての意味　422
コーチング心理学の居場所　34
コーチング心理学の研究　58
コーチング心理学の実践　57
コーチング心理学の出現　4
コーチング心理学の定義　2,47
コーチング心理学の発展　13,26
コーチング心理学の未来　34,37,40
コーチング心理学フォーラム　15
コーチング心理学利益団体(IGCP)
　　3,13
コーチング心理学利益団体(IGCP)の協約
　　14
コーチング－スーパービジョン過程
　　404
コーチングセッションの進め方　114
コーチング同盟　357
コーチングとカウンセリングの相違点
　　419
コーチングにおける専門知識　39
コーチングに必要な能力　437
コーチングの継続期間　76
コーチングの心理学　5
コーチングの定義　2
コーチングの取り組み　478
コーチングの取り組みの類型　479
コーチングの取り組みを軌道に乗せる
　　500
コーチングの風土　77
コーチングの有効性　71
コーチングの枠組　244
コーチングモデル　300
古典的条件づけ　88
コーピングイメージ　123
個別指導スーパービジョン　509
コミュニケーションシステム　497
コミュニケーションスタイル　154
コミュニケーションの重要性　490

サ 行
罪悪感軽減イメージ　122
再成員化　216
作業システム　307
作業同盟　358

差別　432
G-ABCDEF モデル　112
シェーマ　384
シカゴカブス　6
自我発達のらせん構造　389
自我発達理論　392
次元的パーソナリティ質問紙　471
自己意識　437
思考の誤り　116
思考のスキル　118
自己欺瞞　141
自己効力感　72,88
自己実現　251
自己性格描写　281
自己と関連する自己　147
自助的文化　30
システム的思考　482
システム的スーパービジョン　515
システムと過程の統合　495
下向き矢印法　121
実験　171
実現傾向　56
実証的結果に基づくコーチング　348
実証的コーチング学会　15
実証的な結果に基づく実践　59
実践　89,144,170,195,213,236,257,279,310,
　　332
実践に基づく実証的な結果　59
実践の枠組　71
実存主義的アプローチ　139
実存主義的コーチング心理学　139
実存的不安　141
実務委員会　3
実用主義　461
自動思考　112
死の恐怖　141
死の不安　141
支配段階　391
社会的学習　88
社会的に優位な男性　76
社会的防衛システム　306
尺度化　335
自由回答式の質問　89,194
囚人のジレンマゲーム　354
集団思考　491
柔軟性　240
宿題　178,184
守秘義務　467
上級管理職コーチング　68

商業的コーチ養成組織　31
衝動的段階　391
職業的背景　29
職場環境　76
職場コーチング　9
ジョハリの窓　213
事例研究　95,125,150,174,201,219,242,
　259,286,317,319,337,403,444,470,522
神経言語プログラミング(NLP)コーチング
　228
進行中の自己　169
人生の意味の心理学　101
信念　457
信頼性　460
信頼性探求の裏側　33
信頼できる参加　490
心理学的ゲーム理論　354
心理機械論的方法　37
心理劇　278
心理測定法　454
心理測定法の基本概念　455
心理測定法の選択基準　458
心理測定法の発展　455
心理測定法の利用　454,462
心理療法　10
水平配列の原理　146
推論の連鎖　121
スキル　442
スキルコーチング　481
スキルと方略　333
スタイル　365
ステレオタイプ　432
「図」と「地」　160
ストレス　272
ストレス軽減思考　114
ストレス免疫訓練　101
ストレス誘発思考　114
スーパーバイザー　513
スーパーバイザーが注意すべき点　525
スーパーバイザーの課題　518
スーパーバイジー　510
スーパービジョンの過程　517
スーパービジョンの効果的利用　521
スーパービジョンのシステム的見方
　516
スーパービジョンの社会的役割　508
スーパービジョンの定義　510
SPACEモデル　103,126
スポーツ心理学　351

性差　76,360
精神の身体への影響　101
精神力動・システム－精神力動コーチング
　298
精度　463
制度的段階　392
生物医学的モデル　52
世界内での存在のあり方　144
世界ビジネスコーチ協会　69
積極的傾聴　194
セルフトーク　101
ゼロ和ゲーム　354
先行研究　347
前進への同意　92
選択　142
選択肢の設定　92
全方位フィードバック　73
専門家としてのコーチ　480
専門知識　39
相互関係的基礎　140
相談的スーパービジョン　509
促進的アプローチ　2
ソクラテス的質問　119
ソシオドラマ　278
組織的役割分析　301
組織内での行動とかかわり方　489
組織内でのコーチング利用　68
ソフトシステム方法論　282
そらし　167

タ　行

第一の波　272
第三者の介入　465
第三の耳　311
対人段階　391
対人的変数　365
代替的な個人的役割　277
態度　457
第二の波　273
対話　171
対話的実存主義　161
ターゲット　488
脱感作　167
妥当性　460
タビストック人間関係研究所　300
多様性　431
多様相療法　361
談話療法　299
チェインジトーク　190

知覚ポジショニング　231
「チキン」ゲーム　354
知識　439
知的・道徳的な発達のモデル　386
チャンキング　247
中核信念　112
中核信念の損益分析　122
中間セッション　130
調査法　120
挑戦的関係の領域　356
定義づけの儀式　218
抵抗　500
抵抗への対処　501
適切な応答性　366
哲学的前提　139
転移　303
デンマーク心理学会　15
投影　167
動機づけ　123,456
動機づけイメージ　123
動機づけ面接法　190
動機づけ面接法の発展　191
洞察　461
投資利益率（ROI）　71
読書コーチング　122
読書トレーニング　122
読書療法　122
読心術　117
ドードーヴィル推量　350
TOTEモデル　235
取り込み　167

ナ　行

内省的判断モデル　386
内発的動機づけ　250
内部コーチング　69
内面を開く会話　214
7つの目をもつスーパーバイザー　522
ナラティブアプローチ　11
ナラティブコーチング　207
ナラティブコーチングの発展　208
ナラティブ療法　208
二脚の椅子での作業　172
二分割思考　117
人間学的運動　4
人間主義的カウンセリング　190
人間性心理学　52
人間存在　140
人間中心的コーチング心理学　250

人間中心モデルと医療モデルの対比　257
人間性回復運動（HPM）　27
認知行動コーチング　100
認知行動コーチングの効果　113
認知行動コーチングの発展　100
認知コーチング^{SM}　102
認知行動的アプローチ　11
認知行動療法　4,101
認知的アプローチ　11,100
認知内省的らせん構造　385
認知発達的アプローチ　382
認知ポジショニング　238
認定の必要条件　459
ネガティブな自動思考　114
能力　458

ハ　行

媒介信念　112
パーソナリティ　364,456
パーソナリティプロファイリング　245
パーソナルコンストラクト心理学（PCP）　271
罰　88
発達コーチング　481
発達の最近接領域　210
発達の道徳性　55
バーバルペーシング　233
パフォーマンスコーチング　422,481
ハンドブックの内容紹介　16
PIE　106
BRセルネット　73
比較文化的問題　360
非協力ゲーム　354
非指示性　255
非指示的コミュニケーション　190
Business Source Premier　40
PCPコーチングに向く人びと　293
B水準　459
必要十分条件　252
非定和ゲーム　354
非本来性　141
評価　463
標準化　459
表象システム　237
不安　101,141,302
封じ込め　303,312
PRACTICE　104
フラストレーション耐性の不足　117

振り返り　168
振り返りながらの傾聴　196
プロフェッショナルコーチング　26
文化的差異　440
文化的アイデンティティ　441
文脈モデル　370
米国心理学会（APA）　40
「べき」思考　117
変化の一般原理　350
変化の請負人　487
変化の請負人・仲介者としての能力発揮　488
変化の過程　124
変化のサイクル　192
変化のための道具　347
変化の段階モデル　192
変化の仲介者　488
変化の通理論的モデル（TTM）　356
変形文法　232
偏見　432
変容的学習理論　387
防衛機制　302
包括的な統合枠組　208
包含段階　391
報酬　88
方略的な課題分析　276
北米心理療法研究学会　364
保険数理的（アクチュアリアル）　78
ポジティブ心理学　3,36,254
ポジティブ心理学とコーチング心理学の統合　46
ポジティブ心理学の運動　27
ポジティブ心理学の基本的前提　54
ポジティブ心理学の出現　49
ポジティブ心理学の定義　51
ポジティブなコーチング心理学　61
ボーダフォン　73
ボディーランゲージ　238

マ 行

マネジャーコーチング　68
マネッジドチェインジ™　483
マルチモード療法　102
見通し質問　484
未来ペーシング　235
無意識　302

無意識的コミュニケーション　304
メタファ　208,241
メタプログラム　238
目標焦点化アプローチ　11
目標設定　72,90
目標設定理論　230
目標となる人についてのチェックリスト　495
問題解決的・解決指向的な枠組　104
問題解決療法　100
問題点の収集と維持管理　115

ヤ 行

役割　309
役割分析　314
誘導による発見　119
有用性　464
様相の類似性　361
4段階コーチングモデル　93

ラ 行

ライフコーチング　9
ラーニング・カンバセーション　273
ラベリング　117
ラポール　463
ランドマーク・フォーラム　32
理性感情行動療法　4,101
理性感情療法　101
リーダーシップ発達プロファイル　393
リフレーミング　336
リラックス技法　130
理論と基本概念　87,103,140,159,192,208,230,251,273,301,328
臨床心理学　34
臨床的スーパービジョン　508
臨床的な障害　125
レスポンデント行動　88
レパートリーグリッド　283,289
6ステップ・リフレーム　240
6領域モデル　313
論理療法　101

ワ 行

ワシントン大学文章完成法テスト　396
私たちへの焦点化　147
私への焦点化　147

訳者紹介
自己心理学研究会

自己心理学研究会は，2001 年に発足以来，自己をテーマとする心理学諸領域の研究者同士の交流，および諸領域を横断する研究領域の確立を目指して活動している。日本発達心理学会の分科会として位置づけられている。研究会誌『自己心理学』（現在第 7 巻まで刊行）の編集・発行，シリーズ『自己心理学』（全 6 巻完結，金子書房）の編集・執筆などの出版活動も行っている。会員は約 120 名，代表は小林亮。

URL　http://selfpsy.g3.xrea.com/index.html
事務局　〒194-8610　東京都町田市玉川学園 6-1-1　玉川大学教育学部　小林亮研究室

本書分担訳者（訳順）

亀田　　研	（かめだ・けん）	朝日大学教職課程センター講師
徳吉　陽河	（とくよし・ようが）	一般社団法人コーチング心理学協会代表理事・講師，一般社団法人ポジティブ心理カウンセラー協会代表理事・講師
浦田　　悠	（うらた・ゆう）	大阪大学スチューデント・ライフサイクルサポートセンター特任准教授
戸部　真吾	（とべ・しんご）	群馬県公立学校事務職員
榎本　博明	（えのもと・ひろあき）	ＭＰ人間科学研究所代表，産業能率大学兼任講師
國見　充展	（くにみ・みつのぶ）	茨城キリスト教大学生活科学部准教授
家島　明彦	（いえしま・あきひこ）	大阪大学キャリアセンター准教授
並川　　努	（なみかわ・つとむ）	新潟大学人文社会科学系准教授
大西　将史	（おおにし・まさふみ）	福井大学学術研究院教育・人文社会系部門准教授
槇　　洋一	（まき・よういち）	北海道教育大学非常勤講師
柿本　敏克	（かきもと・としかつ）	群馬大学学術研究院教授
野村　信威	（のむら・のぶたけ）	明治学院大学心理学部教授
長谷川千秋	（はせがわ・ちあき）	マッコーリー大学客員研究員，日本学術振興会海外特別研究員ＲＲＡ
中谷　陽輔	（なかたに・ようすけ）	同志社大学こころの科学研究センター研究員

監修・監訳者紹介
堀　　　正（ほり・ただし）

東京都生まれ。東京都立大学人文学部卒業（1976），同大学大学院人文科学研究科博士課程（心理学専攻）単位取得後（1984），財団法人電気通信政策総合研究所の研究員，主任研究員を経て，群馬大学教養部助教授（1992）。2003 年より社会情報学部教授（社会情報学研究科兼任）。2013 年 4 月より群馬大学名誉教授。専門分野は，言語心理学，コミュニケーション。2010 年度群馬大学ベストティーチャー優秀賞。放送大学『人格心理学 '04』の「第 10 回　文化とパーソナリティ」を 2008 年度まで担当。

論文としては，「人間応援学（じんあいおうえんがく）ノススメ」（『支援対話研究』第 2 号，2014），「人間支援学の構築に向けて」（『支援対話研究』第 1 号，2013），「コーチング心理学の展望」（『群馬大学社会情報学部研究論集』第 16 巻，2009），「"The Giving Tree" の各国語への翻訳から言語と文化を考える」（『群馬大学社会情報学部研究論集』第 15 巻，2008），「Measures for Students with Disabilities and Measures against Sexual Harassment in National, Public and Private Universities of Japan」（『群馬大学社会情報学部研究論集』第 6 巻，1999），「情報社会におけるプライバシーと個人情報保護」（『群馬大学社会情報学部研究論集』第 3 巻，1997），「情報通信時代におけるパーソナル・コミュニケーション」（『群馬大学教養部紀要』第 26 巻 2 号，1992），「文化とパーソナリティ──心理学の立場と文化人類学の立場」（『心理学評論』第 23 巻 4 号，1981），「A Psychological study on dual symbolic classification of opposed concepts」（Japanese Psychological Research Vol.26, No.4, 1984）がある。

著書には，『Dreaming Music Box』（Kindle Direct Publishing, 2022）『コーチング心理学概論』（共編著，ナカニシヤ出版，2015），「絵本を『投影法』的な自己分析に使う試み」（榎本博明編著『自己心理学の最先端』あいり出版，2011），「心の発達における遺伝と環境」（榎本博明編著『発達心理学』おうふう，2010），「文化とパーソナリティ──自己形成における文化の影響」（岡田努・榎本博明編『自己心理学 5　パーソナリティ心理学へのアプローチ』金子書房，2008），「文化とパーソナリティ」（榎本博明・桑原知子編『新訂人格心理学』放送大学教育振興会，2004），「現代の子どもを取り巻く教育環境──教育の現状」（榎本博明編『発達教育学』ブレーン出版，2003）がある。おもな翻訳書は，『新版インターネットの心理学』（共訳，ＮＴＴ出版，2018），『病院におけるチャイルドライフ』（中央法規出版，2000），『矛盾の研究』（原書はフランス語，三和書房，1986），『LSD──幻想世界への旅』（原書はドイツ語，新曜社，1984），『パーソナリティ──心理学的解釈』（新曜社，1982）がある。

Facebook　https://www.facebook.com/tadashi.hori.37

コーチング心理学ハンドブック

2011年7月30日　初版第1刷発行
2022年12月28日　初版第5刷発行

［検印省略］

編　者	スティーブン・パーマー
	アリソン・ワイブラウ
監修者監訳者	堀　　　正
発行者	金子紀子
発行所	株式会社 金子書房

〒112-0012 東京都文京区大塚3-3-7
TEL　03-3941-0111（代）
FAX　03-3941-0163
振替　00180-9-103376
URL　https://www.kanekoshobo.co.jp

印刷・製本　凸版印刷株式会社

©KANEKO SHOBO　2011
Printed in Japan
ISBN 978-4-7608-2361-1　C3011